한 권의 책이 한 사람의 인생을 바꾸기도 하지요.
보카쇼크는 당신의 미래를 바꾸어 줄 혁명적인 책입니다.

Prologue

　고등학교 시절, 영어 공식에 대한 의문이 너무나 많아 영어 선생님에게 질문했더니, 학력고사에 도움이 안 되는 쓸데없는 질문은 그만하고 공식이니까 무조건 암기하라는 대답에 무척 화가 났습니다. 대학 진학 후 여러 문법책과 영어 원서를 뒤져봤지만 명확한 대답은 그 어디에도 없었지요. 그 당시 나는 일본어 실력도 상당했기 때문에 영어와 일본어를 동시에 공부할 목적으로 일본어로 된 일본 영문법 책을 일본인 강사를 통하여 구입했습니다. 일본 영문법 책을 읽어나가면서 우리가 배우는 영문법이 일본 영문법을 그대로 번역하여 만든 것임을 알게 되었고 큰 충격을 받았습니다. 우리가 무작정 암기했던 영어 공식들이 일본식 엉터리 영문법이었다니. 자존심이 무척 상했고, 그 충격과 분노는 엉터리 일본 영문법을 바로잡는 우리의 영어 문법서를 만들겠다는 결심과 함께 여러 논문과 참고 도서를 보며 꾸준한 연구로 이어졌습니다.

　30대 중반에 출간을 시도했지만, 과거분사 영역이 완벽하게 해결되지 않아서 포기했고, 시간이 흘러 40대 초반이 되어 중학생이 된 아들의 중간, 기말고사 영어 시험문제를 보고 다시 충격을 받게 되었습니다. 20여 년이 지났음에도 그때와 달라진 것이 아무것도 없었고, 여러 EBS 인터넷 강의를 들어봐도 마찬가지였지요. **언제까지 이런 엉터리 일본식 영어를 배우고 가르쳐야 하는가? 그런 분노는 나로 하여금 다시 책을 쓰게 하는 강력한 에너지가 되었습니다.** 원어민 영어, 중국어 교육 사업을 하면서 나의 중국어 실력이 상당한 수준에 올랐고, 같은 언어 영역에 속해 있는 영어와 중국어 문법을 비교 연구하는 과정에서 과거분사 개념을 명확하게 정립했고 출간에 강한 자신감이 생겼습니다.

　그런데, 2명의 커가는 자녀를 둔 42세의 가장이 영문법, 영숙어, 영단어 책을 출간하기 위해 하던 사업을 그만두고 집필에 전념한다고 했을 때 주변 사람들의 비아냥과 만류는 이만저만이 아니었습니다. 스마트폰 시대로 진입하면서 출판 시장은 날로 악화되었고, 초판 1천 권을 판매하기 어려운 상황에서 유명 학원 강사도 아닌 이름 없는 무명 저자가 1인 출판사를 창업하여 출판 사업에 뛰어든다는 것은 누가 봐도 무모한 도전임에 틀림없었습니다. 그럼에도 불구하고 출간에 대한 나의 의지는 꺾이지 않고 더 강렬해졌습니다. 가족과 주변 사람들을 안심시키기 위해 원고의 일부를 여러 고등학생, 대학생, 영어 교사에게 보여주며 냉정한 평가를 부탁했습니다. 그저 그런 평가나 혹평이 나오면 출간을 포기할 계획이었지요. 객관적인 평가들을 받았는데 '혁명적이다, 쇼크 그 자체다, 너무 쇼크받았다, 출간하면 당장 사겠다'는 내용이 대부분이었고, '쇼크'라는 평가에 착안하여 출판사 이름을 '쇼크잉글리쉬'라고 정하고 과감하게 쇼크시리즈 출간에 도전했습니다.

출판사 '쇼크잉글리쉬'는 이렇게 탄생하게 되었고, 쇼크시리즈는 4년여 만에 10만 부 돌파하며 꾸준히 사랑받는 베스트셀러가 되었습니다. 쇼크잉글리쉬는 저자인 제가 출판사 대표인 1인 출판사입니다. 1인 기업인 1인 출판사가 출간한 쇼크시리즈가 특별한 광고 없이 출간하자마자 왜 돌풍을 일으키며 단숨에 베스트셀러가 되었을까요? 그것은 일본식 엉터리 영어를 바로 잡아 영어 학습자에게 영어다운 영어, 외우지 않는 즐거움, 학습시간 단축의 즐거움을 줬기 때문입니다. 또, 책을 보신 고등학생, 대학생, 영어 선생님, 직장인, 일반인들이 탄성을 지르며 주변 사람들에게 강력 추천했기 때문입니다. 입소문으로 베스트셀러가 된 것이지요.

영어를 잘하기 위한 3박자는 문법, 단어, 숙어로 영문법은 영문법쇼크, 영단어는 보카쇼크, 영숙어는 영숙어쇼크입니다. 이 책들은 영어학습자와 영어 선생님들로부터 극찬을 받은 책으로, 고등학교 부교재 및 학원 교재로 널리 사용되고 있고, KBS 방송 굿모닝 팝스에 2년간 연재되었으며, 국방부 도서에 선정되어 군인 필독서가 되었으며, 전국 도서관에 비치되어 있는 화제의 베스트셀러입니다. 영어가 흘러온 영어의 역사, 어원, 원어민의 일상생활 등을 바탕으로 너무나 쉽고 재미있게 설명되어 있어 이 책들을 본 영어학습자들은 감동하고 탄성을 지릅니다. 지금까지 그 어떤 영어 선생님도 가르쳐주지 못한 내용으로 가득 차 있어, 쇼크시리즈는 암기 지옥에서 벗어나 외우지 않는 즐거움과 학습시간 단축의 즐거움을 줄 것입니다. **영어의 신세계! 직접 확인하세요.**

꿈을 꾸자. 도전하자.
그리하면 언젠가 그 꿈은 이루어진다.

저자 올림

영단어 학습 혁명!
차원이 다른 보카쇼크!

내신 영어, 수능 영어 고득점을 원하는가? 그럼 보카쇼크를 보라!
시험 준비는 스트레스의 연속이고 시간 싸움이기 때문에 짧은 시간에, 많은 단어를, 재미있고 즐겁게 암기하여, 오래 기억할 수 있어야 합니다. 보카쇼크는 즐겁게 암기할 수 있는 단어집, 학습 시간을 단축해주는 단어집, 암기 지옥에서 탈출시켜 주는 혁명적인 단어집입니다.

1. 어원학습법과 해마학습법! 단어 암기가 너무나 쉽습니다.

영어 단어를 암기하는 방식은 크게 어원학습법과 해마학습법(연상법)이 있는데, 단어를 쉽게 외울 수 있으면 어떤 방법이든 좋습니다. 그러나 어떤 어원이 자주 사용되는 단어는 어원으로 학습해야 합니다. conceive는 '생각(상상)하다, 임신하다'입니다. 어근 ceive가 take(잡다)라는 뜻이기 때문에 '머릿속에 잡다=생각(상상)하다'이고, '배 속에 아기를 잡다=임신하다'입니다. 무엇을 잡고 있는데 잡고 있는 위치가 머리냐 뱃속이냐에 따라서 의미가 달라질 뿐이죠. 재미있지 않나요? 이렇게 어원으로 그 뜻을 알 수 있는 영어 단어가 60% 이상을 차지합니다. 또, 단어의 영어 발음과 우리말 뜻을 연결 지어 암기하는 해마학습법(연상법)도 좋은 암기 방법입니다. '깨지기 쉬운'이란 의미의 fragile[frǽdʒəl]을 '뿌라질'로, demon[díːmən]을 '뒤에 뭔가가 있는 듯 오싹함을 느끼면 뒤에 귀신이 있는 거야'처럼 기억하면 쉽게 기억할 수 있지요. 보카쇼크는 영어 단어를 어원학습법과 해마학습법으로 설명하여 단어 암기가 매우 쉽고 재미있습니다.

2. 보카쇼크만의 학습 비법! 파생 원리를 알아야 합니다.

파생 원리를 알면 모든 언어의 단어 암기가 상당히 쉽습니다. appreciate는 '감상하다, 인정하다, 평가하다, 감사하게 생각하다'입니다. 어떤 작품을 감상한 후, 그 작품성을 인정하고, 작품 가격을 높이 평가하면, 그 평가에 감사하게 생각하지요. appreciate는 '감상'에서 모든 의미가 파생된 단어입니다. '감상, 인정, 평가, 감사'로 이어진 의미 확장을 이해하셨나요? assess는 '평가하다, (세금)부과하다'입니다. 세금 징수원이 주인의 재산과 수입을 평가한 후에 세금을 부과한 것에서 유래하여 '평가하다'에서 '부과하다'는 의미가 파생되었습니다. 재미있고 암기도 쉽지 않나요? cave는 '동굴'이란 뜻인데 왜 '양보하다'는 뜻을 갖고 있을까요? bar는 '막대기'라는 뜻인데 왜 '막다, 법정, 변호사직'이란 뜻을 갖고 있을까요? 파생 원리를 알면 단어 뜻을 무작정 암기할 필요 없이 쉽게 기억할 수 있습니다. 모든 언어는 시간이 흘러가면서 하나의 뜻에서 여러 뜻으로 파생됩니다. 단어 뜻이 파생되는 파생 원리를 무시하고 무작정 암기하는 것은 스스로 암기 지옥에 빠지는 것이죠. 보카쇼크는 단어 뜻의 파생 원리를 자세하게 설명해 놓았기 때문에 보카쇼크를 보면 본서에 없는 단어들의 파생 원리도 쉽게 파악할 수 있을 것입니다. 파생 원리는 보카쇼크만의 학습 비법으로 대한민국 어느 책에도 없습니다.

3. 영어에서 자동사와 타동사의 쓰임! 너무나 중요합니다.

  품사를 무시한 채 자동사 타동사 구분 없이 단어 뜻만 무작정 암기하는 단어집은 영어를 망치게 합니다. What time do I reach Seoul?과 He reached for a handshake에서 왜 for가 있어야 할까요? 첫 번째 문장의 reach는 'vt.~에 도착하다'는 타동사로, 단어 속에 전치사 '~에'가 붙어 있기 때문에 전치사 for나 to가 필요 없습니다. 두 번째 문장의 reach는 'vi.손을 뻗다'는 자동사로, '그는 악수하기 위하여 손을 뻗었다'입니다. 전치사 for가 없으면 '그는 악수 손을 뻗었다'로 황당한 말이 되지요. attend the party와 attend on a sick person에서 on은 왜 붙였을까요? attend는 타동사로 사용하면 'vt.~에 참석(참여)하다'로 단어 속에 '~에'란 전치사가 들어있기 때문에 뒤에 전치사를 붙여서는 안 됩니다. attend를 자동사로 사용하면 'vi.간호하다'이기 때문에 뒤에 '~를'에 해당하는 전치사 on을 붙여야 하고, 간호는 사람 옆에 붙어서 하는 것이기 때문에 접촉의 on이죠. 영어는 우리말과 달리 하나의 단어로 자동사와 타동사 겸용으로 사용하기 때문에 그 감각을 확실하게 익혀야 합니다. 독해 중심의 수능영어에서는 타동사, 자동사 구분은 그다지 중요하지 않습니다. 그러나 대학 가면 모든 것이 달라집니다. 토익, 토플, 텝스, 공무원 시험 등에서 자동사, 타동사를 구분하는 문제들이 자주 등장하고, 회화와 작문에서는 더욱 중요하지요. 대학진학 후 대부분의 학생이 고등학교 때 갖고 있던 단어집을 버리는 이유는 무엇일까요? 보카쇼크는 영어의 핵심 기초인 자동사와 타동사의 감각을 읽으면서 자연스럽게 습득되도록 해놓았습니다. 그것이 진짜 영어입니다.

4. 보카쇼크는 영어 단어 기본서입니다.

  보카쇼크는 완벽한 수능대비뿐만 아니라 대학진학 후 준비할 공무원, 편입, 토플, 텝스, 토익, SAT, GRE와 같은 각종 시험에 고득점을 안겨줄 영어 단어 기본서입니다. 영어 시험에서 고득점을 받으려면 어휘력은 절대적이고, 영어 어휘력을 높이는 방법은 두 가지가 있습니다. 첫째는 어원, 연상, 파생원리를 통하여 영단어를 쉽게 암기하는 것이고, 둘째는 하나의 단어집을 반복해서 수십 번 보는 것입니다. 영어는 우리말과 전혀 다른 언어 영역에 있는 언어로 군 입대, 여행, 아르바이트, 직장 생활 등 여러 이유로 영어 공부를 쉬게 되면 매우 빨리 잊혀지는 특징이 있습니다. 영어를 다시 시작했을 때 기존에 봤던 같은 단어집을 보면 잠재되어 있던 기억이 빨리 되살아나기 때문에 같은 단어집을 반복해서 봐야 합니다. 문법책, 숙어집 또한 마찬가지지요. 이 책, 저 책 바꾸면 절대 영어를 잘 못 합니다. 수능 마치고 버릴 단어집이라면 처음부터 사지 않는 것이 좋습니다.

보카쇼크!
이렇게 학습하세요.

1. 보카쇼크는 98일 완성입니다.

 1~24일차는 접두어편, 25~63일차는 어근편, 66일~98일차는 종합편(어근, 연상)입니다. 보카쇼크는 영숙어쇼크처럼 스토리 전개방식으로 되어 있어 매일 1일차씩 읽어나가면서 학습하면 됩니다. 1일차부터 하나, 64일차부터 하나로 번갈아가며 보는 것도 좋습니다. 종합편에는 연상법이 많아 단어 암기가 훨씬 쉬울 것입니다. 보카쇼크에는 수능 필수 어휘 5,000개(표제어 3,000개, 파생어 2,000개) 이상이 풍부한 예문과 함께 수록되어 있어 완벽한 수능 준비가 될 것입니다. 단어의 의미가 확장되는 파생 원리, 단어의 역사 등이 설명되어 있어 한 편의 소설을 읽는 느낌으로 지루하지 않고 재미있게 학습할 수 있을 것입니다. 보카쇼크 어휘는 완벽한 수능대비뿐만 아니라 대학진학 후 준비할 공무원, 편입, 토플, 텝스, 토익, SAT, GRE와 같은 각종 시험의 필수 기본 어휘가 됩니다.

2. 비슷한 철자는 같은 어근입니다.

 우리말 '가요, 가유, 가여, 가세요, 가셔유'는 모두 '가다'에서 변형된 것입니다. 어근 pli와 철자가 비슷한 ple, pla, plo, ply는 pli의 변형이죠. 우리말과 별 차이가 없지요. 비슷한 철자는 같은 어근입니다. 500년 전에 receive(받다)라는 동사의 철자는 recave, receave, receawe, recive, resave, recyve, rescieve, resceve, rescyve, reseyve 등등 수십 가지였습니다. 또 she(그녀)란 단어의 철자는 60개 이상이었습니다. 왜 비슷한 철자가 같은 어근인지 이해하셨나요?
 우리말의 60% 이상이 한자어로 구성된 것이나 영어의 60% 이상이 그리스어, 라틴어 어원으로 구성된 것은 식민 지배와 문화적 지배로 인한 것입니다. 영어에서 순수 영어 단어는 15% 정도이고 85%는 그리스어, 라틴어(로마어), 프랑스어에서 유래한 단어지요. 그리스어, 라틴어가 한자처럼 어원으로 결합되어 있어 영어 단어는 어원으로 해부할 수 있는 단어가 많습니다. 영어 어원은 단어 암기에 도움이 되는 것만 암기하고 1번 나오고 다시 나오지 않는 어원은 '그렇구나'하고 읽고 넘어가세요. 우리말에서 한자 學(배울 학)을 알면 學校, 學問, 學生, 學習 등 學(학)이 들어간 여러 단어를 익히는 데 도움이 됩니다. 그러나 의자(椅子)에 사용된 한자 椅의 뜻은 굳이 암기할 필요가 없습니다. 자주 사용되지 않기 때문이죠.

3. 연상법은 자연스럽게 기억되는 것으로 한정했습니다.

 eternal(a.끝없는)은 '끝없는 [이터널]로 기억하면 암기가 쉽지요. 중고등학교에 다니는 아들과 딸에게 물어보며 억지스러운 것은 배제하고 자연스러운 것만 채택했습니다. 연상법 중에서 자신에게 도움이 되지 않는 것은 참고하고 넘어 가세요. 자신만의 연상법을 만드는 것도 좋은 학습법입니다.

4. 괄호 안의 동의어는 처음부터 모두 암기하려고 하지 마세요.

순수 영어 단어는 위에서 설명한 것처럼 15%밖에 되지 않습니다. 원어민의 조상인 게르만족은 욕심이 많아서 단어를 절대 버리는 일이 없었습니다. 그리스어, 라틴어, 프랑스어, 독일어, 노르웨이어 등 여러 외래어를 받아들여 자기 것으로 만든 결과 영어는 동의어가 매우 풍부합니다. cure는 순수 영어단어이고, heal은 프랑스어 단어가 영어에 유입된 것이죠. 괄호 안의 동의어는 처음부터 모두 암기하려고 하지 마세요. 읽다 보면 반복되는 것이 많아 저절로 암기되는 것이 많고, 어려운 단어는 대학 가서 학습하세요. 예를 들어 'inference[ínfərəns] n.추론(reasoning), 추측(guess, surmise)'에서 surmise가 모르는 단어인 경우 사전에서 찾아 암기할 필요가 없다는 것입니다.

5. 자신만의 단어장을 별도로 만드세요.

어떤 단어가 나오면 먼저 보카쇼크 색인에서 찾아 단어 설명을 읽어보고 암기하세요. 단어 암기가 매우 쉬울 것입니다. 보카쇼크에 수록되어 있지 않은 단어들은 자신만의 단어장을 별도로 만들어 암기하세요. 보카쇼크와 자신이 만든 단어장은 평생 봐야할 기본 어휘서가 될 것입니다. 앞에서 설명한 바와 같이 영어 단어를 오래 기억하는 최고의 비법은 같은 단어집을 수십 번 반복해서 보는 것입니다.

6. 보카쇼크 휴대용 암기장을 잘 활용하세요.

휴대용 암기장은 갖고 다니며 복습할 수 있도록 만들었으며, MP3를 들으며 학습하면 암기와 듣기에 많은 도움이 될 것입니다. 우리가 고등학교 과정까지 배우는 영어는 미국식 영어입니다. 미국인이 사용하는 영어발음과 영국인이 사용하는 영어발음은 상당한 차이가 있습니다. 그것은 미국이 영국으로부터 독립하면서 영국과 다른 발음체계를 만들었기 때문입니다. 자신을 억압했던 영국인과는 다른 미국인만의 발음체계를 원했던 것이죠. 버터발음과 연음이 미국식 발음의 대표적인 특징입니다. 복습단어장 MP3는 미국식 발음과 영국식 발음이 있습니다. 수능영어는 미국식 발음이기 때문에 미국식 발음으로 공부하세요. 대학교 들어가면 영국식 발음도 알아야 합니다. 각종 영어 시험에 영국식 발음이 자주 등장하고, 우리가 미국사람만 만나는 것은 아니죠. 영국식 발음은 대학 가서 익히세요.

7. 보카쇼크 수능편 다음은 보카쇼크 성인편입니다.

보카쇼크 성인편은 공무원, 편입, 토플, 텝스, 토익, SAT, GRE와 같은 각종 시험에 고득점을 안겨줄 영어 어휘 기본서입니다. 보카쇼크 성인편은 곧 출간할 예정입니다. 보카쇼크 수능편은 베스트셀러인 영단어쇼크를 바탕으로 한 책이기 때문에 보카쇼크 수능편을 학습하신 분은 영단어쇼크를 구입하지 마세요.

영숙어 학습 혁명!
영숙어쇼크 소개

　대부분의 숙어집은 숙어도 아닌 것을 숙어로 만들어 영어학습자들을 암기 지옥에 빠뜨려 놓았습니다. 우리가 무작정 외우는 영숙어의 70%는 숙어가 아닙니다. 영숙어쇼크는 동사와 전치사(부사)를 결합하여 수천수만의 숙어를 만들어내는 원어민의 숙어 결합 원리를 영어의 역사, 단어의 기원, 원어민의 일생생활 등을 바탕으로 스토리 전개 방식으로 재미있게 설명해 놓았습니다. 처음부터 끝까지 소설책 읽듯이 반복해서 읽어 보세요. 그러면 자신도 모르게 원어민의 숙어 결합 원리를 습득하게 될 것입니다.

　dress up은 '정장하다', give up은 '~을 포기하다', dry up은 '바싹 마르다', make up은 '화장하다', tie up은 '단단히 묶다', open up은 '활짝 열다…'처럼 두 단어를 하나로 묶어 숙어로 암기하는 것은 스스로 암기 지옥에 빠지는 것입니다. 사전에서 up을 찾아보면 '완전히, 철저하게, 모두, 깨끗이, 가득, 바싹, 일렬로, 단단히, 활짝, 꽁꽁…' 등 20여 개나 됩니다. 이 모든 뜻을 암기하여 기억할 수 있나요? 동사의 뜻과 up의 핵심 개념을 결합하면 전혀 암기할 필요가 없습니다. 지금 바로 이 책 22p부터 50p까지 읽어보세요. up과 관련된 숙어 100개를 대부분 기억할 것입니다. 놀랍지 않나요? 단어와 단어가 결합하여 새로운 뜻이 파생되는 원어민의 숙어 결합 원리를 익히면 우리가 무작정 암기하는 대부분의 숙어는 암기할 필요가 없습니다.

　call off는 call에 off를 붙였을 뿐인데 왜 '취소하다, 중지하다'는 뜻이 될까요? turn down은 turn에 down을 붙였을 뿐인데 왜 '거절하다'는 뜻이 될까요? kick off는 왜 '시작하다'일까요? come down with는 왜 '(병)에 걸리다'일까요? go out with는 왜 '~와 데이트하다'일까요? put in for는 왜 '지원하다'일까요? rain cats and dogs는 왜 '억수같이 비가 오다'일까요? break a leg은 왜 '행운을 빌다'일까요? get the ax는 왜 '해고당하다'일까요? 이렇게 마구 쏟아지는 수많은 숙어를 무작정 외운다면 그것은 그야말로 암기 지옥이지요. 위의 숙어들을 색인에서 찾아 읽어보세요. 쇼크 그 자체일 것입니다.

　영숙어쇼크에는 어원을 통한 단어 암기법이 들어 있습니다. 학(學)의 어원은 '배우다'죠. 學이 들어간 학생, 학교, 학습, 학문은 모두 배우는 무엇임을 알 수 있지요. submit은 sub(아래=down)+mit(보내다=send)입니다. 적의 장수 아래에 백기를 든 신하를 보내면 '항복하다', 대학 생활에서 과제물을 교수연구실에 제출하러 갔는데 아무도 없어서 문 아래 틈 사이로 과제물을 밀어 보내면 '제출하다'입니다. 재미있지 않나요? 이와 같이 어원과 단어가 흘러온 역사를 알면 단어 암기가 매우 쉽고 재미있지요. 영숙어쇼크를 보고 보카쇼크를 보면 단어 공부가 한층 더 쉬워질 것이고, 보카쇼크를 보고 영숙어쇼크를 보면 숙어 공부가 한층 더 쉬워질 것입니다. 동시에 보면 더 좋지요.

**쇼크! 탄성! 감동! 수능 필수 영숙어 1,200개를 단번에!
영어가 즐겁다! 학습시간 단축! 외우지 않는 즐거움! 암기 지옥 탈출!**

영숙어쇼크에는 파생 원리를 통한 단어 암기법이 들어 있습니다. want는 'n.부족, ~을 원하다'입니다. 사람들은 자신에게 부족한 것을 원하기 때문에 '부족'이란 뜻에서 '원하다'는 뜻이 파생되는 것이죠. 모든 언어에서 단어의 뜻과 뜻에는 상관관계가 있답니다. 파생 원리를 모른 채 무작정 단어 뜻을 외우는 것 또한 암기 지옥에 빠지는 것입니다.

영숙어쇼크는 1,000개 이상의 숙어를 영어의 역사, 단어의 어원, 원어민의 일상생활 등을 바탕으로 스토리 전개 방식으로 재미있게 설명해 놓았기 때문에 읽으면서 쉽게 기억할 수 있습니다. 원어민의 숙어 결합 원리를 원어민 감각으로 느낄 수 있도록 해 놓았기 때문에 소설책 읽듯이 반복해서 읽으세요. 자신도 모르게 단어와 단어를 결합하여 그 뜻을 파악해 내는 원어민의 감각이 생길 것입니다.

"안녕하세요. 영숙어쇼크(전치사쇼크)를 학습한 고1 학생입니다! 일단 정말 감사드린다는 말밖에ㅠㅠㅠ...이렇게 빨리 숙어를 다 외우다니 너무 행복하고 너무 감사합니다!!! 정말 누구에게도 보여주고 싶지 않은 책이에요"... 고등학교 1학년 조혜진 학생이 보내온 감사 메일입니다. 영숙어쇼크 맨 뒤편을 보세요. 쇼크시리즈에 찬사를 보내는 학습 후기 글들이 너무나 많습니다.

영문법 학습 혁명!
영문법쇼크 소개

"안녕하세요. 영문법쇼크에 크게 감명받아 총 세 번 정독 후 올해부터 모든 영문법을 영문법쇼크 스타일로 가르치고 있는 서* 여자고등학교 1학년 영어교사 이**입니다. 약 한 달간 저자님 방식의 문법을 설명해본 결과 초반에는 일본식 영문법에 익숙해져 있는 학생들이 받아들이기 어려워했지만 차츰 더 쉬워하더군요. 정말 감사드립니다" 위와 같은 학교 영어 선생님의 감사 메일. 고등학교 다니는 아들은 "아빠, 우리 학교 영어 선생님이 영문법쇼크로 수업해"라고 합니다. 영문법쇼크는 고등학생, 대학생, 영어교사의 필독서가 되어 있습니다. 탄탄한 영문법 체계 없이 수능 영어 고득점이 가능할까요? 단어와 숙어를 연결하여 문장을 만드는 규칙이 바로 문법입니다. 내가 배운 영문법이 왜 엉터리인지 그 예를 들어볼까요?

1. 영문법에서 시제 영역은 엉터리 그 자체입니다.

현재완료는 '완료, 경험, 계속, 결과다'라는 공식은 엉터리입니다. 독해를 하면서 무슨 용법인지 생각한다면 시간 낭비이고, 회화를 하면서 무슨 용법인지 생각한다면 대화 자체가 되지 않겠지요. 'be+과거분사는 수동태다'라는 공식도 엉터리입니다. 'be+과거분사'가 수동태가 아닌 경우는 모두 예외로 규정하여 암기했는데, 시간이 흐른 지금 그 예외가 산더미처럼 불어나 있지요. "be+V-ing'는 현재진행형으로 가까운 미래에도 쓴다'라는 공식이 있는데 어디까지가 가까운 미래일까요? 'be+V-ing'가 현재진행형이 아닌 경우에는 또 예외로 규정해 암기해야 합니다. '현재 완료 진행형은 현재에서 완료하고 계속되는 것이다'라고 정의해 놓고, 예외로 동작이 끝난 직전 과거에도 사용한다고 합니다. '미래시제에는 will을 사용해야 한다'라고 정의하고 그 공식에서 벗어나면 '왕래 발착 동사는 미래시제가 현재시제를 대신하고, 시간 부사절과 조건 부사절은 미래시제 대신에 현재시제를 사용하고, 형용사절과 명사절은 미래시제 그대로 쓴다'라는 예외 공식을 암기하여 적용해야 합니다. 끝없는 황당한 공식들. 영문법쇼크는 이 모든 엉터리 시제 공식들을 완전히 타파하여 암기할 필요가 없도록 해 놓았습니다.

2. 분사구문 공식은 엉터리로, 영어학습자들이 가장 힘들어하는 부분이죠.

분사구문을 '시간, 이유, 조건, 양보, 부대 상황'이라고 정의합니다. 부대 상황이란 황당한 문법 용어부터 먼저 익혀야 하지요. 분사구문은 독해 지문에 자주 등장하는데 어떤 용법으로 사용되었는지 생각한다면 시간 낭비지요. 분사구문 공식 또한 엉터리입니다.

일본식 엉터리 영문법! 이제는 버려야 한다.
독해, 회화, 작문이 너무나 쉬워지는 영문법!

3. 대부분의 영어 문법서는 to 부정사를 미래개념으로 잘못 공식화하고 있습니다.

to 부정사를 과거 개념으로 사용하는 경우도 많습니다. 또 부정사(不定詞)를 제멋대로 해석해 놓은 책들이 너무나 많습니다. '부정사의 의미상 주어는 'for+목적격'을 쓴다. 예외로 사람의 성격을 나타내는 kind, friendly, generous 등등은 'of+목적격'을 쓴다'라는 공식 역시 엉터리입니다.

4. 조동사 역시 엉터리 설명으로 가득 차 있습니다.

could를 can의 과거형으로 암기하고 있다면 조동사의 핵심을 모르는 것이고, 조동사의 핵심을 모르면 가정법 학습이 더욱 어려워지지요. 또 '조동사 have pp'의 뜻을 공식처럼 외웠는데 그 공식에서 벗어나는 예외 문장들을 만나면 또 당황하게 됩니다.

5. 영어의 관계사는 너무도 많아 혼란스럽습니다.

선행사란 용어가 먼저 등장하고, 선생님은 '관계대명사 뒤에는 불완전한 문장이 오고, 접속사 뒤에는 완전한 문장이 온다'라고 강조하며 무조건 암기하라고 합니다. 관계대명사에서 끝났나 싶은데 관계부사가 등장하여 더욱 복잡해지지요. 관계사가 흘러온 영어의 역사를 알면 암기할 필요도 없고 너무나 쉽고 간단합니다. 영문법쇼크 관계사 편을 읽어보세요. 탄성을 지르게 됩니다.

엉터리 영문법 공식을 예로 들자면 끝이 없습니다. 고등학교 때 엉터리 영문법을 바로잡아 확실한 영문법 체계를 갖추어야 합니다. 그렇지 않으면 대학 가서 만나게 되는 토익, 토플, 텝스, 공무원 시험 등 각종 시험에서 낭패를 보게 되고, 영어 회화와 작문도 제대로 할 수 없습니다. 대학진학 후 왜 많은 대학생이 기초영문법부터 다시 볼까요? 그것은 자신이 배운 영문법이 엉터리였다는 것을 뒤늦게 알기 때문입니다. 수능을 넘어서 미래를 생각한다면 영문법쇼크는 반드시 봐야 합니다.

Contents

Prologue / 004
영단어 학습 혁명! 차원이 다른 보카쇼크! / 006
보카쇼크! 이렇게 학습하세요 / 008
영숙어 학습 혁명! 영숙어쇼크 소개 / 010
영문법 학습 혁명! 영문법쇼크 소개 / 014

PART 1 접두어 편

1일차 접두어 pro, pre / 018
2일차 접두어 fore, ante, post, with / 025
3일차 접두어 re / 032
4일차 접두어 re, mis / 032
5일차 접두어 ex / 044
6일차 접두어 out, para / 050
7일차 접두어 in / 057
8일차 접두어 in / 063
9일차 접두어 over / 069
10일차 접두어 super, up, bene / 075
11일차 접두어 de, under, sub / 083
12일차 접두어 de, under, sub / 083
13일차 접두어 ad, trans / 096
14일차 접두어 ad, trans, mal / 096
15일차 접두어 ab, for, off, se / 110
16일차 접두어 dis, non / 117
17일차 접두어 inter, dia, medi, auto / 124
18일차 접두어 un, an / 130
19일차 접두어 anti, contra, per / 136
20일차 접두어 con, syn / 142
21일차 접두어 uni, bi, tri, deca / 151
22일차 접두어 multi, semi, pan, omni / 151
23일차 접두어 en, be, 동사접미어 / 163
24일차 접두어 en, be, 동사접미어 / 163

PART 2 어근 편

25일차 어근 st / 176
26일차 어근 pose, set, sert / 183
27일차 어근 cept, rapt / 191
28일차 어근 pris, sum, empt, cap, mode / 197
29일차 어근 vent, it / 205
30일차 어근 cede, gress, fuse / 212
31일차 어근 duce, flu, cide / 219
32일차 어근 spec, dur / 225
33일차 어근 vis, vid, clude / 232

34일차 어근 sect, cis, tail, tom, hum / 239
35일차 어근 dict, fa / 246
36일차 어근 log, nounce, verb, mand / 252
37일차 어근 arch, press, act, form / 258
38일차 어근 fer, late, gest / 265
39일차 어근 tain, fin, term / 272
40일차 어근 gen, don, tribute / 279
41일차 어근 ver, prov, test / 285
42일차 어근 tract, equ, sim / 293
43일차 어근 tend, que, rog / 300
44일차 어근 fac, or / 306
45일차 어근 audi, mini, rect, ac, cret, centr / 313
46일차 어근 vac, her, alter, qui / 319
47일차 어근 solve, sting, struct, tac / 325
48일차 어근 sult, tort, vict, val / 331
49일차 어근 port, via, turb / 338
50일차 어근 part, ped, pet, phan / 344
51일차 어근 ple, no, mot / 351

52일차 어근 sens, path, viv / 358
53일차 어근 man, frag, dem / 365
54일차 어근 script, graph, nomin / 371
55일차 어근 sid, serve, sign / 377
56일차 어근 pli, voc, spon, / 384
57일차 어근 pend, pel, pen / 391
58일차 어근 ject, cur, clin, flex, merg / 398
59일차 어근 lect, sequ, vol, spire / 406
60일차 어근 leg, lude, matr, patr, lux / 414
61일차 어근 bar, mort, met, punch / 421
62일차 어근 astro, dom, claim, bat, put / 428
63일차 어근 fid, cit, cure, chron / 436

PART 3 종합 편

64일차~98일차(어원 및 연상법) / 444

찾아보기 / 659

무작정 암기할 것인가?
어원! 해마! 파생원리! 완벽하지 않은가?

Part 1
접두어편

Day 01

접두어 pro

접두어 pro는 before(앞, 이전)입니다.
위치를 나타내면 앞(front)이고 시간을 나타내면 이전(ago)입니다. pro를 '아프로'로 기억하면 앞으로 나아가는 어감을 느낄 수 있습니다.

propose [prəpóuz] vt.제안하다(suggest, offer), 신청하다 vi.청혼하다

pro(앞=before) + pose(놓다=put, lay, place)의 결합.

'사람 앞에 제안서나 반지를 놓다=제안하다, 청혼하다'입니다. 누군가 앞에 제안서나 계획서를 놓으면 제안(신청)하는 것이고, 연인 앞에 꽃다발과 반지를 놓으면 청혼하는 것입니다. propose가 청혼의 의미로 사용될 때는 자동사(vi)이기 때문에 이동의 전치사 to를 붙여 propose to로 사용합니다.

- proposal [prəpóuzəl] n.신청(application), 제안(proposition, suggestion), 청혼
- He tends to oppose whatever I **propose** for the project.
  내가 프로젝트에 무엇을 제안하든 그는 반대하는 경향이 있다.
- He got down on his knees and **proposed to** his girlfriend.
  그는 무릎을 꿇고 여자 친구에게 청혼했다.

approach [əpróutʃ] vt.가까이 가다, 접근하다 n.접근(방식)

ap(이동=ad) + pro(앞=before) + ach의 결합.

'목표물 앞으로 이동하다=가까이 가다, 접근하다'입니다. 접두어 ap(이동=ad)는 접두어 ad에서 학습합니다.

- His **approach** was considered by many people to be inefficient.
  그의 접근 방식은 많은 사람에 의해 비효율적인 것으로 간주되었다.

pros and cons n.장단점, 찬반양론

pro[prou]는 앞으로 나아가는 긍정 의미에서 찬성(for)을 나타내고, con[kɔn]은 반대(contradict)를 나타냅니다.

- Tell me about the **pros and cons** of the place where you live.
  여러분이 사는 곳의 장단점에 관해 말해 보세요.

prolong [prouló:ŋ] vt. 늘이다(lengthen), 연장하다(extend), 오래 끌다

pro(앞=before)+long(a.긴, 길게)의 결합.

'**앞으로 길게 이어놓다=늘이다, 연장하다**'입니다. 교수님이 10일까지인 과제 제출기간을 15일까지 앞으로 선을 길게 그으면 제출 기간을 늘리고 연장하는 것입니다. 시한부 1년 판정을 받은 환자가 수명을 앞으로 길게 3년을 이어가면 수명을 늘리고 연장하는 것이죠.

- The operation could **prolong** his life by two or three years.
  그 수술은 그의 생명을 2, 3년 연장시킬 수도 있어요.

prose [prouz] n. 산문

pro(앞=before)+se의 결합.

'**앞으로 자유롭게 써 나간 글=산문(散文)**'입니다. prose(산문)는 소설, 수필처럼 형식에 구애됨이 없이 앞으로 자유롭게 써 나간 글을 말하고, 시와 같은 verse(운문)는 율격에 맞추어 쓴 글입니다. '대화가 산문체 같은(prosaic)=지루한, 따분한'입니다.

- prosaic [prouzéiik] a. 산문체의, 지루한(dull), 평범한(routine)
- Most of the play is written in verse, but some of it is in **prose**.
  그 희곡의 대부분은 운문으로 쓰여 있지만, 희곡 일부는 산문이다.

prosper [práspər] vi. 번영(성공)하다, 발전하다

pro(앞=before)+spe(속도=speed)+r의 결합.

'**국가, 개인, 회사 등이 앞으로 속도를 내며 나아가다=번영하다(thrive, flourish)**'입니다.

- prosperous [práspərəs] a. 번영하는, 성공하는
- prosperity [praspérəti] n. 번영, 성공
- Opportunity to **prosper** through education should be given again.
  교육을 통해 성공(번영, 발전)할 기회가 다시 주어져야 합니다.

profound [prəfáund] a. 깊은(deep), 심오한(abstruse), 엄청난(enormous)

pro(앞=before)+found(바닥=bottom, base)의 결합.

'**깊은 밑바닥 앞에 있는=깊은, 심오한, 엄청난**'입니다. 앞으로 이동하여 맨 밑바닥 앞에 있으면 깊고 심오한 곳에 있는 것이죠. 동사 found는 밑바닥에 기초를 두고, 밑바닥에 기둥을 세워 회사를 설립하는 것입니다.

- found [faund] vt. 기초를 두다(base), 설립하다(establish, set up)
- Her speech made a **profound** impact on everyone. 그녀의 연설은 모든 사람에게 깊은 영향을 주었다.

prolific [proulífik] a. 다산의, 다작의

pro(앞=before)+lif(생명=life)+ic의 결합.

'**앞으로 생명체(자손)를 많이 퍼뜨리는=다산(多産)의, 다작(多作)의**'입니다.

- He acquired a reputation as a **prolific** musician.
  그는 다작하는 음악가라는 평판을 얻었다.

prohibit [prouhíbit] vt.금지하다(forbid, ban, inhibit), 방해하다

pro(앞=before)+hibit(갖고 있다=have)의 결합.

'갖고 있는 것을 앞으로 내놓다=금지하다'입니다. 갖고 있는 무기를 앞으로 내놓으면 무기 사용을 금지하는 것이죠. 학교에 가면 선생님이 갖고 있는 휴대폰을 앞으로 내놓으라고 하지요. '갖고 있는(hibit) 휴대폰 앞으로(pro)!'는 '휴대폰 사용은 금지야!'입니다. habit(습관, 버릇)은 사람이 **갖고 있는** 것이죠.

- prohibition [pròuhəbíʃən] n.금지(ban)   • prohibitive [prouhíbətiv] a.금지하는
- Smoking is **prohibited** in the park.
  공원에서 흡연은 금지되어 있습니다.

prompt [prɑmpt] a.즉각적인, 시간을 엄수하는(punctual)

pro(앞=before)+mpt(취하다=take)의 결합.

'요청했는데 앞에서 바로 행동을 취하는=즉각적인'입니다. 무엇을 요청했는데 요청한 사람 바로 앞에서 행동을 취하면 즉각적이고 신속한 조처를 하는 것이죠.

- **Prompt** action was required as the fire spread.
  불길이 번져감에 따라 즉각적인 조치가 요구되었다.
- Please be **prompt** when attending this meeting.
  이번 회의에 참석하실 때는 시간을 엄수해 주세요.

prone [proun] a.수그린(엎드린), ~하기(당하기) 쉬운

pro(앞=before)+ne의 결합.

'몸을 앞으로 굽힌=수그린, ~하기 쉬운(apt)'입니다. 몸을 앞으로 수그린 상태로 있으면 시야가 좁아져 실수하기 쉽고 부상당하기 쉽기 때문에 몸을 앞으로 **수그린**에서 좋지 않은 일을 '(당)하기 쉬운'이란 뜻이 파생.

- The victim lay **prone** without moving.
  그 희생자는 움직임 없이 수그린(엎드린) 상태로 있었다.
- Working without a break makes you more **prone** to error.
  휴식 없이 일하는 것은 네가 실수하기 더 쉽게 만들어.

priority [praiɔ́rəti] n.우선(preference, precedence), 우선권

prior(a.이전의, 앞의)+ity(명접)의 결합.

'다른 사람보다 앞서서 무엇을 하거나 할 수 있는 권리=우선, 우선권'입니다.

- prior [práiər] a.앞의(pri=pro=before), 이전의(former, previous)
- Safety is our number one **priority**.
  안전은 우리의 최고 우선 사항입니다.

proper [prápər] a. 올바른(right), 적절한(suitable, appropriate), 고유의(inherent)

pro(앞=before)+per의 결합.

'신하가 주군에게 몸을 앞으로 숙인=올바른, 적절한'입니다. 자신이 모시는 왕에게 신하가 몸을 앞으로 숙이는 것은 올바르고 적절한 행동이죠.

- a proper discussion 적절한 논의   • proper procedures 적절한 절차
- He is always **proper** in his behaviour.
  그는 행동함에 있어서 항상 올바르다.

---

property [prápərti] n. 특성((feature, trait), 재산(건물, 토지)

proper(a.적절한, 고유의)+ty의 결합.

'한 개인이 갖고 있는 고유의 것=특성'입니다. 개인이 갖고 있는 고유의 것은 그 개인의 특성(속성)이고, 개인의 특성을 알려주는 것은 그가 갖고 있는 재산입니다. 방앗간 주인, 포도밭 주인이라고 하면 마을 사람들은 그 개인이 갖고 있는 특성을 알고 있지요.

- Language is a unique human **property**.
  언어는 인간이 갖고 있는 유일한 특성이다.
- The basic duty of the military is to protect people's lives and **properties**.
  군의 기본 임무는 국민의 생명과 재산을 지키는 일이야.

---

proportion [prəpɔ́:rʃən] n. 부분, 비율, 균형(balance, equilibrium)

pro(앞=before)+portion(n.부분=part)의 결합.

'전체 중에서 자신 앞에 놓여 있는 일부분=부분(part, portion), 비율(ratio, rate)'입니다. 앞에 놓여 있는 피자 한 조각은 전체 중에서 일부분이고, 8조각 중의 1조각은 12.5%의 비율로 균형을 이루기 때문에 **'부분'**에서 **'비율, 균형'**이라는 뜻이 파생.

- portion [pɔ́:rʃən] n.한 조각, 부분, 몫   • proportional a.균형 잡힌, 비례하는
- The **proportion** of men to women in the college 대학에서 남녀 성 비율
- A large **proportion** of the working force in the country has been unemployed.
  그 나라 노동력의 대부분이 실업 상태에 있습니다.
- Always try to keep a sense of **proportion**.
  항상 균형 감각을 유지 않도록 노력해라.

---

prudent [prú:dənt] a. 신중한(careful), 조심성 있는

pru(앞=pro=before)+dent의 결합.

무계획하게 행동하지 않고 **'매사에 앞을 보고 행동하는=신중한, 조심성 있는'**입니다.

- imprudent [imprú:dənt] a.경솔한(careless), 조심성 없는   • prudently ad.신중하게
- All the ministries need to set up **prudent** and long-term plans for Korean citizens.
  모든 정부 부처는 한국 시민들을 위해 신중하고 장기적인 계획을 세워야 합니다.

접두어 pre

접두어 pre는 before(앞, 이전)입니다. 접두어 pre와 접두어 pro는 같은 뜻입니다.

preach [pri:tʃ] v.전도하다, 설교하다

pre(앞=before)+each(a.각각의)의 결합.

'각각의 사람 앞에 가서 교리를 말하다=**전도하다**'입니다. 기독교를 믿지 아니하는 각각의 사람 앞에 가서 하나님을 믿으라고 하는 것은 전도하고 설교하는 것이죠.

- "Don't **preach** at me!," I shouted.
  "나에게 설교하지 마!"라고 나는 소리쳤다.

preview [príːvjùː] n.미리 보기, 예습, 시사회 vt.시사평을 쓰다 vi.예습하다

pre(앞, 이전=before)+view(보기, 보다=look)의 결합.

'신작 영화를 상영하기 이전에 특정인에게 미리 보여주는 것=**시사회**'입니다. 수업하기 전에 미리 보는 것은 예습이고, 영화 등을 미리 보여주는 것은 시사회죠.

- People crowded to the **preview** of the film.
  사람들이 그 영화 시사회에 몰려들었다.
- From now no, I'll **preview** and review well.
  이제부터, 나는 예습과 복습을 잘할 거야.

precaution [prikɔ́ːʃən] n.조심, 예방(책)

pre(앞, 이전=before)+caution(n.조심)의 결합.

'어떤 일이 일어나기 이전에 미리 조심하는 것=**조심**(caution, care, attention), **예방**'입니다.

- caution n.조심, 주의   • cautious [kɔ́ːʃəs] a.신중한(prudent), 주의 깊은(careful)
- safety precautions 안전 예방책   • precautions against fire 화재 예방책
- You should take **precaution** to prevent car accidents.
  자동차 사고를 예방하기 위해 조심해야 해.

pretext [príːtekst] n.핑계, 변명, 구실

pre(앞, 이전=before)+text(n.본문, 하고 싶은 말)의 결합.

누군가에게 말하기 이전에 '미리 그럴싸하게 만들어 놓은 말=**핑계, 변명**(excuse)'입니다.

- text [tekst] n.본문, 화제, 주제(subject)   • context [kántekst] n.문맥, 정황(situation)
- He tried to put me off with one **pretext** or another.
  그는 이런저런 핑계로 나를 피하려 했다.
- Violence cannot be justified under any **pretext**.
  폭력은 어떤 핑계(변명, 구실)로도 정당화될 수 없어.

prehistoric [prìːhistɔ́ːrik] a.선사시대의

pre(앞, 이전=before)+historic(a.역사의)의 결합.

'**역사 시대 이전의=선사시대의**'입니다. 역사는 문헌 자료를 근거로 하는데 문헌 사료가 전혀 존재하지 않는 석기 시대와 청동기 시대를 선사시대(先史時代)라고 합니다.

- historic [histɔ́rik] a.역사적으로 유명한, 역사의
- It is said that **prehistoric** people ate human flesh.
  선사시대 사람들은 인육을 먹었다고 한다.

unprecedented [ʌnprésədèntid] a.선례(전례)가 없는, 완전 새로운

un(부정=not)+pre(앞, 이전=before)+cede(가다=go)+nted의 결합.

'**이전에 아무도 걸어가 본 적 없는=선례가 없는**'입니다. 한 번도 가보지 않은 새로운 길을 갈 때 '전대미문의, 미증유(未曾有)의'라는 말을 사용합니다. 어근 cede는 어근 편에서 학습.

- The country faces **unprecedented** economic circumstances.
  그 나라는 전례 없는 경제적 환경에 직면해 있다.

prescient [préʃənt] a.미리 아는, 선견지명이 있는

pre(앞, 이전=before)+scien(지식=science)+t의 결합.

'**배우기 이전에 이미 지식을 갖고 있는=선견지명이 있는**(foreseeing, foresighted)'입니다. science는 원래 지식(knowledge)이란 뜻이었는데 시간이 흘러가면서 '과학, 과학적 지식'이란 의미로 축소.

- Your suggestion for an alternative was so **prescient**.
  당신이 대안으로 제시한 것은 너무 선견지명이 있었어요.

premature [prìːmətjúər] a.미숙한, 이른, 시기상조의 n.조산아

pre(앞, 이전=before)+mature(a.성숙한)의 결합.

사람의 육체나 사고가 '**성숙하기 이전의=미숙한, 시기상조의**'입니다.

- mature [mətjúəːr] a.익은(ripe), 성숙한, 신중한(prudent, deliberate)
- The assertion he made was later found to be incorrect and **premature**.
  그의 주장은 나중에 부정확하고 미숙한(시기상조인) 것으로 밝혀졌다.

preliminary [prilímənèri] a.예비의, 준비의 n.예비시험, 예비절차, (경기)예선

pre(앞, 이전=before)+limin(한계, 경계=limit)+ary의 결합.

'**경계 시점이 도달하기 이전에 하는 것=예비절차, 예선**'입니다. 정상회담을 6월 30일 2시로 정했다면 정상회담이 시작되는 2시가 경계선이 됩니다. 경계 시점 이전에 하는 모든 것은 예비절차이고 준비단계입니다. 스포츠에서 본선 경기에 도달하기 이전에 하는 경기는 예선경기지요.

- preliminary talks 예비회담 • pass the preliminary 예선에 통과하다
- The examination is a **preliminary** to entering that college.
  그 시험은 그 대학에 들어가기 위한 예비시험이야.

preoccupy [priːákjəpài] vt.사로잡다, 선점하다

pre(앞, 이전=before)+occupy(vt.차지하다=take up)의 결합.

'어떤 생각 따위가 머리를 먼저 차지하다=사로잡다, 선점하다'입니다.

- occupy [ákjəpài] vt.(시간, 마음, 장소)차지하다, 점유(점거, 점령)하다
- She is always **preoccupied** with her own thing.
  그녀는 항상 자기 일에만 사로잡혀 있다.

prejudice [prédʒudis] n.편견(bias), 선입관 vt.~에 편견을 갖게 하다

pre(앞, 이전=before)+jud(판단하다=judge)+ice의 결합.

'구체적으로 살펴보기 이전에 미리 판단한 것=편견, 선입관'입니다. 선입관(先入觀)은 어떤 대상에 대하여 구체적으로 알기 이전에 이미 마음속에 가지고 있는 관점을 말합니다. 본질을 파악하기 이전에 미리 판단한 것은 편견, 선입관입니다.

- racial prejudice 인종적 편견 • personal prejudice 개인적인 편견
- Their decision was based on ignorance and **prejudice**.
  그들의 결정은 무지와 편견에 기반을 두고 있었다.

present [prézənt] a.지금의, 출석하고 있는 n.현재, 오늘날, 선물 vt.[prizént] 주다, 제안하다

pre(앞, 이전=before)+sent(보내다=send의 과거형)의 결합.

'현재, 출석한 사람에게 선물을 준다'로 기억하세요. '선생님 앞에 몸을 보내 놓은=출석한', '친구 앞으로 보낸 것=선물', '계획서를 담당자 앞으로 보내다=(보여)주다, 제안하다'입니다.

- presentation [prèzəntéiʃən] n.증정, 제출, 발표
- The **present** age demands men of such type.
  현대는 그와 같은 유형의 인물을 요구하고 있다.
- I paid by credit card for the **present**. 선물은 신용카드로 샀어.
- Many people were **present** at the meeting.
  많은 사람이 회의에 참석했어.
- Last week I **presented** the documents.
  지난주에 서류를 제출했습니다.

Day 02

> **접두어 fore** 접두어 fore는 before(앞, 이전)입니다.
> 접두어 fore는 접두어 pro, pre와 같은 뜻으로 위치를 나타내면 앞(front),
> 시간을 나타내면 이전(ago)입니다.

forehead [fɔ́:rhèd] n.이마(brow)

fore(앞, 이전=before)+head(n.머리)의 결합.

'사람 머리의 앞부분에 있는 것=이마'입니다.

- I have a boil on my **forehead**.
  나는 이마에 종기가 있어.

forearm [fɔ́:rɑ̀:rm] n.팔뚝

fore(앞, 이전=before)+arm(n.팔 vt.무장하다)의 결합.

'팔의 앞부분=팔뚝'입니다.

- He caught a fish as big as the length of his **forearm**.
  그는 팔뚝 길이만큼 큰 물고기를 잡았어.

foremost [fɔ́:rmòust] a.첫 번째의, 가장 중요한 ad.맨 먼저

fore(앞, 이전=before)+most(가장, 최고의)의 결합.

'가장 앞에=첫 번째의, 가장 중요한(leading, principal, chief)'입니다. 첫 번째로 해야 하는 일은 가장 중요한 일이기 때문에 '첫 번째의'에서 '가장 중요한'이란 뜻이 파생.

- He is the **foremost** expert in this field.
  그는 이 분야에서 첫 번째의 전문가이다.

forefront [fɔ́:rfrʌ̀nt] n.맨 앞(vanguard), 최전선, 선두

fore(앞, 이전=before)+front(n.앞)의 결합.

'앞의 앞=맨 앞(선두)'이고, 적과 대치하고 있는 맨 앞은 최전선입니다.

- They have been at the **forefront** of the campaign for political change.
  그들은 정치 개혁 운동의 선두에서 계속 활동하고 있다.

foreword [fɔ́:rwə̀:rd] n.머리말, 서문

fore(앞, 이전=before)+word(n.말)의 결합.

'책의 맨 앞에 쓴 말=머리말(preface, prologue)'로 저자가 아닌 타인이 쓴 서문입니다.

- The book has a **foreword** by the President. 그 책에는 대통령이 쓴 서문이 있다.

foresee [fɔ:rsí:] vt.예견하다, 내다보다

fore(앞, 이전=before)+see(보다=look, watch)의 결합.

'어떤 일이 일어나기 이전에 앞으로 일어날 일을 보다=예견하다(foretell, predict)'입니다.

- He said he **foresaw** a negative outcome on the plan.
  그는 그 계획에 관하여 부정적인 결과를 예견한다고 말했다.

foretell [fɔ:rtél] v.예언하다(forecast, predict), 예고(예측)하다

fore(앞, 이전=before)+tell(말하다=say, speak)의 결합.

'어떤 일이 일어나기 이전에 앞으로 일어날 일을 말하다=예언하다'입니다.

- Nobody can **foretell** what will happen tomorrow. 내일 무엇이 일어날지 아무도 예언할 수 없어.

foresight [fɔ́:rsàit] n.선견지명(prescience), 예지, 통찰력(insight)

fore(앞, 이전=before)+sight(n.보기=seeing)의 결합.

'어떤 일이 일어나기 이전에 앞으로 일어날 일을 보는 것=선견지명, 통찰력'입니다.

- They had no **foresight** to invest in new technology. 그들은 신기술에 투자할 선견지명이 없었다.

forewarn [fɔ:rwɔ́:rn] vt.~에게 미리 경고하다

fore(앞, 이전=before)+warn(vt.경고하다)의 결합.

'앞으로 일어날 일에 대해 경고하다=미리 경고하다'입니다. 해외여행을 가면 여행사에서 어느 지역은 좀도둑이 많으니까 항상 가방을 앞으로 메고 다니라고 forewarn 합니다.

- I **forewarned** him that there were pickpockets in the street.
  나는 거리에 소매치기들이 있다고 그에게 미리 경고해 주었다.

foreshadow [fɔ:rʃǽdou] vt.~의 전조가 되다, (나쁜 것)암시하다

fore(앞, 이전=before)+shadow(그림자, 그림자를 드리우다)의 결합.

'앞에 그림자를 드리우다=~의 전조가 되다(portend), (나쁜 것)암시하다'입니다. 영화에서 배가 출항하는 시점에 먼 곳에 있는 폭풍우를 함께 보여주면 앞으로 나쁜 일이 일어난다는 것을 암시해 주는 것이죠.

- The failure of the project **foreshadowed** the crisis of the company.
  그 계획의 실패는 회사 위기의 전조가 되었다.
- The beginning of the book **foreshadows** the novel's tragic ending.
  그 소설의 시작은 비극적 결말을 암시하고 있다.

forebear [fɔ́:rbɛ̀ə:r] n.선조, 조상

fore(앞, 이전=before)+bear(vt.낳다=give birth to)의 결합.

'내가 태어나기 이전에 낳은(태어난) 사람=선조(ancestor, forefather, forerunner)'입니다.

- I can't help laughing when he boasts of his **forebears**.
  나는 그가 자기 조상을 자랑할 때 웃음을 참을 수가 없어.

forefather [fɔ́:rfɑ̀:ðə:r] n.선조, 조상

fore(앞, 이전=before)+father(아버지)의 결합.

'아버지 이전에 태어난 사람들=선조(ancestor, forebear, forerunner)'입니다. 아버지 이전의 아버지는 할아버지, 할아버지 이전의 아버지는 증조할아버지, 그다음은 고조할아버지입니다. 아버지 이전에 태어난 사람들은 선조, 조상이죠.

- They gave thanks to their **forefathers** before having a meal.
  그들은 식사 전에 그들의 조상에게 감사 기도를 드렸다.

forecast [fɔ́:rkæ̀st] n.예상, 예측 v.예상하다(expect, anticipate)

fore(앞, 이전=before)+cast(vt.던지다=throw)의 결합.

'앞으로 어떤 일이 일어날지 무엇을 던져 점쳐보다=예상하다'입니다. 옛날에는 전쟁이나 사냥을 시작하기 전에 주술사(무당)들이 무엇을 던져 앞일을 예상하는 점을 치곤했습니다. 우리나라 무당들은 쌀이나 엽전 등을 던져 점을 치지요.

- business forecast 경기 예측   • weather forecast 일기 예보
- Temperatures are **forecast** to hit record lows tomorrow.
  내일 기온이 사상 최저를 기록할 것으로 예상된다.

forward [fɔ́:rwə:rd] ad.앞으로(forth) a.앞의, 진보적인 vt.보내다(send)

fore(앞, 이전=before)+ward(~쪽으로)의 결합.

축구에서 공격수를 FW라고 하는데 forward의 줄임말입니다. 포워드(forward)는 골을 넣기 위해 앞으로 공격하는 역할을 하지요. **앞으로** 나아가는 사고는 진보적인 사고이고, 감독은 골을 넣기 위해 공격수를 앞으로 보내기 때문에 '**앞으로**'에서 '**진보적인, 보내다**'라는 뜻이 파생.

- a forward opinion 진보적인 의견   • a forward party 진보적 정당
- We **look forward to** more and more foreigners learning Hangul.
  우리는 점점 더 많은 외국인이 한글을 배우기를 기대한다.

접두어 ante

접두어 ante는 before(앞, 이전)입니다.
유사철자 anti, anci, an은 ante의 변형. 접두어 pro, pre, fore, ante는 모두 before(앞, 이전)입니다.

anteroom [ǽntirùm] n.대기실, 곁방

ante(앞, 이전=before)+room(방)의 결합.

'주인을 만나기 이전에 대기하며 기다리는 방=대기실(waiting room)'입니다.

- Would you mind waiting in the **anteroom**? 대기실에서 기다려주시겠어요?

antedate [ǽntidèit] vt.~보다 먼저 일어나다, ~을 앞당기다

ante(앞, 이전=before)+date(n.날짜 vt.~에 날짜를 적다)의 결합.

'일이 발생한 날짜가 다른 날짜보다 이전에 있다=먼저 일어나다'이고, '앞에 있는 날짜에 할 일을 옮겨 적다=(날짜)를 앞당기다'입니다. 발생한 사건들을 시간대로 나열하여 날짜가 앞에 있으면 앞에 있는 것이 먼저 일어난 것입니다. 15일에 할 일을 앞에 있는 13일에 놓으면 날짜를 앞당기는 것이죠.

- The American Revolution **antedates** the French Revolution by 14 years.
  미국의 독립전쟁은 프랑스 혁명보다 14년 차이로 먼저 일어났다.
- The cold weather **antedated** my departure from the country.
  추운 날씨는 그 나라에서의 나의 출발을 앞당겼다.

anterior [æntíəriər] a.앞의(front), 이전의(before, ago)

ante(앞, 이전=before)+ri+or(보다=than)의 결합.

다른 것보다 '앞의, 이전의'입니다.

- It is an event **anterior to** the murder. 그것은 살인 사건보다 이전에 일어난 사건입니다.

anticrime [ǽntikràim] a.방범의

anti(앞, 이전=before)+crime(n.범죄=offense)의 결합.

'범죄가 일어나기 이전에 범죄를 막는 것=방범(防犯)'입니다.

- Congress is trying to put together an **anticrime** bill.
  의회는 범죄방지 법안을 추진하고 있다.

antique [æntíːk] n.골동품(curio) a.옛날의(ancient), 고대 풍의(archaic)

anti(앞, 이전=before)+que의 결합.

'오래된 옛날(이전) 물건=골동품'입니다. 앤틱(antique) 가구는 옛날에 유럽에서 사용하던 유럽풍 가구입니다.

- antique furniture 옛날 가구 • antique car 옛날 자동차
- Where did you get this **antique**? 이 골동품 어디서 샀어?

anticipate [æntísəpèit] vt.예상하다, 기대하다(expect)

anti(앞, 이전=before)+cip(잡다=take)+ate의 결합.

'어떤 일이 일어나기 이전에 결과를 미리 잡아보다=예상하다(foresee, forecast)'입니다. 사람은 좋은 일이 일어날 것으로 예상하면 실제로 그런 일이 일어나기를 기대하기 때문에 '예상하다'에서 '기대하다'라는 뜻이 파생. 어근 cip(잡다=take)는 어근 편에서 학습.

- anticipant [æntísəpənt] a.기대하는
- anticipation [æntìsəpéiʃən] n.예상, 기대
- We **anticipate** that sales will rise next year.
  우리는 내년에 매출이 오를 것이라고 예상(기대)합니다.

ancestor [ǽnsestər] n.선조, 조상(forefather, forebear, forerunner)

an(앞, 이전=ante=before)+cest(가다=go)+or(행위자)의 결합.

'우리 이전에 살아간 사람들=선조, 조상'입니다.

- **Ancestor** worship is a common custom in Asian countries.
  조상 숭배는 아시아 국가에서는 일반적인 관습이다.

접두어 post

접두어 post는 after(뒤, 이후)입니다.
after는 위치를 나타내면 뒤, 시간을 나타내면 이후(다음)입니다. 프로야구나 배구 등의 포스트 시즌(post season)은 정규 리그가 끝난 후에 최종 우승팀을 가리기 위해 벌이는 경기죠.

postwar [póustwɔ́:r] a.전후의

post(뒤, 후=after)+war(전쟁)의 결합.

postwar는 '전후(戰後)의'이고, prewar[prí:wɔ́:r]는 pre(이전=before)+war(전쟁)의 결합으로 '전전(戰前)의'입니다.

- The **postwar** birth rate in Korea increased rapidly.
  한국에서 전후의 출생률은 급속히 증가했다.

postscript [póustskrìpt] n.추신, 후기

post(뒤, 후=after)+script(n.손으로 쓴 글, 원고)의 결합.

'편지를 다 쓴 후에 마지막에 추가로 쓴 글=추신'입니다. 편지를 다 쓴 후에 빠뜨린 것이 있을 때 P.S.(추신)라고 표시하고 내용을 추가하는데 postscript의 약자입니다.

- She added a **postscript** to her letter.
  그녀는 편지에 추신을 덧붙였다.

posterity [pɑstérəti] n.후손, 자손

post(뒤, 후=after)+er(사람)+ity의 결합.

'자신 이후에 태어난 다음 세대 사람=후손(descendant, offspring)'입니다.

- King Sejong left a lot of cultural heritages for **posterity**.
  세종대왕은 후손을 위해 많은 문화유산을 남겼다.

posterior [pɑstíəriər] a.뒤의, 후의, 다음의 n.엉덩이(뒤에 있는 것)

post(뒤, 후=after)+eri+or(보다=than)의 결합.

'무엇보다 뒤에(후에) 있는=뒤의, 다음의'입니다. posterior는 한정 용법으로만 사용.

- **Posterior to** the year 2002, Korean soccer team became famous around the world.
  2002년 이후에, 한국 축구팀은 국제적으로 유명해졌다.

postgraduate [póustgrǽdʒuit] a.대학원의 n.대학원생(graduate student)

post(뒤, 후=after)+graduate(n.졸업자 vi.졸업하다)의 결합.

'대학교를 졸업한 이후의 학생=대학원생'입니다. 대학생은 a college(university) student, an undergraduate 입니다.

- He went to Oxford as a **postgraduate** to study economics.
  그는 경제학을 공부하는 대학원생으로서 옥스퍼드에 다녔다.

접두어 with

접두어 with는 back(뒤), opposite(반대)입니다.
등(뒤)을 돌리는 것은 반대하는 것이기 때문에 '뒤'에서 '반대'라는 뜻이 파생.
접두어 with와 전치사 with(~와, 함께)는 뜻이 전혀 다릅니다.

withdraw [wiðdrɔ́ː] vt.철수하다, 철회(취소)하다, (돈)인출하다 vi.물러나다, 철수하다

with(뒤=back)+draw(vt.당기다=pull)의 결합.

'뒤로 끌어당기다=철수하다, 철회하다, 인출하다(draw out)'입니다. 파견한 군인과 탱크를 뒤로 끌어당기면 철수하는 것이고, 상정한 법안이나 내뱉은 약속을 뒤로 끌어당기면 철회(취소)하는 것입니다. 현금 인출기 안에 있는 돈을 잡아 뒤로 끌어당기면 현금을 찾는(인출하는) 것이죠. 모두 '뒤로 끌어당기다'라는 뜻에서 파생.

- They threatened to **withdraw** from the talks.
  그들은 회담에서 철수하겠다고 위협했다. vi.

- How much money would you like to **withdraw**?
  돈을 얼마나 찾고(인출하고) 싶은가요? vt.

withhold [wiðhóuld] vt. 보류하다, 억제(제지)하다

with(뒤=back)+hold(vt.갖고 있다=have)의 결합.

'일을 처리하지 않고 뒤에 갖고 있다=보류하다(retain), 억제하다(repress, restrain)'입니다. 맡은 일을 처리하지 않고 뒤에 있는 보류함에 보관하고 있으면 일을 보류하는 것입니다. '야, 죽고 싶냐?'라고 내뱉으려던 말을 뒤로 끌어당겨 가슴에 갖고 있으면 감정을 억제(제지)하는 것이죠.

- If I were you, I'd **withhold** the judgment.
  내가 너라면 그 판단을 보류할 거야.
- **Withholding** tears is no more beneficial to our body than keeping laughter back is.
  눈물을 억제하는 것은 웃음을 참는 것보다 우리 몸에 더 이롭지 않습니다.

withstand [wiðstǽnd] vt. 저항하다, 견디다, 참다

with(뒤, 반대=back)+stand(vi.서 있다)의 결합.

'반대편에 계속 서 있다=저항하다, 견디다, 참다(stand, endure, put up with)'입니다. 저항은 공격에 물러서지 않고 참고 견디는 것이기 때문에 '저항하다'에서 '참다, 견디다'라는 뜻이 파생.

- It's not easy to **withstand** torture.
  고문을 견디기는 쉽지 않아.
- Cars today are designed to **withstand** collisions by absorbing the impact.
  최신 자동차는 충격을 흡수함으로써 충돌에 견딜 수 있도록 설계되어있다.

Day 03~04

접두어 re

접두어 re는 back(뒤), again(다시, 계속), opposite(반대), 강조입니다. 알루미늄 캔에는 화살표가 회전하는 삼각형 모양의 재활용(recycle) 표시가 있는데, 알루미늄 캔을 맨 처음인 뒤(re)로 되돌아가 다시(re) 한 번 더, 계속(re) 재활용할 수 있다는 것을 알려줍니다. 사용하고 또다시 사용할 수 있다는 것은 확실히 재사용할 수 있다고 강조(completely)하는 것이죠. 함께 하는 사람에게 뒤(back=등)를 돌린다는 것은 반대(re)하는 것입니다. 접두어 re는 back(뒤)에서 again(다시, 계속), opposite(반대), 강조(completely)라는 뜻이 파생됩니다.

rebuke [ribjú:k] vt.비난하다, 야단치다 n.비난, 야단, 질책

re(뒤=back)+buke(나무=bush)의 결합.

'나뭇가지로 뒤(등)를 때리다=비난하다(reproach, criticize, reprove)'입니다. 나뭇가지로 노예나 하인의 등을 때리는 것은 일을 잘못했다고 비난하고 야단치는 것이죠.

- The teacher **rebuked** him for not doing his assignment. 선생님은 숙제를 하지 않아서 그를 야단쳤다.

reflect [riflékt] vt.비추다, 반사하다, 반영하다 vi.반성하다, 깊이 생각하다

re(뒤=back)+flect(구부리다=flex)의 결합.

'등(뒤)을 구부려 맑은 물을 들여다보다=비추다, 반사하다'입니다. 등을 구부려 맑은 물에 자신의 얼굴을 비추어 반사되는 자신의 얼굴을 보는 행위에서 유래. 자신의 얼굴을 물(거울)에 비추어 보는 것은 자신의 행동을 반성하는 것입니다.

- The ingredients in sunscreen **reflect** the harmful rays of the sun.
  자외선 차단제에 있는 성분은 태양의 해로운 광선을 반사시킵니다.
- President must **reflect** different opinions of the civil society for national unity.
  대통령은 국가 통합을 위해 시민사회의 서로 다른 의견을 반영해야 합니다.

refuge [réfju:dʒ] n.피난(소), 은신처, 보호시설(쉼터)

re(뒤=back)+fuge(도망치다=flee)의 결합.

'적이 쳐들어 왔을 때 집 뒤에 도망쳐 숨는 곳=피난소, 은신처(shelter)'입니다.

- a refuge for the homeless 노숙자들 쉼터
- Unhappily, that place wasn't a **refuge**, it was a prison.
  불행하게도, 그곳은 피난처가 아니라 감옥이었다.

refrain [rifréin] vi.그만두다, 삼가다, 자제(억제)하다

re(뒤=back)+frain(잡아당기다=strain)의 결합.

'앞으로 뻗으려는 손을 뒤로 잡아당기다=그만두다(stop, quit), 삼가다(abstain)'입니다. 담배를 잡으려고 앞으로 뻗는 손을 뒤로 잡아당기면 흡연을 그만두고 삼가는 것이고, '개자식'이라고 내뱉으려는 말을 뒤로 잡아당기면 감정을 자제(억제)하는 것이죠.

- He had to **refrain from** smok**ing** because of his illness. 그는 병 때문에 담배를 삼가야(그만두어야) 했다.

restrain [ristréin] vt.억제하다(억누르다), 제한(제지)하다

re(뒤=back)+strain(잡아당기다=draw)의 결합.

'앞으로 뻗으려는 손을 뒤로 잡아당기다=억제하다(repress, suppress)'입니다. refrain(억제하다)과 restrain(억제하다)은 어원 결합이 같은 동의어로 refrain은 vi이고, refrain은 vt입니다.

- strain [strein] vt.잡아당기다, 긴장시키다 • restraint [ristréint] n.제지, 금지, 억제
- She was so angry that she could hardly **restrain** herself.
  그녀는 너무 화가 나서 자신을 억제할(억누를) 수 없었다.

recoil [rikɔ́il] n.(용수철)반동, 뒷걸음질 vi.뒷걸음질 치다, 움찔하다

re(뒤=back)+coil(n.코일 vt.뚤뚤 감다)의 결합.

'사람 몸이 용수철(코일)처럼 뒤로 움직이다=뒷걸음질 치다, 움찔하다'입니다. 철사를 감아놓은 코일(용수철)을 앞으로 당겼다가 놓으면 뒤로 되돌아가는 것처럼 사람 몸이 앞으로 나가려다가 뒤로 움직이는 것은 움찔하고 뒷걸음질 치는 것이지요.

- He **recoiled** in horror at the sight of the corpse. 그는 그 시체를 보고 공포심에 뒷걸음질 쳤다(움찔했다).

refund [rí:fʌnd] n.환불, 상환 v.환불하다(pay back, repay), 상환하다

re(뒤=back)+fund(n.기금, 자금)의 결합.

'받은 돈이나 빌린 돈을 되돌려주다=환불(상환)하다'입니다. 구입한 물건을 되돌려주고 지불한 돈을 되돌려 받는 것은 환불, 빌린 돈을 되돌려 주는 것은 상환입니다.

- Can I **refund** the ticket I bought? 제가 산 티켓을 환불받을 수 있을까요?

recycle [ri:sáikəl] vt.재활용하다(reuse, reutilize)

re(다시, 계속=again)+cycle(vt.순환시키다=rotate)의 결합.

'사용한 것을 다시, 또다시 순환시키다=재활용하다'입니다. 한 번 사용한 캔을 다시 한 번 사용하고, 또다시 한 번 사용하면 계속 사용하는 것이기 때문에 '다시 한 번, 또다시=계속'입니다. 어근 cycle만으로 단어의 의미를 파악할 수 있지요.

- cycle [sáikl] n.순환(한 바퀴), 주기 vt.순환시키다(circulate, rotate) vi.순환하다
- If we **recycle** paper, we can save a lot of trees.
  우리가 종이를 재활용하면, 많은 나무를 구할 수 있습니다.

rebate [ríːbeit] n.할인(discount), (지불액 일부)환불, 리베이트

re(다시, 계속=again)+bat(vt.치다=beat, hit)+e의 결합.

정상 판매 가격에서 '**가격을 다시 낮게 후려치는 것=할인**'입니다. 물건을 판매하고 판매 금액의 일부를 구매자에게 **환불**해 주는 것이 **리베이트(rebate)**입니다. 판매 금액의 일부를 구매자에게 **환불**해 주는 것은 제품 가격을 **할인**해 주는 것이죠.

- Automakers are luring buyers with cash **rebate**.
  자동차 회사들은 현금 할인으로 구매자들을 유혹하고 있다.

replace [ripléis] vt.제자리에 놓다, 치워버리다(대체하다, 교체하다)

re(다시, 계속=again)+place(vt.놓다=put, lay)의 결합.

'원래 있던 곳에 다시 놓다=제자리에 놓다'이고, '다른 곳에 다시 옮겨 놓다=치워버리다'입니다. 책을 읽고 원래 자리에 다시 놓는 것은 책을 제자리에 놓는 것입니다. 더 이상 커피를 마시지 않으려고 테이블 위의 커피를 다시 다른 곳에 옮겨 놓으면 커피를 치워버리는 것입니다. 커피를 치운 자리에 녹차를 놓으면 커피를 녹차로 대체하고, 교체하는 것이죠.

- replacement [ripléismənt] n.반환, 대체(물), 교체(물), 복직
- irreplaceable [iripléisəbəl] a.대체할 수 없는
- We are going to **replace** the walls and the floor.
  우리는 벽과 마루를 교체할 계획입니다.

reconcile [rékənsàil] vt.조정하다(화해시키다)(mediate), 조화시키다

re(다시, 계속=again)+concile(n.회의, 모임=meeting)의 결합.

헤어진 두 사람을 '**다시 회의에 나오게 만들다=조정하다**'입니다. 회사와 노조가 임상 협상에서 결렬되었을 때 조정자가 회사 측과 노조 측을 다시 회의에 나오게 하는 것은 조정하고 화해시키는 것입니다.

- council [káunsəl] n.회의(meeting), 지방 의회
- irreconcilable [irékənsàiləbəl] a.조화할 수 없는, 화해할 수 없는
- There is no way to **reconcile** the two stances.
  두 가지 입장을 조정할 어떤 방법도 없네요.

recruit [rikrúːt] vt.모집하다 vi.회원(신병)을 모집하다 n.신병, 신입사원, 신입회원

re(다시, 계속=again)+cruit(자라다, 성장하다=grow)의 결합.

'**회사, 조직, 군대 등을 계속 자라고 성장하게 하다=모집하다**'입니다. 회사, 군대, 카페를 성장하고 자라게 하려면 신입회원을 계속 모집해야 합니다. 군대의 신입회원은 신병, 회사의 신입회원은 신입사원이죠. **리쿠르트(recruit)**란 이름을 가진 사이트, 잡지, 회사는 모두 신입사원 모집 정보를 제공하는 곳입니다.

- We are **recruiting** volunteers to take care of the homeless.
  우리는 노숙자를 돌볼 자원봉사자를 모집하고 있습니다.
- Some people were unfriendly to the new **recruit**.
  몇몇 사람들은 신입회원(신입사원, 신병)에게 불친절했다.

recover [rikʌ́vəːr] v.(잃어버린 것)되찾다, 회복하다

re(다시, 계속=again)+cover(vt.덮다)의 결합.

상처가 나을 때까지 '상처에 약을 다시(계속) 덮다=되찾다(regain, restore)'입니다. 몸에 상처가 났을 때 상처에 연고를 계속 덮어 보세요. 원래 피부를 되찾고, 상처를 회복하게 됩니다.

- recovery [rikʌ́vəri] n.회복(restoration), 복구, (병)쾌유
- Chances that you'll **recover** the lost money are almost zero.
  네가 분실한 돈을 되찾을 가능성은 거의 제로야.

rehearse [rihə́ːrs] vt.예행연습을 하다

re(다시, 계속=again)+hearse(써레질하다)의 결합.

리허설(rehearsal-반복 예행연습)이란 영어 단어에 익숙할 것입니다. 써레질은 벼를 심기 위하여 써레를 이용하여 반복하여 논바닥을 고르는 일.

- Before the interview, anticipate any tough questions and **rehearse** your answers.
  면접 전에, 어떤 거친(곤란한) 질문들을 예상하고 대답을 예행 연습하세요.

refine [rifáin] vt.정제하다(purify), 개선(개량)하다, 세련되게 하다

re(다시, 계속=again)+fine(a.좋은, 고운, 미세한)의 결합.

'계속 걸러서 더 좋은, 더 고운 상태로 만들다=정제하다, 개선하다(improve, reform)'입니다. 원유를 정제하면 휘발유, 경유, 등유가 나오지요. 불순물을 계속 걸러 품질이 더 좋은 상태로 만드는 것이 정제입니다.

- fine a.훌륭한, 세련된, 고운, 미세한, (실)가는, 벌금 vt.정제하다, 벌금을 물리다
- refinement [rifáinmənt] n.정제, 개선(improvement, reform), 세련 • refine one's thoughts 생각을 정제(순화)하다
- She is **refined** and well-dressed, but she has no elegance.
  그녀는 세련되고 옷을 잘 입지만 우아함이 없어요.

reinforce [rìːinfɔ́ːrs] vt.강화하다, 보강(증강)하다 n.보강재

re(다시, 계속=again)+in(안으로)+force(n.힘, 병력, 군대)의 결합.

'부대 안으로 계속 무기와 군인을 집어넣다=강화하다(strengthen)'입니다. 부대 안으로 계속 군인과 무기를 집어넣으면 부대를 강화하는 것이고, 갈라진 벽 틈 안으로 계속 시멘트를 넣으면 벽을 보강하는 것입니다.

- reinforce an army 군대를 강화하다 • reinforced plastic 강화 플라스틱
- We should **reinforce** public education. 우리는 공교육을 강화해야 합니다.

renowned [rináund] a.유명한(famous, prominent, distinguished, noted)

re(다시, 계속=again)+nowm(이름=name)+ed의 결합.

'사람 입에서 이름이 계속 회자되는=유명한'입니다. 김연아, 박찬호처럼 사람 입에서 계속 돌아다니는 이름은 유명한 사람이죠.

- Australia **is renowned for** its various natural resources.
  호주는 다양한 천연자원으로 유명합니다.

repent [ripént] v.후회하다(regret), 유감으로 생각하다

re(다시, 계속=again)+pen(벌=penal)+t의 결합.

'**자신에게 계속 벌을 가하다=후회하다**'입니다. '이런 못난 놈'이라고 하면서 손으로 머리를 치며 자신에게 계속 벌을 주는 것은 후회하는 것이죠.

- penal [pí:nəl] a.형(刑)의, 형벌의 • penalty [pénəlti] n.형, 형벌, 벌금
- Don't you **repent of** having wasted your money so foolishly?
  너는 돈을 그렇게 어리석게 낭비한 것을 후회하지 않아?

regret [rigrét] n.후회, 유감 vt.후회하다(repent), 가엾게(유감으로) 생각하다

re(다시, 계속=again)+gret(울다=weep, cry)의 결합.

'**자신의 행위를 되돌아보며 계속 울다=후회하다**'입니다. 자신의 행위를 되돌아보며 우는 것은 후회하는 것이고, 누군가 후회하는 모습을 보면 가엾다는 생각이 들기 때문에 '**후회하다**'에서 '**가엾게 생각하다**'는 뜻이 파생.

- You'll **regret** it if you miss it. 그것을 놓치면 당신은 후회할 것입니다.
- We **regret** this service is temporarily unavailable.
  이 서비스는 일시적으로 이용할 수 없어 유감으로 생각합니다.

relieve [rilí:v] vt.줄이다(reduce, lessen, lighten), 완화시키다, 안심시키다, 교대하다(rotate)

re(다시, 계속=again)+lieve(들어 올리다=lift up)의 결합.

'**짐의 일부를 계속 들어 올려주다=줄이다, 안심시키다(ease)**'입니다. 많은 짐을 지고 가는 사람에게 짐의 일부를 계속 들어 올려주면 부담과 고통을 줄이고 완화시켜 주지요. 고통과 부담을 줄여주면 안심하게 되고, 상대편의 부담을 줄여주기 위해 자리를 교대하기 때문에 '**줄이다**'에서 '**안심시키다, 교대하다**'는 뜻이 파생.

- relief [rilí:f] n.경감(reduction), 완화(relaxation), 안심(ease), 교대(rotation)
- Green makes people feel comfortable and **relieves** their stress.
  녹색은 사람들을 편하게 해주고, 스트레스를 완화시켜줍니다.
- I was so **relieved** that nothing had happened to her.
  그녀에게 아무 일도 일어나지 않아서 정말 안심했다.

relevant [réləvənt] a.관련 있는(연관된), 적절한

re(다시, 계속=again)+lev(지렛대=lever)+ant의 결합.

'**지렛대를 계속 넣어 주는=관련 있는(related, associated), 적절한(proper)**'입니다. 마차를 타고 가다가 바퀴가 구덩이에 빠지면 마부는 말을 움직이고 옆에 있는 조수는 지렛대를 사용하여 바퀴가 빠져나올 수 있도록 합니다. 지렛대를 넣는 일은 적절한 일이고, 조수는 마부와 서로 관련 있는 사람이죠.

- irrelevant [iréləvənt] a.관련 없는(unrelated), 부적절한(improper, unsuitable)
- relevant articles 관련 기사 • relevant experience 관련된 경험
- Her novels **is relevant to** her personal experience.
  그녀의 소설은 그녀의 개인적인 경험과 관련이 있다.

remind [rimáind] vt. ~에게 생각(기억)나게 만들다, 상기시키다

re(다시, 계속=again)+mind(n.기억, 마음)의 결합.

잊어버린 것을 '다시 기억하게 만들다=상기시키다(recollect, recall)'입니다.

- **Remind** me to phone her before I go out. 내가 나가기 전에 그녀에게 전화하라고 상기시켜 줘.

remedy [rémədi] n. 치료(약), 해결책(solution) vt. 치료하다

re(다시, 계속=re)+medy(약=medicine)의 결합.

환자가 다 나을 때까지 '계속 약을 처방하다=치료하다(cure, heal)'입니다. 약은 병을 낫게 하는 해결책이죠. '**메디**안 치약, 오라**메디** 연고, **메디**컬 센터'에서 메디(medi)는 '약, 치료'라는 뜻입니다.

- medicine [médəsən] n. 약, 약물
- medical [médikəl] a. 의학의, 의약의, 내과의
- There is no simple **remedy** for unemployment. 실업 문제 해결을 위한 간단한 해결책(치료약)은 없어.

retrieve [ritríːv] vt. 되찾다(regain, recover), 회수하다, 구출하다

re(다시, 계속=again)+tri(시도하다=try)+eve의 결합.

'계속 시도해서 잃어버린 것을 가져오다=되찾다, 구출하다(rescue)'입니다. 계속 시도해서 잃어버린 것이나 제자리에 있어야 할 것을 가져오는 것은 되찾고 회수하는 것입니다. 적으로부터, 위험으로부터 되찾아 오는 것은 구출하는 것이죠.

- retrieval [ritríːvəl] n. 되찾아 오기(회복, 복구, 구출)
- Can I **retrieve** my lost money. 분실한 나의 돈을 되찾을 수 있을까요?

represent [rèprizént] vt. 대표(상징)하다(stand for), 말(설명)하다(say, state)

re(다시, 계속=again)+present(앞의, 현재의, 주다, 선물)의 결합.

'또다시, 계속 단상 앞에 나오다=대표하다, 말하다'입니다. 교실에서 계속 단상 앞에 나와서 전달사항을 전달하는 반장은 반을 대표하지요. 대표는 전체를 대표하여 말(설명)하기 때문에 '**대표하다**'에서 '**말하다**'는 뜻이 파생.

- representative [rèprizéntətiv] n. 대표자, 대리인 a. 대표적인, 전형적인
- representation [rèprizentéiʃən] n. 대표(단), 설명(explanation), 표현
- The association was formed to **represent** the interests of writers.
 그 협회는 작가들의 이익을 대변(말, 설명)하기 위해 결성되었다.

reproach [ripróutʃ] vt. 비난하다(blame, condemn, reprove), 꾸짖다(scold) n. 비난

re(다시, 계속=again)+pro(앞=before)+ach의 결합.

'잘못한 사람을 자기 앞에 계속 불러 말하다=비난하다'입니다. 선생님이 잘못이 있는 학생을 자기 앞에 계속 불러 말하는 것은 비난하고, 나무라고, 꾸짖는 것입니다.

- The teacher **reproached** me for not answering.
 선생님은 대답을 안 한다고 나를 꾸짖었다.

reproduce [rìːprədjúːs] vt.다시 만들어내다, 복사하다(copy), 재생하다 vi.번식하다

re(다시, 계속=again)+produce(v.생산하다)의 결합.

'똑같은 것을 다시, 계속 생산하다=복사, 복제, 재생, 재현, 번식하다'입니다. 똑같은 그림과 글을 다시 생산하는 것은 복사(복제), 같은 상황을 다시 만들어 내는 것은 재현(재생), 동물이 자기와 같은 것을 다시 만들어 내는 것은 번식입니다. '다시 만들어내다=복사, 복제, 재생, 재현, 번식하다'입니다.

- It is illegal to **reproduce** books without permission from the publisher.
  출판사 허락 없이 책을 복제(복사)하는 것은 불법입니다.

refute [rifjúːt] vt.반박(논박)하다, 이의를 제기하다

re(다시, 계속=again)+fute(치다=beat, hit)의 결합.

'상대편의 말을 듣고 다시 되받아치다=반박하다(disprove, contradict)'입니다.

- refutation [rèfjutéiʃən] n.반박(contradiction), 논박
- Even if I disagreed with you, I would not **refute** you.
  내가 너와 의견이 다를지라도, 네 말에 반박하진 않을 거야.

rebirth [riːbə́ːrθ] n.다시 태어남, 부활, 소생, 갱생

re(다시=again)+birth(n.태어남, 출생)의 결합.

죽었거나 쇠퇴했던 것이 '다시 태어나는 것=부활(revival)'입니다.

- The Renaissance period in Europe was a **rebirth** of ideas.
  유럽에서 르네상스 기간은 아이디어의 부활이었다.

regain [rigéin] vt.되찾다, 회복하다

re(다시=again)+gain(v.얻다, 획득하다=get, obtain)의 결합.

'잃어버린 것을 다시 얻고 획득하다=되찾다(recover, restore, get back)'입니다.

- regain one's health 건강을 되찾다   • regain consciousness 의식을 되찾다
- I am confident you will **regain** your previous form.
  나는 네가 너의 예전 모습을 되찾을 것이라고 확신해.

remove [rimúːv] vt.제거하다(없애다, 치우다), 해고하다 vi.이사하다

re(다시=again)+move(vt.옮기다=transfer)의 결합.

필요 없는 물건을 '다른 곳으로 다시 옮기다=제거하다'입니다. 필요 없는 물건을 다른 곳으로 다시 옮기는 것은 없애고, 치우고, 제거하는 것이죠. 회사에서 불필요한 직원을 제거하는 것은 해고(해임)입니다. 거주지를 바꾸기 위해 집을 다시 옮기는 것은 이사하는 것으로, 이사는 주로 move를 사용.

- removal [rimúːvəl] n.이동, 제거(exclusion, elimination), 해고(dismissal)
- **Removing** all nuclear weapons in the world is impossible.
  전 세계의 모든 핵무기를 없애는(제거하는) 것은 불가능합니다.

renew [rinjú:] vt.다시 시작하다(재개하다), 갱신하다, 연장하다

re(다시=again)+new(a.새로운)의 결합.

'다시 새롭게 시작하다=다시 시작하다(resume)'입니다. 끝난 공격을 다시 시작하는 것은 공격을 재개하는 것이고 여권, 자격증, 카드처럼 유효기간이 끝난 것을 처음부터 다시 시작하도록 하는 것은 갱신하고 연장하는 것입니다. '다시 시작하다'는 상황에 따라 '재개하다, 갱신하다, 연장하다'가 됩니다.

- The rebel army **renewed** its assault on the capital.
  반군은 수도에 대한 맹공을 다시 시작했다(재개했다).
- I have to **renew** my driver's license.
  나는 오늘 운전면허증을 갱신해야 해.

retouch [ri:tʌ́tʃ] vt.(문장, 그림, 화장)손질하다, 수정하다

re(다시=again)+touch(vt.손대다, 만지다)의 결합.

'무엇을 완성한 후에 다시 손대다=손질하다, 수정하다(revise, modify)'입니다. 사진, 그림, 문장을 완성한 다음에 마음에 들지 않는 부분을 다시 손대는 경우가 많지요. '다시 손대다=손질하다, 수정하다'입니다.

- This picture seems to have been **retouched** by somebody else.
  이 그림은 다른 누군가에 의해 손질(수정)된 것처럼 보입니다.

retire [ritáiə:r] vi.물러나다, 은퇴(퇴직)하다

re(강조=completely)+tire(vi.피곤하다, 지치다)의 결합.

'오랜 기간 계속 일해서 완전히 지치다=은퇴(퇴직)하다'입니다. 수십 년 동안 직장에서 근무하면 신체 기능이 타이어(tire)처럼 완전히 닳아서 누구나 퇴직(은퇴)하게 됩니다. '완전히 지치다=(그 결과)은퇴하다'입니다.

- tire [taiə:r] n.타이어 vt.피곤하게 만들다 vi.피곤하다 • retirement [ritáiə:rmənt] n.은퇴, 퇴직
- The company's official **retiring** age is 65.
  그 기업의 공식적인 퇴직 연령은 65세이다.
- There are countless **retired** people who act as the biggest patrons of casinos.
  카지노의 가장 큰 단골손님으로 활동하는 수많은 은퇴한 사람들이 있다.

restrict [ristríkt] vt.제한(규제)하다, 금지하다

re(강조=completely)+strict(a.엄격한=severe, stern)의 결합.

'완전히 엄격한 상태를 유지하다=제한하다(limit), 금지하다(prohibit, ban, forbid)'입니다. 학교 앞 자동차 주행속도를 시속 30km로 엄격하게 적용하면 속도를 30km로 제한하고, 과속을 금지하는 것이지요.

- strict [strikt] a.엄격한(severe, stern), 엄한
- restriction [ristríkʃən] n.제한(limitation, restriction), 한정
- That's why teachers **restrict** cell phone use at school.
  그것이 선생님들이 학교에서 휴대폰 사용을 제한(규제, 금지)하는 이유야.

recommend [rèkəménd] vt.추천하다, 권하다

re(강조=completely)+commend(vt.추천하다)의 결합.

recommend(추천하다)와 commend(추천하다)는 동의어입니다.

- recommendation [rèkəmendéiʃən] n.추천, 권고(advice, counsel)
- Can you **recommend** any good restaurants near here?
  이 근처에 어떤 좋은 음식점 추천해 주시겠어요?

recreation [rèkriéiʃən] n.휴양, 오락(레크리에이션), 기분전환

re(강조=completely)+creation(n.만들기)의 결합.

'사람의 기분을 완전히 새롭게 만드는 것=오락(amusement, pastime)'입니다.

- recreate [rèkriéit] v.휴양시키다(하다), 기분전환 시키다(하다)
- Some films have combined education with **recreation**.
  어떤 영화들은 교육과 오락을 결합시켜 놓았다.

remark [rimά:rk] v.말(언급, 논평, 발언)하다, 주목하다 n.말(언급, 논평), 주목

re(강조=completely)+mark(표시, 표시하다=sign)의 결합.

'자기 생각을 확실하게 표시하다=말하다(say, state, comment)'입니다. 자기 생각을 확실하게 표시하는 방법은 말하는 것이죠. '말하다'를 한자어가 들어간 동의어로 바꾸면 상황에 따라 '언급하다, 논평하다, 발언하다'가 됩니다. 사람들은 중요한 말이나 논평에 주목하기 때문에 **'말, 논평'**에서 **'주목'**이란 뜻이 파생.

- remarkable [rimά:rkəbəl] a.주목할 만한(noticeable), 놀랄만한, 훌륭한(excellent)
- He made a number of rude **remarks** about the food.
  그는 그 음식에 대해 많은 무례한 말(발언)을 했다.

republic [ripΛblik] n.공화국

re(강조=completely)+public(a.공중의, 국민의)의 결합.

'확실하게 국민이 선출한 대표자가 지배하는 나라=공화국'입니다. 공화국(共和國)은 주권을 가진 국민이 선출한 대표자가 국가를 지배하는 나라로 우리나라는 공화국입니다.

- The initials ROK stand for the **Republic** of Korea. 머리글자 ROK는 대한민국을 나타낸다.

reluctant [rilΛktənt] a.마지못해 하는(unwilling), 꺼리는, 주저하는

re(강조=completely)+luc(잠그다, 닫다=lock)+tant의 결합.

'마음이 완전히 닫힌 상태에서 어떤 일을 하는=마지못해 하는'입니다. 하고 싶은 마음이 없는데도 어쩔 수 없이, 마지못해 해야 하는 경우가 많지요. '마음이 완전히 닫힌 상태에서 하는=마지못해 하는, (하기를)주저하는'입니다.

- reluctance [rilΛktəns] n.마지못해 함   • reluctant agreement 마지못해 하는 동의
- She **was reluctant to** admit she was wrong.
  그녀는 자신이 틀렸다는 것을 마지못해 인정했다.

release [rilíːs] vt.내보내다(bring out, put out) n.내보냄

re(강조=completely)+lease(풀다, 놓아주다=loosen)의 결합.

'**완전히 풀어놓다=내보내다**'입니다. 교도소에서 내보내면 '석방하다,' 억압 상태에서 내보내면 '해방하다,' 군대에서 내보내면 '면제하다,' 팀에서 내보내면 '방출하다,' 국가에서 내보내면 '추방하다'입니다. 영화사에서 영화를 내보내면 '개봉하다,' 신간이나 신곡을 내보내면 '공개하다, 발매하다,' 기계에서 가스를 내보내면 '방출하다, 배출하다'입니다. '내보내다'는 사용하는 상황에 따라 '석방, 해방, 면제, 방출, 추방, 개봉, 출시, 공개, 배출하다'가 되지요. 간단하지 않나요?

- release a prisoner 죄수를 석방하다 • release a movie 영화를 개봉하다
- More home appliances for one person or two people have been **released**.
  더 많은 1인 또는 2인을 위한 가전제품들이 출시되어 있습니다.
- He'll **release** his third album at the beginning of next year.
  그는 내년 초에 자신의 3번째 앨범을 발매할 거야.

rely [rilái] vi.의지(의존)하다(depend), 믿다, 신뢰하다(trust)

re(강조=completely)+ly(놓다=lay, put)의 결합.

'**마음을 어디에 완전히 붙여 놓다=의지하다, 신뢰하다**'입니다. 마음을 친구나 부모에게 붙여 놓으면 친구와 부모에게 의지하는 것이죠. rely는 vi이고 의지는 계속 붙어있는 것이기 때문에 접촉의 on을 붙여 rely on으로 사용.

- depend on, be dependent on, rest on, count on, fall back on ~에 의존하다
- reliable [riláiəbəl] a.믿을 만한 • reliance [riláiəns] n.믿음(belief), 신뢰(trust)
- Korean students **rely** too much **on** private education.
  한국 학생들은 사교육에 너무 많이 의존해.

reveal [rivíːl] vt.드러내다, 밝히다, 폭로하다

re(반대=opposite)+veal(덮개로 덮다=veil, cover)의 결합.

'**표면에 덮어 놓은 베일을 벗기다=드러내다(unveil, uncover, disclose)**'입니다. '덮개를 덮다'의 반대말은 '덮개를 벗기다'입니다. 덮개를 벗기면 안에 숨어 있는 것이 그대로 드러나게 되지요. 베일(veil)은 수녀가 쓰는 면사포로 얼굴을 덮는 덮개입니다.

- I respect your privacy and don't **reveal** your secrets.
  나는 너의 사생활을 존중하고 너의 비밀을 폭로하지 않아.

resign [rizáin] v.물러나다, 사임(사직, 사퇴)하다

re(반대=opposite)+sign(n.서명, 표시=mark)의 결합.

'**대표이사가 서명을 반대하다=물러나다, 사임하다**'입니다. 대표이사가 재계약 서명을 반대하면 사직(사임, 사퇴)해야 하지요.

- resignation [rèzignéiʃən] n.사직, 사임
- I **resigned from** the company in order to start my own business in 1999.
  나(저자)는 개인 사업을 시작하기 위해 1999년도에 회사에서 사직했다.

rebel [rébəl] n.반역자, 반대자, 반항아 vi.배반하다, 반항하다

re(반대=opposite)+bel(전쟁=war)의 결합.

'**국가에 반대하여 전쟁하는 자=반역자**'입니다. 국가와 민족의 반대편에 서서 전쟁하는 자는 반역자, 부모 말씀에 반대로 전쟁하는 자는 반항아입니다.

- **rebellious** [ribéljəs] a.반역하는, 반항적인, (병)고치기 힘든
- He **rebelled** against his strict religious upbringing.
  그는 엄격한 종교적 가정교육에 반항했다.

접두어 mis 접두어 mis는 bad(나쁜, 잘못된)입니다.

misfortune [misfɔ́ːrtʃən] n.불운(bad luck), 불행

mis(나쁜, 잘못된=bad)+fortune(n.운, 행운, 재산)의 결합.

'**나쁜 운=불운**'입니다.

- Remember! **Misfortunes** never come alone.
  기억해! 불행은 결코 혼자 오지 않아.

mischance [mistʃǽns] n.불운(bad luck), 불행

mis(나쁜, 잘못된=bad)+chance(n.운, 기회, 우연)의 결합.

살면서 3번의 기회는 온다고 하죠. 기회는 우연히 다가오기 때문에 '기회'에서 '우연'이란 뜻이 파생.

- He attributed his failure to his **mischance**.
  그는 자신의 실패를 불운으로 돌렸다.

misdeed [mìsdíːd] n.악행, 비행, 범죄(crime, offense)

mis(나쁜, 잘못된=bad)+deed(n.행위)의 결합.

'**나쁜 행위=악행, 비행**'입니다.

- It's not fair to blame them for their parent's **misdeeds**.
  그들의 부모가 저지른 악행에 대해 그들을 탓하는 것은 공정하지 못해.

mislead [mislíːd] vt.잘못 이끌다, 현혹시키다

mis(나쁜, 잘못된=bad)+lead(vt.이끌다=conduct)의 결합.

- Marking Dokdo as Takeshima **misleads** global citizens about the truth.
  독도를 다케시마로 표시하는 것은 진실에 대해 지구촌 시민들을 현혹시킵니다.

mishap [míshæp] n.사고, 재난

mis(나쁜, 잘못된=bad)+hap(일어나다=happen)의 결합.

'뜻하지 않게 일어나는 나쁜 일=사고(accident), 재난(calamity, disaster)'입니다.

- The cause of every **mishap** comes from carelessness.
  모든 사고의 원인은 부주의로부터 온다.

mistake [mistéik] n.실수, 잘못 v.잘못 알다, 오해하다(misunderstand)

mis(나쁜, 잘못된=bad)+take(잡다=catch, hold)의 결합.

'계산 결과나 핵심을 잘못 잡는 것=실수(error), 잘못(fault)'입니다.

- There is a **mistake** in the bill. 계산에 실수가 있네요.
- I admit that I **mistook** your intentions. 내가 너의 의도를 오해한 것 인정해.

misuse [misjú:z] vt.오용(남용, 악용)하다, 학대하다(abuse) n.오용, 남용, 학대

mis(나쁜, 잘못된=bad)+use(vt.사용하다)의 결합.

'잘못 사용하다=오용하다'입니다.

- Your personal information can be **misused** for bad purposes by bad people.
  여러분의 개인 정보는 나쁜 사람들에 의해 나쁜 목적으로 악용될 수 있습니다.

miscarry [mìskǽri] vi.실패하다(fail), (아이)유산하다(abort)

mis(나쁜, 잘못된=bad)+carry(vt.옮기다=transfer)의 결합.

'계획을 잘못 실행에 옮기다=실패하다'이고, '뱃속의 태아를 잘못 옮기다=유산하다'입니다.

- All your schemes **miscarried**. 너의 모든 계획은 실패했어.
- She **miscarried** her first child while she lived in China.
  그녀는 중국에서 사는 동안에 첫 번째 아이를 유산했다.

mischief [místʃif] n.해(harm), 악영향, 장난

mis(나쁜, 잘못된=bad)+chief(n.우두머리, 지배자=leader)의 결합.

'나쁜 지배자가 사람들에게 끼치는 것=해, 악영향'입니다. 국가, 마을, 회사, 가정 등에서 우두머리가 나쁘면 사람들에게 해를 끼치게 된다는 뜻을 담고 있습니다.

- The storm did much **mischief** to the crops.
  그 폭풍우는 농작물에 큰 피해를 입혔다.

Day 05

> **접두어 ex**
>
> 접두어 ex는 out(밖에, 밖으로)입니다.
> 유사철자 e, ec, ef, ep는 ex의 변형. ex 뒤에 자음이 왔을 때 x의 발음이 불편한 경우 x를 생략. educate[엑스듀케이트]는 발음이 불편하기 때문에 철자 x를 생략합니다. 접두어 ex는 뒤에 오는 철자에 맞추어 ex를 ec, ef, ep로 변형.

exchange [ikstʃéindʒ] v.맞바꾸다, 교환하다, 환전하다 n.교환(주고받기)

ex(밖으로=out)+change(v.바꾸다, 교환하다)의 결합.

서로가 갖고 있는 것을 '서로 밖으로 꺼내 바꾸다=맞바꾸다'입니다. 맞바꾸는 것은 교환하는 것이고, '돈을 맞바꾸다=환전하다'입니다.

- change vt.바꾸다(alter), 변경하다 vi.바뀌다(alter), 변하다
- Please **exchange** this product for me. 이 제품 교환해 주세요.
- How much would you like to **exchange**? 얼마나 환전하고 싶은가요?

express [iksprés] vt.(생각)표현하다, 급송하다 n.급행(열차)

ex(밖으로=out)+press(vt.누르다, 밀어붙이다)의 결합.

'가슴 속에 있는 생각을 밖으로 밀어내다=표현하다'입니다. 마음속의 생각을 입 밖으로 밀어내는 것은 생각을 표현하는 것이고, 집배원을 통하여 우편물을 밖으로 바로 밀어내는 것은 우편물을 급송하는 것이죠.

- expression [ikspréʃən] n.표현, 표정, 말씨 • express bus 고속버스
- Artists often use dark colors to **express** their sadness.
  화가들은 종종 슬픔을 표현하기 위해 어두운 색을 사용한다.

exhale [ekshéil] vt.내쉬다(breathe out), (가스)내뿜다(give off, emit)

ex(밖으로=out)+hale(숨 쉬다=breathe)의 결합.

'밖으로 숨 쉬다=내쉬다'입니다.

- inhale [inhéil] vt.(숨)들이쉬다(breathe in)
- Inhale deeply for 8 seconds and **exhale** for 4 seconds.
  8초간 숨을 깊이 들이마시고 4초간 숨을 내쉬세요.

exaggerate [igzǽdʒərèit] vt.과장하다(overstate, magnify) vi.허풍떨다

ex(밖으로=out)+agger(쌓다=pile up)+ate의 결합.

'사실 보다 더 높이 밖으로 쌓아 올리다=과장하다'입니다. 4km 달리면 숨이 헐떡이는 사람이 10km 달렸다고 하거나, 주식 투자로 500만 원을 번 사람이 1억을 벌었다고 말하면 객관적인 사실에 무엇을 밖으로 더 쌓아 과장한 것이죠.

- exaggeration [igzædʒəréiʃən] n.과장(overstatement), 허풍
- His capability is greatly **exaggerated**. 그의 능력은 굉장히 과장되었다. vt.
- Don't **exaggerate**. 과장하지 마(허풍떨지 마, 침소봉대하지 마). vi.

execute [éksikjùːt] vt.실행하다(perform, fulfill), 처형하다

ex(밖으로=out)+e+cut(자르다)+e의 결합.

'계획표에서 계획을 밖으로 잘라내 행동으로 옮기다=실행하다(carry out)'입니다. 일정표를 보니 오늘 해야 할 일이 5개. 그중에 하나를 cut 해서 ex 시켜 행동으로 옮기면 실행(수행, 이행)하는 것입니다. 감옥 안에 있는 죄수를 ex 시켜 목을 cut 하면 처형하는 것이죠.

- executive [igzékjətiv] n.경영진, 행정부 a.경영의, 행정의, 실행의, 실행 가능한
- execution [èksəkjúːʃən] n.실행, 수행, 처형(사형), 집행
- Let's **execute** the plan right now. 그 계획을 즉각 행동으로 옮기자.
- Louis XVI and his wife, Marie Antoinette, were **executed** in 1793.
  루이 16세와 그의 왕비 마리 앙투아네트는 1793년에 처형되었습니다.

exhaust [igzɔ́ːst] vt.다 써버리다(고갈시키다, 지치다), 배출하다(discharge)

ex(밖으로=out)+haust(올리다=hoist, lift up)의 결합.

땅속에 있는 '지하자원을 밖으로 다 끌어 올리다=다 써버리다(use up)'입니다. 땅속에 있는 석유를 밖으로 다 끌어 올리면 석유를 다 써버리고 고갈시키는 것이지요. 체력을 다 써버리면 몹시 지치게 되고, 엔진은 연료를 다 써버리고 가스를 배출하기 때문에 '다 써버리다'에서 '몹시 지치다, 배출하다'는 뜻이 파생.

- hoist [hɔist] vt.끌어 올리다 n.끌어올리기, 끌어올리는 기계(호이스트) • exhausted a.다 써버린, 고갈된, 기진맥진한
- exhausting a.지치게 만드는 • exhaustion [igzɔ́ːstʃən] n.고갈, 소모, 기진맥진
- Excessive work can **exhaust** you. 과도한 업무(공부)는 너를 고갈시킬 수 있어.
- I'm **exhausted**. Would you take the wheel for me? 나는 몹시 지쳤어. 나 대신에 운전대 잡아 줄래?

eradicate [irǽdəkèit] vt.뿌리째 뽑다, 근절하다

e(밖으로=ex=out)+radi(뿌리=radish)+cate의 결합.

땅에 박혀 있는 '뿌리를 밖으로 들어내다=근절하다(root out, exterminate)'입니다.

- radish [rǽdiʃ] n.무(뿌리를 먹는 채소) • eradication n.근절(extermination), 박멸
- There must be firmer action to **eradicate** improper practices.
  부정한 관행 근절하기(뿌리 뽑기) 위해서는 더욱 단호한 조치가 있어야 한다.

eliminate [ilímənèit] vt.없애다, 제거하다, 배제하다(exclude)

e(밖으로=ex=out)+limi(경계, 구역=limit)+nate의 결합.

'**경계선, 구역 밖으로 내보내다=제거하다**(remove, do away with), **배제하다**'입니다. 마을 안에 있는 사람을 울타리(경계) 밖으로 내보내는 것은 그 사람을 마을에서 없애고, 제거하고, 배제하는 것입니다.

- limit n.한계, 경계, 구역 • elimination [ilìmənéiʃən] n.제거(exclusion, removal), 배제
- We have to **eliminate** unqualified candidates.
  우리는 자격 없는 후보들을 배제(제거)해야 합니다.

exist [igzíst] vi.존재하다, 실재하다, 현존하다

ex(밖에=out)+ist(서 있다=stand)의 결합.

'**사람, 사물이 밖에 서 있다=존재하다**'입니다. 밖에 서 있는 산, 나무, 사람, 동물 등은 눈에 보이는 것으로 존재(실재, 현존)하는 것이지요.

- existence [igzístəns] n.존재, 실재, 현존, 생존 • existent [igzístənt] a.존재하는, 실재하는, 현존하는, 생존하는
- Many sorts of life **exist** on the ocean floor. 많은 종류의 생물이 해저에 존재합니다.

exhibit [igzíbit] vt.전시하다, 진열하다 n.전시(품), 진열, 전시회, 전람회

ex(밖에=out)+hibit(갖고 있다=have)의 결합.

'**창고 안에 갖고 있는 것을 밖에 내놓다=전시하다**(display, expose, show)'입니다. 창고나 보관소에 갖고 있는 물건을 다른 사람들이 볼 수 있도록 밖에 내놓는 것은 전시하고 진열하는 것이죠. habit(습관)은 갖고 있는 버릇, 습성입니다.

- exhibition [èksəbíʃən] n.전시(회), 전람회(fair, exposition)
- Visitors are required not to touch the **exhibits**. 방문객들은 진열품에 손대지 않는 것이 요구된다.

example [igzǽmpəl] n.예(instance), 본보기, 견본

ex(밖에=out)+ample(샘플=sample)의 결합.

사람들이 볼 수 있도록 '**샘플로 밖에 내놓은 것=견본**(specimen, sample)'입니다.

- A united Germany is a great **example** for Korea. 통일 독일은 한국에 좋은 본보기이다.

excel [iksél] vt.(남을)능가하다 ~보다 낫다 vi.뛰어나다, 탁월하다

ex(밖에=out)+cel(언덕=hill)의 결합.

'**밖에 언덕 위에 있다=뛰어나다**'입니다. 우리가 흔히 사용하는 엑셀(Excel) 프로그램, 현대 자동차의 이름엑셀(Excel)은 모두 다른 것을 능가하는, 탁월한 제품임을 나타내기 위해 엑셀(excel)이란 이름을 붙인 것입니다.

- excellent [éksələnt] n.탁월한, 뛰어난 • excellence [éksələns] n.탁월함, 뛰어남
- Koreans **excel** more than others in diligence.
  한국인들은 성실함에 있어서 다른 나라 사람들 보다 뛰어나.

extra [ékstrə] a.여분의, 추가의 n.여분, 추가요금, 보조출연자

ex(밖에=out)+tra(방향을 나타내는 접사)의 결합.

어떤 한도에 꽉 차고 '**밖에 남아 있는 것**=**여분**(surplus, spare)'입니다. intra, inter, intro의 tra, ter, tro가 방향을 나타내듯이 extra, exter, extro의 tra, ter, tro도 방향을 나타내기 때문에 'ex=extra'입니다. 영화에서 **보조출연자**를 **엑스트라**(extra)라고 하는 이유는 주연과 조연 밖에 있는 사람들이기 때문. 기본 재고가 10개면 충분한데 밖에 3개를 더 갖고 있다면 그것은 여분의 것이죠. 기본요금 밖에 있는 별도의 요금은 추가 요금입니다.

- extra money 여분의 돈   • extra work 추가 근무   • extra costs 추가 비용
- I am in favor of giving men some **extra** compensation for their military service.
  난 남자들의 군 복무에 대해 약간의 추가적인 보상을 주는 것에 관해 찬성해.

extraordinary [ikstrɔ́:rdənèri] a.보통이 아닌(기이한, 특별한, 비범한), 임시의

extra(밖에=ex=out)+ordinary(a.보통의, 평범한, 정규의)의 결합.

'**일반적이고 평범한 것 밖에 있는**=**보통이 아닌**(unusual, uncommon, special)'이고, '**정규적인 것 밖에 있는**=**임시의**(temporary)'입니다. 일반적이고 평범한 것 밖에 있으면 기이하고, 특별하고, 비범한 것이고 매년 규칙적으로 행하는 정기적인 것 밖에 있으면 임시적인 것입니다.

- ordinary [ɔ́:rdənèri] a.보통의(common, usual, normal), 평범한, 정규의(regular)
- extraordinary talent 특별한 재능   • an extraordinary meeting 임시회의
- As he had both strengths and weaknesses, he was an **extraordinary**, yet ordinary person.
  그는 강점과 약점을 모두 갖고 있었기 때문에 비범했지만 평범한 사람이었다.
- An **extraordinary** session of the National Assembly has now been convened.
  지금 임시 국회가 소집되어 있습니다.

extracurricular [èkstrəkəríkjələr] a.정규과목(직무) 이외의 n.과외 활동

extra(밖에=ex=out)+curricular(a.교육 과정의)의 결합.

일반적인 '**정규 교육과정 밖의**=**정규과목(직무) 이외의**'입니다.

- curricular [kəríkjələr] a.교육과정의   • curriculum [kəríkjələm] n.교육과정, 커리큘럼
- What **extracurricular** activities did you participate in while in college?
  대학 다닐 때 어떤 과외 활동에 참여했나요?

extraterrestrial [èkstrətiréstriəl] a.외계의, 우주의 n.외계인(alien)

extra(밖에=ex=out)+terre(땅=territory)+st(서 있다=stand)+rial의 결합.

'**지구 밖에 다른 땅에 서 있는**=**외계의**(external), **우주의**(universal, cosmic)'입니다.

- territory [térətɔ̀:ri] n.땅(earth), 영토(domain), 영역
- People want to find planets with **extraterrestrial** life.
  사람들은 외계의 생명체와 함께 행성도 찾고 싶어 한다.

external [ikstə́ːrnəl] a.밖의, 외부의(outside) n.외부

exter(밖에=extra=ex=out)+nal의 결합.

internal(a.안의, 국내의)의 반대말입니다.

- a medicine for external use only 외부 전용 약
- The **external** view of this house is very great.
  이 집의 외부 조망은 아주 좋아.

extreme [ikstríːm] a.극도의(utmost, maximum), 극단의, 과격한(violent)

extre(밖에=extra=ex=out)+me의 결합.

'정상적인 수준 밖에 있는=극도의, 과격한'입니다. 익스트림 스포츠(extreme sports)는 생명의 위험까지도 무릅쓰고 갖가지 묘기를 펼치는 레저 스포츠로 일반적인 스포츠 영역 밖에 있는 **극한** 스포츠입니다.

- extreme poverty 극도의 가난 • extreme measures 극단의 수단
- In some **extreme** cases, people die or commit suicide from stress at work.
  일부 극단적인 경우, 직장에서의 스트레스로 인하여 사람들은 죽거나 자살한다.

exotic [igzátik] a.이국적인, 외국의 n.이국적인 사람(것)(foreign, alien)

exo(외국의=foreign, alien, oversea)+tic의 결합.

접두어 exo는 foreign(a.외국의)입니다. 유명 아이돌 그룹 EXO(엑소)는 타오, 첸 등 12명의 멤버 중 대부분이 **외국**인으로 결성되어 있지요.

- I was attracted by her **exotic** features.
  나는 그녀의 이국적인 용모에 끌렸다.

ecstasy [ékstəsi] n.무아지경, 황홀, 희열, 엑스터시

ec(밖에=ex=out)+sta(서 있다=stand)+sy의 결합.

육체 안에 있던 '영혼이 육체 밖에 서 있는 상태=무아지경, 황홀, 희열'입니다. 엑스터시는 일반적으로 종교적 신비 체험의 최고 상태를 가리키지만 종교와 무관하게 나타나는 심리적 이상 상태까지도 포함. 엑스터시(ecstasy)는 젊은이들이 클럽 등에서 몰래 먹는 마약의 일종이기도 합니다.

- She was thrown into **ecstasy** at the beauty of nature.
  그녀는 자연의 아름다움에 무아지경에 빠졌다.

efface [iféis] vt.지우다, 삭제하다

ef(밖으로=ex=out)+face(표면, 얼굴)의 결합.

'표면에 붙어있는 것을 밖으로 보내다=지우다(erase), 삭제하다(delete)'입니다. 벽 표면에 붙어있는 낙서를 밖으로 보내고, 종이 표면에 붙어있는 글자를 밖으로 보내는 것은 지우고 삭제하는 것입니다.

- He has decided to **efface** some lines from the contract.
  그는 계약서에서 몇 줄을 삭제하기로 했다.
- His greatness will never be **effaced** from our memories.
  그의 위대함은 우리의 기억에서 결코 지워지지 않을 것입니다.

epoch [épək] n.중요한 시대, 획기적인 시대(신기원)

ep(밖으로=ex=out)+och(잡다=take)의 결합.

흘러온 '**역사 중에서 잡아서 밖으로 꺼낼만한 시대=중요한 시대, 획기적 시대**'입니다. 우리나라 역사에서 세종대왕의 시대, 영국은 빅토리아 여왕의 시대처럼 역사 중에서 밖으로 꺼낼만한 시대는 다른 시대와 비교하여 획기적인 시대입니다.

- The experts said that smartphone would make an **epoch**.
  전문가들은 스마트폰이 획기적인 시대를 열 것이라고 말했다.

escort [éskɔːrt] n.경호(원), 호위, 에스코트 vt.호위하다, 바래다주다(accompany)

es(밖에=ex=out)+cor(올바른=correct)+t의 결합.

'밖에서 누군가를 올바르고 안전하게 안내하는 사람=경호원(bodyguard, guard)'입니다.

- I always ask my boyfriend to **escort** me home at night.
  나는 밤에는 항상 남자친구에게 집까지 데려다 달라고 부탁한다.

Day 06

접두어 out

접두어 out은 '밖에, 밖으로'입니다.
안에 있는 것이 아니라 밖에 있다는 것이고, 안에서 밖으로 이동하는 것입니다.

outskirts [áutskə̀:rt] n.교외, 변두리

out(밖에)+skirt(n.가장자리=edge, brink, verge)+s의 결합.

'도시의 가장자리 바깥=교외, 변두리(suburb)'입니다.

- skirt [skə:rt] n.스커트(치마), 가장자리, 끝(border, edge)
- I live in a new town on the **outskirts** of Seoul.
  나는 서울 변두리의 신도시에 산다.

outlook [áutlùk] n.전망, 관점(view, viewpoint, standpoint), 견해

out(밖에)+look(n.모습 vi.보다)의 결합.

'밖에 펼쳐져 있는 눈에 보이는 모습=전망(scenery, view, landscape)'입니다. 창문을 열었을 때 밖에 보이는 모습은 전망(경치)이고, 눈에 보이지 않는 미래 등에 대한 전망은 관점, 견해입니다.

- a room with an **outlook** on the sea. 바다 전망(조망)을 갖고 있는 방
- Officials say that the **outlook** for next year is gloomy.
  관리들은 내년 경제 전망이 암울하다고 말한다.

outfit [áutfit] n.장비, (한 벌의)옷, (함께 일하는)팀 vt.(옷, 장비)갖추다

out(밖에)+fit(a.알맞은, 적합한, 건강이 좋은)의 결합.

'밖에 두는 적합한 탐험용 도구=장비(equipment)'입니다. outfit은 탐험을 위해 밖에 놓아두는 적합한 장비입니다. 장비를 갖고 배를 수리하던 뱃사람들은 같은 작업복을 입고, 한 팀이 되어 일했기 때문에 '장비'에서 '한 벌의 옷, 함께 일하는 팀'이란 뜻이 파생.

- diving outfit 다이빙용 장비 • a wedding outfit 결혼식 예복
- a market research outfit 시장 조사팀
- What do you think of my new **outfit**? 나의 새 옷 어때?
- Korea's traditional **outfit** is the beautiful Hanbok.
  한국의 전통 의상은 아름다운 한복입니다.

output [áutpùt] n.생산(물) vt.(컴퓨터)출력하다

out(밖에)+put(vt.놓다=lay, place)의 결합.

'재료를 기계에 투입하여 밖에 내놓는 것=생산(production), 생산물(product)'입니다. 밀가루, 우유, 설탕을 투입(input)하여 빵을 만들어 밖으로 내놓는 것이 생산(output)입니다.

- increase output 생산(량)을 늘리다 • monthly output 월별 생산량
- OPEC has decided to increase its **output** of oil. 석유수출국기구는 석유 생산량을 늘리기로 결정했다.

outline [áutlàin] n.윤곽, 초안(개요)(draft), 아우트라인 vt.윤곽을 그리다, 초안을 잡다

out(밖에)+line(n.선)의 결합.

'맨 밖에 드러나 있는 선=윤곽, 초안'입니다. 그림을 그릴 때 맨 밖에 드러나는 굵은 선이 윤곽입니다. 그림은 outline(윤곽)을 잡은 후에 세부적으로 그리지요. 그림의 아웃라인(outline)은 계획의 초안과 같습니다.

- an outline of the plan 계획의 초안 • draw the outlines 초안을 잡다
- I'd like to give you a brief **outline** about the project. 그 계획에 관해 간단한 개요를 말씀드리겠습니다.

outstanding [àutstǽndiŋ] a.눈에 띄는, 탁월한

out(밖에)+standing(서 있는)의 결합.

'혼자 밖에 서 있는=탁월한(excellent, eminent, prominent, distinguished)'입니다. 다른 사람들은 모두 안에 있는데 혼자 밖에 나와 단상에 서 있으면 눈에 띄고 두드러지게 되지요.

- an outstanding proposal 탁월한 제안 • an outstanding leader 탁월한 지도자
- His **outstanding** acting performances have been appreciated by the movie industry.
  그의 탁월한 연기력은 영화 산업에서 인정받고 있다.

outweigh [àutwéi] vt.~보다 더 크다, ~보다 대단하다, ~을 능가하다

out(밖에)+weigh(vt.무게를 달다)의 결합.

'무게를 달아보니 다른 것 보다 눈금이 밖에 있다=~보다 더 크다'입니다. 무게를 달아 다른 것보다 무게가 더 나간다는 것은 크기가 더 크다는 것이죠.

- The negative aspects **outweigh** the positive. 부정적인 측면이 긍정적인 면보다 더 크다.
- The advantages of this plan far **outweigh** the disadvantages.
  이 계획의 유리한 점은 불리한 점보다 훨씬 더 크다.

outdo [àutdúː] vt.능가하다

out(밖에)+do(vt.하다=act)의 결합.

'경쟁자의 능력 밖에 있는 것을 하다=능가하다(excel, exceed, surpass)'입니다.

- The two rivals are constantly trying to **outdo** each other.
  두 라이벌은 서로를 능가하려고 끊임없이 노력하고 있다.

outlandish [autlǽndiʃ] a.이국적인, 기이한(strange, odd)

out(밖에)+land(n.국가, 땅)+ish의 결합.

'자기가 사는 땅 밖에 있는 것처럼 보이는=이국적인(exotic, alien, foreign)'입니다. 자기가 살고 있는 땅 바깥은 외국으로, 외국에 있는 것처럼 보이면 이국적이고 기이한 것이죠.

- outlandish furniture 이국적인 가구 • outlandish costumes 기이한 의상
- Lady Gaga is noted for her **outlandish** sense of style in fashion in performance.
  레이디 가가는 공연에서 기이한 패션 감각을 보여주는 것으로 유명해.

outcome [áutkʌm] n.결과, 성과

out(밖으로)+come(오다=get)의 결합.

'어떤 일을 시작해서 마지막에 밖으로 나온 것=결과(result, effect, consequence)'입니다.

- a terrible outcome 끔찍한 결과 • a desirable outcome 바람직한 결과
- The most important thing is trying with your best effort, regardless of the **outcome**.
  가장 중요한 것은 결과에 상관없이 최선을 다하는 것입니다.

outrage [áutrèidʒ] n.분노, 격분, 폭력행위 vt.분노하게 만들다

out(밖으로)+rage(n.분노, 사나움=fury)의 결합.

'분노가 밖으로 표출되어 나온 것=분노(anger, wrath), 잔학행위'입니다. 사람들은 분노하면 이성을 잃고 폭력을 행사하는 경우가 많기 때문에 '분노'에서 '폭력행위'란 뜻이 파생.

- rage n.분노 vi.분노하다 • outrageous [autréidʒəs] a.난폭한, 터무니없는(화나게 하는)
- The whole country was **outraged** by the bombing terror. 온 나라가 폭탄 테러에 분노했다.
- You will never succeed with that illegal or **outrageous** plan.
  그런 불법적이거나 터무니없는 계획으로 절대 성공 못 할 거야.

outbreak [áutbrèik] n.(전쟁, 폭동, 사고, 질병)발생

out(밖으로)+break(vt.깨다 vi.깨지다)의 결합.

'무엇이 깨져 밖으로 나오는 것=발생(occurrence)'입니다. 집안의 화염이 창문을 깨고 밖으로 나오면 화재가 발생한 것이고, 탱크나 군인이 국경선을 깨고 밖으로 나가면 전쟁이 발생한 것입니다.

- an outbreak of food poisoning 식중독 발생
- Some experts think a war could **break out** in Korea.
  몇몇 전문가들은 한국에서 전쟁이 발생할 수도 있다고 생각해.

outing [áutiŋ] n.소풍, 야유회

out(밖으로)+ing(명접)의 결합.

'집 밖으로 놀러 나가는 것=소풍(picnic), 야유회'입니다.

- On account of bad weather, the school **outing** was cancelled.
  나쁜 날씨 때문에, 소풍(야유회)은 취소되었어.

outlet [áutlet] n.배출수단, 배출구(vent), 판매점(mall), 콘센트

out(밖으로)+let(vt.내보내다, 허락하다)의 결합.

'안에 있는 것을 밖으로 내보내는 곳=배출구'입니다. 상점 안에 있는 물건을 소비자를 통해서 밖으로 내보내는 곳은 판매점, 할인점입니다. 신세계아웃렛, 롯데아웃렛처럼 outlet이 들어간 상호는 모두 판매점이죠. 벽에는 전기를 밖으로 내보내는 콘센트가 있는 것이 아니라 outlet이 있습니다.

- a sewage **outlet** 하수 배출구
- an electrical **outlet** 전기 콘센트
- Children need an **outlet** to vent their energy.
  아이들은 에너지를 분출할 배출구가 필요해.

outcast [áutkæst] n.버림받은 자, 왕따 a.버림받은(deserted), 추방당한

out(밖으로)+cast(a.던져진=thrown)의 결합.

집 밖으로, 사회 밖으로, 국가 밖으로 등 어떤 영역 '밖으로 내던져진 자=버림받은 자, 왕따'입니다.

- cast [kæst] vt.던지다(throw), (배역을)맡기다, 주조하다 n.던지기, 배역, 주조
- There are **outcasts** at school, in the workplace and in the military.
  학교에서도, 직장에서도, 군대에서도 왕따가 존재해.

outgoing [áutgòuiŋ] a.떠나는, 외향적인

outgo(밖으로 나가다)+ing의 결합.

'안에 있는 사람이, 마음이 밖으로 나가는=떠나는, 외향적인(extrovert)'입니다. 자기가 있던 장소나 직책 밖으로 나가는 것은 떠나는 것이고, 마음속에 있던 생각을 쉽게 밖으로 내보내는 것은 외향적인 성격이죠.

- introvert [íntrəvə̀:rt] a.내성적인
- the **outgoing** President 떠나는(물러나는) 대통령
- I'm aggressive, **outgoing** and hungry for this job.
  나는 진취적이고, 외향적인 성격으로 이 일을 갈망하고 있습니다.

outspoken [áutspóukkən] a.거침없이 말하는, 노골적인, 지나치게 솔직한

out(밖으로)+spoken(말을 하는)의 결합.

'하고 싶은 말을 개의치 않고 모두 밖으로 꺼내는=거침없이 말하는'입니다. outspoken은 주로 남의 기분에 개의치 않고 솔직하게, 노골적으로 말할 때 사용.

- She was **outspoken** in her criticism of movies.
  그녀는 영화를 비판함에 있어서 거침없이 말했다.

outgrow [àutgróu] vt.~보다 커지다, ~에서 벗어나다

out(밖으로)+grow(vi.자라다)의 결합.

'몸이 옷 밖으로 자라다=~보다 커지다, ~에서 벗어나다'입니다. 아이들은 성장 속도가 빨라 손과 발이 옷 밖으로 자라면 몸이 옷보다 더 커지게 되지요.

- She's already **outgrown** her school uniform.
  그녀는 이미 교복보다 더 커져 있어.

outburst [áutbə̀:rst] n.(화산, 감정)폭발, 분출

out(밖으로)+burst(vi.폭발하다, 터뜨리다)의 결합.

'폭발해서 안에 있는 것이 밖으로 나옴=폭발(outbreak, eruption, explosion)'입니다.

- The last volcanic **outburst** at the mountain was in 1903.
  백두산에서의 마지막 화산 폭발은 1903년이었다.

outlive [àutlív] vt.~보다 오래 살다(지속되다)

out(밖으로)+live(vi.살다)의 결합.

'다른 사람의 생존 기간보다 밖으로 살다=~보다 오래 살다(outlast, survive)'입니다.

- Sadly, he **outlived** his children. 슬프게도, 그는 자식들보다 오래 살았다.

outlast [àutlǽst] vt.~보다 오래 살다(견디다, 버티다)

out(밖으로)+last(vi.지속하다, 견디다=endure)의 결합.

'다른 사람의 생존 기간보다 밖으로 견디다=오래 살다(outlive, survive)'입니다.

- This product will **outlast** longer than the other one.
  이 상품은 다른 상품보다 더 오래 갈 거야.

outright [áutráit] a.완전한(perfect), 솔직한(노골적인) ad.솔직하게, 노골적으로

out(밖으로)+right(a.올바른)의 결합.

'자신이 옳다고 밖으로 드러내는=완전한, 솔직한(frank)'입니다. 자신이 옳다고 공개적으로 드러내는 것은 솔직한 것이고, 자기 생각이 완전하다는 것입니다. 지나치게 솔직하면 상황에 따라 노골적인 것이 되지요.

- Why are you so mysterious? Why don't you tell me **outright**?
  넌 왜 그리 비밀이 많니? 내게 솔직하게 말해 주면 안 돼?

utmost [ʌ́tmòust] a.최고의(supreme, maximum), 극도의 n.최대한도, 극도

ut(밖의=out)+most(a.가장 큰, 가장 많은)의 결합.

'가장 큰 것 밖에 있는=최고의'입니다. 접두어 ut는 out에서 철자 o가 생략된 것.

- Do not reproach him with laziness, he did his **utmost**.
  게으르다고 그를 비난하지 마. 그는 최선을 다했어.

utter [ʌ́tər] vt.(목소리, 말)내다, 말하다 a.완전한, 철저한

ut(밖으로=out)+ter의 결합.

'목소리를 밖으로 내다=말하다(speak, state, say, express)'입니다. 자신의 목소리를 내는 것은 자기 생각을 완전하게 표현하는 것이기 때문에 '목소리를 내다'에서 '완전한'이란 뜻이 파생.

- **utterly** ad.완전히(completely, wholly, thoroughly, entirely, fully), 철저히
- Don't worry. I won't **utter** a word. 걱정 마. 나는 한 마디도 말하지 않을 거야.

접두어 para

접두어 para는 beside(옆), opposite(반대)입니다.

paragraph [pǽrəgræf] n.단락, 패러그래프

para(옆에=beside)+graph(쓰다=write)의 결합.

'**문장 끝 옆에 써서 표시해 놓은 것=단락**'입니다. 과거에는 글에서 새로운 단락이 시작될 때 문장 옆에 선을 긋거나 어떤 문자를 표시하는 방식으로 단락을 구분 지었습니다.

- Words make sentences, sentences make **paragraphs**, and **paragraphs** make stories.
  단어가 문장을 만들고, 문장이 단락을 만들고, 단락이 이야기를 만들어.

paramount [pǽrəmàunt] a.최고의(supreme), 주요한(principal) n.최고 권위자

para(옆=beside)+mount(vt.오르다=climb up)의 결합.

'옆에 있는 경쟁자를 제치고 가장 먼저 정상에 올라간=**최고의**'입니다. 미국의 거대 영화사 파라마운트(paramount)가 있습니다. 영화 시작할 때 산에 별이 둘러쳐진 회사 로고를 보게 되지요. 최고의 영화를 만든다는 의미로 영화사 이름을 paramount로 정한 것입니다.

- Safety is of **paramount** importance. 안전이 가장 중요합니다.
- Korea has become a country of **paramount** geostrategic importance to the USA.
  한국은 미국에 지정학적으로 매우 중요한 국가가 되었다.

paradigm [pǽrədàim] n.보기(example, pattern, model), 범례, 패러다임

para(옆=beside)+digm(보이다=show)의 결합.

'**옆에서 항상 보여주는 것=전형적인 보기**'입니다. 패러다임(paradigm)은 어떤 한 시대 사람들의 견해나 사고를 근본적으로 규정하고 있는 인식체계, 사물에 대한 이론적인 틀이나 체계를 말합니다. 지식인들은 '패러다임의 변화, 새로운 패러다임, 패러다임을 바꾸어야 한다'와 같은 말들을 흔히 사용합니다.

- The war is a **paradigm** of the destructive side of human nature.
  그 전쟁은 인간 본성의 파괴적인 측면을 보여주는 전형적인 예이다.
- We need a new **paradigm** shift. 우리는 새로운 패러다임의 전환이 필요해.

parallel [pǽrəlèl] a.평행한, 유사한 vt.~와 유사하다, ~와 병행하다

para(옆=beside)+llel의 결합.

'기차 레일처럼 항상 옆에 나란히 있는=**평행한**'입니다. 2개의 기차 레일은 평행을 이루고, 2개의 기차 레일은 서로 유사하지요. 기차는 2개의 기차 레일을 병행해서 사용하기 때문에 '**평행한 레일**'에서 '**유사하다, 병행하다**'는 뜻이 파생.

- parallel lines 평행선 • a parallel case 아주 유사한 사건
- Their educational system **parallels** our own. 그들의 교육 시스템은 우리 것과 유사해.
- The rise in unemployment is **paralleled** by an increase in crime.
  실업의 증가는 범죄의 증가와 병행된다.

paralyze [pǽrəlàiz] vt.마비시키다, 무력하게 만들다(disable)

para(옆=beside)+lyze(잃다=lose)의 결합.

'**몸의 한 쪽 옆 기능을 잃게 하다=마비시키다**'입니다. 왼쪽 뇌에 뇌졸중(중풍)이 발생하면 사람 몸의 오른쪽 신체 기능이 마비되고, 신체 기능을 무력화시키기 때문에 '마비시키다'에서 '무력하게 만들다'는 뜻이 파생.

- paralysis [pərǽləsis] n.마비(상태), 불구(disablement), 중풍
- The poison **paralyzes** the muscles and stops breathing.
  그 독은 근육을 마비시키고 호흡을 멈추게 한다.

parachute [pǽrəʃùːt] n.낙하산 vi.낙하산타고 뛰어내리다

para(반대=opposite)+chute(떨어지다=fall)의 결합.

'**추락, 낙하할 때 떨어지는 방향과 반대 방향으로 작용하는 기구=낙하산**'입니다. 제주도나 태국 등 휴양지에 가면 특수 낙하산을 메고, 달리는 보트에 매달려 하늘 높이 날아오르는 파라 세일링(para-sailing)을 타게 되는데 parachute(낙하산)의 para입니다.

- parachute troops 낙하산 부대
- The **parachute** was first invented in Slovakia.
  낙하산은 슬로바키아에서 처음 발명되었습니다.

paradox [pǽrədɑ̀ks] n.역설, 모순, 패러독스(틀린 것 같으면서도 옳은 말)

para(반대=opposite)+dox(의견=opinion)의 결합.

'**어떤 주의나 주장에 반대되는 이론이나 의견=역설(逆說)**'입니다.

- paradoxical [pæ̀rədɑ́ksikl] a.역설적인, 모순된, 불합리한
- paradoxically ad.역설적으로, 모순되게도
- Her stories are full of mystery and **paradox**.
  그녀의 얘기는 불가사의와 모순으로 가득 차 있어.

Day 07

접두어 in 접두어 in은 '안에, 안으로, not(부정)'입니다.
'안에'는 어떤 영역 밖에 있지 않고 어떤 영역 안에 있다는 것이고, '안으로'는 밖에서 안으로 이동한다는 것입니다. 접두어 in이 안(內)의 의미인지 부정(不)의 의미인지는 단어로 익혀야 합니다. 접두어 in은 발음의 편리성을 위해 in 뒤에 나오는 철자에 따라 in이 il, im, ir로 바뀝니다. inlegal[인리글]과 illegal[일리글], inpossible[인파서블]과 impossible[임파서블]의 발음을 비교해 보면 발음의 편리성을 위하여 왜 철자를 바꾸는지 바로 이해할 수 있습니다.

inside [ínsáid] n.안쪽, 내부 a.안쪽의, 내부의 ad.안으로 prep.~의 안에

in(안에)+side(쪽, 측)의 결합.
바깥쪽(외부)이 아니라 **안쪽(내부)**을 나타냅니다.

- the inside of a box 상자의 안쪽
- inside information 내부 정보
- go inside 안으로 들어가다
- inside the tent 텐트 안에

innate [inéit] a.타고난, 천부적인, 선천적인

in(안에)+nat(출생의, 타고난=native)+e의 결합.
'출생할 때부터 몸 안에 타고난=타고난(inborn, native)'입니다.

- She has an **innate** ability in her choice of goods.
  그녀는 물건을 고르는데 타고난(천부적인) 능력이 있다.
- Do you think we have **innate** goodness or human nature is evil?
  우리가 선천적인 선함을 타고났다고, 혹은 인간의 본성은 악하다고 생각하는가?

inform [infɔ́:rm] vt.~에게 알려주다, 통보(통지)하다

in(안에)+form(n.형태, 형식=formality)의 결합.
'5W1H라는 형식 안에 넣어 말해주다=알려주다(tell, notify), 통보하다'입니다. 언제, 어디서, 누가, 무엇을, 어떻게, 왜라는 5W1H의 형식 안에 내용을 담아서 전달하면 정확한 정보를 알려줄 수 있지요.

- information [ìnfərméiʃən] n.정보(news), 통지(notification), 지식(knowledge)
- Please **inform** us **of** any changes of address.
  어떠한 주소 변경을 저희에게 알려주세요.

input [ínpùt] n.투입(량), 입력 v.(자료)입력하다

in(안에)+put(놓다=lay, place)의 결합.

'자본을 회사 안에 놓는 것=투입'이고, '자료를 컴퓨터 안에 놓는 것=입력'입니다. 자본, 노동, 기계 등을 회사 안에 놓는 것은 투입, 자료를 컴퓨터 안에 놓는 것은 입력입니다. 투입(input)을 줄이고 산출(output)을 늘리는 것이 생산성(productivity)을 높이는 것.

- I didn't have much **input** into the business. 나는 그 사업에 투입한 것이 많지 않았어.
- Please **input** this data into the computer. 이 자료를 컴퓨터에 입력해 주세요.

imprison [imprízən] vt.감금(투옥)하다

im(안에=in)+prison(n.감옥=jail)의 결합.

'사람을 감옥 안에 넣다=감금하다(jail, lock up)'입니다.

- He was put under house arrest 55 times and **imprisoned** for six years.
  김대중 대통령은 55회 가택연금 되었고 6년 동안 투옥되었다.

impute [impjú:t] vt.(책임 등)돌리다

im(안에=in)+put(놓다=lay, place)+e의 결합.

'책임, 원인 등을 다른 사람에게 옮겨 놓다=돌리다(attribute, ascribe)'입니다.

- He **imputed** his failure **to** his misfortune. 그는 자신의 실패를 불운으로 돌렸다.
- The police **impute** the accident **to** the bus driver's carelessness.
  경찰은 사고의 원인을 버스 운전사의 부주의로 돌리고 있다.

impart [impá:rt] vt.주다, 전하다(tell, inform)

im(안에=in)+part(n.일부분=portion)의 결합.

내가 가진 것의 '일부분을 다른 사람 손안에 놓다=주다(give, present, grant)'입니다. 물건이 아니라 소식과 정보를 주는 것은 전하는(알리는) 것이기 때문에 **소식을 주다**에서 '**전하다**'는 뜻이 파생.

- Flowers **impart** a cheerful air to the room. 꽃은 방에 상쾌한 분위기를 준다.
- He was charged with **imparting** secret information to the rival.
  그는 경쟁사에 기밀정보를 준 것으로 기소되었다.

empower [empáuər] vt.~에게 권력(권한, 자율권)을 주다

em(안에=in)+power(n.힘, 권력=force)의 결합.

'사람 손안에 힘과 권력을 쥐여 주다=권력(권한)을 주다(authorize)'입니다.

- **Empower** your children. 여러분의 아이들에게 자율권을 주세요.
- The company **empowered** employees because they knew their jobs the best.
  그 회사는 직원들이 자신의 업무를 가장 잘 알고 있기 때문에 권한(자율권)을 줬다.

empire [émpaiər] n.제국 a.제국의

em(안에=in)+pire(명령=order)의 결합.

'**황제 손안에 명령권이 있는 나라=제국**'으로, 제국(帝國)은 황제가 지배하는 나라입니다.

- imperial [impíəriəl] a.제국의, 황제의
- Those small states were absorbed into the Roman **Empire**.
  그런 작은 나라들은 로마 제국에 흡수되었다.

enchant [entʃǽnt] vt.매료시키다(charm, fascinate), 황홀케 하다, 마법을 걸다

en(안에=in)+chant(n.노래=song)의 결합.

'노래 안에 마법을 넣어 두다=매료시키다'입니다. '로렐라이(Lorelei) 언덕'이라는 노래는 로렐라이라는 이름의 요정이 언덕에서 아름다운 자태로 노래를 부르면 뱃사공들이 그 노래에 매료되어 배를 잘못 몰아 바윗돌에 부딪혀 난파된다는 내용의 독일 전설입니다. '**아름다운 노래=매료, 황홀, 마법**'입니다. 접두어 em, en은 in의 변형.

- chant [tʃænt] n.노래(song), 멜로디 v.(노래)부르다(sing)
- The singer **enchanted** many people with her beautiful voice.
  그 가수는 아름다운 목소리로 많은 사람을 매료시켰다.
- The witch **enchanted** the forest animals to do as she told them.
  마녀는 숲속의 동물들에게 마법을 걸어 자기가 말한 대로 행동하게 했다.

engross [engróus] vt.(수동형)몰두시키다, 열중시키다

en(안에=in)+gross(a.큰, 엄청난=big, enormous)의 결합.

'**몸과 마음을 큰일 속에 넣다=몰두시키다(absorb, captivate)**'입니다. 몸과 마음을 대학진학, 취업, 사업이라는 큰일에 집어넣으면 그것에 몰두하고 열중하는 것입니다.

- be engrossed [absorbed, involved, lost] in ~에 빠져 있다
- We were unaware of the time as **we were engrossed in** conversation.
  우리는 대화에 몰두 되어 시간 가는 것을 몰랐어.

enroll [enróul] v.등록(입학, 신청, 가입)하다

en(안에=in)+roll(n.회전, 명부=list)의 결합.

'**명부 안에 자기 이름을 적어 넣다=등록하다(register, join, sign up)**'입니다. 과거 유럽에서 사용했던 명부는 두루마리 형태. 채륜이 발명한 종이가 유럽으로 건너가기 이전에 유럽에서 사용했던 종이는 파피루스(식물 껍질)와 양피지(양의 가죽)였는데 모두 두루마리 형태로 말아서 보관.

- roll [roul] n.회전, 명부(list) vt.굴리다, 진행하다 vi.구르다, 회전하다
- enrollment [enróulmənt] n.등록(registration), 가입(joining), 입학, 입대
- I want to **enroll** as a member here. 여기 회원으로 등록하고 싶습니다.
- Should a 15-year-old be allowed to **enroll** into a university?
  15살이 대학에 등록(입학)하는 것이 허용되어야 하는가?

envelop [énvəlòp] n.봉투, 싸개, 덮개 vt.싸다(봉하다, 포위하다)

en(안에=in)+velop(싸다=wrap)의 결합.

'안에 넣고 싸다=싸다, 봉하다'입니다. 아이를 넣고 담요를 싸면 아이를 감싸는 것이고, 편지를 안에 넣고 봉투를 싸면 봉하는 것이죠. 적을 어떤 장소에 넣고 싸면 포위하는 것입니다.

- Please have a look at the paper in the **envelope**. 봉투 안에 있는 서류를 보세요.

entitle [entáitl] vt.~에 제목을 붙이다, ~에게 권리(자격)를 주다

en(안에=in)+title(n.제목, 직함, 권리)의 결합.

'표지(사람) 안에 제목(권리)을 넣다=제목을 붙이다, 권리를 주다'입니다. 책을 집필한 후에 표지 안에 제목을 넣으면 제목(이름)을 붙이는 것이고, 누구에게 백작이란 칭호(직함)를 넣으면 백작이 누릴 수 있는 권리와 자격을 주는 것이죠. '직함을 붙이다'에서 '권리(자격)를 주다'는 뜻이 파생.

- title [táitl] n.제목, 직함, 권리 vt.제목을 달다, 직함(작위, 칭호)을 주다
- He was **entitled** to be exempt from military service with the gold medal.
  그는 그 금메달로 군 복무로부터 면제받을 자격이 주어졌어.

entrust [entrʌ́st] vt.맡기다(commit, trust, confide), 위탁(위임)하다

en(안에=in)+trust(n.신뢰, 위탁 v.신뢰하다, 위탁하다)의 결합.

'마음속에 상대에 대한 신뢰가 있다=맡기다'입니다. 마음속에 상대편에 대한 신뢰가 있으면 그 사람을 믿고 일을 맡기기 때문에 '신뢰하다'에서 '맡기다(위임하다)'는 뜻이 파생.

- We can not **entrust** the country to these people. 우리는 이런 사람들에게 나라를 맡길 수 없습니다.

inhabit [inhǽbit] vt.~에 살다(live), 거주하다

in(안에)+hab(갖고 있다=have)+it의 결합.

'집안에 살림살이를 갖고 있다=살다, 거주하다'입니다. 영국인의 조상은 이동이 일상생활인 유목민입니다. 이동한 곳의 집안에 살림살이를 갖고 있으면 그곳에 거주하고 사는 것이죠. inhabit는 타동사(vt)이기 때문에 뒤에 전치사 in이 필요 없습니다.

- inhabitant [inhǽbətənt] n.거주자, 주민, 서식동물
- Countless bad bacteria **inhabit** our mouths. 셀 수 없는 해로운 세균이 우리의 입안에 살고 있다.

invade [invéid] vt.~에 침입(침략)하다, 침해하다

in(안으로)+vade(가다=go)의 결합.

'다른 나라 국경 안으로 들어가다=침입하다'입니다. 인베이젼(invasion-침입, 침략)이 들어간 영화 제목이 상당히 많습니다. 외계인, 좀비, 적국의 침략을 주제로 한 영화들이죠.

- invasion [invéiʒən] n.침입, 침략, (권리)침해
- When did the Romans **invade** Britain? 로마인들이 언제 영국을 침략했나요?
- I don't want to **invade** your privacy. 난 너의 사생활을 침해하고 싶지는 않아.

income [ínkʌm] n.수입(earnings), 소득(profits, gain)

in(안으로)+come(오다=get)의 결합.

'**벌어서 호주머니 안으로 들어오는 것=수입, 소득**'입니다. 벌어서 호주머니 안으로 들어오는 돈은 수입(income)이고, 호주머니에서 밖으로 나가는 돈은 지출(outgo)입니다.

- The tax derived from tobacco sales is an enormous **income** for the government.
  담배 판매로 나오는 세금은 정부에게 막대한 수입이야.

insight [ínsàit] n.통찰(력), 선견지명

in(안으로)+sight(n.보기=seeing)의 결합.

'**안으로 들여다보는 힘=통찰력**(vision, foresight, prescience)'입니다.

- sight n.봄(seeing), 시력, 풍경(view)   • oversight n.간과(overlook), 태만(negligence)
- The author has a remarkably keen **insight** into English grammar.
  그 저자는 영문법에 매우 예리한 통찰력을 갖고 있어.
- He has unique **insight** and passion.   그는 독특한 통찰력과 열정을 갖고 있다.

implant [implǽnt] vt.심다(plant), 이식하다 n.(치과)임플란트, 이식

im(안으로=in)+plant(vt.심다, 이식하다 n.식물)의 결합.

plant와 implant는 동의어입니다. 심는 것은 뿌리를 땅 **안에** 넣어서 심는 것이기 때문에 접두어 im(=in)이 붙인 것. 인공 치아를 **임플란트(implant)**라고 하는 것은 치아를 나무 심듯이 잇몸 안에 심기 때문입니다.

- transplant [trænsplǽnt] vt.옮겨 심다, 이식하다
- A doctor **implanted** a small tube under the patient's skin.
  의사는 환자의 피부 아래에 작은 관을 심었다.

embrace [imbréis] vt.끌어안다(hug), 받아들이다 n.포옹

em(안으로=in)+bra(팔, 가슴)+ce의 결합.

'**가슴 안으로 사람을 당기다=포옹하다**'입니다. 여자 **가슴**에 착용하는 브래지어(brassiere)를 줄여서 **브라(bra)**라고 합니다.

- Rachel opened her arms wide to **embrace** him.
  Rachel은 그를 안기 위해 팔을 활짝 벌렸다.

endanger [endéindʒər] vt.위태롭게 만들다

en(안으로=in)+danger(n.위험=peril, risk, hazard)의 결합.

'**누구를 위험한 상황 안으로 넣다=위태롭게 만들다**(imperil, risk)'입니다.

- Pollution and the introduction of new species **endanger** animals.
  환경오염과 새로운 종의 수입은 동물들을 위험에 빠뜨리고 있다.
- Private education **endangers** public education.
  사교육은 공교육을 위태롭게 만듭니다.

entice [entáis] vt. 유혹(유도, 유인)하다, 꾀다

en(안으로=in)+tice(불=fire)의 결합.

'**불을 피워놓고 안으로 들어오라고 하다=유혹하다**(tempt, lure, allure)'입니다. 식당에서 불을 환하게 밝히는 것은 손님이 들어오도록 유혹(유도)하는 것이고, 오징어잡이 어선이 불을 환하게 밝히는 것은 오징어가 그물에 들어오도록 유혹(유도)하는 것이지요.

- He has fallen in love with the lady with a very **enticing** smile.
  그는 매우 유혹적인 미소를 가진 숙녀와 사랑에 빠졌다.
- Doctors **entice** mothers to pay for the plastic surgeries.
  의사들은 엄마들이 자녀들의 성형 수술 비용을 내도록 유도한다.

interior [intíəriər] a. 안의, 내부의 n. 실내(장식), 내부

접두어 inter는 in(안에)의 변형.

exterior(a.외부의 n.외부)의 exter(밖에)는 ex(밖에=out)의 변형으로 inter와 exter의 ter는 방향을 나타냅니다.

- interior design 실내 디자인
- the exterior of the building 건물의 외관
- The door was open and I was able to see the **interior**.
  문이 열려있어서 내부를 볼 수 있었다.

Day 08

> **접두어 in** 접두어 in은 안에, 안으로, not(부정, 반대)입니다.
> 내 말을 **부정**한다는 것은 내 말에 **반대**한다는 것이기 때문에 부정과 반대는 같은 개념입니다.

inexpensive [inikspénsiv] a.비싸지 않은, 값싼(cheap)

in(부정=not)+expensive(a.값비싼=costly)의 결합.

단어를 암기할 때 **부정어를 먼저 외워야** 합니다. 부정어 inexpensive(비싸지 않은)를 외우면 expensive(비싼)를 자연스럽게 기억할 수 있지만, expensive를 외우면 un, in, im, dis 등 여러 부정 접두어 중에서 무엇을 붙여야 하는지 알 수 없지요.

- inexpensively ad.값싸게(cheaply), 저렴하게
- It is **inexpensive** to use mobile phones in Korea.
  한국에서 휴대폰 사용은 비싸지 않아.

inactive [inæktiv] a.비활동적인, 활발하지 않은, (시장)불경기의

in(부정=not)+active(a.활동적인, 적극적인)의 결합.

- **Inactive** Korean adults with college degrees are increasing rapidly.
  대학 학위를 가진 비활동 한국 성인들이 급속히 증가하고 있다.

inadequate [inædikwit] a.부적당한(inappropriate), 불충분한(insufficient)

in(부정=not)+adequate(a.적당한, 충분한=proper)의 결합.

- The doctor's care of the singer was considerably **inadequate**.
  그 가수에 대한 의사의 치료는 상당히 부적절(부적당)했다.
- My current salary is **inadequate** to lead life on the bases.
  지금의 나의 급여는 기본적인 생활을 영위하는데 불충분합니다.

innumerable [injú:mərəbəl] a.셀 수 없는, 대단히 많은(many)

in(부정=not)+numer(세다=number)+able(가능)의 결합.

'셀 수 없는=대단히 많은'입니다.

- **Innumerable** books have been written on the subject.
  그 주제에 관하여 수많은 책이 쓰여 왔다.

접두어 **063**

innocent [ínəsnt] a.순진한, 무죄의(결백한), 무해의 n.결백한 사람, 순진한 아이

in(부정=not)+noc(해로운=harmful)+ent의 결합.

'해를 끼치지 않는=순진한, 무죄의'입니다. 순진한 사람은 누군가에게 해로운 일을 하지 않지요. 해로운 일을 하지 않았으면 무죄이고, 결백한 것입니다. nox, noc [녹스]는 harmful입니다. [녹] 슬면 제품에 **해**가 되지요.

- innocence [ínəsns] n.순진, 무죄, 무해 • an innocent child 순진한 아이
- Killing **innocent** people is barbaric behavior.
  무고한 사람들을 죽이는 것은 야만적인 행위입니다.

inevitable [inévitəbəl] a.피할 수 없는, 불가피한, 필연적인

in(부정=not)+evit(출구=exit)+able(가능)의 결합.

'밖으로 빠져나갈 출구를 찾을 수 없는=피할 수 없는(unavoidable)'입니다.

- evitable [évətəbəl] a.피할 수 있는(avoidable)
- Change is **inevitable** in many ways. 여러 측면에서 변화는 불가피해.

injure [índʒər] vt.다치게 하다(wound, harm), 상처를 주다

in(부정=not)+ju(올바른=just)+re의 결합.

'올바르지 않는 말과 행동을 하다=다치게 하다'입니다. 올바르지 않은 말을 하면 상대의 마음을 다치게 하고, 올바르지 않은 행동을 하면 상대의 몸을 다치게 하지요.

- injury [índʒəri] n.상해, 상처, 손해, 모욕
- Too much drinking only **injures** your health. 과도한 음주는 너의 건강을 해칠 뿐이야.

indifferent [indífərənt] a.무관심한(uninterested), 아무래도 상관없는

in(부정=not)+different(a.다른=unlike, dissimilar)의 결합.

'매일 나오는 반찬이 다르지 않은=무관심한'입니다. 나오는 반찬이 김치, 된장국으로 다르지 않고 매일 똑같으면 어떻게 될까요? 누구나 반찬에 대해 무관심해집니다.

- indifference [indífərəns] n.무관심, 냉담, 상관없음
- She **is indifferent to** religions. 그녀는 종교에 무관심해.

intuition [ìntjuíʃən] n.직관, 직감, 직관적 통찰

in(부정=not)+tui(보다=look, watch)+tion(명접)의 결합.

'보지 않고도 감각적으로 바로 아는 것=직관, 직감'입니다. 경험, 연상, 판단, 추리 등을 거치지 않고 바로 감각적으로 파악하는 것이 직관, 직감입니다. 살다 보면 직관이 정확할 때가 상당히 많습니다.

- Have the courage to follow your heart and **intuition**.
  가슴과 직관(직관적 통찰)을 따르는 용기를 가지세요.
- Children react to body language because they experience the world by **intuition**.
  어린이들은 직감으로 세상을 경험하기 때문에 보디랭귀지에 반응한다.

insane [inséin] a.미친(crazy)

in(부정=not)+sane(a.제정신의)의 결합.

'제정신이 아닌=미친'입니다.

- sane [sein] n.제정신의, 분별 있는
- His family sent their **insane** relative to a madhouse.
  그의 가족은 미친 친척을 정신병원에 입원시켰다.

invariably [invéəriəbli] ad.변함없이, 언제나, 항상

in(부정=not)+variable(a.변덕스러운)+ly의 결합.

'변덕스럽지 않게=변함없이'입니다.

- vary [véəri] vt.바꾸다, vi.바뀌다
- variable [véəriəbəl] a.변하기 쉬운, 변덕스러운
- An emotional decision is almost **invariably** a wrong decision.
  감정에 의한 결정은 거의 언제나 틀린 결정이야.

indelible [indéləbəl] a.(얼룩, 치욕)지울 수 없는

in(부정=not)+del(지우다=delete)+ible(가능=able)의 결합.

어근 del은 컴퓨터 자판에 있는 delete(지우다)입니다. delible이란 단어는 없습니다.

- The scandal left an **indelible** stain on his reputation.
  그 추문은 그의 명성에 지울 수 없는 오점을 남겼다.

incalculable [inkǽlkjələbəl] a.계산할 수 없는, 막대한

in(부정=not)+calcul(계산하다=calculate)+able(가능)의 결합.

'얼마인지 계산할 수 없는=계산할 수 없는, 막대한'입니다.

- calculable [kǽlkjələbəl] a.계산(예측)할 수 있는
- The hurricane did **incalculable** damage to the coastal area.
  그 태풍은 해안 지역에 막대한 피해를 입혔다.

inhuman [inhjúːmən] a.인정 없는, 비인간적인, 잔인한

in(부정=not)+human(a.인간의, 인간적인)의 결합.

- I don't want to work in such **inhuman** conditions.
  나는 그런 비인간적인 조건에서 근무하고 싶지 않습니다.
- I can't stand people who are **inhuman** to animals.
  난 동물들에게 잔인한 사람들은 참을 수가 없어.

impotent [ímpətənt] a.무기력한(weak), 성 불능의 n.무기력한 자, 성행위 불능자

im(부정=not)+potent(a.힘센, 성 능력 있는)의 결합.

발기부전을 **임포텐스(impotence)**라고 합니다. 성생활이 impotent(무기력한)한 남성들을 위해 비아그라와 같은 약들이 개발되었고, 임포텐스 학회도 있습니다.

- potent [póutənt] a.힘센, 유력한, 성 능력 있는
- One who feels **impotent** tends to show violent behavior.
  무기력함을 느끼는 사람이 폭력적인 행동을 보이는 경향이 있다.

imperfect [impə́:rfikt] a.불완전한(incomplete), 결함 있는(defective, faulty)

im(부정=not)+perfect(a.완전한, 결함 없는=complete)의 결합.

- The car was technically **imperfect**.
  그 차는 기술적으로 불완전했다(결함이 있었다).

impure [impjúər] a.불결한(dirty, unclean), 불순한, 부도덕한(immoral)

im(부정=not)+pure(a.순수한, 깨끗한, 순결한)의 결합.

- impure air 불결한 공기
- impure motives 불순한 동기
- He approached me with an **impure** intention.
  그는 불순한 목적으로 내게 접근했어.

immoral [imɔ́rəl] a.부도덕한, 부당한

im(부정=not)+moral(a.도적적인, 도덕의)의 결합.

- an immoral behavior 부도덕한 행위
- immoral relations 부도덕한 관계
- I know plagiarism is not only illegal but also **immoral**.
  나는 표절이 불법일 뿐만 아니라 부도덕하다는 것을 알고 있다.

immaterial [ìmətíəriəl] a.중요하지 않은(unimportant), 비물질적인(mental, spiritual)

im(부정=not)+material(a.중요한, 물질의 n.재료)의 결합.

- It is **immaterial** to me whether he stays or goes.
  그가 머물든지 가든지 그것은 나에게 중요하지 않아.
- **Immaterial** pleasure is more valuable than material pleasure.
  비물질적인(정신적인) 쾌락은 물질적인 쾌락보다 더 가치가 있어.

impatient [impéiʃənt] a.참을성 없는(intolerant), 조바심 내는

im(부정=not)+patient(a.참을성 있는 n.환자)의 결합.

patient는 'n.환자 a.참을성 있는'으로 환자는 나을 때까지 참을성이 있어야 하기 때문에 '환자'에서 '참을성 있는'이란 뜻이 파생.

- He is clever, but he seems to be **impatient**.
  그는 영리하나 인내심이 부족한 듯하다.

improper [imprápər] a.부적절한(inadequate, inappropriate), 잘못된

im(부정=not)+proper(a.적절한, 적당한=adequate, appropriate)의 결합.

- Were my comments in the meeting **improper**?
  회의에서 내가 한 말들이 부적절했나요?

impolite [ìmpəláit] a.무례한(rude, impudent, discourteous)

im(부정=not)+polite(a.공손한, 예의 바른)의 결합.

- impolite behavior 무례한 행동   • impolite remarks 무례한 말
- Some people think it is **impolite** to ask someone's age.
  어떤 사람들은 나이를 물어보는 것이 무례하다고 생각해.

immemorial [ìmimɔ́:riəl] a.옛날의, 태고의

im(부정=not)+memori(기억=memory)+al의 결합.

'기억할 수 없는=옛날의, 태고의'입니다.

- Those carvings have been there from time **immemorial**. 이 조각물들은 옛날부터 거기 있었어.

ignoble [ignóubəl] a.비천한(humble), 비열한(mean)

ig(부정=in=not)+noble(a.귀족의, 고상한 n.귀족)의 결합.

'태생이 귀족이 아닌, 성품이 고상하지 못한=비천한, 비열한'입니다. i<u>m</u>noble[임노우블]은 발음이 불편하기 때문에 철자 m을 g로 바꿔 i<u>g</u>noble[이그노우블]이 된 것.

- I don't want my son to associate with such an **ignoble** girl.
  나는 내 아들이 그렇게 비천한 여자와 사귀는 것을 원하지 않는다.

illegal [illí:gəl] a.불법의(unlawful), 위법의

il(부정=in=not)+legal(a.합법의, 법률의)의 결합.

i<u>m</u>legal[임리글]은 발음이 불편하기 때문에 철자 m을 l로 바꿔 i<u>l</u>legal[일리글]이 된 것.

- legal [lígəl] a.법률의, 합법의   • illegal immigrants 불법 이민자
- It is **illegal** to offer a bribe to teachers.
  선생님에게 뇌물 주는 것은 불법(위법)입니다.

illegible [ilédʒəbəl] a.읽기 어려운, 알아볼 수 없는

il(부정=in=not)+leg(읽다=read)+ible(가능)의 결합.
'보고도 읽을 수 없는=읽기 어려운'입니다.

- legible [lédʒəbəl] a.읽기 쉬운(easily read)
- His signature was an **illegible** scratch.
  그의 서명은 알아볼 수 없을 정도로 휘갈겨 쓴 것이었다.

irresolute [irézəlùːt] a.결단력이 없는, 우유부단한(indecisive)

ir(부정=in=not)+resolute(a.결심한, 단호한)의 결합.

- resolute [rézəlùːt] a.굳게 결심한, 단호한(determined).
- My friends say I look too **irresolute**.
  친구들은 제가 너무 우유부단해 보인다고 합니다.

irregular [irégjələr] a.불규칙한, 비정규의

ir(부정=in=not)+regular(a.규칙적인, 정기적인, 정규의)의 결합.
imregular[임레귤러]는 발음이 불편하기 때문에 철자 m을 r로 바꿔 irregular[이레귤러]가 된 것입니다.

- regular [régjələːr] a.규칙적인, 정기적인, 정규의, (크기가)보통의
- Because of **irregular** weather, I caught cold.
  불규칙한 날씨 때문에 나는 감기에 걸렸습니다.
- The salary of **irregular** workers is said to average around 60 percent.
  비정규직 근로자의 급여는 평균 60%대라고 한다.

Day 09

접두어 over   접두어 over는 '위에(위로), 넘어'입니다.

overhead [óuvərhéd] ad.머리 위에, 머리 위로 a.머리 위의

over(위에)+head(n.머리)의 결합.

- Lots of sea gulls passed **overhead**.
  많은 갈매기가 머리 위로 지나갔다.

overall [óuvərɔ̀:l] ad.전체적으로, 대체로 n.전체적인, 전반적인, 종합적인

over(위에)+all(전체, 모두=whole)의 결합.

'위에서 전체를 내려다보는=전체적인, 전반적인, 종합적인'입니다. 위에서 전체를 한눈에 내려다보는 것은 전체적으로, 전반적으로, 종합적으로 보는 것이죠.

- He is the person with **overall** responsibility for the project.
  그는 그 프로젝트에 종합적인(전반적인) 책임을 갖고 있는 사람이다.
- **Overall**, this is a very useful book.
  전반적으로, 이것은 매우 유용한 책이야.

overshadow [òuvərʃǽdou] vt.그늘(그림자)지게 하다, 가리다

over(위에)+shadow(vt.그늘지게 하다, 가리다 n.그림자)의 결합.

'위에서 그늘지게 하다=그늘지게 하다, 가리다'입니다. 하늘 위에서 구름이 태양을 가리면 땅이 그늘지게 되지요.

- He had always been **overshadowed** by his elder sister.
  그는 항상 누나의 그늘에 가려져 있었다.

overpass [òuvərpǽs] n.고가도로, 육교

over(위에)+pass(v.지나다, 통과하다)의 결합.

'도로 위로 지나가는 길=고가도로, 육교'입니다. 도로 위로 차가 지나갈 수 있도록 만들 길은 고가도로이고, 도로 위로 사람이 지나갈 수 있도록 만들 길은 육교입니다.

- Go on until you come to an **overpass**.
  육교에 도달할 때까지 계속 가세요.

override [òuvəráid] vt. 짓밟다, 무시하다, 우위에 두다

over(위에)+ride(vi.타다, 타고 가다)의 결합.

'말을 타고 남의 땅 위를 달리다=**짓밟다**'입니다. 상대보다 위에 있을 때, 상대를 무시할 수 있을 때 상대를 짓밟을 수 있기 때문에 '**짓밟다**'에서 '**무시하다, 우위에 두다**'는 뜻이 파생.

- Don't **override** my right. 나의 권리를 무시하지 마.
- Don't let computer games **override** your studying time.
  컴퓨터 게임을 학습시간보다 우위에 두지 마.

overturn [òuvərtə́ːrn] v. 뒤집어엎다, 타도하다, 전복시키다 n. 전복(upset), 타도

over(위에)+turn(vt.돌리다=spin)의 결합.

'윗부분을 아래로 돌리다=**뒤집어엎다**(overthrow), **전복시키다**'입니다. 자동차의 위를 바닥으로 돌리면 자동차를 뒤집어엎는(전복시키는) 것이고, 정권을 뒤집어엎는 것은 정권을 타도하는 것입니다.

- The rough water **overturned** their boat.
  거친 파도가 그들의 보트를 뒤집어엎었다(전복시켰다).
- Our party will begin its long journey to **overturn** present administration.
  우리 당은 현 정권을 타도하기 위한 긴 여정을 시작할 것입니다.

overthrow [òuvərθróu] vt. 전복시키다(overturn), 타도하다 n. 전복(upset), 타도

over(위에)+throw(vt.던지다=cast)의 결합.

'위에 있는 왕과 귀족들을 바닥으로 던지다=**전복시키다**'입니다. 왕궁으로 쳐들어가 권력의 위를 차지하고 있는 왕과 귀족들을 바닥으로 내던지면 정권을 전복시키고 타도하는 것이죠.

- He was arrested on charges of attempting to **overthrow** the state.
  그는 국가 전복 기도 혐의로 체포되었다.

overwhelm [òuvərhwélm] vt. 압도하다, 제압하다

over(위에)+whelm(vt.압도하다)의 결합.

whelm(압도하다)에 접두어 over를 붙여 위에서 눌러 더 강하게 압도한다는 것입니다.

- overwhelming a.압도적인, 저항하기 힘든 • overwhelming support 압도적인 지지
- I'm so **overwhelmed** by her looks. 난 그녀의 모습에 완전히 압도당했어.

overcast [òuvərkǽst] a. 구름이 뒤덮인, 흐린

over(위에)+cast(vt.던지다=throw)의 결합.

'하늘 위에 구름을 던져놓은=**구름이 뒤덮인, 흐린(cloudy)**'입니다.

- an overcast day 구름이 뒤덮인 날
- Today it will be windy and **overcast**.
  오늘은 바람이 세고 구름이 많겠습니다.

overrule [òuvərúːl] vt.기각하다(reject, dismiss)

over(위에)+rule(vt.규정하다, 판결하다)의 결합.

'위에서 이유가 없다고 판결하다=기각하다'입니다. 소송 결과에 이의가 있어 상소했을 때 판사는 불복신청을 받아 줄 이유가 없다고 판단되면 기각 판결을 내립니다.

- The verdict was **overruled** by the judge. 그 평결은 판사에 의해 기각되었다.
- All the claims were **overruled**. 모든 청원은 기각되었다.

sovereign [sávərin] n.지배자 a.주권 있는, 독립한

s+over(위에)+reign(vt.지배하다)의 결합.

'위에서 백성들을 지배하는 사람=지배자(ruler, dominator, governor)'입니다. 자신의 영토와 백성을 지배하려면 다른 나라로부터 독립한 독립국이어야 하고, 주권이 있어야 하기 때문에 '지배자'에서 '**주권 있는, 독립한**'이란 뜻이 파생.

- reign [rein] n.지배 vt.지배하다(rule, govern, dominate)
- The British **sovereign** has little real power. 영국의 통치자는 실질적인 힘이 거의 없다.
- Only **sovereign** states are able to make treaties.
  오직 주권 있는 국가만이 조약을 체결할 수 있다.

overcome [òuvərkʌ́m] vt.극복하다

over(넘어)+come(vi.가다=get)의 결합.

'고난을 넘어 가다=극복하다(get over, conquer)'입니다.

- It's very important to find ways to **overcome** your shortcomings.
  여러분의 결점을 극복하는 방법을 찾는 것은 매우 중요합니다.

overbearing [òuvərbέəriŋ] a.오만한(haughty, arrogant), 거만한, 고압적인

over(넘어)+bearing(n.인내=perseverance)의 결합.

사람이 갖고 있는 '인내심의 한계를 넘어서게 하는=오만한'입니다. bear는 'n.곰 vt.몸에 지니다, 참다, 나르다, 낳다'입니다. bear는 곰 한 마리가 새끼를 몸에 지녀, 몇 개월을 참아, 안전한 장소로 이동하여, 새끼를 낳는 과정입니다.

- He was scolded by the teacher because he was **overbearing** in class.
  그는 수업 시간에 오만해서 선생님에게 꾸중을 들었다.

overboard [óuvərbɔ̀ːrd] ad.배(열차) 밖으로

over(넘어)+board(n.판자, 갑판)의 결합.

'배의 갑판 너머로=배 밖으로'입니다. 배의 갑판, 열차의 바닥은 판자로 되어 있습니다.

- He was washed **overboard** by a huge wave.
  그는 거대한 파도에 배 밖으로 휩쓸려갔다.

overcharge [òuvərtʃáːrdʒ] vt.~에게 과다 청구하다, 바가지 씌우다(rip off)

over(넘어)+charge(vt.요금을 청구하다)의 결합.

소비자에게 '정상적인 가격을 넘어 청구하다=과다 청구하다'입니다.

- Not only did he **overcharge** me, but he also sent it to the wrong address.
  그는 나에게 바가지를 씌웠을 뿐만 아니라 그것을 엉뚱한 주소로 보냈어.

overdue [òuvərdjúː] a.기한이 지난

over(넘어)+due(a.기일이 된)의 결합.

돈을 내거나 물건을 '반납해야 하는 기일이 넘어간=기한이 지난'입니다.

- due [djuː] a.지급 기일이 된, 당연히 치러야 할, ~할 예정인, ~에 기인하는
- The library book is now **overdue**. 도서관에서 빌린 책이 반납 기간이 지났어.
- Her baby is two weeks **overdue**. 그녀의 아기는 출산 예정일이 2주 지났어.

overeat [òuvəríːt] v.과식하다

over(넘어)+eat(v.먹다)의 결합.

일반적으로 먹는 '정량을 넘겨서 먹다=과식하다'입니다.

- He has destroyed his body by **overeating** and overdrinking.
  그는 과식과 과음으로 자신의 몸을 망쳐놓았다.

overweight [óuvərwèit] a.초과 중량인 n.초과 중량

over(넘어)+weight(n.무게)의 결합.

'정상 무게를 넘어선=초과 중량인(obese, fat, fleshy)'입니다.

- People are likely to become **overweigh** when a close friend turns fat.
  가까운 친구가 뚱뚱해질 때 사람들은 과체중이 될 가능성이 높아.

overseas [óuvərsíːz] a.해외의, 외국의 ad.해외로, 외국에서

over(넘어)+sea(n.바다=ocean)+s의 결합.

'바다를 넘어 가는=해외의, 해외로(abroad)'입니다.

- overseas markets 해외시장 • overseas trade 해외 무역
- I lived **overseas** for seven years. 나는 7년 동안 해외에서(외국에서) 살았어.

overhear [òuvərhíər] vt.우연히 듣다, 엿듣다

over(넘어)+hear(vt.듣다=listen)의 결합.

'어깨너머로 타인의 대화를 듣다=엿듣다(listen secretly)'입니다.

- When I was talking on the phone with my friend, she **overheard** me.
  내가 친구랑 전화로 이야기하고 있을 때 엄마가 내 말을 우연히 들으셨어.

overuse [òuvərjúːz] vt.남용하다 n.남용, 과다사용

over(넘어)+use(vt.사용하다)의 결합.

'정상적인 수준을 넘어 사용하다=남용하다(abuse)'입니다.

- It appears many people **overuse** energy drinks whenever they get tired.
  많은 사람이 피곤할 때마다 에너지 드링크를 남용하는 것 같다.

overwork [òuvərwə́ːrk] vt.일을 너무 많이 시키다 vi.과로하다 n.과로, 초과 근무

over(넘어)+work(일, 일하다)의 결합.

'정상적인 근로 수준을 넘어 일하다=과로하다(overexert)'입니다.

- He was suffering from stress brought on by **overwork**.
  그는 과로에 의해 야기된 스트레스에 시달리고 있었다.

overtake [òuvərtéik] vt.앞지르다, 따라잡다, 추월하다(surpass)

over(넘어)+take(가다=go, come, get)의 결합.

'앞에 가는 것을 넘어서 가다=따라잡다(catch up with)'입니다.

- Experts say China will **overtake** the USA by 2030.
  전문가들은 2030년경에 중국이 미국을 앞지를 거라고 말한다.

overload [òuvərlóud] v.과적하다 n.과적, 과부하

over(넘어)+load(vt.싣다=charge)의 결합.

화물차에 '기준을 넘겨 싣다=과적하다(overcharge, overburden)'입니다. 8톤 화물차에 8톤을 넘겨 실으면 과적하는 하는 것이고, 사람에게 한도 이상의 일을 맡기면 과부하에 걸리게 되지요.

- No overloaded vehicles 과적 차량 진입 금지
- I'm **overloaded** with too much work these days.
  요즈음 나는 너무 많은 일로 과부하 되어있어.

overstate [òuvərstéit] v.과장하다, 허풍떨다

over(넘어)+state(vt.말하다=say, speak, state)의 결합.

'사실을 오버해서 말하다=과장하다(exaggerate), 허풍떨다'입니다.

- state n.국가, 주, 정부, 상태 vt.말하다(speak)
- I cautioned him not to **overstate** the problem.
  나는 그에게 그 문제를 과장하지 말라고 주의를 주었다.

oversee [òuvərsí:] vt. 내려다보다, 감독(관리)하다

over(위에)+see(보다=look, watch)의 결합.

'**높은 곳에서, 위에서 아래를 보다=내려다보다, 감독(관리)하다**'입니다. 위(높은 곳)에서 아래를 보는 것은 내려다보는 것이고, 위에서 노동자들이 일하는 것을 내려다보면 관리(감독)하는 것입니다. 동의어 supervise 는 super(위에=over) + vise(보다=see)로 oversee와 같은 어원 결합.

- **supervise** [súːpərvàiz] vt. 관리하다(manage, administer, govern, control), 감독하다
- He has vowed to **oversee** the elections impartially.
  그는 선거를 공정하게 감독할 것을 서약했다.

overlook [òuvərlúk] vt. 내려다보다(감독하다), 간과하다, 눈감아주다 n. 전망 좋은 곳

over(위에)+look(보다)의 결합.

'**위에서 내려다 보다=감독하다(supervise)**'입니다. 위에서 아래를 보면 내려다보는 것이고, 작업장에서 내려다보면 관리(감독)하는 것이죠.

over(넘어)+look(보다)의 결합.

'**넘겨보다=간과하다, 눈감아주다(condone)**'입니다. 봐야 할 것을 넘겨버리고 다른 곳을 보는 것은 간과하고 눈감아주는 것입니다.

- My job is **overlooking** the work of construction in the field.
  나의 직업은 건설현장의 일을 관리(감독)하는 것이다.
- We can't **overlook** his wild words any more.
  우리는 더 이상 그의 폭언을 간과할 수 없어.

oversight [óuvərsàit] n. 감독, 간과(못 봄), 실수

over(위에, 넘어)+sight(n. 봄, 시각)의 결합.

위에서 설명한 overlook과 어원 결합이 같습니다.

- The lack of **oversight** regarding the entertainment soldiers caused a big uproar.
  연예인 병사와 관련된 감독 소홀은 큰 논란을 일으켰다.

Day 10

접두어 super

접두어 super는 over(위에, 넘어)입니다.
유사철자 sur, supre는 super의 변형. 슈퍼맨(superman)은 보통 사람보다 능력이 위에 있고, 보통사람의 능력을 넘어가 있는 사람이죠. 슈퍼마켓(supermarket)은 보통 소매점보다 그 기능이 위에, 넘어가 있다는 의미를 담고 있지요.

superstition [sùːpərstíʃən] n. 미신, 미신행위

super(위에, 넘어=over)+sti(서 있다=stand)+tion의 결합.

'사람의 이성 위에 서 있는 것=미신, 미신행위'입니다. 미신은 비과학적이고 종교적 관점에서 망령이라고 판단되는 신앙으로 사람의 합리적 이성 위에 있는 것입니다.

- **Superstitions** can affect a person's life.
  미신들은 사람의 생활에 영향을 줄 수 있어.

superb [suːpə́ːrb] a. 최고인, 훌륭한, 압권인

super(위에, 넘어=over)+b의 결합.

'다른 어떠한 사람(것)보다 위에 있는=훌륭한(excellent, splendid, magnificent)'입니다.

- a **superb** player 최고 선수
- a **superb** teacher 훌륭한 선생님
- His performance was absolutely **superb**.
  그의 연기는 그야말로 최고였다(압권이었다).

superfluous [suːpə́ːrfluəs] a. 남아도는, 필요 없는(needless, unnecessary)

super(위에, 넘어=over)+flu(흐르다=flow)+ous의 결합.

'저장 탱크 위를 넘쳐흐르는=남아도는, 필요 없는'입니다. 저장 탱크 위를 넘쳐흐르는 것은 남아도는 것이고, 바닥에 넘쳐 흘러내린 것은 필요 없는 것입니다. flu(플루)는 독감이란 뜻으로 감기 바이러스는 흘러 다니죠.

- He worked so well that my help was **superfluous**.
  그는 너무도 잘해서 나의 도움이 필요 없었다.
- I think that it is **superfluous**.
  나는 그것이 필요 없다고 생각해.

insuperable [insúːpərəbəl] a.극복할 수 없는, 이겨내기 어려운

in(부정=not)+super(위에, 넘어=over)+able(가능)의 결합.

시련, 고난, 어려운 문제를 '넘어갈 수 없는=극복할 수 없는'입니다.

- I do not think these problems are **insuperable**.
  나는 이 문제들이 극복할 수 없는 것이라고 생각하지 않아.
- The expansion of the Sahara desert proved an **insuperable** obstacle for migrating birds.
  아프리카 사하라 사막의 팽창은 철새들에게 넘을 수 없는 장벽임이 증명되었다.

supernatural [sùːpərnǽtʃərəl] a.초자연의, 불가사의한, 이상한

super(위에, 넘어=over)+natural(a.자연의)의 결합.

'일반적인 자연현상을 넘어가 있는=초자연의(mysterious)'입니다.

- She claimed she could predict the future because she had **supernatural** powers.
  그녀는 자신이 초자연적인 힘을 가졌기 때문에 미래를 예언할 수 있다고 주장했다.

superior [supíəriər] a.보다 우수한, 뛰어난 n.상관, 선배

super(위에, 넘어=over)+i+or(보다=than)의 결합.

'다른 사람, 다른 물건보다 위에 있는=우수한, 뛰어난(excellent, outstanding)'입니다.

- inferior [infíəriər] a.하위의, 떨어지는, 열등한
- Our product **is superior to** our competitor's in quality.
  우리 제품이 품질 면에서 경쟁사의 것보다 우수합니다.

supreme [səpríːm] a.최고의(maximum, paramount), 최상의

supre(위에, 넘어=super=over)+me의 결합.

'그 어떤 무엇보다 위에 있는=최고의'입니다. 맷 데이먼 주연의 영화 본 슈프리머시(The Bourne **supremacy**)는 최고 요원인 본을 주인공으로 한 영화입니다. 그 어떤 무엇보다 위에 있으면 최고이고, 최상입니다.

- supremacy [suprémsi] n.최고(the highest, the best), 최상
- a supreme commander 최고 사령관
- supreme confidence 최고의 자신감
- We are awaiting a judgment from the **Supreme** Court.
  우리는 대법원(최상급 법원)의 판결을 기다리고 있어.

surmount [sərmáunt] vt.오르다(rise, ascend, climb), 극복하다(overcome)

sur(위에, 넘어=super=over)+mount(vt.오르다)의 결합.

'산을 올라가 위(정상)를 넘다=오르다, 극복하다'입니다. mount(오르다)와 surmount(오르다)는 동의어. 험한 산을 넘듯이 고난과 역경을 넘어가면 고난과 역경을 극복하는 것입니다.

- With patience, we can **surmount** every difficulty.
  인내로 우리는 모든 어려움을 극복할 수 있습니다.

surname [sə́:rnèim] n.성(family name, last name)

sur(위에, 넘어=super=over)+name(n.이름)의 결합.

'위에서 대대로 내려오는 이름=성'입니다. 할아버지, 아버지로부터 위에서 대대로 내려오는 이름은 성(姓)입니다. 자신에게만 주어진 이름은 given name. 영어원어민은 이름을 먼저 쓰기 때문에 이름을 first name, 성을 마지막에 쓰기 때문에 성을 last name이라고도 합니다. 해외여행을 하면 자신의 성과 이름을 영어로 적어야 하기 때문에 잘 알아 두세요.

- His given name is Tom and his **surname** is Green.
  그의 이름은 Tom이고 그의 성은 Green이야.

surpass [sərpǽs] vt.뛰어 넘다, 능가하다

sur(위에, 넘어=super=over)+pass(지나가다)의 결합.

'상대편을 넘어 지나가다=뛰어넘다, 능가하다(exceed, excel, outdo)'입니다. 수영이나 달리기 시합에서 상대편을 넘어 앞서 지나가면 상대편을 능가하는 것이죠. '넘어 지나가다=뛰어넘다, 능가하다'입니다.

- He will one day **surpass** the world record.
  그는 언젠가 세계 기록을 능가할 거야.
- No substance can **surpass** the diamond in hardness.
  견고함에 있어서 다이아몬드를 능가하는 물질은 없어.

surplus [sə́:rplʌs] n.나머지, 과잉, 흑자 a.나머지의, 과잉의, 흑자의

sur(위에, 넘어=super=over)+plus(플러스)의 결합.

'기준선을 넘어 플러스 되어 있는 것=나머지(extra), 과잉(excess, surplus), 흑자'입니다. 나머지는 사용하는 상황에 따라 '과잉, 잉여, 흑자'라는 뜻이 됩니다. 나머지가 부정적인 의미로 사용되면 과잉, 긍정적인 의미로 사용되면 잉여, 흑자가 되지요.

- **Surplus** grain is being sold for export.
  나머지(잉여) 농산물은 수출로 판매되고 있다.
- Korea's trade **surplus** with China amounts to $10 billion.
  한국의 대중 무역 흑자는 100억 달러에 이른다.

surface [sə́:rfis] n.표면, 외관 vi.표면화 되다

sur(위에=super=over)+face(n.얼굴, 표면, 외관)의 결합.

'맨 위에 있는 표면=표면(face, outside), 외관'입니다. 표면은 맨 위에 있는 부분입니다. face가 '표면, 외관'이란 뜻이기 때문에 접두어 sur(위에)가 붙은 surface도 같은 뜻입니다.

- The ocean occupies the majority of the **surface** of the earth.
  바다는 지구 표면의 대부분을 차지하고 있다.
- His tax evasion scandal began to **surface** again.
  그의 탈세 의혹이 다시 표면화되기 시작했다.

ultrasonic [λltrəsánik] n.초음파 a.초음파의

ultra(위에, 넘어=super, over)+sonic(a.소리의=sound)의 결합.

'**사람의 귀로 들을 수 있는 소리의 범위를 넘어선=초음파, 초음파의**'입니다. 일본의 가전업체 Sony(소니)의 son은 소리를 나타냅니다. 소니는 라디오를 생산하면서 성장한 기업이죠. ultra대신에 super를 사용해도 같은 뜻입니다. 슈퍼맨(**super**man), 울트라맨(**ultra**man)처럼 super, ultra는 보통 사람의 능력 **위에**, 보통 사람의 능력을 **넘어**가 있음을 나타냅니다.

- supersonic [sù:pərsánik] n.초음파 a.초음파의
- Bats fly in the dark using **ultrasonic** waves.
  박쥐는 초음파를 사용하여 어둠 속에서 날 수 있다.

ultraviolet [λltrəváiəlit] n.자외선 a.자외선의

ultra(위에, 넘어=super, over)+violet(n.보라색)의 결합.

'**무지개 색에서 보라색을 넘어선 빛=자외선**'입니다. 빨, 주, 노, 초, 파, 남, **보**의 보라색을 넘어가 있는 빛은 자외선입니다. 보라색을 한자어로 **자색**(紫色)이라고 합니다.

- violet [váiəlit] n.보랏빛, 바이올렛(제비꽃 비슷한 꽃)
- Overexposure to **ultraviolet** rays can cause skin cancer.
  자외선에 과다 노출은 피부암을 일으킬 수 있습니다.

hypertension [háipərtènʃən] n.고혈압

hyper(위에, 넘어=super, over)+tension(n.압력, 긴장)의 결합.

'**혈관에 가해지는 압력이 정상을 넘어선 상태=고혈압**'입니다. 하이퍼(hyper)는 슈퍼(super)보다 상위개념. **하이퍼**마켓(**hyper**market)은 월마트, 이마트처럼 슈퍼마켓과 백화점이 결합된 형태의 대형 소매점입니다.

- tension [ténʃən] n.긴장(strain), 흥분(excitement), 압력(pressure)
- hypotension [hàipətènʃən] n.저혈압(hypo=below)
- I have been taking the **hypertension** medicine.
  나는 고혈압약을 계속 먹고 있어.

hypersensitive [hàipərsénsətiv] a.지나치게 민감한(과민한)

hyper(위에, 넘어=super, over)+sensitive(a.민감한, 예민한)의 결합.

'**일반적인 정도를 넘어서 민감한=지나치게 민감한(과민한)**'입니다. be sensitive to는 '~에 민감하다'로 **hyper**sensitive를 사용하면 '~에 **지나치게** 민감하다'입니다.

- sensitive [sénsətiv] a.민감한, 예민한
- He **is hypersensitive to** any kind of criticism.
  그는 어떤 종류의 비판에도 지나치게 민감해.

접두어 up

up은 '위로, 위에'입니다.
up은 아래에서 위로 이동하는 것과, 위로 이동하여 위에 있는 상태를 나타냅니다.

uproot [ʌprúːt] vt.뿌리째 뽑다, 근절하다(exterminate, root out)

up(위로)+root(n.뿌리)의 결합.

'뿌리를 위로 들어 올리다=근절하다'입니다. 땅에 박혀 있는 뿌리를 땅 위로 들어 올리면 뿌리째 뽑는 것이죠. 악습이나 부패의 뿌리를 뿌리째 뽑으면 근절하고 척결하는 것입니다.

- No government can **uproot** crime completely.
  어떠한 정부도 범죄를 완전히 근절 할 수 없어.

upgrade [ʌ́pgrèid] n.승진시키다, 업그레이드하다(향상시키다, 개선하다)

up(위로)+grade(n.등급=class)의 결합.

'낮은 등급을 위로 올리다=승진시키다(promote), 향상시키다(improve)'입니다. 과장에서 부장으로 등급을 위로 올리면 승진시키는 것이죠. 비행기 좌석을 이코노미에서 비즈니스로 올리는 것, 기계나 컴퓨터 시스템을 더 좋은 상태로 바꾸는 것, 건물 상태를 더 좋은 상태로 바꾸는 것은 모두 upgrade입니다.

- He was **upgraded** to a director of the company.
  그는 회사의 이사로 승진되었어.
- We need to **upgrade** our communications system.
  우리는 통신 시스템을 개선할 필요가 있습니다.

upheaval [ʌvphíːvəl] n.융기, 격변

up(위로)+heav(들어 올리다=heave=lift)+al의 결합.

'땅 아래에 있는 것을 땅 위로 들어 올린 상태=융기, 격변'입니다. 땅 아래에 있던 것이 땅 위로 올라간 것을 융기라고 하고, 땅이 융기하듯 사회가 융기하면 격변입니다.

- heave [hiːv] vt.들어 올리다, 융기시키다 • the upheaval in one's life 삶의 격변
- The country suffers from post-war social **upheaval**.
  그 나라는 전쟁 이후의 사회적 격변으로부터 고통받고 있다.

upturn [ʌ́ptə́ːrn] n.호전(improvement), 상승(rise)

up(위로)+turn(vt.돌리다=spin)의 결합.

'아래에서 위로 방향을 돌리다=호전, 상승'입니다. 경기 지표가 바닥을 찍고 위로 방향을 돌리면 경제가 호전되는 것이고, 가격이 바닥을 찍고 위로 방향을 돌리면 가격이 상승하는 것입니다.

- downturn n.경기하강, 침체 • an upturn in the economy 경기 호전
- Drivers are afraid of a sharp **upturn** in oil prices.
  운전자들은 급격한 유가 상승을 두려워해.
- If an **upturn** does not come, a downturn will.
  경기 상승이 오지 않으면, 경기 하강이 올 거야.

upset [ʌpsét] vt.뒤집어엎다, 당황하게(속상하게) 만들다
a.당황한, 엉망인, 속이 불편한 n.전복, 혼란, 당황

up(위로)+set(놓다=put, lay, place)의 결합.

'아래 부분을 위로 놓다=뒤집어엎다'입니다. 컵 아랫부분이 위로 가도록 놓으면 컵을 뒤집어엎는 것입니다. 밥상을 뒤집어엎으면 엉망인 상태가 되기 때문에 어떻게 해야 할지 몰라 당황하게 만들지요. 사람 속을 뒤집어엎으면 속이 불편한 것은 당연합니다. '뒤집어엎다'에서 '당황하게 만들다, 엉망인, 속이 불편한'이란 뜻이 파생.

- a stomach upset 배탈(위장 전복) • emotional upset 감정적인 혼란
- I'm sorry. I didn't mean to **upset** you.
  미안합니다. 당신을 속상하게 할 의도는 아니었습니다.

upright [ʌpràit] a.똑바로 선(꼿꼿한), 정직한(honest, truthful)

up(위로)+right(a.곧은, 직각의)의 결합.

'사람 등을 위로 곧게 세운=똑바로 선(erect), 정직한'입니다. 등을 위로 곧게 하여 서면 똑바로, 꼿꼿하게 선 것입니다. 정신적으로 똑바로 선 것은 정직한 것이죠.

- He sat **upright** in his chair. 그는 자기 의자에 꼿꼿이 앉아 있었다.
- The soul of commerce is **upright** dealing. 상업 정신은 정직한 거래야.

upstart [ʌpstáːrt] n.벼락부자, 졸부

up(위로)+start(vi.깜짝 놀라다=startle, surprise)의 결합.

'깜짝 놀랄 정도로 갑자기 재산이 위로 상승한 사람=벼락부자, 졸부'입니다. 버려진 땅을 공단이나 주택단지로 개발하거나, 복권 당첨 등 모든 사람이 깜짝 놀랄 정도로 재산이 갑자기 상승한 사람을 벼락부자, 졸부라고 합니다.

- start[staːrt] vi.출발하다, 떠나다, 시작하다, 깜짝 놀라다
- startle[staːrtl] vi.깜짝 놀라다 vt.깜짝 놀라게 만들다
- Because of the sudden increase in land price, he's become **upright**.
  땅값의 급등으로 인해, 그는 벼락부자가 되었다.

upcoming [ʌpkʌ́miŋ] a.다가오는, 곧 나오는

up(쪽으로=toward)+coming(오고 있는)의 결합.

'자기 쪽으로 오고 있는=다가오는, 곧 나오는'입니다. up은 '위로'라는 뜻에서 '쪽으로'라는 뜻이 파생. 중심이 되는 곳, 말하고 있는 상대편을 심리적으로 더 높은 곳에 있다고 생각하기 때문에 '위로'에서 '쪽으로'라는 뜻이 발생합니다. 영화관에서 예고편을 보여주면서 Coming up soon이라고 하는데 Coming(갈 예정)+up(당신 쪽으로)+soon(곧)의 결합.

- upcoming election 다가오는 선거 • upcoming baby 곧 태어날 아기
- Preparations have been completed for the **upcoming** storm.
  다가오는 폭풍우에 대비한 준비는 완료되어 있습니다.

접두어 bene

접두어 bene는 good(좋은, 유익한)입니다.

benediction [bènədíkʃən] n.기도, (식전, 식후의)감사기도

bene(좋은=good)+dict(말하다=say, speak)+ion의 결합.

'**신이 주신 은총에 대해서 좋은 말을 하는 것=(감사)기도**'입니다. dict는 어근 편에서 학습합니다.

- Don't forget to give the **benediction** before eating.
  식사하기 전에 감사 기도하는 것 잊지 마.

benefit [bénəfit] n.이익(gains, profit), 이득, 수당, 자선 공연

bene(좋은=good)+fit(a.적당한=suitable)의 결합.

'**물건을 팔아 적당히 취하는 좋은 것=이익**'입니다. benefit(이익)에는 물건을 팔아 폭리를 취하지 말고 fit(적당한)하게 취해야 한다는 의미가 담겨 있지요. 음식점 체인에 베니건스(Bennigan's)가 있는데 베니(benni)는 좋다는 의미.

- **beneficial** [bènəfíʃəl] a.유익한(profitable), 이익을 주는
- Drinking milk has another important **benefit**.
  우유를 마시는 것은 또 다른 중요한 이득(이익)을 갖고 있습니다.
- Drinking green tea is said to be **beneficial** to the body.
  녹차를 마시는 것은 몸에 유익하다고 한다.

beneficent [bənéfəsənt] a.선행을 베푸는, 인정 많은(considerate, sympathetic)

bene(좋은=good)+fic(만들다=make)+ent의 결합.

'**누군가에게 좋은 일을 만들어 주는 성격인=인정 많은**'입니다. benefit(이익, 이득)에서 파생된 형용사로 누군가에게 이득이 되는 좋은 행위를 하는 사람은 인정 많은 사람이죠. 어근 fic은 make란 뜻으로 fiction(소설-만들어낸 이야기)의 fic입니다.

- **beneficence** [bənéfəsəns] n.은혜(favor), 선행, 자선(charity)
- **Beneficent** people often donate money to the poor.
  인정 많은 사람들은 종종 가난한 사람들에게 기부한다.

benefactor [bènəfǽktər] n.후원자(supporter, sponsor), 은인

bene(좋은=good)+fac(만들다=make)+t+or(사람)의 결합.

개인, 학교, 단체 등에 '**좋은 일을 만들어 주는 사람=후원자**'입니다. 어근 fac(=fic)은 make란 뜻으로 factory(공장=물건 만드는 곳)의 fac입니다. 어근 편에서 학습하는데 어근을 하나씩 미리 봐 두면 어근 학습이 상당히 쉬워지겠지요.

- An anonymous **benefactor** donated one million dollars.
  한 익명의 후원자가 백만 달러를 기증했다.

benevolent [bənévələnt] a.자비로운, 인정 많은(considerate, sympathetic)

bene(좋은=good)+vol(돌다=roll)+ent의 결합.

'마음속에 좋은 마음이 돌고 있는=인정 많은'입니다. 어근 vol은 roll(돌다)로 스웨덴 자동차 회사 볼보(Volvo)는 자동차 바퀴가 굴러가는 것을 나타냅니다. 어근 vol은 어근 편에서 학습합니다.

- You are a **benevolent** and competent leader.
  너는 인정 많고 유능한 리더야.

- He was a **benevolent** old man; he wouldn't hurt a fly.
  그는 인정 많은 노인으로 파리 한 마리 해치려 하지 않았다.

Day 11~12

> **접두어 de**
>
> 접두어 de는 down(아래), off(분리), 강조(completely)입니다. 3층(위)에서 1층(아래)으로 가는 것은 3층에서 몸을 분리시켜 아래로 가는 것이기 때문에 '아래로'에서 '분리'라는 뜻이 파생. 접두어가 강조의 의미로 사용되면 '매우, 완전히, 확실히' 등으로 해석하고 어근의 뜻이 명확할 때는 의미를 부여하지 않아도 됩니다.

decay [dikéi] n.부패(부식), 쇠퇴 vi.썩다, 부패(부식)하다(corrupt)

de(아래=down)+cay(떨어지다=fall)의 결합.

'**아래로 떨어져 문드러지다=썩다, 부패하다**'입니다. 나무에 매달려 있는 감은 아래로 떨어지면 썩고 부패하게 되지요. decay에는 어근 deca(데카-10년)가 들어 있어 어떤 정권도 10년이면 부패하고 썩는다는 것을 알려주고 있습니다.

- tooth decay 충치(치아 부식)   • economic decay 경제적인 쇠퇴
- Plastic takes more than 50 years to **decay**. 플라스틱은 썩는데 50년 이상이 걸려.
- The decline of most civilizations is attributed to a **decay** in morality.
  대부분의 문명 쇠퇴는 도덕적 쇠퇴에 기인한다.

decease [disí:s] n.사망 vi.죽다(die, pass away)

de(아래=down)+cease(v.그만두다, 멈추다=stop)의 결합.

'**호흡, 심장박동을 멈추고 땅 아래로 가다=죽다**'입니다. 사람이 호흡과 심장박동을 멈추고 땅 아래로 가는 것은 죽는 것이죠. 일반적으로 death(사망)를 사용하고, decease(사망)은 주로 법률이나 격식이 필요한 글에서 사용.

- cease [si:s] vt.그만두다(stop), 멈추다 vi.그치다(stop), 끝나다
- The **decease** of the child resulted from the car crash.
  그 아이의 사망은 자동차 사고에 기인했다.

decrease [dikrí:s] n.감소(량), 축소 vt.줄이다, 감소시키다 vi.줄다, 감소하다

de(아래=down)+crease(자라다=grow)의 결합.

'**자란 것이 아래로 가다=줄다**(diminish, shrink)'입니다. 자란 것이 아래로 가면 줄어드는 것이죠. 반대말 increase는 in(계속=on)+crease(자라다=grow)의 결합.

- increase [inkrí:s] n.증가(량), 확대 vt.늘이다, 증대하다 vi.늘다, 증가하다
- His influence slowly **decreased**. 그의 영향력은 서서히 줄어들었다. vi.
- Koreans should **decrease** the amount of salt they eat.
  한국인들은 소금 섭취량을 줄여야 합니다. vt.

degrade [digréid] vt.낮추다, 강등시키다(lower) vi.지위가 떨어지다

de(아래=down)+grade(n.등급=class, rank, degree)의 결합.

'**높은 등급을 아래로 보내다=낮추다, 강등시키다**'입니다. 높은 등급을 아래로 보내는 것은 지위를 낮추고, 강등시키는 것입니다. 반대말 upgrade는 up(위로)+grade(등급)의 결합.

- Don't **degrade** yourself by accepting such a poor job offer.
  그런 시시한 일자리 제안을 받아들였다는 것으로 너 자신을 낮추지 마.

deliberate [dilíbərèit] a.신중한, 의도적인(intentional) v.숙고하다(consider, ponder)

de(아래로=down)+liber(무게를 달다=weigh)+ate의 결합.

'**추를 아래로 내려 무게를 달아 보고 결정하는=신중한**(prudent, careful)'입니다. 요즈음은 전자저울을 사용하지만, 과거에는 추를 아래로 늘어뜨려 추의 무게로 무게를 측정했습니다. 어림짐작이 아닌 저울로 달아보고 결정하는 자세에서 '신중한, 의도적인'이란 뜻이 파생.

- deliberation [dilìbəréiʃən] a.숙고(consideration), 신중(prudence, caution)
- deliberately [dilíbəritli] ad.신중히(carefully, prudently), 의도적으로(intentionally)
- He is very **deliberate** in everything that he says. 그는 말하는 모든 것에서 매우 신중해.
- It is not clear whether it was **deliberate**. 그것이 의도적이었는지 아닌지는 분명하지 않아.
- They **deliberated** on whether to continue with the talks.
  그들은 그 회담을 계속할 것인지 아닌지에 관해 숙고했다.

destroy [distrɔ́i] v.파괴하다(demolish)

de(아래=down)+stroy(서 있다=stand)의 결합.

'**서 있는 건물을 아래로 보내다=파괴하다**(pull down, break down)'입니다. 서 있는 건물이나 구조물을 쳐서 아래로 보내는 것은 부수고, 파괴하는 것이죠.

- destructive [distrʌ́ktiv] a.파괴적인 • destruction [distrʌ́kʃən] n.파괴, 파멸
- Tsunamis are the most **destructive** waves. 쓰나미는 가장 파괴적인 파도입니다.
- That road will lead you to **destruction**. 그 길은 너를 파멸로 이끌 거야.

demolish [dimáliʃ] vt.(건물, 계획, 제도)부수다, 철거하다, 허물다

de(아래=down)+mol(건축하다=build)+ish의 결합.

'**건축해서 세운 건물을 아래로 쳐서 내리다=부수다**(destroy), 폭파하다(explode)'입니다. 사람이 만든 제도는 보이지 않는 무형의 건물이죠. 1996년 작 실베스터 스탤론 주연의 데몰리션 맨(demolition man)이란 영화가 있는데 영화 제목처럼 열심히 파괴하고 폭파합니다.

- demolition [dèməlíʃən] n.파괴(destruction, breakdown), 폭파(blasting, explosion)
- They're going to **demolish** that old apartment.
  그들은 그 낡은 아파트를 철거할 예정이다.
- Galileo's theory **demolished** the previously used Ptolemaic system.
  갈릴레오의 이론은 이전에 사용되었던 천동설을 허물었다.

demotion [dimóuʃən] n.강등(downgrading, degradation), 좌천, 격하

de(아래=down)+motion(n.이동=movement)의 결합.

'높은 지위에서 아래 단계로 이동=강등'입니다. 높은 지위에 있던 사람이 아래 단계로 이동하는 것은 강등, 좌천, 격하입니다. 아래에 있던 사람이 위로 올라가면 승진. promotion(n.승진)은 pro(앞으로)+motion(이동)의 결합입니다.

- motion [móuʃən] n.운동, 이동, 동작(모션), 동의(agreement)
- He had to choose either **demotion** or early retirement.
  그는 강등이나 명예퇴직 중 하나를 선택해야 했습니다.

depict [dipíkt] vt.(그림)그리다, (말)묘사하다(describe, represent)

de(아래=down)+pict(그리다=picture, draw)의 결합.

'붓을 아래로 내려가며 그리다=그리다(draw, paint, picture)'입니다. 접두어 de(아래)가 붙은 것은 그림을 그리는 붓질은 위에서 **아래로** 움직이기 때문. 붓이 아니라 말로 그림을 그리면 묘사하고 서술하는 것이죠.

- The movie **depicts** the horrific reality of North Korea vividly.
  그 영화는 북한의 참담한 현실을 생생하게 묘사하고 있다.

deride [diráid] vt.비웃다(laugh at, scorn, ridicule), 조롱하다

de(아래=down)+ride(말을 타다)로 결합.

'말을 탄 카우보이가 말 아래로 떨어지다=비웃다'입니다. 능숙한 카우보이가 말을 타다가 아래로 떨어지면 그것을 지켜본 사람들은 'ㅎㅎ, 저게 카우보이?'하면서 비웃게 되지요. deride의 어근 rid는 ridicule(비웃다)의 rid입니다.

- ridicule [rídikjùːl] n.비웃음, 조소, 조롱 vt.비웃다, 조롱하다, 놀리다
- Why does everyone **deride** me and make fun of me? 왜 모두들 저를 비웃고 놀리는 거죠?

descend [disénd] vt.내리다 vi.내려가다(go down)

de(아래=down)+scend(오르다=climb up)의 결합.

'올라가서 위에서 아래로 가다=내려가다'입니다. 반대어 ascend(올라가다)는 a(이동=ad)+scend(오르다)의 결합.

- descendant [diséndənt] n.자손(자신 아래로 내려간 사람), 후손(offspring)
- You can ride the escalator up but have to **descend** on foot.
  에스컬레이터를 타고 올라갈 수 있지만 걸어서 내려와야 합니다.

delay [diléi] vt.미루다, 연기하다(postpone, adjourn, put off) n.지체, 연기

de(아래=down)+lay(vt.놓다=put, place)의 결합.

'위에 있는 것을 아래에 옮겨 놓다=연기하다'입니다. 오늘 할 일을 종이에 적어 보세요. 1번에 놓여 있는 일을 맨 아래에 옮겨 놓으면 그 일을 미루고 연기하는 것입니다.

- We must **delay** our decision for a day.
  우리는 결정을 하루 동안 연기해야 합니다.

designate [dézignèit] vt. 표시하다(indicate), 임명(지명, 지정)하다

de(아래=down)+sign(서명, 표시=mark)+ate의 결합.

'임명장 맨 아래에 사인(표시)하다=임명하다(appoint, nominate)'입니다. 대통령은 임명장 맨 아래에 대통령의 서명이 있는 임명장을 장관에게 주지요. 종이 맨 아래에 사인하는 것은 임명, 지명하는 것입니다.

- designation [dézignèiʃən] n. 임명, 지명(appointment, nomination)
- On this map red lines **designate** main roads.
  이 지도에서 붉은 선은 주요 도로를 표시한다.
- The officer was **designated** for the command.
  그 장교는 지휘관으로 임명되었다.
- Our shop **designated** this room as a smoking area.
  우리 매장은 이 방을 흡연 구역으로 지정했습니다.

devote [divóut] vt. (시간, 몸)바치다(dedicate), 헌신하다, 전념하다, 몰두하다(absorb)

de(아래=down)+vo(맹세, 서약=vow)+te의 결합.

'맹세 하(下)에 행동으로 옮기다=바치다, 헌신하다'입니다. 신에게 어떻게 하겠다고 맹세하고 그 맹세를 가슴 아래 묻어두고 실천에 옮기는 것에서 유래. '노력과 시간을 바치다=헌신하다, 전념하다, 몰두하다'입니다.

- devotion [divóuʃən] n. 헌신(dedication), 전념, 몰두(absorption)
- Students should **devote** their best efforts **to** their studies.
  학생들은 최선의 노력을 학업에 바쳐야 합니다.

deluge [délju:dʒ] n. 홍수(flood), 범람, 쇄도 vt. 범람시키다(overflow)

de(아래=down)+luge(씻다, 씻어 내리다=wash)의 결합.

'많은 물이 논밭, 집, 건물을 씻어 내리면서 흘러가는 것=홍수'입니다. the Deluge는 노아의 대홍수입니다.

- We are living in a **deluge** of information.
  우리는 정보의 홍수(범람) 속에 살고 있어.
- The company is receiving a **deluge** of phone calls.
  그 회사는 쇄도(폭주)하는 전화를 받고 있다.

deteriorate [ditíəriərèit] vi. 약화(악화, 저하)되다 vt. 약화(악화, 저하)시키다

de(아래=down)+teri(땅=territory)+orate의 결합.

'토질(땅의 질)을 떨어뜨리다=약화되다'입니다. 거름을 쓰지 않고 농사를 계속 지으면 땅의 질이 떨어지게 되고, 땅의 질이 떨어지면 농작물의 생산량이 약화, 악화, 저하되지요.

- territory [térətɔ̀:ri] n. 땅, 영토(domain)
- His health was also beginning to **deteriorate**.
  그의 건강 또한 악화되기 시작했다. vi.
- We should not **deteriorate** the quality of education.
  우리는 교육의 질을 저하(악화)시켜서는 안 됩니다. vt.

distress [distrés] n.(심신)고통, 걱정, 조난 vt.걱정하다

di(아래=de=down)+stress(압박=pressure)의 결합.

'**아래로 눌러 심리적 압박을 가함**=고통(pain), 걱정(care, concern, anxiety)'입니다.

- stress n.압박, 강조, 스트레스(심리적 압박), (음악)악센트 vt.강조하다(emphasize)
- The newspaper article caused the actor considerable **distress**.
  그 신문 기사는 그 배우에게 상당한 고통을 안겨 주었다.
- She was deeply **distressed** by her exam results. 시험 결과에 그녀는 몹시 걱정되었다.

deter [ditə́:r] vt.만류하다, 단념시키다, 금지시키다

de(분리=off)+ter(무서운=terrible)의 결합.

'**누군가를 일어날 무서운 일에서 분리시키다=단념시키다**(discourage, dissuade)'입니다. 누군가에게 무서운 일이 일어날 것을 예상하고 그 일로부터 사람을 떨어뜨리는(분리시키는) 것은 그 일을 못 하게 만류하고 단념시키는 것이죠. 아래 첫째 문장 구조에서 deter와 함께 사용할 수 있는 동의어는 keep, prevent, hinder, dissuade, discourage가 있습니다.

- Nothing could **deter** him **from** do**ing** his duty.
  그 어떠한 것도 그의 의무 수행을 단념시킬 수는 없었다.
- There is no simple solution to **deter** domestic violence.
  가정폭력을 금지시키는 쉬운 해결책은 없습니다.

decide [disáid] v.결심하다(determine, resolve), 결정하다

de(분리=off)+cide(자르다=cut)의 결합.

'**여러 개 중에서 하나를 잘라 분리시켜내다=결심하다**'입니다. 여행을 가는데 중국에 갈까 일본에 갈까 고민하다가 중국을 잘라서 분리시켜 내면 중국에 가기로 결정한 것이죠.

- decision [disíʒən] n.결심(determination, resolution), 결정
- decisive [disáisiv] a.결정적인, 단호한(firm, determined, resolute)
- It was difficult to **decide** between the two candidates.
  그 두 후보 사이에 결정을 내리기는 것은 어려웠다. vi.
- I can't **decide** what to wear. 무엇을 입을지를 결정할 수가 없어. vt.

detest [ditést] vt.몹시 싫어하다(hate, dislike), 혐오하다

de(분리=off)+test(성서=Bible)의 결합.

'**성서(하나님의 말씀)로부터 분리되어 있다=몹시 싫어하다**'입니다. 어근 test는 testament(성서)입니다. 기독교 세계관을 갖고 있는 영국인과 미국인은 비기독교적인 것을 매우 싫어하고 혐오하지요. detest는 동명사를 목적어로 취합니다.

- testament [téstəmənt] n.유언(will), 유언장, 성서(the Testament)
- The young generation likes songs, which the older generation may **detest**.
  젊은 세대가 노래를 좋아하는데 그 노래를 기성세대는 몹시 싫어할 수 있어요.

detach [ditǽtʃ] vt.떼다(take off), 분리하다, (군대)파견하다 vi.(따로)떨어지다, 분리되다

de(분리=off)+tach(붙이다=attach)의 결합.

'붙어 있는 것을 분리시키다=떼다'입니다. attach(붙이다)는 at(이동=ad)+tach(붙이다)이고, detach는 attach 한 것을 de 시키는 것입니다. 한국에 있는 군인을 한국에서 de 시켜 해외 주둔지에 붙이면 파견하는 것이죠.

- detachment[ditǽtʃmənt] n.분리(separation, division), 이탈
- **Detach** the coupon and use it as soon as possible.
  쿠폰을 떼어(분리하여) 가능한 한 빨리 사용하세요.
- An aircraft carrier was **detached** in readiness for an emergency.
  비상사태를 위한 준비로 항공모함이 파견되었다.

despair [dispɛ́ər] n.절망(hopelessness), 자포자기 vi.절망하다, 단념하다

de(분리=off)+spair(희망=hope)의 결합.

'희망으로부터 분리되어 있는 상태=절망, 단념하다(abandon)'입니다. 산길을 달리다가 타이어에 펑크가 났는데 스페어타이어(spare tire)가 없어 절망하는 모습을 연상해 보세요.

- He has sunk into **despair** after his business failed. 그는 사업 실패 후 절망(자포자기)에 빠져있어.

derive [diráiv] vt.이끌어 내다(얻다)

de(분리=off)+rive(강=river)의 결합.

큰 물줄기의 '강물에서 물을 분리시켜내다=이끌어 내다'입니다. 큰 줄기의 강물에서 강물을 분리시켜 논으로 넣는 것은 강물을 이끌어내는 것입니다. 논에 있는 물은 강물에서 유래(시작)한 것이죠.

- We **derive** knowledge from reading books. 우리는 독서에서 지식을 이끌어낸다.
- Thousands of English words were **derived** from Latin.
  수 천 개의 영어 단어는 라틴어에서 유래되었다.

delete [dilíːt] vt.삭제하다, 지우다

de(분리=off)+lete(닦다=wipe)의 결합.

'표면에 붙어 있는 것을 닦아서 분리시키다=삭제하다, 지우다(eliminate, erase)'입니다. 칠판에 붙어 있는 글자를 닦아서 분리시키는 것은 지우는 것입니다. 키보드 자판에 있는 delete 키는 삭제하고 지우는 기능이죠. 분리의 접두어 de가 지우고 분리시킨다는 것을 알려주지요.

- When you receive a fishy mail, just **delete** it promptly.
  수상한 메일을 받으면 그냥 즉시 지워버려.
- The files were evidently **deleted** in attempt to destroy evidence.
  그 파일들은 분명히 증거를 없애려는 시도에서 삭제되었습니다.

deprive [dipráiv] vt.~에게서 빼앗다(rob), 박탈하다

de(분리=off)+prive(개인의=private)의 결합.

'사람이 갖고 있는 것을 그 사람으로부터 분리시키다=빼앗다'입니다. 내가 갖고 있는 물건이나 직위 등을 나로부터 분리시키는 것은 나의 물건을 빼앗고 직위를 박탈하는 것입니다.

- deprivation [dèprəvéiʃən] n.박탈, 파면, 궁핍 • deprived [dipráivd] a.가난한, 불우한
- They **were deprived of** their civic rights. 그들은 시민권을 박탈당했다.

depart [dipá:rt] v.떠나다, 출발하다

de(분리=off)+part(지역, 곳=place)의 결합.

'자기가 머물고 있는 곳에서 몸을 분리시키다=떠나다(leave, start, set out)'입니다.

- departure [dipá:rtʃər] n.출발(leaving, starting)
- Please check in at least one hour before **departure** time.
  최소한 출발시각 한 시간 전에는 탑승수속을 해주십시오.

department [dipá:rtmənt] n.(공공 기관, 회사, 대학 등)부, 부문

de(분리=off)+part(일부분=portion)+ment의 결합.

'전체에서 분리된 일부분=부, 부문(section)'입니다. 환경부는 국가에서 환경을 전담하도록 분리된 일부분이고, 마케팅부는 회사에서 마케팅을 전담하도록 분리된 일부분입니다.

- the Department of Environment 환경부 • marketing department 마케팅부
- the English department 영어과 • department store 백화점

deliver [dilívər] v.배달하다(전달하다), 분만하다

de(분리=off)+liver(해방, 자유=liberty)의 결합.

'매장(뱃속)에서 물건(아기)을 분리시켜 해방시키다=배달하다, 분만하다'입니다. 상품을 매장에서 분리시켜 해방시키면 배달하는 것이고, 산모의 뱃속에서 아기를 분리시켜 해방시키면 분만하는 것이죠. 우리는 딜리버리(delivery-배달)란 영어를 흔히 사용하고 있습니다.

- delivery [dilívəri] n.배달, 분만(childbirth), 강연(lecture, address)
- Some **deliver** leaflets or work in convenience stores.
  어떤 사람들은 전단을 돌리고 어떤 사람들은 편의점에서 일한다.
- He said she is due to **deliver** the baby tomorrow.
  그는 그녀가 내일 아기를 낳을 예정이라고 말했다.

default [difɔ́:lt] n.채무 불이행, 태만, 디폴트 v.이행하지 않다

de(분리=off)+fault(n.과실, 책임)의 결합.

'책임을 자신에게서 분리시켜버리고 돈을 갚지 않는 행위=채무 불이행, 태만'입니다. 회사의 경우 경영 부진이나 도산으로 인해, 국가인 경우 전쟁, 혁명, 외화 고갈 등의 이유로 지불 불능을 선언하는 것이 **디폴트(default)**입니다.

- The accident has happened through the official's **default**.
  그 사고는 공무원의 태만 때문에 일어났습니다.

decipher [disáifər] vt.해독, 판독 vt.해독하다(decode)

de(분리=off)+cipher(암호=password)의 결합.

'암호로부터 정확한 뜻을 분리해 내는 것=해독, 판독'입니다. 암호는 전달 내용을 제삼자가 판독할 수 없는 글자, 숫자, 부호 등으로 변경시킨 것입니다. 암호로부터 숨겨진 핵심 내용을 분리시키는 것은 해독, 판독이죠.

- cipher [sáifər] n.암호(문), 부호   • code n.상업용 암호, 코드, 기호체계
- I could only **decipher** a few words from the document.
  나는 그 문서에서 겨우 몇 글자만 해독할 수 있었다.

declare [dikléər] v.선언(공언, 단언, 발표, 포고)하다

de(분리=off)+clare(분명한, 명백한=clear)의 결합.

'무엇을 입에서 분리시켜 분명히 밝히다=선언하다(pronounce, announce)'입니다. '대한 독립 만세!'라는 말을 입에서 분리시켜 분명히 밝힌 것은 대한민국의 독립을 선언하고 공언한 것이죠.

- declaration [dèkləréiʃən] n.선언, 발표, 포고
- From which country did America **declare** her independence?
  미국은 어느 나라로부터 독립을 선언했는가?

decree [dikríː] n.법령, 포고, 명령 v.(법)포고하다

de(분리=off)+cree(n.강령, 주의, 교의=creed)의 결합.

'강령, 주의, 교의 등에서 분리시켜 만든 것=법령(law), 명령(order)'입니다. 법령문, 포고문, 명령문 등은 강령, 주의, 교의 등에 있는 내용에서 분리하여 만듭니다.

- creed [kriːd] n.강령, 주의, 교의(doctrine), 신조(credo)
- It was **decreed** that the following day would be a holiday.
  그다음 날은 공휴일이 된다는 법이 포고되었어.

detect [ditékt] vt.발견하다(discover), 찾아내다

de(분리=off)+tect(덮다=cover)의 결합.

'덮은 것을 분리시키다=발견하다'입니다. 덮어 놓은 덮개를 분리시키면 그 아래에 숨어 있던 것을 발견하고, 찾아 낼 수 있지요. protect(보호하다)는 pro(앞)+tect(덮다)의 결합으로 무기가 날아올 때 주인 앞으로 가서 방패로 덮는 것은 주인을 보호하는 것이죠.

- detective [ditéktiv] n.탐정, 형사
- The sharp eyes of critics can easily **detect** the amateur work.
  비평가의 날카로운 눈은 아마추어 작품을 쉽게 찾아낼 수 있어.

derail [diréil] vi.(기차 따위)탈선하다 vt.탈선시키다

de(분리=off)+rail(n.레일, 난간)의 결합.

'달리던 기차가 레일에서 분리되다=탈선하다(ran off)'입니다.

- The train **derailed** after it hit a tree. 기차가 나무를 들이받은 후에 탈선했어.

defraud [difrɔ́:d] vt.사취(편취, 횡령)하다

de(분리=off)+fraud(사기=swindle, trick)의 결합.

'사기 쳐서 타인의 돈과 재물을 분리시켜 자신의 것으로 만들다=사취하다(trick)'입니다.

- fraud [frɔ:d] n.사기(행위), 사기꾼(swindler, defrauder, impostor)
- He was charged with **defrauding** the public money.
  그는 공금 횡령(사취, 편취) 혐의로 기소되었다.

defunct [difʌ́ŋkt] a.죽은, 현존하지 않는(extinct), (회사)파산한

de(분리=off)+funct(기능=function)의 결합.

'호흡과 심장 기능이 몸에서 분리된=죽은(dead, deceased), 현존하지 않는'입니다.

- function [fʌ́ŋkʃən] n.기능, 작용, 직무 vi.작용(작동)하다(work, operate)
- Gorbachev was the President of the now **defunct** Soviet Union.
  고르바초프는 지금은 현존하지 않는 소련의 대통령이었다.

decompose [di:kəmpóuz] vt.분해시키다, 썩게 하다 vi.분해되다, 썩다

de(분리=off)+compose(vt.구성하다=comprise)의 결합.

'각각의 구성요소로 분리시키다=분해시키다(dissolve)'입니다. compose(구성하다)는 com(함께=with)+pose(놓다=put)의 결합으로 각각의 구성요소를 함께 놓아 전체를 구성하는 것이고, 앞에 분리의 de를 붙이면 구성된 전체를 각각의 구성요소로 분해하는 것입니다.

- compose [kəmpóuz] vt.구성(조립, 조직, 작곡, 작문)하다
- The bacteria **decomposes** the impurities into a gas and solids.
  그 박테리아는 불순물을 기체와 고체로 분해시킨다. vt.
- When food **decomposes** in landfills, it releases methane.
  음식물이 쓰레기 매립지에서 분해될 때 메탄을 방출합니다. vi.

demand [dimǽnd] vt.요구하다, 청구하다 n.요구, 청구, 수요

de(강조=completely)+mand(명령하다=command)의 결합.

'정중하게 명령하다=요구하다, 청구하다(request, claim, call for)'입니다. demand는 프랑스어에서 유입된 단어로 원래 뜻은 ask(부탁하다)였습니다. 과거 영국인들은 같은 뜻의 외래어 단어가 들어오면 뜻을 세분화하여 사용. 그래서 영국인들은 demand를 정당한 권리를 갖고 당연한 것을 요구하고 청구하는 의미로 사용했습니다.

- command [kəmǽnd] vt.명령하다(order)
- They are **demanding** that all troops should be withdrawn.
  그들은 모든 군대가 철수되어야 한다고 요구하고 있다.
- **Demand** is exceeding supply.
  수요가 공급을 초과하고 있다.

접두어 under

접두어 under는 down(아래=de)입니다.
아래에 있다는 것은 열등하고, 작고, 모자라고, 불충분함을 나타냅니다.

underground [ʌ̀ndərgràund] a.지하의, 지하조직의 n.지하도, 지하조직

under(아래=down)+ground(n.땅=earth)의 결합.

- an underground passage 지하도
- the underground government 지하 정부

underwear [ʌ́ndərwɛ̀ər] n.속옷, 내의

under(아래=down)+wear(vt.입고 있다)의 결합.

'겉옷 맨 아래에 입고 있는 옷=속옷'이고, 팬티(pants)는 바지(trousers)입니다.

- At home, he walks around in his **underwear**. 집에서 그는 속옷을 입고 돌아다녀.

undergo [ʌ̀ndərgóu] vt.받다, 겪다(경험하다), 진행하다

under(아래=down)+go(가다=come, get)의 결합.

'적의 지배 아래로 가다=받다, 겪다(suffer), 진행하다(progress)'입니다. 적의 지배 아래로 가면 힘든 시간이 진행되어 고난을 겪게 되지요. 1066년에 영국이 프랑스의 지배하에 들어가 몇 백 년 고통을 받았고, 우리는 일제 치하에서 36년간 고난을 겪었습니다.

- undergo an examination 조사를 받다
- undergo a mental conflict 심적 갈등을 겪다
- Due to the incident, the woman **underwent** 5 plastic surgery operations.
  그 사고 때문에, 그 여자는 5번의 성형 수술을 받았어.

underhand [ʌ́ndərhæ̀nd] a.밑으로 던지는 a.은밀한, 음흉한

under(아래=down)+hand(n.손 vt.건네다)의 결합.

'테이블 아래로 손을 내려 돈이나 기밀을 건네는=은밀한(covert)'입니다.

- He was promoted in such an **underhand** way. 그는 매우 음흉한 방법으로 승진했다.
- He has been having a **underhand** affair with his secretary for three years.
  그는 3년 동안 그의 비서와 은밀한 관계를 유지하고 있다.

underestimate [ʌ̀ndəréstəmèit] v.과소평가하다, 얕보다 n.과소평가, 경시

under(아래=down)+estimate(v.평가하다=value)의 결합.

'실제 가치보다 낮게 평가하다=과소평가하다(devaluate, undervalue)'입니다.

- overestimate [òuvəréstəmèt] v.과대평가하다 n.과대평가
- Men tend to **underestimate** the power of women. 남자는 여자의 힘을 과소평가하는 경향이 있어.
- Adults often **underestimate** kids abilities. 어른들은 종종 아이들의 능력을 과소평가한다.

underline [ʌ̀ndərláin] vt. ~에 밑줄 치다, 강조하다(emphasize, stress)

under(아래=down)+line(n.줄 v.줄을 긋다)의 결합.

'단어나 문구 아래에 밑줄을 긋다=밑줄 치다, 강조하다'입니다. 공부하면서 책에 밑줄을 긋는 경우가 많지요. 밑줄을 긋는 것은 그 부분이 중요하다고 강조하는 표시이기 때문에 '**밑줄 치다**'에서 '**강조하다**'는 의미가 파생.

- He always **stressed** the importance of practice to his athletes.
  그는 항상 그의 선수들에게 연습의 중요성을 강조한다.

underscore [ʌ̀ndərskɔ́ːr] vt. ~에 밑줄 치다, 강조하다(emphasize, stress)

under(아래=down)+score(vt.줄을 긋다=line)의 결합.

'아래에 줄을 긋다=밑줄 치다, 강조하다'입니다. underscore와 underline은 동의어입니다. score는 '점수(득점), 악보, 선을 긋다'입니다. 악보의 '5선'에서 '선을 긋다'는 뜻이 파생.

- score n.점수(point), 득점, 악보 vt.기록하다(record), 선을 긋다(line)
- This is important, so please **underscore** and asterisk it.
  이것은 중요하니까 밑줄 긋고 별표 하세요.
- He **underlined** the close alliance between the United States and South Korea.
  그는 한국과 미국 간의 긴밀한 동맹 관계를 강조했다.

undertake [ʌ̀ndərtéik] vt.떠맡다(인수하다), 약속하다, 시작(착수)하다

under(아래=down)+take(잡다=catch, hold)의 결합.

'아래로 내려오는 지시를 잡다=떠맡다(take on), 약속하다(promise), 시작하다(start)'입니다. 위에서 아래로 내려오는 지시사항을 잡는 것은 일을 떠맡는 것이죠. 일을 떠맡으면 그 일을 책임지겠다고 약속하고 그 일을 시작하기 때문에 '**떠맡다**'에서 '**약속하다, 시작하다**'는 뜻이 파생.

- All right. I will **undertake** the work. 좋아. 내가 그 일을 맡겠어.
- He succeeds in whatever he **undertakes**.
  그는 시작하는(떠맡는) 것은 무엇이든지 성공해.

undermine [ʌ̀ndərmáin] vt.~의 아래를 파다, 약화시키다, (명예)손상시키다

under(아래=down)+mine(v.파다=dig)의 결합.

'대들보 아래를 파다=약화시키다(weaken), (명예)손상시키다(defame)'입니다. 집을 떠받치고 있는 대들보 아래를 파면 지반이 약해져 건물을 약화시키게 되고, 사람에게 비유하면 명예를 손상시키는 것입니다.

- mine n.나의 것, 광산 v.채굴(채광)하다(exploit)
- His health was **undermined** by drink.
  그의 건강은 술로 약화되었다.
- Our city's green image is being **undermined**.
  우리 도시의 녹색 이미지가 약화되고 있습니다.

underdeveloped [ʌ̀ndərdivéləpt] a.발달(발육)이 덜 된

under(아래=down)+developed(a.발전된, 발달된)의 결합.

'발달 상태가 평균치보다 아래에 있는=발달(발육)이 덜 된'입니다.

- an underdeveloped child 발육이 덜 된 아이
- The **underdeveloped** countries need trained workers.
  저개발 국가들은 훈련된 노동자가 필요합니다.

underlying [ʌ̀ndərláiiŋ] a.밑에 있는, 근본적인, 기저의

under(아래=down)+lying(누워있는)의 결합.

'건물의 맨 아래에 누워있는 주춧돌 같은=근본적인(basic, fundamental, essential)'입니다.

- The **underlying** solution is mutual understanding and respect.
  근본적인 해결책은 상호 이해와 존중입니다.

> **접두어 sub**
> 접두어 sub는 under(아래)입니다.
> 지하철(subway)은 도로 아래로 가는 길이죠. sub의 b 뒤에 자음 c, f, g, m, p, r, s가 오면 sub가 suc, suf, sug, sum, sup, sur, sus로 변하는데 모두 발음의 편리와 철자를 아름답게 만들기 위해 변형시킨 것.

subway [sʌ́bwèi] n.지하철 vi.지하철 타고 가다

sub(아래=under)+way(길)의 결합.

'땅 아래로 가는 길=지하철'입니다. 영국에서는 지하철을 tube라고 합니다. 지하철은 땅속에 뚫어 놓은 튜브(tube=관, 튜브)죠.

- Could you tell me where the closest **subway** station is?
  가장 가까운 지하철역이 어디에 있는지 말씀해 주시겠어요?

suburb [sʌ́bəːrb] n.교외, 근교, 변두리

sub(아래=under)+urb의 결합.

'도심지 아래에 있는 변두리 지역=교외(outskirts), 근교, 변두리'입니다.

- He lives in the **suburbs** of London. 그는 런던 근교에 살고 있어.

subtle [sʌ́tl] a.감지하기 힘든, 미묘한(delicate), 교묘한(skillful)

sub(아래=under)+tle의 결합.

'아래에 숨어 있는=감지하기 힘든, 미묘한, 교묘한'입니다. 미묘한 냄새는 다른 냄새 아래에 숨어 있기 때문에 감지하기 힘들고, 교묘한 방법을 사용하면 사용 수단이 아래에 숨어 있기 때문에 감지하기 힘들죠. '**감지하기 힘든**'에서 '**미묘한, 교묘한**'이란 뜻이 파생.

- I caught a **subtle** nuance hidden in her smile.
  나는 그녀의 미소 속에 숨은 미묘한 뉘앙스를 발견했다.

suffrage [sÁfridʒ] n.투표(권), 선거권, 참정권

suf(아래=sub=under)+frage(깨다=break)의 결합.

'**전제 군주 아래에서 무엇을 깨며 시위하여 얻은 것=투표권(vote)**'입니다. 보통 선거권은 무엇을 깨고 부수는 시위를 통하여 획득한 것이지 저절로 획득된 것이 아닙니다. 노태우 정권 시절부터 대통령 직선제가 시행되었는데 격렬한 시위를 통하여 획득한 것입니다.

- fragile [frǽdʒəl] a.깨지기 쉬운(breakable)
- **Suffrage** is one of the most important civil rights.
  투표권은 가장 중요한 시민의 권리 중 하나이다.

summon [sÁmən] vt.소환(호출)하다, 부르다, (회의)소집하다

sum(아래=sub=under)+mon(감시하다=monitor)의 결합.

'**감시하고 있다가 아래로 불러들이다=소환하다(cite), 부르다(call), 소집하다**'입니다. 지켜보고 있다가 죄를 지은 사람을 법원으로 불러들이는 것은 소환입니다. 법원에서 사람을 부르는 것은 **소환**이고, 대표나 팀장 등이 회의를 위해 직원을 부르는 것은 **소집**입니다.

- He was **summoned** for driving a motorcar without a licence.
  그는 무면허 자동차 운전으로 (법원에) 소환되었다.

supplant [səplǽnt] vt.대체(대신)하다

sup(아래=sub=under)+plant(v.심다, 앉히다)의 결합.

'**기존 사람을 아래로 보내고 다른 사람을 심다=대체하다(replace, substitute)**'입니다. 부장을 내보내고 그 자리에 새로운 부장을 앉히면 대체하는 것입니다.

- They should not **supplant** teachers with unqualified staff.
  그들은 선생님들을 자격 없는 직원들로 대체해서는 안 됩니다.

Day 13~14

> **접두어 ad**
>
> 접두어 ad는 to(이동)입니다.
> 이동은 사람이나 물건이 위로, 아래로, 밖으로, 안으로 오고 가는 것입니다. 접두어 ad는 발음의 편리성과 철자를 아름답게 만들기 위하여 여러 형태로 변형됩니다. adcount[어더카운트]는 발음이 어렵기 때문에 철자 d를 c로 바꿔 account[어카운트]가 된 것이고, adlot[어드랏] 역시 발음이 어렵기 때문에 철자 d를 l로 바꿔 allot[얼랏]이 된 것. 이와 같이 접두어 ad는 발음의 편리성과 철자를 아름답게 만들기 위해 ad 뒤에 오는 철자의 영향을 받아 af, ag, al, an, ap, ar, at로 변형되고, 발음되지 않는 d를 생략하여 a만 남기도 합니다. 접두어 ad는 전치사 to에 해당하는 우리말 조사(~에, ~에게, ~로, ~쪽으로)와 결합하면 쉽게 의미 파악을 할 수 있고, 원어민의 조상인 유목민에게 있어서 이동은 습관이기 때문에 이동의 접두어 ad에 특별한 의미를 부여하지 않아도 되는 단어가 많습니다.

amuse [əmjúːz] vt.즐겁게 하다(delight, entertain)

a(이동=ad=to)+muse(음악=music)의 결합.

'누군가에게 즐거운 음악을 들려주다=즐겁게 하다'입니다. 춤과 흥겨운 음악은 사람을 즐겁게 하지요. 그리스 신화에서 뮤즈(Muse)는 음악(예술)의 신입니다. admuse[어드뮤즈]는 발음이 불편하기 때문에 철자 d(드)를 생략.

- amusement [əmjúːzmənt] n.즐거움, 오락(pastime, entertainment), 놀이
- He knows how to **amuse** people by nature.
  그는 본능적으로 사람들을 즐겁게 하는 방법을 알고 있다.

abet [əbét] vt.부추기다, 선동하다

a(이동=ad=to)+bet(v.내기 걸다, 베팅하다)의 결합.

'누군가를 도박장으로 이동시켜 베팅하도록 만들다=부추기다(stir up)'입니다. adbet[어드벳]은 발음이 불편하기 때문에 철자 d(드)를 생략.

- bet v.내기 걸다, 단언(보증)하다 • abetment [əbétmənt] n.선동, 교사
- I think alcohol **abets** violent and criminal behavior.
  나는 술이 폭력과 범죄 행위를 부추긴다고 생각해.

ascend [əsénd] vt.~을 오르다(mount) vi.오르다(rise, go up)

a(이동=ad=to)+scend(오르다=mount)의 결합.

- The history **ascends** to the 18th century. 그 역사는 18세기로 거슬러 올라간다.

abase [əbéis] vt.(지위, 품위)떨어뜨리다, 낮추다

a(이동=ad=to)+base(n.바닥, 토대=bottom, ground)의 결합.

'지위나 품위를 바닥으로 보내다=떨어뜨리다(degrade, debase)'입니다. 지위, 품위, 명예를 바닥으로 보내는 것은 지위와 품위를 실추시키고 떨어뜨리는 것입니다. adbase[어드베이스]는 발음이 불편하기 때문에 철자 d(드)를 생략. 더 이상 접두어 ad에서 왜 철자 d가 생략되는지 설명이 필요 없을 것입니다.

- abasement [əbéismənt] n.실추, 굴욕(humiliation, disgrace, dishonor, shame)
- I would never do something that would **abase** myself.
  나는 결코 나 자신의 품위를 떨어뜨리는 것을 하지 않을 것이다.
- He **abased** himself before his boss. 그는 상관 앞에서 자신을 낮추었다.

abide [əbáid] vi.머무르다, 살다

a(이동=ad=to)+bide(살다=live)의 결합.

'어떤 장소로 이동하여 살다=살다(live), 머무르다(stay)'입니다. 사람은 자기가 살고 싶은 어떤 장소로 이동하여 살기 때문에 이동의 접두사 ad가 붙은 것.

- abide by ~을 따르다, 준수하다(observe, obey, follow)
- We **abide in** a small town near Seoul. 우리는 서울 근처의 소도시에 살고 있다.
- When people travel to a foreign country, they must **abide by** the local laws.
  외국을 여행할 때 반드시 현지법을 따라야(준수해야) 합니다.

aboard [əbɔ́ːrd] a.(배, 버스, 비행기)탑승한

a(이동=ad=to)+board(판자, 갑판, 탑승하다)의 결합.

'승객이 배의 갑판위로 이동해 있는=탑승한'입니다. 배의 갑판은 나무판자로 되어 있는데 사람이 갑판 위에 가 있다는 것은 탑승해 있다는 것이지요. 배에 탑승하는 것에서 버스, 기차, 비행기 등으로 확장.

- board n.판자, 게시판(billboard), 위원회(committee) vt.탑승하다(get on)
- No one was **aboard** the ship at that time. 그 당시 배에는 아무도 타고 있지 않았다.

abroad [əbrɔ́ːd] ad.해외(외국)에서, 해외로(overseas)

a(이동=ad=to)+broad(a.넓은=wide, vast)의 결합.

'국내를 벗어나 넓은 곳으로 이동하는=해외에, 해외로'입니다. 국내를 벗어나 더 넓은 곳으로 가는 것은 해외로 가는 것이죠. aboard와 abroad를 혼동하지 않기 위해서는 어근 board(판자), broad(넓은)를 기억하세요.

- I have spend a great deal of time **abroad**. 나는 많은 시간을 **해외에서** 보내고 있어.
- What do you think of traveling **abroad** this summer?
  이번 여름에 **해외로** 여행가는 것에 대해 어떻게 생각해?

achieve [ətʃíːv] vt.(일, 목적)이루다, 완수하다(carry out, accomplish, attain, fulfill)

a(이동=ad=to)+chiev(정상=chief)+e의 결합.

'**정상에 도달하다=이루다, 완수하다**'입니다. 목표로 설정했던 정상에 도달하면 목표를 이루고 완수하는 것이죠. chief는 'n.장(長), 우두머리'로 chiev의 자음 v가 f로 바뀐 것. 조직의 정상에 있는 사람이 장(長)입니다.

- **achievement** n.업적(results), 성적, 성취(accomplishment, attainment, fulfillment), 완수
- They must have worked much harder to **achieve** their success.
  그들은 성공을 이루기 위해 훨씬 더 많이 노력했음이 틀림없다.

akin [əkín] a.혈족의, 동족의, 유사한(similar)

a(이동=ad=to)+kin(n.친족, 친척=relative)의 결합.

'**친족 범위에 들어가 있는=혈족의, 동족의, 유사한**'입니다. akin은 kin(n.친족, 친척)의 형용사형. 친족 범위에 들어가 있으면 혈족이고 동족이죠. akin은 서술용법으로만 사용.

- They are near **akin** to him. 그들은 그의 가까운 혈족이다.
- What he felt **was** more **akin** [similar] **to** pity than love. 그가 느낀 것은 사랑보다는 연민과 유사했다.

aghast [əgǽst] a.깜짝 놀란(서술적 용법으로만 사용)

a(이동=ad=to)+ghast(유령=ghost)의 결합.

'**유령이 나에게 다가와=깜짝 놀란**(astonished, alarmed, terrified, surprised)'입니다.

- **ghost** [goust] n.유령(phantom), 망령, 허깨비(goblin)
- She was **aghast** at the extent of the damage to her car. 그녀는 자기 차의 손상 정도에 깜짝 놀랐다.

amaze [əméiz] vt.깜짝 놀라게 만들다(surprise, astonish, frighten, terrify)

a(이동=ad=to)+maze(n.미로)의 결합.

'**미로로 들어가다=깜짝 놀라게 만들다**'입니다. 골목길, 산길, 초대형 건물에 들어가서 밖으로 나가는 출구를 알 수 없는 경우 당황하고 놀라게 되지요. 누구나 한 번 쯤 그런 경험이 있을 것입니다. **메이즈** 러너(Maze runner)라는 시리즈 영화가 있는데 **미로를** 탈출하는 내용입니다.

- **maze** [meiz] n.미로(labyrinth), 미궁, 당황
- You played the piano so well that you **amazed** me.
  네가 피아노를 너무도 잘 쳐서 나를 깜짝 놀라게 했어.

amount [əmáunt] n.총계, 양 vi.(총계, 금액)~이 되다

a(이동=ad=to)+mount(vt.오르다=rise)의 결합.

'**위로 쌓아 올린 것을 모두 더한 것=총계**(total, sum), **양**(quantity)'입니다.

- a considerable **amount** of money 상당히 많은 양의 돈
- The annual net profit of the company **amounts to** ten million dollars.
  그 회사의 연간 순익은 1,000만 달러에 달한다.

amid [əmíd] prep. ~의 속에, ~에 둘러싸여

a(이동=ad)+mid(중간=middle)의 결합.

'중간(가운데)에 이동해 있는=~의 속에, ~에 둘러싸여'입니다.

- He appeared on the stage **amid** the applause of the audience.
  그는 청중의 박수 속에 무대 위에 나타났다.

accelerate [æksélərèit] vt. 가속화하다(quicken), 촉진시키다

ac(이동=ad=to)+celer(빠르게 하다=hasten)+ate의 결합.

'점점 더 빠르게 이동하다=가속화하다'입니다. 자동차의 속도를 높여주는 가속기를 흔히 '악세레다'라고 하는데 accelerator(가속기)의 일본식 발음입니다.

- Exposure to the sun can **accelerate** the ageing process.
  햇볕에의 노출은 노화 진행을 가속화(촉진)시킬 수 있어.

account [əkáunt] n. 계산, 회계, 예금계좌, 보고서, 이유, 고려, 설명
vt. ~라고 생각하다 vi. (이유를)설명하다, 책임지다

ac(이동=ad=to)+count(v.세다, 계산하다=calculate)의 결합.

'위에서 아래로 이동하며 항목을 계산하는 것=계산, 회계'입니다. 내가 맡긴 돈을 계산한 보고서와 예금통장을 보니 부정확합니다. 그래서 그 이유를 설명하라고 요구하면 은행은 그 이유를 설명하고 상황을 고려하여 책임을 집니다. account는 계산서(회계장부, 예금통장)에서 여러 뜻이 파생된 단어로 매우 중요한 다의어.

- **accountable** [əkáuntəbəl] a. 책임이 있는(responsible), 설명할 수 있는
- **accountant** [əkáuntənt] n. 회계원(ant=사람), (공인)회계사 • **account for** (이유)설명하다, 비율을 차지하다, 책임지다
- **on account of** ~때문에 • **take into account** ~을 고려하다(consider), 참작하다
- the **accounts** department 회계부 • open an **account** 계좌를 개설하다
- What's your **account** number please? 계좌번호가 어떻게 되나요?
- The police wrote an **account** of the accident. 경찰은 사건 보고서를 작성했다.
- It's not on **account** of you. 그것은 당신 때문이 아니에요.
- It is impossible to **account** for tastes. 맛의 이유를 설명하는 것은 불가능해.

accumulate [əkjú:mjəlèit] vt. 모으다(collect, store), 쌓다, 축적하다 vi. 모이다, 쌓이다

ac(이동=ad=to)+cumulate(쌓다=pile up)의 결합.

'무엇을 가져가 위로 쌓다=모으다'입니다. 어근이 '쌓다'이기 때문에 접두어 ac는 특별한 의미를 부여하지 않아도 됩니다.

- **accumulation** [əkjù:mjəléiʃən] n. 축적(storage), 누적(cumulation)
- I do not believe the word that we can **accumulate** a fortune by working hard.
  나는 우리가 열심히 일함으로써 재산을 축적할 수 있다는 말을 믿지 않습니다.
- Such power came from the experience that I had **accumulated**.
  그런 능력은 내가 쌓아온 경험에서 왔습니다.

accurate [ǽkjərit] a.정확한(correct, exact, precise, right), 정밀한

ac(이동=ad=to)+cur(주의=care)+ate의 결합.

'**주의력을 한 곳에 집중하여 만든=정확한**'입니다. 주의(注意)는 '어떤 한 곳이나 일에 관심을 집중하여 기울임'입니다. 집중해서 계산한 수치는 정확한 수치이고, 집중해서 한 분석은 정확한 분석이죠.

- care n.관심, 걱정, 주의, 돌봄   • accurately ad.정확하게(correctly, exactly)
- accuracy [ǽkjərəsi] n.정확(correctness, exactness)   • inaccurate a.부정확한
- The number is being considered the most **accurate** so far.
  그 수치는 지금까지 가장 정확한 것으로 간주되고 있다.

accuse [əkjúːz] vt.비난하다, 고소하다(charge, sue)

ac(이동=ad=to)+cuse(원인=cause)의 결합.

'**원인을 상대방에게 돌리다=비난하다**(charge, reproach, condemn)'입니다. 사고 따위의 원인이 상대방에게 있다고 판단되면 상대방을 비난하고, 비난할 수준을 넘어서면 상대방을 고소하기 때문에 '**비난하다**'에서 '**고소하다**'는 뜻이 파생. 흔히 accuse A of B 구조로 'B로 A를 비난(고소)하다'로 사용.

- accused a.고소된, 고발된 n.피고인(the accused–고소당한 자)
- They **accused** him **of** corruption and tax evasion. 그들은 부패와 탈세 혐의로 그를 고발했다.
- **The accused** was sentenced to life imprisonment. 그 피고인은 종신형을 선고받았어.

accustomed [əkʌ́stəmd] a.익숙해져 있는(used, familiar)

ac(이동=ad=to)+custom(n.습관, 관습=habit)+ed의 결합.

'**자주 가거나 자주 이용해서 습관이 되어 있는=익숙해져 있는**'입니다. 어근 custom(습관)이 단어의 의미를 알려주고 있기 때문에 접두어 ac는 의미를 부여하지 않아도 됩니다.

- custom n.습관(habit), 관습, 고객(customer), 관세(pl.)
- I **am accustomed to** traffic noise around home.
  나는 집주변의 교통 소음에 익숙해져 있어.

acknowledge [æknɑ́lidʒ] vt.(사실, 중요성, 권위)인정하다, ~에 답례하다

ac(이동=ad=to)+knowledge(n.지식, 정보=information)의 결합.

'**누구에게 정보를 가져가다=인정하다**(approve, admit, recognize)'입니다. 수배 중인 누군가가 범인이라는 객관적인 정보를 경찰서에 가져가면 그것을 사실로 인정하고, 정보를 제공한 것에 대해 답례를 하기 때문에 '**인정하다**'에서 '**답례하다**'는 뜻이 파생.

- acknowledgement n.인정(recognition), 감사(thanks), 답례
- We **acknowledge** that this issue is open to dispute.
  우리는 이 문제가 논란의 여지가 있는 점을 인정합니다.
- He is widely **acknowledged** as the best player in the world.
  그는 세계 최고의 선수로 널리 인정받고 있다.

acquaint [əkwéint] vt. ~에게 알리다(inform, tell), ~에게 숙지시키다

ac(이동=ad=to)+quaint(a.이상한=strange)의 결합.

'누구에게 가서 이상한 일이 일어났음을 말하다=알리다'입니다. 누구에게 이상한 일이 일어났음을 알리는 행위에서 그 의미가 유래.

- quaint [kweint] a.이상한, 기이한 • acquainted a.잘 알고 있는, 정통한(familiar)
- acquaintance [əkwéintəns] n.지식, 면식, 알고 있는 사이, 지인(知人)
- He **acquainted** me that he would visit Korea next year.
  그가 내년에 한국을 방문할 거라고 내게 알렸다.
- She **is** well **acquainted with** Chinese affairs. 그녀는 중국 사정을 잘 알고 있어.

acquit [əkwít] vt.석방하다(release), 면제하다(discharge)

ac(이동=ad=to)+quit(vt.그만두다, 중지하다=stop)의 결합.

'감금을 중지하고 밖으로 보내다=석방하다, 면제하다'입니다. 죄수를 감옥에 감금하는 것을 중지하고 감옥 밖으로 보내는 것은 석방하는 것입니다. 석방은 남아 있는 형기를 면제하는 것이기 때문에 **'석방하다'**에서 **'면제하다'**는 뜻이 파생.

- The prisoner is looking forward to being **acquitted**.
  그 죄수는 석방되기를 학수고대하고 있다.
- He was **acquitted** of his responsibility for the car accident.
  그는 자동차 사고에 대한 책임에서 면제되었다.

acclimate [ǽkləmèit] v.적응하다, 순응하다

ac(이동=ad=to)+climate(n.기후, 풍토)의 결합.

'다른 풍토, 다른 기후의 땅에 들어가다=적응하다(adjust, conform, adapt)'입니다.

- climate n.기후(weather), 풍토, (비유)환경
- He **acclimated himself** well **to** the different culture. 그는 다른 문화에 잘 적응했다. vt.
- The actor has quickly **acclimated to** his life as a marine.
  그 배우는 해병대 생활에 빠르게 적응하고 있다. vi.

adjust [ədʒʌ́st] vt.맞추다(fit, suit), 조정(조절)하다 vi.적응하다(adapt, accommodate)

ad(이동=to)+just(a.정확한, 올바른=right, exact)의 결합.

'정확한 위치로 이동시키다=맞추다, 적응하다'입니다. 의자의 높이를 자신의 앉은키에 맞는 정확한 위치로 이동시키는 것, 벨트 버클을 자신의 허리둘레에 맞는 정확한 위치로 이동시키는 것은 **맞추고 조절**하는 것입니다. 새로운 환경에 가서 그 환경에 자신을 올바르게 맞추는 것은 적응하는 것이죠.

- adjustment n.조정(regulation), 조절(regulation), 적응(adaptation, accommodation)
- Please help me **adjust** the safety belt. 안전띠 조절하는 것 도와주세요. vt.
- He soon **adjusted to** new circumstances. 그는 곧 새로운 환경에 적응했다. vi.

adopt [ədápt] vt.골라잡다(채용하다, 채택하다, 입양하다)

ad(이동=to)+opt(선택=option)의 결합.

손을 뻗어서 하나를 선택하다=골라잡다(select, choose)'입니다. 어근 opt(option=선택, 골라잡기)를 기억하세요. 회사에서 지원자 중에서 하나를 선택하면 그 사람을 채용하는 것이고, 여러 개의 제안 중에서 하나를 선택하면 그것을 채택하는 것이고, 여러 명의 고아 중에서 하나를 선택하면 그 사람을 입양하는 것입니다. '선택'은 말하는 상황에 따라 '채용, 채택, 입양'이 됩니다.

- adoption [ədápʃən] n.채용, 채택, 입양   • adopter n.채용자, 양부모
- adoptee [ədɑpti] n.입양된 자, 선택된 것
- Like China, North Korea should **adopt** a free market economy.
  중국처럼 북한은 자유 시장경제를 채택해야 합니다.
- If you **adopt** a dog, you should not abandon it.
  네가 개를 입양하면 그 개를 버려서는 안 돼.

adorn [ədɔ́:rn] vt.꾸미다(decorate, ornament), 장식하다

ad(이동=to)+or(주문하다=order)+n의 결합.

'**인테리어 소품을 주문하여 필요한 곳에 붙이다=꾸미다**'입니다. 인테리어 소품을 주문한 다음 꾸미고 장식하는 것은 당연하지요. 발음[어도온]을 '**어, 돈** 좀 들여 **장식**했네'로 기억하세요.

- adornment [-mənt] n.꾸미기, 장식(decoration, ornament)
- The walls of the office **were adorned with** paintings.
  그 사무실의 벽은 그림으로 장식되어 있었다.
- Books are for use not for **adornment**.
  서적은 이용을 위한 것이지 장식품이 아닙니다.

adjourn [ədʒə́:rn] v.(회의, 재판)연기하다(postpone, defer, put off), 휴회하다

ad(이동=to)+journ(여행=journey)로 결합.

'**여행 일정을 다른 날로 이동시키다=연기하다**'입니다. 오늘 출발 예정인 여행을 1주일 뒤로 이동시키면 여행을 연기하는 것이죠. adjourn은 회의나 재판을 휴회하고 연기하는 것에 사용. 어근 journ은 day(날)란 뜻입니다.

- adjournment [-mənt] n.연기(postponement), 휴회(recess)
- The talks are indefinitely **adjourned** by the North Korea's refusal.
  회담은 북한의 거절로 무기한으로 연기되었다.

adjoin [ədʒɔ́in] v.~에 인접해 있다, 붙어 있다

ad(이동=to)+join(v.연결하다, 결합하다=unite)의 결합.

'**떨어져 있는 것을 가져가서 연결한 결과=인접하다, 붙어 있다**'입니다.

- The explosion in the factory destroyed **adjoining** houses.
  공장 폭발은 인접한 주택들을 파괴했다.

afford [əfɔ́ːrd] vt. ~(감당)할 여유가 있다, 주다(give)

af(이동=ad=to)+ford(앞으로=forward)의 결합.

앞으로 무엇을 할 여유가 있다는 것입니다. '어! 포드 샀네!'라고 말하면 '난 포드를 살 여유가 있어'라고 대답하세요. 'afford to V, afford+명사 구조로 주로 부정문으로 사용.

- I cannot **afford** the expense. 나는 그 비용을 감당할 여유가 없어.
- I can't **afford** to take a vacation. 난 휴가를 가질 여유가 없어.
- Reading **affords** pleasure. 독서는 즐거움을 준다.

affront [əfrʌ́nt] n. 모욕(insult), 모독, 무례 vt. 모욕하다

af(이동=ad=to)+front(n. 얼굴, 정면, 앞면=face)의 결합.

'**가서 얼굴을 빤히 보는 것**=모욕, 무례(rudeness, impoliteness)'입니다. 처음 보거나 친하지 않은 사람에게 다가가 얼굴을 빤히 쳐다보거나, 어떤 사소한 오해로 얼굴을 때리는 행위에서 그 의미가 유래.

- He **affronted** me in front of my colleagues.
  그는 동료들 앞에서 나를 모욕했다.
- That is obviously an **affront** to human dignity.
  그것은 분명히 인간의 존엄성에 대한 모독이었다.

aggravate [ǽgrəvèit] vt. 악화시키다(deteriorate), 화나게 하다(irritate)

ag(이동=ad=to)+grav(무거운-gravity)+ate의 결합.

'**누구에게 무거운 짐을 지고 가게 하다**=악화시키다, 화나게 하다'입니다. 건강이 좋지 않은 사람에게 무거운 짐을 지고 가게 만들면 건강을 더 악화시키는 것이고, 지친 사람에게 무거운 짐을 지고 가게 하면 화나게 만드는 것이죠.

- gravity [grǽvəti] n. 중력, 무게, 진지함, 중대함   • aggravation n. 악화, 악화시키는 것
- High youth unemployment rates in Korea can **aggravate** the national economy.
  한국의 높은 청년 실업률은 국가 경제를 악화시킬 수 있습니다.
- Don't **aggravate** me any more! 더 이상 날 화나게 하지 마!

aggrandize [əgrǽndaiz] vt. 확대(확장, 강화)하다, 과장하다(exaggerate)

ag(이동=ad=to)+grand(a. 규모가 큰, 웅장한)+ize(동접)의 결합.

'**작은 것을 더 크게 만들다**=확대하다(enlarge, strengthen, reinforce)'입니다. 사진 확대, 영토 확장, 세력 강화, 재산 증대 등 작은 것을 크게 만드는 것입니다. 1억을 벌었는데 10억을 벌었다고 크게 부풀려 말하면 과장하는 것이죠. 보통 피아노보다 **규모가 큰** 연주회용 피아노를 그랜드 피아노(grand piano)라고 합니다.

- I **aggrandize** my imagination by watching science fiction movie.
  나는 공상과학 영화를 보며 상상력을 확대(확장, 강화)해.
- He **aggrandized** his achievements in his speech.
  연설에서 그는 자신의 업적을 과장했다.

allocate [ǽləkèit] vt.배분하다, 할당하다(assign, allot, apportion)

al(이동=ad=to=~에)+locate(vt.위치시키다)의 결합.

'사람을 어디에 위치시키다=배분하다, 할당하다'입니다. 청소할 때 선생님이 계단에, 화단에, 창문에 학생들을 데리고 가서 위치시키는 것은 청소구역을 배분(할당)하는 것이죠.

- allocation [æləkéiʃən] n.할당(assignment, allotment), 배치, 배당(액)
- If nobody volunteers to work, I'll **allocate** somebody.
  아무도 일에 자원하지 않으면, 제가 누구에게 할당(배정)하겠습니다.

allot [əlát] vt.배분하다, 할당하다(assign, allot, apportion)

al(이동=ad=to=~에게)+lot(몫, 배분하다=share)의 결합.

'어디에 사람을 이동시켜 배분하다=배분하다, 할당하다'입니다. lot(배분하다)에 이동의 접두어 ad가 붙어 파생된 단어.

- lot n.제비(뽑기), 몫, 많음, 한 구역의 땅 vt.나누다, 배분하다, 할당하다
- allotment n.할당(assignment, allocation), 분담(액), 특별 수당
- How much money has been **allotted** to us?
  얼마나 많은 돈이 우리에게 할당되어 있나요?

alleviate [əlí:vièit] vt.완화시키다, 누그러뜨리다

al(이동=ad=to)+lev(수준=level)+iate의 결합.

'고통 레벨(수준)을 아래로 이동시키다=완화시키다(relieve, relax, soften)'입니다.

- I will do everything possible to **alleviate** your suffering.
  나는 너의 고통을 완화시키기 위해 가능한 모든 일을 할 거야.

appoint [əpóint] vt.임명하다(nominate, designate), (시간, 장소)정하다

ap(이동=ad=to)+point(n.점, 장소=place)의 결합.

'사람을 어떤 장소(자리)로 이동시키다=임명하다'입니다. 회사에서 나를 상무 자리로 이동시키면 나를 상무로 임명하는 것이고, 약속 시간을 시침이 가리키는 어떤 점(시간)으로 이동시키면 약속 시간을 정하는 것이죠.

- appointment [əpóintmənt] n.임명(지명), 지정, (만남)약속
- My boss **appointed** me to the factory manager.
  사장은 나를 공장장으로 임명했다.
- We first have to **appointe** a place and time for the meeting.
  우리는 먼저 모임 장소와 시간을 정해야 해.

apportion [əpó:rʃən] vt.배분하다(allocate, assign, allot), 할당하다

ap(이동=ad=to=~에게)+portion(배분하다, 몫=share)의 결합.

portion(vt.배분하다)과 접두어 ad가 붙은 apportion(vt.배분하다)은 동의어입니다.

- portion vt.나누다, 배분하다 n.일부(part), 몫(share)　• apportionment n.배분, 할당
- His property was **apportioned** equally among the heirs.
  그의 재산은 상속인들에게 공평하게 분배되었다.

ascertain [æ̀sərtéin] vt.확인하다, 조사하다, 규명하다

as(이동=ad=to)+certain(a.확실한=sure, positive)의 결합.

'가서 눈으로 직접 확실히 보다=**확인하다**(check, confirm), **조사하다**(investigate)'입니다. 확실한지 아닌지 직접 가서 눈으로 보거나 물어보는 것은 확인하고 조사하는 것이지요.

- We **ascertained** that the new factory was causing air pollution.
  우리는 새로 지은 그 공장이 대기 오염을 야기하고 있음을 확인했다.
- I will try to **ascertain** the truth as far as I can.
  내가 할 수 있는 한 진실을 확인(규명, 조사)하도록 노력하겠습니다.

associate [əsóuʃièit] vt.관련(연관)시키다 vi.교제하다, 제휴하다

as(이동=ad=to=~로)+soci(사회=society)+ate의 결합.

'사람이 어떤 사회집단 안으로 들어가다=**관련시키다**(relate, connect), **교제하다**(company)'입니다. 사람이 어떤 사회집단 안으로 들어가면 그 구성원들과 관계를 맺고, 교제하게 되지요. 회사와 회사의 교제를 제휴라고 합니다.

- associated [əsóuʃièitid] a.관련된(related, connected)
- association [əsòusiéiʃn] n.관계, 관련, 협회, 단체, 교제
- It is said that a space rock is **associated** with the end of the dinosaurs.
  우주 암석이 공룡의 멸종과 관련되어 있다고 한다. vt.
- I don't like you **associating** with those people.
  난 네가 저 사람들과 어울리는 것을 좋아하지 않아. vi.

assort [əsɔ́ːrt] vt.분류하다(classify), 구분하다, 구색을 갖추다

as(이동=ad=to)+sort(vt.분류하다, 구분하다=classify)의 결합.

sort(분류하다)와 이동의 접두어가 붙은 assort(분류하다)는 동의어. 종이는 종이로, 빈 병은 빈 병으로 이동시켜 쓰레기를 분류하는 것처럼 분류는 이동시키는 것이기 때문에 이동의 ad가 붙은 것. 마트에서 과자, 음료, 채소, 아이스크림 등으로 분류하여 제품을 비치하면 구색을 갖추는 것이기 때문에 **분류하다**에서 '**구색을 갖추다**'는 뜻이 파생.

- sort [sɔːrt] vt.분류하다(classify), 구분하다 n.종류(kind), 부류(사람)
- assortment [əsɔ́ːrtmənt] n.분류(classification), 각종 구색, 구색 갖춘 물건
- **Assort** them into trash and papers to keep.
  그것들을 쓰레기와 보관할 문서로 분류하세요.

접두어 trans

접두어 trans는 '이동'과 '변화'입니다. 유사철자 tres는 trans의 변형. 트랜스젠더(trans-gender)는 자신이 타고난 **성을 변화**시킨 사람이고, 영화 트랜스포머(transformer)는 자동차에서 로봇으로 **모양을 변화**시키는 로봇 영화입니다. 지하철을 타면 환승역에서 transfer(갈아타다) 하라는 방송을 듣게 되는데, trans(이동)+fer(이동)의 결합입니다. 접두어 trans는 대부분 이동의 의미로 사용.

transit [trǽnzit] n.운송(수송), 통과(환승) vt.통과하다

trans(이동=go)+it(가다=go, come)의 결합.

'**물건을 다른 곳으로 옮겨 가는 것=수송**(transport, transportation, conveyance)'입니다. 물건을 다른 곳으로 옮겨 가는 것은 수송(운송)이고, 다른 나라로 가기 위해 검색대를 지나가는 것은 통과(환승)입니다.

- goods damaged in transit 운송 중에 파손된 상품
- the transit lounge at Incheon Airport 인천 공항의 환승 라운지
- People should not be allowed to consume anything while taking public **transit**.
  사람들이 대중교통을 타는 동안 그 어떤 것도 먹는 것이 허용되어서는 안 됩니다.

translate [trænsléit] vt.옮기다(transfer, carry), 통역(번역)하다 vi.옮겨지다, 번역(통역)되다

trans(이동=go)+late(옮기다=carry)의 결합.

'**이쪽에서 저쪽으로 옮기다=옮기다, 통역하다**'입니다. translate는 '옮기다'에서 '통역(번역)하다'는 뜻이 파생. 영어를 우리말로 옮기는 것은 영어를 우리말로 번역하는 것이죠. 어근 late(옮기다=carry)는 어근 편에서 학습.

- translation [trænsléiʃən] n.옮김, 번역, 통역(interpretation)
- It's time to **translate** words into action.
  말을 행동으로 옮겨야 할 때입니다.
- Can you help me **translate** this legal term into plain English?
  이 법률 용어들을 쉬운 영어로 옮기는(번역하는) 걸 좀 도와주시겠어요?

transmit [trænsmít] vt.보내다(전달하다, 전송하다), 옮기다

trans(이동=go)+mit(보내다=send)의 결합.

'**이쪽에서 저쪽으로 보내다=보내다**(send), 옮기다(transfer, carry)'입니다. 물건을 보내면 '전달하다', 전파를 보내면 '전송하다', 병원균을 보내면 '전염시키다', 지식을 보내면 '보급시키다'가 됩니다. 소리, 열 등을 보내면 '전도하다'가 되지요. 어근 mit(보내다)는 어근 편에서 학습.

- transmission [trænsmíʃən] n.전달(delivery, conveyance), 전송
- The concert was **transmitted** live by satellite all over the country.
  그 공연은 위성 생방송으로 전국에 전송되었다.
- The mosquitoes don't **transmit** dangerous diseases.
  그 모기는 위험한 질병을 옮기지 않습니다.

transfer [trænsfɔ́ːr] vt.옮기다(carry) vi.갈아타다, 전학가다 n.이동, 이적, 환승, 송금

trans(이동=go)+fer(가다=go, come)의 결합.

'**다른 곳으로 물건(몸)을 이동시키다=옮기다, 갈아타다, 전학가다**'입니다. transfer는 '옮기다(carry)'로 기억하세요. 물건을 옮기는 것은 '운반하다', 학교(직장)를 옮기는 것은 '전학(전근)시키다', 재산이나 권리를 옮기면 '양도(이전)하다', 책임을 옮기면 '전가하다', 선수가 팀을 옮기면 '이적하다', 병을 옮기면 '전염시키다', 돈을 옮기면 '송금하다'가 됩니다. 은행에서 money transfer(송금=돈 옮기기)라는 문구를 흔히 보게 되지요. 다른 버스나 지하철로 몸을 옮기면 '갈아타다, 환승하다'가 되는데, '갈아타다'는 뜻으로 사용될 때는 vi이기 때문에 이동의 전치사 to를 붙여 transfer to로 사용. 어근 fer(가다=go)는 어근 편에서 학습.

- How can I **transfer** money from my bank account to his?
  저의 계좌에서 그의 계좌로 어떻게 송금할(옮길) 수 있나요? vt.
- **Transfer** to Line No. 2 at Dongdaemun Station.
  동대문역에서 2호선으로 갈아타세요(몸을 옮기세요). vi.

transaction [trænzǽkʃən] n.거래(매매), (업무)처리

trans(이동=go)+action(n.행위, 활동)의 결합.

'**돈과 물건을 이동(주고받는)시키는 활동=거래(deal, trade, business)**'입니다. 핀테크(Fin Tech)는 Finance(금융)와 Technology(기술)의 합성어. 금융과 IT의 융합을 통한 금융서비스를 의미하는 신조어로 상식적으로 알고 있어야 합니다.

- Traditional **transactions** at banks are being replaced by Fintech.
  은행에서의 전통적인 거래는 핀테크에 의해 대체되고 있다.

transparent [trænspέərənt] a.속이 다 보이는, 투명한, 솔직한

trans(이동=go)+par(보이다=appear)+ent의 결합.

'**눈이 안으로 이동하여 속이 훤히 다 보이는=투명한(clear)**'입니다. 유리나 플라스틱처럼 눈이 안으로 들어가 안에 있는 것이 훤히 다 보이면 투명한 것이죠.

- You are so **transparent**. 넌 속이 너무 빤히 보여.
- We have to do things in a more **transparent** way.
  우리는 좀 더 투명한 방식으로 일을 해야 합니다.

transplant [trænsplǽnt] vt.옮겨 심다, 이식(이주)시키다 vi.이주하다 n.이식, 이주

trans(이동=go)+plant(vt.심다 n.식물, 공장)의 결합.

'**이쪽에서 저쪽으로 이동시켜 심다=옮겨 심다, 이식(이주)시키다**'입니다. 나무나 화초를 옮겨 심듯이 신체 장기를 옮겨 심으면 '이식시키다'가 되고, 사람이 살고 있는 거주지를 다른 땅에 옮겨 심으면 '이주시키다'가 됩니다.

- I wish to **transplant** my family to America.
  나는 가족을 미국으로 이주시키고 싶어.
- He is recovering from a heart **transplant** operation.
  그는 심장이식 수술에서 회복하는 중이야.

transcend [trænsénd] v.초월하다, (한계)뛰어넘다

trans(이동=go)+scend(오르다=climb up)의 결합.

'위로 올라 한계를 넘어가다=초월하다(surpass, exceed)'입니다.

- Her works contain artistic qualities that **transcend** time and space.
  그녀의 작품은 시간과 공간을 초월하는(뛰어넘는) 예술성을 지니고 있다.
- The film **transcends** national or cultural barriers.
  그 영화는 민족적, 문화적 장벽을 초월한다(뛰어넘는다).

transform [trænsfɔ́:rm] vt.바꾸다(change), 변형(변화)시키다 vi.바뀌다

trans(변화=change)+form(n.모양, 형태)의 결합.

'모양을 다른 것으로 변화시키다=바꾸다'입니다. transform과 change는 동의어입니다. 영화 트랜스포머(transformer)를 보면 자동차에서 로봇으로 모양(form)을 변화(trans)시키는 것을 볼 수 있지요. 접두어 trans가 변화를 나타내는 경우는 트랜스젠더, 트랜스지방 등 몇 개 되지 않습니다.

- transformation [trænsfərméiʃən] n.변화(variation, change), 변형
- Don't miss your chance to **transform** your fate.
  당신의 운명을 변화시킬 기회를 놓치지 마세요. vt.
- The robot can **transform** into a small, yellow car.
  그 로봇은 작고 노란 트럭으로 바뀔 수 있다. vi.

접두어 mal

접두어 mal은 접두어 mis와 같은 뜻으로 bad(나쁜=ill)입니다.

malice [mǽlis] n.악의, 적의

mal(나쁜=bad, ill, wrong)+ice의 결합.

누군가를 의도적으로 해치려는 '나쁜 마음=악의(ill will), 적의(hostility)'입니다.

- malicious [məlíʃəs] a.악의적인(wicked, vicious), 심술궂은
- I don't have a particle of **malice** to you.
  나는 너에게 티끌만큼의 악의(적의)도 갖고 있지 않아.

malady [mǽlədi] n.병, 병폐

mal(나쁜=bad, ill, wrong)+ady의 결합.

사람 몸이나 사회가 갖고 있는 '나쁜 병=병(disease, illness), 병폐'입니다.

- She is suffering from some strange **malady**.
  그녀는 어떤 이상한 병으로 고생하고 있어.
- Violent crime is one of the **maladies** afflicting modern society.
  폭력 범죄는 현대 사회를 괴롭히고 있는 병폐 중 하나이다.

malfunction [mælfʌ́ŋkʃən] n.고장, 오작동 vi.오작동을 일으키다

mal(나쁜=bad, ill, wrong)+function(n.기능, 작동 v.작동하다)의 결합.

'기계가 나쁘게 작동하는 것=고장(breakdown), 오작동'입니다.

- Now new products are of good quality and have low possibility of **malfunction**.
  요즘 신제품은 좋은 품질을 갖고 있고 고장이 날 가능성이 낮다.

malnutrition [mælnju:tríʃən] n.영양실조, 영양부족

mal(나쁜=bad, ill, wrong)+nutrition(n.영양, 영양공급)의 결합.

'몸에 영양 공급이 나쁜 상태=영양실조, 영양부족'입니다.

- nutrition [nju:tríʃən] n.영양, 영양 공급(섭취), 영양물, 음식물
- A drastic diet can cause serious **malnutrition**.
  과도한 다이어트는 심각한 영양실조를 야기할 수 있습니다.

maltreat [mæltríːt] vt.학대하다, 혹사시키다

mal(나쁜=bad, ill, wrong)+treat(vt.다루다, 대우하다)의 결합.

사람이나 짐승을 '나쁘게 다루다=학대하다(mistreat, abuse)'입니다.

- maltreatment n.학대(mistreatment, ill-treatment), 혹사
- She has been **maltreated** by her stepmother and stepsisters.
  그녀는 계모와 이복자매에 의해 계속 학대받아왔다.

malinger [məlíŋgəːr] vi.꾀병을 부리다

mal(나쁜=bad, ill, wrong)+linger(v.꾸물거리다)의 결합.

'나쁜 마음을 갖고 할 일을 하지 않고 꾸물거리다=꾀병을 부리다'입니다. 영양제 주사 링거(Ringer)는 꾸물거리면서 천천히 몸에 흡수되지요. 동사 linger(꾸물거리다)는 Ringer 주사를 떠올리세요.

- linger [líŋgər] v.꾸물거리다, 망설이다(hesitate)
- The doctor said that she was **malingering**.
  의사는 그녀가 꾀병을 부리고 있다고 말했다.

Day 15

접두어 ab

접두어 ab는 off(분리), 강조(completely)입니다.
off(분리)는 on(접촉)의 반대 개념으로 붙어 있는 상황에서 떨어져 나가는 것으로, '영숙어쇼크'에서 설명한 off와 on의 개념 설명과 같습니다. 접두어가 강조(completely)를 나타낼 때는 '매우, 완전히, 확실히' 등의 의미이고 굳이 의미를 부여하지 않아도 되는 경우가 많습니다.

abnormal [æbnɔ́ːrməl] a.보통과 다른, 비정상인, 이상한

ab(분리=off)+normal(a.보통의, 정상적인, 일반적인)의 결합.

'보통의 것, 정상적인 것에서 분리되어 있는=비정상인, 이상한(unusual, strange)'입니다.

- norm n.표준(standard), 기준, 평균, 보통 • abnormality [æbnɔːrmǽləti] n.비정상, 이상
- normal [nɔ́ːrməl] a.보통의(common, usual, general, ordinary), 정상적인
- We had to alter some of our **abnormal** plans. 우리는 비정상적인 계획 일부를 수정해야 했다.

absent [ǽbsənt] a.부재의, 결석의, 결근의 vt.~을 비우다

ab(분리=off)+sent(보내다=send의 과거형)의 결합.

'교실(회사)에서 몸을 분리시켜 다른 곳에 보낸=결석의, 결근의'입니다. 자신의 몸을 교실이나 회사에서 분리시켜 다른 곳으로 보내면 학교에 결석하고, 회사에 결근하는 것입니다. 반대어 present(출석한)는 pre(앞=before)+sent(보내다)의 결합으로 자신의 몸을 선생님 앞에 보내면 출석한 것이죠.

- absence [ǽbsəns] n.부재, 결석 • be absent from, absent oneself from ~에 결석(결근)하다
- I thought you **were absent from** class today because you were sick.
  난 네가 아파서 오늘 결석한 줄 알았어.

absorb [æbsɔ́ːrb] vt.(액체, 기체, 지식, 정보)흡수하다, 빨아들이다

ab(분리=off)+sorb(흡수하다=suction)의 결합.

'무엇을 조금씩 분리시켜 흡수하다=흡수하다, 빨아들이다'입니다. 액체나 기체를 흡수할 때는 조금씩 분리시켜 흡수하게 되지요.

- be absorbed [lost, involved, engrossed] in ~에 빠져 있다
- The car bumper is designed to **absorb** shock on impact.
  그 자동차 범퍼는 충돌 시 충격을 흡수하도록 설계되어 있다.
- Once, I used to **be absorbed in** foreign pop music. 한때 나는 외국 팝송에 빠져 있었다.

abolish [əbáliʃ] vt.(관례, 제도)폐지하다(disuse, discontinue), 철폐하다

ab(분리=off)+ol(자라다=grow)+ish의 결합.

'**더 이상 자라지 않도록 분리시키다=폐지하다**'입니다. 사형제도, 연대보증 제도 등 불합리한 제도나 관례가 더 이상 사회에서 자라지 않도록 사회에서 분리시키는 것은 그 제도나 관례를 폐지(철폐)하는 것입니다. 더 이상 사용되지 않도록 법전에 있는 어떤 법률 조항을 법전에서 분리시키면 그 법을 폐지하는 것이죠.

- abolition [æbəlíʃən] n.폐지(disuse, discontinuance), 철폐
- Wage discrimination towards non-regular workers should be **abolished**.
  비정규직 직원들에 대한 임금 차별은 철폐되어야 합니다.

abuse [əbjúːz] vt.남용(오용, 악용)하다, 학대하다, 욕을 하다

ab(분리=off)+use(vt.사용하다=make use of)의 결합.

'**정상, 기준치를 벗어나 사용하다=남용하다**(overuse), **학대하다**(mistreat, maltreat)'입니다. 정상적인 수준을 벗어나 사용하는 것은 남용(오용, 악용)입니다. 논밭을 가는 농부가 소를 지나치게 사용하면 소를 학대하는 것이고, 사람에게 정상적인 수준을 벗어난 용어를 사용하는 것은 욕을 하는 것이지요.

- abuse [əbjúːs] n.남용, 오용, 악용, 학대, 욕
- He has been physically and emotionally **abused**.
  그는 신체적, 정신적으로 학대당해 왔습니다.
- He was arrested on account of **abuse** of power.
  그는 권력 남용으로 체포되었다.

abjure [æbdʒúər] vt.(신념, 신앙, 나라 등)버리다

ab(분리=off)+jure(맹세하다=swear)의 결합.

'**했던 맹세를 마음에서 분리시키다=버리다**(abandon, desert, forsake)'입니다. 국가에 대한 맹세, 종교에 대한 맹세를 마음에서 분리시키면 국가를 버리고 종교를 버리는 것이죠.

- It was hard for him to **abjure** the nation and emigrate.
  그가 나라를 버리고 이민 가는 것은 어려웠다.
- He **abjured** his allegiance to the king. 그는 왕에 대한 충성심을 버렸다.

abbreviate [əbríːvièit] vt.축약(요약, 축소)하다

ab(분리=off)+brev(짧은, 간결한=brief)+iate의 결합.

'**불필요한 부분을 분리시키고 짧게 만들다=축약하다**(shorten, brief)'입니다. 문장에서 불필요한 부분을 분리시켜 문장을 짧고 간결하게 하는 것은 축약하고, 요약하는 것입니다.

- abbreviation [əbrìːviéiʃən] n.축약, 단축
- **Abbreviated** slang is ugly, but some words seem interesting.
  축약형 은어들은 추하지만 몇몇 단어들은 재미있어 보여.
- Many words in the dictionaries are **abbreviated** to keep their contents short and simple.
  사전에 있는 많은 단어는 내용을 짧고 간결하게 하기 위해 축약되어 있다.

abridge [əbrídʒ] vt.요약(단축, 축약)하다

abridge는 abbreviate에서 파생된 단어로, abridge와 abbreviate는 동의어입니다.

- **abridge** a long story 긴 이야기를 요약(축약)하다
- This is **abridged** from the original.
  이것은 원문을 요약(축약)한 것입니다.

abound [əbáund] vi.풍부하다, 많다

a(분리=ab=off)+bound(n.경계선=border line)의 결합.

'경계선 밖으로 내용물이 분리되어 나오다=풍부하다'입니다. 물탱크에 물을 계속 부으면 물이 맨 위의 경계선 에서 분리되어 바닥으로 흘러내리게 되지요. 안을 가득 채우고 경계선에서 분리되어 넘쳐흐르는 모습을 보고 원어민은 풍부하다고 생각합니다. abound는 vi로 안을 가득 채우고 넘쳐흐르는 것이기 때문에 전치사 in 과 결합하여 사용. abbound에서 발음의 편리를 위해 중복되는 철자 b를 생략.

- abundance [əbʌ́ndəns] n.풍부(plenty, affluence, wealth, richness)
- abundant [əbʌ́ndənt] a.많은, 풍부한(plentiful, rich, affluent, ample)
- Frogs **abound in** this meadow. 이 초지에는 개구리가 많아.
- English **is abundant in** idioms. 영어는 관용어가 많아(풍부해).

allay [əléi] vt.진정시키다(calm), 완화시키다(relieve, ease)

al(분리=ab=off)+lay(vt.놓다=put, place)의 결합.

'분노나 불안을 가슴속에서 분리시켜 놓다=진정시키다, 완화시키다'입니다. ablay는 발음이 불편하기 때문에 철자 b를 l로 변형. 유사철자 alley(골목길), alloy(합금)와 혼동하지 마세요. alley(골목길)는 걸어가는 곳이기 때문에 leg(다리)를 떠올리고, alloy(합금)는 순금에 다른 금속을 합금하면 질이 떨어지기 때문에 low(낮은)를 떠올리세요.

- alley [ǽli] n.골목길 • alloy [ǽlɔi] n.합금 vt.합금하다. (섞어)품질을 저하시키다
- He did what he could to **allay** her fears.
  그는 그녀의 두려움을 진정시키기 위해 할 수 있는 것을 다 했다.

absurd [æbsə́:rd] a.어리석은, 터무니없는, 황당한

ab(강조=completely)+surd(귀먹은=deaf)의 결합.

'완전히 귀가 먹은 귀머거리 같은=어리석은(silly, foolish), 황당한'입니다. 완전히 귀가 먹은 귀머거리는 다른 사람의 조언을 들으려고 하지 않기 때문에 종종 어리석고, 터무니없는, 황당한 결정을 하게 되지요.

- How can you say such an **absurd** word at this moment?
  넌 이런 순간에 어떻게 그런 어리석은(터무니없는, 황당한) 말을 할 수 있어?
- They have made **absurd** remarks again on Dokdo.
  그들은 또다시 독도에 관하여 터무니없는(황당한) 말을 했다.

abominate [əbámənèit] vt.매우 싫어하다, 혐오(증오)하다

ab(강조=completely)+omin(전조, 징조=omen)+ate의 결합.

'정말 안 좋은 불길한 징조를 보다=매우 싫어하다(abhor, detest, hate)'입니다. 까마귀는 죽음을 암시하기 때문에 사람들은 불길한 징조를 알려주는 까마귀 보는 것을 매우 싫어합니다. '불길한 징조에서 '매우 싫어하다'는 뜻이 파생.

- omen [óumən] n.전조, 징조, 조짐 • abomination [əbàmənéiʃn] n.혐오(disgust), 증오
- We **abominate** all forms of violence against women and children.
  우리는 여성과 아이에 대한 모든 형태의 폭력을 혐오합니다. |

---

abhor [æbhɔ́:r] vt.매우 싫어하다, 혐오하다

ab(강조=completely)+hor(horror=공포, 소름끼치도록 싫은 것)의 결합.

'소름 끼치도록 매우 싫다=매우 싫어하다(hate, detest, loathe), **혐오하다**'입니다. horror에는 '공포'라는 뜻 이외에도 '**혐오**, 소름 끼치도록 싫은 것'이란 뜻이 있습니다.

- horror [hɔ́:rər] n.공포, 혐오, 소름 끼치도록 싫은 것
- I **abhor** people who don't keep the rules.
  나는 규칙을 지키지 않는 사람들을 매우 싫어한다.

접두어 for   접두어 for는 off(분리)입니다.

forbid [fə:rbíd] vt.금지하다(ban, prohibit, inhibit), 허락하지 않다

for(분리=off)+bid(말하다=say, speak, state)의 결합.

'손 떼라고 말하다=금지하다'입니다. 담배, 술, 화투를 몸**에서 분리**시키라고 말하면 담배, 술, 도박을 하지 말라고 금지하는 것이죠.

- bid [bid] vt.말하다(say, speak, state), 명령하다(order, command)
- Women are currently **forbidden** from voting in elections in the country.
  현재 그 나라에서 여성들이 선거에서 투표하는 것이 금지되어 있다.

---

forgo [fɔ:rgóu] vt.포기하다, 없이 보내다(do without)

for(분리=off)+go(가다=come, get)의 결합.

'무기를 몸에서 분리시켜 놓고 가다=포기하다(abandon, give up, desert, forsake)'입니다. 군인들이 자신의 몸에 붙어있는 무기를 몸**에서 분리**시켜 두고 전쟁터를 떠나면 전쟁을 포기하는 것이고, 전쟁 없이 시간을 보내는 것입니다.

- He had to **forgo** all the outdoor activities.
  그는 모든 야외 활동을 포기해야만 했다.

forbear [fɔːrbɛ́əːr] v.참다, 억제하다

for(분리=off)+bear(참다=stand, tolerate, endure, put up with)의 결합.

bear(참다)와 forbear(참다)는 동의어. 참는 것은 어떻게 하려는 욕구를 마음에서 분리시키는 것이기 때문에 분리의 접두어가 붙은 것. bear는 어미 **곰**이 새끼를 몸에 **지녀** 몇 개월을 **참아**, 안전한 장소로 **이동**하여, 새끼를 **낳는** 과정으로 기억하세요.

- bear n.곰, vt.지니다(have), 참다(stand), 나르다(carry), 낳다(give birth to)
- forbearance [fɔːrbɛ́ərəns] n.인내(perseverance, endurance, patience), 억제, 관용
- We should bear and **forbear** until the last minute.
  우리는 마지막까지 참고 참아야 해.

forsake [fəːrséik] vt.버리다, 포기하다(abandon, desert, give up)

for(분리=off)+sake(n.목적=purpose, aim)의 결합.

'어떤 목적을 마음에서 분리시켜 버리다=포기하다'입니다. 대학진학이라는 목적을 마음**에서 분리**시키면 대학진학이라는 꿈을 버리고 포기하는 것입니다. 입사, 결혼이라는 목표를 마음에서 분리시키면 그것들을 포기하는 것이죠.

- sake [seik] n.목적(purpose, aim, object), 이유, 원인
- I will **forsake** them all and go with you.
  나는 그들 모두를 버리고 너와 함께 갈 거야.
- I want to leave this God-**forsaken** country.
  나는 신에게 버림받은 이 나라를 떠나고 싶습니다.

forswear [fɔːrswɛ́əːr] vt.포기하다, 그만두다

for(분리=off)+swear(vi.맹세하다=vow, pledge)의 결합.

'했던 맹세를 몸에서 분리시키다=포기하다(abandon)'입니다. 담배를 끊겠다고 맹세해 놓고 그 맹세를 마음**에서 분리**시켜 버리면 금연을 포기하는 것이죠. 문어체 단어로 격식을 갖춰야 하는 글에 사용.

- The country **forswore** the use of chemical weapons.
  그 국가는 화학 무기 사용을 포기했다.

forlorn [fəːrlɔ́ːrn] a.버려진, 고독한, 외로운

for(분리=off)+lorn(고독한, 외로운=alone)의 결합.

'사람들로부터 분리되어 있어 외로운=버려진(abandoned), 외로운(solitude, alone)'입니다. 사람들로**부터 분리**되어 외롭게 사는 사람은 버려진 사람으로 고독하고 외로운 삶을 살게 되지요.

- She felt **forlorn** after the death of her husband.
  남편이 죽은 후에 그 여자는 고독함을 느꼈다.

접두어 se

접두어 se는 분리(off)입니다.

secure [sikjúər] a.안전한(위험 없는), 안심하는 vt.안전하게 하다, 확보하다

se(분리=off)+cure(n.치료=treatment)의 결합.

'**치료 대상에서 분리되어 있는=안전한(safe), 안심하는(relieved)**'입니다. 이 책을 집필하고 있는 지금 메르스(중동호흡기 증후군)가 전국을 강타하고 있습니다. 진료 후에 담당 의사가 '당신은 치료 대상에서 분리되어 있네요'라고 말하면 안전을 확보한 것이기 때문에 안심하게 되지요.

- cure n.치료(treatment, healing), 구원(심리치료)
- Part-time job is not a **secure** way to make a living.
  아르바이트는 안전한 생계유지 방법이 아닙니다.
- We need a savings plan that will **secure** our future.
  우리는 우리의 미래를 안전하게 할 저축 계획이 필요해.

separate [sépərèit] a.분리된, 독립된 vt.분리시키다(divide, part, spilt) vi.분리되다, 별거하다

se(분리=off)+par(부분, 분리시키다=part)+ate의 결합.

'**일부분으로 분리시키다=분리시키다**'입니다. 단어 속에 분리를 뜻하는 접두어와 어근이 들어 있기 때문에 쉽게 기억할 수 있습니다. 식민지에서 분리되면 독립하는 것이고, 부부가 분리되면 별거하는 것이지요.

- **Separate** your personal affairs from business.
  개인적인 일과 업무를 분리하세요(공과 사를 구분하세요). vt.
- South America and Africa **separated** 200 million years ago.
  남아메리카와 아프리카는 2억 년 전에 분리되었어. vi.

sever [sévər] vt.(줄, 관계 등)끊다(cut, separate) vi.끊어지다, 갈라지다

se(분리=off)+ver(나누다=divide)의 결합.

'**나누고 분리시키다=끊다**'입니다. 한 번 나오는 어근은 참고만 하고 분리의 접두어 se에서 단어 뜻을 파악하세요.

- He told me that he would **sever** all relations with me.
  그는 나에게 나와의 모든 관계를 끊겠다고 말했다.
- The world is now **severed** into two blocks.
  세계는 지금 두 진영으로 갈라져 있습니다.

severe [sivíər] a.엄한(stern), 가혹한(harsh), 심한

sever(자르다=cut)+e의 결합.

'**범죄를 저질렀을 때 팔이나 목을 자르는=엄한, 가혹한, 심한**'입니다.

- a severe punishment 가혹한 처벌
- a severe ache 격심한 아픔
- Competition for places at the library is very **severe**.
  도서관에서 자리 경쟁은 매우 심해.

접두어 off

접두어 off는 분리입니다.
분리를 뜻하는 접두어 ab, for, se, off를 함께 기억하세요.

offspring [ɔ́ːfspriŋ] n.자식, 자손(descendant)

off(분리)+spring(n.샘물=fountain)의 결합.

'**샘물에서 분리되어 아래로 흘러내려 간 물=자손**'입니다. spring은 샘물입니다. 샘물은 땅 아래에서 용수철처럼 위로 솟아오르죠. 새싹이 샘물처럼 솟아오르는 시기가 봄입니다. spring은 '샘물에서 솟아오름(도약), 용수철, 봄'이란 뜻이 파생.

- He was surrounded by his numerous **offspring** when he died.
  그는 죽을 때 많은 자손에게 둘러싸여 있었다.

offhand [ɔfhǽnd] ad.즉석에서(on the spot), 준비 없이

off(분리)+hand(n.손)의 결합.

'**사용할 자료나 도구가 손에서 분리되어 있는=즉석에서**'입니다. 사용할 수 있는 자료나 도구가 손에서 분리되어 있으면 아무런 준비 없이 그 자리에서, 즉석에서 해야 하지요.

- I was unable to answer that question **offhand**.
  나는 즉석에서 그 질문에 대답할 수 없었다.

off-the-record a.비공식의, 기밀의

off(분리)+the record(기록)의 결합.

대화를 기록하는 '**기록원을 분리시켜 놓고 대화하는=비공식의(informal), 기밀의**'입니다.

- He made **off-the-record** comments on unemployment problem.
  그는 실업 문제에 관하여 비공식 논평을 했다.

offset [ɔ́ːfsét] vt.상쇄하다, 만회하다

off(분리)+set(vt.놓다=put, lay)의 결합.

어제 10만 원의 손실을 봤는데 오늘 10만 원의 이익이 생겨 그 돈을 별도로 분리(off)시켜 손실 난 곳에 set 하면 손실을 상쇄하고 만회하는 것이죠.

- Losses were **offset** by gains the next day.
  손해는 다음날 이익으로 상쇄되었어.

Day 16

접두어 dis

접두어 dis는 off(분리), not(부정, 반대), 강조(completely)입니다. 분리에서 부정의 의미가 파생. dislike(싫어하다)는 dis(부정=not)+like(좋아하다)의 결합으로 싫어하는 것은 좋아하는 마음이 가슴에서 off(분리) 되어 사라졌다는 것이죠.

disarm [disá:rm] v.무장 해제하다

dis(분리=off)+arm(vt.무장시키다 n.무기)의 결합.

'무기를 몸에서 분리시키다=무장 해제하다'입니다. 사람의 몸에 붙어 있는 총과 수류탄 같은 무기를 몸에서 분리시키는 것은 무장을 해제하는 것입니다.

- A smile has a magical power to **disarm** people.
  웃음은 사람들을 무장 해제시키는 마법의 힘을 갖고 있다.

discard [diská:rd] vt.(습관, 신앙)버리다 n.버림받은 것(사람)

dis(분리=off)+card(n.카드, 수단, 방책)의 결합.

'손에서 필요 없는 카드를 분리시키다=버리다(desert, abandon, forsake, give up)'입니다. 카드게임 홀라는 10장의 카드를 손에 쥐고 시작합니다. 조합을 맞춰보고 쓸모없는 카드를 손에서 분리시켜 바닥에 버리죠. 손에서 dis 시켜 바닥에 버리는 card는 버리는 것입니다.

- **Discard** used needles immediately after injection.
  주사 후에 즉시 사용된 바늘들을 버리세요.

disqualify [diskwáləfài] vt.자격을 박탈하다, 실격시키다

dis(분리=off)+qualify(vt.자격을 주다)의 결합.

'부여했던 자격과 권한을 사람으로부터 분리키시다=자격을 박탈하다, 실격시키다'입니다.

- qualify [kwáləfài] vt.자격(권한)을 주다
- qualification [kwàləfikéiʃən] n.자격, 권한
- His color blindness **disqualified** him for military service.
  그는 색맹으로 인해 군 복무 자격을 박탈당했다.

discern [disə́ːrn] v. 알아차리다, 구별(식별)하다

dis(분리=off)+cern(체로 치다=sift)의 결합.

'체로 쳐서 따로따로 분리시키다=알아차리다(notice), 구별하다(distinguish)'입니다. 섞여 있는 것을 체로 쳐서 따로따로 분리시키면 무엇과 무엇이 섞여 있었는지 바로 알아차리고 구별할 수 있지요. 공사 현장에서는 강가에서 가져온 모래를 체로 쳐서 자갈과 모래로 구분하여 사용합니다.

- I tried to **discern** the meaning behind his words.
  난 그의 말의 저의를 알아차리려고 노력했다.
- It is often difficult to **discern** [tell] the truth of an event from a rumor.
  사건의 진실과 소문을 구별하는 일은 종종 어려울 때가 많아.

discriminate [diskrímənèit] v. 구별(차별)하다

dis(분리=off)+cri+min(작은=mini)+ate의 결합.

'큰 것과 작은 것으로 분리하다=구별하다(distinguish, discern)'입니다. 물건을 큰 것과 작은 것으로 분리하는 것은 구별하는 것이지요. 사람을 학력, 성별, 재산, 인종 등으로 구별하는 것은 차별하는 것이기 때문에 '**구별하다**'에서 '**차별하다**'는 뜻이 파생.

- discrimination [diskrìmənéiʃən] n. 구별(distinction, discernment), 식별, 차별(대우)
- We should **discriminate** constructive criticism from destructive condemnation.
  우리는 건설적인 비판과 파괴적인 비난을 구별해야 합니다. vt.
- Man or woman, black or white, I don't **discriminate**.
  남자든 여자든, 흑인이든 백인이든, 나는 차별을 하지 않아. vi.

discourage [diskə́ːridʒ] vt. 좌절(단념, 낙담)시키다, 막다(ban) vi. 좌절(낙심)하다

dis(분리=off)+courage(n. 용기=bravery)의 결합.

'마음속에 있는 용기를 분리시키다=좌절시키다(disappoint, dishearten)'입니다. 사람이 갖고 있는 용기를 가슴에서 분리시키는 것은 어떤 일을 못하도록 좌절시키고, 단념시키고, 막는 것이죠. 반대어 encourage(격려하다)의 접두어 en은 make로 용기를 갖도록 만드는 것.

- I hope my story didn't **discourage** you. 내 얘기가 널 낙담시키지 않았으면 해.
- His parents tried to **discourage** him **from** being a singer.
  그의 부모는 그가 가수가 되는 것을 막으려고 했다.

disband [disbǽnd] vt. 해산(해체)시키다

dis(분리=off)+band(n. 무리, 떼, 밴드)의 결합.

'모여 있는 무리(밴드)를 각각으로 분리시키다=해산시키다(break up, dismiss)'입니다.

- The baseball team was **disbanded** due to financial problem.
  재정문제 때문에 그 야구팀은 해체되었어.
- Among the idol groups, Shinhwa is the only group who has not **disbanded**.
  아이돌 그룹 중에서 신화는 해체하지 않은 유일한 그룹이야.

disperse [dispə́:rs] vt.흩어지게 만들다, 해산시키다 vi.흩어지다

dis(분리=off)+sper(분리하다=separate)+se의 결합.

'모여 있는 것을 분리시키고 또 분리시키다=흩어지게 만들다(scatter, break up)'입니다.

- separate [sépərèit] vt.분리하다, 가르다
- After hearing the explosion, the crowd started to **disperse**.
  폭발 소리를 들은 후에 군중들은 흩어지기 시작했다. vi.
- There are many **dispersed** families in Korea. 한국에는 많은 이산가족(흩어진 가족)이 있습니다. vt.

dimension [diménʃən] n.크기, 치수, 차원(관점)

di(분리=dis=off)+mens(측정하다=measure)+ion의 결합.

'항목별로 분리시켜 측정한 것=크기(size), 치수(size)'입니다. 통나무나 바위를 자로 측정하여 일정 크기로 분리시킨 것에서 유래. 잘라 놓은 돌의 정확한 크기를 알려면 치수(길이, 폭, 두께)를 재야 합니다. 치수가 가로와 세로 길이만 나타내면 2차원, 높이 길이까지 더해져 입체가 되면 3차원입니다. 차원이 다르다는 것은 보는 관점이 다르다는 것. '크기, 치수'에서 '차원(관점)'이란 뜻이 파생. dismension[디스멘션]은 발음이 불편하기 때문에 철자 s를 생략.

- fourth dimension 4차원   • a political dimension 정치적 차원(관점)
- They produced a formula to accurately calculate the animals' **dimensions**.
  그들은 공룡의 크기를 정확하게 계산하기 위해 공식을 만들었습니다.
- Health and safety is the problem of social **dimension**.
  건강과 안전은 사회적인 차원(관점)의 문제입니다.

disable [diséibəl] vt.쓸모없게 만들다, 불구로 만들다

dis(반대, 부정=not)+able(a.할 수 있는)의 결합.

어원결합이 '할 수 없게 만들다'입니다. 기계 따위를 쓸 수 없게 만드는 것은 고장 나게 만드는 것이고, 사람의 신체 기능을 쓸 수 없게 만들면 불구로 만드는 것이죠.

- disabled a.불구가 된, 무능력하게 된
- Traffic accidents **disable** thousands of children a year.
  교통사고는 해마다 수천 명의 어린이를 불구로 만든다.
- She tried to cheer up the **disabled**. 그녀는 불구가 된 사람들을 격려하려고 노력했다.

disappoint [dìsəpɔ́int] vt.실망시키다(discourage, dismay), 낙담시키다

dis(반대, 부정=not)+appoint(v.임명하다)의 결합.

'임명에 반대하다=실망시키다'입니다. 지점장으로 임명되는 것으로 기대하고 있었는데 고위층에서 임명을 반대하면 실망하고 낙담하게 되지요. 직장인에게 흔히 있는 일입니다.

- disappointment [dìsəpɔ́intmənt] n.실망(discouragement, dismay)
- I didn't want to **disappoint** her again.
  나는 다시는 그녀를 실망시키고 싶지 않다.

dismay [disméi] n.당황, 실망 vt.당황케 하다, 실망시키다

dis(반대, 부정=not)+may(허락, 허락하다)의 결합.

'**허락해야 할 것을 허락하지 않음=당황, 실망**(discouragement, disappointment)'입니다. 해외로 배낭여행을 떠나려고 하는데 부모님이 허락하지 않으면 당황하고 실망하게 되지요. 앞에서 설명한 disappoint와 비슷한 어원 결합입니다. dismay는 주로 명사로 사용.

- To my **dismay**, my name was not on the list.
  실망스럽게도, 나의 이름은 명단에 없었어.
- She could not hide her **dismay** at the result of the exam.
  시험 결과에 그녀는 실망을 감출 수 없었다.

disgust [disgʌ́st] n.구역질, 혐오(hatred), 역겨움 vt.구역질나게 하다

dis(반대, 부정=not)+gust(맛=taste)의 결합.

'**음식 맛이 좋지 않을 때 하는 것=구역질**(nausea), **혐오**'입니다. 음식이 상했거나, 맛이 형편없거나, 기대했던 것과 정반대의 맛이 날 때 사람들은 본능적으로 구역질하게 됩니다. 구역질하는 모습은 혐오스럽기 때문에 '**구역질**'에서 '**혐오**'라는 뜻이 파생.

- disgusting [disgʌ́stiŋ] a.역겨운(sickening), 혐오스러운
- I felt **disgust** at his behavior. 나는 그의 행동에 혐오감(역겨움)을 느꼈어.
- It's pretty **disgusting** to watch somebody pick their nose.
  누군가 콧구멍 후비는 것을 보는 것은 상당히 역겨워.

disorder [disɔ́ːrdər] n.무질서, 혼란, 장애(질환) vt.어지럽히다, 혼란시키다

dis(반대, 부정=not)+order(n.질서, 정돈, 순서, 명령)의 결합.

'**질서가 없고, 정돈되어 있지 않은 상태=무질서, 혼란**(disorder, chaos)'입니다. 사람의 신체 기능이 무질서 하다는 것은 장애나 질환이 있다는 것으로, 당이 소변으로 빠져나가는 무질서가 있으면 당뇨병이라는 질환이 있는 것이지요.

- The hurricane threw the city into **disorder**.
  허리케인이 그 도시를 무질서(혼란)에 빠뜨렸다.
- He has a nervous system **disorder**.
  그는 신경계 질환을 갖고 있어.

disagree [dìsəgríː] vi.동의하지 않다(반대하다), 일치하지 않다(다르다)

dis(반대, 부정=not)+agree(vi.동의하다, 일치하다)의 결합.

'동의하다'의 부정은 '동의하지 않다', '일치하다'의 부정은 '일치하지 않다'입니다.

- I **disagree** with your opinion. 나는 너의 의견에 동의하지 않아.
- Experts **disagree** over whether global warming contributes to the spread of infectious diseases.
  지구온난화가 전염병 확산에 기여하는가에 대해 전문가들의 의견은 일치하지 않는다.

disease [dizíːz] n.질병, 질환

dis(반대, 부정=not)+ease(n.편안, 안락=comfort)의 결합.

'아파서 육체적으로 편안하지 않은 상태=질병(sickness, illness)'입니다.

- a serious disease 중병 • a family disease 유전병
- Hunger and **disease** cause great suffering in the world.
  기아와 질병이 세계에 큰 고통을 야기하고 있다.

discomfort [diskʌ́mfərt] n.불쾌, 불안, 불편 vt.불쾌(불안)하게 하다

dis(반대, 부정=not)+comfort(n.편안, 위로)의 결합.

'정신적, 육체적으로 편안하지 않은 상태=불안(uneasiness), 불편, 불쾌'입니다.

- comfort n.편안, 위로 vt.위로하다 • the discomfort index 불쾌지수
- Can you reach down and touch your toes without any **discomfort**?
  어떤 불편함 없이 여러분은 손을 아래로 뻗어 발가락에 닿을 수 있나요?

discontinue [dìskəntínjuː] vt.그만두다, 중지하다 vi.끝나다

dis(반대, 부정=not)+continue(vt.계속하다 vi.계속되다)의 결합.

'계속 하던 일을 더 이상 하지 않다=그만두다(stop, cease, quit)'입니다.

- The company has **discontinued** manufacturing that item. 그 회사는 그 물건 생산을 중단했어.
- They **discontinued** searching for the missing man. 그들은 실종된 남자 찾는 것을 중지했다.

dissuade [diswéid] vt.못하도록 설득하다, 단념시키다(discourage)

dis(반대, 부정=not)+suade(설득하다=persuade)의 결합.

무엇을 하도록 설득하는 것은 persuade, 무엇을 하지 못하도록 설득하는 것은 반대의 dis를 붙인 dissuade.

- persuade [pəːrswéid] vt.(하도록)설득하다
- I couldn't **dissuade** him **from** giving up his studies.
  나는 그가 학업을 포기하겠다는 것을 단념시킬 수 없었다.

disregard [dìsrigáːrd] vt.무시하다 n.무시, 소홀, 경시

dis(반대, 부정=not)+regard(v.주시하다, 주목하다)의 결합.

'자신의 말에 전혀 주목하지 않다=무시하다(ignore, neglect)'입니다. 말을 하고 있는데 자신의 말에 전혀 주목하지 않고 엉뚱한 짓을 하면 자신을 무시하는 것이죠.

- regard [rigáːrd] v.주목(주시, 응시)하다, 존중하다, 간주하다
- Please **disregard** it and remain in your classrooms.
  그것(경보)을 무시하고, 교실에 그대로 남아있으세요.
- Ignoring traffic rules means **disregard** for life.
  교통법규를 무시하는 것은 생명의 경시(무시)를 의미한다.

disadvantage [disədvǽntidʒ] n.불리, 불이익(손해), 단점(weak point)

dis(반대, 부정=not)+advantage(n.유리, 이익, 장점)의 결합.

'유리'의 반대는 '불리', '이익'의 반대는 '불이익', '장점'의 반대는 '단점'입니다.

- advantage [ədvǽntidʒ] n.유리, 이익(profit), 장점(merit)
- Our team is at a **disadvantage** in many respects.
  여러 측면에서 우리 팀은 불리한 상황에 있어.
- There are advantages and **disadvantages** of living in a city.
  도시 생활에는 장점들과 단점들이 있습니다.

disloyal [dislɔ́iəl] a.불충한, 불성실한(insincere, unfaithful, untruthful)

dis(반대, 부정=not)+loyal(a.충성스런, 성실한)의 결합.

'충성스런'의 반대는 '불충한'이고, '성실한'의 반대는 '불성실한'입니다.

- He is **disloyal**, so you should not trust him.
  그는 불성실한 사람이어서 그를 신뢰해서는 안 돼.

disparity [dispǽrəti] n.불일치, 차이

dis(반대, 부정=not)+par(한 쌍=pair)+ity의 결합.

'서로 맞춰보니 두 개가 한 쌍이 아님=불일치(discord), 차이(difference)'입니다.

- There is a sharp **disparity** between what he says and what he does.
  그는 말하는 것과 행동하는 것에 현저한 차이가 있다.
- The **disparity** in their ages made no difference at all.
  그들의 나이 차이는 전혀 문제 되지 않았다.

disinterested [disíntəristid] a.사심 없는(청렴한, 공평한), 흥미 없는(무관심한)

dis(반대, 부정=not)+interested(a.사심 있는, 흥미 있는)의 결합.

'사심 있는'의 반대는 '사심 없는'이고, '흥미 있는'의 반대는 '흥미 없는'입니다.

- We remember his **disinterested** help to the homeless.
  우리는 노숙자들에게 한 그의 사심 없는 도움을 기억해.
- He is **disinterested** in politics.
  그는 정치에 흥미 없어(무관심해).

접두어 non

접두어 non은 not(부정)입니다.
우리말로 옮기면 '무(無), 비(非), 불(不)'입니다. 미국식 발음은 [nan], 영국식 발음은 [nɔn]으로 많은 단어에서 미국인은 [a], 영국인은 [ɔ]로 발음.

nonfiction [nɑnfíkʃən] n.실화, 논픽션, 비소설

non(부정=not)+fiction(n.허구, 소설)의 결합.

역사, 전기, 연구기록처럼 '**허구가 아닌 실제 이야기를 기록한 것=실화**'입니다.

- Is information found in a newspaper fiction or **nonfiction**?
  신문에서 발견되는 정보(보도)는 허구인가요 아니면 실화인가요?

nonsense [nánsens] n.무의미한 말, 허튼소리, 난센스

non(부정=not)+sense(n.의미, 분별력, 감각)의 결합.

'**아무런 의미가 없는 말=무의미한 말, 허튼소리**'입니다.

- Why do you always talk **nonsense**?
  넌 왜 항상 말 같지 허튼소리를 해?
- Never in all my life have I heard such **nonsense**.
  그런 말도 안 되는 이야기는 내 평생에 들어 본 적 없어.

nonviolence [nɑnváiələns] n.비폭력

non(부정=not)+violence(n.폭력=force)의 결합.

- The world celebrated the International Day of **Nonviolence** on October 2.
  10월 2일, 세계는 비폭력의 날을 기념했다.

nonresistance [nɑ̀nrizístəns] n.무저항

non(부정=not)+resistance(n.저항=defiance)의 결합.

- He developed a method of direct resistance to unfair laws based on nonviolence and **nonresistance**.
  그는 비폭력과 무저항을 바탕으로 부당한 법에 직접 대항하는 방법을 발전시켰다.

접두어

Day 17

접두어 inter 접두어 inter는 between(사이, 중간)입니다.

interact [ìntərǽkt] vi.상호작용하다, 소통(교류)하다

inter(사이, 중간)+act(v.행동하다=do)의 결합.

'사람들 사이에 들어가 행동하다=상호작용하다, 소통(교류)하다'입니다.

- interaction [ìntərǽkʃən] n.상호작용
- interactive [ìntərǽktiv] a.상호작용하는
- We **interact** with a large number of people everyday.
  우리는 매일 많은 사람과 교류(상호작용, 소통)한다.

interchange [ìntərtʃéindʒ] v.교환(교체, 교류)하다 n.교환, 교류, 입체교차로

inter(사이, 중간)+change(vt.바꾸다 vi.바뀌다)의 결합.

'둘 사이에서 주고받고 바꾸는 것=교환(exchange), 교류'입니다.

- The front and rear tires can **interchange**.
  앞 타이어와 뒤 타이어는 교환할 수 있어.

intermediate [ìntərmíːdiət] a.중간의, 중급의 n.중개자, 중급자

inter(사이, 중간)+medi(중간=middle)+ate의 결합.

'초급과 고급 사이(중간)에 있는=중급의'입니다. 초급(basic)과 고급(advanced) 사이가 중급(intermediate)입니다.

- Grey is **intermediate** between black and white.
  회색은 검정과 흰색의 중간이야.
- I'm taking an **intermediate** level English course.
  나는 중급 영어 수업을 듣고 있어.

interstice [intə́ːrstis] n.(시간, 공간)틈새

inter(사이, 중간)+st(세우다=stand)+ice의 결합.

'두 개 사이에 무엇을 세워 둘 정도로 벌어진 공간=틈(chasm)'입니다.

- Some plants grows well in the **interstices** between the bricks.
  몇몇 식물들은 벽돌 사이의 틈새에서 잘 자란다.

international [ìntərnǽʃənəl] a.국제적인, 국가 간의

inter(사이, 중간)+national(a.국가의)의 결합.

개인과 개인이 아닌 '**국가와 국가 사이의=국제적인, 국가 간의**'입니다. 한국과 미국 사이에, 한국과 일본 사이에 일어나는 일은 국제적인 일이고, 국가 간의 일이지요.

- Kim Yeon-kyoung has proved herself in domestic and **international** leagues.
  김연경 선수는 국내 및 국제적인 리그에서 자신을 증명했습니다.

interpret [intə́ːrprit] v.설명하다(explain), 해석하다, 통역하다

inter(사이, 중간)+pret(가격=price)의 결합.

'**사람 사이(중간)에 들어가서 가격을 알려주다=설명하다, 통역하다**'입니다. 언어가 다른 두 사람이 물건을 사고팔고 교환할 때, 두 사람 사이에 들어가서 물건과 가격을 설명해 주는 것은 통역하는 것입니다.

- interpretation [intə̀ːrprətéiʃən] n.설명(해석), 통역
- interpreter n.해석자, 통역사
- There are people who **interpret** the Bible literally.
  성경을 글자 그대로 해석하는 사람들이 있다.
- She **interpreted** the mayor's speech **into** Chinese.
  그녀는 시장의 연설을 중국어로 통역했다.

intersection [ìntərsékʃən] n.교차로, 교차

inter(사이, 중간)+section(n.구역=district, zone)의 결합.

'**4개의 구역 사이(중간)에 만들어지는 것=교차로**'입니다. 평지를 공단이나 주택단지로 만들 때 토지를 분할 하면 4개의 구역으로 분할되고 구역과 구역 사이에 교차로가 만들어집니다.

- section [sékʃən] n.절단, 분할(division), 구역(district, area, zone)
- Traffic lights have been placed at all major **intersections**.
  교통 신호등은 모든 주요 교차로에 놓여 있다.

interval [íntərvəl] n.간격, 사이, 틈(gap), 휴식시간

inter(사이, 중간)+val(벽=wall)의 결합.

'**벽과 벽 사이(중간)=간격, 틈**'입니다. 공간적인 간격, 시간적인 간격 모두에 사용. 야구 경기를 보면 투수가 공을 던지고 그 다음 공을 던질 때 시간적인 **간격**이 긴 투수를 인터벌(interval)이 긴 투수라고 해설자가 설명합니다.

- The **interval** between earthquakes might be two years.
  지진들 사이의 간격이 2년이 될 수도 있습니다.

접두어 dia

접두어 dia는 between(사이), through(관통)입니다.

dialect [dáiəlèkt] n.방언, 지방 사투리

dia(사이=between)+lect(말하다=lecture, say)의 결합.

'**특정 지역 사람들 사이에서만 주고받는 말=방언**'입니다. 경상도 사람들은 '그러면 안 되지'를 '그카마 안 되지'라고 하는데, 경상도 사람들 사이에서만 하는 말은 사투리(방언)입니다.

- lecture [léktʃər] n.강의(discourse) vt.강의하다
- Residents on Jeju Island also use a very unique **dialect**.
  제주도 사람들 또한 매우 독특한 사투리를 사용합니다.

diabetes [dàiəbíːtis] n.당뇨병

dia(관통=through)+bete(가다=go)+s의 결합.

'**당분이 요도를 관통하여 밖으로 나가는 병=당뇨병**'입니다. 당분이 몸으로 흡수되지 않고 요도를 관통하여 오줌으로 나가는 병을 당뇨병이라고 합니다. 비만인 사람들은 대부분 당뇨병을 갖고 있어 다이어트를 해야 하기 때문에, 발음 [다이어비티스]에서 [다이어트]를 해야 하는 **당뇨병**을 떠올리세요.

- He was diagnosed with **diabetes** last year.
  그는 작년에 당뇨병 진단을 받았다.

diagnose [dáiəgnòus] v.진찰하다, 진단하다

dia(관통=through)+gno(알다=know)+se의 결합.

'**의사가 환자의 병 상태를 꿰뚫어(관통) 보다=진찰하다, 진단하다**'입니다. 어근 gno는 어근 no(알다=know)의 변형으로 어근 no에서 학습합니다.

- diagnosis [dàiəgnóusis] n.(의학)진찰, (문제, 상황)진단, 진단서
- Tom cruise **was diagnosed with** dyslexia when he was seven years old.
  톰 크루즈는 7살 때 난독증 진단을 받았습니다.

diameter [daiǽmitər] n.직경, 지름

dia(관통=through)+meter(재다=measure)의 결합.

'**원에서 가운데를 관통하여 잰 것=직경, 지름**'입니다.

- meter [míːtər] n.미터(길이 단위), 계량기 vt.재다(measure)
- The moon has a **diameter** of about 3,476 kilometers.
  달의 지름은 약 3,476킬로미터다.

접두어 medi

접두어 medi는 중간(middle)입니다.

medium [míːdiəm] n.중간, 매체 a.중간의(middle, intermediate)

medi(중간=middle)+um의 결합.

스테이크를 주문하면 rare(덜 구워진), medium(중간 정도의), well-done(잘 구운) 중에서 하나를 선택해야 합니다. 미디엄(medium)은 고기의 양면은 익고 **중간** 부분이 조금 붉은 상태. media(미디어)는 medium(매체)의 복수로 TV, 신문, 인터넷 등 정보를 사람에게 전달하는 **중간** 매체를 말합니다.

- I were ordered in **medium** and large.
  미디엄과 라지 사이즈를 주문받았습니다.
- Did you decide on which ad **medium** we should choose?
  우리가 어떤 광고 매체를 선택해야 하는지 결정했나요?

mediate [míːdièit] v.중재(조정)하다

medi(중간=middle)+ate의 결합.

'사람들 중간에 들어가서 중간자 역할을 하다=**중재하다**(reconcile, intervene)'입니다.

- mediation [miːdiéiʃən] n.중재(intervention, reconcilement)
- Father and Mother couldn't agree and I had to **mediate** between them.
  아빠와 엄마가 의견일치를 볼 수 없어서 내가 그들 사이에서 중재(조정)해야만 했다.

medieval [mìːdiíːvəl] a.중세의, 구식인(old-fashioned)

medi(중간=middle)+eva(시대=age)+l의 결합.

'고대와 현대의 중간인=**중세의**'입니다. 현대인의 눈으로 중세시대를 보면 구식이기 때문에 '**중세의**'에서 '**구식인**'이라는 의미가 파생.

- The college dates back to **medieval** times.
  그 대학은 (역사가) 중세시대까지 거슬러 올라간다.

meditate [médətèit] vi.명상하다, 깊이 생각하다(숙고하다)

medi(중간=middle)+tate의 결합.

'마음을 중간 상태로 유지하다=**명상하다, 깊이 생각하다**(consider, deliberate)'입니다. 지나치지도 않고 모자라지도 않게 심리적으로 중간 상태를 유지하는 것이 명상입니다. 명상은 깊이 생각하는 것이죠.

- meditation [mèdətéiʃən] n.명상, 숙고(consideration, deliberation, reflection)
- You can **meditate** whenever, wherever you want.
  여러분이 원하는 어느 곳에서나, 언제든지 명상할 수 있습니다.
- Traveling helped me **meditate** and dream big.
  여행은 내가 더 깊게 생각하고 큰 꿈을 꾸도록 도와주었습니다.

immediate [imíːdiət] a.즉시의, 곧 일어나는, 직접의

im(부정=in=not)+medi(중간=middle)+ate의 결합.

'**중간 과정이 없는**=**즉시의**(instant), **직접의**(direct)'입니다. 어떤 일이 발생했을 때 생각해 보거나, 누군가에게 보고하는 중간 과정 없이 행동하면 즉시 행동에 옮기는 것입니다. 물건을 전달하는데 누군가의 도움을 빌리는 중간 과정이 없으면 직접 전달하는 것이죠.

- **immediately** ad.즉시(instantly, promptly, without delay)
- There's no doubt that an **immediate** action is required.
  즉각적인 조치가 요구되는 것은 의심의 여지가 없습니다.
- He is my **immediate** superior. 그는 나의 직속상관이야.

meddle [médl] vi.참견하다, 간섭하다(interfere, intervene)

med(중간=medi=middle)+dle의 결합.

'대화하고 있는 사람들 중간에 불쑥 끼어들다=**참견하다, 간섭하다**'입니다.

- One should not **meddle in** a quarrel between man and wife.
  부부 싸움에는 참견(간섭)하지 않는 것이 좋아.
- Chinese accused the U.S. of **meddling in** the political affairs of others.
  중국은 미국이 다른 나라의 정치적 문제에 간섭했다고 비난했다.

mean [miːn] vt.의미하다, 의도하다 a.중간의, 비열한

medi(중간=meddle)에서 파생된 단어.

'**중간자적 입장을 취하는**=**비열한**'입니다. 명확한 입장을 밝혀야 할 때 입장을 밝히지 않고 중간자적 입장을 취하는 것은 비열한 짓이죠. 중간자적 입장을 취하면 의도가 무엇인지 물어봐야 하기 때문에 **중간**자적 태도에서 '**의미하다, 의도하다**'는 뜻이 파생.

- a mean trick 비열한 속임수
- What does this sentence **mean**? 이 문장은 어떤 의미인가요?
- Forgive me. I didn't **mean** to embarrass you.
  나를 용서해. 너를 난처하게 할 의도는 없었어.

meantime [míːntàim] n.그 동안, 그 사이, 한편

mean(중간=middle)+time(시간)의 결합.

'어떤 일이 일어나고 있는 시간 중간에=**그 동안**(meanwhile)'입니다.

- He spent two years in Seoul. **Meantime**, she took care of the children at home.
  그는 서울에서 2년을 보냈다. 그 동안, 그녀는 집에서 아이들을 돌봤다.
- **Meanwhile**, time drags so slowly when you attend a class you really hate.
  한편, 여러분이 정말 싫어하는 수업을 들을 때는 시간이 매우 느리게 흘러갑니다.

접두어 auto

접두어 auto는 self(자신 스스로)입니다.

automation [ɔ̀:təméiʃən] n.오토메이션, (기계)자동화, 자동 조작

auto(자신 스스로=self)+mation의 결합.

'기계가 자기 스스로 제어하고 조작하는 것=자동화'입니다.

- Manufacturing system was rapidly converted to **automation**.
  생산시스템은 빠르게 자동화로 전환되었다.

autograph [ɔ́:təgræ̀f] n.자필서명 vt.자필로 쓰다

auto(자신 스스로=self)+graph(쓰다=write)의 결합.

'자신이 스스로 쓴 서명=자필 서명'인데 작가나 예능인이 자기 저서나 사진 등에 하는 서명은 autograph, 일반인이 각종 서류에 하는 서명은 signature입니다.

- Could I have your **autograph**, please? 사인하나 해 주시겠어요?

autonomy [ɔ:tánəmi] n.자치(권), 자율(self-regulation, self-control)

auto(자신 스스로=self)+nom(법=law)+y의 결합.

'스스로 합리적인 법과 규정을 만들어서 통치하는 것=자치(自治)'입니다.

- autonomous [ɔ:tánəməs] a.자치의, 자율의
- The Chinese government have given **autonomy** to Hong Kong.
  중국 정부는 홍콩에 자치권을 줬다.

autocracy [ɔ:tákrəsi] n.독재(전제)정치(tyranny, despotism)

auto(자신 스스로=self)+cracy(규정=rule)의 결합.

왕이나 황제가 '자기 마음대로 규정을 만들어서 통치하는 것=독재(전제)정치'입니다.

- autocratic [ɔ̀:təkrǽtik] a.독재의, 독재적인(dictatorial, despotic)
- Democracy and **autocracy** are two forms of government.
  민주정치와 독재정치는 통치의 두 가지 유형이다.

Day 18

접두어 un 접두어 un은 부정(not), 반대(opposite)입니다.
부정과 반대는 같은 개념. 친구가 내 말을 부정한다는 것은 내 말을 반대한다는 것이죠.

unequal [ʌní:kwəl] a.같지 않은, 불공평한(unfair), 불평등한

un(부정=not)+equal(a.같은, 공평한, 평등한)의 결합.
honest(정직한)의 반대말은 unhonest, inhonest, dishonest 중에서 dishonest(부정직한)입니다. unequal(불공평한)을 익히면 equal(공평한)의 뜻을 바로 알 수 있지요. 부정 접두어가 많기 때문에 부정어를 먼저 익히면 두 단어를 쉽게 익힐 수 있습니다.

- unequal size 같지 않은 크기   • an unequal contest 불공평한 경쟁
- an **unequal** distribution of wealth 부의 불공평한 분배

uncommon [ʌnkʌ́mən] a.흔하지 않은, 보통이 아닌, 드문

un(부정=not)+common(a.일반적인, 보통의, 공통의)의 결합.

- Side effects from the drug are **uncommon**.
  그 약으로 인한 부작용은 흔하지 않아(드물어).

unexpected [ʌ̀nikspéktid] a.예상치 않은, 뜻밖의(sudden)

un(부정=not)+expected(a.예상된, 예견된)의 결합.

- an unexpected visit 예상치 않은 방문   • unexpected danger 예상치 않은 위험
- Sometimes **unexpected** accidents happen in our lives.
  가끔 우리 생활에 예상하지 못한 사고가 발생합니다.

uninterested [ʌníntərəstid] a.관심 없는(indifferent), 흥미 없는, 냉담한

un(부정=not)+interested(a.관심 있는, 흥미 있는)의 결합.

- I know that people are **uninterested** in flyers.
  저는 사람들이 전단에 관심 없다는 것을 알고 있습니다.

unintentional [ʌ̀nintén ʃənəl] a.고의가 아닌, 우연한, 무심결의

un(부정=not)+intentional(a.의도적인, 고의의)의 결합.

- intention [inténʃən] n.의도(intent), 목적(purpose)   • unintentionally ad.본의 아니게, 무심결에
- He said his car accident was **unintentional**.
  그는 차 사고가 고의가 아니었다고 말했다.
- **Unintentionally** I hurt other people's feelings because of the way I talk.
  본의 아니게 나는 내가 말하는 방식 때문에 다른 사람들의 감정을 상하게 해.

unnatural [ʌ̀nnǽt ʃərəl] a.부자연스러운, 비정상적인

un(부정=not)+natural(a.자연의, 자연스러운, 타고난)의 결합.

- an unnatural smile 부자연스러운 웃음
- His behavior at the party was **unnatural**. 파티에서 그의 행동은 부자연스러웠다.

unfit [ʌnfít] a.부적당한, 어울리지 않은, 건강하지 않은

un(부정=not)+fit(a.적당한, 어울리는, 건강한)의 결합.

- This water is **unfit** to drink. 이 물은 마시기에 부적합해.
- He is so **unfit** he is unable to do even basic exercises.
  그는 너무 건강하지 못해 기본적인 운동조차 할 수 없어.

unarmed [ʌná:rmd] a.비무장의(disarmed, weaponless)

un(부정=not)+armed(a.무장한)의 결합.

- He walked up to them completely **unarmed**.
  그는 완전히 비무장인 상태로 그들에게 다가갔다.

unattended [ʌ̀nəténdid] a.방치된(시중드는 사람이 없는), 내버려둔

un(부정=not)+attend(vi.시중들다, 주의하다)+ed의 결합.

- Please do not leave your luggage **unattended**.
  당신 짐을 방치된 상태로 두지 마세요.
- Don't leave a burning cigarette **unattended**.
  타고 있는 담배를 내버려두지 마세요.

unbiased [ʌnbáiəst] a.편견 없는, 공정한(impartial, fair, just)

un(부정=not)+bias(n.편견, 선입견)+ed의 결합.

- bias [báiəs] n.편견, 선입관(prejudice)
- The witness of the traffic accident gave a very fair and **unbiased** account.
  그 교통사고의 목격자는 아주 공정하고 편견 없는 진술을 했다.

unconditional [ʌ̀nkəndíʃənəl] a.무조건의, 절대적인(absolute)

un(부정=not)+conditional(a.조건부의)+ed의 결합.

- Their love for the children is perpetual and **unconditional**.
  자녀들에 대한 부모의 사랑은 영원하고 무조건적이다.

unfamiliar [ʌ̀nfəmíljər] a.생소한, 낯선(strange), 익숙하지 않은(unaccustomed)

un(부정=not)+familiar(a.친한, 잘 알고 있는)의 결합.

- What do you do when you come across an **unfamiliar** word?
  너는 익숙하지 않은(생소한, 낯선) 단어를 발견하면 어떻게 해?

unfavorable [ʌ̀nféivərəbəl] a.상황이 나쁜, 불리한(adverse), 비우호적인(unfriendly)

un(부정=not)+favorable(a.유리한, 우호적인)의 결합.

- The circumstances are **unfavorable** for us.
  상황이 우리에게 불리해(비우호적이야).

unoccupied [ʌ̀nάkjəpàid] a.비어있는(vacant, empty)

un(부정=not)+occupi(vt.차지하다, 점거하다=occupy)+ed의 결합.

- The school was thankfully **unoccupied** when the earthquake hit.
  지진이 강타했을 때 감사하게도 학교는 비어있었다.

unofficial [ʌ̀nəfíʃəl] a.비공식적인(informal), 공인되지 않은, 무허가인

un(부정=not)+official(a.공식적인)의 결합.

- According to **unofficial** report, 5 people died.
  비공식 보도에 의하면 5명이 사망했다고 한다.

unseemly [ʌ̀nsíːmli] a.어울리지 않는, 부적당한(improper), 꼴사나운

un(부정=not)+seemly(a.어울리는, 적당한)+ed의 결합.

- His statement was very **unseemly** in that situation.
  그의 발언은 그 상황에 어울리지 않은(부적당한) 것이었다.

unreliable [ʌ̀nriláiəbəl] a.신뢰할 수 없는(incredible), 의지할 수 없는

un(부정=not)+reliable(a.신뢰할 수 있는)+ed의 결합.

- The weather forecast has been **unreliable** these days.
  요즘 일기예보는 신뢰할 수가 없어요.

unsuitable [ʌnsúːtəbəl] a.부적당한(inappropriate, improper)

un(부정=not)+suitable(a.적당한=proper)의 결합.

- Sue was wearing an **unsuitable** dress for a funeral.
  Sue는 장례식에 부적당한 옷을 입고 있었어.

unbeatable [ʌnbíːtəbəl] a.이길 수 없는, 무적의

un(부정=not)+beat(vt.이기다, 치다, 때리다)+able(가능)의 결합.

- He is considered **unbeatable** by a lot of golf experts.
  그는 많은 골프 전문가들에 의해 무적으로 간주된다.

unfold [ʌnfóuld] vt.펴다(open, spread), 펼치다 vi.펼쳐지다, (꽃)벌어지다

un(반대=opposite)+fold(vt.접다, 싸다, 포개다)의 결합.

'접다, 싸다'의 반대 동작은 '펴다, 펼치다'입니다.

- I **unfolded** the newspaper to read the editorial article.
  나는 사설을 읽기 위해 신문을 펼쳤다. vt.
- The plot of the novel **unfolds** in a very natural way.
  그 소설의 줄거리는 아주 자연스럽게 펼쳐진다. vi.

undress [ʌndrés] vt.~의 옷을 벗기다 vi.옷을 벗다

un(반대=opposite)+dress(vt.옷을 입히다)의 결합.

'옷을 입히다'의 반대 동작은 '옷을 벗기다'입니다.

- Do not come in. I'm getting **undressed**. 들어오지 마. 지금 옷을 벗는 중이야.

unveil [ʌnvéil] v.베일을 벗기다, 밝히다, 공개(발표)하다

un(반대=opposite)+veil(vt.베일을 덮다, 숨기다 n.베일, 덮개)의 결합.

'베일을 덮다'의 반대 동작은 '베일을 벗기다', '숨기다'의 반대 동작은 '밝히다'입니다. 베일을 벗기는 것은 동상 제막식, 자동차나 신제품 발표회에서 흔히 볼 수 있지요.

- They will be **unveiling** their new models at the Motor Show.
  그들은 그 모터쇼에서 새 모델들을 공개할 예정이다.

undo [ʌndúː] vt.원상태로 돌리다, (매듭, 단추)풀다

un(반대=opposite)+do(하다=act)의 결합.

do는 행동으로 옮기는 것이고, undo는 그 반대로 행동한 것을 행동하지 않은 원래 상태로 되돌리는 것입니다. 매듭을 묶었다면 원래 상태로 되돌리는 것은 매듭을 푸는 것이죠.

- What is done can't be **undone**. 이미 한 일은 원상태로 되돌릴 수 없어.
- She started to **undo** a little package tied with string.
  그녀는 줄로 묶인 작은 꾸러미 하나를 풀기 시작했다.

unlock [ʌnlák] vt.열다(open), 밝히다(reveal, disclose, unveil)

un(반대=opposite)+lock(n.자물쇠 vt.잠그다)의 결합.

'잠그다'의 반대 동작은 '열다'입니다. 문을 열면 안에 무엇이 들어 있는지 밝혀지기 때문에 '**열다**'에서 '**밝히다**'는 뜻이 파생.

- Could you send someone to **unlock** my car? 차 문을 열어줄 사람을 좀 보내주시겠어요?

unload [ʌnlóud] v.(짐)내리다(discharge, unburden), 팔아치우다

un(반대=opposite)+load(v.짐을 싣다)의 결합.

'짐을 싣다'의 반대 동작은 '짐을 내리다'입니다. 차에 있는 물건을 내린 다음 그 물건을 팔기 때문에 '**내리다**'에서 '**팔아치우다**'는 뜻이 파생. 주로 불법적인 것이나 자기에게 안 좋은 것을 팔아치울 때 사용.

- How long do you think it'll take to **unload** all the boxes?
  상자들을 다 내리려면 얼마나 걸릴 것 같습니까?

접두어 an

접두어 an은 not(부정), off(분리)입니다.
접두어 an은 un(부정=not)의 변형. 접두어 an은 발음의 편리를 위하여 철자 n을 생략하고 a만 남는 경우가 많습니다.

amoral [eimɔ́:rəl] a.비도덕적인, 도덕관념이 없는

a(부정=an=not)+moral(a.도덕의, 윤리의)의 결합.

- moral [mɔ́rəl] a.도덕(윤리)의, 양심적인 • immoral a.부도덕한, 음란한
- Thank you for indicating how **amoral** he is.
  그가 얼마나 비도덕적인지 넌지시 알려줘서 고마워.

aseptic [əséptik] a.무균의, 방부성의 n.방부제

a(부정=an=not)+septic(a.부패시키는)의 결합.

'부패시키는 균이 들어있지 않은=무균의, 방부성의'입니다.

- septic [séptik] a.부패시키는 • an aseptic room 무균실
- She keeps the milk bottles in an **aseptic**. 그녀는 젖병을 무균 상태로 보관한다.

amnesty [ǽmnəsti] n.사면(pardon)

a(부정=an=not)+mnesty(기억=remember)의 결합.

'사람들이 죄를 기억하지 않는 시점에서 죄를 면해 주는 것=사면'입니다. 범죄를 저질렀지만, 시간이 흘러 아무도 그 사람의 범죄를 기억하지 않는 시점이 되면 그 죄를 없애 주는 데 그것이 사면입니다. 대통령이 바뀌거나 광복절에 범죄자들을 사면하는 경우가 많지요.

- Most political prisoners were freed under the terms of the **amnesty**.
  대부분의 정치범은 사면이라는 용어 하에 풀려났다.

abandon [əbǽndən] vt.버리다, 포기하다(forsake, desert, surrender)

a(부정=an=not)+band(n.무리, 끈, 밴드)+on의 결합.

'**함께 살아갈 무리나 삶을 이어갈 끈이 없다=포기하다**'입니다. 황량한 들판에 혼자 내버려져 함께 살아갈 무리가 없으면 삶을 포기하게 되고, 삶을 이어나갈 끈이 없어도 삶을 포기하게 되지요. a<u>n</u>bandon[언밴든]은 발음이 불편하기 때문에 철자 n을 탈락. give up이 abandon보다 더 구어적입니다.

- abandonment [əbǽndənmənt] n.포기(renouncement), 버림
- This is an emergency. **Abandon** ship!
  이것은 비상사태다. 배를 버려라!
- A family tragedy forced her to **abandon** her studies.
  집안에 닥친 불행이 그녀가 학업을 포기하도록 만들었다.

anecdote [ǽnikdòut] n.일화(episode, tale, story), 에피소드

an(부정=not)+ec(밖으로=ex=out)+do(하다)+te의 결합.

'**세상 밖으로 나가지 않은 개인적인 이야기=일화**'입니다. 일화(逸話)는 바깥 세상에 널리 알려지지 아니한 흥미 있는 개인적인 이야기입니다.

- Even though there are many successful diet **anecdotes**, losing weight isn't easy.
  성공적인 다이어트 일화는 많지만, 살을 빼는 것은 쉽지 않습니다.

Day 19

접두어 anti 접두어 anti는 opposite(반대), against(대항)입니다.
특정 연예인, 유명인사 등에 열렬히 **반대**하는 사람을 안티 팬(anti-fan)이라고 합니다. before(이전)를 의미하는 접두어 ante와 혼동하지 마세요.

antarctic [æntá:rktik] a.남극의 n.남극(the~)

ant(반대=opposite)+arctic(a.북극의)의 결합.

'**북극의 반대편=남극**'입니다. ant*i*arctic[앤티탁틱]은 발음이 불편하기 때문에 철자 i를 생략.

- Both the Arctic and the **Antarctic** are cold.
  북극과 남극은 모두 추워.

antipollution [æntipəlú:ʃən] n.공해방지, 오염방지

anti(반대, 대항=opposite)+pollution(n.오염)의 결합.

오염되지 않도록 '**오염에 반대하고, 오염에 대항하는 것=공해방지, 오염방지**'입니다.

- The government's **antipollution** measures were much too late.
  정부의 공해방지 대책은 너무 늦었어.

antibacterial [æntibæktíəriəl] a.항균(성)의

anti(반대, 대항=opposite)+bacterial(a.세균의)의 결합.

'**세균에 대항하는=항균의**'입니다. 세균의 성장에 대항하는 것이니까 '항균의'입니다.

- The soap has **antibacterial** function.
  그 비누는 항균 기능을 갖고 있어.

antibiotic [æntibaiátik] n.항생제 a.항생 물질의

anti(반대, 대항=opposite)+biotic(a.생물의)의 결합.

'**몸속의 나쁜 미생물에 대항하는 약=항생제**'입니다.

- The widespread use of **antibiotics** began in the 1940s.
  광범위한 항생제 사용은 1940년대에 시작되었다.

antibody [ǽntibὰdi] n.항체

anti(반대, 대항=opposite)+body(n.몸, 신체)의 결합.

'**몸속에 있는 병원균에 대항하는 것=항체**'입니다. 몸속에 있는 병원균에 대항하기 위해 혈청 속에 있는 것이 항체입니다.

- Lots of **antibodies** in the body fade away with time.
  몸속에 있는 많은 항체는 시간과 함께 사라진다.

antisocial [ӕntisóuʃəl] a.반사회적인, 비사교적인

anti(반대, 대항=opposite)+social(a.사회적인, 사교적인)의 결합.

'사회적인'의 반대는 '반사회적인'이고, '사교적인'의 반대는 '비사교적인'입니다.

- They'll think you're **antisocial** if you don't go.
  네가 안 가면 그들이 너를 비사교적이라고 생각할 거야.

antifreeze [ǽntifrìːz] n.부동액

anti(반대, 대항=opposite)+freeze(v.얼다)의 결합.

겨울철에 '**엔진이 얼어붙는 것에 대항하기 위해 넣는 액체=부동액(不凍液)**'입니다.

- Did you put **antifreeze** in the car? Check it out.
  차에 부동액 넣었나요? 확인해 보세요.

antagonist [æntǽgənist] n.적수(enemy), 반대자(opponent)

ant(반대, 대항=opposite)+ag(do=하다)+on+ist(사람)의 결합.

'**반대편에 서서 대항하는 사람=적수, 반대자**'입니다. 어근 ag는 어근 편에서 학습.

- antagonize [æntǽgənàiz] vt.~을 적으로 돌리다, ~의 반감을 사다
- He is facing his **antagonist** on the bridge. 그는 다리 위에서 자신의 적수와 대치하고 있다.

antirust [ӕntirʌ́st] a.녹을 방지하는 n.녹 방지제

anti(반대, 대항=opposite)+rust(n.녹 v.녹슬다)의 결합.

'**녹슬지 않도록 녹스는 것에 대항하는 것=녹 방지제**'입니다. 녹슨 못에 찔리면 파상풍에 걸려 die할 수 있습니다.

- Do you have **antirust** paint? 녹 방지 페인트 있나요?

anticlimax [ӕntikláimæks] n.실망스런 결말, 용두사미

anti(반대, 대항=opposite)+climax(n.최고조, 절정)의 결합.

'**클라이맥스 부분이 반대로 가는 결말=실망스런 결말, 용두사미**'입니다. 책이나 영화 등에서 시작은 거창했는데 클라이맥스(climax)가 없이 끝나면 실망스런 결말, 용두사미가 됩니다.

- The plan started strongly but ended in an **anticlimax**.
  그 계획은 힘차게 시작했지만, 용두사미로 끝났다.

antidote [ǽntidòut] n.해독제, 해결책

anti(반대, 대항=opposite)+do(하다=act)+te의 결합.

'몸에 퍼진 독소에 반대로 대항하는 약=해독제(remedy), 해결책(solution)'입니다.

- There is no known **antidote** to the poison up to now.
  오늘날까지 그 독약에 알려진 해독제는 없다.
- There is no the perfect **antidote** to solve the unemployment issue.
  실업문제 해결을 위한 완벽한 해결책은 없어.

antiseptic [æntəséptik] n.방부제, 살균제, 소독약 a.방부의, 살균된, 무균의

anti(반대, 대항=opposite)+septic(a.부패시키는)의 결합.

'부패시키는 것을 방지하는 것=방부제(preservative), 살균제'입니다.

- This product contains no **antiseptic**.
  이 제품에는 방부제가 전혀 들어 있지 않습니다.

접두어 contra

접두어 contra는 opposite(반대)입니다. 유사철자 counter는 contra의 변형.

contradict [kàntrədíkt] vt.부정(부인)하다, 반박하다, ~와 모순(상반)되다

contra(반대=opposite)+dict(말하다=say)의 결합.

상대편의 말을 듣고 '반대말을 하다=부정하다(deny), 반박하다(refute, confute)'입니다. 상대편의 말이 맞지 않는다고 반대말을 하는 것은 상대편의 말을 부정, 부인, 반박, 반대하는 것이지요. 어근 dict는 어근편에서 학습.

- I hate to **contradict** you, but I don't think so.
  너의 말에 반박하고 싶지 않은데 나는 그렇게 생각하지 않아.
- It is obvious that science **contradicts** the Bible.
  과학이 성경과 모순된다는 것은 분명해.

contrary [kántreri] a.반대의(opposite) ad.반대로 n.반대, 정반대(opposition)

contra(반대=opposite)+ry의 결합.

on the contrary는 콤마를 찍어 독립구로 사용하고, to the contrary는 주로 '어구+to the contrary' 구조로 사용.

- **On the contrary**, personal donations are increasing.
  반대로, 개인 기부는 증가하고 있습니다.
- Show me some evidence **to the contrary.**
  나에게 그 반대의 어떤 증거를 보여주세요.

contrast [kántræst] n.대조, 대비, 차이 vt.대조(대비)하다, 비교하다(compare)

contra(반대=opposite)+st(세우다, 서 있다=stand)의 결합.

서로 마주 보게 '반대편에 세웠을 때 명확하게 비교되는 상태=대조, 대비'입니다.

- His personality is in **contrast** with his brother's. 그의 성격은 그의 형과 대조(대비)된다.

contraband [kántrəbænd] n.밀수(품) a.금지된(banned, forbidden, prohibited)

contra(반대=opposite)+ban(vt.금지하다=forbid, prohibit)+d의 결합.

'국가에서 반대하고 금지하는 물건을 수입하는 것=밀수(smuggling)'입니다. 밀수는 국가에서 금지하는 것이기 때문에 '밀수'에서 '금지된'이란 뜻이 파생.

- The police seized the **contraband**. 경찰은 밀수품을 몰수했다.
- As we opened the container, **contraband** goods poured out.
  우리가 컨테이너를 열었을 때, 금지된 상품이 쏟아져 나왔다.

counter [káuntər] v.반대하다 a.반대의 ad.반대로 n.반대의 것, 받아치기, 계산대

counter는 contra(반대=opposite)의 변형.

권투에서 상대 선수가 자기를 향하여 팔을 뻗으며 공격하는 순간 **반대로** 되받아치는 기술을 **카운터**펀치(counter punch)라고 합니다. counter(카운터=계산대)는 count(계산하다)+er의 결합.

- She seemed to **counter** all of my plans. 그녀는 나의 모든 계획에 반대하는 것처럼 보였어. vt.
- His opinion always moves **counter** to mine. 그의 의견은 항상 나의 것과 반대로 움직여. ad.

counterpart [káuntərpà:rt] n.상대방, 측, 당사자

counter(반대=opposite)+part(n.부분, 직분=position)의 결합.

자신과 동등한 지위를 갖고 '반대편에 앉아 있는 사람=상대방'입니다.

- The Foreign Minister held talks with his Chinese **counterpart**.
  외무부 장관은 중국 상대방(외무부 장관)과 회담을 가졌다.
- In school, women in general exceed their male **counterparts** in intelligence.
  학창 시절에, 일반적으로 여성들은 지적인 면에서 남자 쪽보다 뛰어나.

counteract [kàuntərækt] vt.대응(대항)하다, (약)중화시키다

counter(반대=opposite)+act(v.행동하다=do)의 결합.

상대편의 움직임에 '반대 방향으로 행동하다=대응하다(face, confront)'입니다.

- **counteraction** n.반대 작용, (약)중화작용
- Volunteering is a remarkable way to **counteract** loneliness.
  자원봉사활동은 외로움에 대응하는 놀라운 방법입니다.
- The doctor **counteracted** the poison by giving the patient medicine.
  의사는 환자에게 약을 줘서 독을 중화시켰다.

counterattack [káuntərətæk] n.반격, 역습 v.반격(역습)하다

counter(반대=opposite)+attack(v.공격하다)의 결합.

공격을 받은 후 '반대편을 향하여 공격하는 것=반격, 역습'입니다.

- This attack will provoke **counterattacks** from the South.
  이러한 북한의 공격은 남한의 반격을 유발할 것입니다.

---

countermand [kàuntərmænd] vt.취소하다, 철회하다

counter(반대=opposite)+mand(명령하다=command)의 결합.

'명령한 것을 반대로 명령하다=취소하다(cancel, retract, repeal, withdraw)'입니다.

- **command** vt.내려다 보다, 명령하다 n.조망(view, prospect), 명령(order)
- The government **countermanded** the promise to give subsidies.
  정부는 보조금을 주겠다는 약속을 철회(취소)했다.
- We petitioned the government to **countermand** the bill.
  우리는 그 법안을 철회해 달라고 정부에 진정했다.

접두어 per

접두어 per는 perfectly(완전히, 끝까지)입니다.
야구에 퍼펙트게임(perfect game)이 있는데, 투수가 처음부터 **끝까지** 단 한 명의 주자도 내보내지 않고 승리하는 완벽한 게임을 말합니다.

perfume [pərfjúːm] n.향기, 향수

per(완전히, 끝까지=perfectly)+fume(증기)의 결합.

'완전하고 완벽한 냄새를 가진 증기=향기(fragrance), 향수(scent)'입니다.

- Why does woman want man to buy her **perfume**?
  왜 여자는 남자가 향수 사주기를 원할까요?

---

persevere [pə̀ːrsəvíər] v.참다(endure, tolerate, bear, stand), 견디다

per(완전히, 끝까지=perfectly)+sever(vt.자르다=cut)+e의 결합.

'신체 일부가 완전히 잘려나가다=참다'입니다. 전쟁터에서 팔이나 다리 등 신체 일부가 완전히 잘려나간 병사는 의무병이 올 때까지 참고 견디어야 합니다.

- **perseverance** [pə̀ːrsəvíərəns] n.인내(endurance, patience), 버팀, 참을성
- He **persevered** for 3 years, waiting for a chance of revenge.
  그는 복수의 기회를 기다리며 3년 동안 참았다.
- She showed great **perseverance** in the face of difficulty.
  그녀는 어려움에 직면하여 대단한 인내심을 보여 주었다.

perish [périʃ] vi. 죽다, 멸망하다, 사라지다

per(완전히, 끝까지=perfectly)+ish(가다=go)의 결합.

'이 세상에서 완전히 떠나가다=죽다(die), 사라지다(disappear)'입니다.

- In competitive society, the strong survive and the weak **perish**.
  경쟁 사회에서 강자는 살아남고 약자는 죽어.

persuade [pəːrswéid] vt. ~하도록 설득하다

per(완전히, 끝까지=perfectly)+suade(달콤한=sweet)의 결합.

마음이 달라지도록 '**끝까지 달콤한 제안을 하다**=설득하다(prevail)'입니다. 경주에 방사능 폐기물 처리장을 건설하기 위해 정부가 경주를 **설득**할 수 있었던 것은 경주 발전을 위한 막대한 투자라는 **달콤한 제안**이 있었기 때문에 가능했습니다.

- persuasion [pərswéiʒən] n. 설득, 설득력
- persuasive [pərswéisiv] a. 설득력 있는, 설득을 잘하는
- dissuade [diswéid] vt. 단념시키다 (dis=반대)
- dissuasion [diswéiʒən] n. 단념시킴, 말림
- It is no use trying to **persuade** him.
  그를 설득하려고 노력하는 것은 아무 소용없어.
- He has a very **persuasive** way of talking.
  그는 매우 설득력 있는 대화술을 갖고 있어.

perjury [pə́ːrdʒəri] n. 위증, 위증죄

per(완전히, 끝까지=perfect)+jury(n.배심원)로 결합.

'배심원 앞에서 끝까지 허위 증언을 하는 것=위증(false testimony)'입니다.

- perjure [pə́ːrdʒər] vt. 위증하다 (perjure oneself로 사용)
- The man was given a two-year sentence for **perjury**.
  그 남자는 위증죄로 2년형을 받았다.

Day 20

> **접두어 con**
>
> 접두어 con은 with(함께), 강조(completely)입니다.
> with(함께)는 둘 이상으로, 많다는 어감을 갖습니다. 강조(completely)는 '매우, 완전히, 확실히'등의 의미를 갖고, 어근의 뜻이 분명할 때 강조의 접두사는 그 의미를 부여하지 않아도 됩니다. con은 뒤에 오는 자음에 따라 발음의 편리를 위하여 con이 col, com, cor로 변형되고, 모음 앞에서 n이 탈락되어 co로 변형됩니다.

connect [kənékt] vt.연결하다, 접속하다

con(함께=with)+nect(그물, 거미줄=net)의 결합.

'다 함께 이어 그물처럼 만들다=**연결하다**(join, couple, link)'입니다. 공무원과 건축업자의 커넥션, 경찰과 조폭과의 커넥션 등 **커넥션(connection)**은 신문기사에 자주 등장합니다.

- connection [kənékʃən] n.연결(coupling, linking), 관계(relation)
- Could you **connect** me to room 201? 201호실로 연결해 주시겠어요?

contempt [kəntémpt] n.경멸(scorn, slight), 멸시, (법)모욕죄

con(함께=with)+tempt(vt.유혹하다=allure, entice)의 결합.

'제비나 꽃뱀처럼 유혹하는 사람이 받는 것=**경멸**'입니다. 제비나 꽃뱀처럼 사람을 유혹하는 사람은 경멸의 대상이 되지요. 지나치게 경멸하는 표현을 하면 모욕죄로 처벌받기 때문에 '**경멸**'에서 '**모욕죄**'라는 뜻이 파생.

- She had a **contempt** for fat people. 그녀는 뚱뚱한 사람을 경멸했다.
- He was arrested for **contempt** of court. 그는 법정 모독죄로 구속되었다.

context [kántekst] n.문맥(맥락), 상황(situation)

con(함께=with)+tex(짜다=weave)+t의 결합.

'천을 짜기 위해 실을 연결하듯 글의 앞뒤를 연결해 보는 것=**문맥**'입니다. 문맥(맥락)은 글의 앞뒤를 연결해 보는 것으로, 천을 짤 때 앞뒤의 실이 잘 연결되었는지 보는 것과 같습니다. 천을 짰는데 그 천에 문제가 발생하면 그렇게 된 **상황**을 파악하게 되지요.

- textile [tékstail] n.직물, 옷감(stuff, cloth), 섬유
- In that **context**, one year is not a long time. 그런 맥락에서, 1년은 긴 시간이 아니야.
- We make a lot of mistakes in a lot of different **contexts**.
  우리는 다양한 상황 속에서 많은 실수를 합니다.

constrain [kənstréin] vt.강요하다, 억제하다(repress, restrain, suppress)

con(함께=with)+strain(vt.잡아당기다=pull, draw)의 결합.

'다 함께 소매를 잡아당기다=강요하다(force, compel)'입니다. 요즘은 개인기 시대죠. 여러 사람이 누군가의 소매를 잡아당겨 무대로 올리면 개인기를 보여 달라고 강요하는 것입니다. 하지 말라고 강요하는 것은 억제하는 것이기 때문에 '강요하다'에서 '억제하다'는 뜻이 파생.

- strain vt.잡아당기다 n.긴장, 피로 • constraint [kənstréint] n.강요, 강제
- He was **constrained** to agree. 그는 찬성을 강요당했다.
- The country's progress is being **constrained** by the incompetent leader.
  그 나라의 성장은 무능한 지도자에 의해 (성장이) 억제되고 있습니다.

concrete [kɔ́ŋkriːt] n.콘크리트, 응고물 a.구체적인(실재하는) vt.구체화하다

con(함께=with)+crete(점차 자라다=grow up)의 결합.

'골재, 물, 시멘트가 함께 섞여 점차 자라서 생성된 응고물=콘크리트'입니다. 콘크리트로 만든 건물은 구체적으로 눈에 보이기 때문에 '콘크리트'에서 '구체적인'이란 뜻이 파생. 반대어 abstract[ǽbstrækt]는 '추상적인, 이론적인'입니다.

- a concrete bridge 콘크리트 다리 • concrete questions 구체적인 질문
- Do you know **concrete** ways of enhancing creativity?
  당신은 창의력을 향상시키는 구체적인 방법을 알고 있나요?

confront [kənfrʌ́nt] vt.직면하다(마주하다), 맞서다(대항하다)

com(함께=with)+front(n.앞, 정면, 얼굴)의 결합.

'서로 얼굴을 마주 보고 서다=직면하다(face), 맞서다(face)'입니다. 서로 얼굴을 마주 보고 서는 것은 직면(直面)이고, 적과 직면하여 마주 보고 서는 것은 맞서고 대항하는 것이죠.

- confrontation [kɑ̀nfrəntéiʃən] n.직면, 대면, 대치
- We are often **confronted** with difficulties in our daily lives.
  우리는 일상생활에서 종종 어려움에 직면하게 됩니다.
- I dared not **confront** my wife when mom was not around.
  나는 엄마가 옆에 없으면 감히 아내와 맞설 수 없었다.

congratulate [kəngrǽtʃəlèit] vt.~에게 축하하다(celebrate)

com(함께=with)+gratu(기뻐하는=glad)+late(옮기다=carry)의 결합.

'다 함께 누군가에게 기쁜 마음을 전하다=축하하다'입니다. 아이가 시험에 합격하거나 상을 받으면 가족들은 다 함께 기쁜 마음을 전달하는데 그것이 축하하는 것이죠. 축하할 때는 꽃다발이나 용돈 등을 상대편에게 접촉(on) 시켜 주기 때문에 congratulate A on B 구조로 사용. 어근 late(옮기다=carry)는 어근 편에서 학습.

- congratulation [kəngrǽtʃəléiʃən] n.축하(celebration), 축하인사
- We **congratulated** him **on** his success.
  우리는 그의 성공을 축하했다.

condemn [kəndém] vt. 비난하다, 선고하다, 운명지우다

con(함께=with)+demn(비난하다=damn)의 결합.

'**다 함께 비난하다=비난하다**(criticize, blame, denounce)'입니다. 누구에게 잘못이 있으면 비난하게 되고, 잘못의 정도가 지나쳐 고소하면 판사가 형을 선고하고, 판사의 유죄 판결은 그 사람을 운명지우게 되지요. 그래서 '**비난하다**'에서 '**선고하다, 운명지우다**'는 뜻이 파생.

- damn [dæm] n. 비난, 저주 vt. 비난하다, 저주하다(curse)
- I don't **condemn** the person, I condemn the action.
  나는 그 사람을 비난하는 게 아니라, 그 행동을 비난합니다.
- The criminal was **condemned** to a sentence of life in prison.
  그 범죄자는 종신형을 선고받았다.

compile [kəmpáil] vt. (자료)수집하다, 편집(수정)하다, 출간하다

com(함께=with)+pile(쌓아올린 것, 더미)의 결합.

'**자료를 모아 함께 쌓아 올리다=수집하다**(collect, accumulate)'입니다. 필요한 자료를 모아 함께 쌓아 올리는 것은 자료를 수집하는 것이고, 자료를 수집한 다음에 자료를 편집하고 책으로 출간하기 때문에 '**수집하다**'에서 '**편집하다, 출간하다**'는 뜻이 파생.

- pile [pail] n. 쌓아올린 것, 더미   • a pile of books 책 더미
- We have **compiled** materials from various sources.
  우리는 여러 출처에서 자료를 수집했습니다.
- The English Grammar Shock took 15 years to **compile**.
  영문법쇼크는 출간하는 데 15년이 걸렸습니다.

complain [kəmpléin] v. 불평하다, 하소연하다, 호소하다

com(함께=with)+pla(역병, 전염병=plague)+in의 결합.

함께 사는 가족이나 주변 사람들에게 역병에 걸렸을지 모른다고 불평(하소연)하는 것에서 유래. 우리는 배달받거나 구입한 제품에 **불만**사항이 있을 때 **컴플레인**(complain)하지요.

- plague [pleig] n. 역병, 전염병   • complaint [kəmpléint] n. 불평, 고충, 병
- You always **complain** that you look like an old man.
  넌 항상 자신이 늙은 사람 같아 보인다고 불평해.

comprise [kəmpráiz] vt. ~로 구성되어 있다, 구성하다, 포함하다(contain)

com(함께=with)+prise(n. 상, 상품=award)의 결합.

'**상을 타기 위해 함께 서 있다=구성하다**'입니다. 상을 타기 위해 선수들이 운동장에 함께 서 있으면 팀을 구성한 것입니다. 여러 명의 선수를 포함해야 팀을 구성할 수 있기 때문에 '**구성하다**'에서 '**포함하다**'는 의미가 파생.

- consist of, be composed of, be made up of, be comprised of ~로 구성되어 있다
- The team **is comprised of** female players under the age of 17.
  그 팀은 17세 이하의 여자 선수들로 구성되어 있습니다.

compromise [kάmprəmàiz] n.타협(안), 화해, 절충 v.타협하다, (명성)훼손하다

com(함께=with)+promise(vt.약속하다)의 결합.

'**함께 어떻게 하자고 약속하다=타협(화해, 절충)하다**'입니다. 분쟁이 발생했을 함께 모여 앞으로 어떻게 하자고 약속하는 것은 타협하고 절충하는 것이죠. 타협하지 않아야 할 때 타협하면 명성을 더럽히는 것이기 때문에 '**타협하다**에서 명성을 '**훼손하다**'는 뜻이 파생.

- Korea will no longer **compromise** with pirates and hijackers.
  한국은 더 이상 해적이나 납치범과 타협하지 않을 것입니다.
- Big reputations are often **compromised** by small errors.
  큰 명성은 종종 작은 실수에 의해 훼손됩니다.

commerce [kάmərs] n.상업, 무역, 거래

com(함께=with)+merc(상인=merchant)+e의 결합.

'**상인이 함께 모여 하는 것=상업, 무역, 거래**'입니다. 소셜커머스(Social commerce)는 소셜 네트워크 서비스인 SNS를 통하여 이루어지는 전자**상거래**를 말합니다. naver.com에서 com은 commercial의 줄임말.

- merchant[mə́:rtʃənt] n.상인, 무역상   • commercial[kəmə́:rʃəl] a.상업의, 영리적인
- **Commerce** between the U.S. and Korea is flowing smoothly.
  미국과 한국간의 무역(거래)은 원활히 이루어지고 있습니다.

communism [kάmjənìzəm] n.공산주의(운동, 정치 체제)

com(함께=with)+mun(의무=duty)+ism(주의)의 결합.

'**함께 생산하고 함께 분배하는 것이 의무인 주의=공산주의**'입니다.

- In 1989, we saw the death of **communism** in East Germany.
  1989년에 우리는 동독에서 공산주의가 사망하는 것을 보았습니다.

coworker [kóuwə̀:rkər] n.동료, 함께 일하는 사람

co(함께=com=with)+worker(n.일하는 사람)의 결합.

'**직장에서 자기와 함께 일하는 사람=동료**(colleague, associate, companion)'입니다.

- Sharing a keyboard with **coworkers** could carry diseases.
  동료들과 키보드를 함께 사용하는 것은 질병을 옮길 수도 있어.

coerce [kouə́:rs] vt.강요하다, 억압하다

co(함께=com=with)+erce(강요하다=force)의 결합.

'**다 함께 무엇을 하라고 강요하다=강요하다**(force, compel)'입니다.

- We didn't **coerce** him to do the work.
  우리는 그에게 그 일을 하라고 강요하지 않았어요.
- We were **coerced** into signing the contract.
  우리는 그 계약서에 서명하도록 강요당했습니다.

접두어 **145**

cooperate [kouápərèit] vi.협력하다, 협동하다, 제휴하다

co(함께=com=with)+operate(vi.일하다, 작동하다)의 결합.

혼자 일하지 않고 '**함께 일하다=협력하다**(collaborate, team up)'입니다. 혼자 일하지 않고 함께 일하는 것은 협력하고 협동하는 것이죠. 기업과 기업의 협력은 제휴. co다음에 -를 넣어 co-operate로 사용하기도 합니다.

- operate [ápərèit] vi.작용하다(act), 작동하다(work), 수술하다, 일하다
- cooperation [kouàpəréiʃn] n.협력(collaboration, partnership), 협동, 제휴
- The two groups agreed to **cooperate** with each other.
  그 두 그룹은 서로서로 협력(제휴)하기로 합의했다.

collaborate [kəlǽbərèit] vi.공동으로 일하다(합작하다, 협력하다, 제휴하다)

col(함께=com=with)+labor(n.노동, 일)+ate의 결합.

혼자 일하지 않고 '**함께 일하다=협력하다**(cooperate, team up)'입니다. 함께 일하는 것은 공동 작업, 합작, 협력, 제휴입니다. 기업과 기업이 함께 일하는 것을 합작, 제휴라고 합니다. **공동 작업**을 흔히 **콜라보**라고 하는데 collaboration의 줄임말.

- collaboration [kəlæbəréiʃən] n.협동, 협조, 협력
- We have **collaborated** on many projects over the years.
  우리는 여러 해 동안 많은 프로젝트에서 협력해 왔습니다.

collapse [kəlǽps] n.붕괴, 와해 vt.붕괴시키다 vi.붕괴되다

col(함께=com=with)+lapse(n.실수=error)의 결합.

'**다함께 실수하면 발생하는 것=붕괴, 와해**'입니다. 건물을 짓는데 너도나도 다함께 실수하면 건물이 붕괴되고 와해되지요.

- What caused the bridge to **collapse** may never be known.
  다리가 붕괴된 원인은 절대 밝혀지지 않을 것이다.

collide [kəláid] vi.충돌하다 vt.충돌시키다

col(함께=com)+lide(미끄러지다=slide)의 결합.

'**함께 같은 방향으로 미끄러지다=충돌하다**'입니다. 빙판길이나 언덕에서 여러 사람이 함께 같은 방향으로 미끄러지면 충돌하게 되지요. lide 앞에 s를 붙이면 slide가 됩니다.

- collision [kəlíʒən] n.충돌, (의견 따위의)불일치
- It appears that the two helicopters **collided** in midair.
  두 대의 헬리콥터가 공중에서 충돌했던 것으로 보인다.

correlate [kɔ́:rəlèit] vt.관련시키다 vi.관련(연관)이 있다

cor(함께=com=with)+relate(vt.관련시키다 vi.관계가 있다)의 결합.

relate와 접두어 cor가 붙은 correlate는 동의어. 관련은 두 사람 이상이 함께 연결되는 것이기 때문에 cor(함께=com)가 붙은 것입니다.

- Smoking and lung cancer are closely **correlated**.
  흡연과 폐암은 밀접한 관련이 있습니다.

correspond [kɔ̀:rəspánd] vi.일치하다(consist, agree), 서신을 주고받다(communicate)

cor(함께=com=with)+respond(vi.대답하다=answer)의 결합.

'질문에 서로 똑같이 대답하다=일치하다'이고, '서로서로 받은 편지에 응답하다=서신을 주고받다'입니다. 독도가 누구 땅이냐고 물었을 때 '한국 땅!'이라고 함께 대답하면 대답이 일치하는 것이죠. 내가 보낸 편지에 상대가 응답하면 서로 서신(소식)을 주고받는 것입니다.

- correspondence[kɔ̀:rəspándəs] n.일치, 서신 왕래(통신, 교신)
- correspond to ~에 일치하다   • correspond with ~와 교신(서신 왕래)하다
- His words and actions do not **correspond**.
  그의 말과 행동은 일치하지 않아.
- He earnestly wishes to **correspond** with her.
  그는 그녀와 소식 주고받기를 간절히 바라고 있다.

comprehend [kàmprihénd] vt.이해하다, 파악하다, 포함하다

com(강조=completely)+prehend(잡다=catch, take)의 결합.

말과 글의 '핵심을 완전히 잡다=이해하다(underhand, apprehend)'입니다. 말과 글의 핵심을 완전히 잡으면 이해한 것이죠. 어근 prehend는 pre(앞=before)+hend(손=hand)의 결합으로 앞으로 손을 내밀어 catch 하는 것입니다.

- comprehensive[kàmprihénsiv] a.이해가 빠른, 포괄적인(모두 잡은)
- comprehension[kàmprihénʃn] n.이해, 이해력
- You did not **comprehend** the significance of his remark.
  당신은 그의 말의 중요성을 이해하지 못했습니다.

conceal [kənsí:l] vt.숨기다, 감추다, 은폐하다

con(강조=completely)+ceal(덮다, 숨기다=cover)의 결합.

아무도 볼 수 없도록 '완전히 덮다=숨기다(hide, veil, cover)'입니다. 다른 사람이 볼 수 없도록 완전히 덮는 것은 숨기고, 감추는 것입니다. 어근 ceal은 cell(세포, 전지, 독방)에서 파생된 단어로 독방에 넣어 버리면 숨길 수 있지요.

- She **concealed** the fact she was sexually harassed due to shame.
  그녀는 수치심 때문에 성추행을 당했다는 사실을 숨겼다.

contemplate [kántəmplèit] vt.숙고하다(깊이 생각하다)

con(강조=completely)+temp(침착, 평정=temper)+late의 결합.

'**평정심을 갖고 침착하게 생각하다=숙고하다(consider, deliberate)**'입니다.

- temper [témpər] n.기질, 성질, 침착(calmness), 평정
- contemplation [kàntəmpléiʃn] n.숙고(consideration, deliberation), 명상(meditation)
- I'm **contemplating** retirement in two years.
  나는 2년 후에 은퇴할 것을 숙고하고 있어.
- His life gives us an opportunity to **contemplate** on the meaning of success.
  그의 인생은 우리에게 성공의 의미에 관해 깊이 생각해 보는 기회를 제공한다.

coordinate [kouɔ́:rdənit, -neit] vt.조(직)화시키다, 조정하다 a.동등한(equal)

co(강조=com=completely)+ordin(순서, 질서=order)+ate의 결합.

'**질서나 순서가 확실하게 잡히게 하다=조화시키다(harmonize), 조정하다**'입니다. 의상, 화장, 구두 등을 전체적으로 조화시켜 완전하게 꾸미는 일을 전문적으로 하는 사람을 **코디네이터(coordinator)**라고 합니다. 흔히 코디라고 줄여서 표현.

- **Coordinated** international action is about to take place against North Korea.
  북한에 대한 조직화된 국제적 조치가 막 취해지려 하고 있다.
- Let me contact him and **coordinate** our schedules.
  내가 그에게 연락해서 우리 일정을 조정할게요.

접두어 syn

접두어 syn은 with(함께), same(같은)입니다.
유사철자 sym은 syn의 변형. 발음의 편리를 위해 syn이 sym으로 변형되는데 이것은 접두어 in이 im으로 바뀌는 것과 같습니다. **함께**(with) 한다는 것은 **같은**(same) 마음이라는 것이기 때문에 '함께'에서 '같은'이란 뜻이 파생.

syndrome [síndroum] n.증후군, 신드롬, 일련의 증상

syn(함께=with)+drome(달리는=run)의 결합.

'**사람들이 일정한 방식으로 다 함께 달려가는 증상=증후군**'입니다. 어떤 감정이나 행동이 일어나는 일련의 징후, 일정한 행동 양식을 **신드롬(syndrome)**이라고 합니다. 어근 drome에서 굴러가는 드럼(drum)통을 떠올려 보세요.

- a diet syndrome 다이어트 증후군 • Down Syndrome 다운 증후군
- You don't have chronic fatigue **syndrome**.
  당신은 만성 피로 증후군이 아닙니다.
- The world had been experiencing Harry Potter **syndrome**.
  전 세계는 해리포터 신드롬을 경험했었다.

synthetic [sinθétik] a.종합의, 합성의, 인조의 n.합성물(compound)

syn(함께=with)+thet(놓다=put, lay)+ic의 결합.

'여러 재료를 모아 함께 섞어서 만든 물질=**합성물**'입니다. 동의어 compound(합성물)는 com(함께=with)+pound(놓다=put)의 결합으로 synthetic과 어원 결합이 같습니다. **신시사이저(synthesizer)**는 전자적으로 온갖 음을 자유로이 **합성**할 수 있도록 고안한 악기입니다. 우리식 발음으로 신디사이저라고 하지요.

- synthesis [sínθəsis] n.종합, 통합(integration, unification), 합성(composition), 인조
- synthesize [sínθəsàiz] v.종합하다(unite), 합성하다(compose, compound)
- **Synthetic** materials have wide use in modern dress.
  합성 섬유는 현대 의복에 널리 사용되고 있다.

synergy [sínərdʒi] n.동반상승효과, 시너지, 상승작용

syn(함께=with)+ergy(힘=energy)의 결합.

'둘 이상이 함께 결합하여 더 큰 에너지를 발휘하는 것=**동반상승효과**'입니다. 기업 경영에서 가장 중요시하는 것 중 하나가 **시너지 효과(synergy effect)**입니다. 수학에서 1+1=2이지만, 경영에서는 1+1이 3, 5, 10의 **상승효과**를 거두어야 한다는 것입니다. 기업 인수 합병(M&A)의 가장 큰 목적은 시너지효과 때문. 일상생활에서도 흔히 사용하고 매우 중요한 단어입니다.

- I am sure that this merger will produce **synergy** which will maximize profits.
  저는 이 합병이 이익을 극대화하는 시너지를 만들어낼 것이라고 확신합니다.

synopsis [sinápsis] n.요약(summary), 줄거리, 개요(outline)

syn(함께=with)+opsis(보다=see, look)의 결합.

'전체를 함께 한 번에 볼 수 있도록 정리한 것=**요약, 줄거리, 개요**'입니다. 책, 영화, 드라마의 전체 내용을 한눈에 볼 수 있도록 **요약**한 것을 **시놉시스(synopsis)**라고 하는데, 방송 관련 학과나 직종에서 흔히 사용하는 용어입니다.

- optical [áptikəl] a.눈의, 시각의, 시력의
- They have released an official **synopsis** of the film.
  그들은 그 영화의 공식적인 줄거리를 발표했다.

symptom [símptəm] n.징후(sign, indication), 조짐, 증상

sym(함께=with)+ptom(떨어지다=fall)의 결합.

'어떤 일이 일어나기 전에 함께 떨어지는 것=**징후, 증상**'입니다. 재채기가 나고, 콧물이 나오며, 목이 붓기 시작하면 감기가 올 징후(증상)입니다. sy<u>n</u>ptom[신텀]과 sy<u>m</u>ptom[심텀]의 발음을 직접 비교해보면 sy<u>n</u>이 sy<u>m</u>으로 바뀐 이유를 바로 알 수 있지요.

- The **symptoms** of food poisoning include stomachache, vomiting, and diarrhea.
  식중독 증상은 복통, 구토, 그리고 설사를 포함합니다.

symphony [símfəni] n.교향곡, 심포니

sym(함께=with)+phon(소리=sound)+y의 결합.

'함께 조화로운 소리를 내는 음악=교향곡, 심포니'입니다. 관악기, 타악기, 현악기 등과 함께 연주하여 조화로운 소리를 내는 음악이 교향곡입니다. '뉴욕심포니 오케스트라 내한 공연'과 같은 기사를 자주 보게 되지요.

- She plays the violin in a **symphony** orchestra.
  그녀는 교향악단에서 바이올린을 연주해.

symbiosis [sìmbaióusis] n.공생, 공존, 공동생활

sym(함께=with)+bio(생명=life)+sis의 결합.

'서로 도우면서 함께 살아가는 것=공생, 공존'입니다.

- There is a significant **symbiosis** between the press and the political elite.
  언론과 권력 사이에는 중요한 공생관계가 있다.

synonym [sínənim] n.동의어, 유의어

syn(같은=same)+onym(이름=name)의 결합.

'같은 의미의 이름=동의어'입니다. 우리말의 '변소, 해우소, 통시'는 화장실과 같은 의미의 이름으로 동의어, 유의어(類義語)입니다. 반의어 antonym은 ant(반대=opposite)+onym(이름=name)의 결합.

- Diligent is a **synonym** of industrious.
  diligent는 industrious의 동의어이다.

- Do you know the reason why English is rich in **synonyms**?
  너는 영어가 왜 동의어가 풍부한지 알고 있어?

Day 21~22

접두어 uni

접두어 uni, mono, sol는 one(하나)입니다.
유니폼(uniform)은 군인, 경찰, 간호사의 옷처럼 위아래가 하나로 통일된 옷이고, 모놀로그(monologue=독백)는 혼자서 하는 말이고, 솔로(solo)는 혼자 노래하는 독주입니다.

unicorn [júːnəkɔ̀ːn] n.유니콘

uni(하나=one)+corn(뿔)의 결합.

'이마에 뿔이 하나 있는 동물=유니콘'입니다.

- A **unicorn** is an imaginary animal that has a horn from its forehead.
  유니콘은 이마에 뿔을 하나 갖고 있는 상상 속의 동물이야.

unify [júːnəfài] v.통일하다(unite, integrate, combine), 통합하다

uni(하나=one)+fy(동접)의 결합.

'여럿을 합쳐 하나로 만들다=통일하다'입니다.

- **unification** [jùːnəfikéiʃən] n.통일, 통합(union, unity, integration, combination)
- Korea should be **unified** someday because it was once one country.
  한국은 이전에 한 나라였기 때문에 언젠가는 통일되어야 합니다.

unique [juːníːk] a.유일한(only), 특별한(peculiar, special), 독특한

uni(하나=one)+que의 결합.

'이 세상에 단 하나밖에 없는=유일한, 특별한'입니다.

- A very **unique** article recently caught my attention.
  최근에 매우 독특한 기사 하나가 나의 관심을 끌었어.

unite [juːnáit] vt.하나로 묶다 vi.하나가 되다

uni(하나=one)+te의 결합.

'여러 개를 하나로 만들다=결합(합병, 연합)하다'입니다. 영국(United Kingdom), 미국(United States of America)에서 united는 '연합되어 있는'입니다. 즉 여러 개가 하나로 묶여 있다는 것이죠.

- We need to **unite** against terrorism. 우리는 테러리즘에 대항해서 하나가 될 필요가 있다.

union [júːnjən] n.결합, 통합, 연합, 노조, 협회

uni(하나=one)+on(접촉)의 결합.

'**여럿이 접촉하여 하나가 되는 것=결합, 통합, 연합, 노조, 협회**'입니다. 둘 이상을 하나로 만드는 것이 결합, 통합, 연합입니다. 두 가지 상품을 하나로 만드는 것은 결합, 두 개의 부서를 하나로 만드는 것은 통합, 여러 나라를 하나의 경제 단위로 만든 유럽 연합이 있습니다. 여러 명의 노동자가 모여 하나로 만든 것은 노조지요. 음식점 협회, 음반 협회 등등 모든 협회는 여럿이 모여 만든 결합체입니다.

- a summit to discuss economic union 경제 통합을 논의하기 위한 정상 회담
- the European Union 유럽 연합 • a union member 노조원
- They have created a group called **Union** of Families of Missing Sailors.
  그들은 실종 선원 가족 협회라는 단체를 만들었다.

unanimous [juːnǽnəməs] a.만장(전원)일치의

un(하나=uni=one)+anim(마음=mind)+ous의 결합.

'**구성원 전체가 하나의 마음인=만장(전원)일치의**'입니다.

- a unanimous vote 만장일치의 표결 • unanimous support 만장일치의 지지
- The vote for the treaty was **unanimous**. 그 조약에 대한 투표는 만장일치였다.

monk [mʌŋk] n.수도승

mon(하나=mono)+k의 결합.

'**혼자서 도를 닦는 사람=수도승, 수사, 수도자**'입니다. monk는 모노(mono)에서 파생된 단어입니다. 혼자 도를 닦는 스님을 수도승이라고 하고 천주교에서는 수사라고 합니다.

monster [mɔ́nstər] n.괴물, 도깨비 a.괴물 같은(사람)

mon(하나=one)+st(서 있다=stand)+er(사람)의 결합.

'**머리에 뿔이 하나 서 있는 사람=도깨비, 괴물**'입니다.

- I don't want you to think that I'm a **monster**. 네가 나를 괴물 같은 사람으로 생각하지 않기를 바란다.

monopoly [mənɑ́pəli] n.독점(권), 전매(권)

mono(하나=one)+poly(팔다=sell)의 결합.

어떤 상품을 '**오직 혼자서만 판매하는 것=독점, 전매**'입니다. mono는 하나(one)이고, poly를 [팔리]로 읽으면 혼자 파는 독점임을 쉽게 기억할 수 있습니다. 전매(專賣)는 '오로지 전, 팔 매로 독점 판매. 담배처럼 한 개 업체가 전체 시장을 장악하면 독점, 휴대폰이나 자동차처럼 2~3개 업체가 전체 시장을 장악하면 과점이라고 합니다. 독점과 과점을 합쳐서 독과점.

- monopolize [mənɑ́pəlàiz] vt.독점하다, 독점권을 얻다
- The Government holds a **monopoly** for tobacco.
  정부가 담배 전매권(독점권)을 보유하고 있다.

monotonous [mənátənəs] a.단조로운(변화 없는), 지루한

mono(하나=one)+ton(음색=tone)+ous의 결합.

'**끝까지 하나의 톤(음색)인**=**단조로운, 지루한**(tedious, tiresome, boring)'입니다. 처음부터 끝까지 하나의 톤(음색)으로 노래하고 연주하면 단조롭고 지루함을 느끼게 되지요. '모노 톤=단조로운'입니다.

- She has been tedious with her **monotonous** daily routine.
  그녀는 단조로운 일상생활에 지루함을 느끼고 있다.

solo [sóulou] n.독주(곡), 독창(곡) a.독주의, 독창의 ad.혼자서(alone)

solo는 이탈리아어로 '혼자서'라는 뜻으로, 혼자 하는 연주나 노래를 **솔로**(solo)라고 합니다. 결혼하지 않고 독신으로 혼자 사는 사람은 솔로가 아니라 싱글(single)입니다.

- He has been very successful as **solo** artists. 그는 솔로 가수로 매우 성공했어.

sole [soul] a.단 하나의(only), 혼자의(single), 독신의

sole는 solo의 변형으로 하나를 나타냅니다. sole과 single은 동의어.

- She has **sole** responsibility for the project. 그녀는 그 프로젝트를 혼자 책임지고 있어.

solemn [sáləm] a.엄숙한, 진지한, 장엄한

sole(a.단 하나의, 혼자의)+mn의 결합.

교회나 성당, 법당에서 '**혼자 기도하는**=**엄숙한**(grave)'입니다. 교회나 성당에서 혼자 기도하면 엄숙하고, 장엄하고, 진지한 분위기가 되지요.

- solemnly ad.엄숙하게, 진지하게 • a solemn voice 엄숙한 목소리
- His films always contain a **solemn** message for the society.
  그의 영화는 언제나 사회를 향한 엄숙한 메시지를 담고 있다.

solitary [sáliteri] a.고독한, 외로운, 혼자의 n.혼자 사는 사람

soli(혼자=solo)+tary의 결합.

'**주위에 아무도 없이 혼자 살아가는**=**고독한, 외로운**(lonely, alone)'입니다.

- solitude [sálitjù:d] n.고독, 외로움
- He was a **solitary** man who never spoke to anyone. 그는 누구에게도 말을 건네지 않는 고독한 사람이었다.

desolate [désəlit] a.황량한(deserted), 적막한, 외로운(solitary, lonely)

de(분리=off)+sol(하나인, 유일한=sole)+ate의 결합.

'**마을에서 분리되어 혼자 있는**=**황량한, 외로운**'입니다. 마을에서 분리되어 사막에 홀로 있는 집은 황량하고 적막합니다. 가족과 분리되어 홀로 사는 기러기 아빠는 외롭고 쓸쓸하지요.

- It was a completely **desolate** area like a desert.
  그곳은 사막처럼 완전히 황량한 지역이었다.

접두어 bi, du, twi

접두어 bi, du, twi는 둘(two)입니다.

binocular [bənάkjələ] n.쌍안경(pl) a.두 눈의

bi(둘=two)+n+ocul(눈의)의 결합.

'두 개의 눈으로 보는 것=쌍안경'입니다. bicycle(자전거)는 bi(둘=two)+cycle(바퀴)의 결합으로 두 개의 바퀴로 굴러가는 것이 자전거. 우리는 이미 bi가 two임을 알고 있습니다.

billion [bíljən] n.10억, 1조

bi(둘=two)+(mi)llion(백만)의 결합.

'백만의 제곱=1조(兆)'입니다. 독일과 프랑스에서는 어원 그대로 '조'라는 의미로, 영국과 미국에서는 '억'이란 의미로 사용.

biannual [baiǽnjuəl] a.연 2회의, 반년마다

bi(둘=two)+annual(a.1년의)의 결합.

'1년에 두 번=연 2회의, 반년마다'입니다.

- biannually ad.2년마다, 격년으로
- You need to have a routine **biannual** examination.
  당신은 반년마다 정기적인 검진을 받을 필요가 있습니다.

bimonthly [baimʌ́nθli] a.격월의 ad.격월로

bi(둘=two)+monthly(a.달의)의 결합.

'두 달에 한 번=격월로'입니다. 가끔 bimonthly를 '월 2회의'라는 의미로 사용하는 원어민도 있기 때문에 그 의미가 격월인지, 월 2회인지 모호할 때는 사용한 사람에게 물어봐야 합니다.

- monthly a.매월의 ad.다달이 n.정기간행물
- The magazine is published **bimonthly**. 그 잡지는 격월로(2달에 1번) 발간된다.

bilingual [bailíŋgwəl] a.두 나라말을 하는 n.두 나라말을 쓰는 사람

bi(둘=two)+ling(언어=language)+ual의 결합.

- lingual [líŋgwəl] a.말의, 혀의, 언어의 • monolingual a.1개 언어를 하는
- She is **bilingual** in Germany and English. 그녀는 독일어 영어 2개 국어를 쓰는 사람이야.

biracial [bairéiʃəl] a.두 인종의, 혼혈의

bi(둘=two)+raci(인종=race)+al의 결합.

- racial [réiʃəl] a.인종의, 민족의 • biracial children 혼혈 아이들
- Why do we treat **biracial** Koreans like foreigners?
  왜 우리는 혼혈 한국인들을 외국인처럼 대하는가?

ambiguous [æmbígjuəs] a.애매한, 모호한

ambi(둘=two)+guous의 결합.

'하나에 두 가지 의미를 갖고 있는=애매한(uncertain), 모호한(vague)'입니다. 하나에 두 가지 의미를 동시에 갖고 있으면 이런 뜻인지 저런 뜻인지 알 수 없어 애매하고 모호해집니다. 앞에서 배운 bimonthly는 '두 달에 1번, 한 달에 2번'이란 두 가지 의미를 갖고 있어 그 뜻이 ambiguous하지요.

- My role has always been **ambiguous** in our organization.
  조직 속에서 나의 역할은 항상 모호했어.
- This particular part of the contract is a little **ambiguous**.
  계약서의 그 특별 조항은 조금 모호합니다.

ambivalent [æmbívələnt] a.이중적인, 상반된(equivocal)

ambi(둘=two)+val(가치=value)+ent의 결합.

'하나에 좋은 가치와 나쁜 가치 두 개를 동시에 갖고 있는=이중적인, 상반된'입니다. 사람들은 재벌 기업을 싫어하지만 취업은 재벌 기업을 선호하는 이중적인 감정을 갖고 있지요.

- She is **ambivalent** about getting married.
  그녀는 결혼에 대해 상반된(이중적인) 감정을 갖고 있어.
- We have **ambivalent** feelings toward big companies.
  우리는 대기업에 상반된(이중적인) 감정을 갖고 있어.

amphibious [æmfíbiəs] a.양서류의, 수륙 양용의, (비유)이중 인격의

amphi(둘=ambi=two)+bio(생명=life)+us의 결합.

'물과 육지 양쪽에서 모두 살아갈 수 있는=양서류의'입니다.

- amphibian [æmfíbiən] n.양서류
- We are developing an **amphibious** truck.
  우리는 수륙 양용 트럭을 개발하고 있다.
- It is the biggest **amphibian** ever to have lived.
  그것은 지금까지 살았던 양서류 중 가장 큰 것입니다.

dual [djúːəl] a.둘의(double), 이중적인

du(둘=two)+al의 결합.

듀얼 모니터, 듀얼 스피커처럼 흔히 사용하는 접두어 du는 둘을 나타냅니다. 결혼정보회사 이름이 듀오(duo)인 것은 두 사람을 맺어 준다는 것. 혼자 노래 부르면 솔로(solo), 두 사람이 부르면 듀엣(duet), 세 사람이 부르면 트리오(trio)입니다.

- South Korea does not allow **dual** citizenship.
  한국은 이중 국적을 허용하지 않고 있다.
- It is time to terminate the **dual** price system that discriminates Korean consumers.
  한국 소비자들을 차별하는 이중적인 가격 정책을 끝낼 때입니다.

접두어 **155**

duel [djúːəl] n.(두 사람의)싸움, 결투(fight)

duel(싸움)은 dual(둘의)과 발음이 같습니다. 영국인의 조상인 게르만족은 두 사람이 만나기만 하면 싸우는 야만인이었습니다. 그래서 둘이란 의미에서 싸움, 결투라는 뜻이 파생. du<u>e</u>l의 e에서 enemy(적)를 떠올려 dual과 구분하세요.

- Don't forget. This is a **duel** to the death.
  잊지 마. 이것은 목숨을 건 결투야.

dubious [djúːbiəs] a.의심스러운(doubtful, suspicious), 모호한

du(둘=two)+bious의 결합.

'군인이 두 가지 옷을 같이 입고 있는=의심스러운'입니다. 아군의 옷을 입고 적군의 모자를 쓰고 있으면 아군인지 적군인지 알 수 없기 때문에 의심스럽고 모호하게 되지요.

- I have never been **dubious** of my success.
  나는 나의 성공에 대해 한 번도 의심해 본 적이 없어.

dilemma [dilémə] n.진퇴양난, 궁지, 딜레마

di(둘=du=two)+lemma(명제=proposition)의 결합.

'하나에 두 가지 명제를 동시에 갖고 있는 상태=진퇴양난, 궁지'입니다. 딜레마(dilemma)는 그리스어로 두 가지 분명한 명제(앞으로 나갈 명분과 뒤로 후퇴할 명분이 똑같은 상태)에 부딪혀 이러지도 저러지도 못하는 진퇴양난 상태를 말합니다.

- Do you have any suggestions for solving this **dilemma**?
  너는 이 딜레마 해결을 위한 어떤 제안을 갖고 있어?

twilight [twáilàit] n.땅거미(저녁녘, 새벽녘), 쇠퇴기, 황혼기

twi(둘=two)+light(n.빛)의 결합.

'하루 중에서 두 개의 빛이 동시에 존재하는 시기=저녁녘, 새벽녘'입니다. 해가 지고 달이 올라오는 시기는 저녁녘(황혼, 땅거미)이고, 달이 지고 해가 올라오는 시기는 새벽녘입니다. twilight은 보통 땅거미가 지는 저녁 무렵을 의미. 인생이나 문명이 저녁 무렵이라는 것은 쇠퇴기라는 것이죠.

- She is now in the **twilight** years of her life.
  그녀는 지금 인생의 황혼기에 있다.

twin [twin] n.쌍둥이 중 한 사람 a.쌍둥이의

twi(둘=two)+n의 결합.

프로야구 구단 LG Twins는 LG 본사 건물이 쌍둥이 건물이기 때문에 붙여진 이름입니다.

- The **twin** towers became a new landmark in Malaysia.
  그 쌍둥이 타워는 말레이시아의 새로운 랜드마크가 되었다.

접두어 tri, deca

접두어 tri는 셋(three), 접두어 deca는 십(ten)을 나타냅니다.

triple [trípəl] a.세 개의, 세 배의 vi.3배가 되다 vt.3배를 만들다

tri(3=three)+ple의 결합.

solo(솔로-독주), duo(듀오-2중주), trio(트리오-3중주)로 tri는 셋을 나타냅니다.

- a triple alliance 3국(자) 동맹
- triple jumps 3번의 점프
- Output should **triple** by next year. 내년쯤에 생산량이 3배가 될 것이다.

tribe [traib] n.부족, 종족

tri(3=three)+be(있다)의 결합.

고대 로마가 태동할 때 3개의 부족 집단이 있었던 것에서 유래.

- There are still lots of **tribes** in the world.
  세상에는 여전히 많은 부족이 있다.

trinity [tríniti] n.삼위일체

tri(3=three)+nity의 결합.

기독교에서는 성부, 성자, 성령을 삼위일체로 봅니다.

- The Father, the Son, and the Holy Spirit constitutes the Holy **Trinity**.
  성부와 성자와 성령이 신성한 삼위일체를 이룬다.

thrive [θraiv] vi.잘 자라다, 번창하다, 번영하다(prosper)

thri(3=three)+ve의 결합.

'소 한 마리가 자라 금방 세 마리가 되다=잘 자라다, 번창하다'입니다. 소 한 마리가 잘 자라서 새끼를 낳아 금방 소 세 마리가 되면 목장사업이 번창하고 번영하는 것이죠.

- These vegetables do not **thrive** on this type of soil.
  이 채소들은 이러한 유형의 땅에서는 잘 자라지 않아.
- New businesses **thrive** in the city.
  그 도시에는 새로운 사업들이 번창하고 있다.

decade [dékeid] n.10년, 10권, 10개

deca(10=ten)+de의 결합.

이탈리아의 작가 보카치오가 쓴 데카메론(Decameron)의 deca는 10을 나타냅니다. 14C 흑사병이 대유행하여 많은 사람이 죽어가자 10명(deca)의 남녀가 교외 별장에 피난 가서 무료함을 달래기 위해 10일(deca) 동안 하루에 한 가지씩 이야기를 한 것이 데카메론(10일 이야기)입니다.

- Thanks to a **decade** of effort, he has bought an apartment.
  10년 노력의 덕택으로, 그는 아파트를 샀다.

decimal [désəməl] n.십진법, 소수 a.십진법의, 소수의

deci(10=deca=ten)+mal의 결합. deci는 deca의 변형.

- The figure is accurate to two **decimal** places. 그 수치는 소수점 이하 두 자릿수까지 정확해.

decimate [désəmèit] vt.몰살시키다

deci(10=deca=ten)+mate(n.동료, 친구)의 결합.

'10명 중에 1명꼴로 제비 뽑아 친구와 가족을 죽이다=몰살시키다'입니다. 고대 로마 시대에 반란이 일어나면 마을 사람들을 모아 제비뽑기하여 10명 중에 1명꼴로 죽여 다시는 반란이 일어나지 않도록 한 것에서 유래. 1만 명 중에서 1천 명을 죽이면 몰살시키는 것이죠.

- AIDS will **decimate** Africa if nothing is done.
  어떤 조치도 취해지지 않는다면 AIDS는 아프리카를 몰살시킬 것이다.

접두어 multi

접두어 multi는 many(많은)입니다.
멀티탭, 멀티미디어, 멀티히트, 멀티 플레이어, 멀티 비타민, 멀티 게임 등등 일상생활에서 multi를 흔히 사용합니다.

multiple [mʌ́ltəpəl] a.많은(many), 다수의, 다양한(various, diverse)

multi(많은=many)+ple의 결합.

- a multiple choice test 객관식 시험 • multiple ownership 공동 소유
- Have you ever heard of **multiple** personality? 당신은 다중 인격에 대해서 들어본 적이 있습니까?
- The human brain is very complex and there are **multiple** types of intelligence.
  인간의 두뇌는 매우 복잡하고 다양한 종류의 지능이 있습니다.

multilingual [mʌ̀ltilíŋgwəl] a.여러 언어를 사용하는 n.여러 언어를 하는 사람

multi(많은=many)+lingua(언어=language)+l의 결합.

- monolingual [mànəlíŋgwəl] a.1개 언어를 하는 • bilingual [bailíŋgwəl] a.2개 언어를 하는
- Pakistan is a **multilingual** country with more than 60 spoken languages.
  파키스탄은 60개 이상의 구어를 가진 다국어 국가이다.

multitude [mʌ́ltitjùːd] n.수가 많음, 군중

multi(많은=many)+tude(상태)의 결합.

'수가 많은 상태=수가 많음, 군중(crowd, mob)'입니다.

- A great **multitude** gathered in the streets. 많은 군중이 거리에 모였다.
- Addiction to drugs can bring a **multitude** of other problems.
  마약 중독은 다른 많은 문제를 일으킬 수 있다.

multiracial [mʌ̀ltiréiʃəl] a.다민족의, 혼혈의

multi(많은=many)+racial(a.민족의, 인종의)의 결합.

- racial [réiʃəl] a.민족의, 인종의
- a multiracial society 다민족 사회
- Korea has become increasingly multicultural and **multiracial**.
  한국은 점점 다문화와 다민족이 되어가고 있습니다.

multicultural [mʌ̀ltikʌ́ltʃərəl] a.다문화의

multi(많은=many)+cultural(a.문화의)의 결합.

- There are many **multicultural** families in Korea.
  한국에는 많은 다문화 가정이 있습니다.

multinational [mʌ̀ltinǽʃənəl] a.다국적의 n.다국적 기업

multi(많은=many)+national(a.국가의, 국민의)의 결합.

- They operate a **multinational** company in Asia.
  그들은 아시아에서 다국적 기업을 운영하고 있다.

multilateral [mʌ̀ltilǽtərəl] a.다자간의, 다각적인

multi(많은=many)+lateral(a.옆쪽, 옆의)의 결합.

회담장에서 '자신의 양 옆쪽에 여러 사람이 있는=다자(多者)의'입니다.

- lateral [lǽtərəl] n.옆쪽 a.옆의
- a multilateral agreement 다자간 협정
- He pressed the North to return to the **multilateral** dialogue without preconditions.
  그는 북한에 전제조건 없이 다자간 회담에 복귀할 것을 촉구했다.

multipurpose [mʌ̀ltipə́ːrpəs] a.다목적의, 다용도의

multi(많은=many)+purpose(n.목적, 용도)의 결합.

- multipurpose furniture 다용도 가구
- a multipurpose dam 다목적 댐
- On August 22, the **multipurpose** satellite Arirang 5 was launched successfully.
  8월 22일, 다목적 위성 아리랑 5호가 성공적으로 발사되었습니다.

접두어 semi

접두어 semi는 half(절반)입니다. 유차철자 demi, hemi는 semi의 변형. 세미클래식(semiclassic)을 흔히 경음악이라고 하는데 classic(고전음악)의 무거운 느낌을 절반(semi)으로 줄여 일반인들이 듣기 쉽도록 만든 음악이고, 세미콜론(;)은 콜론(:)에서 모양의 절반이 달라진 것입니다.

semiconscious [sèmikánʃəs] a.반쯤 의식이 있는, 의식이 완전하지 않은

semi(절반=half)+conscious(a.의식 있는)의 결합.

- conscious [kánʃəs] a.의식(지각) 있는, 의식적인, 알고 있는(aware)
- The man was **semiconscious** when he was taken to a hospital.
  그 남자가 병원에 이송되었을 때 반쯤 의식이 있었다.

semiconductor [sèmikəndʌ́ktər] n.반도체

semi(절반=half)+conductor(n.전도체)의 결합.

반도체는 전기가 잘 통하는 도체와 전기가 통하지 않는 절연체의 중간적인 성질을 나타내는 물질입니다.

- conductor [kəndʌ́ktər] n.안내자(guider), 지도자, 지휘자, (전)도체
- **Semiconductor** prices dropped sharply due to overproduction.
  과잉 생산으로 반도체 가격이 폭락했다.

semifinal [sèmifáinəl] n.준결승(의)

semi(절반=half)+final(n.결승전 a.마지막의)의 결합.

- final [fáinəl] n.결승전 a.최후의(last), 마지막의
- In the **semifinal** match, France beat Brazil.
  준결승에서 프랑스가 브라질을 이겼다.

demigod [démigàd] n.반신반인, 신격화된 사람

demi(절반=semi=half)+god(신)의 결합.

'절반이 신이고 절반이 사람=반신반인(半神半人), 신격화되어 있는 사람'입니다.

- He has become a **demigod** to his fans.
  그는 팬들에게 신격화된 사람이 되었다.

접두어 pan, omni

접두어 pan과 omni는 all(전체, 모든)입니다.

panorama [pæ̀nəræmə] n.회전 그림, 전경, 파노라마

pan(전체, 모든=all, whole)+orama(보다=see)의 결합.

'**한눈에 전체를 볼 수 있는 그림=회전 그림, 전경**'입니다. 그리스신화에서 Pan은 가축을 지키는 신으로 가축을 지키기 위해 높은 곳에서 **들판 전체**를 한눈에 내려다보았기 때문에 pan에서 전체(all)란 뜻이 파생. 휴대폰에는 파노라마 사진 기능이 있습니다.

- He enjoyed the **panorama** of the mountains from the summit.
  그는 정상에서 산의 전경(전체 경치)을 즐겼다.

panacea [pæ̀nəsíːə] n.만병통치약

pan(모든, 전체=all, whole)+acea(치료=cure)의 결합.

'**모든 병을 치료할 수 있는 약=만병통치약**'입니다. 어근 pan은 판게아(Pangaea)에서도 알 수 있습니다. 세계 전체(pan)가 하나의 대륙으로 되어 있었다는 가설이 판게아입니다. 발음 [패너시어]에서 '**만병통치약**을 먹으니 [편이시어=**편히쉬어**]'로 기억하세요.

- Money is not a **panacea** for our life.
  돈이 우리 삶의 만병통치약은 아니야.
- Science is not a **panacea** for all our problems.
  과학은 우리가 갖고 있는 모든 문제 해결을 위한 만병통치약이 아니다.

omnibus [ámnəbÀs] n.승합마차, 버스, 옴니버스(작품) a.총괄적인

omni(전체, 모든=all, whole)+bus(차)의 결합.

'**사람, 물건 등 모든 것이 전부 다 탈 수 있는 차=승합마차**'입니다. 모든 것이 탈 수 있는 차는 승합마차로 현대의 버스입니다. omni를 생략하고 bus로 사용. 한 작가가 출간한 작품이나, 같은 종류의 작품을 한 권의 책에 모두 모아 만든 책을 **옴니버스**(omnibus)라고 합니다.

- an omnibus bill 총괄적 법안   • an omnibus book 옴니버스 책
- The movie is in **omnibus** format.
  그 영화는 옴니버스 형식으로 되어 있다.
- The **omnibus** runs every five minutes.
  그 버스는 5분마다 출발한다.

omniscient [ɑmníʃənt] a.전지의, 무엇이든 알고 있는

omni(전체, 모든=all, whole)+scien(지식=science)+t의 결합.

'**전 분야의 지식을 다 알고 있는=전지(全知)의, 무엇이든 알고 있는**'입니다.

- The Bible tells us the god is **omniscient**.
  성서는 신은 전지전능하다고 말한다.

omnipotent [ɑmnípətənt] a.전능한, 만능의

omni(전체, 모든=all, whole)+potent(a.힘센, 유능한)의 결합.

'전체 분야에서 힘 있고, 전 분야에서 유능한=전능한(almighty)'입니다.

- potent [póutənt] a.힘센(powerful), 유능한(competent)
- What would you do if you were **omnipotent**?
  네가 전능하다면 무엇을 할 거야?
- I think God is neither **omnipotent** nor benevolent.
  내가 생각하기에 신은 전능하지도 자애롭지도 않아.

omnipresent [ὰmnəprézənt] a.어디에나 있는

omni(전체, 모든=all)+present(a.존재하는)의 결합.

'모든 곳에, 어디에나 존재하는=어디에나 존재하는'입니다.

- present a.있는, 참석한, 지금의 vt.선물하다, 출석하다, 제출하다 n.선물
- Corruption is still **omnipresent** in Korean society.
  한국 사회에서 부패는 여전히 어디에나 존재한다.
- Many complain that the **omnipresent** surveillance cameras invade their privacy.
  사람들은 어디에나 존재하는 감시 카메라가 사생활을 침해한다고 불평한다.

Day 23~24

접두어 en
접두어 en은 make(만들다)입니다. 유사철자 em은 en의 변형.

enlarge [enláːrdʒ] vt.크게 하다, 넓히다 vi.커지다, 넓어지다

en(만들다=make)+large(큰=big)의 결합.

'작은 것을 크게 만들다=크게 하다, 넓히다(extend, expand, widen)'입니다. 작은 것을 크게 하는 것은 확대(증대, 확장)하는 것입니다. 사진 확대, 소득 증대, 건물이나 사업 확장은 모두 작은 것을 크게 하는 것이죠.

- enlargement n.확대, 확장(extension), 증대
- Business began to improve after he **enlarged** the store.
  그가 매장을 크게 한(넓힌) 후에 장사가 좋아지기 시작했다.

enhance [enhǽns] vt.(가치, 능력 등)높이다, 향상시키다 vi.높아지다

en(만들다=make)+hance(높은=high)의 결합.

'낮은 것을 높은 상태로 만들다=높이다, 향상시키다(heighten, improve)'입니다.

- enhancement n.증진, 고양, 향상(improvement)
- The environment needs to be changed to **enhance** life.
  삶의 질을 높이기 위하여 환경이 변화될 필요가 있습니다.

engage [engéidʒ] vt.(주의, 관심)사로잡다, 약혼시키다, 고용하다

en(만들다=make)+gage(약속, 서약=pledge, vow)의 결합.

'서로가 만나 서약서를 만들다=약혼시키다, 고용하다(employ, hire)'입니다. 검은 머리가 파뿌리가 되도록 함께하겠다는 서약 후에 약혼시키고, 회사에 들어와서 회사에 피해를 주지 않고 성실히 일하겠다고 서약한 후에 사람을 고용하는 **서약** 행위에서 '**약혼시키다, 고용하다**'는 뜻이 파생. 관심을 사로잡는 사람과 약혼하고, 관심을 사로잡는 사람을 고용하기 때문에 '**약혼시키다, 고용하다**'에서 '**사로잡다**'는 뜻이 파생.

- engagement [engéidʒmənt] n.약속(promise), 약혼, 고용(employment)
- It is a movie that **engages** both the mind and the eye.
  그것은 마음과 눈을 모두 사로잡는 영화이다.
- My daughter **is engaged to** a lawyer. 내 딸은 변호사와 약혼해 있다.
- He **is engaged in** foreign trade. 그는 해외 무역에 종사하고 있다.

enrich [enrítʃ] vt.풍부하게 만들다, 농축하다, 비옥하게 만들다

en(만들다=make)+rich(a.풍부한, 부유한)의 결합.

제한된 공간에 우라늄을 풍부하게 만드는 것은 우라늄을 농축하는 것이고, 토질을 풍부하게 만드는 것은 땅을 비옥하게 만드는 것이죠.

- What's the next item that will **enrich** people's lives?
  사람들의 삶을 풍부하게 만들 다음 상품은 무엇일까?

enforce [enfɔ́:rs] vt.강요(강제)하다, (법)시행하다, 집행하다(execute)

en(만들다=make)+force(n.힘, 폭력 vt.강요하다)의 결합.

'힘으로 누군가를 움직이게 만들다=강요하다(force, compel, impel)'입니다. 힘으로 누군가를 움직이도록 만드는 것은 강요(강제)하는 것이고, 법의 힘으로 움직이게 만드는 것은 법을 집행(시행)하는 것입니다.

- **enforcement** n.강제, 강요, 집행(execution)
- We can't **enforce** cooperation between the members.
  우리는 회원들 간의 협조(협력)를 강요할 수는 없습니다.
- I believe that the death penalty should be **enforced**.
  나는 사형제도가 시행되어야 한다고 생각해.

endow [endáu] vt.(자질, 능력)에게 부여하다, 기부하다(donate)

en(만들다=make)+dow(지참금=dowry)의 결합.

'지참금을 만들다=부여하다(bestow), 기부하다'입니다. 결혼할 때 신랑과 신부는 지참금을 갖추어야 하고, 지참금을 만든 사람에게 결혼할 능력이 부여되었습니다. 지참금을 상대편 부모에게 주는 것은 기부하는 것과 같기 때문에 **부여하다**에서 '**기부하다**'는 뜻이 파생.

- Nature has **endowed** him **with** great ability. 자연은 그에게 위대한 재능을 부여해 놓았다.
- He **endowed** his school **with** a large sum of money. 그는 모교에 거액의 돈을 기부했다.

enrage [enréidʒ] vt.몹시 화나게 만들다(anger)

en(만들다=make)+rage(n.격노, 분노=fury)의 결합.

- **rage** [reidʒ] n.격노(fury), 분노(anger, wrath), (파도, 바람)사나움
- His execution **enraged** death penalty opponents all over the world.
  그의 처형은 세계의 사형제도 반대자들을 몹시 화나게 했다.

encircle [ensə́:rkl] vt.둘러(에워)싸다, 포위하다

en(만들다=make)+circle(n.원)의 결합.

'누군가를 가운데 두고 원을 만들다=둘러싸다(enclose, surround)'입니다.

- The police started to **encircle** the demonstrators.
  경찰이 시위대를 둘러싸기 시작했다.

endeavor [endévər] v.노력하다, 애쓰다 n.노력(trial), 시도(attempt)

en(만들다=make)+deavor(빚=debt)의 결합.

'빚 갚을 돈을 만들기 위해=노력하다(try, struggle, strive)'입니다. 빌려 쓰고 갚아야 할 빚, 나라에 바쳐야 할 세금을 만들기 위해 노력해야 하는 것에서 유래. 과거 영국인은 국왕, 영주, 교회에 바칠 세금을 만들기 위해 등골이 휠 정도로 노력해야 했습니다.

- I will **endeavor** to do my best for our company.
  나는 회사를 위하여 최선을 다하도록 노력하겠습니다.

enclose [enklóuz] vt.둘러(에워)싸다, (편지)동봉하다

en(만들다=make)+close(vt.막다, 닫다=shut)의 결합.

'입구를 막아 못 들어가게 만들다=둘러싸다(surround, encircle), 동봉하다'입니다. 들어가는 입구, 통로, 구멍을 모두 막는 것은 둘러싸고 에워싸는 것입니다. 편지를 넣고 누군가가 내용물을 보지 못하게 둘러막는 것은 동봉하는 것이죠. 몇백 년 전 유럽에서 지주들은 농민들이 들어오지 못하도록 농토를 울타리로 둘러막아 농토에서 양을 키우기 시작했는데 그것을 **엔클로져(enclose)** 운동이라고 합니다. 농토가 없는 농민들이 도시로 몰려 공장노동자가 되었는데 그것이 산업혁명의 밑거름이고 도시화를 촉발.

- The prison is **enclosed** by the high wall.
  그 교도소는 높은 담벼락으로 둘러싸여 있다.
- I **enclose** the two plans for comparison.
  비교를 위해 두 가지 계획안을 동봉합니다.

enjoin [endʒɔ́in] vt.명령하다, 금지하다(forbid, prohibit)

en(만들다=make)+join(vt.합류하다, 입대하다)의 결합.

'성 밖에 있는 사람을 성 안으로 합류하게 만들다=명령하다(order, command)'입니다. 과거에 적이 쳐들어오면 성 밖에 있는 사람들을 성 안으로 합류하도록 명령했고, 성 밖에 머무는 것을 금지했습니다.

- The judge **enjoined** the man to be silent.
  판사는 그 남자에게 조용히 하라고 명령했다.

encompass [inkʌ́mpəs] vt.둘러(에워)싸다, 포위하다, 포함하다

en(만들다=make)+compass(n.컴퍼스, 나침반)의 결합.

'컴퍼스로 둥근 원을 만들다=둘러싸다(enclose, encircle), 포함하다(contain, include)'입니다. 무엇을 안에 두고 원(울타리)을 만드는 것은 둘러싸고 포위하는 것이고, 원 안에 있는 것은 울타리에 포함되어 있는 것입니다.

- compass [kʌ́mpəs] n.컴퍼스, 나침반, 범위(extent, range)
- The city is **encompassed** by a hostile army.
  그 도시는 적군에게 둘러싸여(포위되어) 있습니다.

접두어 **165**

encourage [enkə́:ridʒ] vt.격려하다, 장려(고무, 권장)하다

en(만들다=make)+courage(n.용기=bravery)의 결합.

'용기를 갖게 만들다=격려하다(stir, stimulate, incite), 장려하다(promote)'입니다.

- encouragement [-mənt] n.격려, 장려, 촉진
- discourage [diskə́:ridʒ] vt.단념(낙담, 실망)시키다
- The book was written to **encourage** children around the globe.
  그 책은 전 세계의 아이들을 격려하기 위해 저술되었다.

enliven [enláivən] vt.활기차게 만들다, 기운을 돋우다

en(만들다=make)+live(a.살아있는, 생기 있는=vivid)+en의 결합.

'사람을 생기 있도록 만들다=활기차게 만들다(animate, brighten)'입니다. 의욕 없고 낙담한 사람을 생기 있게 만드는 것은 기운을 돋우고 활기차게 만드는 것이죠.

- live [liv] vi.살다, 생활하다 a.[laiv]살아있는, 생기 있는
- Her funny stories **enlivened** the party.
  그녀의 재미있는 이야기들은 파티를 활기차게 만들었다.

embody [embádi] vt.구체화하다, 실현하다

em(만들다=make)+body(n.몸, 본체, 뼈대)의 결합.

'본체, 뼈대를 만들다=구체화하다, 실현하다(realize)'입니다. 이런저런 생각들을 종합하여 뼈대와 본체를 만드는 것은 생각을 구체화시키고 실현하는 것이죠. enbody[인바디]는 **발음이 불편**하기 때문에 en을 em으로 변형. 이것은 inpossible[인파스블]을 impossible[임파스블]로 바꾼 것과 같습니다.

- You should learn about how to **embody** your goals and plans.
  너는 너의 목표와 계획을 구체화시키는(실현하는) 방법을 배워야 해.
- They expect their leaders to **embody** their aspirations.
  그들은 지도자들이 자신들의 열망을 실현해 주기를 기대하고 있다.

embolden [embóuldən] vt.용기를 주다

em(만들다=make)+bold(a.용감한=brave)+en(만들다=make)의 결합.

- As I considered escaping, he **emboldened** me not to give up.
  내가 탈출을 고려하고 있을 때 그는 포기하지 말라고 용기를 주었다.

접두어 be

접두사 be는 make(만들다), be 동사 본래의 뜻 '있다'입니다.

behold [bihóuld] vt.보다 vi.보라(명령형)

be(만들다=make)+hold(vt.유지하다, 잡다)의 결합.

'**두 눈을 한 곳에 유지하게 만들다=보다**(look at, see, watch)'입니다. 앞에 있는 책에 두 눈을 유지시켜 두면 책을 보는 것이죠. behold는 문어체 단어.

- My heart leaps up when I **behold** her beautiful smile and eyes.
  그녀의 아름다운 미소와 눈을 볼 때 내 마음은 설렌다.

belated [biléitid] a.뒤늦은, 지각한, 시대에 뒤진

be(만들다=make)+late(늦은)+ed의 결합.

'**어떤 일을 제때에 하지 않고 늦도록 만든=뒤늦은**(late), **지각한**'입니다. belated(늦은)와 late(늦은)는 동의어로 belated는 문어체 단어. belated 속에 들어있는 late(늦은)에 밑줄 좍 그으면 쉽게 기억할 수 있습니다.

- He sent me a **belated** birthday present with flowers.
  그는 나에게 뒤늦은 꽃과 생일 선물을 보냈다.

belittle [bilítl] vt.과소평가하다, 경시하다(think little of, slight, neglect)

be(만들다=make)+little(a.작은=small)의 결합.

'**객관적인 가치보다 작게 만들다=과소평가하다**(diminish, underestimate)'입니다. 연봉 10억 이상의 가치가 있는 선수를 7억으로 평가하면 그 선수를 과소평가하는 것이죠.

- People tend to **belittle** other people's success.
  사람들은 다른 사람의 성공을 과소평가하는 경향이 있어.

beget [bigét] vt.낳다(bear), 생기게 하다(초래하다)(produce, generate)

be(만들다=make)+get(vt.갖다, 얻다, 받다)의 결합.

'**없었던 아이를 갖게 만들다=낳다, 생기게 하다**'입니다. 없는 아이가 태어나는 것은 없었던 일이 생겨나는 것과 같지요. 아버지가 아이를 갖게(얻게) 되는 경우에는 beget, 어머니가 아이를 갖게 되는 경우에는 bear를 사용.

- Have you heard the word that smiles **beget** smiles.
  넌 미소가 미소를 낳는다는 말을 들어 본 적 있어?

befall [bifɔ́:l] v.(신상에)일어나다, (나쁜 일이)닥치다

be(있다)+fall(vi.떨어지다)의 결합.

'**누구에게 떨어지는 무엇이 있다=(어떤 일이)일어나다**'입니다. 낙석, 번개 등이 사람에게 떨어지면 나쁜 일이 일어나는 것이죠.

- They were unaware of the fate that was to **befall** them.
  그들은 자기들에게 닥쳐올 운명을 모르고 있었다.

접두어 **167**

belong [bilɔ́ŋ] vi. 속하다(to)

be(있다)+long(a.오래 지속하는)의 결합.

'한곳에 오래 지속하고 있다=속하다'입니다. 소유권이 불명확한 상황에서 물건을 오래 지속하는 상태가 되면 그 물건은 지속하는 사람의 소유가 됩니다. 그것을 실효지배라고 하지요. belong은 vi이기 때문에 뒤에 명사를 연결할 때 전치사가 필요하고, 물건의 이동으로 소유되는 것이기 때문에 이동의 to를 붙입니다.

- Do you **belong to** the tennis club? 너는 테니스 클럽에 소속되어 있니?

---

bestow [bistóu] vt. 주다, 수여하다

be(있다)+stow(가득 채우다)의 결합.

'가득 채운 것이 있다=주다, 수여하다'입니다. 대학 4년 동안 140학점을 가득 채운 기록이 있으면 학위를 수여합니다.

- The I.O.C. president **bestowed** a gold trophy **on** the victor.
  IOC 조직 위원장은 우승자에게 황금 트로피를 수여했다.

동사 접미어
명사나 형용사에 접미사 –en, –ize, –fy를 붙이면 동사가 되고, 그 뜻은 '~하다, ~하게 만들다, ~화하다'입니다.

lessen [lésn] vt. 줄이다(reduce, decrease, diminish, shorten) vi. 줄다

less(a.더 작은, 더 적은)+en(만들다=make)의 결합.

'더 작게 만들다=줄이다(reduce, decrease, diminish, shorten)'입니다. less는 little의 비교급으로 '더 작은, 더 적은'입니다. 더 작게(적게) 만드는 것은 줄이는 것이죠.

- Warm milk will **lessen** the tension before you sleep.
  따뜻한 우유는 네가 자기 전에 긴장을 줄여줄 거야.
- We have to **lessen** the costs spent on private education.
  우리는 사교육에 사용되는 비용을 줄여야 합니다.

---

deepen [dí:pn] vt. 깊게 하다, 심화시키다 vi. 깊어지다, 심화되다

deep(a.깊은)+en(만들다=make)의 결합.

- His sorrow **deepened** as the days went by. 그의 슬픔은 날이 갈수록 깊어졌다. vi.
- Philosophy **deepens** and widens the scope of our thoughts.
  철학은 우리의 사고 영역을 넓게 하고 깊게 해(심화시켜) 줍니다. vt.

---

worsen [wə́:rsən] vt. 악화시키다 vi. 악화되다

worse(a.악화된, 더 나쁜=ill, bad의 비교급)+en(동사 접미사)의 결합.

'더 나쁘게 만들다=악화시키다'입니다.

- Headphone use may **worsen** hearing loss.
  헤드폰 사용은 청력 감퇴를 더 악화시킬 수 있어.

sicken [síkən] vt.구역질(신물)나게 하다, 병나게 하다 vi.구역질 나다, 신물 나다

sick(a.신물 나는, 아픈)+en(만들다=make)의 결합.

- I **sickened** to see a dead mouse. 나는 죽은 쥐를 보고 구역질이 났다. vi.
- I am **sickened** by the way people take their marriage vows so lightly.
  나는 사람들이 혼인서약을 그렇게 가볍게 여기는 것에 신물이 납니다. vt.

weaken [wíːkən] vt.약하게 만들다 vi.약해지다

weak(a.약한=infirm)+en(만들다=make)의 결합.

- Don't **weaken**. There's always next time. 약해지지 마. 항상 다음이 있어. vi.
- Stress can **weaken** your immune system.
  스트레스는 너의 면역 체계를 약화시킬 수 있어. vt.

hasten [héisn] vi.서두르다, 서둘러 가다 vt.재촉(촉진)하다

hasty(a.급한, 서두르는)+en(만들다=make)의 결합.

- I **hasten** to let you know the good news. 서둘러 기쁜 소식을 알려드립니다.
- I **hastened** to the spot, as soon as I heard the news.
  나는 그 소식을 듣자마자 서둘러 현장으로 갔다.

broaden [brɔ́ːdn] vt.넓히다(widen) vi.넓어지다(widen)

broad(a.넓은=wide, vast)+en(만들다=make)의 결합.

- Traveling can **broaden** your knowledge of other countries.
  여행은 다른 나라에 대한 너의 지식을 넓혀줄 수 있어.

dampen [dǽmpən] vt.축축하게 하다, 기를 꺾다 vi.축축해지다, 기가 죽다

damp(a.축축한 n.습기)+en(만들다=make)의 결합.

장난치다가 선생님에게 걸려 의자 들고 벌을 서 본 기억이 있나요? 벌을 서면 땀이 나서 온몸이 축축해지고 기가 꺾이고 기가 죽게 되지요. [댐-dam] 주변은 항상 축축하죠.

- Perspiration **dampened** her face and neck. 땀이 그녀의 얼굴과 목을 축축하게 했다.
- He is **dampened** by his failure. 그는 실패하여 기가 꺾여 있어.

thicken [θíkən] vt.두껍게(굵게, 진하게)하다 vi.두껍게(굵게, 진하게)되다

thick(a.두꺼운, 굵은, 짙은)+en(만들다=make)의 결합.

- Stir until the sauce has **thickened**. 소스가 걸쭉해질(진해질) 때까지 저어라. vi.
- Man-made global warming pollution more **thickens** the atmosphere.
  인간이 만든 지구온난화 오염물질은 대기를 더 두껍게 만듭니다. vt.

strengthen [stréŋkθən] vt.강화하다 vi.강해지다, 튼튼해지다

strength(n.힘=power, force)+en(만들다=make)의 결합.

'강한 힘을 갖도록 만들다=강화하다(reinforce, fortress)'입니다.

- Korea will **strengthen** its national defense. 대한민국은 국방력을 강화할 것입니다.
- Meditation is a good way to refresh and **strengthen** our minds.
  명상은 우리 마음을 신선하게 하고 강화하는 좋은 방법이야.

---

lengthen [léŋkθən] vt.길게 하다, 늘이다(prolong) vi.길어지다, 늘어지다

length(n.길이)+en(만들다=make)의 결합.

- The days have begun to **lengthen**. 해가 길어지기 시작했어. vi.
- To **lengthen** the life, lessen the meals. 수명을 늘리려면 식사를 줄여라. vt.

---

civilize [sívəlàiz] vt.문명화(개화)하다, 세련되게 하다

civil(a.문명의)+ize(동접)의 결합.

- civil a.시민의, 문명의, 민간의   • civilization [sìvəlizéiʃən] n.문명, 문화, 개화
- The Romans set out to **civilize** the ancient Britons.
  로마인들은 고대 영국인을 문명화하기 시작했다.

---

criticize [krítisàiz] v.비평하다, 비판하다

critic(n.비평가 a.비판적인)+ize(동접)의 결합.

'비판적인 말을 하다=비평하다, 비판하다'입니다.

- I **criticized** her the way she **criticized** me.
  나는 그녀가 나를 비판한 방식으로 그녀를 비판했다.

---

mechanize [mékənàiz] vt.기계화하다

mechan(기계=machine)+ize(동접)의 결합.

메칸더 V라는 일본 만화가 있는데, 메칸더는 어근 mechan을 일본식으로 발음한 것입니다.

- We don't need **mechanized** workers.
  우리는 기계화된 노동자를 필요하지 않습니다.

---

symbolize [símbəlàiz] vt.상징하다, ~의 상징(기호)이다

symbol(n.상징)+ize(동접)의 결합.

- symbol n.상징, 기호, 부호   • symbolization n.상징(기호)화
- Do you know how heart came to **symbolize** love?
  여러분은 어떻게 하트가 사랑을 상징하게 되었는지 알고 있나요?

crystallize [krístəlàiz] vt.결정화시키다, 구체화하다 vi.구체화되다

crystal(n.결정체, 수정)+ize(동접)의 결합.

크리스털(crystal)은 수정이나 유리처럼 결정체로 된 것으로 결정(結晶)은 원자, 이온, 분자 등을 배열하여 눈에 보이는 결정체로 만드는 것. 결정화시키는 것은 사상이나 계획 따위를 구체화 시키는 것과 같기 때문에 '**결정화시키다**'에서 '**구체화하다**'는 의미가 파생.

- My new business item is beginning to **crystallize**.
  나의 새로운 사업 아이템이 구체화되고 있어.

humanize [hjú:mənàiz] vt.인간답게 만들다, 교화시키다 vi.인간답게 되다

human(n.인간 a.인간의)+ize(동접)의 결합.

- It isn't easy to **humanize** him.
  그를 인간답게 만드는 것은 쉽지 않다.
- Steps are being taken to **humanize** the prison.
  감옥을 교화시키려는 조치들이 취해지고 있다.

generalize [dʒénərəlàiz] v.일반화(보편화)하다

general(a.일반적인)+ize(동접)의 결합.

- general a.일반적인, 보편적인
- generalization [dʒènərəlizéiʃən] n.일반화, 보편화
- It is foolish to **generalize** from a single example.
  한 가지 사례로 일반화하는 것은 어리석은 일이야.

purify [pjúərəfài] vt.깨끗하게 하다, 정화(순화)하다 vi.깨끗해지다

pure(a.깨끗한, 순수한, 맑은)+ify(동접)의 결합.

- purify water 물을 깨끗하게(정화)하다
- We must **purify** and dispose of confused information on the Internet.
  우리는 인터넷상에서 혼란스런 정보를 정화하고 정리해야 합니다.

simplify [símpləfài] vt.단순화하다, 간단하게 하다

simple(a.단순한, 간단한)+ify(동접)의 결합.

- simplification [simpləfikéiʃən] n.단순화, 간소화, 단일화
- simplify the system 제도를 단순화하다
- Could you **simplify** what you've just said?
  방금 말씀한 내용을 간단하게 정리해 주시겠습니까?

signify [sígnəfài] vt.표시하다(mark), 의미하다(mean) vi.중요하다

sign(n.표시, 기호=mark)+ify(동접)의 결합.

책을 보면서 별표 **표시**를 하면 그 부분이 **중요**하다는 것을 **의미**하기 때문에 '**표시하다**'에서 '**의미하다, 중요하다**'는 뜻이 파생. 아파트 현관문에 한 번 털었던 집에 O 표시, 주인이 항상 있어서 들어가면 안 되는 집에 X 표시, 털지 않은 집에 △ 표시를 한 도둑에 대해 방송된 적 있습니다. 표시와 기호는 어떤 무엇을 의미하는 중요한 것이죠. 혹시 우리 집 현관에 어떤 표시가 있는지?

- significant [signífikənt] a.중요한(important)
- insignificant [insignífikənt] a.중요하지 않은, 무의미한
- significance [signífikəns] n.중요성(importance), 의미(meaning, sense)
- significantly ad.현저하게, 상당히(fairly, pretty, considerably)
- What does that **signify**? 그것은 무엇을 의미합니까? vt.
- It does not **signify** much. 그것은 그다지 중요하지 않아. vi.
- Today is a **significant** date for me. 오늘은 나에게 중요한 날이야.
- Humans are **significantly** changing the environment itself.
  인간은 환경 자체를 현저하게 변화시키고 있어.

terrify [térəfài] vt.놀라게 하다, 겁나게 하다

terr(테러=terror)+ify(동접)의 결합.

'누군가에게 테러를 가하다=놀라게 하다(frighten, alarm, astonish, amaze)'입니다. 누군가에게 또는 자신에게 테러(terror)를 가하면 깜짝 놀라고, 겁나게 되지요.

- I was so **terrified** that I couldn't say anything. 난 너무 무서워서 아무 말도 할 수 없었어.
- The prospect of nuclear war **terrifies** everyone.
  핵전쟁 전망은 모든 사람을 겁나게 만든다.

certify [sə́:rtəfài] vt.증명(보증, 검정, 공인)하다 vi.보증하다, 증인이 되다

cert(확실한=certain)+ify(동접)의 결합.

'불확실한 것을 확실하게 만들다=증명하다(testify), 보증하다(assure)'입니다.

- Her reports were **certified** as true. 그녀의 보고서들은 사실로 증명되었다.
- I **certify** that he is a diligent student. 나는 그가 착실한 학생임을 보증합니다.

clarify [klǽrəfài] vt.(의미, 견해 등)분명히 하다, 명확히 하다

clar(분명한=clear)+ify(동접)의 결합.

- Could you just **clarify** one thing for me? 저를 위해서 한 가지 분명히 해주시겠어요?
- When asked to **clarify** his ambition, he didn't reply.
  그의 야망을 분명히 밝히라고 요청받을 때 그는 대답하지 않았다.

classify [klǽsəfài] vt. 등급으로 나누다, 분류하다 (group, sort, assort)

class(n.등급=grade)+ify(동접)의 결합.

일상생활에서 흔히 사용하는 '톱클래스, 클래스가 다르다, 이코노미 클래스'란 말에서 클래스는 등급(grade)을 나타냅니다.

- class n.등급(grade, rank, order), 학급(반, 수업, 학년), 계급
- It is dangerous to **classify** people in that way.
  그런 식으로 사람을 분류하는 것은 위험합니다.

fortify [fɔ́:rtəfài] vt. 요새화하다, 강화하다 (strengthen, reinforce)

fort(n.요새, 성채)+ify의 결합.

적의 어떠한 공격에도 견딜 수 있도록 구축한 군사 시설을 요새라고 합니다. 어떤 지역을 **요새화**한다는 것은 그 지역을 **강화**하는 것이죠. fort와 fortress는 동의어. 포트리스(fortress)라는 게임이 있는데 요새를 탈환하는 것입니다.

- fortress [fɔ́:rtris] n.요새, 성채 • fortify a town 도시를 요새화하다
- This area is **fortified** with walls that kept out pirates.
  이 지역은 해적을 접근하지 못하게 하는 벽으로 요새화되어 있습니다.
- He **fortified** his argument with statistics.
  그는 통계로 자신의 주장을 강화했다.

justify [dʒʌ́stəfài] vt. 정당화하다

just(a.올바른, 정당한=right)+ify(동접)의 결합.

- justification [dʒʌ̀stəfikéiʃən] n.정당성, 정당화, 변명(excuse)
- Don't find an excuse to **justify** your failure.
  너의 실패를 정당화하기 위한 변명을 찾지 마.

modify [mάdəfài] v. 수정하다, 변경하다, 변형하다, 바꾸다

mod(n.방법, 방식, 양식=mode)+ify(동접)의 결합.

'사용하려는 방식에 맞게 만들다=수정하다(correct), 변경하다(change, alter)'입니다. 자동차 핸들에 붙어 있는 mode를 누르면 라디오, 테이프, CD로 음악이 나오는 **방식**이 달라집니다. 듣고 싶은 방식에 따라 mode를 modify 해야 합니다.

- modification [mὰdəfikéiʃən] n.수정, 변경   • modify my diet 식단을 수정(변경)하다
- modify the plan 계획을 수정(변경)하다
- Is genetically **modified** food safe to eat?
  유전자 변형 식품은 먹기에 안전한가요?

solidify [səlídəfài] vt.굳히다, 단단하게 하다 vi.굳어지다

solid(n.고체 a.고체의, 단단한)+ify(동접)의 결합.

- The event will **solidify** the friendship among the members.
  이번 행사는 회원들 간의 우의를 굳힐 것입니다.

qualify [kwáləfài] vt.~에게 자격(권한)을 주다 vi.자격(증)을 얻다

qual(자질, 자격=quality)+ify(동접)의 결합.

'무엇을 할 자격을 만들다=자격(증)을 얻다'입니다. 교원 자격증을 만들면 학생을 가르칠 자격을 얻고, 운전 면허증을 만들면 운전할 자격을 얻지요. qualify는 quality(자격, 자질)에서 파생된 동사.

- qualification [kwὰləfikéiʃən] n.자격(증), 자질, 권한
- How long does it take to **qualify**?
  자격증을 얻으려면(따려면) 얼마나 걸리나요?

exemplify [igzémpləfài] vt.예증(예시)하다, ~의 좋은 예가 되다

exempl(n.예, 보기=example)+ify(동접)의 결합.

이해하기 쉽게 '예, 보기를 만들어 주다=예증하다(illustrate)'입니다.

- The book **exemplifies** the theory with a specific illustration.
  그 책은 구체적인 설명으로 이론을 예증(예를 들어 증명)한다.
- The works of Aristotle **exemplify** the philosophy of the ancient Greeks.
  아리스토텔레스의 작품은 고대 그리스 철학의 좋은 예가 된다.

■ 별도로 접미어를 암기할 필요는 없다!

 접미어는 앞에서 학습한 접미어 이외에는 별도로 학습할 필요가 없습니다. assistant는 'a.도움이 되는 n.조수'로 접미어 -ant는 형용사를 만드는 접미어이자 명사를 만드는 접미어입니다. basic은 'a.기초적인 n.기초'로 접미어 -ic는 형용사를 만드는 접미어이자 명사를 만드는 접미어입니다. estimate는 'vt.평가하다 n.평가'로 접미어 -ate는 동사를 만드는 접미어이자 명사를 만드는 접미어입니다. considerate는 'a.동정심 많은'으로 -ate는 형용사를 만드는 접미어이기도 합니다. experiment는 'vi.실험하다 n.실험'으로 접미어 -ment는 동사를 만드는 접미사이자 명사를 만드는 접미어입니다.
 이렇게 영어단어는 품사가 정해져 있지 않기 때문에 접미어만으로 품사를 알 수 없습니다. 영어 단어는 단어가 놓여 있는 위치에 따라 품사가 결정되기 때문에 단어가 놓여있는 위치를 보고 품사를 파악해야 합니다. 그래서 별도로 접미어를 암기할 필요가 없지요.

Part 2
어근편

Day 25

어근 st

어근 st는 stand(서다, 서 있다)입니다. 유사철자 sta, sti, ist, sist는 st의 변형.

stand [stænd] vi.서다, 서 있다 vt.세우다, 세워놓다, 참다(bear)

stand는 앉았다가 서는 동작과 일어선 다음에 서 있는 상태도 나타냅니다. 누군가 자신을 화나게 했을 때 다가가서 욕하거나 주먹을 날리지 않고 가만히 서 있는 것은 참는 것이기 때문에 '**서 있다**'에서 '**참다**'는 뜻이 파생.

instant [ínstənt] n.순간(moment), 인스턴트식품 a.즉시의(immediate)

in(안에)+sta(서 있다=stand)+nt의 결합.

'**매장 안에 서서 바로 먹을 수 있는 식품=인스턴트식품**'입니다. 짧은 순간에, 즉석에서 해 먹을 수 있는 인스턴트식품은 우리말로 순간 식품입니다.

- instant death 즉사   • instant response 즉답
- We live in an age of **instant** communication.
  우리는 즉각적인 의사소통 시대에 살고 있어.

constant [kánstənt] a.끊임없는, 지속되는, 일정한 n.불변의 것

con(강조=completely)+sta(서 있다=stand)+nt의 결합.

'**항상 같은 자리에 서 있는=끊임없는**(ceaseless, incessant, continuous)'입니다.

- constantly ad.끊임없이(incessantly), 항상(at all times, all the time)
- Studying a foreign language requires **constant** practice.
  외국어 학습은 끊임없는 연습을 필요로 해.

substance [sʌ́bstəns] n.물질(material), 실체(entity), 핵심(본질)

sub(아래=under)+sta(서 있다=stand)+nce의 결합.

'**맨 아래에 서 있는 것=물질, 실체, 본질**(essence)'입니다. 흙탕물, 소금물, 설탕물은 시간이 가면 바닥에 가라앉게 되는데 맨 아래에 가라앉아 있는 물질이 실체, 본질, 핵심입니다.

- Water is an essential **substance** for life on Earth.
  물은 지구에 사는 생명체에게 필수적인 물질이다.
- There is no **substance** in his argument.
  그의 주장에는 핵심(실체)이 없어.

substantial [səbstǽnʃəl] a. 상당한(considerable, large), 실질(본질)적인

substance(물질, 본질)에서 파생된 형용사. '물질, 본질'에서 '상당한'이란 뜻이 파생. 흙탕물을 걸렀을 때 맨 아래에 남아 있는 물질인 사금이 상당한 가치를 갖게 되지요. 즉 본질적인 **물질**이 **상당한(많은)** 가치를 갖게 된다는 것입니다.

- **Substantial** numbers of people support the reforms.
  상당한(많은) 수의 사람이 그 개혁을 지지한다.

install [instɔ́:l] vt. 설치하다(set up)

in(안에)+sta(세워 놓다=stand)+ll의 결합.

'안에 기계, 장비, 프로그램 따위를 세워놓다=**설치하다**'입니다. 컴퓨터에 새로운 프로그램 설치하는 것을 인스톨(install)이라고 합니다. 어떤 공간에 필요한 기계나 장비 등을 세워놓는 것은 설치하는 것이죠. '설치하다'와 '비치하다, 설비하다, 장치하다'는 동의어입니다.

- I can't understand how to **install** the machine.
  나는 그 기계 설치하는 방법을 이해할 수 없어.

statue [stǽtʃu:] n. 상, 조각상

sta(세우다=stand)+tue의 결합.

'입체적으로 만들어 세워 놓은 것=**상(像), 조각상, 동상**'입니다. 뉴욕에는 프랑스가 만들어 세워준 자유의 여신**상**(Statue of Liberty)이 있습니다. 미켈란젤로의 '다비드상', 로댕의 '생각하는 사람'등은 만들어 **세워 놓은 상(像)**이죠.

- The designer drew inspiration from the **Statue** of Liberty.
  그 디자이너는 자유의 여신상에서 영감을 얻었다.

stature [stǽtʃər] n. 키(신장)(height), 지위(position), 위상

sta(서 있다=stand)+ture의 결합.

'서 있는 상태를 자로 잰 것=**키, 지위**'입니다. 서 있는 동상은 statue이고, 상을 자로 쟀을 때 키(신장)는 statu**r**e입니다. 철자 r에서 자(ruler)를 떠올리면 statue(동상)와 stature(신장)를 쉽게 구분할 수 있습니다. 큰 신장을 비유적으로 표현하면 높은 위상(지위)이기 때문에 '**신장**'에서 '**지위, 위상**'이란 뜻이 파생.

- Though he is small in **stature**, he is very strong. 그는 키가 작지만, 힘이 매우 세다.
- He is a statesman of considerable **stature**. 그는 상당한 지위(위상)를 갖고 있는 정치인이다.

station [stéiʃən] n. 역, 서, 국, 기지, (업무적)위치, (사회적)지위

sta(서 있다=stand)+tion(명접)의 결합.

기차역, 버스정류장, 경찰서, 주유소, 방송국, 군부대처럼 가까운 위치에 서 있는 것이 station입니다. 일하는 **위치**가 사회적 **지위**를 말해주지요.

- a subway station 지하철 역
- a bus station 버스 정류장
- a police station 경찰서
- a gas station 주유소
- TV station TV 방송국
- a naval station 해군 기지

stationary [stéiʃənèri] a.정지해 있는, 고정된

station(n.역, 서, 국, 기지)+ary의 결합.

'**기차역이나 방송국처럼 한 곳에 서 있는=정지해 있는**'입니다. 기차역, 경찰서, 방송국은 움직이지 않고 정지해 있지요. station<u>a</u>ry(정지해 있는=st<u>a</u>nd)와 station<u>e</u>ry(문방구)는 철자가 비슷합니다. 편지를 붙이고 사무용품, 잡화를 파는 문방구가 기차역에서 처음 생겨난 것에서 stationery(문방구)란 단어가 유래.

- stationery [stéiʃənèri] n.문방구, 문구류, 편지지   • stationary troops 주둔군
- The car collided with a **stationary** vehicle. 그 자동차는 정지해 있는 차량과 충돌했어.
- There's a **stationery** store on the corner. 코너에 문구점이 하나 있어요.

statute [stǽtʃuːt] n.법, 법령

sta(서 있다=stand)+tute의 결합.

'**상황에 따라 움직이지 않고 확고하게 서 있는 것=법(law)**'입니다. 헌법, 민법, 상법, 형법 등 확고하게 서 있는 것은 법입니다. 법전에 있는 법률 조항을 가져다가 사건에 적용하기 때문에 법이 움직여서는 안 되지요. statue(동상)와 statute(법)는 철자가 비슷합니다. 철자 t가 2개 있는 것이 다리가 2개인 사람의 동상입니다.

- A **statute** can do many things, but it cannot change reality.
  법은 많은 일을 할 수 있지만, 현실을 바꿀 수는 없어요.

state [steit] n.상태(situation), 지위, 국가(주, 정부) vt.말하다(speak, say)

sta(서 있다=stand)+te의 결합.

'**서 있는 깃발=국가**'이고, '**앞에 서 있는 사람=말하다**'입니다. 태극기, 성조기, 오성기처럼 서 있는 깃발은 국가를 상징하고 동시에 국가의 상태와 지위를 나타냅니다. 국가를 대표해서 앞에 서 있는 사람은 공식적으로 말하게 되지요.

- Equality does not mean the same **state** of people.
  평등은 사람들이 동일한 상태를 의미하는 것이 아닙니다.
- Today's paper **states** that we'll have rain tonight. 오늘 신문에 의하면 오늘 밤에 비가 온다고 해.

obstacle [ábstəkəl] n.장애(물), 방해(물)

ob(반대=opposite)+sta(서 있다=stand)+cle의 결합.

'**길을 가는데 반대편에 서 있는 것=장애물**'입니다.

- China has long been the biggest **obstacle** for Korea.
  중국은 오랫동안 한국에 가장 큰 장애물이었어.

destination [dèstənéiʃən] n.목적지, 도착지, 행선지

de(분리=off)+sti(세우다=stand)+nation의 결합.

'**집에서 몸을 분리시켜 나왔을 때 마음속에 세워놓은 도착 장소=목적지**'입니다.

- It is one of the most popular travel **destinations** in Korea.
  그곳은 한국에서 가장 인기 있는 여행 목적지 중 하나입니다.

institute [ínstətjùːt] n.회, 학회, 협회, 학원, 연구소, 이공계 대학

in(안에)+sti(세워 놓다=stand)+tute의 결합.

'정부, 대학교, 기업 안에 세워 놓은 것=기관, 학회, 협회, 연구소'입니다.

- institution [instətjúːʃən] n.회(會), 학회, 협회, (공공)기관, 제도
- He is in charge of this **institute**. 그가 이 연구소(학회, 협회)를 책임지고 있어.
- I'm learning math and English at a private **institute**.
  나는 사설 학원에서 수학과 영어를 배우고 있어.

destiny [déstəni] n.운명(fate, doom, fortune)

de(분리=off)+sti(세우다=stand)+ny의 결합.

'신이 사람을 분리시켜 영역별로 세운 것=운명'입니다. 신(神)이 사람을 분리시켜 농민의 영역에, 군인의 영역에, 교사의 영역에 세워 놓으면 한 사람이 가야 할 운명을 정한 것입니다.

- Do you believe in **destiny**? I do not believe in fate.
  너는 운명을 믿어? 나는 운명을 믿지 않아.

destitute [déstətjùːt] a.빈곤한(poor, needy), 궁핍한

de(분리=off)+sti(서 있다=stand)+tute의 결합.

'직장, 일터로부터 분리되어 서 있는=빈곤한'입니다. 농민이 농사를 지을 수 있는 농토로부터 분리되어 서 있거나, 직장인이 돈을 벌 수 있는 직장으로부터 분리되어 서 있으면 빈곤할 수밖에 없지요.

- Have you seen **destitute** children who live on the streets?
  길거리에 사는 빈곤한 아이들을 본 적 있어?

substitute [sʌ́bstitjùːt] n.대리(인), 대체(물) v.대신하다, 교체하다

sub(아래=under)+sti(서 있다=stand)+tute의 결합.

'바로 아래(뒤)에 서 있는 것을 사용하다=대신하다(replace), 교체하다(change, shift)'입니다. 손님 접대용 커피가 떨어지면 커피 뒤에 서 있는(놓여 있는) 대체물 녹차를 대신 사용하게 됩니다. 사람들은 물건이 없거나 물건에 문제가 있으면 본능적으로 아래에 서 있는 것으로 대신하고, 교체하게 되지요.

- He sent his **substitute** to the meeting. 그는 회의에 그의 대리인을 보냈다.
- Jonson will **substitute** for me while I'm gone.
  제가 없는 동안에 존슨이 제 업무를 대신할 것입니다.

obstinate [ʌ́bstənit] a.완고한, 고집 센

ob(반대=opposite)+sti(서 있다=stand)+nate의 결합.

'자기 생각을 굽히지 않고 반대편에 서 있는=완고한(stubborn)'입니다.

- He was **obstinate** and wouldn't admit he was wrong.
  그는 완고해서(고집 세서) 자신이 틀렸다는 것을 인정하려 하지 않았다.

constitute [kánstətjù:t] vt.구성하다, 조직하다, (법)제정하다

con(함께=with)+sti(서 있다=stand)+tute의 결합.

'팀 구성원으로서 함께 서 있다=구성하다(make up, consist, compose)'입니다. 운동장에 11명의 축구선수가 함께 서 있으면 축구팀을 조직한 것이고, 각각의 선수는 팀원으로 구성되어 있는 것입니다. 필요한 법률 조항들을 모아 법을 구성하는 것은 법을 제정하는 것이기 때문에 '**구성하다**'에서 '**제정하다**'는 뜻이 파생.

- constitution [kànstətjú:ʃən] n.구성(composition), 구조, 체질, 헌법
- Female workers **constitute** the majority of the labour force in the country.
  그 나라에는 여성 노동자가 노동력의 다수를 구성하고 있다.
- He was born with a weak **constitution**.   그는 허약한 체질을 갖고 태어났어.
- The **constitution** is prior to all other laws.   헌법은 다른 모든 법률에 우선한다.

prostitute [prástətjù:t] n.매춘부, 윤락녀, 창녀 vt.(몸을)팔다

pro(앞, 이전=before)+sti(서 있다=stand)+tute의 결합.

'남자를 유혹하기 위해 길거리 앞에 서 있는 여자=매춘부(hooker, call girl)'입니다. 유흥가나 특정 거리에서 남자를 유혹하기 위해 길 앞에 서 있는 여자는 몸을 팔아 돈을 버는 매춘부입니다.

- prostitution [pràstətjú:ʃəm] n.매춘, 성매매, 윤락행위
- She had been sent to a hostess bar and forced to **prostitute** herself.
  그녀는 유흥업소에 보내져 몸 파는 것을 강요당했습니다.

abstruse [æbstrú:s] a.난해한(hard to understand)

ab(분리=off)+st(서 있다=stand)+ruse의 결합.

'핵심이 분리되어 밖에 서 있는=난해한'입니다. 내용의 핵심이 분리되어 다른 곳에 서 있어서 읽고도 무슨 뜻인지 알 수 없는 난해한 철학책들이 많지요.

- I was unable to make out his **abstruse** explanation of the formula.
  나는 그 공식에 대한 선생님의 난해한 설명을 이해할 수 없었다.

restore [ristɔ́:r] vt.(원상태로)회복시키다(retrieve, regain)

re(다시=again)+st(서다=stand)+ore의 결합.

'쓰러진 사람을 다시 서게 하다=회복시키다'입니다. 다치고 병든 사람을 다시 서게 하는 것은 원상태로 회복시키는 것이죠. '원래 상태로 회복시키다=복원하다, 복구하다, 부활하다, 반환하다'입니다.

- restoration [rèstəréiʃən] n.회복(recovery, retrieval), 복구, 복고, 부흥
- Koreans eat 삼계탕 in summer to **restore** their health.
  한국인들은 건강을 회복하기 위해 여름에 삼계탕을 먹어.
- The flood damage **restoration** costs about one billion won.
  수해 피해 복구는 약 10억 원의 비용이 듭니다.

subsist [səbsíst] vi.살아가다(live, exist), 존재(존속)하다

sub(아래=under)+sist(서다=stand)의 결합.

'아기가 바닥에 누워 있다가 일어서다=살아가다'입니다. 아기는 태어나서 어느 시점까지 바닥에 누워 지내다가 일정 시점이 되면 일어서게 됩니다. 아기가 일어서는 시점부터 사람으로서 살아가는 것이죠. 문어체 단어.

- The prisoners were **subsisting** on bread and water.
  그 죄수들은 빵과 물에 의존하여 살아가고 있었다.

assist [əsíst] n.도움(help, aid) vt.돕다(help, aid), 거들다

as(이동=ad=to)+sist(서 있다=stand)의 결합.

'도움을 줄 수 있는 위치에 가서 서 있다=돕다'입니다. 농구나 축구에 어시스트(assist)가 있는데 득점을 올릴 수 있는 위치에 서 있다가 공격수가 득점을 올릴 수 있도록 돕지요.

- assistant [əsístənt] n.조수, 비서, 보좌역   • assistance [əsístəns] n.도움, 원조
- I am here to **assist** you. 나는 너를 돕기 위해 여기 왔어.
- Artificial intelligence is expected to become a helpful **assistant** for humans.
  인공지능은 인간에게 유용한 조수(도우미)가 될 것으로 기대됩니다.

persist [pəːrsíst] vi.고집하다, 주장하다, 지속되다(continue)

per(완전히, 끝까지=perfectly)+sist(서 있다=stand)의 결합.

자기 의지가 관철될 때까지 '끝까지 서 있다=고집하다(insist, adhere to, stick to)'입니다.

- persistence [pəːrsístəns] n.고집, 완고, 지속   • persistent [pəːrsístənt] a.고집하는, 지속되는, 만성의
- In spite of financial problem, he **persists in** his project.
  재정적인 문제에도 불구하고, 그는 자신의 계획을 고집한다.
- The rain **persisted** throughout the night. 비는 밤새도록 지속되었다.

statistics [stətístiks] n.통계(표), 통계학

stat(상태=state)+ist(세우다=stand)+ics(학문)의 결합.

'어떤 상태를 종합적으로 알 수 있도록 세워 놓은 막대 그래프=통계, 통계표'입니다. 통계 수치를 막대 그래프로 세워 놓으면 한눈에 쉽게 들어오지요. 통계(표)란 의미로 사용할 때는 복수취급, 통계학이란 의미로 사용하면 단수취급.

- The **statistics** do not lie. 통계는 거짓말을 하지 않아.

idealistic [aidìːəlístik] a.이상주의적인, 비현실적인

ideal(이상, 관념)+ist(서 있다=stand)+ic의 결합.

현실세계가 아닌 '이상 속에 서 있는=이상주의적인, 비현실적인'입니다.

- ideal n.이상, 관념(concept, notion)   • idealistically ad.이상적으로
- Although they are twins, Kevin is **idealistic** while Jack is pragmatic.
  그들은 쌍둥이인데도 잭이 실용주의적인 반면에 케빈은 이상적이야.

desist [dizíst] vi. 그만두다, 중지하다(cease, quit, stop)

de(분리=off)+sist(세우다=stand)의 결합.

'분리시켜 다른 곳에 세워 놓다=그만두다(refrain, abstain), 중지하다'입니다. 무기를 분리시켜 창고에 세워놓으면 사냥과 전쟁을 그만두는 것이고, 담배를 분리시켜 서랍 속에 세워 놓으면 흡연을 그만두는 것이죠.

- Members please **desist from** private conversations.
  회원님들은 사적인 대화를 그만두시기 바랍니다.

consist [kənsíst] vi. 구성되어있다, (~에)있다

com(함께=with)+sist(서 있다=stand)의 결합.

'팀원으로 운동장에 함께 서 있다=구성되어있다'입니다. 팀 구성원은 팀 안에 있기 때문에 '**구성되어 있다**'에서 '**(~에)있다**'는 뜻이 파생.

- consist of, be composed of, be made up of, comprise ~로 구성되어 있다
- Love does not **consist in** gazing at each other, but **in** looking together in the same direction.
  사랑은 두 사람이 마주 보는 것이 아니라, 같은 방향을 함께 바라보는 것에 있다.

resist [rizíst] v. 저항(반대)하다, 견디다

re(반대=opposite)+sist(서 있다=stand)의 결합.

'나와 반대편의 입장에 서 있다=저항하다(withstand, resist)'입니다. 나와 반대편에 서서 싸우면 나에게 저항하는 것이죠. **레지스탕스(resistance)**는 2차 세계대전 당시 나치에 저항한 프랑스 **저항**군입니다.

- resistant [rizístənt] a. 저항하는, 잘 견디는
- resistance [rizístəns] n. 저항, 반항
- Those who **resisted** were beaten by the police.
  저항한 사람들은 경찰에게 구타를 당했어.

insist [insíst] v. 고집하다(persist), 주장하다, 우기다

in(안에, 계속)+sist(서 있다=stand)의 결합.

'계속 서 있다=고집하다, 주장하다'입니다. 자기의 요구나 주장이 관철될 때까지 안에 계속 서 있는 것은 고집하고 주장하는 것이죠.

- insistent [insístənt] a. 주장하는, 고집부리는
- insistence [insístəns] n. 주장, 고집
- Sadly, Japanese people continue to **insist** that Dokdo is theirs.
  안타깝게도, 일본인들은 독도가 자기네 땅이라고 계속해서 주장하고 있습니다.

Day 26

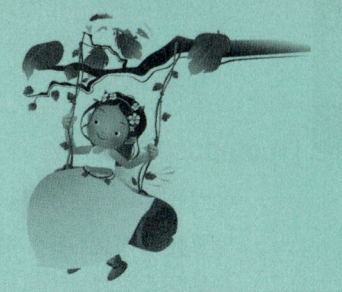

어근 pose

어근 pos(e)는 put(놓다)입니다. 유사철자 pon, pound는 pose의 변형. 사진 찍을 때 다양한 포즈(pose)를 취하지요. 자신의 몸을 어떤 자세로 정지시켜 놓는 것이 pose입니다.

purpose [pə́:rpəs] n.목적(aim, object, goal), 의도

pur(앞=pro=before)+pose(놓다=put)의 결합.

'회의나 토론할 때 맨 앞에 놓는 것=목적, 의도(intention, intent)'입니다. 토론할 때 맨 앞에 놓는 것은 토론의 목적과 토론을 개최한 의도를 밝히는 것입니다.

- purposely ad.의도적으로(on purpose, intentionally, deliberately)
- What is the **purpose** of this meeting?
  이 회의의 목적이 뭔가요?

suppose [səpóuz] vt.가정하다(assume, presume), 생각(추측)하다

sup(아래=sub=under)+pose(놓다=put)의 결합.

'사실이라는 전제하에 놓다=가정하다'입니다. 사실인지 아닌지 잘 모르는 상황에서 그것이 사실이라는 전제하(下)에 두는 것은 그것을 사실이라고 가정(생각, 추측)하는 것이죠.

- supposition [sÀpəzíʃən] n.가정(assumption), 추측(guess), 상상
- Let's **suppose** that it is true. 그것이 사실이라고 가정해 보자.
- I **suppose** that you should be more careful.
  나는 네가 좀 더 신중해야 한다고 생각해.

oppose [əpóuz] v.반대하다, 대항하다

op(반대=opposite)+pose(놓다=put)의 결합.

'자신의 입장을 상대편의 반대편에 놓다=반대하다(object)'입니다.

- opposition [Àpəzíʃən] n.반대, 적대, 대립 • be opposed to, object to ~에 반대하다
- Her family didn't **oppose** the marriage.
  그녀의 가족은 그 결혼을 반대하지 않았다.
- Personally, I **am opposed to** the plan.
  개인적으로, 나는 그 계획에 반대합니다.

어근 **183**

compose [kəmpóuz] vt.구성하다, 조립하다, 작문하다, 작곡하다

com(함께=with)+pose(놓다=put)의 결합.

'필요한 구성요소들을 함께 놓다=구성하다(consist, comprise, constitute)'입니다. 축구팀 구성원 11명을 운동장에 함께 놓으면 팀을 구성하는 것이고, 장난감을 사서 구성부품을 함께 맞춰 놓으면 조립, 필요한 단어들을 함께 놓으면 작문, 필요한 음표를 오선에 함께 놓으면 작곡입니다. 구성, 조립, 작문, 작곡은 모두 필요한 것을 **함께 놓는** 것이죠.

- be composed of, consist of, be made up of, comprise ~로 구성되어 있다
- composition [kàmpəzíʃən] n.구성, 조립, 작문(곡), 구성물, 혼합물
- The OECD is a group **composed** of the top 30 economies in the world.
  OECD는 세계 30개국의 경제 선진국으로 구성되어 있는 집단이다.
- Who **composed** the Korean National Anthem?
  누가 애국가를 작곡했나요?

impose [impóuz] vt.부과하다, 강요하다(force, compel, impel)

im(안에=in)+pose(놓다=put)의 결합.

'사람 손안에 고지서를 놓다=부과하다, 강요하다'입니다. 사람 손안에 세금 고지서를 놓는 것은 세금을 부과하는 것이고, 세금 부과는 국가가 국민에게 강요하는 것이기 때문에 **부과하다**에서 **강요하다**는 뜻이 파생. 중세 영국인들은 국왕, 교회, 영주가 부과하고 강요한 세금과 공역에 시달려야 했습니다.

- This system **imposes** additional financial burdens **on** many people.
  이 제도는 많은 사람에게 추가적인 재정 부담을 부과한다.
- I don't want to **impose** my values **on** you.
  나는 나의 가치관을 너에게 강요하고 싶지 않아.

dispose [dispóuz] vt.배치하다, 배열하다 vi.처분하다(of)

dis(분리=off)+pose(놓다=put)의 결합.

'각각의 물건들을 분리시켜 제 위치에 놓다=배치하다, 배열하다'이고, '필요 없는 물건을 다른 곳에 분리시켜 놓다=처분하다, 처리하다'입니다. 물건이나 사람을 분리시켜 제 위치에 놓는 것은 배치하고 배열하는 것입니다. 필요 없는 물건을 집에서 분리시켜 놓으면 처분하는 것이죠. disposed는 마음이 어느 한쪽으로 '배치(위치)되어 있는'에서 '~할 마음이 있는, ~경향이 있는'이란 뜻이 파생.

- disposal [dispóuzəl] n.처분, 처리, 매각, 배치, 배열
- disposition [dìspəzíʃən] n.처분, 처리, 배치, 배열, 경향
- disposed [dispóuzd] a.배치된. ~할 마음이 있는(inclined), ~경향이 있는
- The books are **disposed** in alphabetical order.
  책들은 알파벳 순서로 배치(배열)되어 있습니다.
- After your picnic, please **dispose of** the trash.
  소풍이 끝난 후에, 쓰레기를 처리해 주세요.

expose [ikspóuz] vt.노출시키다, 진열하다, 폭로하다(disclose, reveal)

ex(밖에=out)+pose(놓다=put)의 결합.

'안에 있는 것을 밖에 놓다=진열하다(display, exhibit), 폭로하다'입니다. 창고 안에 있는 상품을 밖에 내놓은 것은 노출시키고 진열하는 것입니다. 감추어져 있는 진실을 노출시키는 것은 폭로하는 것이죠. 전시 박람회를 엑스포(Expo)라고 하는데 명사형 exposition의 줄임말입니다.

- exposition [èkspəzíʃən] n.박람회(fair, exhibition), 전람회
- Kings were always **exposed** to the risk of assassinations.
  왕들은 항상 암살 위험에 노출되어 있었습니다.
- He threatened to **expose** my secret.
  그는 나의 비밀을 폭로하겠다고 위협했다.

depose [dipóuz] vt.면직(해임)하다, 폐위시키다(dethrone)

de(아래=down)+pose(두다=put)의 결합.

'높은 지위에 있는 사람을 밑바닥에 옮겨 두다=면직하다(dismiss, discharge)'입니다. 위에 있는 사람(왕, 권력자)을 끌어내려 낮은 곳에 두는 것은 면직, 해임, 폐위시키는 것이지요.

- deposition [dèpəzíʃən] n.면직, 폐위, 퇴적물(deposit의 명사형)
- His attempts to **depose** the leader were only for his private interest.
  그 지도자를 면직시키려는 그의 시도는 단지 사적인 이익을 위해서였다.

deposit [dipázit] n.퇴적물, 보증금, (은행)예금 vt.예금(예치)하다

de(아래=down)+pos(놓다=put)+it(가다=go)의 결합.

'맨 아래 밑바닥에 가서 놓여 있는 것=퇴적물, 보증금'입니다. 강 밑바닥에 가서 놓여 있는 것은 퇴적물(침전물)이고, 사람들이 거래의 안정성을 위해 밑바닥에 깔아 두는 돈은 '보증금, 공탁금, 계약금, 착수금, 증거금'입니다. 보증금이란 우리말이 있는데 디파짓(deposit)이란 영어를 사용하는 사람들이 많습니다.

- If canceled, the **deposit** will not be returned.
  취소되면 계약 보증금은 환급되지 않습니다.
- She has a large **deposit** in the bank. 그녀는 은행에 많은 예금이 있다.

impostor [impástər] n.(이름을 사칭하는)사기꾼

im(접촉=in=on)+pos(놓다=put)+t+or(사람)의 결합.

'자신의 이름 앞에 가짜 직업을 붙여 놓은 사람=사기꾼'입니다. 자신의 이름 앞에 의사, 변호사, 경찰, PD와 같은 가짜 직업을 붙여 놓은 사람은 사기꾼입니다. 접두어 in은 '안에, 안으로, on(접촉)'입니다.

- imposture [impástʃər] n.사칭, 사기(fraud, swindle, trick)
- I saw at a glance that he was an **impostor**.
  나는 그가 사기꾼임을 한눈에 알아봤어.

compost [kámpoust] n.퇴비

com(함께=with)+pos(놓다=put)+t의 결합.

'나뭇잎, 풀, 분뇨 등을 함께 섞어 놓은 것=퇴비(거름)'입니다.

- They developed the technology of making **compost** by using food waste.
  그들은 음식물 쓰레기를 이용하여 퇴비 만드는 기술을 개발했다.

posture [pástʃər] n.자세(pose, position), 태도 vi.자세를 취하다(pose)

pos(놓다=put)+ture의 결합.

'몸을 놓아두는 상태=자세'이고, '마음을 놓아두는 상태=태도(attitude)'입니다.

- Good **posture** is essential when working at the computer.
  컴퓨터 작업을 할 때 좋은 자세는 필수적이야.

position [pəzíʃən] n.위치(place, site), 지위, 입장, 상태

pos(놓다=put)+it(가다=go)+ion의 결합.

'물건이나 사람이 가서 놓여 있는 곳=위치, 지위, 상태(state, situation)'입니다. 물건이 가서 놓여 있는 곳은 위치, 사람이 가서 놓여 있는 사회적 위치는 지위입니다. 어떤 상황에서 누군가가 나와 같은 위치에 있으면 나와 **입장(상태)**이 같은 것이죠.

- I don't know the **position** of her house. 나는 그녀 집의 위치를 몰라.
- Wealth and **position** is not important to me. 재산과 지위는 나에게 중요하지 않아.
- What would you do in my **position**? 내 입장이라면 너는 어떻게 할 거야?

positive [pázətiv] a.확실한(sure), 긍정적인(affirmative)

pos(놓다=put)+it(가다=go)+ive의 결합.

'손을 들어 위로 올려놓는=확실한, 긍정적인'입니다. 선생님이 질문했을 때 확실한 답을 알고 있으면 '저요!' 하고 손을 들어 위로 올려놓게 되고, 선생님은 그런 학생들을 긍정적으로 평가하기 때문에 '**확실한**'에서 '**긍정적인**'이란 의미가 파생.

- **positively** ad.확실히(certainly, surely, for certain), 긍정적으로(affirmatively)
- She was **positive** that he had been there. 그녀는 그가 거기 갔었다는 것을 확신했다.

possess [pəzés] vt.가지고 있다, 소유(소지)하다, (귀신)들리다

pos(놓다=put)+sess의 결합.

'물건을 자신의 손에 옮겨 놓다=가지고 있다, 소유하다(own)'입니다. 자기 손에 물건을 옮겨 놓으면 물건을 가지고 있는 것이고, 물건을 소유(소지)하고 있는 것이죠. 몸속에 또 다른 영혼을 갖고 있으면 귀신 들린 것입니다.

- **possession** [pəzéʃən] n.소유(물), 재산(property), 홀림
- She **is possessed of** excellent powers of concentration. 그녀는 탁월한 집중력을 갖고 있어.
- He seems to **be possessed of** a demon. 그는 귀신에게 홀린 것처럼 보여.

186 보카쇼크

postpone [poustpóun] vt.연기하다(adjourn, delay, defer, put off), 미루다

post(후, 다음=after)+pone(놓다=pose=put)의 결합.

'오늘 할 일을 다음에 놓다=연기하다'입니다. 일정표에 있는 오늘 할 일을 1주일 뒤에 놓아 보세요. 오늘 할 일을 연기하고 미루는 것입니다.

- Don't **postpone** till tomorrow what you can do today.
  오늘 네가 할 수 있는 것을 내일까지 미루지 마.

exponent [ikspóunənt] n.주창자, 옹호자

ex(밖으로=out)+pon(놓다=pose=put)+ent(사람)의 결합.

'이론이나 학설을 처음 밖으로 내놓은 사람=주창자'입니다. 어떤 이론이나 학설을 처음 밖으로 내놓은 사람은 주창자이고, 옹호자는 주창자를 따르는 사람이기 때문에 '주창자'에서 '옹호자'라는 뜻이 파생.

- Adam Smith was an **exponent** of free trade. 애덤 스미스는 자유 무역의 주창자였다.

opponent [əpóunənt] n.(경기, 논쟁)상대, 반대자 a.반대하는, 적대하는

op(반대=opposite)+pon(놓다=pose=put)+ent(사람)의 결합.

경기나 논쟁에서 '나와 반대편에 놓여 있는 사람=상대(rival, match), 반대자'입니다.

- The worst thing you did was underestimate an **opponent**.
  네가 했던 최악의 것은 상대를 과소평가한 것이었어.

expound [ikspáund] v.자세히 설명하다(describe, illustrate, clarify)

ex(밖으로=out)+pound(놓다=pose=put)의 결합.

'세부 내용을 하나하나 밖으로 내놓다=자세히 설명하다'입니다. 친구에게 막연히 사업 계획이 있다고 말하면 어떤 사업을 어떻게 하려는지 알 수 없지요. 사업에 관한 세부 내용을 하나하나 밖으로 내놓는 것은 자세하게 설명하는 것입니다. vi로 사용하는 경우 설명은 무엇에 **관하여** 설명하는 것이기 때문에 expound on으로 사용.

- exponent [ikspóunənt] n.해설자, 설명자(elucidator)
- I **expounded** (**on**) my views on the unification of South and North Korea.
  나는 남북통일에 관하여 나의 견해를 상세히 설명했습니다.

preposition [prèpəzíʃən] n.전치사

pre(앞, 이전=before)+pos(놓다=put)+ition의 결합.

'명사 앞에 놓여 있는 말=전치사(前置詞)'입니다. at night, with you, to school처럼 명사 night, you, school 앞에 놓여 있는 at, with, to는 전치사입니다. proposition(n.제안, 계획)과 혼동하지 마세요. 전치사를 정복하면 영어를 정복했다고 할 정도로 전치사는 중요합니다. '영숙어쇼크'는 전치사를 정복할 수 있게 해 줍니다.

- The verb 'participate' takes the **preposition** 'in'.
  자동사 participate는 전치사 in을 취한다.

어근 set

어근 set은 set(놓다=put, lay)입니다.

settle [sétl] vt.놓다(set), 결정하다(decide), 정착시키다, 진정시키다(calm)
vi.(새)내려 앉다, 결정하다, 정착하다, 진정되다

settle(놓다)는 set(놓다)에서 파생된 단어.

여러 개의 생각 중에서 하나를 놓으면 결정하는 것이고, 어떤 곳에 갖고 있는 살림살이를 내려놓으면 정착하는 것입니다. 흥분된 사람의 마음을 내려놓는 것은 진정시키는 것이죠.

- He has no authority to **settle** the question.
  그는 그 문제를 결정할 권한이 없어.
- They are planning to **settle** down in America in the future.
  그들은 미래에 미국에 정착할 계획이야.
- I'll get you something to **settle** your stomach.
  너의 위를 진정시킬 무언가를 가져다줄게.

beset [bisét] vt.포위하다(surround, encircle), 에워싸다, 괴롭히다(torment, torture)

be(만들다=make)+set(놓다=put, lay)의 결합.

'사방에 장벽을 만들어 놓다=포위하다, 괴롭히다'입니다. 적군이 빠져나가지 못하도록 사방에 장벽을 만들어 놓으면 적을 포위하는 것입니다. 여러 사람이 한 사람을 포위하는 행위는 괴롭히는 것이기 때문에 '포위하다'에서 '괴롭히다'는 뜻이 파생. 문어체 단어이며 주로 수동태로 사용.

- They were **beset** by the enemies in an instant. 그들은 순식간에 적에게 포위되었다.

onset [ánsèt] n.공격(attack), 시작(beginning), 착수, 출발

on(접촉, 계속)+set(놓다=put, lay)의 결합.

'화살, 총알, 포탄을 적의 영토에 붙이는 것=공격, 시작'입니다. 화살, 포탄을 날려 적의 영토에 붙이면 공격하는 것이고 전쟁을 시작하는 것입니다. 어떤 상품을 미국시장에 붙이면 미국 시장을 공격(공략)하는 것이고, 미국 시장 개척을 시작(착수)하는 것이죠.

- The **onset** of global warming has changed everything.
  지구온난화의 시작은 모든 것을 바꾸어 놓았다.

asset [æset] n.자산(property, possessions, fortune, estate), 재산

as(이동=ad=to)+set(놓다=put, lay)의 결합.

'어디에 사 놓거나 집에 가져다 놓은 것=재산'입니다. 어디에 가서 사 놓은 토지나 건물, 집에 가져다 놓은 값어치 있는 물건들은 모두 자산(재산)입니다.

- The **assets** of a company include its leadership, workers, properties, and capital.
  회사의 자산에는 지도력, 근로자, 자산 및 자본이 포함된다.

어근 sert

어근 sert는 set(놓다=put, lay)입니다. sert에서 철자 r을 빼면 set가 됩니다.

insert [insə́:rt] vt.끼워 넣다, 삽입하다 n.삽입(물), 삽입광고

in(안에)+sert(놓다=set, put, lay)의 결합.

'종이 안에 놓다, 문구를 안에 놓다=끼워 넣다, 삽입하다'입니다. 신문지 안에 광고지를 놓는 것은 광고지를 끼워 넣는(삽입하는) 것이고, 문장들 안에 새로운 문장을 놓는 것은 문장을 끼워 넣는(삽입하는) 것이지요.

- insertion [insə́:rʃən] n.삽입(물), 삽입광고
- Do you have any reason for **inserting** NG scenes in your movies?
  당신 영화에 NG 장면을 삽입하는 어떤 이유가 있나요?

assert [əsə́:rt] vt.주장하다(insist, persist, maintain, allege), 단언하다(declare, affirm)

as(이동=ad=to)+sert(놓다=set, put, lay)의 결합.

'확고한 자기 생각을 타인에게 옮겨놓다=주장하다'입니다. '이것이 맞다', '그렇게 하면 안 된다'와 같은 확고한 자기 생각을 타인에게 옮기는 것은 단언하는 것이고, 자기 생각을 주장하는 것입니다.

- assertion [əsə́:rʃən] n.주장(insistence, persistence), 단언(declaration, affirmation)
- When you **assert** your right, there should be basic courtesies.
  너의 권리를 주장할 때 기본적인 예의가 있어야 해.
- I can **assert** that she has a boyfriend.
  나는 그녀가 남자친구가 있다고 단언할 수 있어.

desert [dézərt] n.사막, 황무지 a.불모의, 황량한 vt.버리다 [dizə́:rt]

de(분리=off)+sert(놓다=set, put, lay)의 결합.

'자신에게 필요 없는 것을 분리시켜 놓다=버리다(abandon, forsake)'입니다. 자신에게 필요 없는 것을 분리시켜 놓는 것은 버리는 것이고, 농부들이 농사를 짓지 않고 버리는 땅은 사막, 황무지입니다.

- deserted a.버려진(abandoned), 황폐한 • the Sahara Desert 사하라 사막
- Her boyfriend **deserted** her when she got pregnant.
  그녀가 임신했을 때 남자 친구는 그녀를 버렸어.

exert [igzə́:rt] vt.발휘하다, 노력하다(oneself)

ex(밖으로=out)+(s)ert(놓다=set, put, lay)의 결합.

'몸 안에 축적되어 있는 힘을 밖으로 내놓다=발휘하다'입니다. exsert[익스서트]는 s발음이 중복되어 발음이 불편하기 때문에 철자 s를 생략.

- He told them to **exert** their wisdom to overcome the adversity.
  그는 그들에게 역경을 극복하는 지혜를 발휘하라고 말했다.
- He **exerted himself** to win the game as best as he could.
  그는 그 게임에 이기기 위해 최선을 다해서 노력했다.

DAY 26

disconcert [dìskənsə́:rt] vt. 당황하게 만들다(confuse, perplex, embarrass)

dis(분리=off)+con(함께=together)+cert(놓다=sert=set)의 결합.

'주변 사람들이 함께 몸을 분리시켜 놓다=당황하게 만들다'입니다. 생일파티에 참석한 사람들이 다함께 파티장에서 몸을 분리시켜 떠나버리면 당황하지 않을까요?

- The sudden change in the schedule **disconcerted** me.
  갑작스런 일정 변경이 나를 당황하게 만들었다.
- He was very **disconcerted** when he realized that he had lost the keys.
  열쇠를 분실했다는 것을 알았을 때 그는 매우 당황했다.

Day 27

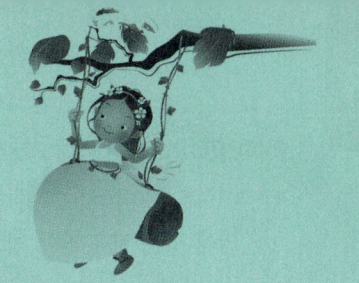

어근 cept

어근 cept는 take(잡다=catch)입니다.
유사철자 cap, cep, cip, cup, ceive는 cept의 변형. 어근 c*p는 모두 cep(t)의 변형으로 기억하세요.

intercept [intərsépt] vt.가로채다(인터셉트하다), 저지(차단)하다 n.가로채기, 저지

inter(사이=between)+cept(잡다=take, catch)의 결합.

'사이(중간)에 있는 것을 잡다=가로채다, 저지하다(block, stop)'입니다. 축구나 농구에서 나와 상대편 사이에 있는 공을 잡는 것은 인터셉터(intercept-가로채기)입니다. 공을 가로채는 것은 공격을 저지하고 차단하는 것이기 때문에 '가로채다'에서 '저지(차단)하다'는 뜻이 파생. 인터셉트(intercept)의 cept에서 take, catch의 뜻을 기억하세요.

- She **intercepted** the letter before her parents found it.
  그녀는 부모님이 발견하기 전에 그 편지를 가로챘다.
- The police tried to **intercept** protesters.
  경찰은 시위자들을 저지하려고 노력했다.

contracept [kàntrəsépt] vt.피임하다

contra(반대=opposite)+cept(잡다=take, catch)의 결합.

'난자가 정자를 잡지 못하게 하다=피임하다(prevent pregnancy)'입니다.

- contraception [kàntrəsépʃn] n.피임
- contraceptive [kàntrəséptiv] n.피임약, 피임기구 a.피임의
- What is the most reliable form of **contraception**?
  가장 믿을 만한 피임 방식은 무엇인가요?

precept [prí:sept] n.교훈(lesson), 격언(maxim), (법)영장

pre(앞, 이전=before)+cept(잡다=take, catch)의 결합.

'이전에 살았던 선조로부터 잡은 삶의 지혜=교훈, 격언'입니다. 이전에 살았던 선조로부터 잡은 삶의 지혜는 교훈(격언)이고, '사람을 체포하거나 수색하기 이전에 경찰이 손에 잡고 있는 것=영장'입니다.

- I have learned a worthwhile **precept** from the movie.
  나는 그 영화를 통해서 가치 있는 교훈을 배웠어.

except [iksépt] prep. ~을 제외하고(save, but, apart from)

ex(밖으로=out)+cept(잡다=take, catch)의 결합.

'안에 있는 것을 잡아 밖으로=제외하고'입니다. 10명의 회원이 있는데 그중에 1명을 잡아 밖으로 보내면 그 회원을 제외하는 것이죠.

- exceptional [iksépʃənəl] a.예외적인, 드문   • exceptionally ad.예외적으로, 특별히
- We are all ready **except** you. 너를 제외하고 우리 모두 준비되어 있어.

concept [kánsept] n.개념(notion), 생각, 아이디어

con(강조=completely)+cept(잡다=take, catch)의 결합.

'어떤 무엇에 대해 마음속에 확실히 잡고 있는 것=개념, 생각'입니다. 자동차에 콘셉트 카(concept car)가 있는데 새로운 스타일, 새로운 신기술을 보여주기 위한 신개념이 들어가 있는 자동차를 말합니다.

- He doesn't have any **concept** of time. 그는 시간 개념이 전혀 없어.

accept [æksépt] vt.받아들이다, 수락하다

ac(이동=ad=to)+cept(잡다=take, catch)의 결합.

'자신에게 오는 것을 잡다=받아들이다, 수락하다(allow, permit)'입니다. 자신에게 오는 제안서나 초대장을 잡는 것은 제안과 초대를 받아들이고, 수락하는 것이죠.

- accepted a.일반적으로 인정된(받아들여진)   • acceptable a.받아들일 만한
- acceptance [ækséptəns] n.수락(allowance, permission, consent), 수용
- Sorry that I can't **accept** your invitation. 당신의 초대를 받아들일 수 없어서 미안합니다.

receptive [riséptiv] a.잘 받아들이는, 이해력(감수성)이 있는

re(강조=completely)+cept(잡다=take, catch)+ive의 결합.

'다른 사람 말의 핵심과 마음을 정말 잘 잡는=잘 받아들이는, 감수성 있는'입니다. receive(vt.받다)의 형용사형. 말의 핵심을 잘 받아들이는 것은 이해력이 있는 것이고, 타인의 마음을 잘 받아들이는 것은 감수성이 풍부한 것이지요.

- receipt [risí:t] n.받기(수령), 영수증(돈 주고받은 것)
- reception [risépʃən] n.받기(입회, 수령, 가입), 리셉션(환영회-손님받기)
- She is **receptive** to new ideas. 그녀는 새로운 사상을 잘 받아들인다.
- Here are your **receipt** and change. 영수증과 잔돈 여기 있습니다.

captious [kǽpʃəs] a.흠(꼬투리, 트집)잡기 좋아하는, 헐뜯는

capt(잡다=cept=take, catch)+ious의 결합.

사람이나 물건이 갖고 있는 '흠을 잘 잡는=흠잡기 좋아하는'입니다.

- I don't like his stubborn and **captious** character.
  나는 그의 완고하고 꼬투리 잡기 좋아하는 성격을 좋아하지 않아.

capture [kǽptʃər] n.붙잡다, 점령하다, 캡쳐(포착)하다 n.생포, 점령, 캡쳐

capt(잡다=cept=take)+ure의 결합. capture는 '잡다(take)'에서 모든 뜻이 파생.

적의 영토에 들어가 적국의 왕, 영토를 잡으면 점령하는 것이고, 움직이는 순간이나 자료의 일부분을 잡는 것은 캡쳐(포착)하는 것입니다.

- The detective failed to **capture** the suspect. 그 형사는 용의자를 붙잡는 데 실패했다.

captivate [kǽptəvèit] vt.마음을 사로잡다, 매혹시키다

capt(잡다=cept=take, catch)+iv+ate의 결합.

'사람의 마음을 완전히 사로잡다=매혹시키다(fascinate, charm)'입니다.

- captive [kǽptiv] n.포로, (사랑에)사로잡힌 사람 a.포로의, 매혹된
- Her beauty and intelligence have **captivated** many men.
  그녀의 미모와 지성은 많은 남자를 사로잡았다.

recipient [risípiənt] n.수령인, 수취인, 수상자, 그릇(용기)

re(강조=completely)+cip(잡다=take, catch)+i+ent(사람)의 결합.

'도착한 물건이나 상을 잡는 사람=받는 사람(수령인, 수취인, 수상자)'입니다. recipient는 receive(받다)의 명사형. 택배가 왔을 때 물건을 잡는 사람은 수령인(수취인), 상을 줄때 받는 상을 사람은 수상자, 음식을 담았을 때 음식을 잡고 있는 것은 그릇(용기)입니다.

- A **recipient** of an email should never open a suspicious attachment.
  이메일 수신자들은 수상한 첨부 파일을 절대 열어서는 안 된다.

discipline [dísəplin] n.학과, 규율, 훈련(훈육), 징계 vt.훈련하다, 통제하다, 징계하다

dis(분리=off)+cip(잡다=take, catch)+line의 결합.

'적성별로 학생들을 분리해서 잡는 것=학과(교과)'입니다. 학생들을 적성별로 분리시켜 붙잡는 곳이 대학의 학과입니다. 각 학과에서 정한 규율로 훈육(훈련)하고, 규율을 어기면 징계하기 때문에 '**학과**에서 **규율, 훈련, 징계**'라는 뜻이 파생.

- law and discipline 법과 규율 • military discipline 군사 훈련
- Years of **discipline** and efforts are required to gain knowledge or experience.
  지식이나 경험을 얻기 위해서는 수 년 간의 훈련과 노력이 필요합니다.

recipe [résəpì:] n.(약)처방(전), (요리)조리법, 비법, 비결

re(계속=again)+cip(잡다=take, catch)+e의 결합.

'실험을 계속하여 잡은 최적의 결과=비법, 비결'입니다. 어떤 약을 만드는 비법은 처방전이고, 어떤 요리를 만드는 비법은 조리법입니다.

- I'm surfing the Internet to find good **recipes**. 좋은 요리법(레시피)을 찾기 위해 인터넷을 검색하는 중이야.
- What's your **recipe** for success? 당신의 성공 비결은 무엇인가요?

participate [pɑːrtísəpèit] vi. 참가하다(take part in, enter), 참여하다

part(부분=portion)+i+cip(잡다=take, catch)+ate의 결합.

'어떤 곳에서 자기 자리를 잡다=참가하다'입니다. 회의실에서 자기 자리를 잡는 것은 회의에 참가(참석)하는 것이고, 경기에서 자기 자리를 잡으면 경기에 참가(참여)하는 것이죠. 동의어 take part in은 take(잡다)+part(자리)+in(~에)의 결합.

- participation [pɑːrtisəpéiʃən] n. 참가(entry, joining), 참여
- Many kids from all over the world **participated in** the event.
  전 세계에서 온 많은 어린이가 그 행사에 참여했습니다.

principal [prínsəpəl] a. 주요한(prime, main), 첫째의(first) n. 장(長)

prin(첫째의=prime)+cip(잡다=take, catch)+al의 결합.

'조직 서열상 첫 번째 자리를 잡은 사람=장(president=사장, 교장, 회장, 장관)'입니다. 회사에는 사장, 전무, 상무, 부장, 과장과 같은 서열이 있습니다. 서열 첫 번째 자리를 잡은 사람이 사장으로 회사의 사장은 학교의 교장, 모임의 회장, 국가의 장관과 같지요.

- prime [praim] a. 첫째의(first), 가장 주요한(main, chief, principal), 기초적인
- I know the **principal** cause of his failure. 나는 그가 실패한 주요 원인을 알아.
- By recommendation of the **principal**, I entered University.
  교장님의 추천으로 나는 대학교에 진학했어.

principle [prínsəpəl] n. 원리(theory), 원칙, 이론, 법칙

prin(첫째의=prime)+cip(잡다=take, catch)+al의 결합.

'배울 때 맨 처음으로 잡는 것=원리, 이론'입니다. 수학, 과학 등을 배울 때 맨 처음으로 배우는 것은 원리, 이론입니다. 원리와 이론을 먼저 배운 다음 응용에 들어가죠. principle(원리)와 principal(교장)은 발음이 같고 철자가 비슷합니다. principal의 pal(팔)에서 팔짱을 끼고 학교를 둘러보는 교장을 떠올려 보세요.

- You should stick to those **principles** you hold dear.
  네가 소중하게 갖고 있는 그 원칙들을 고수해야 해.
- In **principle**, I agree with you. 원칙적으로, 나는 너의 말에 동의해.

occupy [ákjəpài] vt. (시간, 장소, 일자리)차지하다(take up)

oc(이동=ad=to)+cup(잡다=take, catch)+y의 결합.

'가서 원하는 것을 붙잡다=차지하다'입니다. 가서 다른 나라 영토를 잡으면 '점령(점거)하다', 물건 따위를 잡으면 '점유하다', 생활할 집을 잡으면 '거주하다, 사용하다'입니다.

- occupatio [ákjəpéiʃən] n. 직업(vocation), 점유(차지), 거주, 종사, 임기
- unoccupied a. 비어있는 • preoccupy [priːákjəpài] vt. 선점하다(pre=이전), 몰두시키다
- The bed seemed to **occupy** most of the room. 그 침대가 그 방의 대부분을 차지하고 있는 것 같았다.
- Roman Empire began to **occupy** much of Europe.
  로마 제국은 유럽의 많은 부분을 차지하기(점령하기) 시작했다.

conceive [kənsíːv] v. 생각하다(think), 임신하다

con(함께=with)+ceive(잡다=take, catch)의 결합.

'**마음속에 생각을 잡고 있다=생각하다**'이고, '**배속에 아기를 잡고 있다=임신하다**'입니다. 마음속에 이런 저런 생각을 잡고 있으면 '생각하다', 엄마 배 속에 아이를 잡고 있으면 임신한 것이죠. 하나의 단어에 왜 '생각하다'와 '임신하다'라는 전혀 다른 의미를 갖고 있는지 이해하셨나요?

- conception [kənsépʃən] n. 개념(concept), 구상, 임신(pregnancy)
- conceit [kənsíːt] n. 자부심(pride), 자만
- We cannot **conceive** of a world without the Internet.
  우리는 인터넷이 없는 세상을 상상도 할 수 없어.
- She **conceived** several times, but the pregnancies ended in miscarriage.
  그녀는 수차례 임신했으나, 그 임신들은 유산으로 끝났다.

perceive [pərsíːv] vt. 알아채다(notice), 파악하다, 인지하다(recognize)

per(완전히=perfectly)+ceive(잡다=take, catch)의 결합.

'**핵심을 완전히 잡다=알아채다, 파악하다, 인지하다**'입니다. 오감을 통하여 상황의 핵심을 파악하는 것을 지각, 감지, 인지, 인식이라고 합니다. 순수 우리말 '알아채다'를 한자어가 들어간 동의어로 바꾸면 '지각하다, 감지하다, 인지하다, 인식하다, 파악하다'입니다.

- perceivable [pərsíːvəbəl], perceptible [pərséptəbəl] a. 지각(감지, 파악)할 수 있는
- perception [pərsépʃən] n. 지각, 인지, 감지, 파악
- imperceptible [ìmpərséptəbəl] a. 지각(감지, 파악)할 수 없는
- Did you **perceive**[notice] anyone come in?
  너는 누가 들어오는 것을 알아챘어?
- Mama's boys are usually **perceived** as weak.
  마마보이들은 일반적으로 허약하다고 인식된다.

deceive [disíːv] vt. 속이다, 기만하다 vi. 사기 치다, 거짓말하다(lie)

de(분리=off)+ceive(잡다=take, catch)의 결합.

'**줘야 할 것을 주지 않고 분리시켜 잡고 있다=속이다(cheat, swindle)**'입니다. 전달해야 할 돈이나 물건을 전달하지 않고 그 일부를 분리시켜 자기가 잡고 있으면 속이고 사기 치는 것이죠.

- deceptive [diséptiv] n. 속이는, 기만하는
- deceit [disíːt] n. 속임, 사기
- deception [disépʃən] n. 속임, 사기
- Are you trying to **deceive** me, or what?
  날 속이려는 거야, 아니면 뭐야?
- I don't want to win by **deceit**.
  나는 속임수로 이기고 싶지 않아.

어근 rap

어근 rap는 take(잡다=catch)입니다. rep, rav는 rap의 변형.

rapt [ræpt] a.넋이 나간, 열중한

rap(잡다=take, catch)+t의 결합.

'**정신이 사로잡힌**=**넋이 나간, 열중한**'입니다. 현존 최강의 전투기 F-22 랩터(raptor)에서 raptor는 독수리와 같은 '맹금류'란 뜻입니다. 맹금류는 지상에 있는 동물과 날아다니는 새를 catch 하는 것이 전문이죠. 랩터(raptor)의 rapt에서 새가 먹이를 catch 하는 모습을 떠올려 보세요.

- She sat with a **rapt** expression listening to music.
  그녀는 음악을 들으면서 넋이 나간 표정으로 앉아 있었다.

enrapture [enræptʃər] vt.황홀하게 만들다, 매료시키다

en(만들다=make)+rap(잡다=take, catch)+ture의 결합.

'사람의 영혼을 사로잡게 만들다=**황홀하게 만들다**(charm, enchant), **매료시키다**'입니다.

- The singer **enraptured** many people with her beautiful voice.
  그 가수는 아름다운 목소리로 많은 사람을 매료시켰다.

rapacious [rəpéiʃəs] a.탐욕스러운, 강탈하는

rap(잡다=take, catch)+acious의 결합.

'강제로 남의 것을 잡아채는=**탐욕스런**(greedy)'입니다.

- I can't work with **rapacious** and selfish men.
  나는 탐욕스럽고 이기적인 사람들과 함께 일할 수 없어.

rape [reip] n.강간, 성폭행 vt.강간하다

rap(잡다=take, catch)+e의 결합.

'군인이 적국의 여자를 잡아서 하는 것=**성폭행**'입니다. 전쟁터에서 적국의 여자를 사로잡아 강간하는 것은 2차 세계대전까지도 흔한 일이었습니다.

- **Rape** is used as a weapon of war, instilling fear and making people run way.
  강간은 전쟁의 무기로 사용되는데, 공포감을 스며들게 하고 사람들을 도망하게 한다.

Day 28

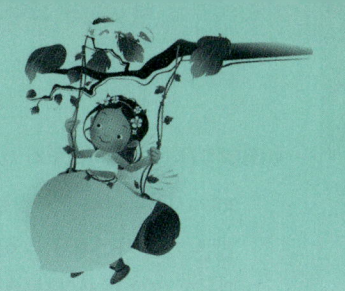

어근 pris

어근 pris는 take(잡다=catch)입니다.
유사철자 pri, pren, pregn, prehend는 pris의 변형.

prison [prízn] n.교도소, 감옥(jail)

pris(잡다=take, catch)+on(계속)의 결합.

'범죄자를 계속 붙잡아 두는 곳=교도소'입니다.

- prisoner n.죄수 • imprison vt.투옥하다 • imprisonment n.구속, 징역
- Did you hear that David is in **prison**? 너 데이비드가 감옥에 있다는 소식 들었어?

prise [praiz] n.상, 상금, 노획물, 전리품

pris(잡다=take, catch)+e의 결합.

'적을 잡아 죽이고 적이 가진 것을 거두어들인 것=노획물, 전리품'입니다. 과거에는 전쟁에서 공을 세운 사람들에게 그 상으로 노획물과 전리품을 나누어 주었기 때문에 '**전리품**'에서 '**상, 상금**'이란 뜻이 파생. 영국에서는 prise로, 미국에서는 prize로 사용.

- Nobel **Prize** was founded in 1900 according to his will.
  노벨상은 그의 유언에 따라 1900년에 설립되었다.

surprise [sərpráiz] vt.갑자기 덮치다, 깜짝 놀라게 하다 a.뜻밖의 n.기습, 놀라운 일

sur(위에=super=over)+pris(잡다=take, catch)+e의 결합.

'위에서 아래로 뛰어내려 지나가는 것을 붙잡다=갑자기 덮치다, 깜짝 놀라게 하다'입니다. 나무 위에 있다가 아래로 뛰어내려 지나가는 사람(동물)을 붙잡는 것은 덮치는 것이죠. 갑자기 덮치면 깜짝 놀라기 때문에 '갑자기 덮치다'에서 '깜짝 놀라게 하다'는 뜻이 파생.

- Recently, a 16-year-old girl **surprised** the world. 최근, 한 16세의 소녀가 세계를 깜짝 놀라게 했습니다.

reprisal [ripráizəl] n.보복, 앙갚음

re(다시=again)+pris(잡다=take, catch)+al의 결합.

'칼과 같은 무기를 잡고 다시 가서 하는 것=보복(revenge, retribution)'입니다.

- He didn't call the police, for fear of **reprisal**.
  그는 보복이 두려워서 경찰에 신고하지 않았다.

enterprise [éntərpràiz] n.기업(company), 회사, 진취성(모험심)

enter(사이=between)+pris(잡다=take, catch)+e의 결합.

'**많은 기회 사이에서 큰 이익이 되는 것을 잡는 주체=기업**'입니다. 기업을 하려면 진취성과 모험심이 필요하기 때문에 '**기업**'에서 '**진취성, 모험심**'이란 뜻이 파생.

- enterpriser n.기업가, 사업가 • enterprising a.진취적인, 모험심 있는
- The **enterprise** is planning to extend its business abroad.
  그 기업은 해외로 사업을 확장할 계획이다.

reprieve [riprí:v] n.집행 유예, 일시중지 vt.~의 형을 유예하다

re(back=뒤로)+pri(잡다=pris=take, catch)+eve의 결합.

'**붙잡은 사람을 구속하지 않고 뒤(집)로 보내는 것=집행 유예**'입니다. 초범이나 경범죄의 경우 징역 6개월에 집행 유예 2년처럼 선고합니다. 그럼 감옥에 가지 않고 집으로 돌아가지요. 붙잡은 범인을 감옥에 넣지 않고 뒤(집=원래 있던 곳)로 보내는 것은 집행 유예.

- The murder of his wife has been **reprieved**. 그의 아내를 살해한 사람이 집행 유예되었어.

propriety [prəpráiəti] n.예의, 예절, 적절(validity), 타당

pro(앞, 이전=before)+pri(잡다=pris=take)+ety의 결합.

'**사람들 앞에서 기본적으로 잡아야 하는 자세=예의**(courtesy, manners, etiquette)'입니다. 예의는 문화마다 달라 그 문화에 맞는 적절한 행동이 예의이기 때문에 '**예의, 예절**'에서 '**적절, 타당**'이란 뜻이 파생.

- They were very careful to observe the **proprieties**.
  그들은 예의(예절)를 지키기 위하여 매우 조심했다.

apprentice [əpréntis] n.실습생, 견습생, 초심자

ap(이동=ad)+pren(잡다=pris=take)+tice의 결합.

'**선생님에게 가서 실습도구를 잡고 배우는 사람=실습생, 초심자**(beginner, novice)'입니다. 요리 실습생은 요리를 가르쳐주는 선생에게 가서 칼을 잡고 요리를 배우고, 자동차 정비 실습생은 정비를 가르쳐주는 기술자에게 가서 연장을 잡고 정비를 배우지요.

- Companies pay their **apprentices** a small salary. 회사는 수습생에게 적은 월급을 준다.

reprehend [rèprihénd] vt.꾸짖다, 나무라다, 비난하다

re(뒤=back)+prehend(잡다=pris=take)의 결합.

'**등교하는 학생의 뒤(목덜미)를 붙잡다=꾸짖다**(scold, rebuke, reprove, blame)'입니다. 아침에 등교할 때 선생님들이 교문 앞에 서 있지요. 지각한 사람, 복장이 단정치 못한 학생이 교문을 통과하려고 할 때 등 뒤를 붙잡아 세워 꾸짖고 나무라게 됩니다.

- The teacher gently **reprehended** the boys for not paying attention.
  교사는 주의를 기울이지 않은 아이들을 점잖게 꾸짖었다.

apprehend [æprihénd] vt.이해하다(understand), 염려하다(worry), 체포하다

ap(이동=ad=to)+prehend(잡다=pris=take)의 결합.

'가서 범인을 잡다=체포하다(arrest)'입니다. 범인이 저지른 범죄를 정확하게 이해(파악)하고, 도주나 추가 범죄를 염려(걱정)하여 체포하는 것입니다. '이해하다, 염려하다, 체포하다'로 이어지는 의미 확장을 이해하셨나요?

- apprehension [æprihénʃən] n.이해, 염려, 체포
- apprehensive [æprihénsiv] a.이해가 빠른, 염려(걱정)하는
- She **apprehended** the complicated law very quickly.
  그녀는 복잡한 법률을 매우 빨리 이해했다.
- It is **apprehended** that he may be dismissed.
  그가 해고되지나 않을까 걱정이 된다.
- The habitual offender was **apprehended** again for shoplifting.
  상습범은 가게에서 물건을 훔친 혐의로 다시 체포되었다.

 어근 sum은 take(잡다=catch)입니다.
단어 sum(합계하다, 합계)과 어근 sum(잡다)은 전혀 다른 뜻입니다.

consume [kənsúːm] vt.소비하다, 소모하다, 다 써버리다(use up)

con(함께=together)+sum(잡다=take, catch)+e의 결합.

'시장에서 생활에 필요한 물품을 함께 손에 잡다=소비하다(먹다, 마시다)'입니다. consume의 명사형 consumption이 '폐결핵'이란 뜻을 갖게 된 이유는 폐결핵에 걸리면 신체 에너지가 너무 많이 소비되어 쉽게 지치기 때문.

- consumer n.소비자
- consumption [kənsʌ́mpʃən] n.소비, 소모(량), 폐결핵
- Chocolate is **consumed** not only by children but also by adults.
  초콜릿은 어린이뿐만 아니라 어른들에 의해서도 소비된다.
- Vitamin C can be harmful if **consumed** in excess.
  비타민 C는 지나치게 섭취되면 해로울 수 있습니다.

presume [prizúːm] vt.가정하다(suppose, assume)

pre(앞, 이전=before)+sum(잡다=take, catch)+e의 결합.

'진실이 밝혀지기 이전에 무엇을 사실이라고 잡다=가정하다'입니다. 진실이 구체적으로 밝혀지기 이전에 임시로 무엇을 사실이라고 잡는 것은 가정(추정, 추측)하는 것입니다.

- presumption [prizʌ́mpʃən] n.가정(assumption, supposition), 추정, 추측
- Doctors **presumed** he died of a heart attack.
  의사들은 그가 심장마비로 사망했다고 추정했다.

assume [əsjúːm] vt.떠맡다(undertake), 가정하다, ~인 척하다(pretend)

as(이동=ad)+sum(잡다=take, catch)+e의 결합.

'가서 어떤 일을 손에 잡다=떠맡다, 가정하다(presume, suppose)'입니다. 가서 어떤 일을 잡는 것은 그 일을 하겠다고 떠맡는 것이죠. 사실인지 아닌지 잘 모를 때 그것을 임시로 사실이라고 잡는 것은 가정(추정, 추측)하는 것입니다.

- assumption [əsʌ́mpʃən] n.인수(떠맡음), 가정(supposition), 추정(presumption)
- Jack will **assume** my duties instead of me tomorrow.
  내일 나 대신에 잭이 나의 일을 맡을 것입니다.
- Most **assume** that the two Koreas will be unified once North Korea collapses.
  대다수 사람은 북한이 붕괴되면 남북한이 통일될 것으로 가정하고 있다.

resume [rizúːm] vt.다시 시작하다 vi.다시 시작되다 n.이력(서), 요약

re(다시=again)+sum(잡다=take, catch)+e의 결합.

'바닥에 놓아두었던 연장을 다시 잡다=다시 시작하다'입니다. 공사장 바닥에 놓아두었던 연장을 다시 잡는 것은 중단했던 일을 다시 시작하는 것이죠. resume[rèzuméi]는 명사로 이력서입니다. 퇴사했다가 새로운 회사에서 일을 다시 시작할 때는 이력서가 필요하기 때문에 '다시 시작하다'에서 '이력서'란 뜻이 파생.

- We have to **resume** negotiations with them.
  우리는 그들과 협상을 다시 시작해야 합니다.
- You don't need a **resume** for the job.
  그 일을 하기 위해 이력서는 필요 없습니다.

presumptuous [prizʌ́mptʃuəs] a.주제넘은, 뻔뻔한, 건방진

pre(앞, 이전=before)+sum(잡다=take)+ptu+ous의 결합.

'주인이 잡기 이전에 먼저 잡는=뻔뻔한(impudent), 건방진(arrogant, haughty)'입니다. 회의를 하는데 사회자가 마이크를 잡기 이전에 먼저 마이크를 잡고 말하거나, 식사할 때 어른이 숟가락을 잡기 이전에 먼저 숟가락을 잡고 먹으면 건방진 행동이지요.

- sumptuous [sʌ́mptʃuəs] a.사치스러운(비싼 것을 다 잡는), 화려한(luxurious)
- It would be **presumptuous** of me to comment on the matter.
  그 문제에 관해 내가 논평하는 것은 주제넘은 일이 될 것입니다.
- I never met a more **presumptuous** man than you.
  나는 당신보다 건방진 사람을 만난 적이 없어요.

어근 empt

어근 empt는 take(잡다=catch)입니다.

exempt [igzémpt] vt.(의무)면제하다 a.면제의, 면세의 n.면제자

ex(밖으로=out)+empt(잡다=take, catch)의 결합.

'붙잡고 있는 사람을 밖으로 내보내다=면제하다(discharge)'입니다. 군에서 잡고 있는 사람을 군대 밖으로 내보내면 군 복무를 면제하는 것입니다. 모든 상품에는 세금이 들어 있는데 상품이 갖고 있는 세금을 밖으로 내보내면 면세가 되지요.

- exemption [igzémpʃən] n.면제(release, remission), 면세품
- He was **exempt** from military service.
  그는 군 복무에서 면제되었어.
- The interest on the money is **exempt** from tax.
  그 돈에 붙는 이자는 세금이 면제됩니다.

preemptive [priémptiv] a.우선적인, 선매의

pre(앞, 이전=before)+empt(잡다=take, catch)+ive의 결합.

'다른 사람이 잡기 이전에 앞서서 잡을 수 있는=우선적인'입니다. 토지나 집을 다른 사람보다 앞서서 잡을 수 있는 권리가 있으면 우선적인 권리가 있는 것이고, 선매(先買)할 수 있는 것이죠.

- A **preemptive** attack raises moral and legal issues.
  선제공격은 도덕적, 법적 문제를 야기합니다.

exemplary [igzémpləri] a.모범적인

ex(밖에=out)+emp(잡다=take, catch)+lary의 결합.

'모든 사람이 볼 수 있도록 잡아서 밖에 세우는=모범적인(model)'입니다. 성적이 좋거나 상을 탄 학생을 잡아 밖에 세우는 것은 그 학생이 모범적이기 때문이죠. exempl(보기=example)+ary로 결합하면 '본보기가 되는=모범적인'이란 뜻이 됩니다.

- exemplar [igzémplər] n.본보기, 모범, 예(example, model)
- He is respected as an **exemplary** teacher.
  그는 모범적인 선생님으로 존경받는다.
- His good deeds became **exemplary** in local society.
  그의 선행은 지역사회에 모범이 되었다.

어근 cap

어근 cap은 head(머리)입니다.
캡틴(captain)의 cap은 우두머리를 나타내고, 모자 캡(cap)은 머리에 쓰는 것이죠.

cape [keip] n. 곶(headland), 갑(岬)

지도에서 사람 머리처럼 툭 튀어나온 곳을 곶(cape)이라고 하고, 쑥 들어간 곳을 걸프(gulf-만)이라고 합니다. 남아프리카 공화국의 수도를 케이프타운(Cape town)이라고 하는 것은 위치가 사람 머리처럼 튀어나온 곶(cape)에 있기 때문.

- A **cape** is a large piece of land that sticks out into the sea from the coast.
  곶은 해변에서 바다 쪽으로 튀어나온 커다란 땅이다.

escape [iskéip] n. 탈출, 도망 v. 탈출하다, 벗어나다, 달아나다

es(밖으로=ex=out)+cape(n.곶)의 결합.

'어떤 지역에서 곶 밖으로 나가다=탈출하다, 달아나다(run away, get away)'입니다. 땅의 끝 부분인 케이프(cape)에서 밖으로 나가는 것은 그 나라를 탈출하는 것입니다. 위기 상황에서 배의 끝 부분, 비행기의 끝 부분에서 밖으로 나가는 것 역시 탈출이죠.

- How can I **escape** my fate under the circumstances like this?
  이와 같은 상황에서 어떻게 내가 나의 운명에서 벗어날(탈출할) 수 있을까?

capable [kéipəbəl] a. 할 수 있는, 유능한(competent)

cap(머리=head)+able(할 수 있는)의 결합.

우두머리는 모든 권력을 갖고 있기 때문에 무엇이든 할 수 있지요. able과 capable은 동의어로 be able to V, be capable of +(동)명사 구조로 사용.

- **capability** [kèipəbíləti] n. 능력(ability)
- **capacity** [kəpǽsəti] n. (수용, 생산)능력, 역량
- **incapable** [inkéipəbəl] a. 할 수 없는, 무능한
- He is a very **capable** employee. 그는 매우 유능한 직원입니다.
- Do you think she **is capable of** making the right decision?
  너는 그녀가 올바른 결정을 내릴 수 있다고 생각해?

capricious [kəprí∫əs] a. 변덕스러운(inconsistent)

cap(머리=head)+ricious의 결합.

'우두머리의 속성=변덕스러운'입니다. 우두머리는 자기 마음대로 결정 할 수 있기 때문에 일관성이 없고 변덕스럽지요.

- His decision about his major was a little **capricious**.
  그의 전공에 관한 결정은 약간 변덕스러웠어.
- The weather has been **capricious** recently.
  최근의 날씨는 계속 변덕스러워.

capital [kǽpitl] n.수도, 자본, 대문자 a.으뜸가는, 사형의, 대문자의

cap(머리=head)+it(가다=go)+al의 결합.

'**순서상 첫머리에 가 있는 것=수도, 자본, 대문자**'입니다. 도시 중 우두머리 도시는 수도, 문자 중 우두머리 문자는 대문자, 사업할 때 가장 중요한 우두머리는 자본(금)입니다. 유목민에게 있어 자본금은 가축으로, 가축의 머릿수로 재산을 평가. '**머리를 칼로 쳐서 머리가 아래로 굴러가는=사형의**'입니다.

- capitalism [kǽpitəlizəm] n.자본주의 • capitalist [kǽpitəlist] n.자본가
- capitalize [kǽpitəlàiz] vt.(자본)투자하다, 대문자로 쓰다
- The cause of my business failure was lack of **capital**.
  나의 사업 실패의 원인은 자본 부족이었어.
- Password must contain at least one **capital** letter.
  암호는 최소한 하나의 대문자를 포함해야 합니다.
- Some people think **capital** punishment is barbaric.
  어떤 사람들은 사형제도는 야만적이라고 생각한다.

caption [kǽpʃən] n.제목(heading), 자막 vt.제목을 붙이다, (영화에)자막을 넣다

cap(머리=head)+tion(명접)의 결합.

'**영화나 책 등의 표지에 머리를 붙이다=제목을 붙이다**'입니다. 영어 자막이 나오는 캡션(caption) 기능이 있는 TV로 영화를 보면 영어 공부에 상당한 도움이 됩니다.

- A **caption** is made up of words that explain a picture or photograph.
  캡션(자막)은 그림이나 사진을 설명하는 단어들로 이루어져 있습니다.

어근 mode

어근 mode는 method(방식)을 나타냅니다.
자동차 운전석에 있는 mode를 누르면 라디오, 테이프, CD 등 음악이 나오는 방식이 달라짐을 알 수 있습니다.

commodity [kəmάdəti] n.상품, 물품(articles, things), 원자재

com(함께=with)+mod(방식=method)+ity의 결합.

'**다 함께 사용하도록 편리한 방식으로 만든 것=상품(product, goods)**'입니다. 일반 사람들이 다 함께 사용하도록 편리한 방식으로 만든 것이 상품입니다. 가공하지 않은 상품은 원자재죠.

- Do you know sometimes water becomes a precious **commodity**?
  너는 때로는 물이 비싼 상품이 된다는 것을 알고 있어?
- Oil is a very important **commodity** in the world today.
  석유는 오늘날 세계에 매우 중요한 상품(원자재)이다.

outmoded [àutmóudid] a.유행에 뒤떨어진, 구식의, 낡은

out(밖에)+mod(방식=method)+ed(have)의 결합.

'현재의 방식 밖에 있는=유행에 뒤떨어진(old-fashioned, outdated, out of date)'입니다.

- Anyway, this way of thinking is **outmoded** and dangerous.
  어쨌든, 이런 사고방식은 구시대적이고 위험해.

- To my thinking the model will be **outmoded** in four months.
  내 생각으로 그 모델은 4개월 후에는 구식이 될 거야.

---

accommodate [əkámədèit] vt.숙박시키다(수용하다), 적응시키다 vi.적응하다

ac(이동=ad=to)+com(함께=with)+mod(방식=method)+ate의 결합.

'이동한 곳의 방식에 맞추다=적응하다(adjust, adapt)'입니다. 비즈니스나 여행을 목적으로 다른 나라로 이동하는 경우가 많지요. 자기가 머무르는 나라의 방식에 맞추는 것은 현지에 적응하는 것입니다.

- accommodation [əkàmədéiʃən] n.숙박시설, 편의시설, 적응(adjustment, adaptation)

- This wedding hall can **accommodate** 200 guests.
  이 결혼식장은 200명의 하객을 수용할 수 있다. vt.

- They **accommodate** easily **to** the new environment.
  그들은 새로운 상황에 쉽게 적응한다. vi.

Day 29

어근 ven

어근 ven은 come(오다, 가다)입니다. 유사철자 van, vad, vas는 ven의 변형. 화물칸이 달려 있는 차량을 밴(van)이라고 합니다. 화물차 van에서 물건을 싣고 오고 가는 어감을 기억하세요.

vent [vent] n.구멍, 통풍구, 배출구(outlet) vt.표출(분출)하다

ven(오다, 가다=come)+t의 결합.

'공기가 들어오고 밖으로 나가는 구멍=통풍구, 배출구'입니다. 가슴속의 말과 분노가 밖으로 나가는 것은 감정을 표출(분출)하는 것이죠.

- Children need an outlet to **vent** their energy.
  아이들은 에너지를 분출(표출)할 배출구가 필요합니다.

vendor [véndər] n.판매원, 행상인, 판매회사

ven(오다, 가다=come)+d+or(사람)의 결합.

'오며 가며 물건을 파는 사람=판매원, 행상인'입니다. 물건을 갖고 다니면서 팔거나, 매장에서 오고 가는 사람들에게 물건을 파는 사람은 판매원입니다. 행상인, 판매인, 판매업자, 판매회사라는 우리말을 사용하면 없어 보이니까 벤더(vender)라는 영어를 흔히 사용합니다.

- She has been working as a street **vendor** selling flowers.
  그녀는 길거리에서 꽃 파는 판매원으로 계속 일하고 있다.

prevent [privént] vt.막다, 방해하다, 예방하다(protect)

pre(앞, 이전=before)+ven(오다, 가다=come)+t의 결합.

'적군이 오기 이전에 앞서 가서 행동을 취하다=막다(ban, forbid, prohibit, block)'입니다. 적군이 쳐들어오기 이전에 앞서 가서 장애물을 놓으면 침입을 막고 방해하는 것이죠. 병이 오기 이전에 앞서 가서 주사를 맞으면 질병을 예방하는 것입니다.

- prevention [privénʃən] n.예방, 방지, 방해
- preventive [privéntiv] a.예방의, 방지하는 n.예방책, 피임약
- Regular exercise helps **prevent** weight gain.
  규칙적인 운동은 체중 증가를 막는(예방, 방지) 데 도움이 된다.

advent [ǽdvent] n.출현, 도래

ad(이동=to)+ven(오다, 가다=come)+t의 결합.

'기존에 없었던 무엇이 처음으로 눈앞에 오는 것=출현(appearance, emergence)'입니다.

- adventitious [ædvəntíʃəs] a.우발적인(갑자기 눈앞에 오는), 우연한
- The **advent** of the Internet has changed everything.
  인터넷의 출현은 모든 것을 바꾸어 놓았다.

circumvent [sə̀:rkəmvént] vt.빙 둘러가다, 피하다(escape, avoid, evade)

circum(원=circle)+ven(오다, 가다=come)+t의 결합.

'가던 길로 가지 않고 빙 둘러 가다=피하다'입니다. 골목길로 가면 빠르긴 하지만 깡패가 있다는 것을 알 때 큰길로 빙 둘러 가는 것은 위험을 회피하는 것이죠.

- The witness cleverly **circumvented** direct questions.
  그 증인은 직접적인 질문들을 영리하게 회피했다.

revenge [rivéndʒ] n.보복, 복수 vt.복수하다(avenge, repay, get even with)

re(다시=again)+ven(오다, 가다=go)+ge의 결합.

'다시 가서 되돌려주다=복수하다'입니다. 어벤지(avenge), 리벤지(revenge)라는 제목의 영화는 모두 복수하는 영화입니다. 구어에서는 get even with를 많이 사용하는데 get(만들다)+even(a.공평한, 대등한)+with(~와)의 결합으로 피해자가 가해자에게 가서 자신이 입은 피해와 대등하게 만드는 것은 복수(보복)하는 것이지요.

- even ad.~조차, (비교급)더욱 a.(표면)편평한, 공평한, 짝수의
- He persevered for 10 years waiting for a chance of **revenge**.
  그는 복수의 기회를 기다리며 10년 동안 인내했다.

adventure [ædvéntʃər] n.모험(hazard, venture), 우연한 경험(사건)

ad(이동=to)+ven(오다, 가다=come)+ture의 결합.

'미지의 세계로 가고 또 가는 것=모험'입니다. 가보지 않은 세계로 가고 또 가는 것은 모험이죠. 모험 속에서 우연한 경험을 하기 때문에 '모험'에서 '우연한 경험'이란 뜻이 파생.

- venture [véntʃər] n.모험, 모험적 사업, 투기 v.모험하다 • adventurous [ædvéntʃərəs] a.모험적인, 모험을 즐기는
- I don't want any more **adventure**. 난 더 이상의 모험은 원하지 않아.

contravene [kɑ̀ntrəví:n] vt.위반하다, 어기다, 무시하다

contra(반대=opposite)+ven(오다, 가다=come)+e의 결합.

'법, 규칙, 명령 등과 반대로 가다=위반하다(violate, infringe)'입니다.

- contravention [kɑ̀ntrəvénʃən] n.위반(violation, infringement), 위배
- He **contravened** the captain's order to attack.
  그는 공격하라는 캡틴의 명령을 어겼다(무시했다).

souvenir [súːvəníər] n.기념품, 선물

sou+ven(오다, 가다=come)+ir의 결합.

'여행 갔다 오면서 사 오는 것=기념품, 선물(present, gift)'입니다.

- I bought a scarf as a **souvenir** of Italy. 나는 이탈리아 방문 기념품으로 스카프를 샀다.

intervene [ìntərvíːn] vi.끼어들다, (상황 개선을 위해)개입하다

inter(사이=between)+ven(오다, 가다=come)+e의 결합.

'상황 개선을 위해 사이에 들어가다=끼어들다, 개입하다'입니다. 친구들이 다투고 있을 때 그 사이에 끼어드는 것은 상황 개선을 위해 개입하는 것이죠.

- intervention [ìntərvénʃən] n.개입, 중재(mediation), 조정
- Would you **intervene** if you saw a parent hit a child?
  부모가 아이 때리는 것을 보면 너는 개입할 거야(끼어들 거야)?

convene [kənvíːn] vt.모으다, 소집하다, 소환하다 vi.모이다, 소집되다

con(함께=with)+ven(오다, 가다=come)+e의 결합.

'다 함께 오도록 만들다=모으다(gather, collect), 소집하다(summon)'입니다. 모임이나 회의에 참석해야 하는 사람들을 다 함께 오게 하는 것은 사람을 모으는(소집, 소환) 것입니다.

- The assembly will **convene** in Korea in March this year. 그 회의는 올해 3월에 한국에서 소집된다.

convention [kənvénʃən] n.회의, 집회, 협약, 관례, 관습

convene(vt.모으다 vi.모이다)+tion(명접)의 결합.

'어떤 목적을 위해 여러 사람이 모이는 것=집회, 회의, 총회, 대회'입니다. 정치인, 경제인 등 여러 사람이 모여 집회나 회의를 열지요. 집회, 회의를 통하여 협약(협정, 약정, 합의, 조약)을 맺고, 집회나 회의를 통한 의사 결정은 전통적으로 내려오는 관례(관습, 인습)이었기 때문에 '**집회, 회의**'에서 '**협약, 관례, 관습**'이란 뜻이 파생. 대도시에는 회의나 행사를 위한 대형 건물인 **컨벤션** 센터(convention center)가 있습니다.

- conventional [kənvénʃənəl] a.관습(관례)적인, 전통적인, 형식적인
- My partner and I will be attending the **convention**. 동업자와 나는 그 회의(집회)에 참석할 계획이다.

convenient [kənvíːnjənt] a.편리한, 알맞은

convene(vt.모으다 vi.모이다)+i+ent(명접)의 결합.

'많은 물건을 한곳에 모아 놓은=편리한'입니다. 편의점을 CVS라고 하는데 convenience store의 약자. 많은 물건을 한곳에 모아 놓으면 물건을 구매하기에 상당히 편리하지요.

- convenience [kənvíːnjəns] n.편리, 편리한 시설   • inconvenient a.불편한
- Credit cards are more **convenient** than cash. 신용카드가 현금보다 더 편리해.
- Mail the letter for me at your **convenience**. 네가 편리한 시간에 편지 좀 부쳐 줘.

provenance [právənəns] n.출처, 기원, 유래

pro(앞, 이전=before)+ven(오다, 가다=come)+ance의 결합.

'물건이나 정보 등이 밖으로 나오기 이전에 출발한 곳=출처(source), 기원(origin)'입니다.

- He refused to reveal the **provenance** of the information.
  그는 그 정보에 관한 출처 밝히기를 거부했다.

revenue [révənjùː] n.수익(earnings, gains, returns, profit), 세입

re(계속=again)+ven(오다, 가다=come)+ue의 결합.

'물건을 판매한 후 계속 들어오는 돈=수익'입니다. 물건을 팔고 난 후 회사에 계속 들어오는 돈은 수익이고, 국가에 계속 들어오는 돈은 세입입니다.

- revenue loss 수익 감소
- revenue and expenditure 세입(수익)과 세출(지출)
- The company's annual **revenues** rose by 30%.
  그 기업의 연간 수익은 30% 차로 증가했다.

eventually [ivéntʃuəli] ad.결국, 드디어, 마침내

e(밖으로=ex=out)+ven(오다, 가다=come)+tual+ly(부접)의 결합.

'결과가 밖으로 나오는=결국(after all, finally, ultimately, in the end, in the long run)'입니다.

- She **eventually** admitted that the story wasn't true.
  그녀는 결국 그 이야기가 진실이 아님을 시인했다.

advance [ædvæns] v.전진(진보)하다, 승진하다 n.전진, 진보, 승진, 향상

ad(이동=to)+van(오다, 가다=come)+ce의 결합.

'앞으로 가고 또 가다=전진하다(progress, proceed), 승진하다(promote)'입니다. 앞으로 가고 또 가는 것은 전진(진보, 발전)하는 것입니다. 회사의 조직 서열에서 앞으로 가는 것은 승진하는 것이죠.

- They could neither **advance** nor retreat. 그들은 전진할 수도 후퇴할 수도 없었다.

advantage [ədvǽntidʒ] n.유리, 이익, 장점

ad(이동=to)+van(오다, 가다=come)+tage의 결합.

'다른 사람보다 앞에 가 있는 상태=유리, 이익(benefit), 장점(merit)'입니다. 다른 사람보다 앞에 가 있으면 목표지점 도달에 유리하지요. 축구에 어드밴티지 룰(advantage rule)이 있는데 상대 팀이 반칙을 했지만 반칙에 방해받지 않고 앞으로 나아가면 반칙에 휘슬을 불지 않고 내버려 둡니다. 공격한 팀에게 주어진 advantage(유리, 이익)가 있기 때문.

- advantageous [ædvəntéidʒəs] a.유리한
- disadvantage n.불리, 단점(weak point)
- The situation is changing to our **advantage**. 상황이 우리에게 유리한 쪽으로 변하고 있습니다.
- Low price is the **advantage** of this product. 낮은 가격이 이 제품의 장점이야.

evade [ivéid] v.회피하다, 모면하다

e(밖으로=ex=out)+vad(오다, 가다=van=go)+e의 결합.

'부딪히지 않으려고 밖으로 나가다=회피하다(avoid, shirk, shun)'입니다.

- evasion [ivéiʒən] n.(책임, 의무)회피(avoidance), 모면
- You always laugh and tend to **evade** the question.
  너는 항상 웃으며 질문을 회피하는 경향이 있어.
- She **evaded** all responsibility for her behaviour.
  그녀는 자기 행동에 대한 모든 책임을 회피했다.

pervasive [pərvéisiv] a.널리 퍼진, 만연한

per(완전한, 끝까지=perfectly)+vas(오다, 가다=van=come)+ive의 결합.

'구석구석까지 완전하게 가 있는=널리 퍼진(widespread, prevalent), 만연한'입니다.

- The smell of a bachelor is **pervasive** in his house.
  그의 집안에는 총각 냄새가 퍼져있어.
- Bribery is still **pervasive** in our society.
  우리 사회에는 아직도 뇌물이 널리 퍼져(만연해) 있어.

어근 it   어근 it은 go(가다)입니다.

exit [éksit] n.(건물, 고속도로)출구(outlet, gateway), (배우)퇴장 v.나가다(go out)

ex(밖으로=out)+it(가다=go)의 결합.

'밖으로 나가는 곳=출구'입니다. 매일 건물이나 지하철에서 보게 되는 exit의 it에서 go(가다)를 떠올리세요.

- Please **exit** the theater by the side doors.
  옆문으로 극장을 나가세요.
- There is an emergency **exit** at the end of this aisle.
  이 통로의 끝에 비상 출구가 있습니다.

circuitous [sə:rkjú:itəs] a.둘러가는, 우회적인(에둘러 말하는)

circu(원=circle)+it(가다=go)+ous의 결합.

직선으로 가지 않고 '원처럼 빙 돌아서 가는=둘러가는, 우회적인'입니다.

- circuit [sə́:rkit] n.순회(patrol, round), 우회
- It was a long and **circuitous** journey by train and boat.
  그것은 배와 보트로 오래 둘러가는 여행이었다.
- The explanation on his plan was **circuitous** and puzzling.
  그의 계획에 대한 설명은 에둘러 말하는 것이었고 당황스럽게 했다.

itinerary [aitínərèri] n.여행 계획서, 여행 일정표

it(가다=go)+iner(안으로=inter)+ary의 결합.

'다른 지역, 다른 나라 안으로 갈 때 만드는 것=여행 계획서(travel schedule)'입니다.

- The next place on our **itinerary** is Great Wall.
  여행 일정표에 있는 다음 장소는 만리장성이야.

orbit [ɔ́ːrbit] n.궤도

orb(n.원, 궤도)+it(가다=go)의 결합.

인공위성처럼 '둥근 원의 형태로 가는 것=궤도'입니다.

- North Korea insisted it put a satellite into **orbit**.
  북한은 인공위성을 궤도에 올렸다고 주장했다.

exorbitant [igzɔ́ːrbətənt] a.터무니없는, 과도한

ex(밖에=out)+orbit(n.궤도)+ant의 결합.

'요구가 정상적인 궤도 밖에 있는=터무니없는(excessive, immoderate)'입니다. 자동차 수리비, 택시비, 숙박비 등은 가격이 책정되어 있는데 청구한 금액이 정상적인 궤도 밖에 있으면 터무니없고 과도한 것이죠.

- The bill for automobile repair was **exorbitant**.
  자동차 수리 계산서가 터무니없었어.
- The hotels in tourist areas were charging **exorbitant** prices for rooms.
  관광지에 있는 호텔들은 과도한 객실 요금을 부과하고 있었다.

reiterate [riːítərèit] vt.(말)되풀이하다, 재천명하다, 강조하다

re(다시=again)+it(가다=go)+er+ate의 결합.

'했던 말로 다시 되돌아가서 말하다=되풀이 하다(repeat), 강조하다(stress, emphasize)'입니다. 이미 했던 말을 다시 반복하여 말하는 것은 자신의 입장을 분명히 밝히는(재천명) 것이고 강조하는 것이죠. '반복해서 말하다=재천명하다, 강조하다'입니다.

- reiteration [riːítərèiʃən] n.반복, 되풀이(repetition)
- He has **reiterated** his optimism about the economic outlook this year.
  그는 올해 경제 전망에 관해 낙관적인 견해를 되풀이했다.
- China **reiterated** its determination to heavily censor Internet access.
  중국은 인터넷을 강력하게 검열하겠다는 결심을 다시 한 번 강조(재천명)했다.

initial [iníʃəl] a.처음의, 시작의, 초기의 n.머리글자

in(안으로=into)+it(가다=go)+ial의 결합.

'어떤 영역 안으로 첫발이 들어가는=처음의(first)'입니다. 새로운 영역 안으로 첫발을 들여놓은 시점은 처음, 시작, 초기입니다.

GM은 General Motors의 머리글자로 GM은 각 단어가 **시작**하는 **이니셜**(initial-머리글자)만 표기한 것.

- the initial expenditure 시작 비용(창업비)
- the initial stage 초기 단계
- His **initial** reaction to the proposal was very positive.
  그 제안에 대한 그의 처음 반응은 매우 긍정적이었다.

---

initiative [iníʃətiv] n.(새로운)계획, 진취성(결단력), 주도권

in(안으로=into)+it(가다=go)+iative의 결합.

'어떤 새로운 영역 안으로 처음 들어가는 것=새로운 계획, 진취성, 주도권'입니다. **진취적**이며 **결단력** 있는 애플의 스티브잡스는 스마트 폰 시장 개척이라는 **새로운 계획**을 추진하여 스마트 폰 시장의 **이니셔티브**(주도권)를 갖고 있지요. 매주 중요한 단어.

- initiate [iníʃièit] vt.시작하다(begin), 창시하다, (법)발의하다
- Eco-friendly **initiatives** began with the emergence of hybrid automobiles.
  환경친화적인 계획들은 하이브리드 자동차의 출현으로 시작되었다.
- Laziness and a lack of **initiative** are characteristics of a decadent society.
  게으름과 진취성의 부족은 쇠퇴해 가는 사회의 특징들이야.
- Don't forget that we have the **initiative** in this negotiation.
  이 협상에서 주도권은 우리가 가지고 있다는 것을 잊지 마세요.

---

summit [sʌ́mit] n.정상(top, peak), 꼭대기, 수뇌부

sum(더하다=add)+it(가다=go)의 결합.

'발걸음을 계속 더해 마지막에 가서 도달하는 곳=정상, 꼭대기'입니다.

- a summit meeting(talks) 정상 회담
- summit diplomacy 정상 외교
- The view from the **summit** of the mountain is superb.
  산 정상에서 보는 전망은 웅대하다.

Day 30

어근 cede
어근 cede는 go(가다)입니다. 유사철자 ceed, cess, ceas는 모두 cede의 변형입니다. 어근 ce**는 cede의 변형으로 기억하세요.

antecedent [ӕntəsíːdənt] a.이전의 n.선조, 선례, 경력

ante(앞, 이전=before)+cede(가다=go)+nt의 결합.

'나보다 앞서서 길을 걸어간 사람=선조(ancestor), 이전의(previous, prior, former)'입니다. 내가 태어나기 **이전에** 길을 걸어간 사람은 **선조**이고, 선조가 남긴 것이 **선례**입니다. 어떤 사람이 이전에 걸어간 발자취는 **경력**입니다. '이전의'에서 '**선조, 선례, 경력**'이란 뜻이 파생.

- The event is **antecedent** to the French Revolution. 그 사건은 프랑스혁명 이전의 것이다.
- He is a man of good **antecedents**. 그는 좋은 경력을 갖고 있는 사람이야.

intercede [ìntərsíːd] vi.중재(조정)하다(mediate), 선처를 호소하다(탄원하다)

inter(사이=between)+cede(가다=go)의 결합.

'사람들 사이에 들어가다=중재하다'입니다. 다툼이 있는 사람들 사이에 들어가는 것은 중재하는 것이고, 누군가 사고를 쳤을 때 경찰들 사이에 들어가서 말하는 것은 선처를 호소하는 것이기 때문에 '**사이에 들어가다**'에서 '**중재하다, 선처를 호소하다**'는 뜻이 파생.

- I will **intercede** if they ask me. 그들이 요청하면 내가 중재를 할 거야.
- My friend **interceded with** the authorities on my behalf.
  나의 친구는 나를 위하여 관계 당국에 선처를 호소했다.

secede [sisíːd] vi.탈퇴(탈당)하다(withdraw), 분리 독립하다

se(분리=off)+cede(가다=go)의 결합.

'**회원명부에서 자신을 분리시켜 밖으로 나가다=탈퇴하다**'입니다. 가입한 정당, 협회, 조합, 카페에서 자신의 이름을 분리시켜 밖으로 나가는 것은 탈퇴하는 것이고, 국가에서 주(州)가 탈퇴하는 것은 분리 독립하는 것이죠.

- **secession** [siséʃən] n.탈퇴(withdrawal), 탈당
- He has decided to **secede from** the association.
  그는 그 협회(조합)에서 탈퇴하기로 결정했다.
- Many Scots would like their country to **secede** from the United Kingdom.
  많은 스코틀랜드 사람들은 자신의 나라가 영국에서 분리 독립하기를 바란다.

recede [risíːd] vi. 물러나다, 후퇴하다, 감소하다

re(뒤=back)+cede(가다=go)의 결합.

'앞으로 가지 않고 뒤로 가다=**물러나다**(retreat, withdraw)'입니다.

- recession [riséʃən] n.후퇴, 불경기(경기 후퇴) • recess [risés] n.휴식(뒤로 물러가서 쉬는 것)
- The rain front has **receded** temporarily. 장마전선이 일시적으로 물러나 있습니다.
- How long will the **recession** last? 불경기(경기 침체)가 얼마나 오래갈까요?

precede [prisíːd] vt.(~보다)앞서다, 선행하다, 우선하다

pre(앞, 이전=before)+cede(가다=go)의 결합.

'다른 사람보다 앞서 가다=**앞서다, 선행하다, 우선하다**'입니다.

- precedent [présədənt] n.선례, 전례, 판례 a.이전의(previous), 앞서는
- precedented a.선례(전례)가 있는 • unprecedented a.선례(전례)가 없는
- Financial support should **precede** all others.
  경제적 지원이 모든 다른 것들보다 앞서야(선행해야, 우선해야) 합니다.
- The cold this year is quite **unprecedented**. 올해 추위는 정말 전례가 없어.

concede [kənsíːd] vt.인정하다(admit, acknowledge), 양보하다(yield, give way to)

com(함께=with)+cede(가다=go)의 결합.

'객관적인 근거를 함께 갖고 가서 보여주다=**인정하다**'입니다. 객관적인 근거를 갖고 가서 보여주면 누구나 그것을 진실로 인정하고 자신의 주장을 양보하기 때문에 '**인정하다**'에서 '**양보하다**'는 뜻이 파생. concede의 명사형 concession을 보면 어근 cess가 cede의 변형임을 알 수 있지요.

- concession [kənséʃən] n.양보(compromise), 구내매점(학생들이 함께 가는 곳)
- He **conceded** that his friend's answer was better.
  그는 친구의 답이 더 낫다고 인정했다.
- No more **concessions**. 더 이상 양보 못 해요.

accede [æksíːd] vi.응(동의)하다, 취임하다

ac(이동=ad)+cede(가다=go)의 결합.

'긍정의 대답이 가다=**응(동의)하다**'이고, '어떤 자리에 가다=**취임하다**'입니다. 요청이나 제의에 긍정의 대답을 상대편에게 보내는 것은 응하고 동의하는 것입니다. 어떤 사람이 대표이사, 팀장, 국장 자리에 가면 취임하는 것이죠.

- accession [ækséʃən] n.동의(agreement), 취임, 접근, 가입
- He **acceded to** demands for his resignation. 그는 사임 요구에 응했다.
- Queen Victoria **acceded to** the throne in 1837.
  빅토리아 여왕은 1837년에 왕위에 취임했다.

access [ǽkses] n.접근, 출입, 통로 vt.접근하다, 들어가다

ac(이동=ad)+cess(가다=go)의 결합.

'**이동하여 다가가다=접근하다(approach)**'이고, '**이동하여 들어가다=들어가다(enter)**'입니다. accession은 access(접근하다, 들어가다)의 명사형이면서 accede(동의하다, 취임하다)의 명사형이기 때문에 '접근, 가입, 동의, 취임'이라는 뜻을 갖게 됩니다.

- accessible [æksésəbəl] a.접근(이용)가능한
- accession [ækséʃən] n.접근(approach), 가입(entry), 동의(agreement), 취임
- You don't have permissions to **access** the network. 당신은 네트워크에 접근할 권한이 없습니다.

accessory [æksésəri] n.장식품, 액세서리, 종범(방조자) a.보조적인, 종범의

ac(이동=ad)+cess(가다=go)+ory의 결합.

'**중심(주범)이 되는 것과 함께 따라가는 것=장식품, 종범**'입니다. 중심이 되는 옷에 맞추어 함께 가는 스카프, 브로치, 목걸이 등은 장식품(액세서리)이고, 범행 계획을 세운 주범과 함께 가는 사람은 종범이죠.

- Perfume is the most powerful **accessory** a woman can wear.
  향수는 여성이 착용할 수 있는 가장 강력한 액세서리이다.
- He was charged with being an **accessory** to murder. 그는 살인 방조 혐의로 기소되었다.

predecessor [prédisèsər] n.전임자, 이전의 것

pre(앞, 이전=before)+de+cess(가다=go)+or(사람)의 결합.

'**자기가 부임하기 이전에 임무를 수행하며 걸어갔던 사람=전임자**'입니다.

- successor [səksésər] n.후임자, 계승자
- The new president reversed many of the policies of his **predecessor**.
  새 대통령은 전임자의 정책 중 많은 것들을 뒤집었다.

incessant [insésənt] a.끊임없는, 그치지 않는

in(계속=on)+cess(가다=go)+ant의 결합.

'**멈추거나 쉬지 않고 계속 가는=끊임없는(ceaseless, continual, constant)**'입니다.

- incessantly ad.끊임없이(constantly)   • incessant questions 끊임없는 질문들
- The **incessant** traffic noise was terrible. 끊임없는 교통 소음은 끔찍했어.

exceed [iksíːd] vt.(수량, 정도, 한도)넘다, 초과하다

ex(밖으로=out)+ceed(가다=go)의 결합.

'**정해진 범위 밖으로 가다=넘다, 초과하다**'입니다. 정해진 수량, 정도, 한도 밖으로 가면 범위를 넘어가고 초과하는 것입니다. 5인용 차에 7명이 타면 승차 기준을 초과한 것이죠.

- excessive [iksésiv] a.과도한, 지나친   • excess [iksés] a.과도, 과다, 과잉(surplus)
- Do not **exceed** the prescribed dose. 처방된 복용량을 초과하지(넘지) 마세요.

succeed [səksíːd] vi.성공하다, 계승(상속)하다(accede, inherit)

suc(아래=sub=under)+ceed(가다=go)의 결합.

'**아래로 가다=성공하다, 계승하다**'입니다. 성공한 사람 아래로 가서 성공 비법을 전수받으면 성공하게 되고, 왕자가 왕위를 계승하려면 왕 아래로 가야 하지요. '**아래로 가다**'에서 '**성공하다, 계승하다**'는 뜻이 파생.

- success [səksés] n.성공, 출세   • successful [səksésfəl] a.성공한, 합격한
- succession [səkséʃən] n.계승, 상속, 연속   • successive [səksésiv] n.연속적인, 다음의
- succeed in business 사업에 성공하다   • succeed to the crown 왕위를 계승하다
- A man of decision tends to **succeed**. 결단성 있는 사람은 성공하는 경향이 있다.
- Do you want to be a **successful** writer? 당신은 성공한 작가가 되고 싶나요?
- It has rained for three **successive** days. 3일 연속으로 비가 오고 있다.
- Several fires have occurred in **succession**. 몇 건의 화재가 연속적으로 발생했다.

proceed [prousíːd] vi.나아가다, 진행하다(되다)

pro(앞, 이전=before)+ceed(가다=go)의 결합.

'**뒷걸음치지 않고 앞으로 가다=나아가다**(go, advance), **진행하다**'입니다. 앞으로 가는 것은 나아가는 것이고, 업무나 작업 따위가 앞으로 가는 것은 진행하는 것입니다.

- procedure [prəsíːdʒər] n.(진행)절차   • process [práses] n.과정, 절차
- The marchers **proceeded** slowly along the street.
  행진하는 사람들은 거리를 따라 천천히 나아갔다.
- Making a complaint is quite a simple **procedure**. 고소하는 것은 절차가 매우 간단합니다.
- Coming off the drug was a long and painful **process** for him.
  마약에서 벗어나는 것은 그에게 길고 고통스러운 과정이었다.

어근 gress

어근 gress는 go(가다)입니다. 유사철자 gred는 gress의 변형.

progress [prəgrés] vi.전진하다 vt.전진시키다 n.전진, 진행, 진보

pro(앞, 이전=before)+gress(가다=go)의 결합.

'**뒤로 가지 않고 앞으로 나아가다=전진(진보, 발달, 발전, 진행)하다**'입니다.

- progressive [prəgrésiv] a.전진하는, 진보하는 n.진보주의자   • progression [prəgréʃən] n.전진, 진보, 발달
- The construction of the new factory is **progressing** slowly.
  새로운 공장 건설은 천천히 진척(진행)되고 있다.
- The **progress** of science has changed our mode of living.
  과학의 진보(발달)는 우리의 생활양식을 바꿔 놓았다.
- He dreamed of a **progressive** society.
  그는 진보적인 사회를 꿈꾸었다.

aggress [əgrés] vt.공격하다(attack, assault)

ag(이동=ad=to)+gress(가다=go)의 결합.

'총, 대포와 같은 무기를 갖고 적에게 가다=공격하다'입니다. aggress는 동사로는 거의 사용하지 않고 형용사형이나 명사형을 사용. 동사는 attack(공격하다)을 사용합니다.

- aggression [əgréʃən] n.공격, 공격성 • aggressive [əgrésiv] a.공격적인, 진취적인
- I'm **aggressive**, outgoing and hungry for this job.
  저는 진취적이고 외향적인 성격으로 이 일을 몹시 하고 싶습니다.

congress [káŋgris] n.국회(the National Assembly, Parliament), 의회

con(함께=with)+gress(가다=go)의 결합.

'국민을 대변하는 국회의원들이 함께 가서 법을 만드는 곳=국회'입니다.

- A bill becomes a law when it passes the **Congress**. 법안은 국회를 통과한 후에 법률이 된다.

regress [ríːgres] n.후퇴, 역행, 퇴보 vi.뒤로 가다, 역행하다, 퇴보하다

re(뒤=back)+gress(가다=go)의 결합.

'앞으로 가지 않고 뒤로 가다=후퇴하다(retrogress)'입니다. 앞으로, 미래를 향하여 가지 않고 뒤로 가는 것은 후퇴, 역행, 퇴보하는 것이죠.

- regression [ríːgréʃən] n.후퇴, 퇴보 • regressive [rigrésiv] a.후퇴하는, 퇴보하는
- National economy has **regressed** more than 20 years because of the war.
  전쟁 때문에 국가 경제가 20년 이상 퇴보(후퇴)했다.

retrogress [rétrəgrès] vi.뒤로 가다, 후퇴하다, 퇴보하다

re(뒤=back)+tro(방향)+gress(가다=go)의 결합.

'앞으로 가지 않고 뒤로 가다=후퇴하다(regress)'입니다.

- retrogression n.후퇴, 퇴보 • retrogressive a.후퇴하는, 퇴보하는, 역행하는
- Medical services **retrogressed** after funding had been cut.
  자금 지원이 삭감된 후 의료 서비스가 후퇴(퇴보)했다.

transgress [trænsgrés] vt.(법)어기다, 위반하다 vi.법을 어기다

trans(이동=to)+gress(가다=go)의 결합.

'중앙선을 가로질러 가다=위반하다(violate, infringe)'입니다.

- There are some things you do not **transgress**.
  당신이 위반하지(어기지) 말아야 할 몇 가지 사항이 있습니다.

digress [daigrés] vi.(주제)벗어나다, 빗나가다

di(분리=dis=off)+gress(가다=go)의 결합.

'주제에서 분리되어(벗어나) 가다=주제에서 벗어나다(diverge)'입니다.

- digressive [daigrésiv] a.주제(본론)에서 벗어난, 지엽적인
- Do you mind if I **digress** for a moment? 잠시 주제에서 벗어나도 되겠습니까?

ingredient [ingríːdiənt] n.(요리)재료, (구성)요소

in(안에)+gred(가다=gress=go)+ient의 결합.

'음식 만들 때 냄비 안에 들어가 있는 것=재료, 요소(factor, element)'입니다.

- the ingredients of making a cake 케이크를 만드는 재료들
- Wit is an effective **ingredient** in a speech. 기지(재치)는 연설에 효과적인 요소이다.

어근 fuse

어근 fuse는 pour(붓다), mix(섞다)입니다.
여러개를 한 그릇에 부어 섞기 때문에 '붓다'에서 '섞다'는 뜻이 파생.

fuse [fjuːz] n.(전기)퓨즈, (폭약)기폭장치, 신관 v.녹이다, 융합(융해, 결합)시키다

퓨즌 요리, 퓨즌 음악 등 현대는 **퓨즌(fusion)** 시대지요. fusion은 서로 다른 두 종류 이상의 것을 **부어 섞어(융합)** 새롭게 만드는 것입니다.

- Water is formed by the **fusion** of hydrogen and oxygen.
  물은 수소와 산소의 융합(결합)으로 형성된다.

refuse [rifjúːz] v.거절하다(reject, decline, turn down) n.쓰레기(rubbish, trash, waste)

re(반대=opposite)+fuse(섞다=mix)의 결합.

'함께 섞이는 것을 반대하다=거절하다'입니다. 함께 섞여서 놀거나 일하자는 제안을 반대하면 거절하는 것이지요. 모두가 사용하기를 거절하는 물건은 쓰레기이기 때문에 '**거절하다**'에서 '**쓰레기**'라는 뜻이 파생.

- refusal [rifjúːzəl] n.거절(rejection), 거부 • household refuse 집안 쓰레기
- He resolutely **refused** to discuss the matter. 그는 그 문제에 대해 논의하는 것을 단호하게 거절했다.

confuse [kənfjúːz] vt.혼란시키다, 당황하게 만들다(upset, bewilder, embarrass), 혼동하다

com(강조=completely)+fuse(섞다=mix)의 결합.

'이것저것 완전히 섞어 놓다=혼란시키다, 당황하게 만들다'입니다. 이것저것 마구 섞어 놓으면 무엇과 무엇이 섞였는지 알 수 없기 때문에 사람을 혼란시키게 됩니다. 정신을 혼란시키면 어떻게 해야 할지 몰라 당황하게 되지요.

- confusing a.혼란시키는 • confused a.혼란한, 당황한 • confusion n.혼란, 당황
- I was **confused** by his sudden change of attitude.
  나는 그의 갑작스런 태도 변화에 당황했다.
- Be careful not to **confuse** sugar **with** salt while cooking.
  요리할 때 설탕과 소금을 혼동하지 않도록 주의해.

effuse [efjú:z] vt. 발산하다(emit, give out), 유출하다

ef(밖으로=ex=out)+fuse(섞다=mix)의 결합.

'안에 섞여 있는 것을 밖으로 붓다=발산하다'입니다. 안에 섞여 있는 액체, 빛, 향기, 마그마, 생각 등을 밖으로 붓는 것은 발산하는 것입니다.

- All living organisms **effuse** energy.
  모든 살아있는 유기체들은 에너지를 발산합니다.

diffuse [difjú:z] vt. 흩뜨리다, 퍼지게 만들다 vi. 흩어지다, 퍼지다 a.(문체)산만한

dif(분리=off)+fuse(섞다=mix)의 결합.

'섞어 놓은 것을 따로따로 분리시키다=흩뜨리다(scatter, disperse)'입니다. 섞여 있는 것을 따로따로 분리시키는 것은 퍼지게 하는 것으로 빛이나 열을 퍼지게 하면 발산, 지식이나 소식을 퍼지게 하면 유포, 기체를 퍼지게 하면 확산입니다. 발산, 유포, 확산은 모두 퍼지는 것이죠.

- diffusion [difjú:ʒən] n. 발산, 유포, 확산
- New information is **diffused** immediately through the Internet.
  새로운 정보는 인터넷을 통해 즉시 확산(유포)된다.

transfuse [trænsfjú:z] vt. 옮겨 붓다, 수혈하다

trans(이동=go)+fuse(붓다=pour)의 결합.

'다른 곳으로 이동시켜 붓다=옮겨 붓다, 수혈하다(피를 옮겨 붓다)'입니다.

- transfusion [trænsfjú:ʒən] n. 옮겨 붓기, 수혈
- Doctors were unable to **transfuse** blood into him for want of blood.
  혈액 부족 때문에 의사는 그에게 피를 수혈할 수 없었다.

infuse [infjú:z] vt. (혼, 힘)불어넣다, 주입하다

in(안에)+fuse(붓다=pour)의 결합.

'누군가의 마음속에 혼과 힘을 붓다=불어넣다(inspire, instill, implant)'입니다.

- infusion [infjú:ʒən] n. 주입, 불어넣음(inspiration, instillment), 고취
- His words **infused** confidence into us.
  그의 말은 우리에게 자신감을 불어넣어 주었다.

Day 31

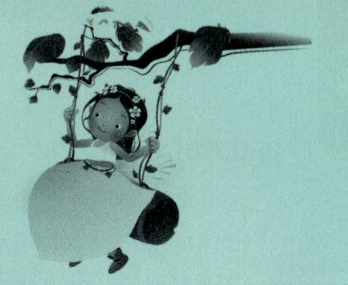

어근 duce
어근 duce, duct는 lead(이끌다)입니다.
produce의 명사형 product를 보면 duce와 duct는 같은 어근이죠.

introduce [ìntrədjúːs] vt.소개하다, 도입하다(induce)

intro(안으로=into)+duce(이끌다=lead)의 결합.

'**안으로 이끌다=소개하다, 도입하다**'입니다. 친구가 있는 곳에 다른 친구를 안으로 이끌고 가면 친구를 소개하는 것이죠. 어떤 이론을 안으로 이끌어 들여 사용하면 도입하는 것입니다.

- introduction [ìntrədʌ́kʃən] n.소개, 입문(서), 도입(induction)
- Why don't we **introduce** ourselves first? 먼저 우리를 소개하는 것이 어때?
- The **introduction** of e-books is for sure revolutionary. 전자책의 도입은 확실히 혁명적이야.

produce [prədjúːs] vt.만들어 내다, 생산하다, 제조(제작)하다 n.제품, 농산물

pro(앞, 이전=before)+duce(이끌다=lead)의 결합.

'**재료를 기계에 넣어 완성품을 앞으로 이끌어내다=만들어내다, 생산하다**'입니다. 기계에 원료를 투입한 후에 컨베이어 벨트에서 완성된 제품을 앞으로 끌어내면 제품을 생산하는 것입니다.

- product [prάdəkt] n.제품(생산물, 생산품, 농산물), (총)생산량   • productive [prədʌ́ktiv] a.생산적인(생산성 높은)
- production [prədʌ́kʃən] n.생산(량), 제조, 제작, 연출(드라마 제작)
- productivity [pròudʌktívəti] n.생산성   • producer n.생산자, 제작자, 프로듀서
- She **produced** a TV series about animals. 그녀는 동물에 관한 TV 시리즈를 제작했다.
- The shop sells only fresh local **produce**. 그 상점은 신선한 지역 농산물만 판매한다.
- My time spent in the library was very **productive**. 내가 도서관에서 보낸 시간은 아주 생산적이었다.

reduce [ridjúːs] vt.줄이다(diminish, lessen, cut down), 축소하다

re(뒤=back)+duce(이끌다=lead)의 결합.

'**투입될 원료를 뒤로 이끌어내다=줄이다**'입니다. 투입될 원료를 기계에 넣지 않고 뒤로 이끌어내면 생산량을 줄이고 축소하는 것이죠. 가격을 줄이는 것은 할인하는 것입니다. 회화에서는 체중을 줄이는 것에도 사용.

- reduction [ridʌ́kʃən] n.감소(decrease), 축소
- The manager emphasized the need to **reduce** expenses.
  운영자는 비용을 줄일 필요성에 대해 강조했다.

어근 **219**

adduce [ədjúːs] vt.제시하다, 예로 들다

ad(이동)+duce(이끌다=lead)의 결합.

'이유나 증거를 상대편에게 이끌고 가다=**제시하다**(cite), **예로 들다**(exemplify)'입니다. 자신의 주장을 뒷받침하기 위해 증거를 상대편에게 이끌고 가는 것은 예를 들고 증거를 제시하는 것입니다.

- Can you **adduce** any reason for your strange behaviour?
  당신의 이상한 행동에 대하여 어떤 이유를 제시할 수 있나요?

educe [idjúːs] vt.(잠재 된 것)끌어내다, 추론하다

e(밖으로=ex=out)+duce(이끌다=lead)의 결합.

'안에 있는 것, 핵심을 밖으로 이끌어내다=**끌어내다, 추론하다**(infer, reason)'입니다.

- Don't try to **educe** information from me. 나로부터 정보를 끌어내려고 노력하지 마세요.

induce [indjúːs] vt.설득하다, 유도하다(lead), 야기하다

in(안으로)+duce(이끌다=lead)의 결합.

'누군가를 안으로 이끌다=**설득하다**(persuade), **야기하다**(cause)'입니다. 친구가 식사시간에 집 안으로 나를 이끌면 나를 설득하고 유도해서 식사하고 가도록 만드는 것이죠. 누군가를 설득하여 무엇을 하도록 했을 때 엉뚱한 일이 야기(유발)되는 경우가 많기 때문에 '**설득(유도)하다**'에서 '**야기하다**'는 뜻이 파생.

- inducement [indjúːsmənt] n.설득(persuasion), 유도(guidance), 유인
- I could not **induce** him to abandon the plan.
  나는 그가 그 계획을 포기하도록 설득할 수 없었다.
- It is illegal to **induce** people to go to a specific hospital.
  사람들을 특정 병원에 가도록 유도하는 것은 불법입니다.

traduce [trədjúːs] vt.험담하다, 비방하다

tra(이동=trans)+duce(이끌다=lead)의 결합.

'상대방의 약점만 이끌어내다=**험담하다**(slander, defame)'입니다. 누군가가 갖고 있는 단점이나 약점만 이끌어내면 험담하고 비방하는 것이죠.

- He has **traduced** my opinions quite badly.
  그는 나의 견해를 매우 심하게 비방했다.

seduce [sidjúːs] vt.유혹하다(lure, entice, tempt), 꾀다, 부추기다

se(분리=off)+duce(이끌다=lead)의 결합.

'집 안에 있는 사람을 분리시켜 집 밖으로 이끌어내다=**유혹하다**'입니다. 감언이설로 집 안에 있는 친구를 집에서 분리시켜 집 밖으로 이끌어내면 친구를 유혹하고 꾀는 것이지요.

- Delilah **seduced** Samson to know the secret of his great power from him.
  데릴라는 삼손의 엄청난 힘의 비밀을 알기 위하여 그를 유혹했다.

conduce [kəndjúːs] vi. 도움이 되다, 공헌하다

con(함께=with)+duce(이끌다=lead)의 결합.

'주변 사람들이 다 함께 이끌어 주다=도움이 되다(help), 이바지하다'입니다.

- Plenty of rest **conduces to** health. 충분한 휴식은 건강에 도움이 됩니다.
- He **conduced to** the peace of the world. 그는 세계 평화에 공헌했다.

conduct [kándʌkt] n. 행위(안내, 지도, 관리, 경영) vt. (행위)하다

con(강조=completely)+duct(이끌다=lead)의 결합.

'사람을 이끄는 여러 행위=안내, 지도, 관리, 경영'입니다. conduct는 사람을 이끄는 행위입니다. 여행 가이드는 안내, 지휘자는 지휘, 관리자는 지도(경영), 연구원은 연구를 하지요.

- conductor [kəndʌ́ktər] n. 안내자, 지도자, 경영자, 지휘자
- I promise I will change my **conduct**. 내 행동을 바꾸겠다고 약속할게.
- The guide **conducted** us around the city. 안내자는 그 도시를 돌며 우리를 안내했다.
- What about **conducting** a campaign to save whales?
  고래를 구하기 위한 캠페인을 하는 건 어때?

abduct [æbdʌ́kt] vt. 유괴하다(kidnap, carry off), 납치하다

ab(분리=off)+duct(이끌다=lead)의 결합.

'아이를 부모로부터 분리시켜 이끌고 가다=유괴하다'입니다. kidnap은 아이(kid)를 데리고 냅다(nap) 뛰는 것이죠.

- abduction [æbdʌ́kʃən] n. 유괴, 납치(kidnapping)
- The man was apprehended when he tried to **abduct** the child.
  그 남자는 아이를 유괴하려고 시도할 때 체포되었다.

aqueduct [ǽkwədʌ̀kt] n. 수도관

aque(물=water)+duct(이끌다=lead)의 결합.

'물을 집 안으로 이끌어 들이는 것=수도관'입니다. 아쿠아리움(aquarium-수족관)의 아쿠아는 물(water)입니다.

- The **aqueduct** is being repaired. 그 수도관은 지금 수리 중입니다.

deduct [didʌ́kt] vt. 빼다(subduct, subtract), 공제하다, 차감하다

de(아래로=down)+duct(이끌다=lead)의 결합.

'숫자를 아래로 이끌다=빼다, 공제하다'입니다. 4-2=2를 계산할 때 4를 위에 두고 2를 아래에 놓아 뺄셈(-)을 통하여 2라는 답을 이끌어내지요. deduct의 어원에는 뺄셈하는 과정이 그대로 들어있습니다.

- deduction [didʌ́kʃən] n. 빼기, 공제, 차감(액), 추론(deduce의 명사형)
- The cost of your meals will be **deducted** from your wages.
  당신 식비는 월급에서 공제(차감)될 것입니다.

deduce [didjúːs] vt.추론(추정, 추측)하다(infer)

deduce(추론하다)는 deduct(빼다)와 어원 결합이 같습니다. deduce는 판단을 이끌어내는 것이고, deduct(빼다)는 숫자를 이끌어내는 것입니다. deduction은 deduct(빼다), deduce(추론하다)의 공통 명사형이기 때문에 '빼기, 추론'입니다.

- From his remarks we **deduced** that he didn't agree with us.
  그의 말에서 그는 우리와 의견이 같지 않다고 추정했다.

subdue [səbdjúː] vt.정복하다(conquer), 진압하다, (감정)억누르다

sub(아래=under)+due(이끌다=duce=lead)의 결합.

'적국의 왕을 아래로 끌어내리다=정복하다, 진압하다(suppress, repress)'입니다. 적국의 왕을 왕좌에서 아래로 끌어내리는 것은 적국을 정복하는 것입니다. 자기감정을 정복하고 진압하는 것은 감정을 억누르고 가라앉히는 것이죠.

- Troops were sent to **subdue** the rebels.
  반란자들을 진압(정복)하기 위해 군대가 파견되었다.

어근 flu   어근 flu는 flow(흐르다)입니다.

fluent [flúːənt] a.유창한, 능변의

flu(흐르다=flow)+ent의 결합.

'입에서 말이 거침없이 흘러나오는=유창한(smooth)'입니다.

- fluency [flúːənsi] n.유창함, 능변(eloquence)   • fluently ad.유창하게(smoothly)
- He can speak some languages with **fluency**.
  그는 몇몇 외국어를 유창하게 말할 수 있어.

fluid [flúːid] n.액체(liquid), 유동체 a.유동적인(mobile), 부드러운

flu(흐르다=flow)+id의 결합.

'흐르는 성질의 것=액체, 유동적인'입니다. 로션을 사러 갔는데 로션 대신에 플루이드(fluid)를 바르면 된다고 하더군요. 플루이드는 로션보다 더 묽어 **액체**에 가까운 화장품입니다.

- liquid [líkwid] a.액체의, 유동하는 n.액체, 유동체
- Women have less body **fluid** than men.
  여성은 남성보다 적은 양의 체액(몸속 액체)을 갖고 있다.
- The opinions of the young are generally **fluid**.
  젊은이들의 의견은 대체로 유동적이야.

flush [flʌʃ] vi.(물)쏟아지다, (얼굴)붉어지다   vt.씻어내다   n.홍조, 화끈거림

flu(흐르다=flow)+sh의 결합.

'물(피)을 흘러내리다=씻어내다, 붉어지다'입니다. 물구나무서기를 해 보세요. 피가 한 곳으로 흘러내리면 얼굴이 붉어지지요.

- She **flushed** with anger.   그녀는 화가 나서 얼굴이 빨개졌다. vi.
- I forgot to **flush** the toilet.   변기에 물 내리는 것을 깜빡했어. vt.

influenza [ìnfluénzə] n.인플루엔자, 유행성 감기, 독감(구어는 flu)

in(안으로)+flu(흐르다=flow)+enza의 결합.

'감기 균이 몸 안으로 흘러들어 간 것=인플루엔자, 유행성 감기'입니다.

- **Influenza** is prevailing throughout the country.
  유행성 감기가 전국에 유행하고 있습니다.

affluent [ǽfluənt] a.풍부한, 부유한

af(이동=ad)+flu(흐르다=flow)+ent의 결합.

'강물이 끊임없이 흘러가는=풍부한(abundant, wealthy), 부유한(rich)'입니다. 강물이 끊임없이 흘러가면 수자원이 풍부한 것이고, 집에 우유가 거침없이 흘러가면 우유가 풍부하고, 집이 부유한 것입니다.

- **affluence** [ǽfluəns] n.풍부(abundance), 부유함(richness)
- Are you from an **affluent** surrounding?   당신은 부유한(풍족한) 환경에서 자랐나요?
- I am not **affluent**, but I am middle class.   난 부유하지는 않지만 중산층이야.

influx [ínflʌks] n.유입, 쇄도

in(안으로)+flu(흐르다=flow)+x의 결합.

'밖에서 안으로 흘러 들어오는 것=유입(inflow, incoming)'입니다. 난민들이 국경선 안으로 흘러들어오면 난민이 유입되는 것이고, 외국 자본이 국내로 흘러들어오면 자본이 유입되는 것이죠. afflux와 influx는 동의어로 afflux는 af(이동=ad)+flu(흐르다=flow)+x의 결합.

- **afflux** [ǽflʌks] n.유입, 쇄도, 충혈(피가 한 곳으로 유입된 상태)
- The **influx** of foreigners contributed to the population growth in Korea.
  외국인들의 유입은 한국의 인구증가에 기여했다.

fluctuate [flʌ́ktʃuèit] vi.(물가, 열)변동하다, 오르내리다

flu(흐르다=flow)+ctu+ate의 결합.

'가격이나 체온 등이 상황에 따라 달리 흐르다=변동하다(change), 오르내리다'입니다.

- Body temperature can **fluctuate** if you are ill.   아프면 체온이 오르내릴 수 있습니다.
- I didn't expect that the oil price would **fluctuate** like this.
  나는 유가가 이렇게 변동할 줄은 몰랐습니다.

어근 cide

어근 cide는 kill(죽이다)입니다.

infanticide [ínfæntəsàid] n.유아 살해, 유아 살해범

infant(n.유아)+cide(죽이다=kill)의 결합.

'유아를 죽이는 것=유아 살해'입니다.

- She was arrested on suspicion of **infanticide**. 그녀는 유아 살해 혐의로 체포되었다.

suicide [súːəsàid] n.자살(행위) vi.자살하다

sui(자신=self)+cide(죽이다=kill)의 결합.

'자기 자신을 죽이는 것=자살(행위)'입니다.

- Van Gogh left this world in 1890, the year he committed **suicide**.
  반 고흐는 1890년에 속세를 떠났고, 그해 그는 자살했다.

ecocide [ékouəsàid] n.환경 파괴, 생태계 파괴

eco(환경, 생태계)+cide(죽이다=kill)의 결합.

'환경을 죽이는 것=환경 파괴'입니다.

- **Ecocide** threatens the whole of civilization. 환경 파괴는 모든 문명을 위협한다.

herbicide [hə́ːrbəsàid] n.제초제

herb(n.풀, 식물)+i+cide(죽이다=kill)의 결합.

'풀을 죽이는 약=제초제'입니다. 향기 나는 화초 허브(herb)는 집에 하나씩 있지요.

- **Herbicides** are very effective to inhibit the growth of weeds or simply kill them.
  제초제는 잡초의 성장을 방해(억제)하거나 간단히 죽이는 데 있어 매우 효과적이다.

pesticide [péstəsàid] n.살충제, 농약

pest(n.해충, 흑사병)+cide(죽이다=kill)의 결합.

'해충을 죽이는 것=살충제, 농약'입니다. 페스트(pest-흑사병)에 걸리면 사람 몸이 검은색이 되어 죽기 때문에 흑사병이라고 하고, 우리나라에서는 역병, 괴질이라고 합니다.

- You have to use **pesticide** to exterminate roaches.
  바퀴벌레를 박멸하기 위해서는 살충제를 사용해야 해.

Day 32

 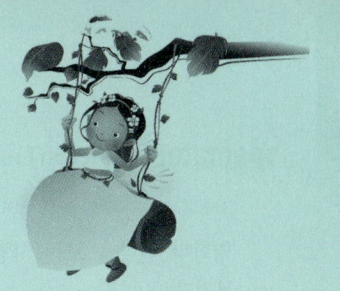

어근 spec
어근 spec(t)는 '보다(look, see)'입니다. 유사철자 spic은 spec의 변형.

inspect [inspékt] vt. 조사(검사, 점검, 감사)하다(investigate, survey, examine, look into)

in(안으로)+spect(보다=look, see)의 결합.

'안으로 자세히 들여다보다=조사하다'입니다. 화재나 사고 현장을 들여다보는 것은 조사, 자동차와 같은 기계를 들여다보면 검사(점검), 서류를 들여다보는 것은 감사입니다.

- **inspection** [inspékʃən] n. 조사(investigation, examination), 검사(test, check), 감사
- The police **inspected** the scene of the accident.
  경찰은 사건 현장을 조사했다.
- Excuse me. How soon can you **inspect** my car?
  실례합니다. 얼마나 빨리 제 차를 점검(검사)해 줄 수 있나요?

expect [ikspékt] vt. 기대하다, 예상하다, (수동태)예정되어 있다

ex(밖으로=out)+(s)pect(보다=look, see)의 결합.

'어떤 일이 일어날지 밖으로 내다보다=기대하다, 예상하다(anticipate)'입니다. 밖을 보고 먹구름이 보이면 비가 올 것이라고 예상하지요. 밖을 내다보는 행동에서 '기대하다, 예상하다'는 뜻이 파생. exspect[익스스펙트]는 발음이 불편하기 때문에 철자 s를 생략.

- **expectation** [ikspektéiʃən] n. 기대, 예상, 가능성
- **expecting** a. 기대하고 있는, 임신한(출산이 예정되어 있는)
- **expectant** [ikspéktənt] a. 기대하는, 임신한(출산을 기대하는)
- Don't **expect** too much of me. 나에게서 너무 많은 것을 기대하지 마.
- She is **expecting** her first child. 그녀는 첫째 아이를 임신하고 있어.

spectacle [spéktəkəl] n. 장관, 구경거리, 안경(pl.)

spect(보다=look, see)+acle의 결합.

'두 눈으로 보기에 훌륭한 광경=장관, 구경거리'입니다. '눈이 나쁜 사람들이 사물을 잘 보기 위해 착용하는 것=안경'이죠.

- The carnival parade was a magnificent **spectacle**.
  그 축제 행렬은 굉장한 구경거리였다.

spectator [spékteitəːr] n.관객(audience), 구경꾼, 목격자(witness)

spect(보다=look, see)+at+or(사람)의 결합.

'영화나 연극을 보는 사람=관객'이고, '어떤 상황을 옆에서 지켜보는 사람=구경꾼(onlooker, bystander), 목격자'입니다.

- The total number of **spectators** was three hundred.
  관객 총 숫자는 300명이었다.

suspect [səspékt] vt.의심하다(doubt, distrust, mistrust) a.의심스러운 n.의심스러운 자, 용의자

su(아래=sub=under)+spect(보다=look, see)의 결합.

'불신 하(下)에 보다=의심하다'입니다. 상대편을 신뢰 하에 보면 신뢰하는 것이고, 상대편을 불신 하에 보면 의심하는 것입니다. subspect[섭스펙트]는 발음이 불편하기 때문에 철자 b를 생략.

- **suspicious** [səspíʃəs] a.의심스러운   • **suspicion** [səspíʃən] n.의심(doubt, distrust)
- That man is the prime **suspect** in a murder.
  그 남자는 살인 사건의 주요 용의자야.
- Don't **be suspicious of** me.   나를 의심하지 마.

respect [rispékt] vt.존경(존중)하다(look up to, esteem), 고려하다 n.(측)면, 존경, 존중, 고려

re(다시=again)+spect(보다=look, see)의 결합.

'보고 또다시 우러러보다=존경하다'입니다. 사람을 보고 또다시 우러러보는 것은 존경하는 것이지요. 보통 사람과 다른 여러 **측면**을 **고려**하여 사람을 **존경**하기 때문에 '**존경하다**'에서 '**고려하다**'는 뜻이 파생.

- **respectable** [rispéktəbəl] a.존경할 만한   • **respectful** [rispéktfəl] a.공손한, 예의 바른
- **respective** [rispéktiv] a.각각의, 각자의   • **respecting** ~에 관하여(concerning)
- I **respect** her for her honesty.   나는 정직함 때문에 그녀를 존경해.
- In this **respect** we are very fortunate.   이런 면(점)에서 우리는 운이 매우 좋아.
- They have been busy working on their **respective** solo careers.
  그들은 각자의 솔로 활동으로 계속 바쁩니다.

aspect [æspekt] n.측면, 양상, 관점, 국면, (건물이 향한)방향

a(이동=ad)+spect(보다=look, see)의 결합.

'사물이나 현상이 눈에 보이는 모습=측면, 양상(phase, condition)'입니다. 어떤 사물을 왼쪽에서 보면 좌**측면**만 보이고 오른쪽에서 보면 우**측면**만 보이지요. 보는 측면이 달라지면 보이는 **양상(관점)**이 달라집니다.

- serious aspect 중대한 국면   • grim aspect 암울한 국면
- You must consider the problem from every **aspect**.
  너는 그 문제를 모든 측면(관점)에서 고려해야 해.
- I like a house with a southern **aspect**.
  나는 남쪽 방향의 집을 좋아해.

prospect [práspekt] n.경치, 전망, 가망(가능성) vt.(금광 등)답사하다, 시굴하다

pro(앞, 이전=before)+spect(보다=look, see)의 결합.

'**눈을 떴을 때 눈앞에 보이는 모습=전망**(view, outlook)'입니다. 눈앞에 보이는 자연경관은 경치(전망)이고, 미래(앞)를 보는 것은 전망, 가망(가능성)입니다. 금이나 석유가 나올 전망(가망)이 있는 지역을 답사하고 시굴하기 때문에 '**전망**'에서 '**답사하다, 시굴하다**'는 뜻이 파생.

- prospective [prəspéktiv] a.가망 있는, 장래의, 잠재적인
- I think the **prospect** of this company growing are excellent.
  이 회사의 성장 전망(가능성)은 탁월하다고 생각해.

perspective [pəːrspéktiv] n.전망(prospect, view), 관점(견해), (미술)원근법

per(완전히=perfectly)+spect(보다=look, see)+ive의 결합.

'**완전하게 전체를 보는 것=전망**'입니다. 눈앞에 펼쳐진 것을 전체적으로 보는 것이 전망입니다. 경제 전망은 경제를 보는 자신의 관점과 견해를 밝히는 것이기 때문에 '**전망**'에서 '**관점, 견해**'라는 뜻이 파생.

- A fine **perspective** opened out before us. 아름다운 전망이 우리 앞에 펼쳐졌다.
- From a scientific **perspective**, his findings were revolutionary.
  과학적인 관점에서, 그의 연구 결과는 혁명적이었다.

introspect [ìntrəspékt] vi.반성하다, 자기 성찰하다

in(안으로)+tro(방향)+spect(보다=look, see)의 결합.

'**자신의 마음속으로 들어가 보다=반성하다**(reflect)'입니다.

- introspection [ìntrəspékʃən] n.자기반성 • introspective [ìntrəspéktiv] a.자기 반성적인
- It seems that he **introspects** about his mistake. 그는 자신의 실수에 관하여 반성하고 있는 것 같다.

retrospect [rétrəspèkt] n.회고, 회상, 추억

re(뒤=back)+tro(방향)+spect(보다=kook, see)의 결합.

'**과거(뒤)를 되돌아보다=회상하다**(recall, recollect, look back on)'입니다.

- retrospection [rétrəspèkʃən] n.회상, 회고
- In **retrospect** I think my marriage was doomed from the beginning.
  뒤돌아보니 나의 결혼은 처음부터 운명 지어져 있었다는 생각이 들어.

irrespective [ìrispéktiv] a.관계없는, 상관없는

ir(부정=in=not)+re(다시=again)+spect(보다=look)+ive의 결합.

'**한 번 보고 다시 보지 않는=상관없는, 관계없는**(regardless)'입니다. 한 번 만난 후에 다시 보지 않는 사람은 나와 인간관계가 없는 사람이죠.

- I will buy the clothes **irrespective of** the price.
  나는 가격과 관계없이 그 옷을 살 거야.

spectrum [spéktrəm] n.스펙트럼(빛 띠), 범위, 영역

spect(보다=look, see)+rum의 결합.

'눈에 보이는 빛을 파장에 따라 분리한 것=스펙트럼, 범위(range, scope)'입니다. 프리즘에 태양광을 통과시키면 빛이 빨, 주, 노, 초, 파, 남, 보로 분산되는데 적색 밖에 있는 빛을 적외선(赤外線)이라고 하고, 자색(보라) 밖에 있는 빛을 자외선(紫外線)이라고 합니다. 스펙트럼은 적외선, 7색, 자외선이란 범위(영역)를 만들어 주기 때문에 '**스펙트럼**'에서 '**범위, 영역**'이란 뜻 파생.

- A **spectrum** is formed by a ray of light passing through a prism.
  스펙트럼은 프리즘을 통과하는 한 줄기 빛에 의해 형성된다.
- Curiosity helps us gain a broad **spectrum** of knowledge.
  호기심은 우리가 넓은 범위(영역)의 지식을 갖도록 돕는다.

circumspect [sə́:rkəmspèkt] a.신중한, 주의 깊은

cricum(원=circle)+spect(보다=look, see)의 결합.

'주위를 한 바퀴 빙 둘러보는=신중한(prudent), 주의 깊은(cautious)'입니다. 낯선 곳에 갔을 때 먼저 그 주위를 한 바퀴 빙 둘러보는 것은 신중하고 주의 깊은 태도지요. 외국이나 낯선 곳에 갔을 때 실제로 그렇게 해야 합니다.

- They were **circumspect** not to leak out the important issues.
  그들은 중요한 사안들을 밖으로 흘리지 않기 위해 신중했다.
- He has been **circumspect** about getting married.
  그는 결혼하는 것에 대해 계속 신중했다.

specimen [spésəmən] n.견본, 표본, 예, 시료, 샘플

spec(보다=look, see)+imen의 결합.

'사람들에게 본보기로 보여주는 물건=견본(sample, example, model)'입니다. 전체 상품의 품질이나 상태 따위를 알아볼 수 있도록 본보기로 보여주는 물건은 견본으로, 흔히 샘플(sample)이라고 합니다.

- Your work was chosen as a fine **specimen**.
  당신 작품이 좋은 표본(견본, 예)으로 선정되었습니다.

speculate [spékjəlèit] vt.추측(짐작, 추정)하다 vi.투기하다

spec(보다=look, see)+ul+ate의 결합.

'눈에 보이는 모습으로 판단하다=추측하다(guess, suppose, presume, assume)'입니다. 눈에 보이는 모습으로 판단하는 것은 추측하는 것이죠. 부동산이나 주식 투자에서 막연한 추측으로 투자하는 것은 투기이기 때문에 '**추측하다**'에서 '**투기하다**'는 뜻 파생.

- **speculation** [spèkjəléiʃən] n.추측(guess), 투기
- It is useless to **speculate** why he did it. 그가 왜 그랬는지 추측하는 것은 아무런 소용이 없다.
- He failed in **speculation** and became bankrupt. 그는 투기에 실패하여 파산했다.

specialize [spéʃəlàiz] vi.전문으로 하다, 전공하다 vt.전문화시키다

spec(보다=look, see)+ial+ize(동접)의 결합.

'한 분야를 깊이 있게 들여다보다=전문으로 하다, 전공하다(major)'입니다.

- special a.특별한, 독특한, 전공의   • specialist n.전문가(professional)
- SM is a company that **specializes in** cultural contents.
  SM은 문화 콘텐츠 분야를 전문으로 하는 회사이다.
- Which part do you **specialize in**? 너는 어느 분야를 전공하고 있어?

species [spíːʃiz] n.종, 종류

spec(보다=look, see)+ies의 결합.

'눈으로 보고 분류한 것=종(種), 종류(kind, sort)'입니다. 황인種, 백인種, 흑인種은 눈으로 보고 분류한 것이죠. 눈으로 보고 종류별로 구분할 수 있는 것이 종(種)입니다.

- The Origin of Species 종의 기원(Darwin의 저서)
- This **species** of bird is decreasing in numbers every year.
  이 종의 새는 매년 수가 감소하고 있다.

specific [spisífik] a.구체적인(detailed), 독특한(peculiar), 특별한(특정한)(special)

spec(보다=look, see)+ific의 결합.

'눈에 보이는 그대로=구체적인, 독특한, 특별한'입니다. 눈에 보이는 그대로 말하는 것이 구체적인 것입니다. 독특하거나 특별한 특징을 말해주는 것이 구체적인 것이기 때문에 '구체적인'에서 '독특한, 특별한'이란 뜻이 파생.

- Let me ask you some **specific** questions. 몇 가지 구체적인 질문을 드리겠습니다.
- This donation will be used for **specific** purposes.
  이 기부금은 특별한(특정한) 목적에 사용될 것입니다.

specious [spíːʃəs] a.그럴싸한, 겉만 번드르르한

spec(보다=look, see)+ious의 결합.

'겉으로 봤을 때 좋은 것 같은=그럴싸한, 겉만 번드르르한(showy)'입니다.

- The boy gave **specious** excuses to his teacher to avoid punishment.
  그 소년은 벌을 피하기 위해 선생님에게 그럴싸한 핑계를 댔다.

auspicious [ɔːspíʃəs] a.상서로운(lucky, fortunate), 좋은 징조인, 길조의

au(새=bird)+spic(보다=look, see)+ious의 결합.

'길조가 눈에 보이는=상서로운, 좋은 징조인'입니다. 아침에 까치를 보면 상서로운 징조이고, 까마귀를 보면 불길한 징조라고 흔히 말합니다. 새를 보고 길흉을 판단하는 것은 서양이나 동양이나 다를 바 없지요.

- The number seven is a very **auspicious** number.
  숫자 7은 매우 상서로운 숫자이다.

despise [dispáiz] vt. 멸시(경멸)하다, 얕보다

de(아래=down)+spi(보다=look, see)+se의 결합.

'사람을 아래로 내려다보다=멸시하다(look down on, disregard)'입니다. 눈을 아래로 내리깔아 보는 것은 사람을 무시하고 얕보고 멸시하는 행위죠. 동의어 look down on은 look(보다)+down(아래로)+on(계속)의 결합입니다.

- I want to know why you **despise** me.
  네가 왜 날 멸시(경멸)하는지 알고 싶어.
- I **despise** gambling and I consider investment in stocks to be kind of gambling.
  나는 도박을 경멸하고 주식투자를 일종의 도박으로 간주한다.

respite [réspit] n. 일시 중단, 휴식, 연기(유예)

re(다시=again)+spi(보다=look, see)+te의 결합.

'다시 보기로 하고 하던 일을 중단함=일시중단, 휴식(rest)'입니다. 일을 진행하다가 결론을 내지 못했을 때 나중에 다시 보기로 하고 하던 일을 중단하는 것은 휴식을 취하는 것이지요. '일시중단'에서 '휴식, 연기'란 뜻이 파생.

- After the **respite**, rain is expected to make a return on July 30.
  일시 중단 후에 장맛비는 7월 30일에 다시 돌아올 것으로 예상됩니다.
- The noise went on all night without a moment's **respite**.
  소음은 한 순간의 일시 중단 없이 밤새도록 계속되었다.

spy [spai] n. 스파이, 간첩, 정찰 v. 감시활동을 하다

spy(=spi)는 look, watch입니다. 스파이는 무언가를 몰래 지켜보고 정찰하는 일을 하지요.

- He **spied** for his government for more than ten years.
  그는 10년 이상 정부를 위해 스파이 활동을 했다.
- The National Intelligence Service has to drive out industrial **spies**.
  국가정보원은 산업스파이를 몰아내야 합니다.

autopsy [ɔ́:tɑpsi] n. 부검, 시체해부 vt. 부검하다

auto(자신 스스로=self)+psy(보다=spi=look)의 결합.

'사인 규명을 위해 직접 시체를 갈라서 보는 것=부검, 시체해부'입니다.

- The **autopsy** result revealed that the man died of food poison.
  부검 결과는 그 남자가 식중독으로 사망했음을 밝혀냈다.

어근 dur

어근 dur은 last(견디다, 지속되다)입니다.
듀라셀(duracell)이라는 건전지 회사가 있는데 듀라(dura)는 오래 견디고 지속된다는 의미입니다.

durable [djúərəbəl] a.견딜 수 있는, 내구성 있는, 오래가는

dur(견디다=last)+able(가능)의 결합.

'견딜 수 있는=내구성 있는, 오래가는(lasting)'입니다.

- durability [djùərəbíləti] n.내구성, 내구력
- This furniture was made with **durable** wood.
  이 가구는 내구성 있는 나무로 만들어졌다.
- Synthetic fiber is more **durable** than natural one.
  합성섬유는 천연섬유보다 더 내구성이 있다(오래간다).

endure [endjúər] vt.참다(bear), 견디다, 인내하다 vi.지속하다

en(만들다=make)+dur(견디다=last)+e의 결합.

'견디게 만들다=참다(stand, tolerate, bear, put up with)'입니다.

- endurance [indjúərəns] n.인내(perseverance, patience)
- endurable [indjúərəbəl] a.견딜 수 있는(durable), 감내할 수 있는
- I had to **endure** a severe stomachache all morning.
  나는 오전 내내 심한 위통을 참아야 했어.
- Courage and **endurance** are his good points.
  용기와 인내가 그의 장점이야.

obdurate [ábdjurit] a.완고한, 고집 센, 고집불통인

ob(반대=opposite)+dur(견디다=last)+ate의 결합.

'반대 입장에 서서 계속 견디는=완고한, 고집 센(stubborn, obstinate)'입니다. 자신과 반대 입장에 서서 타협하지 않고 계속 견디는 것은 완고하고 고집 센 것이죠.

- My boss remains **obdurate** on the question of the wage increase.
  사장은 급여 인상 문제에 대해 여전히 완강한 입장을 취하고 있다.
- Kim Jong-un is known as a **obdurate** man who never admits defeat.
  김정은은 패배를 인정하지 않는 고집이 센 사람으로 알려져 있습니다.

Day 33

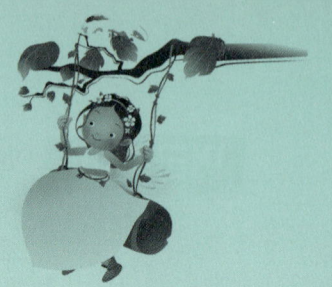

> **어근 vis** 어근 vis는 '보다(look, see)'입니다.
> 텔레비전(tele<u>vis</u>ion은) 멀리 있는 소식을 눈으로 보는 기계입니다.

invisible [invízəbəl] a.눈에 보이지 않는, 감추어진

in(부정=not)+vis(보다=look)+ible(가능=able)의 결합.

- visible a.눈에 보이는(볼 수 있는), 명백한
- Many stars are **invisible** to human sight.
  많은 별은 사람 눈에 보이지 않는다.

advise [ədváiz] vt.충고하다, 조언하다, 권고하다, 통지하다(inform)

ad(이동=to)+vis(보다=look)+e의 결합.

'도움되는 여러 방안을 가져가 보여주다=충고하다(admonish), 조언하다(counsel)'입니다.

- advice [ədváis] n.충고, 조언, 권고   • advisory [ədváizəri] a.충고의, 조언을 주는
- I really don't know how to **advise** you.
  너에게 어떻게 조언해야 할지 정말 모르겠다.
- Please **advise** [inform] us **of** any change of address.
  우리에게 주소 변동사항을 알려주세요.

vision [víʒən] n.눈, 시력, 광경, 환상(fantasy), 통찰력(insight)

vis(보다=look)+ion(명접)의 결합.

'보는 것=눈(eye), 시력(sight)'이고, '눈앞에 펼쳐 보이는 것=광경(spectacle, scene)'입니다. vision의 모든 뜻은 eye에서 파생. 눈에는 시력이 있고, 눈앞에 보이는 것은 광경, 눈에 보이지 않는 것을 보면 환상, 꿰뚫어 보는 것은 통찰력입니다.

- 1.5–1.5 **vision** 양 눈 1.5의 시력
- He has a **vision** of a world in which there would be no wars.
  그는 전쟁이 없는 세상에 대한 환상을 갖고 있다.
- He is a leader of **vision**.
  그는 통찰력(비전) 있는 지도자이다.

devise [diváiz] v.궁리하다, 고안하다

de(분리=off)+vis(보다=look)+e의 결합.

'물건을 분리시켜 보다=궁리하다(contrive), 고안하다(think out)'입니다. 새로운 것을 만들기 위해 물건을 부품별로 분리시켜 들여다보는 것은 궁리(연구)하고 고안하는 것이지요. 고안(考案)은 연구하여 새로운 안을 생각해 내는 것.

- device [diváis] n.고안(품), 장치(equipment, installation), 설비
- She **devised** simple but effective solutions.
  그녀는 간단하면서도 효과적인 해결책을 고안했다.

revise [riváiz] vt.수정(개정)하다, 복습하다

re(다시=again)+vis(보다=look)+e의 결합.

'완성한 것을 다시 보다=수정하다(modify, correct)'이고, '학습한 것을 다시 보다=복습하다(review, go over, brush up)'입니다. 완성한 계획서, 제안서, 원고 등을 다시 살펴보는 것은 잘못된 내용을 수정하는 것이죠. 학습한 내용을 다시 보는 것은 복습하는 것입니다. '복습하다'를 영국에서는 revise, 미국에서는 review를 사용.

- revision [rivíʒən] n.수정(modification, correction), 개정(판), 교정
- His **revised** will was stored in a safe deposit box at a bank.
  그의 수정된 유언장은 은행의 대여 금고에 보관되어 있었다.
- I can't come out tonight. I have to **revise**. 난 오늘 밤에 못 나가. 복습해야 해.

supervise [súːpərvàiz] vt.관리(감독, 감시, 지휘, 통제)하다

super(위에=over)+vis(보다=look)+e의 결합.

'위에서 내려다보다=관리하다(control, manager, administer, direct, observe)'입니다. 아래에서 일하고 있는 노동자들을 위에서 내려다보는 것은 관리하고 감독하는 것입니다. 위에서 내려다보면 한눈에 모두 볼 수 있기 때문에 관리, 감독하기 쉽지요.

- supervision [sùːpərvíʒən] n.관리, 감독, 감시, 지휘 • supervisor n.관리자, 감독자
- The organization was founded in 1963 to **supervise** clean and fair elections.
  그 조직은 공명선거를 감독하기 위해 1963년에 설립되었다.

improvise [ímprəvàiz] v.즉석에서 하다, 임시변통으로 하다

im(부정=not)+pro(앞=before)+vis(보다=look)+e의 결합.

'앞에 있는 종이를 보지 않고 하다=즉석에서 하다'입니다. 눈앞에 준비된 악보나 원고 없이 연주하고 연설하면 즉석에서, 즉흥적으로, 임시변통으로 하는 것입니다.

- He has an ability to **improvise** on the piano.
  그는 즉석에서 피아노를 연주할 수 있는 능력을 갖고 있다.
- Your suggestion is problematic in that it is too **improvised**.
  당신의 제안은 너무 즉흥적이라는 점에서 문제가 있습니다.

vista [vístə] n.전망(경치), 전망(예상)

vis(보다=look)+ta의 결합.

'눈을 떴을 때 눈앞에 펼쳐져 보이는 것=전망(view, prospect, outlook)'입니다.

- Beyond a shallow hill, a fine **vista** unfolded.
  얕은 구릉을 넘자 멋진 풍경이 펼쳐졌다.
- The program opened up new **vistas** for research on the origin of the Korean.
  그 프로그램은 한국인의 기원에 관한 연구에 새로운 전망을 활짝 열어주었다.

provisional [prəvíʒənəl] a.일시적인, 임시의, 잠정적인

pro(앞, 이전=before)+vis(보다=look)+ion+al의 결합.

'눈앞에 보이는 것을 사용하는=일시적인(temporary), 임시의'입니다. 범인이 차를 타고 도망가는데 뒤쫓아 타고 갈 차가 없을 때 눈앞에 보이는 오토바이를 사용하는 것은 일시적으로, 임시로 사용하는 것이죠.

- They have made a **provisional** agreement.
  그들은 일시적인(잠정적인) 합의를 이끌어냈다.
- The National Assembly opened a 15-day **provisional** session.
  국회는 15일간의 임시국회를 열었다.

envisage [invízidʒ] vt.예상(예측, 상상)하다

en(만들다=make)+vis(보다=look)+age의 결합.

'앞으로 일어날 일을 보도록 만들다=예상하다(expect, anticipate, forecast)'입니다.

- What level of damage do you **envisage**? 어느 정도의 손해를 예상하세요?

interview [íntərvjùː] n.면접(면담), 회담, 회견

inter(사이, 상호=between)+view(보다=look)의 결합.

'관련된 사람들이 만나 상호 간에 보는 것=면접, 회담(talk, meeting), 회견'입니다. 관련된 사람들 상호 간에 만나 얼굴을 보고 대화하는 것은 회담, 회견, 면접입니다. 면접은 면접관과 구직자가 만나 상호 간에 얼굴을 맞대고 보는 것입니다.

- How can I know the results of the **interview**? 면접결과는 어떻게 알 수 있나요?

viewpoint [vjúːpɔ̀int] n.관점, 견해

view(보다=look)+point(n.점)의 결합.

'사물이나 현상을 바라보는 점=관점(standpoint), 견해(opinion, view, outlook)'입니다.

- Always look at things from a various **viewpoint**.
  항상 다양한 관점에서 일들을 보세요.
- From a personal **standpoint**, the rich are more likely to be happy.
  개인적인 관점으로 보면, 부자들이 더 행복할 것 같아.

review [rivjú:] n.다시보기(검토, 복습, 논평, 비평, 보고서) vt.다시보다

re(다시=again)+view(보다=look)의 결합.

계획서, 제안서 등을 한 번 보고 '또다시 보다=(재)검토하다'이고, '학생이 공부한 내용을 다시 보다=복습하다'입니다. 책이나 기사 등을 다시 보고 평가하는 것은 논평(비평)하는 것이죠.

- good reviews 좋은 비평   • review exercises 복습 문제
- a review of customer complaints 소비자 불만사항 보고서
- The terms of the contract are under **review**.
  계약 조건은 현재 검토 중입니다.

어근 vid

어근 vid는 '보다(look, see)'입니다.
비디오(video)는 영상을 보는 기계입니다.

evidence [évidəns] n.증거, 증언 vt.증언(입증)하다

e(밖에=ex=out)+vid(보다=look)+ence의 결합.

'사건 현장에서 밖에 드러나 보이는 것=증거(proof), 증언(witness)'입니다. 객관적인 증거를 말로 하면 증언이죠. evidence는 진실을 증명하는 모든 종류의 증거를 말하고, proof는 사실이나 문서의 내용 따위에 관한 증거를 말합니다. evidence가 proof보다는 품위 있는 말.

- evident [évidənt] a.분명한(clear, plain, obvious, distinct), 명백한
- We found further scientific **evidence** for this theory.
  우리는 이 이론에 대해 추가적인 과학적 증거를 발견했다.
- I was asked to give **evidence** at the trial.
  나는 재판에서 증언해 달라는 요청을 받았다.

provide [prəváid] vt.(필요품)주다, 공급(제공)하다

pro(앞, 이전=before)+vid(보다=look)+e의 결합.

'앞을 내다보고 필요한 것을 주다=공급하다(supply)'입니다. 공급은 누군가에게 앞으로 무엇이 필요한지를 살펴보고 필요한 것을 주는 것. 명사형 provision은 '제공, 공급'이란 뜻에서 '식량, 조항'이란 뜻이 파생. 제공받은 것이 먹는 것이면 식량이고, 계약서나 법전 안에 제공되어(주어져) 있는 것은 항목, 조항이지요.

- provision [prəvíʒən] n.공급(supply), 제공, 대비(준비), 식량(food), 조항(clause)
- We must **provide** our students **with** effective ways to develop themselves.
  우리는 학생들에게 자신을 발전시킬 효과적인 방법을 제공해야 합니다.
- The government has promised to renegotiate the **provision** with the U.S.
  정부는 그 조항을 미국과 재협상하겠다고 약속했다.

invidious [invídiəs] a.눈에 거슬리는, 부당한, 불공평한

in(부정=not)+vid(보다=look)+ious의 결합.

'눈 뜨고 볼 수 없는=눈에 거슬리는, 부당한(unjust, unfair, improper)'입니다. 공공장소에서 키스하는 모습처럼 차마 눈 뜨고 볼 수 없는 장면은 눈에 거슬리고 부적당한 것이죠.

- It is **invidious** to have to pick out only one out of two.
  2개 중에서 단 1개를 골라야 하는 것은 부당해.

providence [právədəns] n.신, (신의)섭리

pro(앞, 이전=before)+vid(보다=look)+ence의 결합.

'앞을 내다보는 힘을 가진 자=신(God)'입니다. 앞을 내다보는 힘을 가진 존재는 신(God)입니다. 자연계를 지배하고 있는 원리와 법칙을 섭리(攝理)라고 합니다.

- She regarded his death as an act of **providence**.
  그녀는 그의 죽음을 신의 행위로 여겼다.

divide [diváid] vt.나누다, 분할하다

di(분리=off)+vid(보다=look)+e의 결합.

'눈으로 보고 분리시키다=나누다(separate, part, split)'입니다. 피자를 보고 사람 숫자에 맞게 분리시키는 것은 피자를 나누는 것이죠.

- division [divíʒən] n.분할, 분열, 분배, 구획, 부서, 나눗셈
- Let's **divide** this pizza into three and each take one piece.
  이 피자를 셋으로 나누어 하나씩 먹자.

dividend [dívidènd] n.배당(금)

divide(vt.나누다)+nd의 결합.

'이익을 투자자에게 나누어 주는 것=배당(allotment, share)'입니다. 회사 등에서 투자자에게 이익을 나누어 주는 것이 배당(금)입니다. 삼성전자나 현대차 주식을 갖고 있으면 매년 1~2회 배당금을 받게 되지요.

- A **dividend** of four cents per share was paid to shareholders.
  주당 4센트의 배당금이 주주들에게 지급되었다.

subdivide [sʌ̀bdiváid] vt.세분하다

sub(아래=under)+divide(vt.나누다)의 결합.

'나눈 것을 다시 하위 메뉴로 나누다=세분하다'입니다. 나눈 것을 다시 하위 메뉴로 나누는 것은 잘게 나누는(세분하는) 것입니다.

- The verbs are **subdivided** into transitive and intransitive categories.
  동사들은 타동사와 자동사로 세분화되어 있다.

individual [ìndəvídʒuəl] a.개인의, 개인적인 n.개인, 사람(person)

in(부정=not)+divid(나누다=divide)+ual의 결합.

'**더 이상 나눌 수 없는 존재=개인**'입니다. 국민, 민족, 가족, 우리처럼 여러 사람은 특성에 맞게 나눌 수 있지만 한 사람의 개인은 더 이상 나눌 수 없지요.

- individualism n.개인주의, 이기주의 • individualist n.개인주의자, 이기주의자
- Democracy guards and respects the rights of the **individual**.
  민주주의는 개인의 권리를 보호하고 존중한다.

obvious [ábviəs] a.명백한, 분명한

ob(강조=completely)+vi(보다=vid=look)+ous의 결합.

'**전체가 완전히 다 보이는=명백한**(clear, plain, evident)'입니다. 어둠 속에 있거나 멀리 있으면 사람인지 짐승인지 알 수 없지만, 다가갔을 때 전체가 완전히 다 보이면 사람인지 짐승인지 분명히 알 수 있지요.

- It is **obvious** that the child has been badly treated.
  그 아이가 학대를 받아 왔다는 것은 분명하다.

어근 clude   어근 clude는 close(닫다=shut)입니다.

conclude [kənklú:d] vt.결론을 내리다, 끝내다

con(함께=with)+clude(닫다=close)의 결합.

'**토론을 끝내고 함께 문을 닫다=결론을 내리다, 끝내다**(finish, close, end)'입니다.

- conclusive [kənklú:siv] a.결정적인, 확실한 • conclusion [kənklú:ʒən] n.결론, 종결
- Not without sobs could she **conclude** her story.
  그녀는 흐느끼지 않고는 자신의 이야기를 끝낼 수가 없었다.
- We have got **conclusive** evidence that he is the thief.
  우리는 그가 절도범이라는 결정적인 증거를 갖고 있다.

exclude [iksklú:d] vt.제외(제명, 추방, 배제)하다, 차단하다

ex(밖에=out)+clude(닫다=close)의 결합.

'**안에 있는 것을 밖에 두고 닫다=제외하다**(rule out), **차단하다**(block)'입니다. 회의실 안에 있는 사람을 밖에 두고 문을 닫으면 그 사람을 회의에서 제외(배제)하는 것이고, 들어오지 못하게 차단하는 것이죠.

- exclusion [iksklú:ʒən] n.제외, 배제, 배척 • exclusive [iksklú:siv] a.독점적인, 유일한 n.독점기사(특종)
- She thinks I **exclude** her on purpose.
  그녀는 내가 의도적으로 자신을 제외한다고 생각해.
- I signed an **exclusive** contract with the company.
  나는 그 회사와 독점적인 계약을 맺었다.

include [inklú:d] vt.포함하다, 포함시키다

in(안에)+clude(닫다=close)의 결합.

'밖에 있는 것을 안에 넣고 닫다=포함하다(contain)'입니다. 회의실 밖에 있는 사람을 회의실 안에 넣고 문을 닫으면 그 사람을 회의에 포함시키는 것입니다.

- inclusion [inklú:ʒən] n.포함, 포괄 • inclusive [inklú:siv] a.포괄적인, 포함하는
- The activities at the school **include** sports and dances.
  그 학교의 활동은 운동과 춤을 포함한다.

preclude [priklú:d] vt.제외(배제)하다, 막다, 방해하다

pre(앞, 이전=before)+clude(닫다=close)의 결합.

'누군가 들어오기 이전에 문을 닫다=제외하다(exclude), 막다(prevent)'입니다. 누군가가 회의실에 들어오기 이전에(앞서서) 회의실 문을 닫으면 그 사람을 회의에서 제외(배제)하는 것이고, 회의에 참여하지 못하게 막는 것입니다.

- preclusive [priklú:siv] a.제외하는, 방해하는, 방지하는
- preclusion [priklú:ʒən] n.제외(exception, exclusion), 방해(prevention, disturbance)
- They won't **preclude** using a nuclear bomb.
  그들은 핵폭탄 사용을 배제하지 않을 것입니다.

seclude [siklú:d] vt.격리(고립)시키다, 은둔하다

se(분리=off)+clude(닫다=close)의 결합.

'누군가를 분리시켜 다른 곳에 넣고 문을 닫다=격리시키다(separate, insulate)'입니다. 어떤 사람을 분리시켜 다른 장소에 넣은 후 문을 닫으면 격리시키는 것입니다. 세상으로부터 자신을 분리시키고 세상과 소통하는 문을 닫으면 은둔하는 것이죠.

- secluded [siklú:did] a.격리된, 은둔한(isolated) • seclusion [siklú:ʒən] n.격리, 은둔
- North Korea is one of the most **secluded** countries in the world.
  북한은 세계에서 가장 격리된(고립된) 나라 중 하나입니다.

Day 34

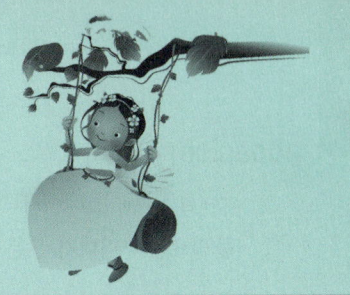

어근 cis
어근 cis(e)는 cut(자르다)입니다.

decision [disíʒən] n.결심(determination, resolution), 결정

de(분리=off)+cis(자르다=cut)+ion(명접)의 결합.

'마음속에서 하나를 잘라서 분리해 내는 것=결심'입니다. 자장면을 먹을지 짬뽕을 먹을지 고민하다가 자장면을 마음속에서 분리시켜 내면 자장면을 먹기로 결심(결정)한 것이죠.

- **decide** vt.결정하다. 결심하다
- **indecision** [indisíʒən] n.우유부단(결정 못함). 주저
- **decisive** [disáisiv] a.결정적인, 결단성 있는
- **indecisive** a.우유부단한. 결단성 없는

- Air power is the **decisive** factor in modern warfare.
  공군력은 현대 전쟁에서 결정적인 요소이다.
- I don't like a weak and **indecisive** man.
  나는 허약하고 우유부단한 남자를 좋아하지 않아.

precise [prisáis] a.정확한(correct, exact, accurate, right), 정밀한

pre(앞, 이전=before)+cise(자르다=cut)의 결합.

'들쭉날쭉한 앞부분을 모두 잘라낸=정확한'입니다. 종이를 모아서 책처럼 묶으면 앞부분이 들쭉날쭉 튀어나와 크기가 같지 않지요. 그 경우 튀어나온 앞부분을 자로 대고 모두 잘라내면 정확한 크기가 되지요.

- **precision** [prisíʒən] n.정확, 정밀, 꼼꼼함
- **precisely** ad.정확하게(exactly), 분명히

- The authorities are trying to estimate a **precise** damage scale.
  정부 당국은 정확한 피해 규모를 측정하려고 노력하고 있습니다.

excise [éksaiz] n.소비세 vt.잘라내다

ex(밖으로=out)+cise(자르다=cut)의 결합.

'정부가 물건 가격의 일부를 밖으로 잘라내 가져가는 것=소비세'입니다. 안에 있는 것을 잘라 밖으로 꺼내면 잘라내는 것이고, 담배가격 4,000원에서 2,000원을 밖으로 잘라내 정부가 가져가는 것은 소비세입니다.

- The surgeon **excised** several tumors from the wall of the patient's stomach.
  그 외과 의사는 환자의 위벽에서 몇 개의 종양을 잘라냈다.

concise [kənsáis] a.(말, 글)간결한, 명료한(clear, obvious, evident)

con(함께=with)+cise(자르다=cut)의 결합.

'불필요한 군더더기 부분을 다 함께 잘라낸=간결한, 명료한'입니다.

- Your goals should be **concise**, realistic, and positive.
  너의 목표는 간결하고, 현실적이고 긍정적이어야 해.

incise [insáiz] vt.째다(절개하다), (글자)새기다

in(안으로)+cise(자르다=cut)의 결합.

'칼날을 안으로 집어넣어 자르다=째다(cut), 새기다(inscribe, carve)'입니다.

- incisive [insáisiv] a.날카로운(쨀 수 있는), 예리한(sharp)
- He received his new uniforms **incised** with the numbers 9.
  그는 9번이 새겨진 자신의 새 유니폼을 받았다.

rescind [risínd] vt.폐지하다(abolish, disuse), 철회하다, 취소하다

re(뒤=back)+s+cind(자르다=cut)의 결합.

'법률 조항을 잘라서 뒤로 꺼내다=폐지하다'입니다. 법전에서 시대에 맞지 않는 법률 조항을 잘라서 뒤로 끄집어내면 그 법을 폐지하는 것입니다. 하기로 한 약속이나 정책을 잘라서 뒤로 끄집어내면 철회하고 취소하는 것이죠.

- Laws disadvantageous to women should be **rescinded**.
  여성에게 불리한 법들은 폐지되어야 합니다.

어근 sect   어근 sect는 cut(자르다)입니다.

section [sékʃən] n.부분, 구획, 구역, 부문, 부서, 부품 vt.분할하다(divide)

sect(자르다=cut)+ion(명접)의 결합.

'전체를 여러 개로 잘라 구분 지어 놓은 것=부분, 부문, 부서, 구획, 구역'입니다. 아파트 단지나 산업 공단에서 도로에 의해 나누어져 있는 한 부분은 구획입니다. 시, 군, 구처럼 효율적인 관리를 위해 나누어 놓은 부분은 구역이죠. 경영학, 법학처럼 대학교에서 나누어 놓은 전공은 부문입니다. 기업에는 인사부, 영업부 등 여러 부분이 있는데 부서라고 합니다. 신문에는 정치면, 경제면 등 다양한 부분으로 이루어져 있는데 한 부분을 난(欄)이라고 합니다.

- Look at the sports **section** of the newspaper. 그 신문의 스포츠난을 봐.
- He is the director of the finance **section**.
  그는 재무부 이사야.
- That **section** of the road is still closed.
  도로의 그 구획(구역)은 아직 폐쇄되어 있어.

insect [ínsekt] n.곤충, 벌레, 벌레 같은 인간

in(안에)+sect(자르다=cut)의 결합.

'**몸 안이 여러 조각으로 잘려 있는 동물=곤충, 벌레**'입니다. 곤충을 절지동물(節肢動物)이라고 하는데 몸이 마디마디 칼로 자른 듯이 나누어져 있습니다.

- Crops were extensively damaged by **insect** attacks.
  벌레의 공격으로 농작물이 광범위하게 피해를 입었다.

intersect [ìntərsékt] vt.가로지르다(traverse, cross) vi.교차하다

inter(사이, 중간=between)+sect(자르다=cut)의 결합.

'**중간을 칼로 잘라 그 사이로 지나가다=가로지르다**'입니다. 둘러가지 않고 중간을 칼로 잘라 그 사이로 지나가면 가로지르는 것입니다. 십자(+)로 가로지르면 교차하게 되지요.

- intersection [ìntərsékʃən] n.교차로, 교차
- The orbit of this comet **intersects** the orbit of the Earth.
  그 혜성의 궤도는 지구 궤도를 가로지른다.

bisect [baisékt] v.양분하다, 이등분하다

bi(둘=two)+sect(자르다=cut)의 결합.

'**하나를 둘로 자르다=양분하다, 이등분하다**'입니다.

- The village is still **bisected** by the road.
  그 마을은 여전히 그 도로에 의해 2등분 되어 있습니다.

dissect [disékt] v.해부하다, 분석하다(analyze)

dis(분리=off)+sect(자르다=cut)의 결합.

'**분리하고 자르다=해부하다**'입니다. 죽은 동물을 칼로 자르고 장기를 분리해서 보는 것은 해부하는 것이죠. 사회 현상 따위를 해부하는 것은 분석하는 것이기 때문에 '**해부하다**'에서 '**분석하다**'는 뜻이 파생.

- dissection [disékʃən] n.해부, 분석(analysis)
- In biology classes at school, we used to **dissect** frogs.
  학교 생물 시간에 우리는 개구리를 해부하곤 했다.
- **Dissect** the problem and search for the root cause.
  문제를 분석하고 근본 원인을 찾으세요.

어근 tail

어근 tail은 cut(자르다)입니다.

tailor [téilər] n.(주로 남성복)재단사, 재봉사

tail(자르다=cut)+or(사람)의 결합.

'천을 잘라서 양복을 만드는 사람=테일러(tailor-재단사)'입니다.

retail [ríːteil] n.소매 vt.소매로 팔다

re(계속=again)+tail(자르다=cut)의 결합.

'큰 것을 계속 잘라서 작은 단위로 판매하는 것=소매'입니다. 돼지 한 마리 통째(whole)로 파는 것이 아니라, 부위별로 조금씩 계속 잘라서 판매하는 것이 소매입니다.

- wholesale [hóulsèil] a.도매의, 대규모의 n.도매
- We don't sell them by **retail**.
  그것을 소매로는 팔지 않아요.

detail [díːteil] n.세부(사항), 상세(particulars) vt.상세히 설명하다

de(분리=off)+tail(자르다=cut)의 결합.

'전체를 자르고 분리시켜 구체적으로 설명한 것=세부, 상세'입니다. 우리는 '디테일하게(=상세하게)'라는 영어를 흔히 사용합니다.

- in detail 자세하게, 상세하게(at length, at large, in full)
- He prepared everything **in detail** from A to Z.
  그는 처음부터 끝까지 상세하게 모든 것을 준비했다.

curtail [kəːrtéil] vt.줄이다, 단축하다, 삭감하다(cut down)

cur(자르다=cut)+tail(자르다=cut)의 결합.

'불필요한 것을 잘라내고 잘라내다=줄이다(shorten, reduce)'입니다.

- How can I **curtail** the amount of spam e-mail sent to me?
  나에게 오는 스팸 메일 양을 줄이려면 어떻게 해야 하나요?

retaliate [ritǽlièit] v.보복하다(revenge, avenge), 앙갚음하다

re(다시=again)+tali(자르다=tail)+ate의 결합.

'다시 쳐들어가 적의 목을 자르다=보복하다'입니다. 적군이 자기 군사의 목을 자르면 다시 군사를 이끌고 적진으로 쳐들어가 적의 목을 자르는 것은 복수하는 것이죠.

- retaliation [ritæ̀liéiʃən] n.보복(reprisal, revenge), 복수, 앙갚음
- If there is no action, we will **retaliate** instantly.
  어떠한 조치가 없다면, 우리는 즉각 보복할 것입니다.

어근 tom

어근 tom은 cut(자르다)입니다.

atom [ǽtəm] n.원자, 티끌(article)

a(부정=an=not)+tom(자르다=cut)의 결합.

'분자구조에서 화학적으로 더 이상 자를 수 없는 것=원자'입니다.

- An **atom** is the smallest substance in the world. 원자는 세상 물질의 최소 단위이다.

anatomy [ənǽtəmi] n.해부(dissection), 해부학

an(계속=in=on)+a+tom(자르다=cut)+y의 결합.

'시체를 계속 세부적으로 자르는 것=해부'입니다. 토미존 서저리(Tommy John Surgery)란 수술이 있는데 투수의 팔꿈치 인대에 문제가 있을 때 정상적인 팔꿈치 인대를 잘라내어 그곳에 붙이는 수술입니다. 이 수술을 최초로 받은 LA 다저스의 투수 토미 존이란 이름에서 따왔는데 우연의 일치로 이름에 tom(자르다)이 들어가 있지요.

- The article has an **anatomy** of the current recession.
  그 기사에는 현재의 경기 침체에 대한 해부가 들어 있다.

dichotomy [daikátəmi] n.둘로 갈림, 양분, 이분법

di(둘=two)+cho+tom(자르다=cut)+y의 결합.

'하나를 둘로 잘라 나누는 것=둘로 갈림, 양분(bisection)'입니다.

- Many people look upon the world as a **dichotomy** between good and evil.
  많은 사람은 선과 악이라는 이분법으로 세상을 본다.

epitome [ipítəmi] n.요약, 본보기(example, model, pattern)

epi(밖으로=ex=out)+tom(자르다=cut)+e의 결합.

'전체 내용 중에서 핵심만 잘라서 밖으로 낸 것=요약(summary, outline)'입니다. 책 내용 중에서 핵심만 잘라서 밖으로 낸 것은 요약이고, 많은 물건이나 사람 중에서 대표적으로 보여주기 위해 잘라낸 것은 본보기(전형, 모범, 귀감)입니다.

- He can be considered the **epitome** of a modern politician.
  그는 현대 정치가의 본보기로 간주될 수 있다.

appendectomy [æpəndéktəmi] n.맹장 수술, 종양 절제수술

ap(이동=ad)+pend(매달다=hang)+ec+tom(자르다=cut)+y의 결합.

'창자에 매달려 있는 것(맹장, 종양) 칼을 잘라내는 수술=맹장 수술'입니다. tom이 들어간 수술은 모두 칼로 cut 하는 수술.

- An **appendectomy** is a fairly minor operation. Don't worry.
  맹장 절제술은 아주 가벼운 수술이야. 걱정하지 마.

어근 hum

어근 hum은 earth(땅)입니다.

humble [hʌ́mbəl] a.비천한(lowly), 겸손한(modest)

hum(땅=earth)+ble의 결합.

'본능적으로 자신을 땅에 낮추는=비천한'이고, '스스로 자신을 땅에 낮추는=겸손한'입니다. humble은 신분이 비천함을 나타내는데 서양에선 노예, 우리나라에서는 천민입니다. 고관대작이 지나가면 신분이 비천한 사람은 본능적으로 땅에 엎드려 자세를 낮추게 되지요. 자신을 낮출 필요가 없는 상황에 스스로 자신을 낮추면 겸손한 자세입니다.

- Be it ever so **humble**, there's no place like home.
  아무리 비천해도 집과 같은 곳은 없어.
- You don't have to act so **humble**.
  그렇게 겸손 떨 거 없어.

humility [hju:mílə́ti] n.겸손, 겸양

hum(땅=earth)+ility의 결합.

'자신을 땅에 낮추는 행위=겸손(modesty, humbleness)'입니다.

- **Humility** is considered a virtue in Korean society.
  한국 사회에서 겸손은 미덕으로 간주된다.

humid [hjú:mid] a.습기 많은, 눅눅한

hum(땅=earth)+id의 결합.

영국 **땅**은 항상 **습기가 많고 눅눅**합니다. 영국 신사가 우산을 갖고 다니는 이유는 비가 자주 오는 영국 날씨 때문. 오랫동안 햇볕을 쐬지 않으면 비타민 D 부족으로 구루병(곱사병)에 걸릴 수 있기 때문에 영국 민들은 햇볕이 나오면 옷을 벗고 일광욕을 즐기는 것입니다.

- The city is hot and **humid** throughout most of the year.
  그 도시는 일 년 중 거의 대부분이 덥고 습기가 많아.

humiliate [hju:mílièit] vt.창피(굴욕)를 주다, 망신시키다

hum(땅=earth)+iliate의 결합.

'사람을 땅에 꿇리다=창피(굴욕)를 주다(mortify, disgrace)'입니다. 누군가를 땅에 무릎 꿇리거나 땅에 엎드리게 하면 창피를 주고 굴욕을 주는 것이죠. 이 단어를 설명하는 지금 TV에는 주차요원을 땅에 무릎 꿇게 만든 백화점 갑질녀에 대한 뉴스로 시끄럽습니다.

- He was **humiliated** in front of all her friends.
  그는 모든 친구 앞에서 창피를 당했다.
- I've never been so **humiliated** in all my life.
  지금까지 살면서 이렇게 창피를 당한 적은 없어.

exhume [igzjúːm] vt.(시신, 유물)파내다, 발굴하다

ex(밖으로=out)+hum(땅=earth)+e의 결합.

'땅속에 있는 것을 땅 밖으로 파내다=파내다(excavate, unearth, dig out)'입니다.

- inhume [inhjúːm] vt.파묻다, 매장하다(bury)
- His grave was **exhumed** by grave robbers.
  그의 무덤은 도굴꾼들에 의해 파헤쳐졌습니다.
- They have **exhumed** precious relics of ancient days.
  그들은 귀중한 고대 유물을 발굴해 놓았다.

posthumous [pástʃuməs] a.사후의, 유복자로 태어난

post(후=after)+hum(땅=earth)+ous의 결합.

'사람이 죽어서 땅속에 파묻힌 후에=사후(死後)의'입니다. 아버지가 죽고 난 이후에 태어난 자식을 유복자라고 합니다. 프로야구의 포스트시즌(post season)은 정규시즌 경기를 모두 끝마친 **후의** 경기를 말합니다.

- a posthumous child 유복자   • posthumous fame 사후의 명성
- The second **posthumous** album of the late Michael Jackson will be released.
  고 마이클 잭슨의 두 번째 유작 앨범이 발매될 예정이다.

Day 35

어근 dict

어근 dic(t)은 say(말하다)입니다.

diction [díkʃən] n.말투, 어투

dict(말하다=say)+ion(명접)의 결합.

'말하는 버릇이나 습관=말투(way of talking)'입니다.

- His vague **diction** always makes me angry.
  그의 모호한 말투(어투)는 나를 항상 화나게 만들어.

dictate [díkteit] vt.받아쓰게 하다, 지시하다(order, command, direct)

dict(말하다=say)+ate의 결합.

'말하다'에서 말하는 것을 '받아쓰게 하다'는 뜻으로 의미가 확장. 누군가에게 자신이 한 말을 받아쓰게 하는 것은 지시(명령)하는 것이기 때문에 '**받아쓰게 하다**'에서 '**지시하다**'는 뜻이 파생.

- dictation [diktéiʃən] n.받아쓰기, 구술, 지시   • dictator n.독재자, 권력자
- He **dictated** his words to the students.
  그는 학생들에게 자신의 말을 받아쓰게 했다.
- It does not belong to me to **dictate** to my colleagues.
  나의 동료에게 지시하는 것은 나에게 속해있지 않습니다.

predict [pridíkt] v.예언하다, 예측(예상)하다

pre(앞, 이전=before)+dict(말하다=say)의 결합.

'앞으로 어떤 일이 일어나는지 말하다=예언하다(prophesy, foretell, forecast)'입니다.

- prediction [pridíkʃən] n.예언(prophecy, forecast), 예측(prospect)
- predictable [pridíktəbəl] a.예측 가능한   • unpredictable a.예측할 수 없는
- It is very difficult to **predict** the future these days.
  요즘은 미래를 예측하는 것이 매우 어려워.
- The film's plot is **predictable**, the dialogue is second-rate.
  그 영화의 줄거리는 예측 가능하고 대사는 이류야.

addict [ǽdikt] n.중독자, 탐닉자 vt [ədíkt].중독 시키다

ad(이동=to)+dict(말하다=say)의 결합.

'**마약을 달라고 계속 말하는 사람=중독자**'입니다. 몰핀은 1803년 독일에서 개발되어 미국의 남북전쟁 등에서 진통제로 광범위하게 사용되었는데 그때부터 마약 중독자가 발생했다고 합니다. 몰핀을 달라고 계속 말하는 사람은 마약중독자입니다.

- addiction [ədíkʃən] n.중독, 마약중독
- He was diagnosed an alcoholic and a drug **addict**.
  그는 술중독과 마약중독으로 진단 받았다.

indict [indáit] vt.기소하다(prosecute), 고발하다(denounce)

in(안으로)+dict(말하다=say)의 결합.

'**감옥 안으로 가라고 말하다=기소하다, 고발하다**'입니다. 검사가 범죄자에게 감옥 안으로 가라고 말하는 것은 기소하는 것이고, 제삼자가 범죄자를 감옥 안으로 가게 해 달라고 말하는 것은 고발하는 것입니다.

- indictment [indáitmənt] n.기소(장), 고발(장)
- We will **indict** him on charges of violating the political funds law.
  우리는 그를 정치자금법 위반 혐의로 기소할 것입니다.

malediction [mælədíkʃən] n.악담, 비방, 저주

male(나쁜=bad)+dict(말하다=say)+ion의 결합.

'**누군가가 나쁘게 되도록 하는 말=악담, 비방, 저주(curse)**'입니다.

- Internet users have posted **maledictions** about the actor.
  네티즌들은 그 배우에 대해 비방 글들을 올렸다.

edict [í:dikt] n.칙령, 포고령, 명령

e(밖으로=ex=out)+dict(말하다=say)의 결합.

'**왕이 말한 명령을 밖으로 알리는 것=칙령, 포고령**'입니다.

- The emperor issued an **edict** banning festivals.
  황제는 축제를 금지하는 칙령(포고령, 명령)을 내렸다.

verdict [və́:rdikt] n.배심원의 평결, 판결(judgment)

ver(참된=very)+dict(말하다=say)의 결합.

'**배심원이 하는 참된 말=평결, 판결**'입니다. 일반 국민으로부터 선출되어 재판에 참여하는 사람을 배심원이라고 하는데 배심원이 내리는 판결이 평결입니다. 어근 ver는 very의 변형으로 very는 과거에 'a.참된, 진실의'라는 형용사였는데, 현대영어에서는 'ad.매우'라는 부사로만 사용.

- He had to accept a guilty **verdict**.
  그는 유죄 평결을 받아들여야만 했다.

dictum [díktəm] n.격언, 금언, (전문가)의견

dict(말하다=say)+um의 결합.

'현자나 전문가가 하는 말=격언(proverb, maxim), (전문가)의견'입니다.

- I always remember the **dictum** that honesty is best policy.
  나는 정직함이 최고의 정책이라는 격언(금언)을 항상 기억하고 있다.

interdict [ìntərdíkt] vt.금지하다(prohibit, forbid, ban, prevent) n.금지

inter(사이=between)+dict(말하다=say)의 결합.

'사람들 사이에 들어가서 하지 말라고 말하다=금지하다'입니다. 선생님이 학생들 사이에 들어가서 음주와 흡연을 하지 말라고 하면 그것들을 금지하는 것입니다.

- North Korean movie has been **interdicted** by the Government.
  북한 영화는 정부에 의해 금지되어 있다.

dedicate [dédikèit] vt.(시간, 세금)바치다(devote), 헌신하다

de(분리=off)+dic(말하다=dict=speak)+ate의 결합.

'자신의 것을 분리시켜 주겠다고 말하다=바치다'입니다. 자신의 재산에서 일부를 분리시켜 세금이나 공물로 바치겠다고 말하는 것에서 유래. 시간과 정열을 바치면 헌신(전념), 세금 따위를 바치면 봉납(헌납), 저서나 작곡 따위를 바치면 헌정입니다. '바치다'에서 '헌신(전념)하다, 헌납하다, 헌정하다'는 뜻이 파생.

- **dedication** [dèdikéiʃən] n.헌신(devotion), 전념
- I would like to **dedicate** this song **to** her. 나는 이 노래를 그녀에게 바치고 싶습니다.

indicate [índikèit] vt.가리키다, 보여주다(나타내다)

in(쪽으로=into)+dic(말하다=dict=say)+ate의 결합.

'어느 쪽으로 가리키며 말하다=가리키다(point), 보여주다(show)'입니다. 어떤 건물이 어디에 있는지 묻는 사람에게 그 쪽으로 가리키며 말하면 그 건물이 어디에 있는지 가리키고 보여주는 것이죠.

- **indication** [ìndikéiʃən] n.지시(가리키기), 징조(미리 보여주는 것)
- He **indicated** where the furniture was to go.
  그는 그 가구가 들어가야 하는 곳을 가리켰다.
- The research **indicates** that eating habits are changing fast.
  그 연구는 식습관이 빠르게 바뀌고 있다는 것을 보여준다.

abdicate [ǽbdikèit] vt.(왕좌)퇴위하다

ab(분리=off)+dic(말하다=dict=say)+ate의 결합.

'왕위에서 물러난다고 말하고 왕좌에서 자신을 분리시키다=퇴위하다'입니다.

- The king was forced to **abdicate** the throne.
  그 왕은 어쩔 수 없이 왕좌에서 물러나야 했다.

predicament [pridíkəmənt] n.곤경, 궁지, 곤란한 상황

pre(앞, 이전=before)+dic(말하다=say)+a+ment의 결합.

'**약속 시점 이전에 발설하여 처하게 되는 상황=곤경(plight), 궁지(dilemma)**'입니다. 저널리즘의 관행 중에 엠바고(embargo)가 있는데, 언론이 취재원과 합의해 언제 보도할 것인가를 결정하는 것을 말합니다. 엠바고를 어기고 보도시점 이전에 미리 발설하면 언론은 곤경에 처하게 되지요.

- It is obvious that they are in **predicament**.
  그들이 곤경에 처해 있는 것은 분명합니다.
- He confessed **predicament** on overseas tours because of English.
  그는 영어 때문에 해외여행에서 겪었던 곤경을 실토했다.

predicate [prédkèit] vt.단언(단정)하다 n.(문법)술어

pre(앞, 이전=before)+dic(말하다=dict=say)+ate의 결합.

'**사람들 앞에서 공개적으로 말하다=단언하다(declare, affirm, profess)**'입니다.

- predication [predkéiʃən] n.단정, 단언(declaration, affirmation, assertion)
- Dogs have been **predicated** as a faithful friend of human.
  개는 인간의 충성스러운 동물로 단정되어 왔다.

syndicate [síndikeit] n.기업연합, 연합체, 신디케이트

syn(함께=with)+dic(말하다=dict=say)+ate의 결합.

'**뜻을 함께하겠다고 말한 기업, 조직, 단체가 결성한 것=기업연합, 연합체**'입니다.

- They formed a **syndicate** to buy the company.
  그들은 그 기업을 사기 위해 연합체를 결성했다.

어근 fa

어근 fa는 say(말하다)입니다. 유사철자 fab, fam, fav, fess는 fa의 변형.

fable [féibəl] n.우화, 전설(legend), 신화

fa(말하다=say)+ble의 결합.

'**옛날부터 말로 전해 내려오는 이야기=우화, 전설**'입니다. fabulous는 구어에서 '굉장한, 멋진'이란 뜻으로 흔히 사용되는데 '우화 속에 나오는 한 장면 같은=굉장한, 멋진'입니다.

- fabulous [fǽbjələs] a.전설적인, (구어)굉장한, 멋진
- the fabulous age in Chinese history
  중국 역사상 전설적인 시대
- It is indeed a **fabulous** idea although it isn't practical.
  그것은 비록 현실적이지는 않지만 정말 멋진 생각이야.

infant [ínfənt] n.유아, (법)미성년자

in(부정=not)+fa(말하다=say)+nt의 결합.

'태어난 지 얼마 되지 않아 말을 잘 못하는 사람=유아(a little child)'입니다.

- infancy [ínfənsi] n.유년기(childhood), 초기 단계(early stage)
- We call a baby or a very young child an **infant**.
  우리는 아기나 매우 어린 어린이를 유아라고 부른다.

preface [préfis] n.서문, 머리말

pre(앞, 이전=before)+fa(말하다=say)+ce의 결합.

'저자가 책의 맨 앞에 한 말=서문, 머리말(foreword)'입니다. 저자가 책의 맨 앞에 하는 말은 서문(머리말)이고, 책 마지막에 쓰는 맺음말은 에필로그(epilogue)입니다. epi(ex=밖으로)+log(말하다=say)+ue의 결합.

- She has mentioned my name in the **preface**.
  그녀는 서문에 나의 이름을 언급해 놓았다.

nefarious [niféəriəs] a.흉악한, 사악한, 음흉한, 극악한

ne(부정=not=negative)+fa(말하다=say)+rious의 결합.

'차마 입으로 말하지 못할 정도인=흉악한, 사악한, 음흉한'입니다.

- He seems to have been involved in some **nefarious** activities.
  그는 어떤 사악한 활동에 연루되어 있는 것처럼 보여.
- We believe they have a **nefarious** purpose here.
  우리는 그들이 음흉한 목적을 갖고 여기 왔다고 믿어.

defame [diféim] vt.비방하다, 모욕하다, ~의 명예를 훼손하다

de(아래=down)+fa(말하다=say)+me의 결합.

'누군가의 명예를 떨어뜨리는 말을 하다=비방하다(slander, abuse), 모욕하다(insult)'입니다. de(아래=down)+fame(n.명성, 명예)로 결합해도 됩니다.

- defamation [dèfəméiʃən] n.비방, 모욕, 명예훼손
- If you **defame** me, you can be sued.
  나의 명예를 훼손하면 고소당할 수 있습니다.

affable [ǽfəbəl] a.상냥한, 사귀기 쉬운, 붙임성 있는

af(이동=ad=to)+fa(말하다=say)+ble의 결합.

'누구에게나 다가가서 말을 걸 수 있는=상냥한(amiable), 사귀기 쉬운'입니다.

- He is an extremely **affable** and approachable man.
  그는 매우 상냥하고 다가가기 쉬운 사람이야.

prophesy [práfəsài] v. 예언하다(predict, foretell, forecast), 예측하다

pro(앞, 이전=before)+phe(말하다=fa=say)+sy의 결합.

'앞으로 일어날 일을 말하다=예언하다'입니다. 판타지 소설 좋아하나요? 판타지 철자는 fantasy, phantasy로 f와 ph가 같은 철자라는 것을 알 수 있습니다.

- We cannot **prophesy** what may happen in the future.
  우리는 미래에 무슨 일이 일어날지 예언(예측)할 수 없어.

confess [kənfés] v. 고백하다, 실토하다, 자백하다

con(함께=with)+fess(말하다=fa=say)의 결합.

'함께 있는 사람에게 감추어 둔 것을 말하다=고백하다'입니다.

- confession [kənféʃən] n. 고백, 실토, 자백, 참회
- confessional [kənféʃənəl] a. 고백의, 참회의 n. 고해실
- I **confess** that I suffered from low self-esteem as a teenager.
  내가 십대 때 심한 열등감을 느꼈던 것을 고백합니다.

profess [prəfés] vt. 공언하다, 고백(자백)하다

pro(앞, 이전=before)+fess(말하다=fa=say)의 결합.

'사람들 앞에 가서 말하다=공언하다(declare), 고백하다(confess)'입니다.

- I can **profess** that I have no connection with that affair.
  나는 그 일과 아무런 관계가 없음을 공언할 수 있어.

profession [prəféʃən] n. 공언, 직업(전문직)

pro(앞=before)+fess(말하다=say)+ion(명접)의 결합.

'사람들 앞에서 공개적으로 말하는 것=공언(declaration), 직업(occupation, job)'입니다. profession(공언)은 profess(공언하다)의 명사형. 교수나 의사처럼 학문적 소양을 바탕으로 사람들 앞에서 말하는 것은 전문적인 직업이죠. 일반적인 직업은 job, occupation.

- professional [prəféʃənəl] a. 직업의, 직업적인 n. 전문가(expert)
- She knew the medical **profession** was in her blood.
  그녀는 의사라는 직업이 자신의 피 속에 있음을 알았다.

Day 36

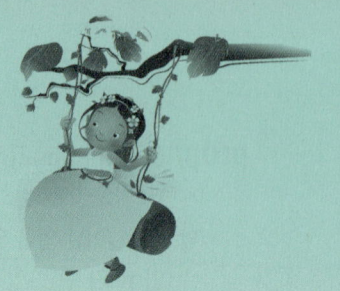

어근 arch

어근 arch는 '통치자, 지배자'입니다.

anarchy [ǽnərki] n.무정부 상태, 난장판

an(부정=not)+arch(아치, 통치자, 지배자)+y의 결합.

'폭동이나 혁명 후에 국가에 통치자가 없는 상태=무정부 상태, 난장판'입니다. 아치형(궁형=활모양) 건물은 고대 로마 시대부터 일반화된 건축 양식으로 하중을 잘 견디기 때문에 개선문, 성당과 같은 대형 건물에 널리 사용. 아치형 대형 건물은 통치자의 주도하에 이루어졌기 때문에 '아치(arch)'에서 '통치자, 지배자'란 뜻 파생.

- The nation experienced **anarchy** after the revolution.
  혁명 후에 그 나라는 무정부 상태를 경험했다.
- The discussion turned into **anarchy** as soon as it began.
  시작하자마자 그 토론은 난장판으로 변했다.

monarch [mánərk] n.군주, 왕

mon(하나=one)+arch(아치, 통치자, 지배자)의 결합.

'1인 통치자=군주, 왕'입니다. monster(괴물)는 mon(하나=one)+st(서 있다=stand)+er(것)의 결합으로 머리에 뿔이 하나 서 있는 동물은 괴물이죠. 어근 mon에서 학습.

- monarchy [mánərki] n.군주제, 군주 정치   • republic [ripʌ́blik] n.공화제, 공화국
- His subjects regarded him as a great and wise **monarch**.
  그의 신하들은 그를 위대하고 현명한 군주로 여겼다.
- An absolute **monarchy** gives the people no power.
  전제 군주제는 국민에게 어떠한 권력도 주지 않는다.

hierarchy [háiərà:rki] n.계급(제도), 서열, 계층

hie(높은=high)+r+arch(아치, 통치자, 지배자)+y의 결합.

'통치자의 관직이 높고 낮음을 정한 것=계급(class), 서열(rank, order)'입니다. 사회나 조직 내에서 지위, 관직 따위의 단계를 계급(서열)이라고 합니다. 조선 시대 계급(서열)은 왕 아래에 영의정, 우의정, 좌의정이 있었고 그 아래에는 6조 판서가 있었습니다.

- Organization is everywhere. **Hierarchy** is in every organization.
  조직은 어디 가나 있다. 계급(서열)은 모든 조직에 있다.

archaic [ɑːrkéiik] a.고대의(antique), 구식인(outdated, old-fashioned)

arch(아치, 통치자, 지배자)+aic의 결합.

'**아치형 건축양식을 갖고 있는=고대의, 구식인**'입니다. 아치형 건축양식은 고대 로마 시대부터 일반화. 최신식 건물에 고대양식의 아치형 문을 달면 구식 느낌이 나지요.

- These **archaic** relics show the life of primitive man well.
  이 고대 유물들은 원시인의 생활을 잘 보여준다.

---

archaeology [ɑ̀ːrkiɑ́lədʒi] n.고고학

arch(아치, 통치자, 지배자)+aeo+logy(학문)의 결합.

'**고대 로마 시대 아치형 궁궐과 같은 유적, 유물에 관해 연구하는 학문=고고학**'입니다.

- Through **archaeology** people can know the life of the past.
  고고학을 통해 사람들은 과거의 생활을 알 수 있다.

---

architecture [ɑ́ːrkətèktʃər] n.건축술(학)

arch(아치, 통치자, 지배자)+i+tec(기술=technology)+ture(명접)의 결합.

'**아치형 따위의 건물을 만드는 기술=건축술**'입니다.

- Since I was little, I have been interested in **architecture**.
  어렸을 때부터 난 건축에 관심이 많았어.

어근 log

어근 log는 speech(말, 언어)입니다. 유사철자 loq, loc는 log의 변형.

monologue [mánəlɔ̀ːg] n.모놀로그, 독백(soliloquy)

mono(하나=one)+log(말=speech)+ue의 결합.

'**혼자 하는 말=독백**'입니다.

- I listened patiently to her fifteen-minute **monologue**.
  나는 그녀의 15분간 계속된 독백을 끈기 있게 들었다.

---

dialogue [dáiəlɔ̀ːg] n.대화, 토론, 의견교환

dia(사이=between)+log(말=speech)+ue의 결합.

'**사람들 사이에서 주고받는 말=대화(conversation, talk), 토론(debate, discussion)**'입니다.

- You two need to start a **dialogue** under mutual respect.
  너희 둘은 상호 존중 하에 대화를 시작할 필요가 있어.

apology [əpάlədʒi] n. 사과

ap(분리=off)+o+log(말=speech)+y의 결합.

'비난이나 욕으로부터 벗어날 목적으로 하는 말=사과'입니다.

- apologize [əpάlədʒàiz] vi. 사과하다(to)
- The company has issued an **apology** to its customers. 그 회사는 고객들에게 사과문을 발표했다.

prologue [próulɔːg] n. 머리말(preface, foreword, introduction), 서언

pro(앞, 이전=before)+log(말=speech)+ue의 결합.

'본문에 들어가기 전에 책의 맨 앞에 하는 말=머리말'입니다.

- epilogue n. 맺음말(epi=ex=out), 에필로그
- I have just read the **prologue** to the English Grammar Shock.
  나는 방금 영문법쇼크 머리말을 읽었어.

eulogy [júːlədʒi] n. 찬사, 칭송, 찬미

eu(좋은=good)+log(말=speech)+y의 결합.

'누군가를 칭찬하고 찬양하는 좋은 말=찬사(praise, compliment, applause)'입니다.

- The song was a **eulogy** to the joys of love. 그 노래는 사랑의 기쁨에 대한 찬미였다.

soliloquy [səlíləkwi] n. 혼잣말, 독백(monologue)

soli(하나=sole)+loq(말=log=speech)+uy의 결합.

'혼자 하는 말=혼잣말(monologue), 독백'입니다.

- Hamlet's famous **soliloquy**, 'To be or not to be…' 햄릿의 유명한 독백, '죽느냐 사느냐…'

eloquence [éləkwəns] n. 웅변, 능변, 달변

e(밖으로=ex=out)+loq(말=speech)+uence의 결합.

'말이 입 밖으로 거침없이 나옴=달변(fluency), 능변'입니다.

- eloquent [éləkwənt] a. 능변인, 유창한(fluent), 설득력 있는
- His speech was far from **eloquent**, but his message was plain enough.
  그의 연설은 능변은 아니었지만, 그의 메시지는 충분히 명확했다.

loquacious [loukwéiʃəs] a. 말이 많은, 수다스러운

loq(말=log=speech)+uaci+ous의 결합.

'말이 많은=수다스러운(talkative)'입니다.

- She is the most **loquacious** girl I've ever seen. 그녀는 지금까지 본 사람 중에 가장 수다스러운 여자야.
- He becomes **talkative** whenever he drinks. 그는 술 마실 때마다 수다스러워져.

obloquy [άbləkwi] n.악담, 비방, 불명예(dishonor, disgrace)

ob(반대=opposite)+loq(말=log=speech)+uy의 결합.

'좋은 것에 대해 정반대로 말하는 것=악담(curse, malediction)'입니다. 좋은 것에 대해 그 반대로 나쁘게 말하는 것은 악담(비방)입니다. 악담이나 비방이 많으면 그 사람에겐 불명예이기 때문에 '**악담, 비방**'에서 '**(널리 알려진)불명예**'란 뜻이 파생.

- He kept his convictions in spite of **obloquy**.
  그는 악담(비방)에도 불구하고 그의 소신을 유지했다.

circumlocution [sə̀ːrkəmloukjúːʃən] n.완곡어법, 넌지시(에둘러) 말하기

circum(원=circle)+loc(말=log=speech)+u+tion의 결합.

직선적으로 말하지 않고 '원처럼 빙 둘러서 말하기=완곡어법, 넌지시 말하기'입니다.

- **Circumlocution** can sometimes feel ambiguous to the listener.
  완곡어법은 때때로 듣는 사람에게 애매하게 느껴질 수 있어.
- Without **circumlocution**, I don't like your idea very much.
  단도직입적으로 말해서, 난 너의 아이디어가 매우 마음에 들지 않아.

어근 nounce

어근 nounce는 say(말하다)입니다.

announce [ənáuns] vt.알리다, 발표하다

an(이동=ad)+nounce(말하다=say)의 결합.

'사람들에게 가서 소식을 말하다=알리다(tell, inform, report), 발표하다(publish)'입니다. 방송국의 아나운서(announcer)는 사람들에게 새로운 소식을 말하고 발표하는 사람이죠.

- announcement [ənáunsmənt] n.알림, 발표(publication), 공고, 공표
- He said the company will **announce** a successor soon.
  그는 그 회사가 곧 후계자를 발표할 것이라고 말했다.

pronounce [prənáuns] vt.발음하다, 선언하다(declare, profess, proclaim)

pro(앞, 이전=before)+nounce(말하다=say)의 결합.

'목구멍에서 앞으로 소리 내어 말하다=발음하다'이고, '대중들 앞에서 공개적으로 말하다=선언하다, 단언하다'입니다.

- pronouncement [prənáunsmənt] n.선언(declaration), 발표(publication), 공고
- Did I **pronounce** your name correctly?
  제가 당신 이름을 정확히 발음했나요?
- We cannot **pronounce** that we are out of danger.
  우리가 위험에서 벗어났다고 단언할 수 없어.

denounce [dináuns] vt. 비난하다, 고소하다(accuse, discharge)

de(아래=down)+nounce(말하다=say)의 결합.

'상대방을 아래로 패대기치는 말을 하다=비난하다(condemn, blame, rebuke, reproach)'입니다. 처음에는 상대편을 비난하다가 그 정도가 지나치면 고소(고발)하기 때문에 '비난하다'에서 '고소(고발)하다'는 의미가 파생.

- denunciation [dinʌ̀nsiéiʃn] n.비난(blame, reproach, censure), 고발, 탄핵
- The United States **denounced** North Korea for its nuclear weapons program.
  미국은 북한의 핵무기 계획을 비난했다.
- She **denounced** the man for stealing. 그녀는 그 남자를 절도죄로 고발했다.

renounce [rináuns] vt. 포기하다, 단념하다

re(뒤=back)+nounce(말하다=say)의 결합.

'뒤로 물러나겠다고 말하다=포기하다(surrender, give up, give in)'입니다. 대표이사가 뒤로 물러나겠다고 말하면 대표이사 자리를 포기한다는 소리죠.

- renunciation [rinʌ̀nsiéiʃən] n.포기(abandonment), 단념
- Many have **renounced** their Korean nationality to avoid military conscription.
  많은 사람이 군 징집을 피하려고 한국 국적을 포기했다.

어근 verb   어근 verb는 word(말)입니다.

proverb [právəːrb] n. 속담, 격언

pro(앞, 이전=before)+verb(말=word)의 결합.

'앞서 살아간 사람들이 남긴 좋은 말=속담, 격언(saying, maxim)'입니다.

- A **proverb** contains the essence of many people's experiences.
  속담에는 많은 사람의 경험의 핵심(본질)이 들어 있다.

verbal [vɜ́ːrbəl] a. 말의, 언어의, 구두의

verb(말=word)+al(형접)의 결합.

- Don't believe a **verbal** promise.
  말로(구두로) 한 약속은 믿지 마.
- Generally, women have better **verbal** abilities than men do.
  일반적으로, 여성들이 남성들보다 언어 능력이 더 뛰어나다.

verbose [vəːrbóus] a. 말이 많은(loquacious, talkative), 장황한

verb(말=word)+ose의 결합.

- He can't speak well and she is **verbose**.
  그는 말을 잘 못 하고 그녀는 말이 많아.

reverberate [rivə́:rbərèit] vi.(소리, 영향)울려 퍼지다

re(계속=again)+verb(말=word)+erate의 결합.

'말소리가 계속 뻗어나가다=울려 퍼지다'입니다.

- The advice of friends **reverberated** in his mind.
  친구의 충고가 그의 마음속에 울려 퍼졌다.

어근 mand
어근 mand는 command(명령하다=order)입니다.

command [kəmǽnd] vt.내려다보다, 명령(통솔, 지배)하다 n.조망, 지배, 명령

com(강조=completely)+mand(명령하다=command)의 결합.

지휘관은 높은 단상에 올라가 전체를 내려다보고 명령하기 때문에 '**내려다보다**'에서 '**명령하다**'는 뜻이 파생.

- He **commanded** his men to retreat promptly.
  그는 부하들에게 신속하게 후퇴하라고 명령했다.

mandatory [mǽndətɔ̀:ri] a.명령의, 의무적인(obligatory, compulsory)

mand(명령하다=command)+atory의 결합.

'국가의 명령인=의무적인'입니다.

- For Korean men, the military service is **mandatory**.
  한국 남자들에게 군 복무는 의무적이야.

reprimand [réprəmæ̀nd] n.질책하다(reproach, blame, rebuke) n.질책, 비난

re(계속=again)+pri(앞=pro=before)+mand(명령하다=command)의 결합.

'앞으로 가라고 계속 명령하다=질책(비난)하다'입니다. 겁을 먹고 숨는 병사에게 앞으로 전진하라고 계속 명령하는 것은 그 병사를 질책하는 것이죠.

- He was **reprimanded** by the president for his negligence.
  그는 직무 태만 때문에 사장에게 질책받았다.

Day 37

어근 press   어근 press는 press(누르다)입니다.

press [pres] vt.누르다, 압박하다, 인쇄하다 n.인쇄(기), 신문, 언론, 출판사, 압축 기계

사람 마음을 누르는 것은 압박하는 것이고, 활자판 위에 종이를 놓고 누르면 인쇄하는 것이기 때문에 **누르다**에서 '**인쇄, 신문, 언론, 출판사**'라는 뜻이 파생.

- They are **pressing** us to make a quick decision.
  그들은 우리에게 결정을 빨리 내리라고 압박하고(누르고) 있어.

depress [diprés] vt.(기계)누르다, 우울(암울)하게 만들다

de(아래=down)+press(누르다=push down)의 결합.

'**사람(경제 상황)을 아래로 누르다=우울(암울)하게 만들다**'입니다. 사람 마음을 아래로 누르면 기분을 우울하게 만들고, 경제 상황을 아래로 누르면 불경기(불황)가 되지요.

- depressed [diprést] a.내리눌린, 우울해진, (경기)침체된
- depressive [diprésiv] a.내리누르는, 우울한, 불황의 n.우울증 환자
- depression [dipréʃən] n.의기소침, 우울(gloom), 불황(recession)
- Lack of sunlight may **depress** people, especially in winter.
  햇빛 부족은 사람을 우울하게 할 수도 있어, 특히 겨울에.
- **Depression** among children is a serious problem.
  어린이들의 우울증은 심각한 문제야.

impress [imprés] vt.감동시키다, 깊은 인상(감명)을 주다

im(안으로=in)+press(누르다=push down)의 결합.

'**무엇인가 가슴 안으로 누르다=감동시키다**(move, touch)'입니다. 영화를 봤는데 무엇인가 가슴 안으로 누르는 것이 있다면 감동(감명) 받은 것이죠.

- impressive [imprésiv] a.인상적인, 감명 깊은 ・ impression [impréʃən] n.인상, 감명
- His speech did not **impress** me at all. 그의 말은 결코 나를 감동시키지 못했어.
- You have a very **impressive** resume. 당신은 매우 인상적인 경력을 갖고 있습니다.
- Tell me your **impression** of the exhibition. 그 전시회에 대한 너의 인상을 말해 봐.

oppress [əprés] vt. 압박하다, 억압하다

op(반대=opposite)+press(누르다=push down)의 결합.

'반대편의 입장에 서서 짓누르다=압박하다(press, repress, suppress, pressure)'입니다.

- oppression [əpréʃən] n. 압박, 억압, 탄압 • oppressive [əprésiv] a. 압박하는, 억압하는, 탄압하는
- A good government do not **oppress** the people.
  좋은 정부는 국민을 억압(탄압)하지 않아.
- The teacher is very **oppressive** to us.
  선생님은 우리에게 너무 억압적이야.

repress [riprés] vt. 억누르다, 억압하다, 진압하다

re(계속=again)+press(누르다=push down)의 결합.

'하지 못하도록 계속 짓누르다=억압하다(press, oppress, suppress, pressure)'입니다. 웃음이 나오려는 것을 계속 누르고, 누군가를 한 방 치고 싶은 감정을 계속 누르는 것은 억누르고 참는 것입니다. 시위자를 억누르는 것은 진압하는 것이죠.

- repression [ripréʃən] n. 억압(oppression, pressure), 억제 • repressive [riprésiv] a. 억누르는, 억압적인
- **Repressing** tears is not beneficial to our body.
  눈물을 억누르는 것은 몸에 이롭지 않습니다.
- The army has **repressed** a revolt swiftly.
  군대가 신속하게 반란(폭동)을 진압했다.

compress [kəmprés] vt. 압축(요약)하다 n. 압박붕대

com(강조=completely)+press(누르다=push down)의 결합.

'완전히 끝까지 꾹 누르다=압축하다(compact), 단축하다(shorten)'입니다. 공기나 가스를 압축하는 압축기를 콤프레셔(compressor)라고 하는데, 누를 수 있을 만큼 완전히 눌러 공기를 **압축**하는 기계입니다.

- compression [kəmpréʃən] n. 압축, 요약(summery)
- When gas and dust in the galaxy is **compressed**, new stars are formed.
  은하의 가스와 먼지가 압축될 때, 새로운 별이 형성된다.

suppress [səprés] vt. 억누르다, 억압하다, 진압하다

sup(아래=sub=under)+press(누르다=push down)의 결합.

'위에서 아래로 누르다=억누르다(press, repress, oppress, pressure)'입니다.

- suppression [səpréʃən] n. 억제, 억압, 진압 • suppressive [səprésiv] a. 억누르는, 억압하는
- She was unable to **suppress** her boiling anger.
  그녀는 끓어오르는 분노를 억누를 수가 없었다.
- The army was sent to **suppress** a rebellion.
  반란을 진압하기 위해 군대가 파견되었다.

어근 **259**

어근 act

어근 act는 'n.행위, 행동, (연극)막 vi.행동하다, 연기하다'로 단어 act와 같습니다. 유사철자 ag, ig는 act의 변형.

react [riːǽkt] vi.반응하다, 반응을 보이다, 상호작용하다

re(다시=again)+act(vi.행동하다)의 결합.

'어떤 행동에 대응하여 다시 행동하다=반응하다'입니다. 누군가 나에게 어떤 행동을 했을 때 내가 그 행동에 대해 다시 어떤 행동을 하면 반응하고, 상호작용하는 것입니다.

- reactor [riːǽktəːr] n.반응로, 원자로, 반응기, 반응하는 사람
- reaction [riːǽkʃən] n.반응, 반작용, 반향
- How did she **react** to your proposal?
  너의 제안에 그녀가 어떻게 반응했어?

overact [òuvərǽkt] v.과장하여 행동(연기)하다

over(넘어)+act(vi.행동하다, 연기하다)의 결합.

오버(over)해서 행동(act)하면 과장하여 행동(연기)하는 것이죠.

- Everytime he meets her, he always **overacts**.
  그는 그녀를 만날 때마다 항상 과장해서 행동해.

transact [trænsǽkt] v.거래하다(deal, trade) vt.(업무 등)처리하다(handle, manage)

trans(이동, 변화)+act(vi.행동하다)의 결합.

'소유권을 이동(변화)시키는 행위를 하다=거래하다'입니다. 돈과 물건을 주고받는 행위는 거래하는 것이죠. 자동차, 집, 토지 등을 거래하면 문서상 업무를 수반하기 때문에 '거래하다'에서 '(업무)처리하다'는 뜻이 파생.

- transaction [trænsǽkʃən] n.거래(trade, deal), 매매(dealing), 처리
- I **transact** business with a number of countries.
  나는 많은 나라와 비즈니스 거래를 해.

enact [enǽkt] vt.(법)제정하다, 공연(상연)하다

en(만들다=make)+act(n.법령, 막)의 결합.

국회의원이 '국회에서 법령을 만들다=제정하다(institute, legislate)'이고, 예술인들이 '무대에서 막을 만들다=공연하다(perform, play)'입니다. 국회의원이 국회에서 법을 만들면 법을 제정하는 것이고, 예술인들이 무대에서 1막, 2막처럼 막을 만들면 연극을 공연하는 것이지요.

- act n.행위(행동), (연극)막 v.행하다, 연극하다 • Act n.법령, 조례
- enactment [enǽktmənt] n.(법)제정, 법규(제정한 것), 공연
- The National Assembly has **enacted** a new law that will grant more autonomy to local governments.
  국회는 지방 정부에 더 많은 자치권을 부여하는 새 법을 제정했다.

retroactive [rètrouǽktiv] a.(효력이)소급되는

re(뒤=back)+tro(방향)+active(a.행동하는, 작용하는)의 결합.

'법의 효력이 뒤(과거 시점)로 되돌아가서 작용하는=소급 적용되는'입니다. 과거 어느 시점으로 이동하여 소급되는 것이기 때문에 이동의 전치사 to가 필요.

- The law is **retroactive** to May 1st of 2010. 그 법은 2010년 5월 1일 자로 소급된다.

radioactive [rèidiouǽktiv] a.방사성의, 방사능의

radio(방사성의)+active(a.활동하는)의 결합.

'방사성이 활동하는=방사성의, 방사능의'입니다.

- radio n.라디오(방송), 무전기 a.라디오의, 방사성의
- radioactive substance 방사성 물질 • radioactive contamination 방사능 오염
- The disposal of **radioactive** waste is one of the big problems.
  방사성 폐기물의 처리는 큰 문제 중 하나다.

agenda [ədʒéndə] n.안건, 의제, 과제, 행동계획

ag(행동하다=act)+enda의 결합.

'토의를 통하여 행동으로 옮겨야 할 일들=안건(subject, topic)'입니다. 아젠다(agenda)는 행동으로 옮기기 위하여 토의해야 할 안건, 의제, 과제, 행동계획입니다.

- What's on the **agenda** for today's meeting? 오늘 회의 안건이 뭐야?
- The first thing on the **agenda** is our poor sales results.
  첫 번째 안건(의제)은 부진한 판매실적입니다.

agency [éidʒənsi] n.대리(점), 대행사, 정부 기관

ag(행동하다=act)+ency의 결합.

'자신이 할 일을 대신 행동해 주는 곳=대리(점)'입니다. 대리란 직접 하지 않고 다른 사람을 내세워 하는 것을 말합니다. 물건을 생산하여 회사에서 직접 판매하는 것에는 한계가 있기 때문에 회사를 대신하는 대리점을 개설하여 판매하는 것이지요.

- agent [éidʒənt] n.대리인, 대리점, 정부 직원 • the Central Intelligence Agency 중앙 정보국(CIA)
- I'm working for an advertising **agency**. 나는 광고 대행사에서 일하고 있어.

agile [ǽdʒəl] a.재빠른, 민첩한, 신속한

ag(행동하다=act)+ile의 결합.

'행동하는 것이 상당히 빠른=재빠른(quick, prompt, nimble)'입니다.

- Tennis players and goal keepers need to be very **agile**.
  테니스 선수와 골키퍼는 매우 민첩할 필요가 있다.

agitate [ǽdʒətèit] vt. 휘젓다(stir, disturb), 동요(교란)시키다, 선동하다

ag(행동하다=act)+it(가다=go)+ate의 결합.

'사람 마음속에 들어가서 흔드는 행위를 하다=휘젓다'입니다. 마음을 휘젓는 것은 마음을 동요시키고, 교란시키고, 심란하게 만드는 것입니다. 대중의 마음을 휘젓는 것은 선동하는 것이죠.

- The students were **agitated** by the news of postponing the school trip.
  학생들은 수학여행 연기 소식에 동요되었다.

agony [ǽgəni] n. 고통(anguish, pain, suffering), 괴로움, 고민

ag(행동하다=act)+on(계속)+y의 결합.

'힘든 일을 쉬지 않고 계속하면 느끼는 것=고통'입니다. 발음 [애그니]를 [애(늘)그니]로 기억하면 애늙은이란 별명을 가진 어린애의 **고통**과 **괴로움**을 느낄 수 있습니다.

- anguish [ǽŋgwiʃ] n. 고통, 괴로움 vt. 괴롭히다(annoy, harass) vi. 괴로워하다
- Nobody can stand for the **agony** of a severe toothache.
  누구도 심한 치통의 고통(괴로움)을 참을 수 없어.

prodigal [prádigəl] a. 낭비하는, 방탕한

pro(앞, 이전=before)+d+ig(행동하다=act)+al의 결합.

'음식을 몽땅 손님 앞에 내놓는 행위를 하는=낭비하는(lavish, extravagant)'입니다. 집에 손님이 왔을 때 집에 있는 음식을 몽땅 손님 앞에 내놓는 것은 낭비하는 것이죠. 인생을 낭비하는 것은 방탕한 생활을 하는 사람이기 때문에 '**낭비하는**'에서 '**방탕한**'이란 뜻이 파생.

- Is it true that he has been **prodigal** with public funds?
  그가 공금을 낭비하고 있다는 것이 사실인가요?

malign [məláin] a. 악의적인, 해로운 vt. 비방하다, 헐뜯다

mal(나쁜=bad, ill, wrong)+ig(행동하다=act)+n의 결합.

'누군가에게 나쁜 행동을 하는=악의적인(malicious), 비방하다(slander, abuse)'입니다.

- Pornography should be considered as a **malign** industry.
  포르노는 유해 산업으로 간주되어야 합니다.
- The politician **maligned** his opponent as dishonest.
  그 정치인은 상대편을 부정직하다고 비방했다.

cogent [kóudʒənt] a. 적절한(suitable, fit, appropriate), 설득력 있는(persuasive)

co(함께=with)+g(행동하다=ag=act)+ent의 결합.

'누군가와 함께 행동하는=적절한'입니다. 누군가 어떤 행동을 취할 때 그 사람과 함께 행동을 취해야 하는 경우는 누가 봐도 적절하고, 누가 봐도 설득력 있을 때 함께 해야 한다는 의미를 담고 있습니다.

- She put forward some **cogent** reasons for abandoning the plan.
  그녀는 그 계획을 포기해야 할 몇 가지 설득력 있는(적절한) 이유를 제시했다.

어근 form

어근 form은 단어 form과 뜻이 같습니다

form [fɔ́ːrm] n.모양, 모습, 방식, 형식 vt.형성하다(make, shape)

영화 트랜스포머(transformer)는 trans(변화)+form(모양)+er의 결합으로 자동차에서 로봇으로 **모양(모습)**을 변화시키는 것입니다.

- formal [fɔ́ːrməl] a.형식적인, 격식을 갖춘(정중한), 공식적인(official)
- She has a very **formal** manner, which can seem unfriendly.
  그녀는 정중한 태도를 갖고 있는데, 그것은 우정이 없는 것처럼 보일 수 있다.

formula [fɔ́ːrmjələ] n.공식, 방식, 형식

form(형식, 방식)+ula의 결합. formula는 '방식, 형식'이란 뜻에서 form의 동의어.

- I don't understand why we have to learn all those difficult **formulas**.
  우리가 왜 그런 어려운 공식을 배워야 하는지 나는 이해할 수 없어.

deform [difɔ́ːrm] vt.기형으로 만들다

de(분리=off)+form(모양, 모습)의 결합.

'완전한 신체 모양에서 팔, 다리 등 일부를 분리시키다=기형으로 만들다'입니다.

- deformed [difɔ́ːrmd] a.기형의, 불구의 • deformity [difɔ́ːrməti] n.기형, 불구, 결함
- Sitting badly for long periods of time can **deform** your spine.
  오랜 기간 나쁜 자세로 앉는 것은 너의 척추를 기형으로 만들 수 있어.

malformed [mælfɔ́ːrmd] a.흉하게 생긴, 기형의

mal(나쁜=ill)+form(모양, 모습)+ed의 결합.

'보기에 나쁜 겉모습을 갖고 있는=흉하게 생긴, 기형의(deformed, abnormal)'입니다.

- I dreamt I had a **malformed** baby and you abandoned me.
  나는 내가 기형아를 낳고 네가 나를 버리는 꿈을 꾸었어.

reform [rifɔ́ːrm] v.개혁(개선)하다 n.개혁(innovation, improvement), 개선

re(계속=again)+form(모양, 형식)의 결합.

'시대와 상황에 맞게 계속 형식(모양)을 바꾸다=개혁하다(innovate, improve)'입니다. 시스템, 체제, 조직, 법률의 형태 등을 시대와 상황에 맞게 다시 만드는 것이 개혁(개선)입니다. 낡거나 오래된 물건을 새롭게 고치는 리폼(수선)은 re-form으로 사용.

- reformation [rèfərméiʃən] n.개혁, 개선 • political reform 정치 개혁
- He is known for various attempts to **reform** and improve the nation.
  그는 나라를 개혁하고 개선하려는 여러 가지 시도로 잘 알려져 있다.

conform [kənfɔ́:rm] vi.순응(적응)하다, 따르다   vt.순응(적응)시키다

con(강조=completely)+form(형식, 방식)의 결합.

'사회가 정해 놓은 형식과 방식에 완전히 맞추다=순응하다(adapt, accommodate, adjust)'입니다. 우리나라는 운전석이 왼쪽에 있는데 일본처럼 운전석이 오른쪽에 있는 나라에 가면 그 나라에서 정해 놓은 형식과 방식에 순응(적응)하고 따라야 하지요.

- We all must **conform** to our society to a certain degree.
  우리는 모두 어느 정도까지 사회에 순응해야 해.

uniformly [júːnəfɔ́:rmli] ad.한결같이, 하나같이

uni(하나=one)+form(모양, 형식)+ly의 결합.

'하나의 형식, 하나의 모양처럼 보이게=한결같이, 하나같이'입니다.

- uniform n.유니폼, 제복 a.한결같은, 균일한, 획일적인
- His children were **uniformly** dull.
  그의 자녀들은 하나같이 멍청했어.

perform [pərfɔ́:rm] v.일(실행, 이행, 수행, 공연, 연기, 연주)하다

per(완전한=perfect)+form(형식, 방식)의 결합.

'완전한 형태가 갖추어지다=실행하다(do, carry out, accomplish, fulfill)'입니다. perform과 do(하다)는 동의어. 일을 섣불리 시작하지 말고 완전한 형태가 갖추어졌을 때 실행하라는 것입니다. '일하다'와 '실행하다, 이행하다, 수행하다'는 같은 뜻이고, 공연장에서 do하는 것은 '공연하다, 연기하다, 연주하다'입니다. 어떤 일을 실행하면 그 끝에 실적과 성과가 나타나기 때문에 '실행하다'에서 '실적, 성과'라는 뜻이 파생.

- performance [pərfɔ́:rməns] n.공연(퍼포먼스), 연주회, 실행, 실적, 성과(result)
- It is too late to **perform** an operation on him.
  그에게 수술을 (실행)하는 것은 너무 늦었어.
- K-Pop stars have traveled around the world to **perform** concerts.
  K-Pop 가수들은 콘서트를 공연하기 위해 세계를 돌고 있어.

Day 38

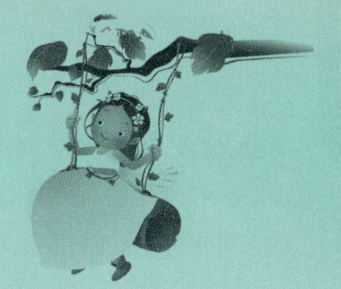

어근 fer   어근 fer는 carry(옮기다, 운반하다)입니다.

fertile [fə́:rtail] a.(땅이)비옥한, 풍부한

fer(옮기다=carry)+tile(타일=바닥)로 결합.

'땅바닥에 많은 영양분을 옮겨 놓은=비옥한(rich), 풍부한'입니다. 나일 강과 황하 유역이 문명의 발상지인 이유는 강이 범람하면서 영양분이 풍부한 진흙을 바닥에 옮겨 비옥한 농토를 만들었기 때문입니다.

- This soil is **fertile** enough to grow vegetables.
  이 땅은 채소를 재배하기에 충분히 비옥합니다.
- The author of that book has a **fertile** imagination.
  그 책의 저자는 풍부한 상상력을 갖고 있다.

inferior [infíəriər] a.하위의, 열등한, 떨어지는

in(안으로)+fer(옮기다=carry)+ior의 결합.

'무리 안으로 옮겨져 존재감이 없는=하위의, 열등한'입니다. superior(a.우수한)는 super(위에=over)+ior의 결합으로, 단상 위에 옮겨놓은 사람은 우수한 사람입니다. inferior는 많은 사람 속에 파묻혀 있어 존재감이 떨어지는 사람이죠.

- Hitler thought the Jews were **inferior** and bad.
  히틀러는 유대인이 열등하고 나쁘다고 생각했다.

infer [infə́:r] v.추론(추리, 추측, 추정, 유추)하다, 암시하다(suggest)

in(안에)+fer(옮기다=carry)의 결합.

'지문 안을 읽고 핵심을 밖으로 옮기다=추론하다(reason, guess, assume, presume)'입니다. 시험에 글의 목적이나 핵심을 추론하라는 문제가 자주 등장하는데, 지문 안을 읽고 핵심을 밖으로 옮기는 것이 추론, 추리, 추측, 유추입니다.

- inference [ínfərəns] n.추론(reasoning), 추측(guess, surmise), 추정, 유추
- We can **infer** what people think by observing their behavior.
  우리는 행동을 관찰함으로써 사람의 생각을 추측(유추, 추정)할 수 있다.

confer [kənfə́:r] vt.수여하다(award, grant) vi.의논하다(consult)

con(함께=with)+fer(옮기다=carry)의 결합.

'박사 학위나 칭호 등을 사람에게 옮기다=수여하다'이고, '서로서로 의견을 옮기다=의논하다'입니다. 수여는 증서나 메달을 사람 몸에 붙여주는 것이기 때문에 접촉의 on을 사용.

- conferment [kənfə́:rmənt] n.수여 • conference [kánfərəns] n.의논, 협의
- The king **conferred** the title of duke **on** the knight.
  왕은 그 기사에게 공작의 작위를 수여했다.
- I have to **confer with** my parents on this matter.
  이 문제에 관해서는 부모님과 의논(상의)해야 합니다.

interfere [ìntərfíər] vi.간섭하다, 방해하다(interrupt)

inter(사이=between)+fer(옮기다=carry)+e의 결합.

'대화하는 사람들 사이에 들어가 자신의 말을 옮기다=간섭하다(meddle, intervene)'입니다. 사람들이 대화하고 있는데 그사이에 불쑥 들어가 자기 생각을 옮겨 놓으면 대화를 간섭하고 방해하는 것이죠.

- Don't **interfere with** my plans. They don't concern you.
  나의 계획들을 간섭하지 마. 너와는 상관없잖아.
- Enjoying music is good, but let's not let it **interfere with** our studies.
  음악을 즐기는 것은 좋지만, 그것이 우리 공부를 방해하지 않도록 하자.

prefer [prifə́:r] vt.더 좋아하다

pre(앞, 이전=before)+fer(옮기다=carry)의 결합.

'멀리 있는 것을 자기 바로 앞에 옮겨놓다=더 좋아하다'입니다. 좋아하는 것을 자신의 바로 앞에 옮겨놓는 사람의 습성에서 '더 좋아하다'는 뜻이 파생. prefer A to B 구조로 사용하고, 먼 곳에 있는 B보다 바로 앞에 옮겨놓은 A를 더 좋아한다는 것입니다.

- preferable [préfərəbəl] a.더 좋은, 바람직한 • preference [préfərəns] n.더 좋아함, 선호함
- Nowadays women **prefer** social life **to** marriage.
  요즘 여성들은 결혼보다는 사회생활을 더 좋아해.
- Surely a diplomatic solution **is preferable to** war.
  확실히 외교적 해결이 전쟁보다 더 좋습니다.

suffer [sʌ́fər] vt.겪다, 당하다 vi.시달리다, 고통받다

suf(아래=sub=under)+fer(옮기다=carry)의 결합.

'적의 지배 아래로 국민을 옮기다=시달리다, 고통받다'입니다. 1066년 영국은 프랑스에 정복당해 프랑스의 식민 지배 아래로 들어가 몇 백 년 동안 고통을 겪어야 했습니다. 우리에겐 일본강점기가 있지요.

- I would rather die than **suffer** disgrace.
  나는 치욕을 당하는(겪는) 것보다 차라리 죽고 싶어.

differ [dífər] vi. 다르다, 의견이 다르다

dif(분리=dis=off)+fer(옮기다=carry)의 결합.

'자신을 분리시켜 다른 곳으로 옮기다=다르다, 의견이 다르다'입니다. 찬성 쪽에 있는 자신을 분리시켜 반대쪽으로 옮겨 놓으면 의견이 다른 것이죠.

- different [dífərənt] a. 다른, 서로 다른 • difference [dífərəns] n. 다름, 차이
- A mother's love for her own child **differs from** all other affection.
  자식에 대한 어머니의 사랑은 모든 다른 애정과 다르다.

differentiate [dìfərénʃièit] vt. 구별(차별, 식별)하다 vi. 구별되다

different(a. 다른)+i+ate(동접)의 결합.

'서로 다르게 만들다=구별하다(discriminate, distinguish, classify)'입니다.

- News reporters have to **differentiate** between facts and opinions.
  뉴스 기자들은 사실과 의견을 구별해야 합니다.
- We have **differentiated** our product from the competition by its higher quality.
  우리는 고품질로 경쟁자로부터 우리 제품을 차별화했습니다.

offer [ɔ́fər, ǽf-] vt. 제공하다, 제안하다 n. 제공, 제안, 제의

of(이동=ad)+fer(옮기다=carry)의 결합.

'물건이나 생각을 옮기다=제공하다(give, supply), 제안하다(suggest, propose)'입니다. 누구에게 필요한 물건을 옮기면 제공하는 것이고, 생각이나 계획 따위를 누구에게 옮기면 제안하고 제의하는 것이죠.

- What does the woman **offer** information about?
  그 여자가 제공하는 정보는 무엇에 관한 것입니까?
- The kids **offered** to do the dishes for nothing.
  아이들이 아무런 대가 없이 설거지하겠다고 제안했다.

proffer [práfər] vt. 제공하다, 제안하다

pro(앞, 이전=before)+offer(vt. 제공하다, 제안하다)의 결합.

proffer는 offer의 동의어로 문어체 표현에서 사용. 제안과 제공은 무엇을 상대편 앞에 내놓는 것이기 때문에 접두어 pro(앞)가 붙은 것입니다.

- She refused the **proffered** drink and food.
  그녀는 제공된 음료와 음식을 거절했다.
- We **proffered** useful information about studying abroad to them.
  우리는 그들에게 해외 유학에 관한 유용한 정보를 제공했습니다.

vociferous [vousífərəs] a.시끄러운, 소란스런

voci(목소리=voice)+fer(옮기다=carry)+ous의 결합.

'모두가 큰 목소리를 옮기는=시끄러운(noisy)'입니다.

- Despite **vociferous** protesters, he proclaimed the raise of taxes.
  시끄러운 항의자들에도 불구하고, 그는 세금 인상을 공표했다.

defer [difə́:r] vt.미루다, 연기하다   vi.(남의 의견)따르다

de(아래=down)+fer(옮기다=carry)의 결합.

'지금 할 일을 아래(후순위)로 옮겨 놓다=미루다, 연기하다(postpone)'입니다. 지금 할 일을 후순위로 옮겨 놓는 것은 미루는 것이죠. 다른 사람의 의견 아래에 자기 생각을 옮겨 놓으면 자신의 의견을 미루고 남의 의견을 따르는 것입니다.

- deference [défərəns] n.복종(따르기), 존경, 경의
- The problem of university tuition is one that cannot be continuously **deferred**.
  대학 등록금 문제는 더 이상 계속 미룰 수 없는 문제입니다.
- I have to **defer to** my parents on important decisions.
  나는 중요한 결정에 관해서는 부모님을 따라야 해.

refer [rifə́:r] vt.보내다(send), 조회하다, 참고하게 하다, 위탁하다, 회부하다
vi.언급하다(to), 조회하다(to), 문의하다(to), 참고하다(to), 적용되다(to)

re(강조=completely)+fer(보내다=carry)의 결합.

refer는 다의어로 '보내다'에서 모든 뜻이 파생. 말을 입에서 내 보내면 '언급하다', 신분증 따위를 조회하는 곳에 보내면 '조회하다', 알아보기 위해 메일을 보내면 '문의하다', 필요한 내용을 찾기 위해 시선을 책이나 인터넷으로 보내면 '참고하다', 어떤 사건을 적합한 법률 조항에 보내면 '적용되다'입니다.

- reference [réfərəns] n.언급, 참고(문헌), 문의, 조회, (신원)증명서, 신원보증인
- Don't **refer to** the matter again.   그 문제에 대해서는 다시는 언급하지 마라.
- The book I want to **refer to** is not in the library.   내가 참고하고 싶은 책이 도서관에 없어.
- The regulations **refer** only **to** foreigners.   이 규정은 외국인에게만 적용된다.
- I need **reference** books to study.   난 공부할 참고 서적들이 필요해.
- Can I use you as a **reference**?   당신을 신원보증인으로 사용해도 되나요?

referendum [rèfəréndəm] n.국민투표

refer(문의하다)+en(만들다=make)+dum의 결합.

'중요 사안을 국민에게 문의하기 위해 만든 제도=국민투표(plebiscite)'입니다.

- They voted for independence in a **referendum**.
  그들은 국민투표에서 독립에 찬성표를 던졌다.

어근 late

어근 late는 carry(옮기다)입니다.
단어 late(늦은, 늦게, 지속하다)와 어근 late(옮기다)는 전혀 다른 뜻입니다.

relate [riléit] vt.관련(관계)시키다, 이야기하다(say) vi.관계(관련)가 있다

re(계속=again)+late(옮기다=carry)의 결합.

'**몸과 말을 계속 옮기다=관련시키다**(connect), **이야기하다**'입니다. 범죄자 집단에 자신의 몸을 계속 옮긴 사람은 범죄와 관련이 있는 사람이고, 자기 생각을 상대방에게 계속 옮기는 것은 이야기하는 것이죠.

- Obesity and eye sight are heavily **related**.
  비만과 시력은 상당히 관련되어 있습니다.
- Strange to **relate**, asteroids will hit the Earth in the near future.
  이상한 이야기지만, 가까운 미래에 소행성이 지구와 충돌할 거야.

superlative [supə́:rlətiv] a.최상의, 최고의 n.찬사, 극치

super(위에=over)+lat(옮기다=late=carry)+ive의 결합.

'**모든 것 위에 옮겨져 있는=최고의**(supreme, maximum, paramount)'입니다.

- What is the **superlative** movie you have ever seen?
  네가 지금까지 본 최고의 영화는 뭐야?
- We first went to a **superlative** restaurant to eat out yesterday.
  우리는 어제 외식하기 위해 처음으로 최고급 식당에 갔다.

collate [kəléit] vt.(원본과)대조하다, 비교하다

col(함께=com=with)+late(옮기다=carry)의 결합.

'**원본과 사본을 함께 옮겨놓다=대조하다**(contrast, compare)'입니다. 원본과 사본을 한 곳에 옮겨 놓은 다음에는 무엇을 할까요? 대조하고 비교합니다.

- When both versions of the story were **collated**, major differences were found.
  그 이야기의 두 개 버전이 비교되었을 때 중요한 차이점이 발견되었다.

elated [iléitid] a.우쭐대는, 신이 난

e(밖으로=ex=out)+lat(옮기다=late=carry)+ed의 결합.

'**자랑할 것을 밖으로 마구 옮기는=우쭐대는, 신이 난**'입니다. 아들의 서울대 합격증, 고시 합격증을 밖으로 옮겨 사람들에게 보여주는 것은 우쭐대는 것이고 아들 자랑에 신이 난 모습이죠.

- He is highly **elated** over his son's success.
  그는 아들의 성공에 매우 우쭐댔다.
- He was **elated** to hear that he would be promoted.
  그는 승진될 것이라는 소식을 듣고 신이 났다.

dilatory [dílətɔ̀:ri] a.미적거리는, 꾸물거리는, 느린(slow)

di(부정=dis=not)+lat(옮기다=carry)+ory의 결합.

'행동으로 옮겨야 하는 상황에서 행동으로 옮기지 않는=미적거리는'입니다.

- His behavior is too **dilatory**, so it makes me angry.
  그의 행동은 너무 미적거려서 나를 화나게 만들어.

charlatan [ʃɑ́:rlətən] n.사기꾼, 돌팔이 의사

cha(잡담하다=chat)+r+lat(옮기다=carry)+an(사람)로 결합.

'잡 기술(잡담)로 옮겨 다니며 돈 버는 사람=사기꾼'입니다.

- He was a **charlatan** but remarkably influential.
  그는 사기꾼이었지만 매우 영향력이 있는 사람이었다.

bilateral [bailǽtərəl] a.쌍방의, 양측의

bi(둘=two)+late(옮기다=carry)+ral의 결합.

'서로 말을 주고받는 두 사람의=양측의(mutual)'입니다.

- The representatives of two countries held **bilateral** talks.
  두 나라의 대표가 양자 회담을 가졌다.

어근 gest

어근 gest는 carry(옮기다)입니다. 유사철자 gist는 gest의 변형.

congest [kəndʒést] vi.혼잡하다 vt.혼잡하게 하다

con(함께=with)+gest(옮기다=carry)의 결합.

'다 함께 어떤 곳으로 발걸음을 옮기다=혼잡하다'입니다. 출퇴근하기 위해 다 함께 길 위로 차를 옮기면 도로가 혼잡해지고, 쇼핑하기 위해 다 함께 백화점으로 발걸음을 옮기면 백화점이 혼잡해 지지요. 명사형을 자주 사용.

- congestion [kəndʒéstʃən] n.혼잡, 붐빔, 충혈(피가 모여 혼잡한 상태)
- I was late to work due to the traffic **congestion**.
  나는 교통 혼잡 때문에 회사에 늦었어.

ingest [indʒést] vt.삼키다, 섭취하다

in(안으로)+gest(옮기다=carry)의 결합.

'음식물을 목구멍 안으로 옮기다=삼키다(swallow), 섭취하다(take in, absorb)'입니다.

- ingestion [indʒéstʃən] n.섭취(intake)
- People need to **ingest** vitamin C from fruits.
  사람들은 과일로부터 비타민C 섭취를 필요로 한다.

suggest [səgdʒést] vt.제안하다, 암시하다

sug(아래=sub=under)+gest(옮기다=carry)의 결합.

'아래에 옮겨놓다=제안하다(propose), 암시하다(suggest, imply)'입니다. 제안서나 계획서를 만들어 상대편 눈 아래에 옮겨 놓으면 제안하는 것이고, 사실을 직접 알려주지 않고 다른 것 아래로 옮겨 간접적으로 알려 주면 암시하는 것입니다.

- suggestion [səgdʒéstʃən] n.제안(proposal, proposition, offer), 암시(hint)
- suggestive [səgdʒéstiv] a.암시하는, 시사하는, 연상시키는
- I **suggested** going in my car. 나는 내 차로 갈 것을 제안했다.
- All the evidence **suggests** he stole the money.
  그 모든 증거가 그가 그 돈을 훔쳤음을 암시한다.

digest [didʒést, dai-] n.소화, 요약 vt.소화시키다, 요약하다 vi.소화하다

di(분리=dis=off)+gest(옮기다=carry)의 결합.

'음식물을 잘게 분리시켜 위장에서 소장으로 옮기다=소화시키다'입니다. 책을 읽고 그 내용을 소화(이해) 하면 요약할 수 있기 때문에 '소화'에서 '요약'이란 뜻이 파생. disgest[다이스제스트]는 발음이 불편하기 때문에 철자 s를 생략.

- digestion [didʒéstʃən] n.소화 • indigestion [indidʒéstʃn] n.소화불량
- Goat milk is easier to **digest** than milk from cows.
  염소젖은 소젖보다 소화하기가 더 쉽습니다.

gestation [dʒestéiʃən] n.임신(기간)(pregnancy, conception)

gest(옮기다, 갖고 있다=carry)+ation(명접)의 결합.

아기를 자궁 밖으로 옮기기 전에 '배 속에 갖고 있는 것=임신'입니다. gestation은 생물이나 의학에서 주로 사용하고, 보통은 pregnancy를 사용.

- A typical human **gestation** is ten months.
  일반적인 인간의 임신 기간은 10개월이다.

register [rédʒəstə:r] n.기록부 v.기록하다(record), 등록하다(enroll)

re(계속=again)+gist(옮기다=gest=carry)+er의 결합.

'자세한 정보를 계속 옮겨 놓는 곳=기록부'입니다. 돈이나 물건이 들어오고 나가는 것, 손님이 들어오고 나 가는 것 등을 계속 적어 놓는 곳은 기록부입니다.

- How do I **register** for a English class?
  영어 강좌에 어떻게 등록하나요?

Day 39

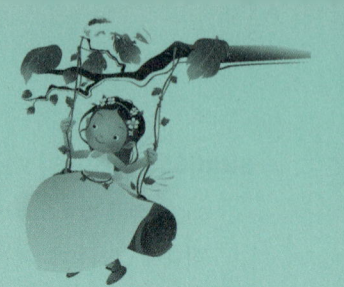

어근 tain

어근 tain은 hold(잡다, 갖고 있다)입니다. 유사철자 tin, ten은 tain의 변형. 축구에서 홀딩(holding)은 상대편의 신체를 잡는 파울이고, 야구에서 홀드(hold)는 점수를 주지 않고 넘겨받은 상태를 그대로 갖고 있는(유지하는) 것입니다.

contain [kəntéin] vt. 갖고 있다(포함하다, 내포하다), 참다, 억제하다

con(강조=completely)+tain(잡다, 갖고 있다=hold)의 결합.

물건을 운반할 때 사용하는 **컨테이너** 박스(**container** box)는 물건을 안전하게 **잡고**, **유지**하는 기능을 하지요. 감정을 밖으로 표출하지 않고 가슴 속에 갖고 있는 것은 참고, 억제하는 것이기 때문에 '**갖고 있다**'에서 '**참다, 억제하다**'는 뜻이 파생. 컨테이너(container)의 tain에서 '잡다, 갖고 있다'는 뜻을 떠올리세요.

- Coffee, tea and soft drinks usually **contain** caffeine.
  커피, 차, 탄산음료는 보통 카페인을 갖고(포함하고) 있습니다.
- We need to **contain** this situation patiently. 우리는 이 상황을 끈기 있게 참아야 합니다.

maintain [meintéin] vt. 유지하다(keep), 주장하다(insist, assert, claim), 부양하다(support)

main(a.주요한)+tain(잡다, 갖고 있다=hold)의 결합.

'**중요한 것을 그대로 갖고 있다=유지하다, 주장하다**'입니다. 자기 생각을 바꾸지 않고 계속 유지하는 것은 주장하는 것이고, 가족생활을 유지하는 것은 부양하는 것이기 때문에 '**유지하다**'에서 '**주장하다, 부양하다**'는 뜻이 파생.

- Proper nutrition is essential to **maintain** your health.
  적당한 영양 섭취는 건강을 유지하는 데 필수다.
- My income is not enough to **maintain** my family.
  나의 수입은 가족을 부양하기에 충분하지 않아.

entertain [èntərtéin] v. 대접(접대)하다, 환대하다, 즐겁게 하다

enter(사이, 중간)+tain(잡다, 갖고 있다=hold)의 결합.

'**사람들 사이에 들어가서 즐거운 분위기를 잡다=대접하다**(treat), **즐겁게 하다**'입니다. 초대한 사람들 사이에 들어가 술과 음식을 권하며 즐거운 분위기를 잡는 것은 대접하고 환대하는 것이죠. 연예인은 탤런트(talent-재주)가 아니라 엔터테이너(entertainer)입니다.

- **entertainment** [èntərtéinmənt] n. 대접(treatment), 환대, 연예, 오락
- He has a lot of money and loves to **entertain**.
  그는 돈도 많고 사람 접대하는 것을 좋아합니다.

abstain [æbstéin] vi. 그만두다, 삼가다, (투표)기권하다

ab(분리=off)+s+tain(잡다, 갖고 있다=hold)의 결합.

'갖고 있는 것을 분리시켜버리다=그만두다(refrain, stop)'입니다. 잡고 있는 담배를 손에서 분리시켜버리면 흡연을 그만두는 것이지요. 건강이나 도덕상의 이유로 자기가 좋아하는 것을 그만두는 것에 사용. '투표를 그만두다=기권하다'입니다.

- The doctor advised me to **abstain**[refrain] **from** drinking.
  의사는 나에게 음주를 그만두라고 충고했다.
- Korea **abstained from** the vote. 한국은 그 투표에서 기권했다.

pertain [pərtéin] vi. 속하다(belong), 관계하다(relate, connect), 어울리다

per(확실한=perfect)+tain(잡다, 갖고 있다=hold)의 결합.

'누구를 확실하게 붙잡고 있다=속하다, 관계하다'입니다. 어떤 사람을 팀 구성원으로 확실하게 붙잡고 있으면 그 사람은 그 팀에 속하고, 그 팀과 관계가 있고, 그 팀에 어울리는 사람이죠. per**tain**의 형용사형 per**tin**ent를 보면 어근 tin이 tain의 변형임을 알 수 있지요.

- pertinent [pə́:rtənənt] a. 관계있는(relevant, concerned), 적절한(proper, suitable, fit)
- impertinent a. 관계없는(unrelated, irrelevant), 부적절한(무례한)
- Such conduct does not **pertain to** you. 그런 행동은 너에게 어울리지 않아.
- It is not a **pertinent** example. 그것은 적절한 예가 아니야.
- I was shocked by his **impertinent** behavior. 나는 그의 무례한 행동에 충격받았다.

retain [ritéin] vt. 보유(유지)하다(keep, hold), 간직하다

re(계속=again)+tain(잡다, 갖고 있다=hold)의 결합.

'버리지 않고 계속 갖고 있다=유지하다'입니다. 물건을 사고 받은 영수증을 계속 갖고 있으면 영수증을 보유(유지)하고 있는 것입니다. 구입한 물건을 환불하려면 영수증을 retain하고 있어야 하지요.

- Please **retain** this receipt for your refund.
  반품(환불)을 위해 이 영수증을 보유(유지, 간직)하세요.
- I think it's important to **retain** objectivity.
  객관성을 유지하는 것이 중요하다고 생각합니다.

sustain [səstéin] vt. 떠받치다, 유지하다(maintain), 부양하다(support)

sus(아래=sub=under)+tain(잡다, 갖고 있다=hold)의 결합.

'아래에 있는 주춧돌을 잡고 있다=떠받치다, 유지하다, 부양하다'입니다. 기둥을 받치는 주춧돌을 잡고 있는 것은 건물을 떠받치고 건물을 유지하는 것입니다. 가족생활을 떠받치고 유지하는 것은 가족을 부양하는 것이죠.

- Such a diet can not **sustain** strength.
  그런 음식으로는 체력을 떠받칠(유지할) 수 없습니다.
- Savings are very important to **sustain** our economy.
  저축은 우리 경제를 떠받치기(유지하기) 위해 중요합니다.

attain [ətéin] v.(목표, 장소)도달하다, 성취하다, 달성하다(accomplish, achieve, fulfill)

at(이동=ad)+tain(잡다, 갖고 있다=hold)의 결합.

'정상에 올라가 깃발을 잡다=도달하다(arrive), 성취하다'입니다. 산에 올라가 정상에 있는 깃발을 잡으면 정상에 도달(도착)하는 것이고, 시험 합격과 같은 목표를 잡으면 성취하는 것입니다.

- attainment [ətéinmənt] n.도달, 성취, 달성
- attainable a.도달(성취)할 수 있는
- unattainable a.성취하기 힘든
- an attainable goal 도달 가능한 목표
- Once you start, you must **attain** your object.
  일단 시작하면, 목적을 달성해야 합니다.

detain [ditéin] vt.붙잡다(take, catch), 구금하다, 억류하다

de(분리=off)+tain(잡다, 갖고 있다=hold)의 결합.

'사람 중에서 죄 있는 사람을 분리시켜 잡다=구금하다(confine)'입니다. 경찰서나 교도소 등에서 사람을 붙잡고 있는 것은 구금하고, 감금하고, 억류하는 것입니다. detain의 명사형 detention을 보면 어근 ten이 tain의 변형임을 알 수 있지요. 발음 편리를 위해 철자가 변형됨.

- detention [diténʃən] n.붙듦, 구금(confinement, imprisonment), 억류
- I couldn't **detain** her any longer. 나는 더 이상 그녀를 붙잡을 수 없었어.
- The police **detained** the suspicious man for questioning.
  경찰은 수상한 남자를 심문하기 위해 구금했다.

content [kəntént] n.만족(satisfaction) a.만족하는 vt.만족시키다

con(함께=with)+ten(잡다, 갖고 있다=tain=hold)+t의 결합.

'고객이 원하는 것을 다 함께 갖고 있다=만족시키다(satisfy)'입니다. 어떤 제품이 고객이 원하는 기능들을 함께 갖고 있으면 그 제품은 고객을 만족시키게 되지요. 콘텐츠(contents)는 'n.목차, 내용'으로 책이 갖고 있는 것은 내용이고, 목차를 보면 어떤 내용인지 대충 알 수 있기 때문에 '목차'에서 '내용'이란 뜻이 파생. 시간이 없을 땐 목차를 보면 어떤 내용의 책인지 바로 알 수 있습니다.

- Are you fully **content with** your current life? 너는 현재의 삶에 충분히 만족해?
- It's a matter of style rather than **contents**. 그것은 내용보다는 스타일의 문제야.

tenant [ténənt] n.세입자, 임차인, 소작인

ten(잡다, 갖고 있다=tain=hold)+ant(사람)의 결합.

'돈을 지불하고 다른 사람의 집이나 토지를 갖고 있는 사람=세입자'입니다. 돈을 지불하고 다른 사람의 집이나 사무실을 갖고 있는 사람은 세입자(임차인)이고, 돈을 지불하고 다른 사람의 토지를 갖고 있는 사람은 소작인입니다.

- One of her **tenants** did not pay rent for a few months.
  그녀의 세입자 중 한 사람이 몇 달 동안 집세를 내지 않았다.

tenacious [tənéiʃəs] a.완고한(고집 센), 집요한

ten(잡다, 갖고 있다=tain=hold)+acious의 결합.

'자기주장을 바꾸지 않고 끝까지 갖고 있는=완고한(stubborn, persistent)'입니다.

- I've never seen such a **tenacious** man like you.
  당신처럼 그렇게 완고한(고집 센) 사람은 본 적이 없네요.
- He's a **tenacious** man. He never gives up.
  그는 집요한 사람이야. 그는 절대 포기하지 않아.

potent [póutənt] a.강한, 힘센, 유력한, 효력 있는

po(힘, 권력=power)+ten(잡다, 갖고 있다=tain=hold)+t의 결합.

'힘과 권력을 갖고 있는=강한(strong), 유력한(influential, leading)'입니다. 힘과 권력을 갖고 있는 강한 사람이 선거에 나오면 유력한 당선 후보가 되기 때문에 '강한'에서 '유력한'이란 뜻이 파생.

- impotent [ímpətənt] a.무기력한, 허약한
- impotence [ímpətəns] n.무기력, 허약, 임포텐스(발기 불능)
- potential [pouténʃəl] a.잠재적인(숨은 힘이 있는), 가능성 있는
- potentiality [poutènʃiǽləti] n.잠재력, 가능성
- Environment is a **potent** influence on character.
  환경은 성격에 강한 영향을 미친다.
- Most people realize only a small part of their **potentiality**.
  대부분의 사람은 자신의 잠재능력의 일부분만을 실현한다.

tenet [ténət] n.교의, 주의, 신조, 신념

ten(잡다, 갖고 있다=tain=hold)+et의 결합.

'개개인이 마음속에 갖고 있는 것=신조, 신념(creed, belief)'입니다.

- He and I are of different political **tenet**.
  그와 나는 서로 다른 정치적 신념을 가지고 있다.
- Race, nationality and **tenet** shouldn't matter in sport.
  인종, 국적, 교의(주의, 신념)가 스포츠에서 문제가 되어서는 안 된다.

tenable [ténəbəl] a.방어(유지)할 수 있는

ten(잡다, 갖고 있다=tain=hold)+able(가능)의 결합.

적이 공격해도 성을 '빼앗기지 않고 갖고 있을 수 있는=방어(유지)할 수 있는'입니다.

- The castle was not a **tenable** position in the long term.
  그 성은 장기적으로 방어할 수 있는 위치가 아니었다.
- The occupation is **tenable** for a period of two years.
  그 직업은 2년이란 기간 동안 유지할 수 있다.

어근 fin

어근 fin은 finish(끝나다, 끝내다)입니다.

finish [fíniʃ] vt.끝내다(end), 마치다, 완성하다(complete) vi.끝나다(end)

- final [fáinəl] a.마지막의, 최종적인 n.결승전 • finalize [fáinəlàiz] vt.마무리 짓다, 완성하다(complete)
- The **final** test is just around the corner. 기말고사가 코앞에 다가왔어.
- I have to **finalize** the homework by tonight.
  나는 오늘 밤까지 숙제를 완성해야 해.

finite [fáinait] a.한정된(limited), 유한의

fin(끝=finish)+ite의 결합.

'**끝이 있는=한정된, 유한의**'입니다.

- infinite [ínfənit] a.무한의, 끝이 없는(endless, boundless, limitless)
- Oil and gas are **finite** resources on Earth. 석유와 천연가스는 지구에서 한정된 자원이야.
- The Internet has opened up **infinite** possibilities.
  인터넷은 무한한 가능성을 활짝 열어놨다.

define [difáin] vt.정의하다, 분명히 밝히다

de(분리=off)+fin(끝내다=finish)+e의 결합.

'**쓸데없는 내용을 분리시키고 판단을 끝내다=정의하다**'입니다. 쓸데없는 군더더기는 모두 분리시키고 무엇이 무엇이라고 끝내는 것은 정의를 내리는 것이지요.

- definition [dèfəníʃən] n.정의
- It is very difficult to **define** the concept of beauty.
  미의 개념을 정의하는 것은 매우 어려워.
- Please **define** the terms of the agreement. 계약 조건을 분명히 밝혀주세요.

confine [kənfáin] vt.제한(한정)하다, 가두다(감금하다) n.경계, 한계, 국경

con(강조=completely)+fin(끝, 끝내다=finish)+e의 결합.

'**마지노선인 끝을 분명하게 정하다=제한하다(restrict, limit), 가두다(imprison)**'입니다. 제한과 한정은 마지노선인 끝을 넘어서지 못하게 하는 것입니다. 다른 곳으로 가지 못하게 장소를 제한하고 한정하는 것은 가두고 감금하는 것이죠.

- confined [kənfáind] a.제한(한정)된
- confinement [kənfáinmənt] n.제한(restriction), 한정, 감금(imprisonment)
- I would like to **confine** my remarks to two points.
  나의 의견을 2가지 측면으로 한정하여 말하고 싶습니다.
- We had to **confine** him for his own safety.
  우리는 안전을 위해 그를 가둘 수밖에 없었습니다.

finance [fináens] n.재정, 재무, 자금 조달, 금융 v.자금을 조달하다, 투자하다

fin(끝=finish)+ance의 결합.

'**엄격한 심사를 끝마친 후 자금을 집행하는 일=재정, 재무**'입니다. 파이낸싱(financing), 파이낸스(finance)란 상호가 들어간 회사는 돈을 빌려주거나 투자하는 금융회사입니다.

- financial [finǽnʃəl, fai-] a.재정의, 재무의, 금융의
- We have to cope with the current **financial** difficulties.
  우리는 지금의 재정난에 잘 대처해야 합니다.

coffin [kɔ́:fin] n.관 vt.관에 넣다, 입관하다

cof(강조=com=completely)+fin(끝=finish)로 결합.

'**심장 박동이 완전히 끝난 후 죽어서 들어가는 곳=관**'입니다.

- They put his corpse in a **coffin** and moved it home.
  그들은 그의 시체를 관에 넣어서 집으로 옮겼다.

affinity [əfínəti] n.밀접한 관계, 유사성(similarity), 친밀감, 호감

af(이동=ad)+fin(끝=finish)+ity의 결합.

'**족보를 거슬러 올라갔을 때 끝이 같음=밀접한 관계**'입니다. 사람이 만나 족보를 물어 끝까지 거슬러 올라갔을 때 조상이 같은 경우 두 사람은 밀접한 관계(유사성)가 있고, 서로 친밀감이나 호감을 갖게 되기 때문에 '**밀접한 관계**'에서 '**친밀감, 호감**'이란 뜻이 파생.

- There is the **affinity** between English and French.
  영어와 프랑스어 사이에는 밀접한 관계(유사성)가 있다.
- We don't have an **affinity** with Japanese.
  우리는 일본인에게 친밀감(호감)을 갖고 있지 않습니다.

어근 term

어근 term은 end(끝)입니다.

term [tə:rm] n.기간(학기, 임기, 형기, 회기), 관계(pl.), 용어(말), 조건(pl.)

term은 **시작과 끝이 있는 기간**으로 대학교의 학기, 대통령이나 회사 임원들에겐 임기, 죄수에겐 형기, 국회는 회기입니다. 대학생은 **학기** 중에 친구와 **관계**를 맺고, 전공자로서 전문 **용어**를 배우고, 성적에 따라 장학금 **조건**이 결정되지요. term은 '**학기**'에서 '**관계, 용어, 조건**'이란 뜻이 파생.

- term project 대학생의 학기 과제 • short term 단기 • legal term 법률 용어
- The first **term** commences in March. 첫 학기는 3월에 시작된다.
- We are on friendly **terms** with each other. 우리는 서로 친한 관계야.
- Please explain the **terms** of the contract in detail.
  계약 조건을 자세하게 설명해 주세요.

terminate [tə́:rmənèit] vt.끝내다(finish, end), 종료(종결)하다 vi.끝나다, 종료되다

term(끝=end)+in+ate의 결합.

터미널(terminal)은 '끝, 종착역'이고, 영화 주인공 터미네이터(terminator)는 이 세상을 끝내는 종결자로 term은 끝(end)을 나타냅니다.

- The agreement of the two countries was **terminated** immediately.
  두 나라의 합의는 즉시 종료되었다.

determine [ditə́:rmin] vt.~에게 결심시키다, 결정하다 vi.결심하다

de(분리=off)+term(끝=end)+ine의 결합.

'생각을 끝내고 하나를 분리시켜 끄집어내다=결정하다(decide)'입니다. 해외여행으로 중국으로 갈까 일본으로 갈까 고민하다가 생각을 끝내고 중국과 일본 중에서 중국을 분리시켜 끄집어내면 중국에 가기로 결정(결심)한 것이죠. '생각 끝=결심, 결정'입니다.

- **determined** [ditə́:rmind] a.결심한, 단호한 • **determinedly** ad.단호하게(resolutely)
- **determination** [ditə̀:rmənéiʃən] n.결심(resolution), 결단(력)
- Does blood type really **determine** a person's personality?
  혈액형이 정말 사람의 성격을 결정하나요?

exterminate [ikstə́:rmənèit] vt.전멸(몰살, 박멸)시키다, 근절하다

ex(밖으로=out)+term(끝=end)+inate의 결합.

'벌레들을 끝장내서 밖으로 내보내다=전멸시키다, 근절하다(eradicate, root out)'입니다. 질병, 사상, 신앙, 잡초, 해충 등이 다시 자라지 않도록 끝장내서 밖으로 내보내면 전멸시키고 다시 생기지 않도록 근절하는 것이지요.

- **extermination** [ikstə̀:rmənèiʃən] n.전멸, 근절(eradication)
- We will **exterminate** sports gambling from our sports.
  우리는 스포츠에서 스포츠 도박을 근절할 것입니다.

interminable [intə́:rmənəbəl] a.끝없는

in(부정=not)+term(끝=end)+in+able(가능)의 결합.

'끝낼 수 없는=끝없는(endless, everlasting)'입니다.

- His lecture was **interminable**, so we all fell asleep.
  그의 강의는 끝이 없어서 우리 모두 잠들었어.

Day 40

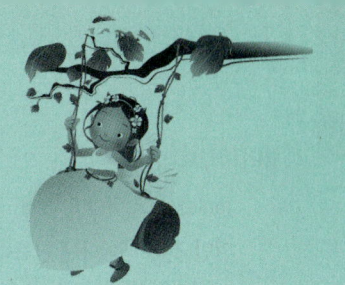

어근 gen
어근 gen은 birth(출생, 태어나다)입니다. 유사철자 gn은 gen의 변형.

gender [dʒéndər] n.성(性), 성별

gen(출생, 태어나다=birth)+der의 결합.

'태어나면서 갖게 되는 것=성(性)'입니다.

- Discrimination based on **gender** and age must be abolished.
  성과 나이에 의해 근거한 차별은 폐지되어야 한다.

gene [dʒi:n] n.유전자, 유전 인자

gen(출생, 태어나다=birth)+e의 결합.

'태어나면서부터 갖고 있는 것=유전자'입니다.

- **genetic** [dʒinétik] a.유전자의, 유전학의 • **genome** [dʒí:noum] n.게놈
- A **genome** is the set of **genetic** material of an organism.
  게놈은 한 생물체의 유전자 물질 세트이다.

engender [endʒéndər] vt.야기하다, 일으키다 vi.생기다, 일어나다

en(만들다=make)+gen(출생, 태어나다=birth)+der의 결합.

'없던 것을 태어나게(생기게) 만들다=야기하다(cause, raise, bring about)'입니다.

- Her latest book has **engendered** a lot of controversy.
  그녀의 최근 저서는 많은 논란을 일으켰다.

congenital [kəndʒénətl] a.타고난(inborn, innate, native), 선천적인

con(함께=with)+gen(출생, 태어나다=birth)+it(가다=go)+al의 결합.

'태어나면서 부모의 유전인자를 갖고 나간=타고난'입니다. 태어나면서 부모가 갖고 있는 유전 인자를 갖고 나간 것은 타고난, 선천적인 것입니다.

- He was born with a **congenital** deformity of the foot.
  그는 발에 선천적인 기형을 가지고 태어났다.

generate [dʒénərèit] vt. 만들어 내다, (전기, 수익)발생시키다

gen(출생, 태어나다=birth)+erate의 결합.

'없던 것을 태어나게 만들다=만들어 내다'입니다. 전기나 열을 만들어 내는 것은 발생시키는 것이죠. generator는 전기를 발생시키는 발전기인데 자동차 정비를 하는 사람들은 제네레타라는 일본식 영어를 사용하고 있습니다.

- generation [dʒènəréiʃən] n. 세대, 대(代), 발생 • generation gap 세대차이
- It is not easy to **generate** good jobs. 좋은 일자리를 만들어 내는 것은 쉽지 않습니다.
- Wind power can **generate** small amounts of electricity.
  풍력은 적은 양의 전기를 발생시킬 수 있다.

degenerate [didʒénərèit] vi. 나빠지다, 퇴보(타락)하다 a. 나빠진, 타락한 n. 타락자

de(아래=down)+gen(출생, 태어나다=birth)+erate의 결합.

'출생 시점, 시작 시점보다 아래 단계에 있다=퇴보하다(retrogress, retrograde)'입니다.

- degeneration [didʒènəréiʃən] n. 악화, 퇴보, 타락
- Discussions often **degenerate** into emotional confrontations.
  토론은 종종 나빠져서 감정적 대결로 변해.

genealogy [dʒìːniǽlədʒi] n. 계통(학), 족보(학)

gen(출생, 태어나다=birth)+ea+logy(학문)의 결합.

'출생 순서에 관해 연구하는 학문=계통학'입니다.

- He is researching **genealogy** with his grandfather's help.
  그는 할아버지의 도움으로 족보(혈통)를 조사하고 있다.

genocide [dʒénəsàid] n. 대학살, 집단학살

gen(출생, 태어나다=birth)+o+cide(죽이다=kill)의 결합.

'태어난 사람들을 모조리 죽이는 것=대학살'입니다. 어떤 민족을 남녀노소 상관없이 대량 학살하는 것으로, 대표적으로 독일인의 유대인 대학살과 일본인의 난징 대학살이 있습니다. 어근 cide는 Day 31에서 이미 학습.

- Russia have recognized the Armenian **genocide**.
  러시아는 아르메니아인 대학살을 인정했다.

genuine [dʒénjuin] a. 순종의, 진짜인, 진심인(sincere, hearty, cordial)

gen(출생, 태어나다=birth)+uine의 결합.

'순수 혈통에서 태어난=순종의, 진짜인(real)'입니다. 진돗개와 진돗개가 교배하면 진짜 순종 진돗개가 태어나지요. '순종의'에서 '진짜인, 진심인'이란 뜻이 파생.

- He made a **genuine** attempt to improve conditions.
  그는 상황을 개선하기 위해 진심 어린 노력을 했다.

ingenuous [indʒénjuːəs] a.순진한, 솔직한

in(안에)+gen(출생, 태어나다=birth)+uous의 결합.

'출생할 때 몸 안에 갖고 있는 그대로인=순진한(innocent, pure), 솔직한(frank)'입니다. 맹자는 사람이 태어날 때 갖고 있는 본성이 선하다고 보았는데, 서양에서도 사람의 본성이 착하다고 본 것 같습니다. 순진한 사람은 잔머리를 굴리지 않고 솔직하기 때문에 '순진한'에서 '솔직한'이란 의미가 파생.

- ingenuously ad.솔직하게(frankly), 순진하게
- He is so **ingenuous** that he often takes a joke seriously.
  그는 너무 순진해서 종종 농담을 심각하게 받아들입니다.
- He **ingenuously** acknowledged his fault. 그는 솔직하게 자신의 과실을 인정했다.

indigenous [indídʒənəs] a.토착의, 원산의, 고유의

in(안에)+di(지역=district)+gen(출생, 태어나다=birth)+uous의 결합.

'태어날 때부터 그 지역 안에 있는=토착의(native, inborn, inherent)'입니다.

- Taekwondo is one of the **indigenous** sports of Korea.
  태권도는 한국 고유의 스포츠 중 하나다.

indigent [índidʒənt] a.가난한, 궁핍한

in(부정=not)+di+gen(출생, 태어나다=birth)+t의 결합.

'태어날 때 갖고 태어난 것이 없는=가난한(poor, needy, penniless, destitute)'입니다.

- We provide food and shelter to the **indigent**.
  우리는 가난한 사람들에게 음식과 잠자리를 제공합니다.
- Winter is a very difficult season for **indigent** people.
  겨울은 가난한 사람들에게 매우 힘든 계절입니다.

homogeneous [hòumədʒíːniəs] a.같은 종류의, 동종의, 동질의

homo(사람=people)+gen(출생, 태어나다=birth)+eous의 결합.

'같은 사람(조상)에게서 태어난=같은 종류의'입니다. 호모에렉투스(Homo erectus)는 직립하는 원숭이 인간으로 homo는 사람(인간)을 나타냅니다.

- Koreans are still proud of their **homogeneous** society.
  한국인들은 여전히 단일민족 사회를 자랑하고 있습니다.

progeny [prádʒəni] n.자손, 후손

pro(앞, 이전=before)+gen(출생, 태어나다=birth)+y의 결합.

'자신으로 인해 앞으로 태어날 사람=자손(offspring, descendant, posterity)'입니다.

- His **progeny** are scattered all over the country. 그의 자손은 전국에 흩어져 있다.
- King Sejong left a lot of cultural heritages for **posterity**.
  세종대왕은 후손을 위해 많은 문화유산을 남겼다.

어근 **281**

congenial [kəndʒíːnjəl] a.마음이 맞는, 쾌적한, 기분 좋은

con(함께=with)+gen(출생, 태어나다=birth))+ial의 결합.

'태어날 때부터 같은 취향을 갖고 있는=마음이 맞는, 쾌적한'입니다. 취향과 취미가 같으면 마음이 맞는 친구가 되고, 그런 사람들과 생활하면 기분 좋고 쾌적한 환경이 되지요.

- Some are **congenial** to me, others are not.
  몇몇은 나와 마음이 맞고, 다른 사람들은 그렇지 않아.
- Our company needs a **congenial** space to rest.
  우리 회사는 휴식을 취할 쾌적한 공간이 필요해.

pregnant [prégnənt] a.임신한

pre(앞, 이전=before)+gn(출생, 태어나다=gen=birth)+ant의 결합.

'아기가 태어나기 이전 단계인=임신한'입니다.

- pregnancy [prégnənsi] n.임신(conception)
- The star's management announced that she is **pregnant** with her first child.
  그 스타의 소속사는 그녀가 첫째 아이를 임신했다고 발표했다.

ingenious [indʒíːnjəs] a.창의적인, 영리한

in(안에)+genious(천재, 타고난 재주=genius)의 결합.

'몸 안에 천재성을 갖고 있는=영리한(clever, bright, wise, intelligent, smart)'입니다. 아인슈타인처럼 천재성을 갖고 태어나면 보통 사람보다 창의적이고 영리하지요.

- Steve Jobs is one of the most **ingenious** men in America.
  스티브 잡스는 미국에서 가장 창의적인 사람 중 한 명이야.

어근 don

어근 don은 give(주다)입니다. 유사철자 dos는 don의 변형.
'돈(don) 주세요'로 기억하세요.

donate [dóuneit] vt.기부하다(endow, contribute), 기증하다

don(주다=give)+ate의 결합.

'도움이 필요한 곳에 돈이나 물품을 주다=기부하다, 기증하다'입니다.

- donation [douéiʃən] n.기부(금), 기증(품)   • donor [dóunər] n.기증자, (장기)제공자
- He is going to **donate** all his money when he dies.
  그는 사망 후 자신의 모든 돈을 기부할 예정이다.
- Deciding to **donate** one's organs can be a big decision.
  자신의 장기를 기증하기로 한 결정은 큰 결정일 수 있다.

condone [kəndóun] vt.(죄)용서하다, 용납(용인)하다

con(강조=completely)+don(주다=give)+e의 결합.

'죄지은 사람에게 완전한 면죄부를 주다=용서하다(forgive, pardon)'입니다.

- We do not **condone** the use of violence under any circumstances.
  우리는 어떠한 상황에서도 폭력 사용을 용서(용납)하지 않습니다.
- I do not **condone** racism, but I understand why it exists.
  나는 인종차별을 용서(용납)하진 않지만, 왜 그것이 존재하는지는 이해해.

---

dose [dous] n.1회분의 약, 복용량 vt.복용하다, 투여시키다

dos(주다=don=give)+e의 결합.

'의사가 환자에게 주는 1회분의 약=복용량'입니다.

- Do not exceed the prescribed **dose**.
  처방된 복용량을 초과하지 마세요.

어근 tribute   어근 tribute는 give(주다)입니다.

tribute [tríbju:t] n.공물, 조세, 찬사, 경의, 애도

tribute는 give(주다)입니다. '영주, 국가, 교회에 주는 것은=공물(조세)'이고, '사람에게 주는 말=찬사, 경의, 애도'입니다.

- He submitted the Lord of Daemado to pay annual **tribute** to him.
  그는 대마도의 군주를 항복시켜 매년 공물을 바치게 했습니다.
- Major world figures have also payed **tribute** to her.
  세계 주요 인물들 또한 그녀에게 애도(경의)를 표했다.

---

retribution [rètrəbjú:ʃən] n.보복, 응징

re(다시=again)+tribut(주다=give)+ion의 결합.

'당한 만큼, 받은 만큼 다시 되돌려 주는 것=보복(retaliation, reprisal)'입니다.

- No one reported the incident owing to the fear of **retribution**.
  보복의 두려움 때문에 아무도 그 사건을 신고하지 않았다.
- The country launched a missile attack in **retaliation** for the terrorism.
  그 나라는 테러에 대한 보복으로 미사일 공격을 가했다.

attribute [ətríbjuːt] vt.(원인, 책임)돌리다 n.특성(property), 속성

at(이동=ad)+tribute(주다=give)의 결합.

'일의 결과(성공, 실패)를 다른 사람에게 주다=돌리다(ascribe, impute)'입니다. 성공하면 성공의 원인을 자신의 능력으로 돌리고 실패하면 실패의 원인을 조상 탓, 주변 환경 탓으로 돌리는 것은 인간이 갖고 있는 특성(속성)이기 때문에 '**돌리다**'에서 '**특성, 속성**'이란 뜻이 파생.

- He **attributes** his success **to** perseverance and hard work.
  그는 자신의 성공을 인내와 근면에 돌린다.
- Conventional beauty is her only **attribute**.
  전통적인 아름다움은 그녀만의 특성이다.

contribute [kəntríbjuːt] v.기부(기증)하다, 기여(공헌)하다

con(강조=completely)+tribute(주다=give)의 결합.

'돈, 물건의 소유권을 완전히 넘겨주다=기부하다(donate, subscribe)'입니다. 어떤 개인이나 단체에 돈을 주는 것은 기부, 물건을 주는 것은 기증, 노력으로 주는 것은 기여입니다. 기부는 돈(물건)의 이동이기 때문에 이동의 전치사 to를 사용.

- contribution [kəntrəbjúːʃn] n.기부(donation, subscription), 기여, 기증(품)
- Would you like to **contribute to** our collection?
  저희 모금에 기부하시겠습니까?
- What do you think you can **contribute to** our company?
  당신은 우리 회사에 무엇을 기여할 수 있다고 생각하십니까?

distribute [distríbjuːt] vt.나눠주다, 분배(배분)하다, 배포하다

dis(분리=off)+tribute(주다=give)의 결합.

'모여 있는 것을 하나하나 분리해서 주다=나눠주다(allocate, allot, assign, give out)'입니다. 모여 있는 물건을 하나씩 분리해서 개개인에게 주는 것은 나눠주고, 분배하고, 배포하는 것이죠.

- distribution [dìstrəbjúːʃən] n.분배(division, allotment), 배급, 배포
- The volunteers **distributed** food and blankets to the homeless.
  봉사자들은 노숙자에게 음식과 담요를 나누어주었다.

Day 41

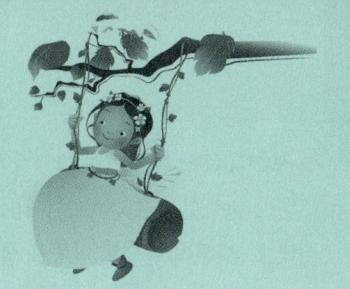

어근 ver
어근 ver는 turn(돌다, 돌리다)입니다.

universe [júːnəvə̀ːrs] n.우주, 전 세계

uni(하나=one)+ver(돌다, 돌리다=turn)+se의 결합.

'만물이 돌아가는 하나의 공간=우주(space)'입니다.

- **universal** [jùːnəvə́ːrsəl] a.보편적인(general), 일반적인(전 세계에서 통하는)
- Life may exist somewhere in the **universe**.
  생명이 우주 어딘가에 존재할지도 모른다.
- Music is the **universal** language of mankind.
  음악은 인류가 갖고 있는 보편적인 언어이다.

advertise [ǽdvərtàiz] v.광고하다

ad(이동=to)+ver(돌다, 돌리다=turn)+tise의 결합.

'사람의 관심과 시선을 상품으로 돌리다=광고하다'입니다. 유명 연예인이 등장하는 TV 광고를 보면 시선이 그쪽으로 돌아가지요. 하늘에 매달에 놓은 애드벌룬(ad balloon=광고 풍선)의 애드는 advertisement(광고)의 줄임말.

- **advertisement** [ædvərtáizmənt] n.광고   • **advertiser** n.광고주(광고 의뢰자)
- I saw my favorite actress **advertise** this product on TV.
  나는 내가 좋아하는 여배우가 TV에서 이 제품 광고하는 것을 봤어.

convert [kənvə́ːrt] vt.바꾸다(change), 전환하다 vi.바뀌다(change)

con(강조=completely)+ver(돌다, 돌리다=turn)+t의 결합.

'완전히 다른 방향으로 방향을 돌리다=바꾸다, 전환하다'입니다. 컨버터블 카(convertible car)는 맑은 날씨에는 지붕을 열고, 눈이나 비가 오면 지붕을 닫을 수 있도록 차의 형태를 **바꾸고 전환**할 수 있는 차입니다.

- **convertible** [kənvə́ːrtəbəl] a.바꿀 수 있는
- We will build huge factories that burn waste and **convert** it into energy.
  우리는 쓰레기를 태워서 에너지로 바꾸는(전환하는) 큰 공장을 건설할 것입니다.

verge [vəːrdʒ] n.모서리(edge, brink, point), 가장자리

ver(돌다, 돌리다=turn)+ge의 결합.

'**다른 방향으로 방향을 돌릴 때 꺾이는 지점=모서리**'입니다. 좌회전이나 우회전 등 방향을 turn 할 때 꺾이는 지점이 끝(모서리)입니다. 벼랑 끝에 붙어 있으면 떨어지기 직전이죠.

- The company is on the **verge** of bankruptcy. 그 회사는 파산 직전에 있어.

extrovert [ékstrouvə̀ːrt] n.외향적인 사람 a.외향적인

ex(밖으로=out)+tro(방향)+ver(돌다, 돌리다=turn)+t의 결합.

'**생각과 마음을 밖으로 돌려서 표출하는=외향적인(outgoing, sociable)**'입니다.

- introvert [íntrəvə̀ːrt] n.내향적인 사람 a.내성적인
- I am very **extroverted** so I have no problem mingling with strangers.
  나는 매우 외향적인 사람이라 낯선 사람들과 어울리는 데 전혀 문제가 없어.

pervert [pəːrvə́ːrt] vt.(사람)타락시키다(debase), 왜곡하다(distort) n.변태 성욕자

per(완전히=perfectly)+ver(돌다, 돌리다=turn)+t의 결합.

'**완전히 다른 방향으로 돌리다=타락시키다, 왜곡하다**'입니다. 건전한 사고방식의 사람을 완전히 다른 방향으로 돌리면 사람을 타락시키는 것이고, 객관적인 사실을 완전히 다른 방향으로 돌리면 사실을 왜곡하는 것이죠.

- Some scientific discoveries were **perverted** to create weapons of destruction.
  일부 과학적 발견들은 파괴적인 무기를 만들기 위해 왜곡되었다.
- Are you treating me like a **pervert**? 나를 변태로 취급하는 겁니까?

adverse [ædvə́ːrs] a.역(반대)의, 불리한(unfavorable), 부정적인(negative)

ad(이동=to)+ver(돌다, 돌리다=turn)+se의 결합.

'**상황이 반대 방향으로 돌아가는=역방향의, 불리한, 부정적인**'입니다. 순풍이 불다가 바람의 방향이 돌아 역풍이 불면 앞으로 나아가기에 불리하고 부정적인 상황이 되지요. '역방향으로 돌아가는=불리한, 부정적인'입니다.

- adversity [ædvə́ːrsəti] n.역경, 불행(misfortune), 재난(disaster)
- No **adverse** effects have been identified to date.
  지금까지 어떠한 역효과도 발견된 적이 없습니다.

traverse [trǽvəːrs] vt.횡단하다(cross), 가로지르다

tra(이동=trans=go)+ver(돌다, 돌리다=turn)+se의 결합.

'**방향을 돌려 똑바로 가다=횡단하다, 가로질러 건너다**'입니다. 로마에서 이집트로 갈 때 육지로 가던 방향을 돌려 배를 타고 지중해를 건너면 바다를 가로지르고 횡단하는 것입니다.

- He **traversed** alone the whole continent of Africa.
  그는 혼자서 아프리카 대륙 전체를 횡단했다.

controversy [kántrəvə̀ːrsi] n.논쟁(dispute, argument), 말다툼, 논란

contro(반대=opposite)+ver(돌다, 돌리다=turn)+sy의 결합.

'입장을 상대편과 반대편으로 돌렸을 때 발생하는 것=논쟁'입니다. 입장이 같으면 싸우지 않지요. 같은 의견을 갖고 있던 사람이 입장을 반대편으로 돌리면 의견이 서로 다르기 때문에 논쟁을 하게 됩니다.

- controvert [kántrəvə̀ːt] v.논쟁하다(argue), 반박하다
- controversial [kántrəvə̀ːrʃəl] a.논쟁의 여지가 있는, 논란의
- There was much **controversy** about why he had been exempted from military service.
  그가 병역을 면제받은 이유에 대해서 많은 논쟁이 있었다.
- Japanese whale hunting is a **controversial** issue.
  일본의 포경은 아주 논란이 되는 이슈이다.

converge [kənvə́ːrdʒ] vi.모이다(gather), 집중하다(concentrate)

con(함께=with)+ver(돌다, 돌리다=turn)+ge의 결합.

'다 함께 한 방향으로 가도록 돌리다=모이다, 집중하다'입니다. 여러 방향으로 가는 사람을 한 방향으로 가도록 방향을 돌리면 한 곳에 모이게 됩니다. 여러 곳으로 분산되어 있는 마음을 한 방향으로 돌리면 집중하는 것이죠.

- convergence [kənvə́ːrdʒəns] n.수렴(한 점에 모임), 집중(concentration)
- Thousands of fans **converged** on the stadium to watch the game.
  수천 명의 팬이 그 경기를 보기 위해 경기장에 모였다.

diverse [daivə́ːrs] a.다양한(various), 가지각색의

di(분리=off)+ver(돌다, 돌리다=turn)+se의 결합.

'한곳에 고정된 시선을 분리시켜 다른 곳으로 돌려보면=다양한'입니다. 한 곳만 보지 말고 시선을 분리시켜 다른 곳으로 돌려보면 다양한, 각양각색의 문화와 사고방식을 알 수 있지요. 다양성(diversity)을 인정할 수 있는 사고가 21C를 살아가는 우리에게 필요합니다.

- diversify [daivə́ːrsəfai] vt.다양화시키다 • diversity [daivə́ːrsəti] n.다양성, 차이점
- **Diverse** opinions came out at the meeting. 회의에서 다양한 의견들이 나왔어.
- There is too much **diversity** in the world. 세상에는 너무 많은 다양성이 존재한다.

versatile [və́ːrsətl] a.다재다능한(talented), 다기능의, 다용도의(multipurpose)

ver(돌다, 돌리다=turn)+sat(앉다=sit)+ile의 결합.

'앉아서 여러 방면에 눈을 돌리는=다재다능한, 다용도의'입니다. 사무실에 앉아서 주식투자, 해외무역, 컨설팅, 집필 등 여러 방면에 눈을 돌릴 수 있는 사람은 다재다능한 사람이죠.

- I didn't know you were so **versatile**. 난 네가 그렇게 다재다능한 줄 몰랐었어.
- Eggs are an extremely **versatile** food. 달걀은 매우 다용도의 식품이야.

perverse [pərvə́:rs] a. 괴팍한, 삐딱한, 심술궂은, 고집 센

per(완전히=perfectly)+ver(돌다, 돌리다=turn)+se의 결합.

'사고방식이 완전히 돌아가 있는=괴팍한, 삐딱한, 심술궂은, 고집 센'입니다. 사고방식이나 태도가 건전한 상태에서 완전히 돌아가 있으면 괴팍하고, 삐딱한 것이죠.

- The professor is notorious for his **perverse** personality.
  그 교수는 괴팍한 성격으로 악명이 높아.

subvert [səbvə́:rt] vt. 전복시키다, 파괴하다(destroy, demolish)

sub(아래=down)+ver(돌다, 돌리다=turn)+t의 결합.

'배의 윗부분을 아래로 돌리다=전복시키다(overturn, overthrow, upset)'입니다. 배의 윗부분을 아래로 돌리고, 서 있는 건물을 아래로 돌리면 전복시키고 파괴하는 것입니다.

- **subversive** [səbvə́:rsiv] a. 전복시키는, 파괴하는(destructive) n. 파괴분자
- The rebel schemed to **subvert** the current government.
  반란군은 현 정부를 전복시키려고 계획했다.
- Inequality and discrimination **subvert** democracy. 불평등과 차별이 민주주의를 파괴합니다.

avert [əvə́:rt] vt. (얼굴, 몸)돌리다, (위험)피하다, 막다

a(이동=ad)+ver(돌다, 돌리다=turn)+t의 결합.

'물체가 날아올 때 몸을 돌리다=피하다(avoid), 막다(prevent)'입니다. 돌이나 공이 날아올 때 본능적으로 얼굴과 몸을 돌리는 것은 위험을 피하고 막는 것이죠.

- We usually **avert** our eyes when we see something embarrassing.
  우리는 보통 무언가 당황스러운 것을 보면 눈을 돌린다.
- He tried to **avert** the accident by bringing to a sudden stop.
  그는 급정거함으로써 사고를 피하려 했다.

revert [rivə́:rt] vi. 원래상태로 돌아가다

re(뒤=back)+ver(돌리다, 돌다=turn)+t의 결합.

'발걸음을 뒤(시작점, 출발점)로 돌리다=되돌아가다(return, regress, go back)'입니다.

- Let's **revert** to the original topic of conversation. 원래의 화제로 돌아갑시다.
- Try not to **revert** to your old eating habits. 예전의 식습관으로 되돌아가지 않도록 노력하세요.

invert [invə́:rt] vt. 뒤집다, 거꾸로 하다

in(안)+ver(돌다, 돌리다=turn)+t의 결합.

'안쪽을 밖으로 돌리다=뒤집다(reverse), 거꾸로 하다'입니다. 계란 프라이나 파전, 삼겹살을 구울 때 양면을 골고루 익히려면 안쪽이 밖으로 가도록 돌려서 뒤집어야 합니다.

- Place a plate over the pancake and **invert** it.
  팬케이크 위에 접시를 하나 놓고 뒤집어.

reverse [rivə́:rs] v.바꾸다, 후진하다 n.역, 반대, 실패, 후진기어

re(뒤=back)+ver(돌다, 돌리다=turn)+se의 결합.

'**앞에 있는 것을 뒤로, 바퀴를 뒤로 돌리다=바꾸다(switch, invert), 후진시키다(back)**'입니다. A, B 순서에서 A를 B 뒤로 돌리면 순서를 바꾸는 것이고, 자동차의 바퀴를 뒤로 돌리면 후진시키는 것이죠. 자동차 기어에 있는 R 표시는 reverse(후진기어)의 R입니다.

- We tried to persuade him to **reverse** his decision but to no avail.
  우리는 그의 마음을 바꿔보려 설득했지만 아무런 소용이 없었다.
- Caution! That truck is **reversing**. 조심하세요! 그 트럭이 후진 중이에요.

diverge [divə́:rdʒ] vi.갈라지다, (의견)다르다

di(분리=off)+ver(돌다, 돌리다=turn)+ge의 결합.

'**서로 분리되어 다른 방향으로 돌다=갈라지다, 다르다(differ)**'입니다. 같은 방향으로 가던 사람들이 서로 분리되어 다른 방향으로 돌면 의견이 갈라지고, 달라지는 것입니다.

- divergence [divə́:rdʒəns, dai-] n.분기, 불일치(discord)
- divergent [divə́:rdʒənt, dai-] a.갈라지는, 다른(different)
- Many species have **diverged** from a single ancestor.
  많은 종은 하나의 조상에서 갈라져 나왔다.
- She and I have held **divergent** standpoints. 그녀와 나는 서로 다른 관점을 갖고 있다.

divert [daivə́:rt] vt.(딴 데로)돌리다, (기분)전환하다, 유용(전용)하다

di(분리=off)+ver(돌다, 돌리다=turn)+t의 결합.

'**무엇을 분리시켜 다른 곳으로 돌리다=(기분)전환하다, 유용(전용)하다**'입니다. 몸을 도서관에서 분리시켜 영화관으로 돌리면 기분을 전환하는 것이고, 책 사는 데 사용해야 할 돈 일부를 분리시켜 게임비로 돌리면 돈을 유용하고 전용하는 것이죠.

- diversion [divə́:rʒən, dai-] n.전환(conversion), 기분전환, 유용
- Don't **divert** your attention while driving a car. 운전하면서 주의를 다른 곳으로 돌리지 마.
- Running is good for **diversion** when I am depressed.
  내가 우울할 때 달리기가 기분전환으로 좋아.

divorce [divɔ́:rs] n.이혼, 분리 v.이혼하다, 분리하다(separate, divide)

di(분리=off)+vor(돌다, 돌리다=ver=turn)+ce의 결합.

'**결혼한 두 사람이 등을 돌리고 몸을 분리시키고 것=이혼, 분리(separation, division)**'입니다. 부부는 일심동체인데 몸과 마음을 분리시키는 것은 이혼이죠. divert(딴 데로 돌리다)에서 파생된 명사.

- They have agreed to get a **divorce**. 그들은 이혼하기로 합의했다.
- I think that religion should be **divorced** from politics.
  종교는 정치에서 분리되어야 한다고 생각해.

어근

어근 prov

어근 prov는 prove(증명하다, 입증하다)입니다.

prove [pruːv] vt.증명(입증)하다, 실험(시험)하다 vi.판명되다(turn out)

- proof [pruːf] n.증명, 증거(자료), 시험, 테스트
- I can **prove** that my answer is right.
  나는 나의 대답이 옳음을 증명(입증)할 수 있어.
- The experiment **proved to** be successful.
  실험은 성공적인 것으로 판명(확인)되었어.

approve [əprúːv] vt.증명(입증)하다, 승인(허가)하다 vi.찬성하다

ap(이동=ad)+prove(vt.증명하다, 입증하다)의 결합.

'**증거를 갖고 가서 증명하다=허가(허락)하다, 찬성하다**'입니다. 누구나 인정할 수 있는 객관적인 증거를 갖고 가면 찬성하고, 해도 좋다고 승인(허락, 인가)하기 때문에 '**증명하다**'에서 '**찬성하다, 승인하다**'는 뜻이 파생.

- approval [əprúːvəl] n.승인, 인가, 찬성
- disapprove [disəprúːv] vt.허락(인가)하지 않다 vi.찬성하지 않다
- They unanimously **approved** my project.
  그들은 만장일치로 나의 계획을 승인했다.
- China surprisingly **approved of** the additional sanction on North Korea.
  놀랍게도 중국은 북한에 대한 추가적인 제재를 찬성했다.

improve [imprúːv] vt.향상시키다, 개선시키다 vi.향상되다, 개선되다

im(안에=in)+prove(vt.증명하다, 입증하다)의 결합.

'**업그레이드된 증명서를 박스 안에 넣다=향상시키다**'입니다. 향상은 업그레이드(upgrade)시키는 것이고, 버전(version)을 높이는 것이죠. 업그레이드된 증명서가 안에 있다는 것은 제품이 향상되고 개선되었다는 것입니다.

- improvement [imprúːvmənt] n.향상, 개선, 호전
- Do you want to **improve** your English? 영어 실력을 향상시키고 싶나요?

reprove [riprúːv] vt.꾸짖다(질책하다), 비난하다

re(계속=again)+prove(vt.증명하다, 입증하다)의 결합.

'**계속 증명(입증)하라고 요구하다=꾸짖다, 비난하다(blame, rebuke, reproach)**'입니다. 수학 시간에 칠판에 나가 문제풀이를 한 경험이 있을 것입니다. 선생님이 '이것도 못 풀어. 다시 증명해 봐'라고 말하면 문제를 못 푼다고 꾸짖는 것이죠.

- reproof [riprúːf] n.꾸지람, 비난, 책망   • re-prove vt.다시 증명하다
- He was **reproved** from the teacher for telling lies.
  그는 거짓말하는 것 때문에 선생님으로부터 꾸지람을 받았다.

probable [prábəbəl] a.사실일 것 같은, 가능성 있는

prob(증명하다, 입증하다=prove)+able(가능)의 결합.

'사실임을 증명하고 입증할 수 있는=사실일 것 같은, 가능성 있는'입니다.

- probably [prábəbli] a.아마, 대개
- improbable [imprábəbəl] a.사실 같지 않은, 가능성 없는
- He has been named as the **probable** successor.
  그는 가능성 있는 후계자로 지명되어 있다.

probation [proubéiʃən] n.(직장)수습 기간, 보호관찰, 집행유예

prob(증명하다, 입증하다=prove)+ation(명접)의 결합.

'증명하고 입증하는 기간=수습 기간, 보호관찰, 집행유예'입니다. 입사 후 회사에 적합한 사람인지 아닌지를 증명하고 입증하라고 주어지는 기간이 수습 기간이죠. 집행유예와 보호관찰은 그 기간 동안 죄를 짓지 않았음을 증명하고 입증하면 실형을 면제해 주는 것입니다.

- After a period of **probation**, you will become a full-timer.
  수습 기간 후에 당신은 정직원이 될 것입니다.
- To get **probation**, the prison term should be under three years.
  집행유예를 받기 위해서는 감금 기간(징역)이 3년 이하여야 한다.

어근 test

어근 test는 proof(증거, 증명)입니다.

contest [kántest] n.경쟁, 시합, 대회, 콘테스트 vt.겨루다, 경쟁하다(compete)

con(함께=with)+test(증거, 증명=proof)의 결합.

'다 함께 모여 자신의 실력이 최고임을 증명하는 것=경쟁(competition), 시합'입니다.

- contestant [kəntéstənt] n.경쟁자(rival)
- contestation [kàntestéiʃn] n.논쟁, 쟁점
- The **contest** is open to everyone and there is no entry fee.
  대회는 모든 사람에게 열려있고 참가비는 무료입니다.

attest [ətést] v.증명하다, 입증하다, 증언하다

at(이동=ad=to)+test(증거, 증명=proof)의 결합.

'객관적인 증거를 갖고 가서 보여주다=증명하다(testify, prove, verify)'입니다.

- I **attest** the truth of her statement.
  나는 그녀의 진술이 사실임을 증명합니다.
- This report card **attests** that I was a model student.
  이 성적표는 내가 모범생이었다는 것을 증명해.

testify [téstəfài] vi. 증명(입증, 증언)하다 (attest, prove, verify)

test(증거, 증명=proof)+ify(동접)의 결합.

testify는 주로 자동사로 사용. 증명은 증거를 갖고 가는 것이기 때문에 이동의 to를 붙여 사용하고, 타동사로 사용할 경우에는 뒤에 that 절을 취합니다.

- You have to sufficiently **testify to** your capability for work.
  당신은 당신의 업무 능력을 충분히 증명해야 합니다.
- The frightened witness refused to **testify**.
  겁에 질린 증인은 증언을 거부했다.

protest [prətést] vi. 주장(항변)하다, 항의(반대)하다 n. 항의, 이의신청

pro(앞, 이전=before)+test(증거, 증명=proof)의 결합.

'잘못되었다는 증거를 앞에 내놓다=주장하다(insist, affirm, assert), 항의하다'입니다. 무엇이 잘못되었다는 증거를 사람들 앞에 내놓는 것은 그것이 틀렸다고 주장(항변)하는 것이고, 기존의 것에 항의(반대)하는 것이지요.

- protestant [prátəstənt] n. 항의자, 신교도(프로테스탄트-구교에 반대) a. 항의하는
- She has always **protested** her innocence.
  그녀는 항상 자신의 결백을 주장(항변)해 왔다.
- Students took to the streets to **protest** against the decision.
  학생들이 그 결정에 항의하기 위하여 길거리로 나왔다.

Day 42

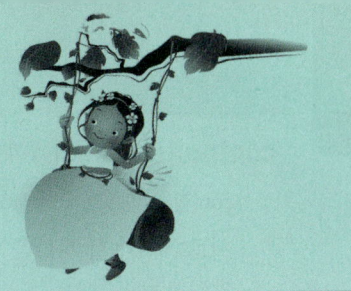

어근 tract

어근 tract는 draw(끌다, 당기다)입니다.
농기계 트랙터(tractor)는 쟁기를 박아 끌어당겨서 논과 밭을 가는 기계이고,
견인차 트랙터(tractor)는 고장 난 차를 끄는 차입니다.

attract [ətrǽkt] vt.(주의, 관심, 마음)끌다, 유혹하다

at(이동=ad)+tract(끌다, 당기다=draw)의 결합.

누군가의 '시선과 마음이 오도록 끌어당기다=끌다, 유혹하다(tempt, lure, entice)'입니다.

- attractive [ətrǽktiv] a.매력적인, 마음을 끄는
- attraction [ətrǽkʃən] n.매력, 사람을 끄는 힘
- Their fairytale-like love story **attracted** the attention of the world.
  그들의 동화 같은 러브 스토리는 세계의 이목을 끌었다.
- Don't you think I'm **attractive** still? 너는 내가 여전히 매력적이라고 생각하지 않니?

extract [ikstrǽkt] vt.뽑아내다(추출하다, 채취하다, 발췌하다) n.추출물, 발췌, 진액

ex(밖으로=out)+tract(끌다, 당기다=draw)의 결합.

'안에 있는 것을 밖으로 끌어내다=뽑아내다, 추출하다, 발췌하다'입니다. 용매나 증류를 이용해서 끌어내면 추출, 땅속에서 광물을 끌어내면 채취, 책 속에서 필요한 것을 끌어내면 발췌(인용)입니다. '뽑아내다=추출하다, 채취하다, 발췌하다'입니다.

- extraction [ikstrǽkʃən] n.뽑아냄, 추출, 발췌, 적출
- extractive [ikstrǽktiv] n.추출(발췌)물 a.추출의, 발췌의
- I could **extract** no information from him. 난 그로부터 어떤 정보도 뽑아낼 수 없었다.
- The following **extract** is taken from his novel.
  다음 발췌문은 그의 소설에서 가져온 것입니다.

subtract [səbtrǽkt] v.빼다(deduct), 감하다

sub(아래=under)+tract(끌다, 당기다=draw)의 결합.

'숫자를 아래로 끌어 내리다=빼다'입니다. 블록 9개를 쌓아두고 4개를 아래로 끌어내리면 5개가 남게 되지요. 유치원에서 뺄셈을 설명하는 방식입니다. 반대로 덧셈(addition)은 블록을 위로 추가(add)하는 것이죠.

- subtraction [səbtrǽkʃən] n.빼기(deduction), 뺄셈, 공제
- You have to **subtract** 15% tax from the sum you receive.
  당신이 받은 급여 총액에서 15%의 세금을 빼야 합니다.

contract [kántrækt] n.계약(서), 약혼(engagement) v.계약하다, 줄어들다

con(함께=with)+tract(끌다, 당기다=draw)의 결합.

'서로 지켜야 할 사항을 함께 이끌어 내는 것=계약(promise, agreement)'입니다. 서로 지켜야 할 사항을 함께 이끌어 내어 글이나 말로 정해 두는 것이 계약입니다. 결혼하기로 한 계약은 약혼으로, 결혼 계약을 하면 사귈 수 있는 사람이 줄어들기 때문에 '계약'에서 '줄어들다'는 뜻이 파생.

- contraction [kəntrǽkʃən] n.수축(위축), 축소, (말, 글)단축
- Here is our draft of the **contract**. Please review it.
  저희가 준비한 계약 초안입니다. 검토해 보세요.
- The heart moves blood by expanding and **contracting**.
  심장은 팽창과 수축에 의해 혈액을 움직입니다.

abstract [ǽbstrækt] vt.끌어내다, 추출하다 a.추상적인, 이론적인, 관념적인
n.발췌(extraction), 요약(summary), 추상, 관념(notion)

ab(분리=off)+s+tract(끌다, 당기다=draw)의 결합.

'무엇에서 분리시켜 끌어낸 것=발췌, 요약, 추상, 관념'입니다. 책에서 일부 문장을 분리해 끌어낸 것은 발췌, 책에서 핵심을 분리해 끌어낸 것은 요약입니다. 어떤 대상에서 공통되는 특성(속성) 따위를 분리해 끌어낸 것은 추상, 관념입니다.

- abstraction [æbstrǽkʃən] n.추상, 추출 • abstractive [æbstrǽktiv] a.추상적인
- We may talk of beautiful things but beauty itself is **abstract**.
  우리가 아름다운 것들에 대해 말할 수 있지만 아름다움 그 자체는 추상적이다.
- You must submit an **abstract** before presenting your paper.
  논문을 제출하기 전에 그 내용을 요약한 것을 먼저 제출해야 합니다.

intractable [intrǽktəbəl] a.다루기 힘든, 고집 센

in(부정=not)+tract(끌다, 당기다=draw)+able(가능)의 결합.

'내 편으로 끌어당길 수 없는=다루기 힘든, 고집 센(stubborn, obstinate)'입니다.

- tractable a.다루기 쉬운, 온순한(gentle, meek, obedient)
- **Intractable** problems can often be solved when a different person looks at them.
  다루기 힘든 문제들은 종종 제삼자가 보았을 때 해결될 수 있어.

protract [proutrǽk] a.(병, 시간)오래 끌다, 연장하다

pro(앞, 이전=before)+tract(끌다, 당기다=draw)의 결합.

'마감 시한을 넘겨 앞으로 질질 끌다=오래 끌다, 연장하다(prolong, lengthen)'입니다.

- a protracted war 장기전(오래 끄는 전쟁) • a protracted illness 지병(오래 끄는 병)
- We have no time. Don't **protract** the meeting.
  우리는 시간이 없습니다. 회의를 오래 끌지 마세요.

retract [ritrǽkt] v.취소하다, 철회하다

re(뒤=back)+tract(끌다, 당기다=draw)의 결합.

'**내뱉었던 말을 뒤로 끌어당기다=취소하다**(cancel, withdraw, repeal, revoke)'입니다. 내뱉었던 말을 뒤로 끌어당겨 입에 주워 담으면 했던 말을 취소하고 철회하는 것이죠.

- retraction [ritrǽkʃən] n.취소, 철회(cancellation, withdrawal, revocation, repeal)
- I won't **retract** anything that I said. 내가 말한 어떤 것도 취소(철회)하지 않을 거야.
- We petitioned the government to **retract** the bill.
  우리는 그 법안을 철회해 달라고 정부에 진정했다.

distract [distrǽkt] vt.(주의)딴 데로 돌리다, 산만하게 만들다, 기분 전환하다

dis(분리=off)+tract(끌다, 당기다=draw)의 결합.

'**주의를 분리시켜 다른 곳으로 끌다=주의를 딴 데로 돌리다**'입니다. 공부하고 있는데 주위에서 다투고 있으면 저절로 눈과 마음이 책에서 분리되어 그쪽으로 이끌려가지요. 정신을 산만하게 만드는 것입니다. 공부하다가 피곤할 때 의도적으로 주의를 다른 곳으로 이끌면 기분 전환하는 것이죠.

- distraction [distrǽkʃən] n.산만(diffuseness), 기분 전환(diversion)
- It was another attempt to **distract** attention from the truth.
  그것은 진실로부터 주의를 딴 데로 돌리려는 또 하나의 시도였다.
- Don't **distract** me while I'm driving. 운전하는 동안에 나를 산만하게 하지 마.
- I now need a **distraction**. 나는 지금 기분전환이 필요해.

portray [pɔːrtréi] vt.(그림, 글로)그리다, 묘사하다

por(앞=pro=before)+tra(끌다, 당기다=tract=draw)+y의 결합.

'**연필을 앞으로 끌고 당기다=그리다**(draw), **묘사하다**(depict)'입니다.

- portrait [pɔ́ːrtrit] n.초상, 초상화, (구어)구경거리
- To **portray** the scene in words is impossible.
  그 장면을 말로 묘사하는 것은 불가능해.

trait [treit] n.특성, 특징, 모습(feature), 얼굴 생김새

trait는 tract(끌다, 당기다=draw)에서 파생된 단어.

손톱이나 나뭇가지 등에 끌려 상처가 있는 얼굴 모습은 그 사람만의 특성, 특징을 나타내기 때문에 '**얼굴 모습**'에서 '**특성, 특징**'이란 뜻이 파생.

- Self-confident people have many good **traits** we can take on.
  자신감 있는 사람들은 우리가 취할 수 있는 많은 좋은 특성들을 갖고 있어.
- Tell you some **traits** of a true friend.
  진실한 친구가 갖고 있는 몇 가지 특징을 너에게 말할게.

entreat [entríːt] vt.간청하다, 애원하다

en(안으로=in)+treat(끌다, 당기다=tract=draw)의 결합.

'집 밖으로 나가려는 자식, 남편을 집안으로 끌어당기다=애원하다(beg, appeal)'입니다. 여행, 전쟁터, 사업, 가출 등 여러 이유로 집을 떠나려는 자식이나 남편을 집안으로 끌어당기는 것은 떠나지 말라고 간청(애원)하는 것이죠. 어근 treat는 tract의 변형.

- **entreaty** [entríti] n.간청, 애원, 탄원
- The sick man **entreated** the doctor to ease his pain.
  환자는 의사에게 통증을 줄여달라고 간청했다.

retreat [ritríːt] n.후퇴, 퇴각, 철수, 은퇴 vi.후퇴하다, 퇴각하다, 은퇴하다

re(뒤=back)+treat(끌다, 당기다=tract=draw)의 결합.

'앞으로 내보냈던 군사를 뒤로 끌어당기다=후퇴하다(back, recede, retrogress)'입니다. 전쟁터에서 앞으로 내보낸 군사를 뒤로 끌어당겨 후퇴(퇴각)시킨 것에서 유래. retract(취소하다)는 입으로 내뱉었던 말을 뒤로 끌어당기는 것이고, retreat(후퇴하다)는 앞으로 내보냈던 군사를 뒤로 끌어당기는 것입니다.

- Pretending to **retreat** and then attacking was a brilliant military strategy.
  후퇴하는 척하다가 공격하는 것은 훌륭한 군사 전략이었다.
- His **retreat** from politics was only temporary. 그의 정계 은퇴는 단지 일시적이었다.

어근 equ

어근 equ는 equal(a.똑같은, 동등한, 적당한)입니다.

equator [ikwéitər] n.적도

equ(똑같은=equal)+ator의 결합.

'지구의 남반부와 북반구를 똑 같게 나눈 선=적도'입니다.

equate [ikwéit] vt.동일시하다

equ(똑같은=equal)+ate의 결합.

'2개를 똑같은 것으로 생각하다=동일시하다(identify)'입니다.

- Some parents **equate** education with exam success.
  일부 학부형들은 교육을 시험을 잘 치는 것과 동일시한다.

adequate [ǽdikwit] a.적당한(equal), 충분한(sufficient)

ad(이동=to)+equ(적당한, 똑같은=equal)+ate의 결합.

ad<u>equ</u>ate의 equ(적당한)에 밑줄 치면 바로 기억할 수 있습니다.

- **inadequate** [inǽdikwit] a.불충분한, 부적당한 · **adequacy** [ǽdikwəsi] n.적당, 충분
- He didn't give an **adequate** answer to the question.
  그는 그 질문에 충분한 답을 주지 않았다.

equivocal [ikwívəkəl] a.모호한(ambiguous), 확실치 않은

equ(똑같은=equal)+i+vocal(a.목소리의, 소리를 내는)의 결합.

'두 사람이 똑같은 목소리를 내는=모호한'입니다. 두 사람이 똑같은 목소리를 내면 목소리만 듣고서는 누가 누구인지 알 수 없는 모호한, 확실치 않은 상태가 되지요.

- I received an **equivocal** reply from her. 나는 그녀로부터 모호한 대답을 받았다.
- He has an **equivocal** attitude on the issue. 그는 그 문제에 관해 모호한 태도를 갖고 있다.

equivalent [ikwívələnt] a.똑같은, 동등한, 대등한 n.동등(대등)한 것

equ(똑 같은=equal)+i+val(가치=value)+ent의 결합.

'2개의 가치가 똑같은=똑같은(same, equal), 동등한'입니다.

- Bowing in Asia is **equivalent** to a handshake in the West.
  아시아에서 고개 숙여 인사하는 것은 서양에서의 악수와 똑같은 것이다.
- Silence is sometimes **equivalent** to a lie. 침묵은 때로는 거짓말과 똑같아.

equitable [ékwətəbəl] a.공정(공평)한, 정당한

equ(똑같은=equal)+it(가다=go)+able의 결합.

차별 없이 개개인의 손에 '똑같은 수량이 가는=공정한(fair, just, impartial)'입니다.

- We should think a more **equitable** distribution of resources.
  우리는 좀 더 공정한 자원 분배를 생각해봐야 합니다.

equilibrium [ìːkwəlíbriəm] n.균형 상태, 평정, 침착, 냉정

equ(똑같은=equal)+i+libri(무게=pound)+um의 결합.

'저울에 달았을 때 좌우의 무게가 똑같은=균형상태, 평정, 침착(calmness, coolness)'입니다. 심리적인 균형은 평정, 침착, 냉정한 상태입니다.

- The body's state of **equilibrium** can be disturbed by stress.
  몸의 균형 상태는 스트레스에 의해 흐트러질 수 있다.
- He sat down and tried to recover his **equilibrium**.
  그는 자리에 앉아 평정심(냉정, 침착함)을 되찾으려고 노력했다.

equanimity [ìːkwəníməti] n.(마음)평정, 침착, 냉정

equ(똑같은=equal)+anim(마음=mind)+ity의 결합.

흥분, 긴장, 위축됨이 없이 '마음이 평상시와 똑같은 상태=평정(equilibrium)'입니다.

- She accepted the prospect of her operation with **equanimity**.
  그녀는 수술해야 할 가능성을 평정심을 갖고(침착하게, 냉정하게) 받아들였다.
- He listened to the bad news to the end with **equanimity**.
  그는 평정심을 갖고 나쁜 소식을 끝까지 들었다.

어근 sim

어근 sim은 same(같은, 동일한)입니다. 유사철자 sem은 sim의 변형.

simian [símiən] n.원숭이, 유인원

sim(같은=same)+i+an(사람)의 결합.

'태초에 인간과 같은 존재=원숭이(monkey), 유인원(ape)'입니다.

- Have you ever seen **simian** entertainments?
  너 원숭이 곡예를 본 적 있어?

pessimism [pésəmìzəm] n.비관, 비관론, 염세론

pes(발=fed=foot)+sim(같은=same)+ism(주의)의 결합.

'모든 현상을 밑바닥과 같은 상태로 보는 태도=비관, 염세'입니다. 어근 pes는 pedal(발판−페달)의 ped. 인생을 불행하고 비참한 것으로, 모든 현상을 밑바닥 상태로 보는 태도가 비관론, 염세론입니다.

- pessimist n.비관론자   • optimist n.낙천주자
- optimism [áptəmìzəm] n.낙천주의
- We have an expectation of **pessimism** about future jobs.
  우리는 앞으로의 일자리에 대해 비관론적 전망을 갖고 있다.

assimilate [əsíməlèit] vi.흡수되다, 동화되다   vt.흡수하다, 동화시키다

as(이동=ad)+sim(같은=same)+ilate의 결합.

'외국에 가서 현지 사람과 똑같이 생활하다=동화되다(adopt), 흡수되다'입니다. 외국 사람이 한국 와서 한국 사람과 똑같이 젓가락을 사용하고 김치와 된장을 잘 먹으면 한국 문화에 동화되고 흡수된 것이죠.

- Japanese women who had married Korean men **assimilated** to Korean society.
  한국 남성과 결혼한 일본 여성들은 한국 사회에 동화되었다.
- The children of the immigrants easily **assimilate** into an alien culture.
  이민자의 자녀들은 쉽게 외국 문화에 적응합니다.

simulation [sìmjəléiʃən] n.시뮬레이션(모의실험), 가장하기

sim(같은=same)+ula+tion의 결합.

'똑같은 상황을 만들어 미리 해보기=모의실험'입니다. 실제와 거의 똑같은 조건을 만들어 미리 실험해 보는 것이 시뮬레이션(simulation)입니다.

- simulate [símjəlèit] vt.흉내 내다(mimic, imitate), 가장하다(assume, presume)
- The military is known to run war **simulations** on computers.
  군대는 컴퓨터로 모의 전쟁을 하는 것으로 알려져 있다.

simultaneous [sàiməltéiniəs, sìm-] a.동시의, 동시에 일어나는

sim(같은=same)+ul+tan(잡다=tain)+eous의 결합.

어떤 일의 발생 시점이 '똑같은 시간을 갖고 있는=동시의, 동시에 일어나는'입니다.

- **simultaneously** ad.동시에(at the same time)
- The **simultaneous** road construction caused traffic jam.
  동시에 여러 곳에 하는 도로 공사가 교통 체증을 일으켰다.

emulate [émjəlèit] v.모방하다, 따라 하다

e(밖으로=ex=out)+mul(같은=simul)+ate의 결합.

'누군가와 똑같은 것을 밖으로 꺼내다=모방하다(imitate, mimic, copy)'입니다. 유명 가수의 목소리, 어떤 운동선수의 동작 등을 똑같이 따라 하는 것은 모방하는 것입니다.

- People often try to **emulate** their favorite pop singers or movie stars.
  사람들은 종종 좋아하는 가수들이나 영화배우들을 모방하려고 노력한다.

assemble [əsémbəl] vt.모으다, 조립하다 vi.모이다, 조립하다

as(이동=ad=to)+sem(같은=sim=same)+ble의 결합.

'같은 부품끼리 모으다=모으다(gather), 조립하다(construct, put together)'입니다. 자동차나 가전제품을 생산하는 공장에 가 보면 같은 부품끼리 모은 다음에 컨베이어 벨트에서 조립하기 때문에 '**모으다**에서 '**조립하다**'는 뜻이 파생.

- **assembly** [əsémbli] n.모임(gathering, meeting), 집회(rally), 조립
- **disassemble** [dìsəsémbəl] vt.해체하다(dis=분리), 분해하다(take apart)
- Everyone **assembled** at the appointed time.
  모두가 정해진 시각에 모였다. vi.
- The workers in the factory **assemble** semi-conductor chips.
  그 공장의 근로자들은 반도체를 조립한다. vt.

Day 43

> **어근 tend** 어근 tend는 stretch(뻗다, 뻗치다)입니다. ten**t**, ten**s**는 ten**d**의 변형.
> 어근 tend는 자동 텐트(tent)가 앞으로 쭉 뻗는 모습을 연상하세요.

attend [əténd] vt.참석(출석)하다 vi.주의하다(to), 시중들다(on)

at(이동=ad)+tend(뻗다, 뻗치다=stretch)의 결합.

'몸과 마음을 어디에 뻗쳐 놓다=참석하다, 주의하다(heed, care), 시중들다(serve)'입니다. 교실이나 회의실과 같은 장소에 자기 몸을 뻗쳐 놓으면 참석(출석)하는 것이고, 정신을 어떤 곳에 뻗쳐 놓으면 주의(집중)하는 것이고, 손님이나 환자에게 몸과 마음을 뻗쳐 놓으면 시중들고 간호하는 것입니다.

- attention [əténʃən] n.주의, 주목, 보살핌, 차렷 • attentive [əténtiv] a.주의 깊은
- attendant [əténdənt] a.시중드는 n.시중드는 사람(종업원, 수행원, 안내원, 간병인)
- Psy left for the U.S. to **attend** the ceremony. 싸이는 시상식에 참석하기 위해 미국을 향해 떠났다.
- You are now not **attending to** my words. 너는 지금 내 말에 주의(집중)하고 있지 않아.
- The nurses **attended on** the sick day and night. 간호사들은 밤낮으로 환자들을 간호했다.

tendency [téndənsi] n.경향, 추세, 성향, 버릇

tend(뻗다, 뻗치다=stretch)+ency의 결합.

'현상이나 행동이 어떤 방향으로 뻗쳐 있는 것=경향(trend)'입니다.

- Those who have low self-confidence have a **tendency** to wear expensive clothing.
  자존감이 낮은 사람들은 비싼 옷을 입으려는 경향이 있습니다.

extend [iksténd] vt.(손)뻗다, 연장하다(prolong), 확장(확대)하다(expand)

ex(밖으로=out)+tend(뻗다, 뻗치다=stretch)의 결합.

'밖으로 뻗어 나가다=연장하다, 확장하다'입니다. 리포트 제출 기간이 10일까지인데 그 기간이 15일까지 뻗어 나가면 기간을 연장하는 것이고, 압록강까지가 국경인데 압록강 밖으로 뻗어 나가면 영토를 확장하는 것이죠.

- extent [ikstént] n.넓이, 길이, 면적, 범위 • extension [iksténʃən] n.연장, 연기, 확장
- extensive [iksténsiv] a.넓은, 광대한 • extensively ad.널리, 광범위하게
- Can you **extend** the deadline on the report? 과제 기한을 연장해 주실 수 있나요?
- The enterprise is planning to **extend** its business abroad.
  그 기업은 해외로 사업을 확장할 계획이다.

intend [inténd] vt. ~할 작정(예정, 의도, 생각)이다

in(안에)+tend(뻗다, 뻗치다=stretch)의 결합.

'**마음 안에 어떤 방향으로 생각이 뻗어 있다**=**~할 작정(예정, 의도, 생각)이다**'입니다. 신차를 살까 중고차를 살까 고민하다가 신차 쪽으로 마음이 뻗어 있으면 신차를 살 작정, 예정, 의도, 생각입니다.

- intention [inténʃən] n. 의도, 목적(purpose, aim, object, objective, goal, end)
- intentional [inténʃənəl] a. 의도적인, 고의의 • intentionally ad. 계획적으로, 고의로
- Believe me. I didn't **intend to** deceive you. 믿어 줘. 너를 속이려는 의도는 없었어.
- Dogs have the ability to read their owner's **intentions**.
  개들은 주인의 의도를 읽을 수 있는 능력을 가지고 있습니다.

contend [kənténd] vi. 싸우다(다투다, 논쟁하다, 경쟁하다) vt. (강력히)주장하다

con(함께=with)+tend(뻗다, 뻗치다=stretch)의 결합.

'**무기를 함께 뻗치다**=**싸우다**(fight, argue, compete, struggle)'입니다. 말을 뻗치며 싸우는 것은 논쟁이고, 합법적인 무기를 뻗치며 싸우는 것은 경쟁입니다.

- contention [kənténʃən] n. 싸움, 논쟁, 다툼
- contentious [kənténʃəs] a. 논쟁(논란)을 일으키는, 논쟁을 좋아하는
- They **contended** with each other for the prize. 그들은 상을 타기 위해 서로 경쟁했다.
- Columbus **contended** that the earth is round. 콜럼버스는 지구가 둥글다고 주장했다.

pretend [priténd] vt. ~인 척하다, 가장하다, 사칭하다

pre(앞, 이전=before)+tend(뻗다, 뻗치다=stretch)의 결합.

'**말하거나 보여주기 이전에 구실을 미리 뻗쳐 놓다**=**~인 척하다**(assume)'입니다. 농부가 선비인 척 가장하려면 밖으로 나가기 이전에 갓과 도포를 몸에 뻗쳐 놓아야 합니다. pretend의 형용사형 pretentious와 명사형 pretension을 보면 어근 tent, tens가 tend의 변형임을 알 수 있지요.

- pretension [priténʃən] n. 허세, 가식
- I don't want to **pretend** to be happy. 나는 행복한 척하고 싶지 않아.
- He always speaks without **pretension**. 그는 항상 가식 없이 말해.

pretentious [priténʃəs] a. 허세 부리는, 과시하는, 가식적인

pre(앞, 이전=before)+tent(뻗다, 뻗치다=tend=stretch)+ious의 결합.

'**사람들 앞에 자랑할 만한 것들을 죄다 뻗쳐 놓는**=**허세 부리는**'입니다. 사람들 앞에 명품, 자동차 등 자랑할 만한 것을 죄다 뻗쳐 놓으면 허세 부리고 과시하는 것이죠.

- Don't be **pretentious**. 허세 부리지 마.
- This is the most **pretentious** review I have ever read.
  이것은 지금까지 내가 읽은 가장 가식적인 리뷰였다.

ostentatious [àstentéiʃəs] a.과시하는(boastful, pretentious), 허세 부리는

o(밖에=out)+s+tent(뻗다, 뻗치다=tend=stretch)+atious의 결합.

'갖고 있는 것을 밖으로 꺼내 쫙 뻗쳐 놓는=과시하는'입니다. 친구가 놀러 왔는데 갖고 있는 명품들을 죄다 밖으로 꺼내 바닥에 쫙 펼쳐놓는 것은 과시하고 허세 부리는 행동이죠.

- He is a little **ostentatious**, don't you think? 그는 조금 과시적이야. 그렇지 않니?
- They criticized the lavish and **ostentatious** lifestyle of their leaders.
  그들은 지도자들의 낭비하고 허세 부리는 생활 방식을 비난했다.

portent [pɔ́ːrtənt] n.징조, 전조(omen)

por(앞, 이전=pro=before)+tent(뻗다=tend=stretch)의 결합.

'어떤 일이 일어나기 이전에 눈앞에 뻗쳐져 있는 것=징조, 전조'입니다. 해변에서 파도가 반대 방향으로 밀려가는 모습을 보면 그것은 쓰나미가 밀려온다는 징조이고, 동물이 떼 지어 이동하는 모습을 보면 그것은 지진이 일어난다는 징조입니다.

- portentous [pɔːrténtəs] a.전조의, 불길한(ominous, unlucky)
- They still believe the crows are a **portent** of death. 그들은 여전히 까마귀를 죽음의 징조라고 믿고 있다.

tentative [téntətiv] a.잠정적인(provisional, temporary), 임시의, 머뭇거리는

tent(뻗다, 뻗치다=tend=stretch)+ative의 결합.

'결론을 내지 못해 일시적으로 한쪽으로 뻗쳐 놓은=잠정적인'입니다.

- tentatively ad.잠정적으로, 일시적으로(temporarily), 임시로
- Labor and management have drawn a **tentative** agreement. 노사는 잠정적인 합의를 이끌어냈다.

tense [tens] a.긴장한, 신경이 날카로운 n.(문법)시제

tens(뻗다, 뻗치다=tend=stretch)+e의 결합.

'모든 신경이 뻗친=긴장한(nervous, strained, on edge)'입니다.

- tension [ténʃən] n.긴장, 불안(uneasiness, anxiety) vt.긴장시키다
- I spent a **tense** few weeks waiting for the results of the exam.
  나는 시험 결과를 기다리며 긴장한 몇 주를 보냈다.

intense [inténs] a.격렬한, 맹렬한, 극심한, 열정적인(passionate)

in(계속=on)+tens(뻗다, 뻗치다=tend=stretch)+e의 결합.

'불길이 사방으로 계속 뻗어가는=격렬한(violent, severe), 맹렬한(furious, fierce)'입니다. 산불이나 공장 화재에서 불길이 계속 뻗어 나가는 모습은 격렬하고 맹렬한 모습이죠.

- intensity [inténsəti] n.격렬, 강열, 긴장 • intension [inténʃən] n.강도, 세기, 긴장
- The battle for second place was **intense**. 2위를 차지하기 위한 싸움은 격렬했다.
- She felt **intense** pain when the bone broke in her leg.
  다리뼈가 부러졌을 때 그녀는 극심한 고통을 느꼈다.

어근 que

어근 que는 ask(질문하다, 요구하다)입니다. qui는 que의 변형.
질문은 대답을 요구하는 것이기 때문에 '질문하다'에서 '요구하다'는 뜻이 파생.

query [kwíəri] n.질문(question), 의문(doubt) v.질문하다(question), 의문을 던지다

que(질문하다=ask)+ry의 결합.

query와 question(질문, 질문하다)은 동의어.

- question [kwéstʃən] n.질문, 현안, 논제(subject, theme) v.질문하다(ask)
- Please do not hesitate to contact me if you have any **queries**.
  어떤 의문 사항(질문)이 있으면 조금도 꺼리지 말고 저에게 연락하세요.
- I'm not in a position to **query** their decision.
  나는 그들의 결정에 의문을 제기할 입장이 아니야.

quest [kwest] n.탐색, 탐구 vi.탐색(탐구)하다

que(질문하다=ask)+st(서 있다=stand)의 결합.

'궁금증을 해소할 때까지 질문을 던지며 서 있는 것=탐색(search)'입니다. 궁금증이 해소될 때까지 자신에게 혹은 타인에게 질문을 던지는 것은 탐색, 탐구입니다.

- China is now very aggressive in their **quest** to explore space.
  중국은 지금 우주 탐색(탐사, 탐구)에 아주 적극적이다.

conquer [káŋkər] vt.정복하다, 극복하다(overcome) vi.승리하다, 이기다

con(강조=completely)+que(요구하다=ask)+r의 결합.

'가진 것을 완전히 내놓으라고 요구하다=정복하다(defeat)'입니다. 가진 것을 모두 내놓으라고 요구하는 것은 그 나라를 정복한 것이고, 전쟁에서 승리한 것입니다. 병을 정복하는 것은 병을 극복하는 것이죠.

- conquest [káŋkwest] n.정복, 획득, 전리품   • conqueror [káŋkərər] n.정복자, 승리자
- The only way to **conquer** a fear is to face it.
  두려움을 극복(정복)하는 유일한 방법은 그것에 맞서는 것이야.

sequester [sikwéstər] vt.격리하다, 고립시키다, (법)압류하다, 몰수하다

se(분리=off)+que(요구하다=ask)+st(서 있다=stand)+er의 결합.

'분리시킬 것을 요구하여 다른 곳에 세워두다=격리하다(isolate, separate)'입니다. '이 사람 분리시켜 다른 곳에 세워두세요=이 사람 격리하세요'입니다. 국가에서 누군가의 재산을 분리시켜 다른 곳에 세워두면 몰수하고 압류하는 것이죠.

- She and her mother were **sequestered** inside the house.
  그녀와 그녀의 엄마는 집 안에 고립되어 있었다.
- His building was **sequestered** because of tax evasion.
  그의 건물은 세금 체납 때문에 압류되었어.

acquire [əkwáiər] vt. 배우다, 습득하다, 획득하다

ac(이동=ad)+qui(질문하다=ask)+re의 결합.

'**선생님에게 가서 모르는 것을 묻다=습득하다**(get, gain, obtain, come by)'입니다. 선생님에게 가서 모르는 것을 물어보는 것은 지식을 배우고 습득하는 것이고, 필요한 정보를 물어보는 것은 정보를 획득하는 것입니다.

- acquirement [əkwáiərmənt] n. 습득, 취득 • acquisition [ӕkwəzíʃən] n. 습득, 취득
- acquired [əkwáiərd] a. 취득한, 획득한, 후천적인 • acquisitive [əkwízətiv] a. 얻으려고 하는, 탐욕스런
- Children have an outstanding ability to **acquire** a language.
  아이들은 뛰어난 언어 습득 능력을 가지고 있어.
- I am trying to **acquire** more information about working abroad.
  나는 해외 취업에 관하여 더 많은 정보를 획득하려고 노력하고 있어.

inquire [inkwáiər] v. 묻다(ask) vi. 조사하다(investigate)

in(안으로)+qui(질문하다=ask)+re의 결합.

'**안으로 파고들어 자세히 물어 보다=묻다, 조사하다**'입니다. 폭행사건이나 화재사건을 목격한 목격자에게 그 상황에 대해 안으로 파고들어 자세히 물어보는 것은 사건을 조사하는 것이죠.

- I would like to **inquire** about garbage pick-up.
  쓰레기 수거에 대해 묻고 싶습니다.
- The police are **inquiring into** the motive for the crime.
  경찰은 범행 동기를 조사하고 있다.

inquisitive [inkwízətiv] a. 꼬치꼬치 캐묻는, 호기심이 많은, 탐구적인

in(안으로)+qui(질문하다=ask)+s+it(가다=go)+ive의 결합.

'**안으로 깊이 있게 물어 들어가는=꼬치꼬치 캐묻는, 호기심이 많은**'입니다. inquire(묻다)에서 파생된 형용사. '언제 갔는데?', '왜 갔는데?', '누구랑 갔는데?'로 질문을 이어가면 꼬치꼬치 캐묻는 것이고 호기심이 많은 것입니다. 배움에 있어서 꼬치꼬치 캐물으면 탐구적인 것이죠.

- He is so **inquisitive** that I sometimes feel tired.
  그는 너무 호기심이 많아 나는 가끔 피곤함을 느껴.

exquisite [ikskwízit] a. 매우 훌륭한(정교한, 세련된, 우아한) n. 멋쟁이

ex(밖으로=out)+qui(질문하다=ask)+site의 결합.

'**끝없는 질문이 입 밖으로 나오는=매우 훌륭한**'입니다. 음악, 미술 등 매우 훌륭한 작품을 보면 어떻게 그런 작품이 나올 수 있었는지 끝없이 질문이 나오게 됩니다. 끝없는 질문이 쏟아져 나오는 작품은 매우 훌륭한 작품이죠.

- Everybody was fascinated by his **exquisite** work.
  모든 사람은 그의 정교한 작업에 매료되었다.
- The room was decorated in **exquisite** taste.
  그 방은 세련된 감각으로 장식이 되어 있었다.

어근 rog

어근 rog는 ask(요구하다)입니다.

prerogative [prirágətiv] n.특권

pre(앞, 이전=before)+rog(요구하다=ask)+ative의 결합.

'다른 사람보다 앞서서 요구할 수 있는 권리=**특권**(privilege)'입니다.

- In ancient times, education was the **prerogative** of men only.
  옛날에, 교육은 남성들만의 특권이었다.

arrogant [ǽrəgənt] a.건방진(haughty, proud, overbearing), 거만한, 오만한

ar(이동=ad=to)+rog(요구하다=ask)+ant의 결합.

'가서 주제넘게 요구하는=**거만한**'입니다. 공짜 밥을 먹는 곳에 가서 주는 대로 먹지 않고 따뜻한 밥과 갈비를 달라고 요구하면 건방지고, 거만하고, 오만한 사람이지요.

- Since he met President, he has been quite **arrogant**.
  대통령을 만난 이후로 그는 매우 거만해져 있어.

abrogate [ǽbrəgèit] vt.폐지(파기, 철폐)하다(abolish, disuse)

ab(분리=off)+rog(요구하다=ask)+ate의 결합.

'어떤 법률을 법전에서 분리할 것을 요구하다=**폐지하다**'입니다. 어떤 법률 조항을 법전에서 분리할 것을 요구하면 그 법을 폐지하라는 것이죠. '그 법을 법전에서 분리할 것을 요구합니다=그 법을 폐지하세요'입니다.

- abrogation [æ̀brəgéiʃən] n.폐지(abolition, disuse), 파기, 철폐
- The time has come to **abrogate** the National Security Law.
  국가보안법을 폐지할 때가 왔습니다.

rogue [roug] n.불량배, 깡패, 건달

rog(요구하다=ask)+ue의 결합.

'무조건 내놓으라고 요구하는 사람=**불량배, 깡패, 건달**'입니다. '가게를 보호해 줄 테니 매월 50만 원씩 내놔'라고 하면서 돈을 요구하는 사람은 불량배, 깡패, 건달이죠.

- He's a bit of a **rogue**, but very charming.
  그는 조금 건달 같지만, 아주 매력적이야.

Day 44

> **어근 fac** 어근 fac은 make(만들다)입니다. 유사철자 fec, fic, feat는 fac의 변형. 물건 만드는 factory(공장)에서 어근 fac(만들다)을 기억하세요.

factor [fǽktər] n.요인, (현상의)원인, 요소, 인자

fac(만들다=make)+tor의 결합.

'없던 일을 일어나도록 만드는 것=원인, 요소(element)'입니다.

- What is a main **factor** of divorce? 이혼의 주요 원인이 무엇인가요?
- Function is the most important **factor** when I choose a car.
  기능은 내가 차를 고를 때 가장 중요한 요소이다.

faculty [fǽkəlti] n.능력(기능, 재능), (대학)학부, 교수진

fac(만들다=make)+ulty의 결합.

'없는 것을 만들어 내는 힘=능력(ability)'입니다. 육체적, 정신적 능력을 고양시켜 주는 곳이 대학 학부의 교수진이기 때문에 **능력**에서 '**학부, 교수진**'이란 뜻 파생.

- the faculty of speech 언어능력 • the faculty of law 법학부
- He has the **faculty** of understanding complex issues.
  그는 복잡한 문제들을 이해하는 능력을 갖고 있다.
- That university has an excellent **faculty**. 그 대학은 우수한 교수진을 갖추고 있다.

faction [fǽkʃən] n.당파(party), 파벌, 실화소설

fac(만들다=factory)+tion의 결합.

'뜻을 같이 하는 사람들이 모여서 만든 것=당파, 파벌'입니다. 조선 시대의 노론, 소론, 남인, 북인은 뜻을 같이 하는 사람들이 만든 당파입니다. '**사실을 바탕으로 만든 글=실화소설**'이죠.

- factious [fǽkʃəs] a.당파적인 • faction fighting 파벌 투쟁
- The two **factions** combined and formed a new party. 두 당파가 결합하여 신당을 만들었다.

manufacture [mæ̀njəfǽktʃəːr] vt.제조하다, 꾸며내다(make up) n.제조(업), 제품

manu(손=hand)+fac(만들다=make)+ture의 결합.

'손으로 만들다=제조하다(produce, make, turn out)'이고, '없는 사실을 만들다=꾸며내다'입니다.

manufacture는 주로 공장에서 대규모로 만드는 것을 의미. 없는 사실을 만들어 내는 것은 이야기를 꾸며내고 날조하는 것이죠. 어근 man(손=hand)은 뒤에서 학습.

- Oil is used in the **manufacture** of many goods. 석유는 많은 상품의 제조에 사용된다.
- The news story is to be **manufactured** by a shameless journalist.
  그 뉴스 기사는 어느 파렴치한 기자에 의해 꾸며진(날조된) 것입니다.

affect [əfékt] vt.~에 영향을 미치다, 가장하다(assume, pretend)

af(이동=ad=to)+fec(만들다=make)+t의 결합.

'누군가가 어떤 행동을 하도록 만들다=영향을 미치다(influence)'입니다. 친구가 어떤 행동을 하도록 만들었다면 내가 친구에게 영향을 미친 것이고, 의도적으로 어떤 모습을 만들면 가장하는 것입니다. 사악한 사람이 선한 모습을 만들면 착한 사람인 척 가장하는 것이죠.

- affection [əfékʃən] n.영향(influence, effect), 애정(attachment) • affectionate [əfékʃənit] a.애정 있는, 인정 많은
- affectation [æfektéiʃən] n.~인 체함, 가장(assumption, pretension)
- Even short droughts **affect** the environment. 짧은 가뭄조차도 환경에 영향을 미친다.
- The baby needs love and **affection**. 아기는 사랑과 애정이 필요해.
- The woman is an **affectionate** person. 그 여자는 인정 많은 사람이야.

effect [ifékt] n.효과(효력), 결과, 영향(influence) vt.초래하다(cause)

ef(밖으로=ex=out)+fec(만들다=make)+t의 결합.

'만들어져 밖으로 나온 것=결과(result, outcome), 효과'입니다. 효과는 '좋은 결과'입니다. 결과는 또 다른 일에 영향을 미치기 때문에 '효과, 결과'에서 '영향'이란 뜻이 파생.

- effective [iféktiv] a.효과적인, 유효한 • effectively ad.효과적으로, 사실상
- This medicine is of no **effect**. 이 약은 효과가 거의 없어요.
- Lowering taxes had a strong **effect** on the expenditure.
  세금을 낮추는 것이 소비에 강한 영향을 미쳤다.
- You know, the most **effective** defense is offense. 너도 알다시피 가장 효과적인 방어는 공격이야.

infect [infékt] vt.~에 감염시키다, ~에 영향을 미치다(influence)

in(안에)+fec(만들다=make)+t의 결합.

'접촉하여 누군가의 몸 안에 없던 병원균을 만들다=감염(전염)시키다'입니다. 사람과 접촉하여 몸 안에 없던 병원균을 만들었다면 감염(전염)시킨 것이죠. 병균에 감염되면 인체에 어떤 영향을 미치기 때문에 '감염시키다'에서 '영향을 미치다'는 뜻이 파생.

- infection [infékʃən] n.감염, 전염(병) • infectious [infékʃəs] a.전염성의, 옮기 쉬운
- Anyone with a bad cold may **infect** the people around him.
  독감에 걸린 사람은 주위 사람들에게 전염시킬 수 있다.

defect [difékt] n.결점(결함, 흠), 단점, 결손, 부족액

de(아래로=down)+fec(만들다=make)+t의 결합.

'낮은 수준의 기술로 만든 제품이 갖고 있는 것=결점(fault, flaw), 단점(weakness)'입니다.

- The car was recalled because of a manufacturing **defect**.
  그 차는 제조상의 결함 때문에 회수됐다.
- There is a fatal **defect** in his plan. 그의 계획에는 치명적인 결함이 있다.

deficient [difíʃənt] a.부족한, 불충분한, 결함 있는 n.불완전한 것(사람)

de(아래=down)+fic(만들다=make)+ient의 결합.

'수준 낮은 기술로 만든 제품이 갖고 있는=부족한(lacking), 불충분한(insufficient)'입니다.

- deficiency [difíʃənsi] n.부족(lack, want, short), 결핍, 결함, 결손, 적자
- She is **deficient** in common sense. 그녀는 상식이 부족해.
- A vitamin **deficiency** can lead to serious problems.
  비타민 부족(결핍)은 심각한 문제들을 야기할 수 있습니다.

fiction [fíkʃən] n.소설, 꾸며낸 이야기, 허구

fic(만들다=make)+tion의 결합.

'없는 것을 있는 것처럼 만들어낸 이야기=소설(novel, story, tale), 허구'입니다.

- nonfiction [nɑnfíkʃən] n.논픽션(전기, 역사, 탐험 기록 등) • fictitious [fiktíʃəs] a.허구의, 꾸며낸, 상상의
- I love the story, even though it is totally **fictitious**.
  비록 그것이 완전히 꾸며낸 것일지라도, 나는 그 이야기를 좋아합니다.

superficial [sù:pərfíʃəl] a.표면적인(피상적인), 깊이 없는(shallow)

super(위에=over)+fic(만들다=make)+ial의 결합.

'맨 위(표면, 겉)만 만들어 놓은=표면적인, 깊이 없는'입니다. 물건을 만들었는데 겉으로 보이는 윗부분(껍데기)만 만들어 놓았으면 표면적인 모습이고, 표면적인 모습에는 당연히 깊이가 없지요. '표면(表面)=피상(皮相)'입니다.

- His analysis of the situation is too **superficial**. 그의 상황 분석은 너무 피상적이야.

artificial [ὰ:rtəfíʃəl] a.인공의, 인위적인, 꾸민

art(기술=skill)+i+fic(만들다=make)+ial의 결합.

자연 그대로가 아닌 '사람의 기술로 만들어 낸=인공의, 인위적인(unnatural), 꾸민'입니다.

- art n.예술, 기술, 솜씨, 교양과목   • an artificial tooth 의치(인공 치아)
- artificial leather 인조 가죽   • an artificial satellite 인공위성
- He was given **artificial** respiration by a rescuer.
  그는 구조자로부터 인공호흡을 받았다.

certificate [sərtífəkit] n.증명서, 면허(증), 인증서, 상장, 진단서, 자격증

certi(확실한=certain)+fic(만들다=make)+ate의 결합.

'사람이 어떤 자격이 있음을 확실하게 만들어 주는 것=각종 증명서'입니다. 전자상거래에 필요한 공인인증서도 certificate입니다. 태권도 도장에서 받아오는 단증, 학교에서 주는 상장, 병원에 걸려있는 의사 면허증 등에서 certificate을 흔히 보게 되지요.

- Is it difficult to get a teacher's **certificate**? 교사 자격증을 따는 것은 어려운가요?
- The selected file does not contain a valid **certificate**.
  선택한 파일은 유효한 인증서를 포함하고 있지 않습니다.

efficient [ifíʃənt] a.능률적인, 효과(효율)적인, (사람)유능한

ef(밖으로=ex=out)+fic(만들다=make)+ient의 결합.

'좋은 결과를 만들어 밖으로 내는=능률적인, 효과적인(effective)'입니다. 좋은 결과를 만들어 밖으로 낼 수 있는 수단은 능률적이고 효과적인 수단이죠. efficient와 effective는 같은 어원 결합으로 동의어입니다.

- efficiently ad.능률(효율)적으로, 유효하게
- The pill is one of the most **efficient** methods of birth control.
  알약은 피임에 가장 효과적인 방법 중 하나이다.
- His way of handling a task is very neat and **efficient**.
  그의 일 처리 방식은 매우 깔끔하고 효율적이야.

proficient [prəfíʃənt] a.능숙한, 숙달된 n.전문가(expert, professional), 달인

pro(앞, 이전=before)+fic(만들다=make)+ient의 결합.

'많은 사람 앞에서 잘 만드는=능숙한(skilled, expert, adept, good)'입니다. 많은 사람 앞에서도 평상시처럼 잘 만드는 사람은 능숙한 사람, 전문가, 달인입니다. 보통 사람들은 많은 사람 앞에 서면 긴장해서 잘 만들지 못하지요.

- proficiently ad.능숙하게 • proficiency [prəfíʃənsi] n.능숙, 숙달
- You should be **proficient** in one or two foreign languages.
  여러분은 한두 개의 외국어에 능통해야 합니다.

magnificent [mæɡnífəsənt] a.장엄한, 엄청난, (구어)굉장한, 훌륭한, 멋진

magni(큰, 탁월한=great)+fic(만들다=make)+ent의 결합.

'크고 탁월하게 만들어 놓은=장엄한(grand), 엄청난, 굉장한(wonderful, excellent)'입니다. 어근 magni는 maga(백만, 큰)의 변형. 메가박스, 메가북스, 메가스터디 등 mega가 들어간 상호들은 소비자에게 크고 탁월하다는 이미지를 주려고 하는 것.

- magnificence [mæɡnífəsns] n.웅장(grandeur), 화려, 장엄함
- The view from the summit was **magnificent**. 정상에서 본 경치는 장엄했다.
- You've all done a **magnificent** job. 여러분 모두 굉장한(훌륭한, 멋진)일을 했습니다.

suffice [səfáis] v.충분하다

suf(아래=sub=under)+fic(만들다=make)+e의 결합.

'가장이 튼튼한 기초(아래)를 만들어 놓다=충분하다'입니다. 농사지을 땅과 가축은 사람이 살아가는데 기초가 되는 것입니다. 가장이 튼튼한 기초를 만들어 놓으면 먹고 살기에 충분하지요. 문어체 표현에 사용.

- sufficient [səfíʃənt] a.충분한(enough) • sufficiency [səfíʃənsi] n.충분
- My salary do not **suffice** for a family of four. 나의 급여는 4명의 가족을 위해 충분하지 않아.

officious [əfíʃəs] a.(쓸데없이)참견하는, 간섭하는

of(이동=ad)+fic(만들다=make)+ious의 결합.

'사람들에게 가서 쓸데없는 일거리를 만드는=참견하는(meddlesome)'입니다.

- He is an **officious** man and disliked from his friends.
  그는 쓸데없이 참견하는 남자로 친구들로부터 미움받았다.

figure [fígjər] vt.계산하다, ~라고 생각하다 n.숫자, 계산, 도표, 인물, 모양(몸매)

fig(만들다=fic=make)+ure의 결합.

'사람이나 물건을 세기 위해 만든 것=숫자(number), 계산하다(calculate)'입니다. 숫자를 계산한 후 이해하기 쉽게 만든 것이 도표(도형)입니다. 어떤 인물이나, 동물 모양의 모형 장난감을 피규어(figure)라고 합니다. 추상적인 것을 계산하는 것은 생각하는 것이죠.

- Lincoln is a legendary **figure** in American politics.
  링컨은 미국 정치에서 전설적인 인물이다.
- She often shows off her glamorous **figure**. 그녀는 종종 볼륨감 있는 몸매(몸의 모양)를 자랑한다.
- You can use context to **figure** out word meaning.
  문맥을 통해 단어의 의미를 생각해 낼 수 있다.

discomfit [diskʌ́mfit] vt.(계획)좌절시키다(frustrate), 당황케 하다(upset)

dis(분리=off)+com(강조=completely)+fit(만들다=fic=make)의 결합.

'만들어 놓은 것을 분리시켜 버리다=좌절시키다, 당황케 하다'입니다. 강을 건너기 위해 만든 뗏목을 강에서 분리시켜 버리면 강을 건너지 못하도록 좌절시키는 것이고, 빼앗긴 사람은 당황하게 되지요. 문어체 단어.

- This tactic will completely **discomfit** the enemy.
  이 작전은 적의 계획을 완전히 좌절시킬 것이다.

feat [fi:t] n.업적, 공적(achievement)

feat는 fac(만들다=make)의 변형.

'보통 사람들이 할 수 없는 것을 만들어 놓은 것=업적, 공적'입니다.

- Surprisingly, it took only about three months for Psy to achieve the **feat**.
  놀랍게도, 가수 싸이가 그 업적을 달성하는데 겨우 석 달 걸렸어.

defeat [difí:t] vt.패배(좌절)시키다, 물리치다 n.패배, 좌절, 타도

de(아래=down)+feat(만들다=fac=make)의 결합.

'적수가 나의 발아래로 가게 만들다=패배(좌절)시키다(frustrate)'입니다.

- There is no way that we can **defeat** the terrorists. 우리는 테러리스트들을 물리칠 방법이 없습니다.
- The team suffered a shock **defeat** in the first round.
  그 팀은 1차전에서 충격적인 패배를 당했다.

feature [fí:tʃər] n.용모(얼굴, 미목구비)(looks), 특징(character) vt.~의 특징을 이루다

feat(만들다=fac=make)+ure의 결합.

'부모가 자식에게 만들어 준 것=용모, 특징'입니다. 부모가 자식에게 만들어 준 것은 용모이고, 개개인의 용모에는 다른 사람과 구분되는 특징이 있기 때문에 '용모'에서 '특징'이란 뜻이 파생. 피처링(featuring-특별참여)은 앨범을 만들 때 자신의 음악적 특징(특색)을 강화하기 위해 다른 얼굴(가수, 연주자)을 게스트로 참여시키는 것.

- I like his strong handsome **features**.
  나는 그의 또렷하고 잘생긴 이목구비(용모, 얼굴)를 좋아해.
- Which **features** do you look for when choosing a car?
  당신은 승용차를 고를 때 어떤 특성을 찾나요?

surfeit [sə́:rfit] n.과식, 과도(excess), 과다

sur(위에=super=over)+feit(만들다=feat=fac=make)의 결합.

'먹은 음식이 목구멍 위까지 올라오도록 만드는 것=과식(overeating)'입니다.

- Taking a **surfeit** of caffeine weakens the immune system.
  카페인의 과다 섭취는 면역 체계를 약화시킨다.

counterfeit [káuntərfit] n.모조, 가짜 a.모조의, 가짜의 v.위조하다

counter(반대=opposite)+feit(만들다=feat=fac=make)의 결합.

'진품 생산자의 의사에 반하여 몰래 본떠서 만든 물건=모조품(imitation, fake), 가짜'입니다.

- Were you aware these notes were **counterfeit**?
  당신은 이 지폐들이 위조(가짜)란 것을 알고 있었나요?
- Are you bringing any illegal or **counterfeit** goods into the country?
  혹시 불법 또는 위조 상품을 가지고 입국하셨나요?

feasible [fí:zəbəl] a.실행 가능한, 그럴듯한

feas(만들다=feat=fac=make)+ible(가능)의 결합.

'실제로 만들어 낼 수 있는=실행 가능한(possible), 그럴듯한'입니다.

- infeasible, unfeasible a.실행 불가능한(impossible)
- Do you think this project is **feasible**?
  이 계획이 실현 가능하다고 생각해?

어근 or

어근 or는 say(말하다)입니다.
오럴테스트(oral test)는 말하기 테스트입니다.

orator [ɔ́rətər] n.연설자, 강연자, 웅변가

or(말하다=say)+at+or(사람)의 결합.

'앞에 서서 사람들에게 말하는 사람=연설자(lecturer, speaker)'입니다.

- He gained an extraordinary reputation as an **orator**.
  그는 웅변가로서 대단한 명성을 얻었다.

adore [ədɔ́:r] vt.숭배하다, 존경하다, (구어)매우 좋아하다

ad(이동=to)+or(말하다=say)+e의 결합.

누구에게 '칭송의 말을 하다=숭배하다(worship), 존경하다(esteem, respect)'입니다.

- adorable [ədɔ́:rəbəl] a.숭배(존경)할만한, (구어)사랑스러운, 귀여운
- They **adore** her as a living goddess.
  그들은 그녀를 살아있는 여신으로서 숭배해.

inexorable [inéksərəbəl] a.거침없는, 냉혹한

in(부정=not)+ex(밖으로=out)+or(말하다=say)+able(가능)의 결합.

'어느 누구도 말을 밖으로 꺼내지 않는=거침없는, 냉혹한'입니다. 누군가의 행위에 대하여 어느 누구도 말을 꺼내지 못하면 거침없이 행동하게 됩니다. 독재자가 거침없이 행동하면 국민은 냉혹한 현실에 직면하기 때문에 '거침없는'에서 '냉혹한'이란 뜻이 파생.

- There was an **inexorable** rise in the price of oil after 1974.
  1974년 이후로 석유 가격에 거침없는 상승이 있었다.

exorcist [éksɔ:rsist] n.퇴마사, 무당

ex(밖으로=out)+or(말하다=say)+c+ist(사람)의 결합.

'주술(말)로 사람 안에 들어 있는 귀신을 밖으로 꺼내는 사람=퇴마사'입니다. TV에 엑소시스트(exorcist)라는 프로그램이 있었는데, **무당**이 신들린 사람에게서 귀신을 쫓아내는 퇴마 프로그램입니다.

- Sadly, her job is an **exorcist**.
  슬프게도, 그녀의 직업은 무당이야.

Day 45

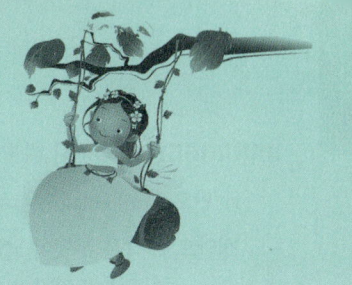

어근 mini
어근 mini는 small(작은)입니다.

minimum [mínəməm] n. 최소, 최소한(도)

mini(작은=small)+mum의 결합.

- maximum [mǽksəməm] n. 최대, 최대한
- It is difficult to support a family on the **minimum** wage.
  최저 임금으로 가정을 부양하기란 힘들어.

diminish [dəmíniʃ] vt. 줄이다, 감소시키다 vi. 줄어들다, 감소하다

di(분리=dis=off)+mini(작은=small)+sh의 결합.

'불필요한 것을 분리시켜 버리고 작게 만들다=줄이다(reduce, lessen)'입니다. 100명의 직원에서 20명을 분리시키면 직원 수를 줄이는 것이고, 32인치의 옷에 2인치 분리시키면 크기를 줄이는 것이죠.

- You should **diminish** the using shampoo.
  너는 샴푸 사용을 줄여야 해.

eminent [émənənt] a. 두드러진(prominent, distinguished), 유명한

e(밖으로=ex=out)+min(작은=small)+ent의 결합.

'밖으로 작은 것이 돌출해 있는=두드러진'입니다. 사람들 사이에서 밖으로 두드러져 나와 있는 사람은 저명한(유명한) 사람이죠.

- He's one of the most **eminent** men in the musical world.
  그는 음악계에서 가장 두드러진(유명한, 저명한) 사람 중 하나이다.

prominent [prámənənt] a. 두드러진(eminent, famous), 저명한, 유명한

pro(앞, 이전=before)+min(작은=small)+ent의 결합.

'앞으로 작은 것이 나와 있는=두드러진'입니다. 가지런한 치열에서 앞으로 작게 튀어나와 있는 뻐드렁니는 눈에 잘 띄어 두드러져 보이죠. 지식이나 경험에서 다른 사람보다 두드러져 있으면 저명하고, 유명한 사람입니다.

- **prominent** teeth 뻐드렁니(두드러진 이빨) • a **prominent** writer 유명한 작가
- Koreans are becoming more **prominent** in U.S. politics.
  한국인들은 미국 정계에서 점점 더 두드러지고 있습니다.

imminent [ímənənt] 임박한, 긴급한, 시급한

im(안으로=in)+min(작은=small)+ent의 결합.

'성안으로 작은 무엇이 날라 들어오는=임박한, 긴급한(impending, urgent)'입니다. 불화살, 포탄 등이 성안으로 들어오면 도망가야 하는 시점이 임박했고, 긴급한 상황이 되지요.

- He thought the end of the world was **imminent**. 그는 세상의 종말이 임박했다고 생각했다.

minute [mainjú:t] a.아주 작은, 사소한(trivial), 상세한(detailed)
n [mínit].분, 잠깐(moment, while), 순간(instant)

min(작은=small)+ute의 결합. 형용사일 때와 명사일 때 발음이 다른 것에 주의.

- a minute examination 상세한 조사
- The kitchen on the house is very **minute**. 그 집의 부엌은 매우 작아.

minister [mínistər] n.성직자(목사), 장관 vi.섬기다, 봉사하다(serve)

mini(작은=small)+st(서 있다=stand)+er(사람)의 결합.

'하나님(국가)의 심부름꾼으로 작은 일을 하기 위해 서 있는 사람=성직자(장관)'입니다. 하나님의 심부름꾼인 성직자처럼 국민의 심부름꾼으로서 작은 일을 하기 위해 서 있는 사람은 각 부서의 장관입니다. 성직자는 하나님을 섬기고 신도들에게 봉사하고, 장관은 국가를 섬기고 국민에게 봉사하기 때문에 '**성직자, 장관**'에서 '**섬기다, 봉사하다**'는 뜻이 파생.

- He has decided to become a **minister** when he grows up.
  그는 성장해서 목사(성직자)가 되기로 결심했다.
- The **Minister** for Defense was forced to resign. 국방부 장관은 사임을 강요당해 사임했다.

administer [ædmínistər] vt.관리하다, 운영하다, (법)집행하다(execute)

ad(이동=to)+minister(n.장관, 성직자)의 결합.

'장관이나 성직자가 가서 자기 할 일을 하다=관리하다(manage, operate)'입니다.

- administration [ædmìnəstréiʃən] n.관리(management, control), 운영
- He **administers** a sales department of the company. 그는 회사의 영업부를 관리한다.

illuminate [ilú:mənèit] vt.밝히다(light up), 비추다, 조명하다

illu+min(작은=small)+ate의 결합.

'작은 불꽃을 더 크게 하다=밝히다, 비추다'입니다. 작은 불꽃을 더 크게 만들면 어두운 곳을 밝히고, 비추게 되지요. 촛불을 켜 보면 불꽃이 점점 더 커지는 것을 알 수 있지요.

- illumination [ilù:mənéiʃən] n.조명(lighting), 계몽(education, enlightenment)
- The focus of the investigation will be to **illuminate** the truth.
  조사의 초점은 진실을 밝히는 것이 될 것입니다.

mince [mins] vt.잘게 썰다, 다지다, 조심스럽게(우회적으로) 말하다

min(작은=small)+ce의 결합.

'고깃덩이를 작은 조각으로 만들다=잘게 썰다, 다지다'입니다. 큰 고깃덩이를 잘게 썰면 다지는 것입니다. '당신 암입니다'라고 말하지 않고 암에 대한 내용을 잘게 썰어서 말하면 우회적으로 조심스럽게 말하는 것이죠.

- Add eggs, milk, water, and **minced** meat. 달걀, 우유, 물, 잘게 다진 고기를 넣어라.

disseminate [disémənèit] vt.(씨앗)뿌리다, 유포하다(diffuse, disperse)

dis(분리=off)+se(분리=off)+min(작은=small)+ate의 결합.

'옥수수에서 낱알을 분리해서 작은 씨앗을 던지다=뿌리다, 유포하다'입니다. 벼 이삭, 옥수수에서 낱알을 분리시켜 논밭에 던지면 씨를 뿌리는 것입니다. 사상이란 씨를 뿌리는 것은 사상을 유포하는 것이죠.

- The Internet is a revolutionary way to **disseminate** knowledge and information.
  인터넷은 지식과 정보를 유포하는(뿌리는) 혁신적인 방법이야.

어근 rect   어근 rect는 straight(곧은, 일직선의)입니다.

erect [irékt] a.똑바로 선, 직립의 vt.세우다(build), 건설하다

e(강조=ex=completely)+rect(곧은, 일직선의=straight)의 결합.

'허리가 완전히 곧고 일직선인=똑바로 선, 직립의'입니다. 인류 역사에 나오는 호모 에렉투스(Homo erectus)는 똑바로 선 직립 원인입니다. 에렉투스(erectus)에서 어근 rect(곧은, 일직선의)의 의미를 기억하세요.

- A new monument will be **erected** in the park next year.
  내년에 새로운 기념비가 공원에 세워질 것이다.

direct [dirékt] a.똑바른, 직접의 ad.똑바로, 직접 vt.가리키다, 지시하다, 감독하다

di(아래=down)+rect(곧은, 일직선의=straight)의 결합.

'아래 사람에게 일직선으로 할 일을 가리키다=지시하다, 감독하다'입니다. 아래 사람들에게 일직선으로 편 손가락으로 이것저것 가리키면서 말하면 일을 직접 지시하고 감독하는 것이죠.

- I have no **direct** connection with him. 나는 그 사람과 직접적인 관계가 없어.
- Could you **direct** me to the closest subway station?
  가장 가까운 지하철역을 가리켜 주시겠어요?

rectify [réktəfài] vt.바로잡다, 고치다

rect(곧은, 일직선의=straight)+ify(동접)의 결합.

'굽은 것을 곧게, 일직선으로 만들다=바로잡다(correct, reform, amend)'입니다.

- **rectification** [rèktəfikéiʃən] n.바로잡기(수정, 개정, 교정)
- We have to **rectify** things before they get worse.
  우리는 일이 더 악화되기 전에 바로잡아야 합니다.

rectitude [réktətjùːd] n.정직, 청렴, 강직

rect(곧은, 일직선의=straight)+i+tude(상태)의 결합.

'굽지 않고 도덕적으로 곧은 상태=정직(honesty, uprightness, truthfulness)'입니다.

- We must return to being a society of moral **rectitude**.
  우리는 도덕적 청렴이 있는 사회로 돌아가야 합니다.

rectangle [réktæŋɡəl] n.직사각형

rect(곧은, 일직선의=right)+angle(n.각도, 각)의 결합.

'곧은(수직의) 각도로 만들어지는 도형=직사각형'입니다.

어근 ac
어근 ac는 sharp(뾰족한, 날카로운)입니다.

acid [ǽsid] a.신(sour), 신맛의 n.산성, 신 것

ac(뾰족한, 날카로운=sharp)+id의 결합.

'뾰족한 것으로 혀를 콕 찌르는 맛=신, 신맛의'입니다. 발음 [액시드]의 [-시드]를 [시대]로 읽으면 신맛을 바로 느낄 수 있습니다.

- alkaline [ǽlkəlàin] a.알칼리성의
- Do you know what the key component is in **acid** rain?
  산성비의 주요 성분이 무엇인지 아세요?

acme [ǽkmi] n.정점, 절정, 전성기(golden days)

ac(뾰족한, 날카로운=sharp)+me의 결합.

'인생에 있어서 뾰족한 산 정상과 같은 시기=전성기(zenith, heyday, climax, apex)'입니다.

- He is now in the **acme** of his life.
  그는 지금 인생의 전성기에 있어.

acumen [əkjúːmən] n.통찰력(insight, penetration, vision), 총명함

ac(뾰족한, 날카로운=sharp)+u+men(사람)의 결합.

날카로운 통찰력을 갖고 있는 현명한 사람이란 뜻에서 유래.

- He lacked the judgment and **acumen** for the post of chairman.
  그는 차기 회장직 수행을 위한 판단력과 통찰력이 부족했다.
- She has considerable business **acumen**.
  그녀는 상당한 사업적 통찰력을 갖고 있다.

acrid [ǽkrid] a.(맛, 냄새)콕 쏘는, 매캐한

ac(뾰족한, 날카로운=sharp)+rid의 결합.

'맛과 냄새가 뾰족한 송곳으로 콕 찌르는=콕 쏘는, 매캐한'입니다.

- The taste was very **acrid** and bitter, almost bile-like.
  그 맛은 쓸개처럼 매우 콕 쏘고 썼다.
- The house was filled with **acrid** smoke from the fires.
  그 집은 화재에서 나오는 매캐한 연기로 가득 차 있었다.

acrimonious [ӕ̀krəmóuniəs] a.(태도, 말)신랄한, 험악한

ac(뾰족한, 날카로운=sharp)+ri+mon(괴물=monster)+ious의 결합.

'사나운 괴물처럼 날카롭게 비판하는=신랄한(sharp)'입니다.

- There was an **acrimonious** discussion on a school excursion.
  수학여행에 관한 신랄한 토론이 있었어.
- They are having quite an **acrimonious** argument there.
  그들은 저기서 매우 신랄한(험악한) 논쟁을 하고 있습니다.

alacrity [əlǽkrəti] n.민첩, 신속, 기민

al(모두, 전체=all)+ac(뾰족한, 날카로운=sharp)+rity로 결합.

'몸 전체가 날카롭게 움직임=민첩함(quickness, rapidity, swiftness)'입니다.

- They have acted with **alacrity** and determination in this crisis.
  그들은 이러한 위기에서 민첩하고 결단력 있게 대처했다.
- We escaped from the burning building with **alacrity**.
  우리는 불타고 있는 건물에서 민첩(신속, 기민)하게 탈출했다.

어근 audi

어근 audi(오디)는 hear(듣다)입니다.
audio(오디오)는 듣는 가전제품(라디오, 전축)이죠.

audible [ɔ́:dəbl] a.들을 수 있는, 들리는

audi(듣다=hear)+able(가능)의 결합.

- His voice was unsteady and only just **audible**.
  그의 목소리는 불안정했고 겨우 들을 수 있을 정도였다.

auditory [ɔ́:ditɔ̀:ri] a.귀(청각)의, 청각 기관의.

audi(듣다=hear)+tory의 결합.

'듣는 것과 관련되어 있는=귀의, 청각의'입니다.

- This film is a visual and **auditory** experience.
  이 영화는 시각적이고 청각적인 경험이다.

audience [ɔ́ːdiəns] n.청중, 관객, 청취자, 시청자

audi(듣다=hear)+ence의 결합.

'가수의 노래, 강사의 강연 등을 듣는 사람=청중, 관객'입니다.

- I felt a bit shy to dance in front of the **audience**.
  나는 관중(관객)들 앞에서 춤을 추는 게 좀 쑥스러웠어.

audition [ɔːdíʃən] n.오디션, 청각, 청력 v.오디션을 보다

audi(듣다=hear)+tion(명접)의 결합.

가수나 배우로서 적합한지 알기 위해 '목소리를 들어 보며 테스트하는 것=오디션'입니다.

- Did you go to Seoul for an **audition**?
  너 오디션을 위해 서울 갔었어?

auditorium [ɔ̀ːditɔ́ːriəm] n.강당, 큰 강의실

audi(듣다=hear)+torium의 결합.

'강사의 강의나 가수의 공연 등을 듣는 곳=강당'입니다.

- Smoking is strictly prohibited in the **auditorium**.
  강당에서 흡연은 엄격하게 금지되어 있다.

Day 46

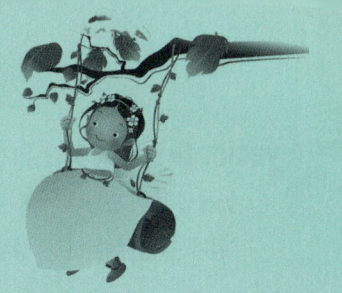

어근 vac   어근 vac는 empty(텅 빈)입니다. va, vag, vas, van, void는 vac의 변형.

vacant [véikənt] a. 비어 있는(empty)

vac(텅 비어 있는=empty)+ant의 결합.

땅이, 방이, 자리가, 시간이, 마음이 비어 있는 상태를 말합니다.

- There are no **vacant** seats on this bus. 이 버스에는 빈자리가 없어.
- As he resigned, the post is **vacant**. 그가 사임하여 그 자리는 비어 있어.

vacuum [vǽkjuəm] n. 진공, 공백 vt. (진공청소기로)청소하다

vac(텅 비어 있는=empty)+umm의 결합.

'안에 아무것도 없고 텅 비어 있는 상태=진공, 공백(gap)'입니다.

- **vacuum** cleaner 진공청소기
- His death left a **vacuum** in the political world.
  그의 사망은 정계에 공백기를 남겼다.

vacuous [vǽkjuəs] a. 텅 빈(empty), 공허한, 멍청한(stupid, foolish)

vac(텅 비어 있는=empty)+uous의 결합.

'마음이 텅 비어 있는=공허한'이고, '머리가 텅 비어 있는=멍청한'입니다.

- He made a **vacuous** smile. 그는 공허한 웃음을 지었어.
- We don't trust the **vacuous** government.
  우리는 멍청한 정부를 신뢰하지 않아.

evacuate [ivǽkjuèit] vt. 비우다, 대피(철수)시키다 vi. 대피(철수)하다, 배설(배변)하다

e(밖으로=ex=out)+vac(텅 비어있는=empty)+uate의 결합.

'안에 있는 것을 밖으로 내보내 안을 텅 비우다=비우다, 피난하다, 배설하다'입니다. 전쟁으로 인해 집을 비우면 대피(철수, 피난)하는 것이고, 위장을 비우면 배설(배변)하는 것이죠. '비우다'에서 '피난(철수)하다, 배설(배변)하다'는 뜻이 파생.

- Soldiers **evacuated** civilians in the vicinity of the fire.
  군인들은 화재 근처에 있는 민간인들을 대피시켰다.

vacillate [vǽsəlèit] vi. 망설이다, 머뭇거리다

vac(텅 비어 있는=empty)+ill+ate의 결합.

'뭔가 결정해야 하는 상황에 머리가 텅 비어 있다=망설이다(hesitate)'입니다.

- They **vacillated** between fighting and submitting. 그들은 싸움과 항복 사이에서 망설였다.

vanish [vǽniʃ] vi. 사라지다, 없어지다

van(텅 비어 있는=vac=empty)+ish의 결합.

물건이나 사람이 사라져 '텅 비어 있는 상태가 되다=사라지다(disappear)'입니다.

- The wallet **vanished** right under my nose.
  지갑이 바로 내 눈 앞에서 사라졌어.

devastate [dévəstèit] vt. (땅)황폐화시키다, 충격을 주다(shock)

de(분리=off)+vas(텅 비어 있는=vac=empty)+tate의 결합.

'땅 위의 모든 것을 분리시켜 텅 비어 있는 상태로 만들다=황폐화시키다(ruin)'입니다. 궁궐이나 도시가 황폐화된 모습은 사람에게 충격을 주기 때문에 '황폐화시키다'에서 '충격을 주다'는 뜻이 파생.

- devastation [dèvəstéiʃən] n. 황폐화, 파괴(destruction, demolition), 유린
- The country has been **devastated** by the long war.
  그 나라는 오랜 전쟁으로 황폐화되어 있다.

vague [veig] a. (기억, 형체)흐릿한(dim, faint), 모호한(obscure), 막연한

vag(텅 비어있는=vac=empty)+ue의 결합.

'들판이 텅 비어 있는=흐릿한, 애매모호한'입니다. 프랑스어 vague(텅 빈, 경작되지 않는)가 영어에 유입된 단어. 오랜 전쟁으로 인해 경작되지 않고 텅 비어 있는 들판을 보면 과거에 무엇을 경작했는지 기억이 흐릿하고, 앞으로 어떻게 해야 할지 모호하게 되지요. '텅 빈 들판'에서 '흐릿한, 모호한'이란 뜻이 파생.

- Everything looks **vague** in a fog. 안개 속에서는 모든 것이 흐릿하게 보여.
- She was **vague** about what she should do at that time.
  그 당시에 그녀는 무엇을 해야 할지에 대해 모호했다.

vain [vein] a. 헛된, 보람 없는, 거만한, 허영심이 강한

va(텅 비어있는=vac=empty)+in(안)의 결합.

'창고 안이 텅 비어 있는, 마음이 텅 비어 있는=헛된, 보람 없는'입니다. 열심히 농사지어 수확했는데 창고가 텅 비어 있으면 헛된 일이고 보람 없는 일이죠. 마음과 머리가 텅 비어 있으면 거만하고 허영심이 강한 사람입니다.

- At least he didn't die **in vain**. 적어도 그는 헛되이 죽지는 않았어.
- He was very **vain** when he was rich and famous.
  그는 부유하고 유명했을 때 아주 거만했어.

avoid [əvɔ́id] vt.피하다, 회피하다

a(이동=ad)+void(텅 비어있는=vac=empty)의 결합.

'다른 곳으로 이동하여 자기가 머물던 자리를 텅 비우다=피하다(evade)'입니다.

- avoidance [əvɔ́idəns] n.회피(evasion), 기피, 도피
- People should **avoid** outings when the sandstorm comes.
  황사가 올 때는 외출을 피하는 것이 좋습니다.

devoid [divɔ́id] a.~이 전혀 없는, ~이 결여된

de(분리=off)+void(텅 비어있는=vac=empty)의 결합.

'안에 있던 것이 모두 분리되어 안이 텅 비어 있는=전혀 없는(empty)'입니다.

- She is completely **devoid of** charm.
  그녀는 매력이 전혀 없어.

> **어근 her** 어근 her는 adhere(붙이다=stick)입니다. 유사철자 hes는 her의 변형.
> 어근 her와 인칭대명사 her는 전혀 다른 뜻입니다.

adhere [ædhíər] vi.붙이다, 부착하다, 붙어 있다, 고수하다

ad(이동=to)+her(붙이다=adhere)+e의 결합.

어떤 신념이나 사상에 계속 붙어 있는 것은 그것을 고수(고집)하는 것이죠.

- adherent [ædhíərənt] a.들러붙는, 신봉하는 n.신봉자, 지지자
- adhesive [ædhí:siv] a.들러붙는 n.접착제 • adhesion [ædhí:ʒən] n.점착, 부착, 애착
- adhere to, stick to, keep to, cling to ~을 고수하다
- The poster was just barely **adhering** to the wall.
  그 포스터는 벽에 간신히 붙어 있었다.
- Most heroes **adhered to** their principles through any adversity.
  대부분의 영웅은 역경 속에서 자신의 원칙을 고집했다.

coherent [kouhíərənt] a.일관성 있는, 논리 정연한

co(강조=com=completely)+her(붙어있다=adhere)+ent의 결합.

'처음부터 끝까지 한 곳에 붙어 있는=일관성 있는(consistent)'입니다. 의견을 바꾸지 않고 한 가지 의견에 시종일관 붙어 있으면 일관성이 있는 것입니다.

- cohere [kouhíər] vi.붙다, 응집하다 • incoherent [inkouhíərənt] a.일관성 없는
- Government has to pursue a **coherent** economic policy.
  정부는 일관성 있는 경제정책을 추구해야 합니다.

DAY 46

inherent [inhíərənt] a.타고난, 고유의, 내재하고 있는

in(안에)+her(붙어있다=adhere)+ent의 결합.

'태어날 때부터 몸에 붙어 있는=타고난(inborn, innate, native)'입니다.

- Every business has its own **inherent** risks.
  모든 사업은 그 사업 고유의 위험을 갖고 있습니다.
- All kinds of contradictions are **inherent** in human society.
  인간 사회에는 모든 종류의 모순들이 내재하고 있다.

hermit [hə́:rmit] n.은(둔)자, 속세를 버린 사람

her(붙어있다=adhere)+mit(보내다=send)의 결합.

'자신을 깊은 산에 보내 그곳에 붙어 있는 사람=은둔자(recluse)'입니다.

- Why do you live like a **hermit**? Get out and meet some people.
  왜 그렇게 은둔자처럼 사는 거야? 나가서 사람 좀 만나고 그래.

cohesive [kouhí:siv] a.응집력 있는, 화합(결합)하는

co(함께=com=with)+hes(붙어있다=her=adhere)+ive의 결합.

'구성원들이 함께 서로 잘 붙어있는=응집력 있는, 화합하는'입니다.

- It was a very **cohesive** and effective team.
  그 팀은 응집력 있고 유능한 팀이었다.
- Families are the most **cohesive** unit in society.
  사회에서 가족은 가장 응집력 있는 단위이다.

hesitate [hézətèit] vi.주저하다, 망설이다

hes(붙어있다=her=adhere)+it(가다=go)+ate의 결합.

'가야 하는 상황에서 가지 않고 그 자리에 붙어 있다=주저하다, 망설이다'입니다.

- hesitation [hèzətéiʃən] n.주저, 망설임 • hesitant [hézətənt] a.주저하는, 망설이는
- Do not **hesitate** to help your friends whenever you can.
  여러분이 할 수 있을 때마다 친구 돕는 데 주저하지 마세요.

stick [stik] n.막대기 vt.찌르다, 고정시키다, 가두다, 붙이다 vi.찔리다, 달라붙다

stick(막대기)은 찌르고, 빗장 지르고, 고정시키는 역할을 합니다. 가축이나 사람을 넣고 빗장을 지르면 가두는 것이죠. 벽에는 많은 스티커(sticker)가 붙어 있습니다. 풀로 고정시키는 것은 붙이는 것입니다.

- The nurse **stuck** the needle into my arm. 간호사가 내 팔에 주삿바늘을 찔렀다.
- We used glue to **stick** the broken pieces. 우리는 깨진 조각들을 붙이기 위해 풀을 사용했다.
- Our bus was **stuck** in a traffic jam. 우리가 탄 버스는 교통체증에 갇혀 있었다.

어근 alter
어근 alter는 other(다른)입니다.

alter [ɔ́:ltər] vt.바꾸다(change), 변경하다 vi.바뀌다(change), 변하다

단어 alter는 other(다른)에서 change(바꾸다, 바뀌다)라는 뜻이 파생.

갖고 있던 물건을 버리고 **다른** 것을 선택하면 물건을 **바꾸는** 것이죠.

- Nothing can **alter** the fact that you are to blame.
  어떠한 것도 네가 비난받아야 한다는 사실을 바꿀 수 없어.

altercate [ɔ́:ltərkèit] vi.언쟁(논쟁)하다(dispute, debate)

alter(다른=other)+cate의 결합.

'생각하는 관점이 다르다=언쟁하다'입니다. 명사형 altercation[-ʃən]을 더 많이 사용.

- I'd like to avoid having an **altercation** with her if I possibly can.
  나는 가능하면 그녀와 논쟁하는 것을 피하고 싶어.

alternative [ɔ:ltə́:rnətiv] n.대안, 대체(물)(substitute) a.대체가능한, 대안인

alter(다른=other)+native(a.출생의, 토착의, 본래의)의 결합.

'본래의 것이 문제가 있거나 없을 때 다른 것으로 바꾸는 것=대안, 대체'입니다. 손님에게 줄 커피가 없으면 대안(대체물)으로 녹차나 주스가 있고, 타고 갈 자동차가 없으면 지하철이나 버스가 대안이 되지요.

- The search is on for **alternative** energy sources.
  대체 에너지원을 찾기 위한 탐색이 진행 중이야.

altruistic [æltru:ístik] a.이타적인, 남을 위하는

altru(다른=alter=other)+ist(서다=stand)+ic의 결합.

자신보다 '항상 다른 사람의 입장에 서는=이타적인, 남을 위하는'입니다.

- egoistic [i:gouístik, èɡou-] a.이기적인(ego=자기 자신), 자기중심의
- I don't like people who pretend to be **altruistic**.
  나는 남을 위하는(이타적인) 척하는 사람들을 싫어해.

adulterate [ədʌ́ltərèit] vt.불순물을 섞다, 품질을 떨어뜨리다

ad(더하다=add)+ulter(다른=alter=other)+ate의 결합.

'다른 것을 더하다=불순물을 섞다, 품질을 떨어뜨리다'입니다. 순금에 비슷한 색깔의 구리(불순물)를 몰래 섞거나, 실크에 다른 합성섬유를 몰래 섞으면 품질을 떨어뜨리게 되지요.

- The food is **adulterated** to increase its weight.
  그 식품은 중량을 늘리기 위해 불순물이 섞여져 있어.

어근 qui

어근 qui는 quiet(조용한, 평화로운)입니다. quit, quiet는 qui의 변형.

disquiet [diskwáiət] n.불안, 걱정 vt.불안하게 만들다, 걱정시키다

dis(반대=opposite)+quiet(a.조용한, 평화로운)의 결합.

'평화로움의 반대 상태=불안(anxiety, misgiving), 걱정(worry, anxiety, concern)'입니다.

- His face was pale with **disquiet**.
  그의 얼굴은 불안으로 창백했다.

requite [rikwáit] vt.보답하다, 보복(앙갚음)하다

re(다시=again)+quiet(a.조용한, 평화로운)의 결합.

'조용히 다시 가서 돌려주다=보답하다(return, repay), 보복하다(revenge, avenge)'입니다. 조용히 다시 가서 받은 은혜를 돌려주는 것은 은혜에 보답하는 것이고, 고통을 당한 만큼 돌려주는 것은 보복(복수, 앙갚음)하는 것입니다.

- You can't force her to **requite** your help.
  그녀에게 너의 도움에 보답하라고 강요할 수는 없어.
- He vowed to **requite** his father's death.
  그는 아버지의 죽음에 보복할 것을 맹세했다.

acquiesce [æ̀kwiés] vi.묵인하다

ac(이동=ad)+qui(조용한, 평화로운=quiet)+esce의 결합.

'보고도 못 본 척 조용히 지나가다=묵인하다(overlook)'입니다.

- Though I knew his hardship, and had to **acquiesce**.
  나는 그의 곤경을 알았지만 묵인해야만 했어.

tranquil [trǽŋkwil] a.조용한, 평온한, 고요한

trans(변화=change)+qui(조용한, 평화로운=quiet)+l의 결합.

조용하지 않은 상태에서 '조용한 상태로 변화한=조용한(calm, quiet, peaceful)'입니다.

- You can experience the **tranquil** life of a Buddhist monk in templestay program.
  여러분은 템플스테이 프로그램에서 스님의 조용한 삶을 경험할 수 있습니다.

Day 47

어근 solve
어근 solve는 단어 solve(vt.풀다, 녹이다, 해결하다)입니다.

resolve [rizálv] vt.녹이다, 풀다(해결하다), 결심(결의)하다 n.해결, 결심, 결의

re(강조=completely)+solve(vt.풀다, 녹이다, 해결하다)의 결합.

resolve와 solve는 동의어로 resolve에는 '결심하다'는 뜻이 추가. 의심스러운 문제들을 모두 해결한 후에 어떤 결심을 하기 때문에 '**해결하다**'에서 '**결심하다**'는 뜻이 파생.

- resolution [rèzəlúːʃən] n.해결, 결심, 결의(문)   • resolute [rézəlùːt] a.굳게 결심한, 단호한(firm)
- I have to **resolve** it by tomorrow. 나는 내일까지 그것을 해결해야 해.
- We need a **resolute** leader in these uncertain times.
  이러한 불확실한 시대에 우리는 단호한 지도자가 필요해.

solvent [sálvənt] a.용해력 있는, 지급 능력 있는 n.용제(용액), 솔벤트

solve(vt.풀다, 녹이다, 해결하다)+nt의 결합.

'**응고된 것을 녹이는 것=용제, 솔벤트**'입니다. 손톱의 매니큐어나 페인트를 제거할 때 사용하는 용제가 솔벤트(solvent)인데 solv가 '녹이다'는 뜻. 돈 문제를 해결할 수 있으면 지급 능력이 있는 것이죠.

- insolvent [insálvənt] n.파산자(지급 불능 자) a.파산한(bankrupt)
- A **insolvent** company is not **solvent**.
  파산한 회사는 지급능력이 없습니다.

absolve [æbzálv] vt.용서하다(pardon, excuse, forgive), 면제하다, 사면하다

ab(분리=off)+solve(vt.풀다, 녹이다, 해결하다)의 결합.

'**죄수를 감방에서 풀어 분리시키다=용서하다**'입니다. 감방에 구속되어 있는 죄수를 풀어 감방에서 분리시키는 것은 그 죄를 용서하고, 면제하고, 사면하는 것이죠.

- absolution [æbsəlúːʃən] n.면제(exemption), 사면(pardon), 석방(release)
- I believe history will not **absolve** their behaviors.
  나는 역사가 그들의 행동을 용서하지 않을 것이라고 믿어.

dissolve [dizálv] vt.녹이다, 용해시키다, 해산시키다 vi.녹다, 용해되다, 해산되다

dis(분리=off)+solve(vt.풀다, 녹이다, 해결하다)의 결합.

solve는 문제를 풀고 해결하는 의미로 사용하고, 분리의 dis를 붙인 dissolve는 물질을 녹이고 용해시켜 분리시키는 본래의 의미로 사용. 구성원으로 붙어 있는 사람들을 분리시키는 것은 해체(해산)하는 것이죠.

- dissolution [dìsəlúːʃən] n.용해, 해체, 해산(breakup)
- **Dissolve** the tablet in water. 약을 물에 넣어 녹이세요. vt.
- It may take a year for the ice to **dissolve**.
  그 얼음이 녹는 데 일 년이 걸릴 수도 있어. vi.
- Stop the move instantly to **dissolve** our team.
  우리 팀을 해체하려는 행동을 즉각 중단하라. vt.

absolute [ǽbsəluːt] a.확실한

ab(분리=off)+sol(vt.풀다, 녹이다, 해결하다=solve)+ute의 결합.

'문제를 완벽하게 풀어 별도로 분리시켜 놓은=확실한(sure, positive, definite)'입니다. 문제풀이를 할 때 문제를 완벽하게 풀어 정답이 확실하다고 판단되는 문제는 다시 풀지 않도록 표시를 해서 분리시켜 놓지요.

- absolutely ad.완전히(perfectly, completely, wholly, entirely, fully), 그렇고말고
- We have **absolute** evidence of his guilt.
  우리는 그가 유죄라는 확실한 증거를 갖고 있습니다.

어근 sting

어근 sting은 단어 sting(vt.찌르다)입니다. 유사철자 stin, stig는 sting의 변형.

distinguish [distíŋgwiʃ] v.구별(구분, 식별)하다

di(분리=dis=off)+sting(vt.찌르다)+uish의 결합.

'들판에 깃발을 찔러 땅을 분리시키다=구별하다(discriminate)'입니다. 넓은 들판에 깃발을 찔러 땅을 분리시키는 것은 땅의 소유자를 명확하게 구별하고 구분하는 것입니다. 신대륙이 발견되고 많은 이민자가 미국에 몰려들어 이민자들에게 땅을 나누어 줄 때 사용한 방법. 톰 크루즈 주연의 서부영화 Far and away의 마지막 장면이 distinguish를 그대로 보여주고 있습니다.

- distinguished [distíŋgwiʃt] a.구별되는(눈에 띄는, 유명한, 저명한, 현저한)
- distinction [distíŋkʃən] n.구별, 차별, 식별
- Sometimes reality and fantasy are hard to **distinguish**.
  때때로 현실과 환상은 구별하기가 어려워. vi.
- I can **distinguish** an imitation **from** an original.
  나는 모조품과 진품을 구별할 수 있어. vt.
- He was the most **distinguished** scholar in his field.
  그는 자기 분야에서 가장 유명한(저명한) 학자였어.

stingy [stíndʒi] a.인색한, 쩨쩨한, 구두쇠 같은

sting(vt.찌르다)+y의 결합.

'찔러도 피 한 방울 나오지 않을 것 같은=인색한(miserly)'입니다.

- She is very frugal? She's too **stingy**. 그녀가 매우 검소하다고? 그녀는 너무 인색해.

instinct [ínstiŋkt] n.본능, 직감(intuition), 육감

in(안에)+stin(찌르다=sting)+ct의 결합.

'마음속에서 먼저 쿡쿡 찌르는 것=본능, 직감, 육감'입니다. 이성적으로 생각하기 이전에 마음속에서 먼저 쿡쿡 찌르는 것은 본능, 직감, 육감입니다.

- instinctive [instíŋktiv] a.본능적인, 직관적인   • women's instincts 여성의 직감
- The collecting **instinct** is deeply rooted in human nature.
  수집 본능은 인간 본능에 깊이 뿌리박혀 있다.

stink [stiŋk] vi.악취가 나다 vt.악취를 풍기다 n.악취(stench)

stin(찌르다=sting)+k의 결합.

'코를 찌르는 냄새=악취'입니다. 발음 [스팅크]에서 고약한 **악취를 풍기는** 동물 **스컹크**(skunk)를 떠올려 보세요. 위험에 닥치면 스컹크는 악취가 나는 황금색 액체를 적의 얼굴을 향하여 3~4m까지 발사합니다.

- Sweat itself doesn't **stink** unless it touches human skin.
  땀 자체는 인간의 피부와 닿지 않으면 악취가 나지 않아.

prestige [prestíːdʒ] n.명성(fame, renown, reputation), 위신 a.명성 있는, 일류의

pre(앞, 이전=before)+stig(찌르다=sting)+e의 결합.

'깃발을 맨 앞에 찔러 놓는 것=명성'입니다. 월드컵 축구 순위에서 깃발이 맨 앞에 꽂혀 있는 나라는 축구로 명성을 날리는 국가이고, 학교 순위에서 맨 앞에 깃발이 꽂혀 있으면 명성 있는 일류 학교입니다.

- prestigious [prestídʒiəs] a.명성 있는(famous, renowned, noted, celebrated), 일류의
- The question affects our national **prestige**. 그 문제는 우리나라의 명성(위신)에 영향을 미친다.
- In Korea, everyone wants to enter **prestigious** universities.
  한국에서는 모두가 명문대학에 들어가고 싶어 해.

stigma [stígmə] n.낙인, 오명, 불명예, 꼬리표

stig(찌르다=sting)+ma의 결합.

'노예, 죄수의 몸에 찔러 새겨 넣은 것=낙인, 오명, 불명예, 꼬리표'입니다. 서양에서 노예는 물건처럼 사고파는 것이었고, 노예가 도망가더라도 노예임을 알 수 있도록 몸에 낙인을 새겨 넣었습니다. 우리나라에서는 노비임을 알 수 있도록 노(奴)를 새겨 넣었지요. 몸에 새기는 '**낙인**'에서 '**오명, 불명예**'라는 뜻이 파생.

- The **stigma** of loser followed him wherever he went.
  그가 어디를 가든지 패배자라는 낙인이 그를 따라다녔다.

extinguish [ikstíŋgwiʃ] vt.(불)끄다, (희망)잃게 하다

ex(밖에=out)+(s)ting(찌르다=sting)+uish의 결합.

'타고 있던 장작불을 밖으로 꺼내어 물, 흙에 찌르다=끄다(put out)'입니다. 타고 있던 장작불을 밖으로 꺼내어 물이나 흙에 찔러 넣으면 불이 꺼지게 되지요. 누군가의 마음속에 있는 불을 끄면 희망을 잃게 하는 것입니다. exstinguish[익스스팅기쉬]는 발음이 불편하기 때문에 철자 s를 생략.

- You have to **extinguish** the light before you left the camp site.
  야영지를 떠나기 전에 불을 꺼야 합니다.

extinct [ikstíŋkt] a.(불)꺼진, 사라진, (동식물)멸종된, 소멸된

extinct는 extinguish(끄다)에서 파생된 형용사. 불이 꺼지는 것은 불꽃이 사라지는 것이죠. 어떤 동식물이 모두 사라진 것은 멸종된 것이고, 제도가 사라진 것은 소멸된 것입니다. '**꺼진, 사라진**'에서 '**멸종된, 소멸된**' 이란 뜻이 파생.

- extinction [ikstíŋkʃən] n.멸종, 소멸(disappearance), 폐지(abolition, disuse)
- Every year hundreds of languages are in danger of going **extinct**.
  매년 수백 개의 언어들이 사라질 위기에 처해 있습니다.

어근 struct   어근 struct는 build(세우다)입니다.

obstruct [əbstrʌ́kt] vt.막다, 방해하다(hinder)

ob(반대=opposite)+struct(세우다=build)의 결합.

'반대편에 장애물(바리케이드)을 세우다=막다(prevent, ben, forbid, prohibit)'입니다.

- obstructive [əbstrʌ́ktiv] a.방해하는, 방해되는 n.장애물 • obstruction [əbstrʌ́kʃən] n.방해(물), 차단
- You can't **obstruct** the flow of the traffic.
  차량 흐름을 방해해서는 안 됩니다.
- He was charged with **obstruction** of justice.
  그는 공무집행 방해로 기소되었다.

destruction [distrʌ́kʃən] n.파괴, 파멸(ruin, downfall)

de(분리=off)+struct(세우다=build)의 결합.

'세워 놓은 건물을 분리시켜 무너뜨리는 것=파괴(demolition, breakdown)'입니다.

- destroy [distrɔ́i] v.파괴하다, 없애다   • destructive [distrʌ́ktiv] a.파괴적인
- That road will lead you to **destruction**.
  그 길은 너를 파멸로 인도할 거야.
- Tsunamis are the most **destructive** of waves.
  쓰나미는 파도 중에서 가장 파괴적인 것이야.

construct [kənstrʌ́kt] n.건축물, 구조 vt.세우다, 건축(건설, 조립, 구성)하다

con(함께=with)+struct(세우다=build)의 결합.

'**건축자재를 함께 사용하여 세우다=세우다, 건설하다, 조립하다**'입니다. 나무, 철근, 모래, 자갈, 시멘트 등의 건축자재 함께 사용하여 세우는 것은 건설(건축)하는 것이죠.

- construction [kənstrʌ́kʃən] n.건설, 건축(물), 구조(물) • constructive [kənstrʌ́ktiv] a.건설적인, 구조상의
- You must learn how to **construct** a logical argument.
  너는 논리적인 주장을 세우는(구성하는) 방법을 배워야 해.
- Did you **construct** this table by yourself? 이 테이블을 너 혼자서 조립했어?

instruct [instrʌ́kt] v.가르치다(teach), 지시하다(direct)

in(안에)+struct(세우다=build)의 결합.

'**학생들 마음속에 뼈대를 세우다=가르치다, 지시하다**'입니다. 학생들 마음속에 지식적인 체계와 정신적인 체계를 세우는 것은 가르치는 것입니다. 가르치는 것은 좋은 것을 하고 나쁜 것을 하지 말라고 지시하는 것이기 때문에 '**가르치다**'에서 '**지시하다**'라는 뜻이 파생.

- instruction [instrʌ́kʃən] n.교육, 가르침, 지시사항, 사용설명서 • instructor [instrʌ́ktər] n.교사, 선생, 전임강사
- You must do as I **instruct**. 여러분은 내가 지시한 대로 해야 합니다.
- She's a woman of fine **instruction**. 그녀는 좋은 교육을 받은 여성이다.

instrument [ínstrəmənt] n.기구(기계), 도구, 악기, 수단

instru(가르치다=instruct)+ment(명접)의 결합.

'**학생들을 가르치는데 필요한 것=기구, 도구(tool), 악기, 수단(means)**'입니다. instruct(가르치다)에서 파생된 단어. 실험실의 기구들은 학생들을 가르치는 도구이며, 음악 시간에 필요한 기구(도구)는 악기입니다. 기구, 도구, 악기는 모두 가르치는 수단(방법)이죠.

- medical instruments 의료 기구 • a musical instrument 악기
- He revealed that she had been hit to death with a heavy blunt **instrument**.
  그는 그녀가 무거운 둔기(무딘 도구, 기구)에 맞아 사망했음을 밝혔다.

structure [strʌ́ktʃəːr] n.구조(물), 건축물, 체계 vt.구축(조직, 구성)하다

struct(세우다=build)+ure의 결합.

'**입체적으로 만들어 세워 놓은 것=구조물(construction), 건축물(building)**'입니다.

- Monkeys have a similar body **structure** to humans.
  원숭이는 사람과 유사한 신체 구조를 갖고 있습니다.
- It is one of the most famous **structures** in the world.
  그것은 세계에서 가장 유명한 건축물 중 하나이다.
- How are you going to **structure** your presentation today?
  오늘 너의 프레젠테이션을 어떻게 구성할 거야?

어근 tac

어근 tac는 touch(접촉하다, 손대다)입니다. 유사철자 tag, tam, teg는 tac의 변형. 콘택트(contact)렌즈는 눈동자에 접촉시켜 사용하는 렌즈입니다.

contact [kάntækt] n.접촉, 연락, 교제 v.접촉하다, 연락하다, 교제하다

con(함께=with)+tac(접촉하다, 손대다=touch)+t의 결합.

'두 사람이 접촉하다=연락하다(connect), 교제하다(associate)'입니다. 두 사람이 접촉하는 것은 연락을 주고받고, 교제하는 것이죠. '접촉'에서 '연락, 교제'라는 뜻이 파생.

- I warn you, don't try to **contact** me again. 경고하는데, 다시는 나한테 연락하려고 하지 마.

intact [intǽkt] a.손대지 않은, 본래대로인, 온전한

in(부정=not)+tac(접촉하다, 손대다=touch)+t의 결합.

'접촉하지 않고 손대지 않은=손대지 않은(untouched), 본래대로인'입니다.

- Even though it was built a long time ago, the building remains **intact**.
  그 건물은 오래전에 지어졌지만 본래대로 유지하고 있다.

contagious [kəntéidʒəs] a.(접촉)전염성의, 전염되는, (서술적)보균자인

con(함께=with)+tag(접촉하다, 손대다=tac=touch)+ious의 결합.

'사람이 함께 신체 접촉하여 병을 옮기는=전염성의(infectious)'입니다.

- **Contagious** germs can be killed by washing your hands.
  전염성이 있는 세균들은 손을 씻음으로써 제거될 수 있어.

contaminate [kəntǽməneit] vt.(접촉하여)더럽히다, 오염시키다

con(함께=with)+tam(접촉하다, 손대다=tac=touch)+inate의 결합.

'너도 나도 다 함께 손대다=더럽히다(pollute, taint, soil)'입니다.

- contamination [kəntæməneiʃən] n.오염(pollution)
- Toxic wastes have **contaminated** the river in our neighborhood.
  유독성 폐기물이 인근 지역의 강을 오염시켜 놓았다.

integrate [íntəgrèit] vt.통합하다(unify, unite) vi.통합되다

in(안에)+teg(접촉하다, 손대다=tac=touch)+rate의 결합.

'여러 개를 하나의 영역 안에서 접촉하도록 만들다=통합하다'입니다. 학생이 적으면 2개의 학교를 하나로 통합하고, 회사에서는 2개의 부서를 하나로 통합하는 경우가 많습니다.

- integration [ìntəgréiʃən] n.통합(unification, unity), 융합
- They have not made any effort to **integrate** with the local community.
  그들은 지역 사회에 통합되려는 노력을 조금도 하지 않았다.

Day 48

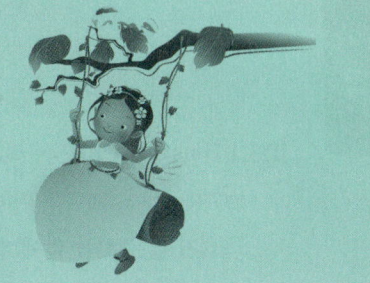

어근 sult
어근 sul(t)는 jump(뛰다, 뛰어넘다)입니다. 유사철자 sal, sil은 sul의 변형.

consult [kənsʌ́lt] vt.상담하다, 참고하다 vi.의논하다, 상담하다

con(함께=with)+sult(뛰다, 뛰어넘다=jump)의 결합.

'당면한 문제를 함께 뛰어넘다=의논하다(confer), 상담하다(counsel)'입니다. 어떤 문제가 발생했을 때 당면한 문제를 뛰어넘기 위해 누군가를 찾아 함께 대화하는 것은 의논하고, 상담하는 것이죠. 사전과 의논하는 것은 사전 내용을 참고하는 것.

- **consultant** [kənsʌ́ltənt] n.컨설턴트, 고문   • **consultation** [kànsəltéiʃn] n.상담, 자문
- I wanted to **consult with** you on some matters.
  몇 가지 문제에 대해 너와 상담(상의, 의논)하고 싶었어. vi.
- I **consult** the dictionary when I meet strange words.
  나는 낯선 단어들을 만나면 사전을 참고해. vt.

result [rizʌ́lt] n.결과, 성적 vi.유래하다, 기인하다, 끝나다(finish)

re(계속=again)+sult(뛰다, 뛰어넘다=jump)의 결합.

'일을 계속 했을 때 맨 끝에 뛰어 올라오는 것=결과(consequence, effect, outcome)'입니다. result는 '유래하다'와, '끝나다'라는 상반된 의미를 갖고 있습니다. 현세가 끝나면 천당(지옥)에서 시작하게 된다는 기독교적 사고에서 나온 것으로 판단됩니다.

- As soon as I know the **result**, I'll let you know.
  결과를 아는 대로 너에게 알려 줄게.

desultory [désəltɔ̀:ri] a.산만한(diffuse), 종잡을 수 없는, 두서없는

de(강조=completely)+sult(뛰다, 뛰어넘다=jump)+ory의 결합.

'여기저기서 계속 뛰어오르는=산만한'입니다. 사회자의 진행을 무시하고 여기저기서 손을 들고 일어나 질문하면 산만하고, 두서없고, 종잡을 수 없게 되지요.

- Nobody knows the reasons for her **desultory** action.
  아무도 그녀의 종잡을 수 없는 행동의 이유를 몰라.

insult [ínsʌlt] n.모욕, 무례(rudeness) vt.모욕하다, 무례한 짓을 하다

in(계속=on)+sult(뛰다, 뛰어넘다=jump)의 결합.

'친하지 않은 사람 앞에서 계속 뛰는 행위=모욕(contempt, indignity), 무례'입니다.

- I did not intend to **insult** you at all. 너를 모욕할 생각은 추호도 없었어.

exult [igzʌlt] vi.기뻐 날뛰다, 매우 기뻐하다(rejoice, delight)

ex(밖에서=out)+ult(뛰다, 뛰어넘다=sult=jump)의 결합.

'밖에서 펄쩍펄쩍 뛰다=기뻐 날뛰다, 매우 기뻐하다'입니다. 기뻐서 밖에서 펄쩍펄쩍 뛰는 행위에서 유래. exsult[익스설트]는 발음이 어렵기 때문에 철자 s를 생략.

- She **exulted** to hear the news of her son's success. 그녀는 아들의 성공 소식을 듣고 크게 기뻐했다.

salmon [sǽmən] n.연어

sal(뛰다, 뛰어넘다=sul=jump)+mon의 결합.

자기가 태어난 곳으로 돌아가기 위해 '바위를 뛰어넘어 상류로 가는 물고기=연어'입니다.

- The **salmon** returns to the river as adults in order to breed.
  연어는 다 자랐을 때 알을 낳기 위해 강으로 되돌아간다.

salient [séiliənt] a.두드러진, 현저한, 탁월한

sal(뛰다, 뛰어넘다=sul=jump)+ient의 결합.

'다른 사람이 넘지 못한 것을 뛰어넘은=두드러진, 탁월한'입니다. 다른 사람이 뛰어넘지 못한 것을 뛰어넘는 업적을 남기면 두드러진, 탁월한 사람이죠.

- Exaggeration is a **salient** feature of Americans. 과장은 미국인들의 두드러진 특징이야.

assail [əséil] vt.습격하다, 공격하다

as(이동=ad)+sail(뛰다, 뛰어넘다=sul=jump)의 결합.

'몰래 가서 적군의 성벽을 뛰어넘다=습격하다(attack, assault)'입니다.

- **assault** [əsɔ́:lt] n.습격, 공격 vt.습격(공격)하다, 폭행하다
- He was **assailed** with questions after his lecture. 그는 강의 후에 질문 공세(공격)를 받았다.

resilient [rizíljənt] a.되튀는, 탄력 있는, 회복력 있는

re(다시=again)+sil(뛰다, 뛰어넘다=sul=jump)+ient의 결합.

꾹 눌러 놓으면 '저절로 다시 뛰어오르는=되튀는, 탄력 있는, 회복력 있는'입니다. 스펀지, 스프링처럼 꾹 눌렀다가 놓았을 때 다시 원래 위치로 뛰어오르는 것은 탄력 있고 회복력이 있는 것이죠.

- She is the most **resilient** person I have ever met.
  그녀는 내가 만난 사람 중 가장 회복력이 빠른 사람이야.

어근 tort

어근 tort는 twist(뒤틀다, 휘감다)입니다.

tornado [tɔːrnéidou] n.토네이도(회오리바람)

토네이도(tornado)의 tor에서 **뒤틀고**, **휘감는** 어감을 가져보세요. 회오리바람 토네이도는 건물을 뒤틀고 휘감아 날려버립니다.

retort [ritɔ́ːrt] v.말대꾸하다, 쏘아붙이다 n.말대꾸(reply, response), 반박

re(다시=again)+tort(뒤틀다, 휘감다=twist)의 결합.

'말을 듣고 다시 뒤틀어 되받아치다=말대꾸하다(talk back)'입니다.

- His bad habit is to **retort** what others say.
  그의 나쁜 습관은 다른 사람들이 하는 말에 말대꾸하는 것이야.

distort [distɔ́ːrt] vt.비틀다, 일그러뜨리다, (내용)왜곡하다(pervert)

dis(강조=completely)+tort(뒤틀다, 휘감다=twist)+ment의 결합.

'얼굴을 완전히 뒤틀다=일그러뜨리다', '객관적인 사실을 완전히 뒤틀다=왜곡하다'입니다.

- distortion [distɔ́ːrʃən] n.찡그림, 왜곡(perversion)
- His face is **distorted** by rage. 그의 얼굴은 분노로 일그러져있다.
- Japanese will never stop **distorting** the history.
  일본은 결코 역사 왜곡을 멈추지 않을 것이다.

extort [ikstɔ́ːrt] vt.강요하다, 강탈(갈취)하다(rob, steal)

ex(밖으로=out)+tort(뒤틀다, 휘감다=twist)의 결합.

'몸을 뒤틀어 몸에 있는 것을 밖으로 꺼내게 하다=강요하다(force, compel, coerce)'입니다.

- extortion [ikstɔ́ːrʃən] n.강요, 강탈, 탈취, 착취
- You do not know you're being **extorted** in the company.
  너는 네가 그 회사에서 착취당하고 있다는 것을 몰라.
- I don't **extort** cooperation from the companions.
  나는 동료들에게 협력을 강요하지 않아.

torture [tɔ́ːrtʃəːr] n.고문, (고문에 의한)고통 vt.고문하다

tort(뒤틀다, 휘감다=twist)+ure의 결합.

'도구를 사용하여 사람 몸을 뒤트는 것=고문'입니다. 발음 [**토쳐=또 쳐서**]에서 곤장을 치고 **고문하는** 모습을 연상해 보세요.

- I'll confess anything you want. Don't **torture** me.
  당신이 원하는 모든 것을 자백하겠습니다. 나를 고문하지 마세요.

torment [tɔ́:rment] n.(정신적)고통 vt.괴롭히다, 학대하다

tor(뒤틀다, 휘감다=tort=twist)+ment의 결합.

'사람의 정신과 마음을 뒤틀었을 때 느끼는 것=고통(pain, agony, anguish)'입니다. 위에서 설명한 torture는 육체적인 고통을 주는 고문이고, torment는 주로 정신적인 고통을 주는 것입니다.

- She suffered years of mental **torment** after her son's death.
  그녀는 아들이 죽은 후에 수년간 정신적인 고통에 시달렸다.

어근 vict

어근 vict는 victory(승리하다)입니다. 유사철자 vinc는 vict의 변형.

victory [víktəri] n.승리(triumph), 정복

vict(승리하다=victory)+ory의 결합.

로마신화에서 Victory는 승리의 여신입니다.

- The spiritual strength is just the motive power of **victory**.
  정신력이 바로 승리의 원동력이다.

evict [ivíkt] vt.(땅, 집, 자리)쫓아내다, 퇴거시키다

e(밖으로=ex=out)+vict(승리하다=victory)의 결합.

'싸워 승리하여 적을 밖으로 내보내다=쫓아내다(dismiss, expel, eject)'입니다. 적군이 쳐들어왔을 때 적과 싸워 승리하여 적을 성 밖으로 내보내면 적을 쫓아내는 것이죠. 집세를 내지 않는 세입자를 집 밖으로 쫓아내는 것은 퇴거시키는 것.

- **eviction** [ivíkʃən] n.쫓아냄, 축출(dismissal, ejection, banishment)
- I was **evicted** from my home, unable to pay the rent.
  나는 집세를 못 내서 집에서 쫓겨났어.

convict [kənvíkt] vt.~에게 유죄를 선고하다 n.죄인(prisoner)

con(강조=completely)+vict(승리하다=victory)의 결합.

'법정에서 검사가 완전히 승리하다=(판사가)유죄를 선고하다'입니다. 명사형 conviction(유죄판결)에 '신념, 확신'이란 뜻이 파생되는 것은 판결을 내릴 때는 신념과 확신을 바탕으로 해야 한다는 것입니다.

- **conviction** [kənvíkʃən] n.유죄판결, 신념(faith, belief), 확신(confidence)
- Those **convicted** don't have any respect for society in general.
  유죄판결을 받은 사람들은 일반적으로 사회에 대해 어떤 존경심도 없어.
- He spoke in a voice filled with **conviction**.
  그는 확신에 찬 목소리로 말했다.
- He received a murder **conviction** from the jury.
  그는 배심원들로부터 살인죄를 선고받았다.

victim [víktim] n.희생(자), 피해자

vict(승리하다=victory)+im의 결합.

'전쟁에서 승리하는 과정에서 생겨나는 것=희생자, 피해자'입니다. 전쟁에서 승리하는 과정에 많은 군사와 민간인이 다치거나 죽기 때문에 '승리'에서 '희생자, 피해자'라는 뜻이 파생.

- **Victims** suffer from severe pain, fear, and depression.
  희생자들은 극심한 고통, 공포, 그리고 우울증으로 고통받습니다.

convince [kənvíns] vt.설득하다(persuade, prevail), 납득(확신)시키다

con(강조=completely)+vinc(승리하다=victory)+e의 결합.

'논쟁에서 완전히 승리하다=설득하다, 확신시키다'입니다. 무엇에 관한 논쟁에서 완전히 승리했다는 것은 상대편을 설득했고, 납득(이해)시켰고, 확신시켰다는 것이지요.

- conviction [kənvíkʃən] n.확신(confidence), 설득(persuasion), 신념, 유죄판결
- Your plan is perfectly good, but it's difficult to **convince** me.
  너의 계획은 확실히 좋은데 그것이 나를 설득시키기는 어려워.

invincible [invínsəbəl] a.이길 수 없는, 천하무적의

in(부정=not)+vinc(승리하다=victory)+ible(가능)의 결합.

'싸워서 승리할 수 없는=이길 수 없는, 천하무적의'입니다.

- For a long time the team was **invincible**.
  오랫동안 그 팀은 천하무적이었어.
- Until he lost the battle at Waterloo, Napoleon believed that he was **invincible**.
  나폴레옹은 워털루 전투에서 패배할 때까지 자신이 천하무적이라고 생각했다.

어근 val

어근 val은 value(가치, 가격)입니다. 유사철자 vail은 val의 변형.

value [vǽljuː] n.가치(worth), 가격(price), 평가 vt.평가하다, 소중히 하다

- valuable a.귀중한, 값비싼(expensive)   • valueless a.가치 없는(worthless), 하찮은
- invaluable a.매우 귀중한(precious, valuable), 가격을 매길 수 없는(priceless)
- People do not know the **value** of health till they lose it.
  사람들은 건강을 잃을 때까지 그것의 가치를 몰라.
- These paintings are very old and **invaluable**.
  이 그림들은 매우 오래되었고 매우 귀중합니다.

evaluate [ivæljuèit] v.평가하다, 감정하다

e(밖으로=ex=out)+valu(가치, 가격=value)+ate의 결합.

'물건의 현재 가치를 밖으로 끌어내다=평가하다(assess, estimate, appreciate, rate)'입니다. 중고차, 그림, 도자기 등 물건이 갖고 있는 현재 가치(가격)를 밖으로 끌어내는 것은 평가하고 감정하는 것이죠.

- evaluation [-ʃən] n.평가(valuation, assessment, estimation, appreciation)
- We need to **evaluate** how well the system is working.
  우리는 그 제도가 얼마나 잘 작동하고 있는지 평가해 볼 필요가 있다.

devalue [di:væljuèit] vt.가치를 내리다, 평가절하하다

de(아래=down)+value(가치=worth, merit)의 결합.

'가치를 아래로 끌어내리다=평가절하하다(devaluate, degrade)'입니다.

- revalue [ri:vælju:] vt.재평가 하다 • overvalue [òuvərvælju:] vt.과대평가하다
- undervalue [ʌndərvælju:] vt.과소평가하다, 얕보다
- Work in the home is often ignored and **devalued**.
  가정 내의 노동은 종종 무시되고 평가 절하된다.

valid [vælid] a.유효한, 타당한(reasonable)

val(가치=value)+id의 결합.

'가치(쓸모)가 들어 있는=유효한(effective)'입니다. 여권, 카드, 면허증에는 언제까지 쓸모(가치) 있는지를 알려주는 사용 기간이 표시되어 있습니다. 2020년 1월 1일까지 쓸모(가치)가 있다는 것은 그날까지 유효하다는 것이죠.

- a valid passport 유효한 여권 • a valid claim 유효한 청구권
- a valid password 유효한 비밀번호 • valid reasons 타당한 이유들
- We signed the contract last year and it's still **valid**.
  우리는 작년에 계약했고 그 계약은 아직 유효합니다.

invalidate [invælədèit] vt.무효화 하다

in(부정=not)+valid(a.유효한)+ate(동접)의 결합.

'유효하지 못하게, 효력이 없도록 만들다=무효화 하다'입니다.

- The contract was **invalidated** by bilateral agreement.
  그 계약은 쌍방 합의로 무효가 되었다.

avail [əvéil] vi.쓸모(소용)가 있다, 도움이 되다

a(이동=ad)+vail(가치=value)의 결합.

'이용 가치가 들어가 있다=쓸모가 있다, 도움이 되다'입니다. 날짜가 지나가지 않은 쿠폰이나 할인권은 이용 가치가 들어있기 때문에 쓸모가 있고, 도움이 되지요.

- available [əvéiləbəl] a.이용할 수 있는, 쓸모 있는, 입수할 수 있는
- No advice **avails** with him.
  그에게는 어떤 충고도 소용없어.
- There are no spaces **available** in the parking lot.
  주차장에 이용할 수 있는 공간이 하나도 없어.

prevail [privéil] vi.우세하다, 승리하다, 만연하다(널리 퍼지다)

pre(앞, 이전=before)+vail(가치=value)의 결합.

'설득 가치가 앞서다=우세하다, 승리하다(win), 만연하다(widespread)'입니다. 사람들을 설득할 수 있는 설득 가치가 앞서면 우세하고 논쟁에서 승리하게 됩니다. 승리한, 우세한 논리는 널리 퍼지게 되지요. 14C 흑사병이 유럽을 강타한 후 '흑사병은 마녀의 장난이다'라는 논리가 우세했고, 이를 바탕으로 마녀사냥이 만연했습니다. 16~17C에는 이단자를 마녀로 몰아가는 마녀사냥이 만연했는데 마녀를 죽이는 방법이 너무 잔인해서 상상 초월. prevail의 형용사 prevalent를 보면 어근 vail이 val의 변형임을 알 수 있지요.

- prevalent [prévələnt] a.우세한, 널리 퍼져있는, 만연한, 유행하는
- prevalence [prévələns] n.우세, 만연, 널리 퍼짐, 유행
- Fortunately, common sense **prevailed**.
  다행히도, 상식이 승리했어.
- Corruption is still **prevalent** in our society.
  부정부패가 여전히 우리 사회에 만연해 있어.

Day 49

어근 port
어근 port는 port(항구, 운반하다)입니다.

port [pɔːrt] n.항구(harbor), 항구도시, 가방(bag) vt.운반하다(carry)

여행 **가방**을 든 사람들이 **항구**에서 배를 타고, 일꾼들은 물건을 **항구**로 **운반**하지요. '항구'에서 '가방, 운반하다'란 뜻이 파생. 포터(porter)라는 이름의 화물차도 있습니다.

- porter [pɔ́ːrtər] n.운반인, 운반도구
- airport n.공항

passport [pǽspɔ̀ːrt] n.여권(패스포트)

pass(통과하다)+port(항구, 운반하다)의 결합.

'**항구를 통과하여 다른 나라로 갈 수 있는 허가증=여권**'입니다. 비행기가 없던 시절에 영국에서 프랑스로 가려면 당연히 배를 타고 가야 했겠지요. 다른 나라에 가기 위해 항구를 통과할 때 필요한 허가증이 여권(passport)입니다.

- May I see your **passport** and plane ticket? 여권과 비행기 표를 보여주시겠습니까?

portable [pɔ́ːrtəbəl] a.운반할 수 있는, 휴대용의 n.휴대용, 포터블

port(항구, 운반하다=carry)+able(할 수 있는)의 결합.

'**손으로 운반할 수 있는=휴대용의**'입니다. 포터블 카세트, 포터블 오디오, 포터블 컴퓨터 등 **포터블(portable)**이란 영어는 일상생활에서 흔히 사용하고 있습니다.

- How much should I expect to pay for a good **portable** computer?
  좋은 휴대용 컴퓨터 하나 사려면 얼마나 예상해야 하나요?

opportunity [ɑ̀pərtjúːnəti] n.기회

op(이동=ad)+port(항구, 운반하다)+unity의 결합.

'**많은 사람이 살고 있는 항구도시로 이동하면 생기는 것=기회**'입니다. 무역항인 항구 도시로 가면 일자리를 차지할 기회가 많기 때문에 많은 사람이 기회를 찾아 항구도시로 갔습니다. '항구로 이동=기회'인 것이죠. opportunity는 누구나 예측할 수 있는 기회이고, chance는 우연히 다가오는 기회.

- Competition provides a fair and equal **opportunity** to all the players.
  경쟁은 모든 선수에게 공정하고 똑같은 기회를 제공한다.

import [impɔ́ːrt] n.수입, 수입품, 수입액 vt.수입하다

im(안으로=in)+port(항구, 운반하다)의 결합.

'해외에서 항구 안으로 들여오는 것=수입, 수입품'입니다.

- By and large, we have to **import** the other energy fuels.
  대체로, 우리는 다른 에너지 연료를 수입해야 한다.

export [íkspɔːrt] n.수출, 수출품, 수출액 vt.수출하다

ex(밖으로=out)+port(항구, 운반하다)의 결합.

'물건을 항구 밖으로 해외로 보내는 것=수출, 수출품'입니다.

- Korean pop music has been **exported** around the world. 한국 팝 음악은 전 세계로 수출되고 있다.

support [səpɔ́ːrt] vt.지탱하다, 지지하다, 후원하다, (가족)부양하다, 뒷받침하다
n.지탱, 지지, 후원, 부양, 증거

sup(아래=sub=under)+port(운반하다, 옮기다)의 결합.

'아래에서 위로 옮기다=지탱하다, 지지하다, 후원하다, 부양하다'입니다. 스포츠 팀에는 서포터즈(supporters)가 있는데 자기가 응원하는 팀의 사기가 떨어지면 팀의 사기가 떨어지지 않도록 지탱(지지)하고, 팀의 사기를 위로 끌어올리기 위하여 적극적인 후원을 합니다.

- These measures are strongly **supported** by environmental groups.
  이들 조치는 환경 단체들에 의해 강력한 지지를 받는다.
- The witness's story was not **supported** by the evidence.
  그 목격자의 이야기는 증거로 뒷받침되지 않았다.

report [ripɔ́ːrt] v.보고하다 n.보고, 보고서, (학교)성적표

re(계속=again)+port(항구, 운반하다)의 결합.

'새로운 사실들을 계속 옮기는(알려주는) 것=보고, 성적표(선생님이 부모에게 보고)'입니다.

- Have you **reported** the accident to the police? 그 사고를 경찰에 보고(신고)했나요?
- He scoffed at my poor **report** card. 그는 형편없는 나의 성적표를 비웃었다.

transport [trænspɔ́ːrt] vt.운반하다(carry), 수송하다 n.운반, 수송, 이송

trans(이동=ad=to)+port(항구, 운반하다)의 결합.

'물건을 육지에서 항구로 이동, 물건을 항구에서 항구로 이동=운반, 수송'입니다. port가 '운반하다'이기 때문에 trans(이동)가 붙은 transport도 '운반하다'입니다.

- transportation [trænspərtéiʃn] n.운반(비), 수송(비) • transporter [trænspɔ́ːrtər] n.수송(운송)자, 운송회사
- The buses are designed to treat and **transport** patients.
  그 버스는 환자들을 치료하고 이송하도록 설계되어 있다.
- The goods were damaged during **transport**.
  상품들이 운송 중에 훼손되었네요.

opportune [ɑ̀pərtjúːn] a. 시기적절한(timely)

op(이동=ad)+port(항구, 운반하다)+une의 결합.

'항구로 물건을 운반하기 위해 출발 시점을 보는=시기적절한'입니다. 항구로 물건을 실어 보낼 때는 순풍이 불고 맑은 날 출발해야 적절합니다. 역풍이 불면 도착하는 데 더 오랜 시간이 걸리고 폭풍우가 몰아치면 배가 난파될 수 있지요.

- The present is the most **opportune** time to move.
  지금이 이동하기에 가장 시기적절한 시간이야.
- The call came at an **opportune** moment for me.
  전화가 시기적절한 순간에 나에게 왔어.

purport [pərpɔ́ːrt] n. 취지, 요지, 목적, 의도

pur(앞=pro=before)+port(항구, 운반하다)의 결합.

'말과 글에서 맨 앞에 옮겨 놓은 것=취지, 요지(point), 목적(aim), 의도(intention)'입니다. 글을 쓸 때 글의 맨 앞에 옮겨놓는 것은 그 글을 쓰는 취지, 요지, 목적, 의도입니다.

- The **purport** of this letter is that he will resign.
  이 편지의 취지(의도)는 그가 사임하겠다는 것입니다.
- What was the main **purport** of his speech?
  그의 연설의 요지가 무엇이었어?

deport [dipɔ́ːrt] vt. 추방하다, 처신하다(behave)

de(분리=off)+port(항구, 운반하다)의 결합.

'외국인을 배에 태워 항구에서 분리시키다=추방하다(expel, banish, exile, dismiss)'입니다. 죄를 지은 외국인을 배에 태워 항구에서 분리시키는 것은 추방이죠. 처신(행동)을 잘못한 사람을 추방하기 때문에 '처신하다'에서 '추방하다'는 뜻이 파생. deport oneself(행동하다, 처신하다)로 사용.

- They **deported** the criminals from their country.
  그들은 범죄자들을 국외로 추방했다.
- **Deport yourself** like a gentleman. 신사답게 행동(처신)해.

portfolio [pɔ́ːrtfóuliòu] n. 손가방, 서류철, 작품집, 포트폴리오(자산구성)

port(항구, 운반하다)+folio의 결합.

'서류 따위를 운반하는 것=손가방'입니다. 포트폴리오는 들고 다니는 서류 가방, 서류철을 뜻하는데 금융에서는 주식, 채권, 부동산 등에 분산 투자한 자산 구성을 의미합니다. 요즘은 취업 포트폴리오, 면접 포트폴리오 등 다양하게 사용하는데 자신의 경력과 실력을 증명하기 위한 경력증명서를 **서류철** 형태로 만든 것입니다. 상식적으로 알고 있어야 하는 단어.

- Use a **portfolio** to attach all the papers together.
  이 서류들을 함께 묶으려면 서류철을 이용하세요.

어근 via

어근 via는 way(길)입니다. 유사철자 vi, vey, voy는 via의 변형.

via [víːə, váiə] prep. ~을 거쳐(by way of), ~을 통하여

via는 길을 떠나 목적지에 갈 때 어떤 장소를 경유하여, 거쳐서 가는 것입니다.

- The virus is transmitted **via** physical contact.
  그 바이러스는 신체적 접촉을 통하여(거쳐서) 옮겨진다.
- We are watching the game **via** satellite.
  우리는 인공위성을 통해서(거쳐서) 경기를 보고 있다.

trivial [tríviəl] a. 사소한(small, slight), 하찮은

tri(3=three)+via(길=road)+l의 결합.

'길이 3갈래로 나뉜 삼거리인=사소한, 하찮은(worthless, insignificant)'입니다. 고대에 길이 세 갈래로 나뉜 삼거리는 번화가였고 광장과 같은 장소였습니다. 삼거리에 사람들이 모여 사소한 이야기를 나누었던 일상생활에서 유래. 현대는 사거리가 번화가이고 사거리는 광장이죠.

- a **trivial** matter 사소한 일 • a **trivial** offense 사소한 범죄(경범죄)
- A **trivial** misunderstanding often **develops** into a bitter argument.
  사사로운 오해가 종종 심한 말다툼으로 발전합니다.

deviate [díːvièit] vi. (원칙, 규칙)벗어나다, 빗나가다

de(분리=off)+via(길=via)+te의 결합.

'늘 가던 정상적인 길에서 분리되다=벗어나다, 빗나가다(diverge)'입니다.

- deviation [dìːviéiʃən] n. 벗어남(departure), 일탈
- Do not **deviate** from the objective facts.
  객관적인 사실에서 벗어나지 마세요.
- His parents were disappointed when he **deviated** from his plan to attend college.
  그가 대학교에 진학하려는 계획에서 빗나가자 그의 부모님은 실망했다.

previous [príːviəs] a. 앞의, 이전의

pre(앞, 이전=before)+vi(길=via=way)+ous의 결합.

'내가 길을 가기 이전에 앞서서 길을 간=앞의, 이전의'입니다.

- **previously** ad. 미리(beforehand, in advance), 사전에
- He ruled out all applicants who had no **previous** experience.
  그는 경력(이전의 경험)이 없는 지원자들은 모두 제외시켰다.
- I have a **previous** engagement on Sunday.
  나는 일요일에 선약(이전에 잡은 약속)이 있어.

vie [vai] vi. 경쟁하다(compete), 겨루다, 다투다

vi(길=via=way)+e의 결합.

경마나 자동차 경주를 보면 서로 좋은 길을 차지하기 위해 경쟁하고 다투기 때문에, '길'에서 '경쟁하다, 다투다'는 뜻이 파생.

- Children tend to **vie** for their mother's attention.
  아이들은 엄마의 관심을 얻기 위해 경쟁하는 경향이 있다.

obviate [ábvièit] vt. (위험, 곤란)방지하다(prevent), 제거(배제)하다

ob(분리=off)+vi(길=via=way)+ate의 결합.

'길 위에 있는 장애물을 분리시키다=방지하다, 제거하다'입니다. 폭설이 내리면 제설차가 길 위에 있는 장애물인 눈을 치우는데 그것은 사고를 방지하기 위함이죠. 길 위의 장애물을 분리시키는 것은 위험을 방지하는 것입니다.

- Severe penalties will not be enough to **obviate** corruption.
  강력한 처벌로는 부정부패를 방지하기에 충분하지 않을 것이다.

convey [kənvéi] vt. 전달하다(carry, transport, deliver, transmit), 운반하다

con(함께=with)+vey(길=via=way)의 결합.

'길을 떠나 갖고 있는 물건을 주다=전달하다'입니다. 컨베이어 시스템(conveyer system)은 물건을 연속적으로 전달(운반)해 주는 장치입니다. 에스컬레이터, 무빙워크는 모두 컨베이어 시스템.

- Colours like red **convey** a sense of energy and strength.
  적색 같은 색깔은 에너지와 강렬함을 전달한다.

voyage [vɔ́idʒ] n. 항해, 여행 v. 항해하다, 여행하다

voy(길=via=way)+age의 결합.

'집을 나와 먼 길을 떠나는 것=항해, 여행(travel, journey, tour, trip)'입니다.

- These days **voyages** into space are becoming more and more common.
  요즈음 우주여행이 갈수록 일반화되고 있다.

envoy [énvɔi] n. 사절(ambassador), 특사(amnesty), 외교관(diplomat)

en(안으로=in)+voy(길=via=way)의 결합.

'특수 임무를 갖고 다른 나라 안으로 길을 떠나는 사람=사절, 특사, 외교관'입니다.

- Korea hastily sent a senior **envoy** for negotiations.
  한국은 협상을 위해 고위급 특사를 급히 파견했다.

어근 turb

어근 turb는 stir(휘젓다)입니다.
자동차의 터보(turbo) 엔진에서 turb는 휘젓는 회전운동을 나타냅니다.

disturb [distə́:rb] v.방해하다, 어지럽히다, 폐를 끼치다

dis(강조=completely)+turb(휘젓다=stir)의 결합.

'완전히 휘저어 놓다=방해하다(hinder, obstruct)'입니다. 일하는 사람의 책상과 컴퓨터를 완전히 휘저어 놓으면 일을 못 하도록 방해하는 것이죠.

- disturbance [distə́:rbəns] n.혼란, 방해(hindrance, obstruction)
- Texting is a good way to connect with someone without **disturbing** them.
  문자메시지는 사람들을 방해하지 않고 누군가와 연락할 수 있는 좋은 방법이야.

turbulent [tə́:rbjələnt] a.사나운, 난기류의, 격동의, 격변의

turb(휘젓다=stir)+ulent의 결합.

'바다와 하늘을 마구 휘저어 놓은=사나운, 난기류의'입니다. 바닷물을 마구 휘저어 놓으면 바다가 사납게 되고, 하늘을 마구 휘저어 놓으면 난기류 상태가 됩니다. 민심을 마구 휘저어 놓으면 격동의, 격변의 시대가 되지요.

- The aircraft is designed to withstand **turbulent** conditions.
  그 항공기는 난기류 상태를 잘 견디도록 설계되어 있다.

turbid [tə́:rbid] a.흙탕물의, 혼탁한, (구름)짙은, (생각)뒤죽박죽인

turb(휘젓다=stir)+id의 결합.

'도랑물을 마구 휘저어 놓은=흙탕물의(muddy), 혼탁한'입니다.

- The alligator inhabits the **turbid** water of the Amazon river.
  그 악어는 아마존 강의 혼탁한 물에 살고 있다.

turmoil [tə́:rmɔil] n.소란, 소동, 혼란(confusion)

tur(휘젓다=turb=stir)+moil의 결합.

'마구 휘젓는 행위=소란(disturbance, disorder, commotion)'입니다.

- His mind is in **turmoil** because of family trouble.
  그의 마음은 가정불화로 인해 혼란 속에 있다.

Day 50

어근 part
어근 part는 단어 part(부분)입니다.

part [pɑ:rt] n.부분, 부품, 구성원, 지역 vt.갈라놓다 vi.갈라지다(헤어지다)

part는 전체 속의 일부분, 전체에서 분리된 일부분으로 '**일부분**'에서 '**부품, 구성원, 지역**'이란 뜻이 파생. 자동차 부품은 자동차의 일부분, 팀 구성원은 팀의 일부분, 대구는 경상도의 일부분이죠.

- Which **part** of Korea do you come from? 너는 한국의 어느 지역 출신이야?
- He has recently **parted**[separated] from his wife.
  그는 최근에 아내와 헤어져 있다.

impartial [impá:rʃəl] a.공정한, 편파적이지 않은(unbiased)

im(부정=not)+part(부분)+ial의 결합.
'일부분에 치우치지 않은=공정한(fair, just), 편파적이지 않은'입니다.

- impartiality [ìmpà:rʃiǽləti] n.공평(fairness, justice, equity), 공명정대
- partial a.불공정한, 편파적인   • partiality [pà:rʃiǽləti] n.편파, 편애
- Officials must be fair and **impartial**. 공무원은 공정해야 하고 편파적이지 않아야 합니다.

compartment [kəmpá:rtmənt] n.칸막이(객실, 방, 함, 칸)

com(강조=completely)+part(부분, 갈라놓다)+ment의 결합.
'하나의 공간을 용도에 맞게 부분으로 갈라놓은 것=칸막이(객실, 방, 함, 칸)'입니다.

- She reserved a first-class **compartment** with a bed.
  그녀는 침대가 있는 일등석 객실을 예약했다.

particle [pá:rtikl] n.티끌, 미립자, 극소량

part(부분)+ticle(티끌)로 결합.
'티끌처럼 아주 작은 부분=티끌, 미립자, 극소량'입니다.

- a dust particle 먼지 입자   • a particle of food 극소량의 음식
- He has not a **particle** of sympathy.
  그는 티끌만큼의 동정심도 없어.

particular [pərtíkjələr] a. 특별한(special), 까다로운

particle(미립자, 극소량)에서 파생된 형용사.

전 세계에 극소량만 존재하는 지하자원 희토류는 특별한 것이고, 다루기도 까다롭지요. '**특별한**'에서 '**까다로운**'이란 뜻이 파생.

- We must pay **particular** attention to the homeless.
  우리는 노숙자들에게 특별한 관심을 기울여야 합니다.
- She's very **particular** about her clothes.
  그녀는 옷에 대해 아주 까다롭다.

jeopardy [dʒépərdi] n. 위험(risk, danger, peril), 위기

jeo(장난=joke)+pard(부분=part)+y의 결합.

'장난삼아 어느 한쪽에 큰돈을 거는 도박 행위=**위험**'입니다. 경마, 권투 등의 경기에서 어느 쪽에 큰돈을 거는 도박 행위는 위험합니다. 누가 승자가 될지 알 수 없지요.

- If you don't pay more attention to me, our relationship will be in **jeopardy**.
  네가 나에게 좀 더 신경 쓰지 않으면, 우리 관계는 위기에 빠질 거야.

portion [pɔ́ːrʃən] n. 부분(part), (음식)1인분 vt. 나누다(part, divide)

port(부분=part)+tion의 결합.

port는 part(부분)에서 파생된 단어입니다.

- I have spent a considerable **portion** [part] of my life here.
  나는 내 인생의 상당 부분을 여기서 보내고 있다.
- This is five thousand won per **portion**.
  이것은 1인분에 5천 원입니다.

어근 ped

어근 ped는 foot(발)입니다. 유사철자 pod, pus는 ped의 변형.
자전거를 탈 때 밟는 페달(pedal)은 발로 밟는 발판입니다.

pedicure [pédikjùər] n.발(톱) 치료, 발 관리

ped(발=foot)+i+cure(치료)의 결합.

매니큐어(manicure-손 관리)는 man(손=hand)+i+cure(치료)의 결합입니다.

- I get a facial, a manicure, a **pedicure**, and a massage.
  나는 얼굴 마사지, 손톱 관리, 발톱 관리와 마사지를 받습니다.

biped [báiped] n.두발짐승

bi(둘=two)+ped(발=foot)의 결합.

'발이 두 개인 짐승=두발짐승'입니다.

- Horses, lions and dogs are quadruped, but humans are **biped**.
  말, 사자, 개는 네발짐승이지만 사람은 두발짐승이다.

centipede [séntəpìːd] n.(동물)지네

centi(100=hundred)+ped(발=foot)+e의 결합.

'발이 100개 이상 있는 동물=지네'입니다.

- How many legs does a **centipede** have?
  지네는 다리가 몇 개인가요?

pedestrian [pədéstriən] n.보행자 a.도보의

ped(발=foot)+e+stri(거리=street)+an(사람)의 결합.

'발로 길거리를 걸어 다니는 사람=보행자'입니다.

- It is dangerous that **pedestrians** do not pay attention when they are texting.
  보행자들이 문자를 보내는 동안 (주변에) 신경 쓰지 않는 것은 위험합니다.

peddler [pédlər] n.행상인

ped(발=foot)+dl+er(사람)의 결합.

'발로 걸어 다니며 물건 팔고 소문을 퍼뜨리는 사람=행상인'입니다.

- peddle [pédl] vt.행상하다, (소문을)퍼뜨리다
- The **peddler** sold books door to door to support her son in college.
  그 행상인은 대학 다니는 아들을 뒷바라지하려고 집집마다 방문하여 책을 팔았다.

impede [impíːd] vt.방해하다(hinder, obstruct, block), 지연(지체)시키다

im(안에=in)+ped(발=foot)+e의 결합.

'**진흙탕이나 덫에 발이 빠지게 하다=방해하다**'입니다. 파놓은 진흙 구덩이에 군사들의 발이 빠지면 진격이 지체되지요.

- impediment [impédəmənt] n.방해(물), 장애(물), 신체장애, 언어장애
- Bad weather is **impeding** the progress of the rescue workers.
  나쁜 날씨가 구조 작업자의 진행을 방해하고(지연시키고) 있습니다.

encyclopedia [ensàikloupíːdiə] n.백과사전

en(안으로=in)+cycl(한 바퀴=cycle)+ped(발=foot)+ia의 결합.

'**안으로 들어가 한 바퀴 걸었을 때 모든 지식을 알려주는 책=백과사전**'입니다.

- What are you doing reading the **encyclopedia**? 백과사전 보면서 뭐 하세요?

expedite [ékspədàit] vt.신속하게 처리하다

ex(밖으로=out)+ped(발=foot)+ite의 결합.

'**길 밖으로 발걸음을 옮겨 일 처리 하다=신속하게 처리하다**'입니다. 가려던 일이 막혀 있을 때 길 밖으로 발을 옮겨 다른 길을 찾아 일 처리를 하면 신속하게 처리하는 것이죠.

- The building owner promised to **expedite** the repairs.
  건물 주인이 수리를 신속하게 처리할 것을 약속했어.

어근 pet

어근 pet는 seek(추구하다)입니다.
추구는 원하는 것을 가지려고 열심히 노력하는 것.

appetite [ǽpitàit] n.식욕, 욕구(want, desire), 욕망

ap(이동=ad)+pet(추구하다=seek)+ite의 결합.

'**갖고 싶은 것을 추구하는 것=욕구, 욕망**'입니다. 갖고 싶은 것을 추구하는 것은 욕구(욕망)이고, 음식을 추구하는 것은 식욕입니다.

- an appetite for power 권력욕   • intellectual appetite 지적 욕구
- I don't have good **appetite** these days. 저는 요즘 식욕이 별로 없어요.

petition [pitíʃən] n.청원(서), 탄원(서), 진정(서), 고소장 vt.청원하다, 탄원하다

pet(추구하다=seek)+ition의 결합.

'**문제 해결을 추구하는 행위=청원, 탄원, 진정**'입니다. 피해를 입었을 때 문제 해결을 위하여 관공서나 공공기관에 내는 것이 진정서, 탄원서입니다. 법원에 제출하는 진정서는 고소장이죠.

- So far, more than 70,000 citizens have signed the **petition**.
  지금까지, 7만 명 이상의 시민이 그 청원에 서명했다.

perpetual [pərpétʃuəl] a.끊임없는, 영구적인

per(완전히=perfectly)+pet(추구하다=seek)+ual의 결합.

'완전할 때까지 추구하는=끊임없는(continual), 영구적인(permanent, lasting)'입니다.

- perpetual snows 만년설　• perpetual punishment 종신형
- I am suffering from **perpetual** noises.
  나는 끊임없는 소음으로 고통을 겪고 있어.

impetus [ímpətəs] n.자극(제), 추진력(propelling power)

im(안에=in)+pet(추구하다=seek)+us의 결합.

'마음속에서 어떤 무엇을 추구하도록 만드는 것=자극(incentive, spur, stimulus)'입니다.

- His success gave an **impetus** to lots of people.
  그의 성공은 많은 사람에게 자극을 주었다.

impetuous [impétʃuəs] a.(행동)성급한, 충동적인, (바람, 속도)맹렬한

im(안으로=in)+pet(추구하다=seek)+uous의 결합.

'준비가 안 된 상태에서 안으로 들어가 추구하는=성급한(hasty, rush)'입니다. 준비가 제대로 안 된 상태에서 무작정 어떤 사업에 뛰어들어 성공을 추구하는 것은 충동적이고, 성급한 행위지요.

- I think it was an **impetuous** and misguided judgement.
  내가 생각하기에 그것은 성급하고 잘못된 판단이었어.
- He is so **impetuous** that he often regrets his decision.
  그는 너무 충동적이어서 종종 자신의 결정을 후회해.

perpetrate [pə́:rpətrèit] vt.(나쁜 짓, 범죄)저지르다

per(강조=perfectly)+pet(추구하다=seek)+rate의 결합.

'법으로 확실하게 금지하는 것을 추구하다=저지르다(commit)'입니다. 폭력, 절도, 마약 등 법적으로 완전히 금지한 것을 추구하면 범죄를 저지르는 것입니다.

- There has been a huge increase in street crime **perpetrated** by young people.
  청소년들에 의해 저질러지는 길거리 범죄가 크게 증가하고 있다.
- Lots of violent crime is **perpetrated** by the homeless.
  많은 폭력 범죄가 노숙자들에 의해 저질러진다.

compete [kəmpíːt] vi. 겨루다, 경쟁하다

com(함께=with)+pet(추구하다=seek)+e의 결합.

'여러 팀들이 함께 모여 승리를 추구하다=겨루다, 경쟁하다'입니다.

- competition [kàmpətíʃən] n. 경쟁, 시합(contest), 경기
- competence [kámpətəns] n. 능력(겨룰 수 있는 힘), 역량
- competent [kámpətənt] a. 유능한(누구와도 겨룰 수 있는), 역량 있는
- competitive [kəmpétətiv] a. 경쟁하는, 경쟁력 있는, 경쟁심이 강한

- We must **compete** with other companies for the contract.
  우리는 계약을 따내기 위해 다른 회사들과 경쟁해야 합니다.
- In the current economy, **competition** for jobs is very tough.
  현재의 경제 상황에서 일자리 경쟁은 매우 심해.
- It is outside my area of **competence**.
  그것은 내 능력(역량) 밖의 일입니다.
- She seems so nice and **competent**.
  그녀는 상당히 멋있고 유능해 보입니다.
- The player was so **competitive** that he won a triple crown.
  그 선수는 너무 경쟁력이 있어서 3관왕을 달성했다.

어근 phan

어근 phan은 show(보이다)입니다. 유사철자 phen, phas, fan은 phan의 변형.

phantom [fǽntəm] n. 유령, 환상, 허깨비 a. 환상의, 망상의, 유령의

phan(보이다=show)+tom의 결합.

'자연 세계에 존재하지 않는 것이 눈에 보임=유령(ghost, demon)'입니다.

- I really want to see **Phantom** of the Opera.
  나는 오페라의 유령을 정말 보고 싶어.

phenomenon [finámənàn] n. 현상

phen(보이다=phan=show)+omenon의 결합.

'눈앞에 보이는 모양과 상태=현상'입니다. 눈앞에 보이는 모양과 상태를 현상(現象)이라고 합니다. 자연 현상에는 놀라운 것이 많기 때문에 '**현상**'에서 '**놀라운**'이란 뜻이 파생.

- phenomenal a. 자연현상의, 놀라운(wonderful, remarkable, marvelous, fantastic)
- This movie is based on supernatural **phenomenon**.
  이 영화는 초자연적인 현상에 근거를 두고 있다.

emphasize [émfəsàiz] vt.강조하다(stress), 두드러지게 하다

em(안에=in)+phas(보이다=phan=show)+ize의 결합.

'안에 있는 것을 더 잘 보이게 만들다=강조하다'입니다. 문장 안에서 특정 단어에 밑줄을 긋거나, 컬러로 표시하여 더 잘 보이게 만들면 그 부분을 강조하는 것이죠.

- The importance of reading books cannot be **emphasized** enough.
  독서의 중요성은 아무리 강조되어도 지나치지 않는다.

phase [feiz] n.면(面), 국면, 단계(stage, step) vt.(단계적)실행하다

phas(보이다=phan=show)+e의 결합.

'눈에 보이는 변화나 발달 과정=국면, 단계'입니다. 집을 짓는데 건축 자재만 눈에 보이면 초기 단계, 외부 장식을 하는 모습이 보이면 완성 단계입니다.

- China is in the second **phase** of its study of the moon.
  중국은 달 연구의 두 번째 단계를 진행하고 있다.
- The investigation has entered a new **phase**.
  그 조사는 새로운 국면에 들어가 있다.

fantastic [fæntǽstik] a.환상적인, (구어)굉장한

fan(보이다=phan=show)+tastic의 결합.

'보지 못했던 것들이 눈에 보이는=환상적인, 굉장한'입니다. fantasy와 phantasy는 같은 단어로 fan은 phan의 변형입니다.

- Listen to this music. It's really **fantastic**!
  이 음악 들어봐. 정말 환상적이야!

Day 51

> **어근 ple** 어근 ple는 fill(채우다)입니다.
> pli, plo, ply는 ple의 변형. 어근 pl*은 fill로 기억하세요.

complete [kəmplíːt] a.완전한, 완벽한 vt.완성(완수)하다, 끝마치다

com(강조=completely)+ple(채우다=fill)+te의 결합.

'**빠진 부분을 완전히 채우다=완성하다**(accomplish, achieve, fulfill, finish)'입니다. 빠졌거나 부족한 부분을 완전히 채우면 일을 완성하고 끝마치는 것이죠.

- **completion** n.성취(accomplishment, attainment, achievement, fulfillment), 완성, 달성
- Will you be able to **complete** the work on time? 그 일을 제시간에 완성(완수)할 수 있겠어요?

complex [kámpleks] a.복잡한, 합성의 n.복합체(산업단지, 종합빌딩), 합성물, 콤플렉스

com(함께=with)+ple(채우다=fill)+x의 결합.

'**한 공간에 여러 개를 함께 채워 놓은=복잡한**(complicated, intricate)'입니다. 한 공간에 많은 공장으로 채워져 있는 산업**단지**(industrial complex)는 **복잡**합니다. 무의식적으로 느끼는 열등감이나 공포감을 콤플렉스라고 하는데 복합적 원인으로 채워져 있지요.

- **complexity** [kəmpléksəti] n.복잡, 복잡한 것 • a **complex** issue 복잡한 문제
- an apartment **complex** 아파트 단지 • a woman **complex** 여성 공포감
- The book has too many difficult vocabulary words and **complex** sentences.
  그 책은 어려운 단어와 복잡한 문장들이 너무 많아.

implement [ímpləmènt] n.도구(기구)(tool), 수단(means) vt.~에게 권한을 주다, 이행하다

im(안에=in)+ple(채우다=fill)+ment의 결합.

'**연장통 안에 채워져 있는 것=도구, 수단, 이행하다**'입니다. 일을 할 수 있도록 연장통 안에 채워놓은 곡괭이, 낫, 삽 등은 농사짓는 도구이자 수단입니다. 누군가에게 도구를 준다는 것은 권한을 준다는 것이고, 권한을 받은 자는 그대로 이행(실행, 실천, 수행)해야 하기 때문에 '**권한을 주다**'에서 '**이행하다**'는 뜻이 파생.

- **implementation** [ìmpləməntéiʃən] n.이행(performance, fulfillment), 수행, 실행, 완성
- The chimpanzee can use an **implement**. 침팬지는 도구(기구)를 이용할 수 있다.
- We are ready to **implement** our promises.
  우리는 약속을 이행(실행)할 준비가 되어 있습니다.

complement [kámpləmənt] vt.보충(보완)하다 n.보충(물), 보완, (문법)보어

com(강조=completely)+ple(채우다=fill)+ment의 결합.

'**부족한 부분을 완전하게 채우다=보충하다**(replenish)'입니다. 비어 있거나 부족한 부분을 완전하게 채우는 것이 보충, 보완입니다. I am(나는 이다)까지만 말하면 불완전한 말이기 때문에 I am a writer처럼 뒤에 명사를 보충해 줘야 말이 되지요. a writer는 문장이 완전하도록 불완전한 부분을 채워주기 때문에 보(충)어라고 합니다.

- They are an ideal couple because her mild personality **complements** his strong temper.
  그녀의 부드러운 성격이 그의 강한 기질을 보완하기 때문에 그들은 이상적인 커플이야.

replenish [ripléniʃ] vt.다시 채우다(refill), 보충하다

re(다시=again)+ple(채우다=fill)+nish의 결합.

'**비어 있거나 모자라는 부분을 다시 채우다=보충하다**(supplement, complement)'입니다.

- They **replenished** a number of young, well-educated workers.
  그들은 많은 젊고 잘 교육된 노동자를 보충했다.

deplete [diplí:t] vt.고갈시키다, 격감시키다

de(분리=off)+ple(채우다=fill)+te의 결합.

'**채워져 있는 것을 조금씩 분리시키다=고갈시키다**(exhaust)'입니다. 땅속에 채워져 있는 지하자원을 조금씩 분리시켜 사용하면 언젠가는 지하자원을 격감시키고 고갈시키게 되지요.

- That country has **depleted** its natural resources completely.
  그 나라는 천연자원을 완전히 고갈시켜 놓았다.
- Automobile exhaust is believed to **deplete** the ozone layer.
  자동차 배기가스가 오존층을 격감시키는 것으로 판단된다.

replete [riplí:t] a.가득 찬, 풍부한, 충분한

re(계속=again)+ple(채우다=fill)+te의 결합.

'**계속 채우고 또 채운=가득 찬**(filled, full), **풍부한**(abundant, affluent, rich, ample)'입니다.

- This book **is replete with** useful information.
  이 책은 유용한 정보로 가득 차 있어.

accomplish [əkámpliʃ] vt.이루다, 성취하다, 완성하다(complete, achieve, attain, fulfill, finish)

ac(이동=ad)+com(강조=completely)+pli(채우다=fill)+sh의 결합.

'**목표를 완전히 채우다=완성하다**'입니다. 금메달 5개를 목에 거는 것이 목표인 선수가 금메달 4개를 따고 마지막 1개를 채워 넣으면 목표를 이루고 성취하게 되지요. complete와 같은 어원 결합.

- accomplishment n.성취(achievement, completion, attainment), 완성, 성과(업적)
- To **accomplish** great things, we must dream as well as act.
  위대한 것을 성취하기 위해, 우리는 행동하는 것뿐만 아니라 꿈도 꾸어야 합니다.

accomplice [əkámplis] n.공범(confederate, accessory)

ac(이동=ad)+com(함께=with)+pli(채우다=fill)+ce의 결합.

'범죄행위를 했는데 구성원으로 함께 채워져 있는 사람=공범'입니다.

- He was arrested, but his **accomplice** got away. 그는 체포되었지만 공범자는 도망쳤다.

compliment [kámpləmènt] vt.~에게 칭찬하다(praise) n.칭찬, 찬사

com(함께=with)+pli(채우다=fill)+ment의 결합.

'잘했다는 말과 함께 선물로 채워주다=칭찬하다'입니다. complement(보충)와 compliment(칭찬)는 발음이 같고 철자가 비슷합니다. 아이(i)들은 칭찬(compliment)을 많이 해줘야 합니다. 칭찬은 코끼리도 춤추게 한다는 말이 있지요.

- complimentary [kàmpləméntəri] a.칭찬의, 찬사의, 무료의(칭찬할 때 주는 선물은 무료)
- When you give a **compliment**, do not give **compliments** on superficial things such as their looks and new clothes.
  칭찬을 건넬 때 외모나 새 옷과 같은 표면적인 대상에 관하여 칭찬하지 마세요.

complicate [kámplikèit] vt.복잡하게 만들다

com(함께=with)+pli(채우다=fill)+cate의 결합.

'하나의 공간에 여러 개를 함께 채워 놓다=복잡하게 만들다'입니다. complex(복잡한)의 동사형. 매장에서 판매를 담당하는 직원에게 회계, 수선, 배달 등 여러 업무를 채우면 업무를 복잡하게 만드는 것이죠.

- complicated [kámplikèitd] a.복잡한(complex), 뒤섞인
- complication [kàmplikéiʃən] n.복잡, 복잡한 문제
- Please do not **complicate** matters by telling a lie. 거짓말해서 문제를 복잡하게 만들지 마세요.
- In our modern **complicated** society, we often feel stress during our daily lives.
  현대의 복잡한 사회에서, 우리는 종종 일상생활에서 스트레스를 받는다.

exploit [iksplɔ́it] vt.개발하다, 이용하다, 착취하다 n.공적(achievement), 업적

ex(밖으로=out)+plo(채우다=fill)+it의 결합.

'땅 속에 채워져 있는 지하자원을 밖으로 꺼내다=채굴(개발)하다(develop)'입니다. 땅속에 채워져 있는 석유, 금 등을 밖으로 꺼내는 것은 개발(채굴)하는 것입니다. 과거 금광개발과 같은 채굴작업은 노예의 노동력을 이용하고 착취했기 때문에 '채굴하다'에서 '이용하다, 착취하다'는 뜻이 파생. 주로 나쁜 의미로 이용할 때 사용. 금광개발, 석유 시추에 성공하면 누군가에게는 공적이고 업적이기 때문에 '채굴하다'에서 '공적, 업적'이란 뜻이 파생.

- We must **exploit** the resources of the oceans. 우리는 해양 자원을 개발해야 합니다.
- He **exploited** workers by underpaying them. 그는 임금을 적게 줌으로써 노동자들을 착취했다.
- He won the medal for his **exploit** in Iraq. 그는 이라크에서의 공적으로 훈장을 받았다.

supply [səplái] vt.공급(제공)하다(give) n.공급(량), 비축

sup(아래=sub=under)+ply(채우다=fill)의 결합.

'**그릇 아래부터 빵과 우유를 채워주다=공급하다**'입니다. 로마 시대에 시민들에게 빵과 우유를 나누어 준 것에서 유래. 가져간 그릇에 빵과 우유를 채워주면 빵과 우유를 공급하는 것이죠. 공급은 필요한 것을 give 하는 것.

- Local schools **supply** many of the volunteers.
  지역 학교가 많은 자원 봉사자를 공급(제공)하고 있습니다.

---

supplement [sʌ́pləmənt] n.보충(물), 추가(요금), (책)부록 vt.보충(보완)하다, 추가하다

supple(공급하다=supply)+ment의 결합.

'**부족한 무엇을 공급하다=보충하다**(complement, replenish)'입니다. supply에서 파생된 단어. 무엇을 공급하는 것은 누군가에게 부족한 것을 보충하는 것이기 때문에 '**공급하다**'에서 '**보충하다**'는 뜻이 파생.

- supplementary [sʌ̀pləméntəri] a.보충의, 추가의
- Safety deposit boxes are available at a **supplement**. 추가 요금으로 안전 금고를 이용하실 수 있습니다.
- He **supplements** his income by giving private lessons. 그는 개인 교습으로 수입을 보충해.

> **어근 no**
> 어근 no는 know(알다, 알고 있다)입니다.
> 유사철자 gno, gn은 no앞에 g가 붙어 gno, gno에서 o가 탈락하여 gn으로 변형.
> 어근 no와 know는 발음이 같습니다. 단어 속에 있는 어근 no(know)에서 부정의 no(not)를 떠올려서는 안 됩니다.

---

notice [nóutis] n.알림, 알아챔, 게시, 주의 vt.알아채다, 주의(유의)하다

no(알다, 알고 있다=know)+tice의 결합.

'**모르는 것을 알게 해 주는 것=알림(통지), 게시(공고)**'입니다. 안내문을 게시하면 내용을 주의해서 보고 핵심 내용이 무엇인지 알아채야 하기 때문에 '**알림**'에서 '**주의, 주목, 알아챔**'이라는 뜻이 파생.

- notify [nóutəfài] vt.(정식으로)통지하다, 통보하다(inform)
- noticeable [nóutisəbəl] a.눈에 띄는(단번에 알아차릴 수 있는), 두드러진, 현저한
- There are two **notices** this week. 이번 주에는 두 가지 공지사항이 있습니다.
- I didn't **notice** him leaving. 나는 그가 떠나가는 것을 알아차리지 못했어.

---

notion [nóuʃən] n.생각, 개념, 관념

no(알다, 알고 있다=know)+tion(명접)의 결합.

'**보고, 듣고, 경험해서 알고 있는 것=생각**(thought, idea), **개념**(concept)'입니다.

- He has a **notion** that life is a voyage. 그는 인생은 항해와 같다는 생각을 갖고 있다.
- I lost the **notion** of time. 나는 시간 개념을 잃어버렸어.

notorious [noutɔ́:riəs] a.악명 높은(infamous)

no(알다, 알고 있다=know)+tori+ous의 결합.

'**누구나 다 알고 있는=악명 높은**'입니다. 누구나 다 알고 있으면 유명한 것이죠. 나쁜 의미로 유명할 때는 notorious, 좋은 의미로 유명할 때는 famous를 사용. 원래 notorious는 famous와 같은 의미였는데 17C 부터 나쁜 의미로 유명할 때 사용하기 시작.

- Beijing **is notorious for** its severely polluted air.
  북경은 심각한 대기오염으로 악명 높습니다.

note [nout] n.메모, 기록(문서, 주석, 원고, 악보) vt.적어두다, 주의(주목)하다

no(알다, 알고 있다=know)+te의 결합.

'**나중에 보면 알 수 있도록 하기 위해 하는 것=메모(memo), 기록**'입니다.

- noted n.유명한(기록되어 있는) • a diplomatic note 외교 문서
- Can I borrow your lecture **notes**?
  네 강의 기록(노트) 좀 빌려주겠니?
- Please **note** our shop is closed on Mondays.
  우리 매장은 월요일에 문 열지 않는다는 것을 주의하세요.
- He **is noted for** his sense of humor.
  그는 유머 감각으로 유명해.

denote [dinóut] vt.나타내다, 표시하다

de(아래=down)+note(n.메모, 기록)의 결합.

'**아래에 특징을 기록(메모)해 두다=나타내다(indicate, mean, signify, express)**'입니다. 환자 이름 아래에 열, 기침이 있다고 메모를 해 두면 감기 환자임을 나타내는 것이죠.

- A high fever often **denotes** a serious illness.
  고열은 종종 심각한 병임을 나타낸다.

ignore [ignɔ́:r] vt.무시하다, 묵살하다

i(부정=in=not)+gno(알다, 알고 있다=no=know)+re의 결합.

'**알고 있음을 부정하다=무시하다(neglect, disregard, pay no attention to)**'입니다. 어디에서 누군가를 만났는데 서로 알고 있는 사이임에도 모르는 사람 취급하면 그것은 사람을 무시하는 것이지요. ingnore[인그노어]는 발음이 어렵기 때문에 철자 n을 생략.

- ignorant [ígnərənt] a.무식한, 모르는 • ignorance [ígnərəns] n.무지, 무식
- I made a good suggestion but they utterly **ignored** it.
  내가 좋은 제안을 했는데 그들은 그것을 완전히 무시했어.
- He **is** quite **ignorant of** where his parents are.
  그는 그의 부모가 어디에 있는지 전혀 몰라.

agnostic [æɡnάstik] n.불가지론자(의)

a(부정=an=not)+gno(알다=no=know)+st(서 있다=stand)+ic의 결합.

'신의 존재 여부를 알 수 없다는 생각이 서 있는 사람=불가지론자(不可知論者)'입니다.

- An **agnostic** believes that it is impossible to know whether God exists or not.
  불가지론자는 신이 존재하는지 안 하는지를 아는 것이 불가능하다고 믿는다.

recognize [rékəɡnàiz] vt.알아보다, 인정하다, 공인(승인)하다

re(강조=completely)+co(함께=com)+gn(알다=no=know)의 결합.

'많은 사람이 다 함께 알고 있다=인정하다(acknowledge), 공인하다(approve)'입니다. 숨어 있는 독립유공자들이 많지요. 객관적인 기록은 없어도 많은 사람들이 그 사람의 공적을 알고 있으면 그것을 사실로 인정하고 공인하게 됩니다.

- **recognizable** [rékəɡnàizəbəl] a.알아볼 수 있는, 인정할 수 있는
- **recognition** [rèkəɡníʃən] n.알아봄, 인정, 공인, 승인
- I could scarcely **recognize** my old friend.
  나는 옛 친구를 거의 알아볼 수 없었어.

cognition [kɑɡníʃən] n.인지(perception, conception), 인식, 지각

co(강조=com=completely)+gn(알다=no=know)+ition의 결합.

'무엇에 대해 확실히 알아차리는 것=인지'입니다. 인지의 정의는 '지각, 기억, 상상, 개념, 판단, 추리를 포함하여 무엇을 안다'는 것을 나타내는 포괄적인 용어입니다.

- Advertising towards children is not desirable as they have not yet fully developed their mental **cognition**.
  어린이를 상대로 한 광고는 그들이 아직 정신적 인지력이 충분히 발달하지 않았기 때문에 바람직하지 않다.

어근 mot

어근 mot는 move(움직이다)입니다. 유사철자 mob, mom은 mot의 변형. 모터보트(motorboat), 모터사이클(motorcycle)의 mot에서 move를 기억하세요.

motivate [móutəvèit] vt.동기 유발하다, 자극하다(spur, stimulate, incite)

mot(움직이다=move)+ivate의 결합.

'움직이지 않는 사람을 움직이게 만들다=동기유발하다'입니다. 정신적인 자극이나 물질적인 혜택을 통하여 움직이지 않는 사람을 움직이게 하는 것이 자극(동기 유발)입니다.

- **motivation** [mòutəvéiʃən] n.동기부여(incentive), 자극(spur, impulse, stimulus)
- Forcing students to learn something is not an effective way to **motivate** students.
  학생들에게 무엇을 배우도록 강요하는 것은 동기를 부여하는 효과적인 방법이 아니다.

demote [dimóut] vt.강등(좌천)시키다

de(아래=down)+mot(움직이다=move)+e의 결합.

'지위가 높은 사람을 아래로 보내다=강등시키다(degrade, downgrade, relegate)'입니다.

- demotion [dimóuʃən] n.강등(degradation, relegation, downgrading), 좌천
- He was **demoted** to manager of a local branch. 그는 지방 지점의 관리자로 좌천되었다.

promote [prəmóut] vt.촉진(진척)시키다, 홍보하다, 승진시키다

pro(앞, 이전=before)+mot(움직이다=move)+e의 결합.

'앞으로 움직이게 하다=촉진시키다(accelerate), 승진시키다'입니다. 머물러 있거나 후퇴하지 않고 앞으로 움직이도록 하는 것은 촉진시키는 것입니다. 상품 판매가 잘 되도록 촉진시키는 것은 홍보(광고)이고, 직장인을 앞으로 나아가도록 촉진시키는 것은 승진입니다.

- promotion [prəmóuʃən] n.촉진, 홍보, 승진   • promotive [prəmóutiv] a.촉진(장려)하는
- The area is now being **promoted** as a tourist destination. 그 지역은 지금 관광지로 홍보되고 있다.
- He worked hard and was soon **promoted**. 그는 열심히 일해서 곧 승진되었다.

commotion [kəmóuʃən] n.소란, 소동

com(함께=with)+mot(움직이다=move)+ion의 결합.

'여러 사람이 함께 움직여 말썽을 일으키는 것=소란(disturbance, disorder)'입니다.

- The people waiting outside are causing a **commotion**. 밖에서 기다리고 있는 사람들이 소란을 피우고 있어.

moment [móumənt] n.지금(now), 순간(instant), 잠깐(while), 중요(importance)

mom(움직이다=mot=move)+ent의 결합.

moment는 움직이려는 **지금 이 순간**입니다. 지금 이 순간은 매우 중요하기 때문에 '**지금**'에서 '**순간, 중요**'라는 뜻이 파생.

- momentary [móuuməntèi] a.순간의, 찰나의   • momentous [mouméntəs] a.중요한
- I'm very busy at the **moment**. 나는 지금 매우 바빠.
- The situation is changing every **moment**. 상황이 매 순간 바뀌고 있다.
- Don't be concerned about the problem of little **moment**.
  별로 중요치 않은 문제에 대해 걱정하지 마.

Day 52

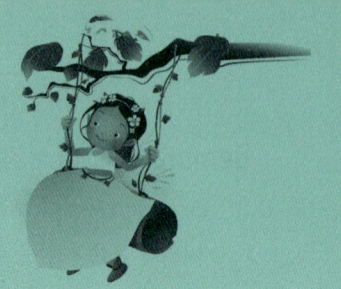

> **어근 sens** 어근 sens는 sense(감각, 느낌)입니다. 유사철자 sen은 sens의 변형. 센서(sensor-감지기)는 감각적으로 알아차리는 기계입니다.

sensitive [sénsətiv] a.예민한, 민감한, 신경과민의(신경질적인)

sens(감각, 느낌=sense)+it(가다=go)+ive의 결합.
'보거나 듣거나 만졌을 때 느낌이 신경에 바로 전달되는=예민한'입니다.

- **insensitive** [insénsətiv] a.둔감한, 무감각한   • **sensitive skin** 민감성 피부
- She **is** unusually **sensitive to** the cold.
  그녀는 남달리 추위에 민감해.
- He **is insensitive to** other people's feeling.
  그는 타인의 감정에 대해 무감각해.

sentient [sénʃənt] a.감각(지각)있는 n.감각(지각) 있는 사람

sen(감각, 느낌=sense)+tient의 결합.
'무엇에 대하여 감각과 느낌이 있는=감각(지각)있는'입니다.

- Any **sentient** person should see through a plausible lie.
  지각 있는 사람은 그럴듯한 거짓말을 꿰뚫어 봐야 해.

sensation [senséiʃən] n.감각(sense), 느낌, 감동, 흥분, 센세이션

sens(감각, 느낌=sense)+ation(명접)의 결합.
'감각, 느낌을 자극하여 마음이 움직이는 것=감동, 흥분(excitement)'입니다. '센세이션을 불러일으키다, 창업시장 센세이션'처럼 센세이션이란 영어를 흔히 사용하는데 사람을 흥분시키고 감동시킨다는 것입니다.

- **sensational** [senséiʃənəl] a.감각의, 놀라운, 선풍적인 인기의
- He felt a **sensation** of severe pain in his head.
  그는 머리에 극심한 통증(고통의 감각, 느낌)을 느꼈다.
- His speech gave a **sensation** among the audience.
  그의 연설은 청중에게 큰 감동을 주었다.

consensus [kənsénsəs] n.의견 일치(합의), 일치된(합의된) 의견

con(함께=with)+sens(감각, 느낌=sense)+us의 결합.

'어떤 무엇에 대하여 모든 사람이 함께 느낌=의견 일치(agreement)'입니다. 신문의 경제란을 보면 '삼성전자 실적 컨센서스 상향'과 같은 헤드라인을 자주 보게 됩니다. **컨센서스(consensus)**는 어떤 무엇에 대해 상호 간에 **의견 일치(합의)**를 보는 것입니다.

- It is always hard to achieve a **consensus**.
  의견 일치를 보는 것은 항상 어려워.
- She is skilled at drawing **consensus** on sensitive issues.
  그녀는 민감한 사안들에 대해 합의(의견 일치)를 이끌어 내는 데 능숙해.

sentimental [sèntəméntl] a.(이성을 떠나)감정적인, 감상적인(emotional)

sen(감각, 느낌=sense)+ti+mental(a.마음의)의 결합.

'마음속에 이성이 아닌 느낌으로만 가득 찬=감정적인'입니다. 비 오고, 바람 불고, 낙엽이 떨어지거나 할 때 감상적인 느낌을 갖게 되는데, 그때 '센치하다'는 말을 흔히 사용하지요. sentimental을 줄여서 표현한 것.

- sentiment [séntəmənt] n.감정(emotion, feelings), 감상, 정서
- **Sentimental** men like you are rare.
  당신처럼 감상적인 남자는 드물어요.
- We should beware of the spread of nationalist **sentiments**.
  우리는 민족주의 정서(감정)의 확산을 경계해야 합니다.

consent [kənsént] vi.동의하다, 찬성하다, 허가하다 n.동의, 찬성, 허가

con(함께=with)+sen(감각, 느낌=sense)+t의 결합.

'상대편과 함께 느낄 때 하는 것=동의(agreement), 찬성(approval), 허가(permission)'입니다. 상대편과 같은 마음이면 상대편의 생각에 동의(찬성)하고, 상대편이 하려는 것을 허가하게 되지요. 느낌(마음)을 전달하는 것이기 때문에 이동의 전치사 to를 붙입니다.

- I did not **consent to** have abandoned dogs come home.
  나는 유기견을 집에 데려오는 것에 동의하지 않았어.
- They interpreted my silence as implicit **consent**.
  그들은 나의 침묵을 암묵적인 동의로 해석했다.

assent [əsént] vi.동의하다, 찬성하다, 승인하다 n.동의, 찬성, 승인

as(이동=ad)+sen(감각, 느낌=sense)+t의 결합.

'상대편에게 같은 느낌을 전달하다=동의하다(agree, consent), 찬성하다(approve)'입니다. 상대편에게 나도 같은 느낌이라고 말하는 것은 상대편의 말에 동의하고 찬성하는 것이죠.

- Nobody would **assent to** the terms they proposed.
  그들이 제안한 조건에 찬성할 사람은 아무도 없을 것이다.

dissent [disént] vi.반대하다, 의견을 달리하다　n.반대, 불찬성(disapproval)

dis(부정=not)+sen(감각, 느낌=sense)+t의 결합.

'상대편과 같은 느낌을 갖고 있지 않다=반대하다(disagree, object, oppose)'입니다.

- Animal rights advocates **dissent to** experiments on animals.
  동물권리 옹호론자들은 동물 실험에 반대한다.

resent [rizént] vt.~에 분노하다, 억울하게 여기다

re(다시=again)+sen(감각, 느낌=sense)+t의 결합.

'좋지 않은 느낌을 또다시 느끼다=분노하다'입니다. '참 허접한 놈이야'란 소리를 들으면 그것을 다시 느낄 때마다 화가 치밀고 분노하게 됩니다. 좋지 않은 기억을 또다시 느끼면 화가 나지요. resent 뒤에는 동명사를 사용.

- resentment [rizéntmənt] n.분노(anger, wrath, rage), 분개
- He **resented** be**ing** called a fool.　그는 바보라고 불리는 것에 분노했다.

어근 path

어근 path는 feel(느끼다)입니다. 유사 철자 pat, pass는 path의 변형.

telepathy [təlépəθi] n.텔레파시, 이심전심, 정신 감응

tele(먼=far)+path(느낌=feel)+y의 결합.

'멀리 있는 사람과 함께 느끼는 것=이심전심, 텔레파시'입니다. 멀리 떨어져 있는데도 서로가 느낌이 같으면 텔레파시가 통한 것이죠.

- **Telepathy** is a communication without audio or visual messages.
  텔레파시는 음성 혹은 시각적 메시지 없이 나누는 의사소통이다.

sympathy [símpəθi] n.공감(compassion, pity), 동정(연민)

sym(함께=with)+path(느낌=feel)+y의 결합.

'상대편과 함께 느끼는 것=공감'입니다. 상대편과 함께 느끼는 것이 공감이고, 공감이 지나치면 상대편을 불쌍하게 여기는 동정이 되기 때문에 '공감'에서 '동정'이란 뜻이 파생.

- I am in **sympathy** with that view.　나는 그 견해에 공감해.
- He does not have a grain of **sympathy**.　그는 깨알만큼의 동정심도 없어.

antipathy [æntípəθi] n.반감, 혐오(disgust, hatred, dislike)

anti(반대=opposite)+path(느낌=feel)+y의 결합.

'좋은 감정과 반대로 느끼는 것=반감, 혐오'입니다. 반사회적 인격 장애를 갖고 있는 사람을 소시오패스(socio**path**-사회적 반**감**)라고 하는데, path는 feel입니다.

- He feels a deep **antipathy** toward illegal immigrant workers.
  그는 불법 이주 노동자들에게 강한 혐오감(반감)을 느낀다.

apathetic [æpəθétik] a.무관심한, 무감각한

a(부정=an=not)+path(느낌=feeling)+etic의 결합.

'듣거나 보고도 아무런 느낌이 없는=무관심한(indifferent, unconcerned, careless)'입니다.

- He is totally **apathetic** about national economy.
  그는 국가 경제에 관해 완전히 무관심해.
- He is **apathetic** to delicate women's feelings.
  그는 미묘한 여자의 감정에 무감각해.

pathetic [pəθétik] a.불쌍한, 애처로운, 한심한

path(느낌=feel)+etic의 결합.

소식을 듣거나 무엇을 보고 '안 좋게 느끼는=불쌍한, 한심한'입니다.

- I don't know who's more **pathetic**, you or him.
  난 너와 그 둘 중에 누가 더 불쌍한지 모르겠어.
- Your products are defective, and your service is **pathetic**.
  당신들 제품은 결함이 많고, 서비스도 한심합니다.

empathy [émpəθi] n.감정 이입, 공감

em(안으로=in)+path(느낌=feel)+y의 결합.

'다른 대상 안으로 나의 느낌을 집어넣는 것=감정 이입, 공감(sympathy)'입니다.

- He needs **empathy** for other people's situations.
  그는 다른 사람의 상황에 대한 공감 능력이 필요해.

patient [péiʃənt] a.인내심이 강한, 끈기 있는 n.병자, 환자

pat(느낌=path=feel)+i+ent(사람)의 결합.

'정신적, 육체적인 고통을 느끼는 사람=병자, 환자'입니다. 환자는 병이 완치될 때까지 인내심을 갖고 끈기 있게 참아야 하기 때문에 '환자'의 속성에서 '인내심이 강한, 끈기 있는'이란 뜻이 파생.

- impatient [impéiʃənt] a.참을 수 없는(intolerant), 성급한(irritable), 몹시~하고파 하는
- Always beware of the fury of a **patient** man.
  항상 인내심 강한 사람의 분노를 조심해.
- She **is impatient to** see you again. Contact her.
  그녀는 몹시 너를 다시 만나고 싶어 해. 그녀에게 연락해 봐.

compassion [kəmpǽʃən] n.동정(심), 연민, 불쌍히 여김

com(함께=with)+pass(느끼다=path=feel)+ion의 결합.

'안 좋은 상황에 있는 상대편과 함께 느끼는 것=동정(sympathy, pity), 연민'입니다.

- He is a man with no **compassion**.
  그는 동정심이 없는 인간이야.
- The color blue is a color of deep **compassion** and healing.
  파란색은 깊은 동정심과 치유를 상징하는 색이다.

impassive [impǽsiv] a.무표정한, 무감각한(apathetic), 냉정한(cool)

im(부정=not)+pass(느낌=path=feel)+ive의 결합.

'슬프거나 기쁜 장면을 보고도 아무런 느낌이 없는=무표정한, 무감각한'입니다.

- impassively ad.태연하게, 무감각하게
- His face was **impassive** as the judge sentenced him to death.
  판사가 그에게 사형을 선고했을 때 그의 얼굴은 무표정했다.
- He hides his feelings well behind an **impassive** mask.
  그는 무표정한 가면 뒤에 자신의 감정을 잘 숨긴다.

passionate [pǽʃənit] a.열렬한, 열정적인

pass(느낌=path=feel)+ion+ate의 결합.

일을 하면서 '강렬한 느낌을 갖고 있는=열렬한(ardent, fervent), 열정적인'입니다.

- passion [pǽʃən] n.열정(ardor, fervor), 정열
- Sadly, she was a **passionate** advocate of socialism.
  슬프게도, 그녀는 사회주의의 열렬한 옹호자였다.
- If your favorite color is orange, you are very **passionate** and social.
  여러분이 가장 좋아하는 색이 주황색이면, 매우 열정적이고 사회적인 사람입니다.

impassioned [impǽʃənd] a.열정적인

im(안에=in)+passion(n.열정)+ed의 결합.

'마음속에 열정을 갖고 있는=열정적인(ardent, fervent, passionate)'입니다.

- The subject has drawn an **impassioned** response from the public.
  그 주제는 대중으로부터 열정적인 반응을 이끌어 냈다.
- He was famous for his **impassioned** speeches.
  그는 열정적인 연설로 유명했다.

어근 viv

어근 viv는 alive(살아 있는, 생기 있는)입니다.
유사철자 vi, vit, vig는 viv의 변형. 사람을 생기 있게 만드는 비타민(vitamin)의 vit는 viv의 변형입니다.

vivid [vívid] a. 생생한, 활기찬, (빛)선명한

viv(살아 있는, 생기 있는=alive)+id의 결합.

발음 [비비드]에서 클럽에서 날이 새도록 엉덩이를 [비비]며 춤추는 **생생하고 활기찬** 모습을 떠올려 보세요.

- vividly ad. 생생하게, 선명하게
- The traffic accident is **vivid** in his memory.
  그 교통사고는 그의 기억에 생생한 상태로 남아 있다.

survive [sərváiv] vt. 견뎌내다, ~보다 오래 살다   vi. 살아남다(생존하다)

sur(넘어=super, over)+viv(살아 있는, 생기 있는=alive)+e의 결합.

'죽을 위기를 넘어 살아 있다=견뎌내다, 살아남다'입니다. 서바이블게임(survival game)은 죽을 위기를 **견뎌내고** 마지막까지 **살아남는** 게임입니다. 죽을 위기를 견뎌내면 죽은 사람보다 더 오래 살기 때문에 '**견뎌 내다**'에서 '**~보다 오래 살다**'는 뜻이 파생.

- survival n. 살아남음, 생존   • outlive [àutlív] vt. ~보다 오래 살다
- How did you **survive** the summer without an air conditioner?
  에어컨 없이 여름을 어떻게 견뎌냈어?
- A man should never **survive**[outlive] his children.
  사람은 절대로 자식보다 더 오래 살아서는 안 된다.

revive [riváiv] vt. 되살리다   vi. 활기를 되찾다

re(다시=again)+viv(살아 있는, 생기 있는=alive)+e의 결합.

'다시 생기 있는 상태로 만들다=되살리다'입니다. 의지나 기력을 잃어버린 사람을 다시 생기 있는 상태로 만드는 것은 소생시키고, 부활시키고, 회복시키는 것이죠.

- revival [riváivəl] n. 소생, 재생, 부활, 재공연
- The world economy is beginning to **revive**.
  세계 경제가 활기를 되찾기 시작하고 있습니다.

vigorous [vígərəs] a. 활기찬, 활발한, 강력한

vig(살아 있는, 생기 있는=viv=alive)+orous의 결합.

'누가 봐도 생기 있는=활기찬(lively, active), 활발한'입니다.

- vigor [vígər] n. 활기(liveliness), 체력   • vigorously ad. 활발하게, 왕성하게
- He is the most **vigorous** student in his class.
  그는 자기 학급에서 가장 활기찬(활발한) 학생이야.

invigorate [invígərèit] vt.기운 나게 하다, 활성화시키다

in(안에)+vig(살아 있는, 생기 있는=viv=alive)+orate의 결합.

'사람의 정신과 육체 안에 생기를 불어넣다=기운 나게 하다, 활성화시키다'입니다.

- invigoration [invìgəréiʃən] n.고무, 격려(encouragement)
- invigorant [invígərənt] n.강장제(기운 나게 하는 것)
- I felt refreshed and **invigorated** after the trip.
  나는 그 여행 후에 상쾌하고 기운이 나는 것을 느꼈다.
- They are looking into ways of **invigorating** the shop.
  그들은 그 매장을 활성화시킬 방법을 찾고 있다.

vigilant [vídʒələnt] a.경계하는, 방심하지 않는

vig(살아 있는, 생기 있는=viv=alive)+ilant의 결합.

'경계병의 눈빛이 살아 있는=경계하는, 방심하지 않는(alert, watchful)'입니다. 경계병이 졸지 않고 눈빛에 초롱초롱 생기가 있으면 방심하지 않고 경계하는 것이죠.

- Drivers must remain **vigilant** at all times.
  운전자들은 항상 경계 상태를 유지해야 한다.
- You lost. You should have been **vigilant**.
  넌 졌어. 네가 방심하지 않았어야 했는데.

vital [váitl] a.생명의, 필수적인(매우 중요한), 치명적인

vit(살아 있는, 생기 있는=viv=alive)+al의 결합.

'살아 있느냐 아니면 죽느냐에 관한=생명의, 필수적인(essential), 치명적인(fatal)'입니다.

- vitalize [váitəlàiz] vt.생명(활기)을 불어넣다 • vitality [vaitǽləti] n.생명력, 활기
- a vital wound 치명상 • a vital part 급소(치명적인 곳)
- The development of alternative sources of energy is **vital** for our future.
  대체에너지 개발은 우리들의 미래를 위해 필수적이다.
- The increase in exports will **vitalize** the national economy.
  수출 증대는 국가 경제에 활력을 불어넣을 것이다.

Day 53

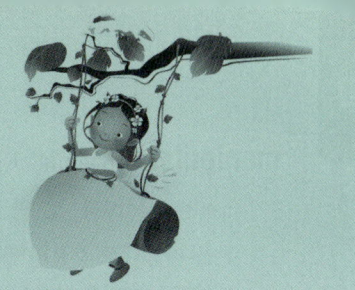

어근 man

어근 man은 hand(손), stay(머무르다)입니다.
유사철자 men, mn은 man의 변형. 일손으로 집을 짓고, 그 집에 사람이 머무르기 때문에 hand(일손)에서 stay(머무르다)라는 뜻이 파생.

manual [mǽnjuəl] a.손으로 하는, 수동의 n.소책자(booklet, pamphlet, leaflet)

man(손=hand)+ual의 결합.

자동차 변속기에는 손으로 하는 수동변속기(manual)와 자동변속기(auto)가 있습니다. 가전제품을 사면 **매뉴얼(manual)**이라고 적혀 있는 **소책자**가 들어 있는데, 사람의 **손으로** 조작할 수 있도록 설명해 놓은 작은 소책자입니다.

- My camera has **manual** and automatic functions. 내 카메라는 수동과 자동기능을 갖고 있다.

manage [mǽnidʒ] vt.다루다, 관리하다, 해내다 vi.관리(경영)하다

man(손=hand)+age의 결합.

'무엇에 손을 대다=다루다, 관리하다(handle, administer)'입니다. 매니저(manager=관리자)는 자기가 할 수 있는 일은 직접 하고, 나머지 일은 다른 사람을 다루고 관리하는 일을 합니다. 다른 사람을 다루고 관리할 때 손(man)으로 지시하지요. 관리인은 어떤 일이든 해내야 하기 때문에 '**관리하다**'에서 '**해내다**'는 뜻이 파생.

- management [mǽnidʒmənt] n.관리, 경영, 취급
- manageable [mǽnidʒəbəl] a.관리(감당)할 수 있는, 다루기 쉬운
- A timetable will help you **manage** your time more efficiently.
  일정표는 네가 시간을 더 효율적으로 관리하도록 도와줄 거야.
- How did you **manage to** finish this so quickly? 이것을 어떻게 그렇게 빨리 끝낼 수 있었나요?

manifest [mǽnəfèst] vt.(감정)드러내다, 나타내다 a.분명한(evident), 명확한

man(손=hand)+i+fest(주먹=fist)로 결합.

'펴져 있는 손을 불끈 쥔 주먹으로 바꾸다=(감정)드러내다'입니다. 주먹을 불끈 쥐어 한 방 날리겠다는 **분명한** 의지를 **드러낸** 것에서 유래.

- She did not **manifest** a desire to go on a trip. 그녀는 여행을 가고 싶다는 바램을 드러내지 않았다.
- He **manifested** a indifference to their arguments.
  그는 그들의 논쟁에 무관심한 태도를 드러냈다.

manipulate [mənípjəlèit] vt.능숙하게 다루다(handle), 조종(조작)하다

man(손=hand)+i+pul(충분히=full)+ate의 결합.

'**손을 마음대로 충분하게 움직이다=능숙하게 다루다, 조종하다**'입니다. 자신의 이익을 위하여 사람이나 여론 따위를 능숙하게 다루는 것은 조종하는 것이기 때문에 '**능숙하게 다루다**'에서 '**조종하다**'는 뜻이 파생.

- manipulation [mənipjəléiʃən] n.(교묘하게)다루기, 조작
- I can **manipulate** all sorts of things. 나는 온갖 종류의 것들을 능숙하게 다룰 수 있어.
- As a politician, he knows how to **manipulate** public opinion.
  정치인으로서 그는 여론 조종하는 법을 안다.

emancipate [imǽnsəpèit] vt.해방시키다 vi.해방되다

e(밖으로=ex=out)+man(손=hand)+cip(잡다=take)+ate의 결합.

'**자신을 붙잡고 있는 주인의 손 밖으로 벗어나다=해방시키다**(liberate, release)'입니다.

- Korea was **emancipated** from Japanese colonial rule in 1945.
  한국은 1945년에 일본의 식민 통치에서 해방되었다.

adamant [ǽdəmənt] a.아주 단단한, 확고한(firm, resolute), 단호한

ad(이동=to)+a(부정=an=not)+man(손=hand)+t로 결합.

'**가서 손댈 수 없는=아주 단단한, 확고한**'입니다. 다이아몬드는 아주 단단해서 보통의 도구로는 손댈 수 없지요. 사람의 마음이 다이아몬드처럼 아주 단단하다면 확고한, 단호한 생각을 갖고 있는 것입니다.

- adamantly ad.단호하게(firmly, resolutely)
- This door is so **adamant** that no one could break it.
  이 문은 너무 단단해서 아무도 깰 수 없어.
- He **adamantly** denied that he was involved with the matter.
  그는 자신이 그 문제에 관여되어 있다는 것을 단호하게 부인했다.

menial [míːniəl] a.천한(humble), 하찮은 n.머슴, 하인

men(손=hand)+ial의 결합.

'**주인이 시키는 일을 손으로 직접 하는 사람=머슴, 하인**(servant)'입니다.

- His job is **menial** tasks like cleaning the floor.
  그의 직업은 바닥을 닦는 것과 같은 하찮은(천한) 일이다.

manor [mǽnəːr] n.장원, 영주, 영주의 저택

man(머무르다=stay)+or의 결합.

'**중세시대 영주가 머무르는 대저택=장원(莊園)**'입니다.

- mansion [mǽnʃən] n.대저택, 아파트(apartment), 맨션
- He left the **manor** and returned to his native land.
  그는 저택을 떠나 고향 땅으로 돌아왔다.

immanent [ímənənt] a.내재하는, 내재적인

im(안에=in)+man(머무르다=stay)+ent의 결합.

'**다른 곳에 가지 않고 안에 계속 머물러 있는=내재하는, 내재적인(inherent)**'입니다.

- Sadly, we don't know the **immanent** value of happiness.
  슬프게도, 우리는 행복의 내재적인 가치를 모른다.

emanate [émənèit] vi.나오다 vt.발산시키다(emit, sent out)

e(밖으로=ex=out)+man(머무르다=stay)+ate의 결합.

'**안에 머무르던 것이 밖으로 나가다=나오다, 발산시키다**'입니다. 안에 있던 냄새, 빛, 소리, 증기, 열, 생각 따위가 밖으로 나오는 것입니다.

- The sound of loud music **emanated** from the room. 그 방에서 큰 음악 소리가 흘러나왔다. vi.
- A lot of factories **emanate** poisons into the air. 많은 공장이 독극물을 공기 중으로 내뿜는다. vt.

permanent [pə́:rmənənt] a.영구적인, 영속적인, 종신의

per(완전히=perfect)+man(머무르다=stay)+ent의 결합.

'**완전하게 계속 머무르는=영구적인**(everlasting, lasting, eternal)'입니다. 미용실에서 하는 파마는 permanent의 perm(펌)을 일본인들이 파마라고 발음한 것.

- **permanently** ad.영원히(forever, eternally, perpetually, for good)
- I'm looking for a **permanent** job, not a temporary one. 나는 임시직이 아니라 정규직을 찾고 있어.

commence [kəméns] vt.시작하다(start, begin) vi.시작되다

com(강조=completely)+men(손=man=hand)+ce의 결합.

'**어떤 일에 확실하게 손을 대다=시작하다**'입니다. 농부가 농기구에 손을 대면 일을 시작하는 것이죠. commence는 프랑스어에서 유입된 단어이고 begin, start는 순수 영어 단어.

- **commencement** [kəménsmənt] n.시작, 개시, 학위 수여식
- He **commenced** studying[to study] law. 그는 법률 공부를 시작했다. vt.
- The performance will **commence** soon. 연주가 곧 시작될 거야. vi.

remnant [rémnənt] n.나머지(잔여), 잔재, 유물(remains, relic)

re(뒤=back)+mn(머무르다=man=stay)+ant의 결합.

'**뒤에 남아 있는 것=나머지(rest), 잔재(leftover), 유물**'입니다. 사람들이 떠난 뒤에 남아 있는 사람은 나머지, 일제치하 뒤에 남아 있는 것은 잔재, 오랜 시간이 흘러간 뒤에 남아 있는 옛날 것은 유물입니다.

- The **remnants** of the enemy retreated as we attacked.
  적의 잔당들은 우리가 공격했을 때 후퇴했다.
- The castle is a **remnant** of feudal times.
  그 성은 봉건시대의 유물이야.

어근 frag

어근 frag는 break(깨다, 깨지다)입니다. 유사철자 frac, fring는 frag의 변형.

fragile [frǽdʒəl] a.부서지기 쉬운(breakable), 허약한(weak)

frag(깨다, 깨지다=break)+ile의 결합.

'쉽게 깨지는=부서지기 쉬운, 허약'입니다. 택배를 보낼 때 깨지기 쉬운 물건에는 fragile이란 스티커를 붙여 주의를 환기시키죠. 넘어지거나 부딪혀서 뼈가 부러지기 쉬운 사람은 허약한 사람입니다. 발음 [프래절]을 [뿌라질]로 읽어보세요.

- Use plenty of wrapping when you pack **fragile** articles.
  깨지기 쉬운 물건을 포장할 때는 충분히 포장하세요.
- I know how **fragile** she is. 나는 그녀가 얼마나 허약한지 알고 있다.

fragment [frǽgmənt] n.깨진 조각, 파편 vt.부수다(break) vi.부서지다

frag(깨다, 깨지다=break)+ment의 결합.

'떨어지거나 부딪혀 깨져 생긴 조각=파편'입니다. fraction과 fragment는 동의어로 같은 어근에 명사 접미사 -tion과 -ment가 붙어 있습니다.

- fraction [frǽkʃən] n.파편, 조각, 소량(조금)
- I dropped a glass and it burst into **fragments**.
  나는 유리잔을 떨어뜨렸고 그것은 산산조각이 났다.

fracture [frǽktʃər] vt.부수다(부러뜨리다) vi.부서지다(부러지다) n.균열, 골절

frac(깨다, 깨지다=break)+ture의 결합.

'뼈가 부러지는 것=골절(骨折-뼈골, 끊어질 절)'입니다.

- a fracture of the leg 다리 골절
- Old people's bones are more prone to **fracture**.
  노인들의 뼈는 더 부러지기 쉽습니다. vi.
- The company was **fractured** into several smaller groups.
  그 회사는 부서져 몇 개의 더 작은 그룹이 되었다. vt.

fragrance [fréigrəns] n.향기(perfume, scent, aroma), 향수

frag(깨다, 깨지다=break)+r+ance의 결합.

'꽃에서 깨어져 나온 향긋한 냄새=향기'입니다. 향기는 꽃, 과일, 향수 따위에서 깨져 나온 좋은 냄새입니다. 꽃향기는 꽃에서 깨져 나온 파편과 같죠. fragrance, scent, perfume은 꽃이나 과일 등의 향긋하고 상큼한 냄새를 나타내고, aroma는 주로 음식이나 커피 등의 그윽하고 은은한 냄새를 나타냅니다.

- fragrant [fréigrənt] a.냄새 좋은, 향기로운(sweet, aromatic)
- The **fragrance** of roses makes people feel good.
  장미 향기는 사람들을 기분 좋게 만든다.

infraction [infrǽkʃən] n.위반(violation, infringement), 침해(trespass)

in(안으로)+frac(깨다, 깨지다=break)+tion(명접)의 결합.

'**몰래 깨고 안으로 들어가는 것=위반, 침해**'입니다. 타인의 대문을 깨고 몰래 들어가는 것, 타인의 저작물에 몰래 들어가 도용하는 것 등은 법률 위반이며 타인의 재산권을 침해하는 것입니다.

- infract [infrǽkt] vt.(법)위반하다, (권리)침해하다
- You have committed an **infraction** of the traffic laws.
  당신은 교통법 위반을 했습니다. (경찰이 면허증 달라며 하는 말)
- He was sued for copyright **infraction**. 그는 저작권 침해로 고소당했다.

refractory [rifrǽktəri] a.다루기 힘든, 고집 센, 난치의(incurable)

re(계속=again)+frac(깨다, 깨지다=break)+tory의 결합.

'**계속 집어 던지고 깨부수는=다루기 힘든, 고집 센(stubborn, obstinate)**'입니다. 걸핏하면 집어 던지고 깨부수는 아이는 다루기 힘든, 고집 센 아이죠. 의사가 다루기 힘든 병은 난치병이기 때문에 '**다루기 힘든**'에서 '**난치의**'라는 뜻이 파생.

- He has been such a **refractory** child since he was born.
  그는 태어난 이후로 계속 다루기 힘든 아이였어.
- AIDS is the most **refractory** disease. 에이즈는 가장 다루기 힘든 병이야.

fractious [frǽkʃəs] a.다루기 힘든, 짜증 잘 내는, 까다로운

frac(깨다, 깨지다=break)+ti+ous의 결합.

'**걸핏하면 깨부수는=다루기 힘든, 까다로운**'입니다. refractory(다루기 힘든)는 주로 고집이 세서 다루기 힘든 것을 의미하고, fractious(다루기 힘든)는 화, 짜증을 잘 내서 다루기 힘든 것을 나타냅니다.

- Children are **fractious** when hungry. 아이들은 배고플 때 짜증을 잘 낸다.
- In a **fractious** environment, cooperation is vital. 까다로운 환경에서, 협력은 필수입니다.

어근 dem
어근 dem은 people(사람들)입니다.

endemic [endémik] n.풍토병 a.풍토병의, 고질적인, 고유의

en(안에=in)+dem(사람들=people)+ic의 결합.

'**특정 지역 안에 있는 사람들이 갖고 있는 병=풍토병**'입니다. 다른 곳에는 없고 특정 지역 안에 있는 사람들이 갖고 있는 병을 풍토병이라고 합니다.

- Malaria is an **endemic** disease in hot countries.
  말라리아는 더운 나라의 풍토병이다.
- America has the **endemic** problem of racism.
  미국은 인종주의라는 고질적인 문제를 갖고 있다.

epidemic [èpədémik] n.전염(유행)병　a.유행성의, 유행하고 있는

epi(밖에=ex=out)+dem(사람들=people)+ic의 결합.

'**밖에 있는 사람들에게 옮기는 병=전염병**'입니다. 인체 속에는 많은 병균을 보유하고 있는데 밖에 있는 일반 사람들에게 옮기는 병을 전염병, 유행병이라고 합니다. 사람이 갖고 있는 사상도 전염병처럼 번져 나가죠.

- The **epidemic** has reached a fatality rate of 18 percent.
  그 전염병은 18%의 치사율에 도달해 있다.

pandemic [pændémik] n.전국적(세계적)인 유행병　a.전국적으로 만연하는

pan(전체=all)+dem(사람들=people)+ic의 결합.

'**전체 사람들에게 옮기는 병=전국적(세계적)인 유행병**'입니다. 어근 pan은 전체(all)라는 뜻으로 판게아 (Pangaea)의 pan입니다. 세계 전체가 하나의 대륙으로 되어 있었다는 설이 판게아입니다. en<u>demic</u>은 풍토 <u>병</u>, epi<u>demic</u>은 지역적인 유행<u>병</u>, pan<u>demic</u>은 전국적인 유행<u>병</u>입니다.

- One of the causes of the global **pandemic** is soda.
  세계적인 전염병(비만)의 원인 중 하나는 탄산음료입니다.

demonstrate [démənstrèit] vt.증명하다(prove), 설명하다(explain)　vi.데모(시위)하다

dem(사람들=people)+on(위)+strate(거리=street)의 결합.

'**많은 사람이 길거리 위에서 집단 행동하다=데모(시위)하다**'입니다. 사람들은 처음부터 바로 시위(데모)를 하지 않습니다. 자신들의 주장을 증명하고, 설명해도 먹혀들지 않을 때 시위를 하기 때문에 '**시위하다**'에서 '**증명하다, 설명하다**'는 뜻이 파생.

- demonstration [dèmənstréiʃən] n.증명, 설명(시범, 실연), 시위
- How can you **demonstrate** that the earth is round?
  너는 지구가 둥글다는 것을 어떻게 증명(설명)할 수 있어?
- They are **demonstrating** against the rising cost of oil.
  그들은 상승하고 있는 유가에 항의 시위를 하고 있다.

Day 54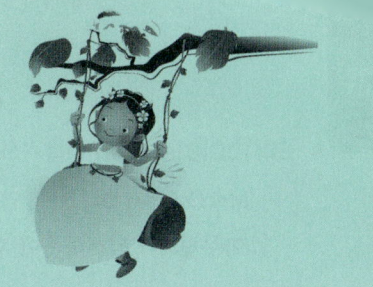

어근 scribe
어근 scribe는 write(쓰다)입니다.

describe [diskráib] vt. 설명하다, 서술하다, 묘사하다

de(아래=down)+scribe(쓰다=write)의 결합.

'아래로 써 내려가며 말하다=설명하다(explain, illustrate, demonstrate)'입니다.

- description [diskrípʃən] n. 서술, 기술, 묘사
- Sadly, there's no word to **describe** it.
  애석하게도 그것을 설명할 단어가 없군요.

prescribe [priskráib] v. 처방하다, 지시하다(direct), 규정하다(regulate)

pre(앞, 이전=before)+scribe(쓰다=write)의 결합.

'환자가 약국 가기 이전에 의사가 미리 써 놓다=처방하다'입니다. 처방은 의사가 규정한 것이고, 처방은 의사가 내리는 지시이기 때문에 '처방하다'에서 '지시하다, 규정하다'는 뜻이 파생.

- prescription [priskrípʃən] n. 처방(전), 규정(rules), 법규(laws)
- Do not **prescribe to** me what to do.
  무엇을 해야 하는지 나에게 지시하지 마. vi.
- Working hours are **prescribed** by law.
  근로시간은 법률로 규정되어 있습니다. vt.

subscribe [səbskráib] v. 기부하다(contribute, donate), 구독(가입)하다

sub(아래=under)+scribe(쓰다=write)의 결합.

'문서 맨 아래 자기 이름을 쓰다=기부하다'입니다. 기부 신청서 맨 아래에 자기 이름을 쓰면 기부하는 것이고, 구독 신청서 맨 아래에 자기 이름을 쓰면 구독하는 것이죠.

- subscription [səbskrípʃən] n. 기부(donation), 구독
- I **subscribed to** two weekly news magazines and one monthly journal.
  나는 두 개의 주간지와 하나의 월간지 정기구독을 신청했다.
- I want to cancel my newspaper **subscription** due to irregular delivery.
  불규칙한 배달 때문에 신문 구독을 취소하고 싶어요.

scribble [skríbəl] v.갈겨쓰다, 낙서하다 n.갈겨쓰기, 악필

scrib(쓰다=write)+ble의 결합.

'아무렇게나 낙서하듯이 휘갈겨 쓰다=갈겨쓰다'입니다.

- Don't **scribble**, write neatly. 휘갈겨 쓰지 말고 깔끔하게 적으세요.
- I'm sorry what I wrote was such a **scribble**. 제가 쓴 것이 너무 악필이라 죄송합니다.

ascribe [əskráib] vt.~를 ~에 돌리다

a(이동=ad=to)+scribe(쓰다=write)의 결합.

'감사의 글, 책망의 글을 써서 누구에게 보내다=(감사, 책임)돌리다'입니다.

- I **ascribe** this honor **to** all of you. 이 영광을 여러분 모두에게 돌립니다.

circumscribe [sə̀:rkəmskráib] vt.제한하다, 억제하다

circum(원, 범위=circle)+scribe(쓰다=write)의 결합.

'활동 가능한 범위를 원으로 그리다=제한하다(restrain, restrict, limit)'입니다. 원을 그리고 그 원을 넘어가지 못하게 하는 것은 활동 범위를 제한하고 억제하는 것이죠.

- Free expression was **circumscribed** by a dictator.
  표현의 자유는 독재자에 의해 제한되었다.
- Our economic efficiency is **circumscribed** by burdensome regulation.
  우리나라의 경제효율은 부담스러운 규제로 인해 제한되어있다.

proscribe [prouskráib] vt.(공식적으로)금지하다

pro(앞, 이전=before)+scribe(쓰다=write)의 결합.

'범죄자 이름을 써서 성문 앞에 내걸다=금지하다(prohibit, inhibit, forbid, ban)'입니다. 고대 로마 시대에 범죄자의 이름을 써서 성문 앞에 내걸어 그런 범죄를 저지르지 않도록 금지한 것에서 유래. 죄인의 목을 베어 성문 앞 높은 곳에 매달아 놓는 형벌인 효수(효시)와 같은 것입니다.

- Saudi Arabia was the only country that **proscribes** women drivers.
  사우디아라비아는 여성 운전자를 금지하는 유일한 국가였다.

inscribe [inskráib] vt.새기다, 각인시키다

in(안에)+scribe(쓰다=write)의 결합.

'돌, 금속판, 석고 안에 글을 쓰다=새기다(carve)'입니다. inscribe와 명사형 inscription을 보면 scribe와 script가 같은 어근임을 알 수 있지요.

- inscription [inskrípʃən] n.비명(碑銘), 비문(碑文)
- My father's words are **inscribed** in my memory.
  아버지의 말씀은 나의 기억에 각인되어(새겨져) 있어.

script [skript] n.손으로 쓴 글, 대본, 원고

script는 scribe(쓰다=write)의 명사형.

'손으로 쓴 글=원고(대본)'입니다.

- Life is a drama without a **script**.
  인생은 각본(대본) 없는 드라마다.

manuscript [mǽnjəskrìpt] n.원고

manu(손=hand)+script(쓴 것=write)의 결합.

'출간하기 위하여 손으로 쓴 글=원고(script)'입니다.

- The **manuscript** is so good that it deserves publication.
  그 원고는 너무 좋아서 출판할 가치가 있군요.

transcript [trǽnskript] n.말을 글로 옮긴 기록, 사본, 성적 증명서

tran(변화=trans=change)+script(쓴 것=write)의 결합.

'말을 글로 변화시켜 쓴 것, 그것을 복사 한 것=사본, 성적 증명서'입니다.

- I'm on my way to request a **transcript**.
  나는 지금 성적 증명서를 요청하러 가는 길이야.

conscript [kánskript] vt.징집(징발)하다 n.징집병, 신병

con(강조=completely)+script(쓴 것=write)의 결합.

'국가에서 군 복무를 하라고 병적부에 이름을 쓰다=징집하다'입니다.

- They **conscripted** our young people and forced them out to battlefields.
  그들은 우리 젊은이들을 징집하여 전쟁터로 가도록 강요했다.

어근 graph

어근 graph는 write(쓰다)입니다. 유사철자 gra<u>m</u>은 gra<u>ph</u>의 변형.

graph [græf] n.그래프, 도표

graph는 단어로 사용하면 '그래프, 도표'란 뜻이고, 어근으로 사용하면 '쓰다'는 뜻입니다. 통계 수치를 쓰고 그것을 쉽게 볼 수 있도록 만든 것이 도표이기 때문에 **쓰다**에서 '**도표**'란 뜻이 파생. 도표는 일종의 그림입니다.

- graphic a.도표의, 생생한(그림 보는듯한) n.그래픽(컴퓨터나 책속의 그림이나 사진)
- He gave a **graphic** description of the traffic accident.
  그는 교통사고에 관해 생생하게 설명했다.

biography [baiágrəfi] n.전기(傳記), 일대기

bio(생명=life)+graph(쓰다=write)+y의 결합.

태어나서 죽을 때까지 '한 사람의 생명이 있는 기간 동안에 관해 쓴 것=일대기'입니다.

- Do you prefer **biography** or fiction?
  너는 전기를 좋아해 아니면 소설을 좋아해?

telegraph [téləgræf] n.전보(telegram)

tele(먼=far)+graph(쓰다=write)의 결합.

'먼 곳에 있는 사람에게 소식을 써 보내는 것=전보'입니다. 과거 우체국에 가서 써 보내던 전보는 지금의 휴대폰 문자 발송과 같습니다. telegram도 같은 뜻인데 gram은 graph의 변형.

- After the **telegraph** was invented, the Pony Express stopped.
  전보가 발명된 후, 조랑말 속달 우편은 중단되었다.

photograph [fóutəgræf] n.사진(photo) v.사진 찍다(photo)

photo(빛, 사진)+graph(쓰다=write)의 결합.

'빛으로 쓴 것=사진'입니다.

- It takes time and patience to **photograph** wildlife.
  야생 생물을 사진 찍기 위해서는 시간과 인내력이 필요해.

autobiography [ɔ̀:təbaiágrəfi] n.자서전

auto(자신=self)+bio(생명=life)+graph(쓰다=write)+y의 결합.

'자신의 일생에 관하여 자신이 쓴 것=자서전'입니다.

- biography [baiágrəfi] n.전기, 일대기
- His **autobiography** is too fictional. 그의 자서전은 너무 소설 같아.

geography [dʒi:ágrəfi] n.지리(학), 지형

geo(땅=earth)+graph(쓰다=write)+y의 결합.

'땅에 관하여 쓴 것=지리(학)'입니다.

- A geographer is a person who studies **geography**.
  지리학자는 지리를 연구하는 사람이다.

program [próugræm] n.계획(표), 예정(표), 프로그램

pro(앞, 이전=before)+gram(쓰다=graph=write)의 결합.

'앞으로 진행될 일을 시작하기 이전에 써 놓은 것=계획(표), 예정(표)'입니다.

- I don't think the space **program** is a waste of money.
  나는 우주 프로그램이 돈 낭비라고 생각하지 않아.

epigram [épigræm] n.금언, 격언

epi(밖으로=ex=out)+gram(쓰다=graph=write)의 결합.

'핵심만을 압축해 밖으로 꺼내 쓴 문구=금언, 격언(saying, proverb, maxim)'입니다.

- 'Heaven helps those who help themselves' is a famous **epigram**.
  '하늘은 스스로 돕는 자를 돕는다'라는 말은 유명한 격언이다.

diagram [dáiəgræm] n.표, 도형, 그림

dia(관통=through)+gram(쓰다=graph=write)의 결합.

'선과 선을 관통시켜 그린 것=표(도표, 행사일정표, 열차운행표)'입니다. 수학시간에 교집합, 부분집합을 나타내는 벤 다이어그램(Venn diagram)을 기억하나요? 영국의 논리학자 Venn이 고안한 도형(도표)입니다.

- He illustrated his point by using a simple **diagram**.
  그는 간단한 도표 사용으로 핵심을 설명했다.

어근 nomin

어근 nomin은 name(이름)입니다. 유사철자 onym은 nomin의 변형.

nominate [námənèit] vt.(후보자)지명하다, 임명하다 vi.출마하다

nomin(이름=name)+ate의 결합.

'후보나 직책에 이름을 올리다=지명하다(designate, name), 임명하다(appoint)'입니다. 후보자에 누군가의 이름을 올리면 지명하는 것이고, 스스로 후보자에 이름을 올리면 출마하는 것입니다. 사장이 누군가의 이름을 부장, 과장에 올리면 그 직책에 임명하는 것이죠.

- **nomination** [nàmənéiʃn] n.지명(designation), 임명(appointment)
- He **was nominated for** the best actor award. 그는 남우주연상 후보로 지명되었다.

nominal [námənl] a.이름뿐인, 명의상의, 아주 적은(very small)

nomin(이름=name)+al의 결합.

'사장이라는 이름만 갖고 있는=이름뿐인, 명의상의'입니다. 이름뿐인 사장(바지 사장)은 지분과 권한이 아주 적기 때문에 '이름뿐인'에서 '아주 적은'이란 뜻이 파생.

- He is the **nominal** head of the office. 그는 사무실의 명의상의(이름뿐인) 책임자다.
- Don't worry about such a **nominal** debt. 그렇게 아주 적은 빚에 대해서는 걱정하지 마.

ignominious [ignəmíniəs] a.수치스러운(shameful), 굴욕(치욕)적인

ig(부정=in=not)+nomin(이름=name)+ious의 결합.

'자신의 본래 이름으로 불리지 않는=수치스런'입니다. 김민수를 개민수로 부르면 수치스럽고 굴욕적이지요.

- He made a big mistake and his career came to an **ignominious** end.
  그가 한 가지 큰 실수를 해서 그의 경력은 수치스런 결말이 되었다.

misnomer [misnóumər] n.잘못 지어진 이름, 틀린 명칭, 부정확한 명칭

mis(나쁜, 잘못된=bad)+nom(이름=nomin=name)+er의 결합.

'잘못 붙여진 이름=잘못 지어진 이름, 틀린 명칭, 부정확한 명칭'입니다.

- In fact, 3D printing is actually a **misnomer**.
  사실, 3D 프린팅은 잘못 지어진 이름이야.

antonym [ǽntənim] n.반의어

ant(반대=opposite)+onym(이름, 말=name)의 결합.

'어떤 단어의 반대 의미를 갖는 말=반의어'입니다.

- Life is the **antonym** of death.
  생명은 죽음의 반의어이다.

anonymous [ənánəməs] a.익명의, 무명의

an(부정=not)+onym(이름=name)+ous의 결합.

'이름이 없는, 이름을 밝히지 않은=익명의, 무명의'입니다.

- anonym [ǽnənim] n.익명, 무명
- anonymously ad.익명으로
- anonymous vote 무기명 투표
- an anonymous letter 익명의 편지(투서)
- The man was arrested after an **anonymous** information.
  그 남자는 익명의 제보 후에 체포되었다.

pseudonym [sú:dənim] n.익명, 필명, 가명

pseud(가짜의=false)+onym(이름=name)의 결합.

'진짜 이름이 아닌 가짜 이름=익명, 필명, 가명'입니다.

- Haters post comments by using **pseudonyms**, instead of their real names.
  악플러들은 본명 대신에 필명을 이용하여 글을 올린다.

Day 55

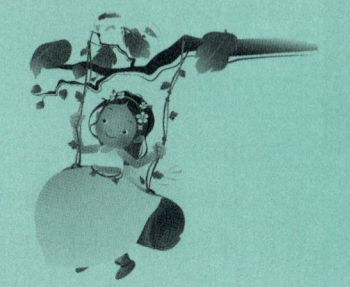

어근 sid
어근 sid는 sit(앉다, 앉아 있다)입니다. 유사철자 sed, sess는 sid의 변형.

reside [rizáid] vi.살다(inhabit, dwell, live), 거주하다, 존재하다

re(계속=again)+sid(앉아 있다=sit)+e의 결합.

'어떤 장소에 계속 눌러앉아 있다=거주하다'입니다. 서울에 계속 눌러앉아 있으면 서울에 거주하고 사는 것이죠. 전문의 수련과정에 있는 의사를 레지던트(resident)라고 하는데, 병원에서 먹고 자는 시간이 더 많아 병원에 거주하는 거주자와 같은 처지이기 때문에 resident라고 하는 것입니다.

- resident [rézidənt] n.거주자, 전문의 수련자. a.거주하는, 고유의
- He **resides** here in Seoul. 그는 이곳 서울에서 살고 있다.
- The power of decision **resides in** President. 그 결정권은 대통령에게 있다.

assiduous [əsídʒuəs] a.부지런한(diligent, industrious)

as(이동=ad)+sid(앉아 있다=sit)+uous의 결합.

'의자에 가서 계속 앉아 일하는=부지런한'입니다. 의자에 가서 계속 앉아 공부하고 연구하는 사람은 부지런하고 끈기 있는 사람이죠.

- He has been **assiduous** in studying Chinese. 그는 중국어를 열심히 해왔다.

preside [prizáid] vi.사회를 보다, 주재하다, 관장하다

pre(앞, 이전=before)+sid(앉아 있다=sit)+e의 결합.

'회의 때 사람들 앞에 앉아 있다=사회를 보다, 주재하다'입니다. 회의 때 앞에 앉아 있는 사람은 사회를 보고, 회의를 관장하는 사람이죠.

- president [prézidənt] n.사장, 회장, 학장, 총장, 의장, 대통령
- Who will **preside** at the meeting? 그 회의에서 누가 사회를 보나요?

dissident [dísədənt] a.의견을 달리하는 n.반대파, 반체제 인사

dis(반대=opposite)+sid(앉아 있다=sit)+ent(사람)의 결합.

'정부와 반대 입장에 앉아 있는 사람=반대파, 반체제 인사'입니다.

- He was repeatedly sent to jail by the government for his **dissident** activity.
  그는 반체제 활동으로 정부에 의해 수차례 수감되었다.

residual [rizídʒuəl] a.남아 있는, 잔여의, 잔류의 n.잔여, 찌꺼기

re(뒤=back)+sid(앉아 있다=sit)+ual의 결합.

'맨 뒤에 앉아(남아) 있는=남아 있는, 잔류의'입니다. 농약을 치고 난 뒤에 채소에 남아 있는 것은 잔류 농약, 두부를 만들고 난 뒤에 남아 있는 비지는 찌꺼기입니다.

- Some **residual** problems were very difficult to resolve.
  남아 있는 몇 개의 문제들은 해결하기 아주 어려웠어.

insidious [insídiəs] a.교활한, 음흉한

in(안에)+sid(앉아 있다=sit)+ious의 결합.

'마음속에 남이 모르는 음흉한 것이 들어 앉아 있는=교활한(cunning, tricky)'입니다.

- You'd be better careful of his **insidious** character.
  너는 그의 교활한(음흉한) 성격을 조심하는 것이 좋아.

subside [səbsáid] vi.가라앉다, (땅)내려앉다, (바람)잠잠해지다

sub(아래=under=down)+sid(앉아 있다=sit)+e의 결합.

'위에 있던 것이 아래(바닥)에 앉아 있다=가라앉다(submerge, sink, dip)'입니다. 땅 위에 있던 주춧돌이 땅 아래로 가면 건물이 땅속으로 내려앉는 것이죠.

- Weak foundations caused the house to **subside**.
  약한 기초(토대)가 그 집이 가라앉는 것을 야기했다.
- The pain should **subside** in an hour or two.
  그 통증은 한두 시간 후에 가라앉을 것입니다.

subsidiary [səbsídièri] n.자회사, 보조금 a.종속적인, 보조의

sub(아래=under=down)+sid(앉아 있다=sit)+iary의 결합.

'모(母)회사 아래에 자식으로 앉아 있는 회사=자회사, 종속적인(subordinate, secondary)'입니다. 자회사는 모회사에 종속되어 있고, 자회사는 정착할 때까지 모회사로부터 보조금을 받아야 하는 경우가 많기 때문에 '자회사'에서 '종속적인, 보조금'이란 뜻 파생.

- We're setting up a **subsidiary** in China. 우리는 중국에 자회사를 설립할 예정입니다.
- A **subsidiary** is necessary to help people to buy houses.
  사람들이 집 사는 것을 돕기 위해 보조금이 필요합니다.

sediment [sédəmənt] n.침전물, 퇴적물 v.침전시키다(하다)

sed(앉아 있다=sid=sit)+i+ment(명접)의 결합.

'맨 밑바닥에 앉아 있는 것=침전물, 퇴적물'입니다. 흙탕물을 가만히 놓아두면 무거운 것이 바닥에 가라앉는데 그것이 침전물입니다. 강바닥에 앉아 있는 침전물은 퇴적물.

- A thick layer of **sediment** is formed at the river.
  강에 두꺼운 퇴적물 층이 형성되어 있습니다.

saddle [sǽdl] n.(자전거, 말)안장 vt.~에게 책임을 지우다(맡기다)

sad(앉다=sid=sit)+dle의 결합.

말이나 자전거에 '엉덩이를 대고 앉는 곳=안장'입니다. 말에게 안장을 얹는 것은 사람(짐)을 옮기라는 책임을 지우는 것이기 때문에 '안장'에서 '책임지우다'는 뜻이 파생.

- The **saddle** height should be around your pelvis when you stand up.
  안장의 높이는 당신이 섰을 때 골반 근처가 되어야 합니다.
- The company **saddled** me with the job of firing the workers.
  회사는 나에게 노동자 해고하는 일을 책임지웠다.

sedentary [sédəntèri] a.주로 앉아 있는(immobile, inactive), 정착해 있는

sed(앉아 있다=sid=sit)+ent+ary의 결합.

'활동하지 않고 앉아 있는=주로 앉아 있는'입니다. sedan(세단)은 17~18C에 귀족들이 앉아서 타고 다니던 가마 의자입니다. 가마 의자에 바퀴를 단 것이 세단 자동차. 한 지역에 눌러앉아 있으면 정착해 있는 것이기 때문에 '눌러앉아 있는=정착해 있는'입니다.

- He became increasingly **sedentary** in later life.
  만년에 그는 점점 앉아서 생활하게 되었다.
- Rhinos are largely **sedentary** animals. 코뿔소는 대부분 정착해 사는 동물이다.

supersede [sù:pəərsí:d] vt.대체하다(replace, substitute, supplant)

super(위=over)+sed(앉다=sid=sit)+e의 결합.

'사람 위에 사람을 앉히다=대체하다'입니다. 부장 위에 새로운 부장을 앉히면 기존에 있던 부장을 경질하고 새로 온 부장으로 대체하는 것입니다. supersede의 명사형 supersession을 보면 어근 sed와 sess가 같은 뜻임을 알 수 있지요. 발음 편의를 위해 철자를 변형.

- supersession [sù:pərséʃən] n.교체(shift, change, replacement), 경질
- The typewriter has been **superseded** by the personal computer since the 1,980s.
  타자기는 1980년대 이후로 컴퓨터로 대체되었다.

session [séʃən] n.기간, 개회, 개정, 회기, 학기, 수업

sess(앉아 있다=sit)+ion의 결합.

'사람이 앉아 있는 시간=기간(개회, 개정, 회기, 학년, 수업시간)'입니다. session은 모든 기간을 나타냅니다. 국회의원이 국회에 앉아 있는 시간이 개회 중인 기간이죠. 학생이 학교에 앉아 있는 기간은 학기, 수업입니다.

- The orientation and training **session** will last one month.
  오리엔테이션과 연수 기간은 한 달간 계속될 것입니다.
- The morning **session** will start at 9 o'clock. 아침 수업은 9시에 시작될 것이다.
- They visited the National Assembly in **session**.
  그들은 개회 중인 국회를 방문했다.

obsess [əbsés] vt.사로잡다 vi.강박감을 갖다

ob(반대=opposite)+sess(앉아 있다=sid=sit)의 결합.

'누군가가 반대편에 앉아 있다=사로잡다, 강박감을 갖다'입니다. 반대편에 미모의 여자가 앉아 있으면 자신의 마음을 사로잡게 되지요. 반대편에 자신을 압박하는 존재가 앉아 있으면 강박감을 갖게 됩니다.

- obsession [əbséʃən] n.강박관념, 망상(delusion)
- Today, many people **are obsessed with** just having a pretty face.
  오늘날 많은 사람은 단지 예쁜 얼굴을 가지는 것에 사로잡혀 있습니다.

assess [əsés] vt.평가하다(estimate), (세금)부과하다

as(이동=ad)+sess(앉아 있다=sid=sit)의 결합.

'주인 옆에 앉아 재산을 살펴보다=평가하다, 부과하다(impose)'입니다. 세금 징수원이 주인 옆에 가서 앉아 주인의 재산과 수입을 **평가**한 후에 내야할 세금을 **부과**한 것에서 유래.

- assessment [əsésmənt] n.평가(estimation), 사정, 부과(imposition)
- It is impossible to **assess** the flood damage this year.
  올해 홍수 피해를 평가하는 것은 불가능합니다.

어근 serve

어근 serve는 단어 serve(섬기다, 봉사하다, 유지하다, 복무하다)입니다.

servant [sə́:rvənt] n.하인, 종, 부하, 공무원(public servant)

serv(섬기다, 봉사하다, 유지하다, 복무하다=serve)+ant(사람)의 결합.

'주인을 섬기고 주인에게 봉사하는 사람=하인, 부하, 종, 공무원'입니다. 하인(servant)은 주인을 섬기고, 주인에게 봉사하며, 주인 옆에서 자리를 유지하며 복무해야 하지요.

- Why do you wish to become a civil **servant**?
  왜 공무원이 되길 희망하십니까?

servitude [sə́:rvətjù:d] n.노예 상태, 징역(imprisonment)

serv(섬기다, 봉사하다, 유지하다, 복무하다=serve)+i+tude(상태)의 결합.

'항상 주인 옆에서 자리를 유지하며 주인을 섬기고 봉사해야 하는 상태=노예 상태'입니다. 항상 주인 옆에서 자리를 유지해야하는 노예는 감옥에서 징역사는 것과 같기 때문에 '**노예 상태**'에서 '**징역**'이란 뜻이 파생.

- He promised to free them from their **servitude**.
  그는 그들을 노예 상태에서 해방시켜 주기로 약속했다.

deserve [dizə́ːrv] v. ~받을 만하다, ~할 가치(자격)가 있다

de(강조=completely)+serve(섬기다, 봉사하다, 유지하다, 복무하다)의 결합.

'확실하게 주인을 섬기고 봉사하다=자격이 있다'입니다. 국가에 봉사하는 군 복무를 끝마치면 그에 상응하는 군가산점이라는 보상을 받을 자격이 있지요.

- I think they don't **deserve** to receive our help.
나는 그들이 우리의 도움을 받을 자격이 없다고 생각해.

observe [əbzə́ːrv] vt. 보다, 관찰하다, 준수하다(obey), (격식)말하다(say)

ob(위=over)+serve(유지하다)의 결합.

'관리자가 위에 앉아서 자리를 유지하다=보다, 관찰하다(watch)'입니다. 관리자가 높은 곳에 앉아서 자리를 유지하는 것은 노동자들이 근무 규정을 준수하는지 지켜보고 관찰하는 것입니다. 관리자는 관찰한 후에 근무규정을 준수했는지 여부를 말하기 때문에 '**관찰하다**'에서 '**준수하다, 말하다**'는 뜻이 파생.

- observant [əbzə́ːrvənt] a. 관찰력이 예리한, 준수하는
- observation [àbzərvéiʃn] n. 관찰(력), 감시, (관찰에 의거한)의견
- observance [əbzə́ːrvəns] n. (법, 관습)준수, 지킴
- observatory [əbzə́ːrvətɔ̀ːri] n. 관측소, 전망대
- observe the time 시간을 준수하다
- observe the rules 규칙을 준수하다
- Most psychologists like to **observe** people. 대부분의 심리학자는 사람 관찰하는 것을 좋아한다.
- She **observed** that he would not come back. 그녀는 그가 돌아오지 않을 것이라고 말했습니다.

preserve [prizə́ːrv] vt. 지키다, 보호하다(protect), 보존하다(conserve)

pre(앞, 이전=before)+serve(유지하다=keep)의 결합.

'어떤 일이 발생하기 이전에 원래 상태를 그대로 유지하다=지키다(keep)'입니다. 독도를 지키는 것은 독도 침략이 발생하기 이전에 주권을 그대로 유지하는 것이고, 환경을 보호하는 것은 더럽혀지기 이전에 원래의 환경 상태를 그대로 유지하는 것이죠.

- preservative [prizə́ːrvətiv] a. 보존하는, 보존력 있는 n. 방부제
- preservation [prèzərvéiʃn] n. 보존, 저장, 보관
- Dokdo needs nationwide attention and action to **preserve** it.
독도를 지키기 위해 전국적인 관심과 행동이 필요합니다.
- Salt is used to **preserve** food. 소금은 음식물을 보존하는 데 사용된다.
- The juice contains no artificial **preservatives**.
이 주스에는 인공 방부제가 전혀 들어 있지 않다.
- The old building is in a good state of **preservation**.
그 오래된 건물은 좋은 보전 상태로 있다.

conserve [kənsə́ːrv] vt.아껴 쓰다, 보존하다, 보호하다(protect)

con(강조=completely)+serve(유지하다=keep)의 결합.

'손대지 않은 상태로 확실하게 유지하다=보존하다(preserve)'입니다. 자원을 아껴 사용하면 자원을 덜 사용함으로써 자원을 보호하고 보존할 수 있기 때문에 '아껴 쓰다'에서 '보존하다'는 뜻이 파생.

- conservation [kànsəːrvéiʃn] n.보호(protection), 보존
- During a drought, everyone needs to **conserve** water.
  가뭄 때는 모두가 물을 아껴 쓸 필요성이 있다.
- We should take steps to **conserve** the environment.
  우리는 환경을 보호할 조치를 해야 한다.

conservative [kənsə́ːrvətiv] a.보수적인, 보수주의의 n.보수주의자

conserve(vt.보존하다, 보호하다)+ative의 결합.

'기존의 것을 보존하고 보호하려는 성향을 가진 사람=보수주의자'입니다. 기존의 것을 지키려는 성향을 보수주의라고 하고, 기존의 것을 무시하고 앞으로 나아가려는 성향을 진보주의(progressive)라고 합니다. pro(앞)+gress(가다=go)+ive의 결합.

- progressive [prəgrésiv] a.진보적인, 전진하는 n.진보주의자
- moderate [mɑ́dərèit] a.알맞은, 적당한, 온건한 n.온건주의자
- I didn't realize you were so **conservative**. 나는 네가 그렇게 보수적일 줄은 몰랐어.

reserve [rizə́ːrv] vt.떼어두다, 비축하다(save), 예약하다 n.비축(금), 예비(군)

re(뒤=back)+serve(유지하다=keep)의 결합.

'사용하지 않고 뒤에 떼어내 유지하다=비축(저축)하다'입니다. 월급 100만 원을 받아 20만 원을 떼어 뒤에 별도로 유지하면 비축(저축)하는 것입니다. 식당 자리를 별도로 떼어 뒤에 유지하는 것은 예약하는 것이죠. reserve에 book(예약하다)의 뜻이 발생한 시기는 1935년.

- reservation [rèzəːrvéiʃən] n.예약(booking), 보류(suspension)
- I **reserve** some money for the future. 나는 미래를 위해 약간의 돈을 비축하고 있어.
- Can I **reserve** a table by the window? 창가에 있는 테이블로 예약할 수 있을까요?
- I plan to use you as a **reserve**. 나는 너를 예비 선수(후보)로 사용할 계획이야.

reservoir [rézərvwàːr] n.저장, 저장소, 저수지

re(계속=again)+serv(유지하다=keep)+oir의 결합.

'무엇이 다른 곳에 가지 않고 한 곳에 계속 있도록 유지하는 것=저장(소)'입니다. 물이 흘러가지 않도록 물을 계속 유지하는 물 저장소는 저수지이고, 컴퓨터의 하드디스크는 데이터를 계속 유지하는 자료 저장소입니다.

- The **reservoir** dried up during the six-month drought.
  6개월간 계속된 가뭄으로 저수지는 완전히 말랐다.

어근 sign

어근 sign은 mark(표시하다, 서명하다)입니다.

signature [sígnətʃəːr] n.서명

sign(vt.표시하다, 서명하다=mark)+ature의 결합.

'**동의한다고 표시하는 것=서명**'입니다. 계약서 등을 읽고 그 내용에 동의한다는 표시를 하는 것은 signature, 유명인으로부터 받는 친필 사인은 autograph입니다.

- sign n.기호, 표시, 간판, 손짓, 신호 v.서명하다, 신호하다, 표시하다
- Write down your **signature** in the blank below. 아래의 빈 공란에 서명하세요.

assign [əsáin] vt.할당하다(allot, allocate, apportion), 맡기다

as(이동=ad)+sign(vt.표시하다, 서명하다=mark)의 결합.

'**이동하며 해야 할 일을 표시하다=할당하다**'입니다. 선생님이 이동하면서 창문, 바닥 등 학생들에게 청소해야 할 영역을 표시해 주는 것은 청소를 할당(배정)하고, 맡기는 것이죠.

- assignment[əsáinmənt] n.할당(allotment, allocation), 배정, 숙제, 임무
- If nobody volunteers, I'll **assign** somebody.
  아무도 지원하지 않으면, 내가 누구에게 배정(할당)하겠습니다.

significant [signífikənt] a.중요한(important, momentous), 의미 있는

sign(vt.표시하다, 서명하다=mark)+i+fic(만들다=make)+ant의 결합.

'**눈에 띄는 표시를 만들어 놓은=중요한**'입니다. 책을 읽으면서 어떤 부분에 밑줄을 치거나 별표와 같은 표시를 만들어 놓으면 그 부분은 중요하고 의미 있는 부분입니다.

- significance[signífikəns] n.중요(importance, consequence), 의미(meaning)
- insignificant n.중요하지 않은(unimportant, valueless), 무의미한(meaningless)
- The results of the experiment are not statistically **significant**.
  그 실험 결과는 통계적으로 중요하지 않아(의미가 없어).

consign [kənsáin] vt.맡기다(commit), 위탁하다, (물건)보내다

con(함께=with)+sign(vt.표시하다, 서명하다=mark)의 결합.

'**계약서에 함께 서명하다=맡기다, 보내다**'입니다. 출판사를 시작하면 물류회사 담당자와 만나 계약서 맨 아래에 함께 서명하고 배송을 위탁합니다. 물류회사는 배송을 위탁받은 후 물건을 배송하기 때문에 '**위탁하다**'에서 '**보내다**'는 뜻이 파생.

- consignment[kənsáinmənt] n.위탁(판매), 탁송
- They **consigned** their child to an adoption agency.
  그들은 아이를 입양기관에 맡겼다(위탁했다).

Day 56

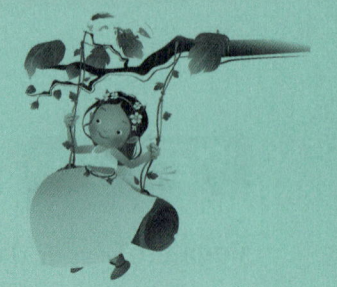

어근 pli

어근 pli는 fold(구부리다, 접다, 포개다)입니다.
유사철자 pla, ple, plo, ply는 pli의 변형. 51일차에서 어근 ple를 배웠습니다.
어근 ple(fill)와 pli(fold)는 유사 철자가 겹치기 때문에 어근 pl*를 fill, fold로 기억하고 단어 암기에 적합한 뜻을 사용하세요.

fold [fould] vt.구부리다(bend), 접다, 포개다, (팔)끼다, 안다(포옹하다), 싸다

fold는 '구부리다'에서 모든 뜻이 파생. 구부려서 접고, 구부려서 포개지요. 서류철을 폴더(folder)라고 하는데 많은 서류들을 접고, 포개어 철한 것입니다. 두 팔을 구부리는 것은 팔짱끼는 것이고, 사람을 가슴에 넣고 팔을 구부리면 감싸고 포옹하는 것이죠. 어근 pli를 학습하기 위해서는 단어 fold의 뜻을 확실하게 알아야 합니다.

duplicate [djú:pləkeit] vt.복사(복제)하다, (똑같이)되풀이하다 n.복사본, 복제품

du(둘=two)+pli(구부리다, 접다, 포개다=fold)+cate의 결합.

'열쇠 2개를 포개어 만들다=복사하다(reproduce, copy, replicate)'입니다. 열쇠를 복사하러 가면 2개의 열쇠(가져간 열쇠와 새 열쇠)를 포개어 놓고 새 열쇠의 홈을 파서 복사합니다. 2개를 포개어 동일한 것을 만드는 것은 복사(복제)하는 것이죠.

- Can you **duplicate** this document for me?
  이 서류 복사해 주실 수 있나요?
- Is this a **duplicate** or the original?
  이것은 사본인가요 아니면 원본인가요?

replicate [répləkèit] vt.복사(복제)하다 vi.복제되다

re(계속=again)+pli(구부리다, 접다, 포개다=fold)+cate의 결합.

'2개를 포개어 계속 같은 것을 만들다=복사하다'입니다. 열쇠 2개를 포개어 같은 것을 계속 만들면 복사하고 복제하는 것입니다. replicate와 duplicate는 동의어.

- I don't want to **replicate** my speech of last week.
  나는 지난주의 연설을 (그대로) 복사하고 싶지 않다. vt.
- Chromosomes **replicate** before cells divide and multiply.
  염색체는 세포가 분열하여 증식되기 전에 복제된다. vi.

implicate [ímpləkèit] vt.관련시키다(involve, relate, associate, connect)

im(안에=in)+pli(구부리다, 접다, 포개다=fold)+cate의 결합.

'**어떤 일에 자신의 이름을 접어 넣다=관련시키다**'입니다. 도박판에 자신의 이름과 판돈을 적은 종이를 접어 넣으면 도박에 관련되는 것이고, 역적모의에 자신의 이름을 적어 접어 넣으면 역모에 연루되는 것이죠. 관련자들은 일을 함께 하자고 손을 포갠 사람들입니다.

- implication [ìmpləkéiʃən] n.관련(involvement, connection, relation), 연루
- He **was implicated in** the scandal and was forced to resign.
  그는 그 추문에 관련되었고 사임을 강요받아 사임했다.

explicit [iksplísit] a.명확한(clear, obvious, manifest, distinct), 숨김없는

ex(밖으로=out)+pli(접다, 포개다, 싸다=fold)+cit의 결합.

'**마음속에 접고 포개둔 생각을 밖으로 꺼낸=명확한**'입니다. 자신의 가슴속에 접어두고, 포개두고, 감싸두고 있던 생각을 밖으로 꺼내면 자신의 생각을 명확하게 나타낸 것입니다.

- Don't you think it is **explicit** evidence? 그것이 명확한 증거라고 생각하지 않나요?

supplicate [sʌ́pləkèit] v.간곡히 부탁하다(entreat, implore, petition), 애원(간청)하다

sup(아래=sub=under)+pli(구부리다, 접다, 포개다=fold)+cate의 결합.

'**높은 사람 아래에서 무릎 구부려 말하다=간곡히 부탁하다**'입니다. 높은 곳에 앉아 있는 사또에게 무릎 꿇고 고개 숙여 자신의 가족을 방면해 달라고 간곡히 부탁하는 장면을 떠올려 보세요.

- supplication [sʌ̀pləkéiʃən] n.간청(petition, entreaty, appeal), 애원
- The mother **supplicated** the governor of the village for the life of his son.
  그 어머니는 아들의 목숨을 위해 마을 통치자에게 애원했다.

perplex [pərpléks] vt.당황하게 만들다(puzzle, bewilder, confuse, embarrass)

per(완전히=perfect)+ple(구부리다, 접다, 포개다=fold)+x의 결합.

'**완전하게 접고 포개놓다=난처하게 만들다**'입니다. 많은 서류들을 마구잡이로 접어놓고, 포개어 놓으면 필요한 서류를 찾으려는 사람을 난처하게 만들고 당황하게 만들지요.

- He was **perplexed** by her strange behavior at the party. 그는 파티에서 그녀의 이상한 행동에 당황했다.

supple [sʌ́pəl] a.(몸, 물체)유연한, 탄력 있는

sup(아래=sub=under)+ple(구부리다, 접다, 포개다, 싸다=fold)의 결합.

'**윗몸을 아래로 깊이 구부리는=유연한**(flexible, plastic, elastic)'입니다. 윗몸을 아래로 구부려 가슴이 무릎에 닿나요? 그러면 몸이 유연하고 탄력 있는 것입니다.

- Yoga will help you to be **supple**. 요가는 당신 몸을 유연하도록 도와줄 것입니다.
- Because gymnasts exercise regularly, they have **supple** bodies.
  체조 선수들은 규칙적으로 운동하기 때문에 유연한 몸을 갖고 있다.

display [displéi] vt.보이다, 드러내다, 전시(진열)하다 n.전시(회), 진열, 표시

dis(분리=off)+pla(접다, 포개다, 싸다=fold)+y의 결합.

'창고 안에 포개어 둔 것을 분리시켜 밖에 놓다=전시하다(exhibit, show, expose)'입니다. 창고 안에 포개어둔 미술품들을 창고에서 분리시켜 사람들이 볼 수 있도록 밖에 놓아두는 것은 전시하고 진열하는 것이죠.

- She **displayed** her bruises for all to see.
  그녀는 모든 사람들이 보도록 멍든 곳들을 드러냈다(보였다).
- The exhibition gives local artists an opportunity to **display** their work.
  그 전시회는 지역 화가들에게 그들의 작품을 전시할 기회를 제공한다.

diploma [diplóumə] n.졸업장, 수료증

di(둘=double)+plo(접다=fold)+ma의 결합.

'학교에서 주는 둘로 접혀져 있는 것=졸업장'입니다. 대학 졸업장을 보면 가운데가 접혀져 있어 양면으로 되어 있지요. diploma는 원래 공문서였는데 학교에서 주는 졸업장, 수료증 등으로 의미가 축소.

- He wanted to get a high school **diploma** first.
  그는 먼저 고등학교 졸업장을 따고 싶었다.

employ [emplɔ́i] vt.(사람, 물건, 시간)쓰다, 고용하다, 사용하다, 소비하다

em(안으로=in)+plo(접다=fold)+y의 결합.

'서류를 접어서 회사 안으로 넣다=사람을 쓰다(고용하다)'입니다. 회사에서 요구하는 서류를 접어서 회사에 넣으면 회사는 필요한 사람을 쓰지요. 사람을 쓰는 것에서 물건, 수단, 시간, 정력 따위를 쓰는 것으로 의미가 확장. 물건과 수단을 사용하면 use(사용하다), 시간과 정력을 사용하면 spend(소비하다)가 됩니다.

- **employee** [implɔ́ii] n.종업원 • **employer** [emplɔ́iər] n.고용주
- **employment** [emplɔ́imənt] n.고용(율), 일자리(work, occupation)
- **unemployment** [Ànemplɔ́imənt] n.실업(률), 실직
- **unemployed** [Ànemplɔ́id] a.실직한
- How many people does the company **employ**?
  그 회사는 얼마나 많은 사람을 고용하고 있나요?
- Do not again **employ** that word in my presence.
  내 앞에서 다시는 그런 말을 쓰지 마.

reply [riplái] vi.대답하다(answer), 응답하다(respond) n.대답, 응답

re(다시=again)+ply(구부리다, 접다, 포개다=fold)의 결합.

'편지글을 다시 접어 보내다=대답하다, 응답하다'입니다. 전화가 없었던 옛날에는 하인을 통하여 접은 편지를 보내면 답장 편지를 접어 하인을 통해 다시 보냈습니다.

- Do not **reply to** e-mails requesting account numbers.
  계좌 정보를 묻는 이메일에 대답(응답)하지 마세요.

apply [əplái] vt.적용하다, (약)바르다 vi.적용되다, 신청하다, 지원하다

ap(이동=ad)+ply(구부리다, 접다, 포개다=fold)의 결합.

'**필요한 서류를 접어 회사나 학교에 내다=신청하다**(put in for), **지원하다**'입니다. 필요한 서류를 접어 회사나 학교에 내는 것은 신청하고 지원하는 것입니다. 약초를 가져가 상처 위에 포개면 약을 바르는 것입니다. 접고 포개어 놓은 여러 도면을 가져가 실제에 이용하면 적용하는 것이죠. 스마트폰에서 다운받아 사용할 수 있는 적용 프로그램을 앱이라고 하는데 애플리케이션(application)을 줄인 말.

- application [æplikéiʃən] n.신청(서), 지원, 적용, 응용 • applicant [ǽplikənt] a.지원자, 신청자
- The new technology was **applied** to farming. 그 신기술은 농사에 적용되었다. vt.
- **Apply** the cream **to** your face and neck. 크림을 얼굴과 목에 바르세요. vt.
- I would like to **apply for** a driver's license. 자동차 면허를 신청하고 싶은데요. vi.
- What time does the extra charge **apply**? 할증요금은 몇 시부터 적용되나요? vi.

appliance [əpláiəns] n.기기(기계, 기구), 장치, 설비, 적용(application)

appli(적용하다=apply)+ance(명접)의 결합.

'**여러 가지 원리를 적용하여 만들어 낸 것=기기**(machinery, equipment, instrument)'입니다. 가전제품, 의료기기 등 각종 기기, 발전 설비들은 보통 사람들이 알 수 없는 여러 가지 과학적 원리를 적용하여 만든 것입니다.

- Never touch an electrical **appliance** with wet hands.
  절대 젖은 손으로 전기 기기(장치, 설비)를 만지지 마세요.

comply [kəmplái] vi.(순)응하다(adapt, accommodate), 따르다, 동의하다

com(강조=completely)+ply(구부리다, 접다, 포개다=fold)의 결합.

'**상대편에게 완전히 머리를 구부리다=순응하다, 따르다**'입니다. 이것은 이렇게 하고 저것은 저렇게 하라는 상대방의 요구에 머리를 구부리면 상대편의 요구에 따르고, 순응하고, 동의하는 것이죠.

- compliant [kəmpláiənt] a.시키는 대로 하는, 고분고분한
- compliance [kəmpláiəns] n.고분고분함, 순응, 승낙
- I had no choice but to **comply**. 나는 따를(응할) 수밖에 없었어.

imply [implái] vt.암시하다(suggest), 넌지시 알려주다

im(안에=in)+ply(구부리다, 접다, 포개다=fold)의 결합.

'**말 안에 힌트를 넣어 접고 포개어 놓다=암시하다**'입니다. 전달하고자 하는 내용을 직설화법으로 전달하지 않고 대화 안에 힌트를 접고 포개어 넣어 간접적으로 알려주는 것은 넌지시 알려주는(암시하는) 것입니다.

- The Secretary of Defence's speech **implied** the air raid would be imminent.
  국방부 장관의 연설은 공습이 임박했음을 암시했다.
- Silence often **implies** consent. 침묵은 때때로 동의한다는 것을 암시해.

multiply [mʌ́ltəplài] vi.늘다, 증가하다, 곱셈하다 vt.늘리다, 증가시키다, 곱하다

multi(많은=many)+ply(구부리다, 접다, 포개다=fold)의 결합.

'접고 구부려 많은 수를 만들다=늘리다, 증가시키다(increase)'입니다. 박테리아는 자신의 몸을 접고 구부려 분리시키면 그것이 새로운 개체가 되어 살아가지요. 접어 분리시켜 수를 많이 만드는 것은 늘리고 증가(번식, 증식)시키는 것입니다.

- multiplication [mʌ̀ltəplikéiʃən] n.증가, 증식, 곱셈
- Cares **multiply** as one gets older. 사람은 늙어감에 따라 걱정이 늘어나. vi.
- In warm weather germs **multiply** rapidly. 따뜻한 날씨에 병원균은 빠르게 증가해. vi.
- Think of a number and **multiply** it by two. 숫자를 하나 생각하고 그것에 2를 곱해. vt.

어근 VOC

어근 voc는 voice(목소리, 불러내다)입니다. 유사철자 vok는 voc의 변형.

vocal [vóukəl] a.목소리의, 목소리를 내는

voc(목소리, 불러내다=voice)+al의 결합.

- As a singer, his **vocal** powers get into full swing. 가수로서 그의 목소리의 힘은 최고조에 달해 있다.

advocate [ǽdvəkèit] vt.변호하다, 옹호하다, 지지하다 n.변호사, 옹호자, 지지자

ad(이동=to)+voc(목소리, 불러내다=voice)+ate의 결합.

'가서 누군가를 위한 목소리를 내다=변호하다, 옹호하다, 지지하다(support)'입니다. 가서 누군가를 돕기 위해 목소리를 내는 것은 변호하고, 옹호하고, 지지하는 것이죠.

- Many celebrities are doing good deeds by **advocating** minority issues.
  많은 유명인이 소수의 문제를 옹호함으로써 좋은 일을 하고 있다.

vocation [voukéiʃən] n.직업(job, occupation), 천직, 사명감

voc(목소리, 불러내다=voice)+ation의 결합.

'무엇을 하라고 알려주는 신의 목소리=직업'입니다. '너는 노래를 해라, 너는 물고기를 잡아라'라고 하는 신의 목소리는 직업을 알려주는 것이죠. '직업의식=사명감'입니다.

- Selecting a **vocation** suitable for me is really hard.
  나에게 맞는 직업(천직)을 선택하는 것은 정말 어려워.

avocation [ǽvoukéiʃən] n.부업, 취미

a(분리=ab=off)+vocation(n.직업)의 결합.

'직업에서 분리되어 있는 별도의 일=부업(side job, second job), 취미(hobby)'입니다. 정기적인 월급을 받는 직업에서 분리되어 있는 별도의 일은 부업이고 취미활동이죠.

- He decided to give up his occupation and concentrate on **avocation**.
  그는 자신의 직업을 포기하고 부업에 집중하기로 결정했다.

evoke [ivóuk] vt.(감정, 기억)불러일으키다

e(밖으로=ex=out)+vok(목소리, 불러내다=voc=voice)+e의 결합.

'가슴 속에, 기억 속에 있는 것을 밖으로 불러내다=불러일으키다'입니다. 머릿속에 있는 기억이나 가슴 속에 있는 감정을 밖으로 불러내는 것입니다.

- The music always **evokes** memories of my youth.
  그 음악은 항상 나의 젊은 날의 기억을 불러일으킨다.

convoke [kənvóuk] vt.(회의 등)소집하다

con(함께=with)+vok(목소리, 불러내다=voc=voice)+e의 결합.

'관련자들을 다 함께 불러내다=소집하다(assemble, convene, summon)'입니다. 회의나 집회를 위해 관련 있는 사람들을 모두 집에서 불러내는 것은 소집하는 것이죠.

- convocation [kànvəkéiʃən] n.소집(call, summon), 집회(meeting, assembly)
- He sent the message to **convoke** the members. 그는 회원들을 소집하는 메시지를 보냈다.

provoke [prəvóuk] vt.(감정을)일으키다, 도발하다, 화나게 하다

pro(앞, 이전=before)+vok(목소리, 불러내다=voc=voice)+e의 결합.

'적군의 성 앞에 가서 목소리를 높이다=도발하다, 화나게 하다'입니다. 누군가 앞에 가서 'Hey, son of bitch'라고 해 보세요. 상대편의 감정을 일으키고, 화나게 하는 도발 행위죠. 적군이 성문을 걸어 잠그고 있으면 적군을 끌어내기 위해 성 앞에 가서 목소리를 높여 자극하게 됩니다.

- provocation [prὰvəkéiʃn] n.화나게 함, 도발(incitement)
- Why do you deliberately **provoke** me? 너는 왜 의도적으로 나를 화나게 하는 거야?

revoke [rivóuk] v.철회(폐지, 취소, 해약)하다 n.철회, 폐지, 취소, 해약

re(반대=opposite)+vok(목소리, 불러내다=voc=voice)+e의 결합.

'처음 했던 말과 정반대의 목소리를 내다=철회하다(withdraw, retract, cancel)'입니다. 처음에는 '해도 좋아'라고 했다가 나중에 '하면 안 돼'라고 하는 것처럼 처음 약속과 정반대의 목소리를 내는 것은 약속을 철회하고, 취소하는 것입니다.

- He didn't **revoke** the direction to finish it till tomorrow.
  내일까지 그것을 끝마치라는 지시를 그는 철회하지 않았다.
- Your reservation is beyond **revoke**. 당신 예약은 취소(해약) 못합니다.

vomit [vámit] v.토하다(throw up), (화산)분출하다

vo(목소리, 불러내다=voice)+mit(보내다=send)의 결합.

'목을 통하여 위장에 있는 것을 밖으로 보내다=토하다, 분출하다(erupt)'입니다.

- He consumed so much beer that he **vomited** all night long.
  그는 술을 너무 많이 마셔서 밤새 토했어.

어근 spon

어근 spon은 promise(약속하다)입니다.

sponsor [spánsə:r] n.후원자, 보증인, 광고주 vt.후원하다, 보증하다

spon(약속하다=promise)+s+or(사람)의 결합.

'무엇을 책임지겠다고 약속하는 사람=후원자, 보증인, 광고주'입니다. 스폰서(sponsor)는 누구를 위하여 어떤 책임을 지겠다고 약속한 후원자나 보증인입니다.

- They **sponsor** 100 children around the world.
  그들은 전 세계 100명의 아이들을 후원하고 있다.

spontaneous [spɑntéiniəs] a.자발적인

spon(약속하다=promise)+tane+ous의 결합.

'누구의 강요 없이 스스로 약속하고 행동하는=자발적인(voluntary, willingly)'입니다.

- One is **spontaneous** and the other is induced.
  하나는 자발적이며 다른 하나는 권유된 것이다.

despondent [dispɑ́ndənt] a.낙담한(discouraged, disappointed), 의기소침한

de(분리=off)+spon(약속=promise)+dent의 결합.

'후원 약속에서 분리되어 있는=낙담한'입니다. 다른 사람은 후원받는데 자신만 후원 대상자에서 분리되어 있으면 낙담하게 되지요.

- He is **despondent** over the breakup of his marriage.
  그는 결혼 파탄으로 인해 낙담하고 있다.

spouse [spaus] n.배우자

spou(약속=spon=promise)+se의 결합.

'평생 함께 하겠다고 약속하고 결혼한 사람=배우자'입니다.

- Don't speak badly about your **spouse** in front of your child.
  아이들 앞에서 너의 배우자에 대해 나쁘게 말하지 마라.

Day 57

어근 pend
어근 pend는 hang(매달다, 매달리다)입니다.

pendant [péndənt] n. 펜던트(늘어뜨린 장식)

pend(매달다, 매달리다=hang)+ant의 결합.

pend(매달리다)의 명사형으로, 귀걸이나 목걸이에 **매달려** 있는 보석을 **펜던트(pendant)**라고 합니다. 펜던트(pendant)의 pend에서 매달려 있는 모습을 떠올려 보세요.

pendent [péndənt] a. 매달린(hanging), 드리워진

pend(매달다, 매달리다=hang)+ent의 결합.

pend(매달리다)의 형용사형으로 '매달린'입니다. 명사 pendant(장식)와 형용사 pendent(매달린)를 혼동하지 않으려면 pendant의 da에서 다이아몬드 펜던트를 떠올리세요.

- The lamp is **pendent** from the ceiling. 램프가 천장에 매달려 있다.

depend [dipénd] vi. (예)달려있다, 의지(의존)하다, 믿다

de(아래=down)+pend(매달다, 매달리다=hang)의 결합.

'아기가 부모 등에 매달려 있다=**의지(의존)하다, 믿다(believe)**'입니다. 아기를 등에 업으면 아기의 무게로 인해 아기가 등 아래에 매달려있게 되지요. 아기가 엄마 등에 매달려 있는 것은 엄마를 의지(의존)하고, 믿는 것이죠. 의지, 의존은 계속 붙어 있는 것이기 때문에 접촉과 계속의 전치사 on을 붙입니다.

- dependent [dipéndənt] a. 의지하고 있는, 의존하는, ~에 좌우되는 • dependence [dipéndəns] n. 의지, 의존, 신뢰
- independent [indipéndənt] a. 독립한, 자주적인, 독자적인 • independence [indipéndəns] n. 독립, 자립
- Happiness **depends on** our will and attitude to see it.
  행복은 우리의 의지와 그것을 보는 태도에 달려 있습니다.
- We do not need to **depend on** one person's judgment.
  우리는 한 사람의 판단에 의존할 필요가 없습니다.

pendulum [péndʒələm] n. (시계)추

pend(매달다, 매달리다=hang)+ulum의 결합.

'시계에 매달려 있는 것=시계추'입니다.

- The **pendulum** in the clock swung back and forth. 시계추가 앞뒤로 흔들렸다.

어근 **391**

append [əpénd] vt. 붙이다, 첨부하다

ap(이동=ad)+pend(매달다, 매달리다=hang)의 결합.

'**필요한 것을 가져가 매달아 놓다=붙이다**(attach, append, tag)'입니다. 회사 생활을 하면 무엇을 검토해 달라는 공문을 작성하고 뒤에는 가격표, 카탈로그 등을 붙여서(첨부하여) 보내는 일이 많습니다. 고소장을 작성하고 맨 뒤에는 증거자료를 첨부하지요.

- A list of the people we spoke to is **appended** to the report.
  우리가 대화했던 사람들의 목록이 그 보고서에 첨부되어 있습니다.

impending [impéndiŋ] a. 임박한, 긴급한, 시급한

im(계속=in=on)+pend(매달다, 매달리다=hang)+ing의 결합.

'**벼랑 끝에 계속 매달려 있는=임박한**(imminent), **긴급한**(urgent)'입니다. 벼랑 끝에 사람이 계속 매달려 있으면 추락이 임박한 것이죠. 추락이 임박한 사람은 긴급하게 구조해야 하기 때문에 '**임박한**'에서 '**긴급한**'이란 뜻이 파생.

- I feel that some disaster is **impending**.
  어떤 재난이 임박한 것 같은 느낌이 든다.
- Let's solve the **impending** matter first.
  먼저 시급한(긴급한) 문제를 해결합시다.

suspend [səspénd] vt. 매달다, 중지하다, 보류(유예)하다

sus(아래=sub=under)+pend(매달다, 매달리다=hang)의 결합.

죄인을 교수형에 처하려다가 잠시 보류하고 중지하던 일에서 '**보류하다, 중지하다**'라는 뜻이 파생.

- suspension [səspénʃən] n. 매달리기, 중지, 보류
- That hotel has a beautiful chandelier **suspended** from the ceiling.
  그 호텔은 천장에 매달려 있는 아름다운 샹들리에를 갖고 있다.
- The store was ordered to **suspend** business yesterday.
  그 가게는 어제 영업을 중지하라는 명령을 받았다.

appendix [əpéndiks] n. 부속물, 부록, 맹장

ap(이동=ad)+pend(매달다, 매달리다=hang)+ix의 결합.

'**책의 맨 끝에 이동시켜 매달아 놓은 것=부록**'입니다. 책 맨 끝에 가져다 매달아 놓은 것은 부록이고, 우리 몸에서 책의 부록처럼 있어도 되고 없어도 되는 창자는 맹장입니다.

- There's a lot of additional information in the **appendix**.
  부록에는 많은 추가 정보가 있습니다.
- You have to remove your **appendix** promptly.
  당신 맹장은 즉시 제거해야만 해요.

penchant [péntʃənt] n.성향, 기호, 선호(preference)

pen(매달다, 매달리다=pend=hang)+chant(vt.부르다 n.노래)의 결합.

'노래 부르듯 한쪽에 매달려 있는 마음=성향(inclination), 기호(liking)'입니다. 계절 중에서 어느 계절을 좋아하는지 물으면 가을, 운동 중에서 무엇을 좋아하는지 물으면 야구라고 노래를 부르듯 사람의 마음이 어느 한쪽에 매달려 있는 것은 그 사람이 가진 성향, 기호, 선호입니다. pendchant[펜드천트]는 발음이 불편하기 때문에 철자 d를 생략.

- His **penchant** for borrowing money does not stop there.
  그의 돈 빌리는 성향은 거기서 멈추지 않아.

pensive [pénsiv] a.생각(수심)에 잠긴

pen(매달다, 매달리다=pend=hang)+sive의 결합.

'고개를 아래로 떨어뜨리고 있는=생각(수심)에 잠긴(thoughtful)'입니다. 손을 턱에 괴고 머리를 아래로 떨어뜨리고 있는 로댕의 생각하는 사람은 생각(수심)에 잠긴 모습이죠.

- He sat by the river with a **pensive** face.
  그는 생각(수심)에 잠긴 얼굴로 강가에 앉아 있었다.

propensity [prəpénsəti] n.성향, 경향, 버릇

pro(앞, 이전=before)+pen(매달다, 매달리다=pend=hand)+sity의 결합.

'눈앞에 있는 사람에게 매달리는=성향(inclination), 경향(tendency)'입니다. 도움이 필요하거나 급할 때 눈앞에 있는 사람에게 매달리는 것은 일반 사람들이 갖고 있는 성향입니다.

- He has a **propensity** for finding faults with others.
  그는 다른 사람의 약점을 캐는 성향(경향, 버릇)이 있다.

어근 pel
어근 pel은 drive(몰아가다, 몰아붙이다)입니다. 유사철자 pul, peal은 pel의 변형.

---

propel [prəpél] vt.추진하다, 몰아대다, 나아가게 하다

pro(앞, 이전=before)+pel(몰아붙이다=dirve)의 결합.

'앞으로 나아가도록 몰아붙이다=추진하다(drive, promote)'입니다. 비행기의 추진기 프로펠러(propeller)는 비행기가 앞으로 나아가도록 몰아붙이는 것입니다. 프로펠러(propeller)의 pel에서 몰아붙이는 어감을 기억하세요.

- He has **propelled** the project by the desire of wealth.
  그는 부자가 되려는 욕망으로 그 계획을 추진했다.

compel [kəmpél] vt. 강요하다, 억지로 시키다

com(함께=with)+pel(몰아붙이다=drive)의 결합.

'다 함께 무엇을 하라고 몰아붙이다=강요하다(force, oblige, impel)'입니다.

- **compelling** a. 강제적인, 강렬한, ~하지 않을 수 없는
- Don't **compel** kids to do anything. 아이들에게 어떠한 것을 하라고 강요하지 마.
- It was a powerful and **compelling** emotion. 그것은 강하고도 강렬한 감정이었어.

impel [impél] vt. 재촉하다, 추진하다, 강요하다

im(안으로=in)+pel(몰아붙이다=dirve)의 결합.

'밖에 있는 사람을 안으로 몰아붙이다=재촉하다, 강요하다'입니다. 무대 안으로 들어가 노래 한 곡 하라고 몰아붙이면 노래를 재촉하고 강요하는 것이죠. 접두어 in은 '안에, 안으로, 계속(on)'이기 때문에 im(계속=on)+pel(몰아붙이다)로 결합하면 '계속 밀어붙이다'에서 '재촉하다, 추진시키다, 강요하다'입니다.

- Intellectual curiosity acts as an **impelling** force in science.
  지적 호기심은 과학에서 추진력으로 작용한다.
- Her conscience **impelled** her to confess her sin.
  그녀의 양심이 자신의 죄를 고백하도록 재촉했다.

expel [ikspél] vt. 쫓아내다, 추방(제명, 방출)하다

ex(밖으로=out)+pel(몰아붙이다=dirve)의 결합.

'안에 있는 사람을 밖으로 몰아붙이다=쫓아내다'입니다. '쫓아내다'는 말하는 상황에 따라 '추방하다, 제명하다, 방출하다, 퇴학시키다'입니다. 국가에서 쫓아내면 추방, 회원명부에서 쫓아내면 제명, 선수단에서 쫓아내면 방출, 학교에서 쫓아내면 퇴학이죠.

- **expulsion** [ikspʌ́lʃən] n. 추방(banishment), 방출(release), 제명
- The government decided to **expel** foreign workers.
  정부는 외국인 노동자들을 쫓아내기로(추방하기로) 결정했다.
- He was **expelled** from the school. 그는 학교에서 쫓겨났다(퇴학당했다).
- They tried to **expel** one of their members.
  그들은 회원 중 하나를 쫓아내려고(탈퇴시키려고) 노력했다.

dispel [dispél] vt. 없애다, 쫓아버리다, 일소하다

dis(분리=off)+pel(몰아붙이다=dirve)의 결합.

'붙어 있는 것을 분리시켜 몰아내다=없애다(remove, get rid of, eliminate)'입니다. 어떤 무엇에 대하여 마음에 붙어 있는 오해와 불신을 마음에서 분리시키면 오해와 불신을 없애고, 일소하고, 쫓아버리는 것입니다. 모조리 없애는 것이 일소.

- We must do our best to **dispel** such misunderstanding and mistrust.
  우리는 그러한 오해와 불신을 없애기 위해 최선을 다해야 합니다.

repel [ripél] vt.물리치다, 격퇴하다

re(뒤=back)+pel(몰아붙이다=dirve)의 결합.

'공격해 오는 적을 뒤로 몰아붙이다=물리치다(repulse)'입니다.

- repellent [ripélənt] a.물리치는, 역겨운(사람을 뒤로 물리치게 하는) n.방충제, 방수제
- insect repellent 방충제 • water repellent 방수제
- They succeeded in **repelling** the attack of the enemy.
  그들은 적의 공격을 물리치는(격퇴하는) 데 성공했다.

compulsory [kəmpʌ́lsəri] a.강제된, 의무적인, 필수적인(essential)

com(함께=with)+pul(몰아붙이다=pel=dirve)+sory의 결합.

'무조건 해야 한다고 다 함께 몰아붙이는=강제된(mandatory), 의무적인(obligatory)'입니다.

- Primary education is **compulsory** and free of charge.
  초등 교육은 강제적(의무적, 필수적)이며 무료이다.
- Israel's military is **compulsory** for men and women.
  이스라엘 군대는 남녀 모두에게 의무적이다.

repeal [ripí:l] vt.무효로 하다, 폐지(폐기)하다, 철회하다 n.폐지(폐기), 철회

re(뒤=back)+peal(몰아붙이다=pel=dirve)의 결합.

'현행 법률, 제도를 뒤로 몰아붙이다=폐지하다(abolish, revoke, cancel)'입니다.

- It's time for us to **repel** capital punishment.
  지금은 우리가 사형을 폐지할 때입니다.
- We're campaigning for a **repeal** of the abortion laws.
  우리는 낙태법 폐지를 위한 운동을 펼치고 있다.

appeal [əpí:l] vi.호소(간청)하다, 관심을 끌다 vt.항소하다 n.호소(간청), 관심, 항소

ap(이동=ad)+peal(몰아붙이다=pel=dirve)의 결합.

'가서 자신의 딱한 사정을 들어달라고 몰아붙이다=호소하다, 간청하다'입니다. 야구를 보면 감독이 심판에게 가서 어필(호소)하는 경우가 많지요. 호소하고 간청하는 모습은 사람의 관심을 끌기 때문에 '**호소**'에서 '**관심**'이란 뜻이 파생. 더 높은 판사에게 가서 호소하는 것은 항소입니다. 호소는 가서 하는 것이기 때문에 이동의 전치사 to가 필요.

- Let us **appeal to** the President to aid us.
  대통령께 우리를 도와 달라고 간청합시다.
- Does this picture **appeal to** you?
  이 그림이 당신의 관심을 끄나요?
- We are expected to **appeal** the U.S. court verdict.
  우리는 미국 법원의 평결에 항소할 예정입니다.

어근 pen

어근 pen은 money(돈)입니다. 페니(penny)는 영국 돈(동전)의 단위.

pension [pénʃən] n.연금, 펜션(숙박시설)

pen(돈=money)+sion의 결합.

'직장인이나 공무원이 퇴직한 후에 나누어 받는 돈=**연금**'입니다. 돈을 내고 잠자는 곳인 펜션은 우리나라에서는 여관과 같은 숙박시설이지만 프랑스나 벨기에 등에서는 하숙집입니다.

- He lived on his **pension** after his retirement.
  그는 퇴직 후에 연금에 의존하여 생활했다.

expensive [ikspénsiv] a.비싼, 돈이 드는

ex(밖으로=out)+pen(돈=money)+sive의 결합.

'많은 돈이 지갑 밖으로 나가는=**비싼**(costly, dear)'입니다.

- inexpensive a.값싼(비싸지 않은=cheap)
- Could I show you a less **expensive** model? 가격이 덜 비싼 모델로 보여 드릴까요?

compensate [kámpənsèit] v.보상(배상)하다, 보충하다

com(함께=with)+pen(돈=money)+sate의 결합.

'둘이 함께 돈을 계산한 후 돈을 주다=**보상(배상)하다**'입니다. 교통사고가 나면 상대방에게 입힌 손해를 함께 계산한 후 돈으로 보상하지요. 미국에선 보수, 월급, 수당을 주는 것에도 사용.

- compensation [kàmpənséiʃn] n.보상, 배상, 보충, 보수, 급료, 수당
- He promised to **compensate** me **for** my damage.
  그는 나에게 손해를 보상하기로 약속했다. vt.
- Nothing can **compensate for** the loss of a loved one.
  어떤 것도 사랑하는 사람 잃은 것을 보상할 수 없다. vi.

dispense [dispéns] vt.나누어주다, 분배하다, (약)조제하다

dis(분리=off)+pen(돈=money)+se의 결합.

'자신의 돈을 분리시켜 다른 사람에게 주다=**나누어주다**'입니다. 갖고 있는 돈이나 물건을 자신에게서 분리시켜 사람들에게 주면 나누어주는(분배하는) 것입니다. 약사가 필요한 약을 약통에서 한 알씩 분리시켜 놓으면 조제하는 것이죠. dispense with(~없이 지내다)는 갖고 있는 것을 '모두 나누어주다'에서 '~없이 지내다'는 뜻이 파생.

- dispensary [dispénsəri] n.약국, 양호실 • dispenser n.약제사, 자판기(스스로 나누어 주는 기계)
- The Red Cross **dispensed** food and clothing to the sufferers.
  적십자사가 이재민들에게 먹을 것과 입을 것을 나누어 주었다.
- I can not **dispense with** her help.
  나는 그녀의 도움 없이 지낼 수 없어.

indispensable [indispénsəbəl] a.없어서는 안 될, 필수인 n.꼭 필요한 것(사람)

in(부정=not)+dispense(vt.나누어주다)+able(가능)의 결합.

'**어느 누구에게도 나누어 줄 수 없는=필수적인**(necessary, essential)'입니다. 어느 누구에게도 나누어 줄 수 없는 것은 자신에게 필수인, 없어서는 안 되는 것이죠.

- dispensable a.분배할 수 있는, 중요치 않은(unnecessary, unessential)
- Sleep and good food are **indispensable** to health.
  수면과 좋은 음식은 건강에 필수야.
- A good grammar book is **indispensable** for learning English.
  좋은 문법책은 영어 학습에 필수야.

disburse [disbə́:rs] vt.지출(지급)하다

dis(분리=off)+burse(지갑=purse)의 결합.

'**지갑에서 돈을 분리시켜 주다=지출하다**(expend, pay)'입니다. 지갑에 있는 돈을 분리시켜 누군가에게 주는 것은 지출(지급)하는 것입니다. 특정 목적을 위해 모아놓은 돈을 지출할 때 사용.

- The federal government **disburses** tax money to the states.
  연방 정부는 주 정부에 세금을 지급한다.
- No funds will be **disbursed** for military reconstruction.
  군대 재건을 위하여 어떠한 자금도 지출되지 않을 것입니다.

Day 58

어근 ject
어근 ject는 throw(던지다)입니다. 유사철자 jet, jac는 ject의 변형.

object [ábdʒikt] n.물건(물체)(thing), 목표(goal), 목적(purpose) vi [əbdʒékt].반대하다

ob(반대=opposite)+ject(던지다=throw)의 결합.

'반대편을 향해 던지는 것=물건'입니다. 반대편을 향해 던지는 것은 **물건**이고, 던져서 맞히려는 것은 **목표**입니다. 자신의 입장을 다른 사람의 반대편에 던져 놓으면 **반대**하는 것이고, 반대편에서 보면 **객관적**이죠.

- objection [əbdʒékʃən] n.반대 • objective [əbdʒéktiv] a.객관적인 n.목표, 목적(어)
- The Sun is the largest **object** in our solar system.
  태양은 태양계에서 가장 큰 물체다.
- He finally attained his **object**. 그는 결국 자신의 목적을 달성했다.
- I don't **object to** you personally. 나는 개인적으로는 너에게 반대하지 않아.

reject [ridʒékt] vt.거절하다(refuse, decline, turn down), 거부하다

re(반대=opposite)+ject(던지다=throw)의 결합.

'반대 의사를 던지다=거절하다'입니다. 누군가의 제안에 반대 의사를 던지는 것은 제안을 거절하는 것이죠. turn down은 거절이나 반대의 표시로 엄지손가락을 아래로 돌리는 행위에서 유래.

- rejection [ridʒékʃən] n.거절(refusal, declination), 기각
- The proposal to invest in the car industry was firmly **rejected**.
  자동차 산업에 투자하겠다는 그 제안은 단호하게 거절당했다.

project [prədʒékt] vt.계획(기획)하다, (빛)비추다, 추정하다 n [prádʒekt].계획, 기획, 연구 과제

pro(앞, 이전=before)+ject(던지다=throw)의 결합.

'사람들 앞에 던져 놓은 것=계획(plan), 기획, 연구 과제'입니다. 앞으로 어떻게 하겠다고 사람들 앞에 던져 놓은 것이 계획입니다. 영사기가 빛을 앞으로 던지는 것은 빛을 비추는 것이고, 선생님이 학생들 앞에 던져 놓은 것은 연구 과제지요. 비용, 성장률 등이 앞으로 어떻게 될 것인지 던져보는 것은 추정(예상)하는 것입니다.

- projection [prədʒékʃən] n.계획, (수치)추정, (빛)투사 • projector [prədʒéktər] n.계획자, 기획자, 영사기
- I have to work overtime to finish the **project**. 나는 연구 과제를 끝내기 위해 야근해야 해.
- A growth rate of 4% is **projected** for next year. 내년에는 4%의 성장률이 추정됩니다.

dejected [didʒéktid] a.기운 없는, 낙심한(depressed, dispirited, discouraged)

de(아래=down)+ject(던지다=throw)+ed의 결합.

'기운이나 자신감이 바닥으로 내던져진=낙심한'입니다.

- deject [didʒékt] vt.기를 죽이다. 낙심(낙담)시키다 • dejection [didʒékʃən] n.낙심. 낙담. 배설물(항문에서 아래로 던진 것)
- He was very **dejected** when he broke up with his girlfriend.
  그는 여자 친구와 헤어졌을 때 매우 낙심했었다.

interject [intərdʒékt] v.끼어들다, 말참견하다

inter(사이, 중간=between)+ject(던지다=throw)의 결합.

'다른 사람들 대화 사이에 말을 던져 넣다=끼어들다(interrupt, cut in, break in)'입니다.

- He **interjected** several times during our conversation.
  그는 우리가 대화하는 동안 몇 차례 끼어들었다.
- Sorry to **interject**, but this is an opinion I can't agree.
  끼어들어 죄송합니다만, 이것은 제가 동의할 수 없는 의견이군요.

abject [ǽbdʒekt] a.비참한(miserable), 절망적인(hopeless, desperate), 비열한(mean)

ab(분리=off)+ject(던지다=throw)의 결합.

'집에서 분리당해 집 밖으로 던져진=비참한, 절망적인'입니다. 집에서 분리되어 집 밖으로 던져지면 비참하고 절망적인 상황에 놓이게 되지요. 사람을 집에서 분리시켜 밖으로 쫓아내는 행위는 비열한 행위입니다.

- abjection [æbdʒékʃən] n.비참한 상태. 비열함
- **Abject** poverty was driven by poor education.
  절망적인(비참한) 가난은 빈약한 교육에서 비롯됐다.
- He showed **abject** behaviors to deceive his friend.
  그는 친구를 속이는 비열한 행동을 보였다.

subject [sʌ́bdʒikt] a.지배(승인)를 받는, 받기 쉬운 n.국민, 신하, 주제, 과목, 피실험자
vt [səbdʒékt].지배하다, 복종시키다, 위임하다

sub(아래=under)+ject(던지다=throw)의 결합.

'아래에 던져 놓은 것=국민, 신하, 주제, 과목, 피실험자'입니다. 군주 아래에 던져 놓은 것은 국민과 신하, 토론하기 위해 참석자들 앞에 던져 놓은 것은 주제, 수업시간에 선생님과 학생들 앞에 던져 놓은 것은 수업 과목, 실험하는 사람 앞에 던져 놓은 것은 피실험자입니다. 적의 지배 아래에 던져져 있으면 적이 지배하는 것이고, 지배를 받으면 고통을 받기 쉽지요.

- be subjected to (좋지 않은 일을)겪다, 당하다 • a British subject 영국 국민
- my favorite subject 내가 가장 좋아하는 과목
- What is the **subject** of the seminar? 세미나의 주제가 뭔가요?
- **Subjects** are asked to fill in the questionnaire.
  피실험자는 질문지를 채우도록 요청받는다.

subjective [səbdʒéktiv] a.주관적인, 개인적인

sub(아래=under)+ject(던지다=throw)+ive의 결합.

'한 개인의 마음 아래에 던져져 있는=주관적인(private, individual, unofficial, personal)'입니다. 한 개인의 마음속에 던져져 있는 견해는 개인적인, 주관적 견해입니다. objective(객관적인)는 ob(반대=opposite)+ject(던지다)+ive의 결합으로, 자신의 반대편(맞은편)에 던져놓고 제삼자의 입장에서 보는 것은 객관적인 것이죠.

- objective [əbdʒéktiv] a.객관적인, 편견 없는(impartial) n.목표, 목적(aim, purpose)
- A **subjective** judgment can sometimes lead to prejudice.
  주관적인 판단은 때때로 편견을 낳을 수 있습니다.

inject [indʒékt] vt.집어넣다(주사하다, 주입하다, 투입하다, 삽입하다)

in(안으로)+ject(던지다=throw)의 결합.

'무엇을 안으로 던져 넣다=집어넣다(put in, throw in, insert)'입니다. 사람 몸 안에 약을 집어넣으면 주사, 용기 따위에 액체를 집어넣으면 주입, 회사에 돈을 집어넣으면 투입(투자)입니다. 글 따위에 다른 내용을 집어넣으면 삽입이 되지요. 모두 '집어넣다'가 한자어가 들어간 동의어로 바뀐 것입니다.

- injection [indʒékʃən] n.주사(shot), 주입, 투입(investment)
- The nurse **injects** him with a painkiller twice a day.
  간호사는 하루 두 번 그에게 진통제를 주사한다.
- We plan to **inject** one trillion won into R&D.
  우리는 연구 개발에 1조 원의 예산을 투입할 계획입니다.

conjecture [kəndʒéktʃər] n.추측하다, 짐작하다 n.추측(guess, assumption)

con(함께=with)+ject(던지다=throw)+ure의 결합.

'함께 모여 점괘를 던져 보다=추측하다(guess, suppose, assume, presume)'입니다. 옛날 사람들은 앞으로 어떤 일이 일어날지 궁금할 때 주술사와 함께 점을 쳐서 앞일을 예측하곤 했습니다. 우리나라의 무당들은 엽전, 쌀 등을 던져서 점을 치지요.

- Do you know for sure or is it only **conjecture**?
  확실히 알고 있습니까, 아니면 단지 추측입니까?
- As my **conjecture**, the team won the game.
  나의 추측대로, 그 팀이 경기에서 이겼다.

어근 cur

어근 cur는 run(달리다)로 car(차)에서 파생. 유사철자 cu<u>o</u>r, cu<u>a</u>r은 cur의 변형.

current [kə́:rənt] n.흐름(조류, 기류), 추세(경향) a.지금(현재)의, 유행하고 있는

cur(달리다=run)+rent의 결합.

'물, 바람, 민심, 유행이 달려가는 모습=흐름(flowing), 추세(trend, tendency)'입니다.

- **currently** [kə́:rəntli] ad.현재(presently, now), 지금
- **currency** [kə́:rənsi] n.유행, 유통, (화폐)통화
- He swam to the shore against a strong **current**.
  그는 강한 물의 흐름을 헤치고 해변까지 헤엄쳤다.
- They are worried about this **current** of anti-government.
  그들은 이러한 반정부적인 흐름(추세, 경향)에 대해 걱정한다.

concurrent [kənkə́:rənt] a.동시의, 일치하는

con(함께=with)+cur(달리다=run)+rent의 결합.

'결승선을 두 사람이 함께 달려 들어오는=동시의(simultaneous, coincident)'입니다.

- **concurrently** ad.동시에(simultaneously)
- There were several **concurrent** attacks by the rebels.
  반군들로부터 몇 건의 동시 공격이 있었다.

precursor [prikə́:rsər] n.선구자(forerunner, pioneer), 전조(omen, presage)

pre(앞, 이전=before)+cur(달리다=run)+s+or(사람)의 결합.

'어떤 분야에 앞서서 달려간 사람=선구자'입니다. 어떤 분야에서 앞서서 달려간 사람은 선구자이고, 어떤 일이 발생하기 이전에 앞서서 일어나는 것은 전조입니다.

- Gauguin is the **precursor** of modern art. 고갱은 근대 미술의 선구자이다.
- Warm weather is a **precursor** of spring. 따뜻한 날씨는 봄이 온다는 전조이다.

recur [rikə́:r] vi.되돌아가다, 반복되다(repeat), 떠오르다(occur)

re(뒤=back)+cur(달리다=run)의 결합.

'뒤로 달려가다=되돌아가다(return)'입니다. 가다가 뒤(출발한 곳)로 가면 되돌아가는 것이죠. 끝마친 일을 다시 처음으로 되돌아가는 것은 같은 일을 반복하는 것이고, 기억 속으로 되돌아가면 기억이 떠오르기 때문에 '되돌아가다'에서 '반복하다, 떠오르다'는 뜻이 파생.

- **recurrence** [rikə́:rəns] n.되풀이, 재발, 회상
- **recurrent** [rikə́:rənt] a.되풀이되는, 반복되는
- This festival **recurs** every five years. 이 축제는 5년마다 반복된다.
- Old memories unexpectedly **recurred** to his mind.
  옛 추억이 문득 그에게 떠올랐다.

curse [kəːrs] v.저주하다, 욕설을 퍼붓다 n.욕설, 악담, 저주

cur(달리다=run)+se의 결합.

'입에 담지 못할 말이 입 밖으로 달리는 것=욕설(abuse), 악담(malediction)'입니다.

- Why did you **curse** me? 너는 왜 나에게 욕설을 퍼부었니?
- The Pharaoh's **curse** might not be true. 파라오의 저주는 사실이 아닐지 몰라.

excursion [ikskə́ːrʒən] n.소풍, 유람, 수학여행 vi.소풍(여행)가다

ex(밖으로=out)+cur(달리다=run)+sion(명접)의 결합.

'놀기 위해 집 밖으로 달려나가는 것=소풍(picnic), 유람'입니다.

- It is a beautiful and mild day to go on a **excursion**.
  소풍을 가기에 아름답고 온화한 날씨네요.

recourse [ríːkɔːrs] n.의지(reliance, dependence), 의지하는 사람(것)

re(계속=again)+cour(달리다=run)+se의 결합.

'힘든 일이 있을 때 계속 달려가서 만나는 사람=의지하는 사람'입니다.

- He had no **recourse** but to go to his father.
  그는 의지할 사람이 없어 아버지에게 돌아가야만 했다.
- She made a complete recovery without **recourse** to surgery.
  그녀는 수술에 의지하지 않고 완전히 회복했다.

discourse [dískɔːrs] n.담화(담론), 이야기(talk, conversation)

dis(분리=off)+cour(달리다=cur=run)+se의 결합.

'사람 입에서 분리되어 자유롭게 달려가는 것=담화, 이야기'입니다. 담론, 담화는 어떤 주제에 관하여 서로 자유롭게 이야기를 주고받는 것입니다.

- Greek temple was the place of **discourse** at that time.
  고대 그리스 신전은 그 당시 담화의 장이었다.

coarse [kɔːrs] a.조잡한, (행동)상스러운, (표면)거친

coar(달리다=cur=run)+se의 결합.

'달리는 마차 안에서 물건을 만든=조잡한(rough), 상스러운(rude, mean)'입니다. 달리는 마차 안에서 물건을 만들면 품질이 떨어지는 조잡한 물건이 되지요. 조잡한 물건을 사람에 비유하면 상스러운, 천박한 사람입니다.

- The poor woman could only afford **coarse** clothing.
  그 가난한 여자는 조잡한 옷을 살 여유밖에 없었다.
- He is a **coarse** man who uses rough language.
  그는 거친 말을 사용하는 상스러운 사람이야.

어근 clin, flex

어근 clin과 flex는 bend(구부리다, 굽히다)입니다.

clinch [klintʃ] vt.(박은 못)끝을 구부리다, 매듭짓다(finish) vi.껴안다, 클린치하다

clin(구부리다, 굽히다=bend)+ch의 결합.

권투 경기에서 위기 상황에서 상대 선수를 **껴안는** 것을 **클린치(clinch)**라고 합니다. 팔을 상대편 몸 안에 넣어 팔을 구부리면 껴안는 것이죠. 논쟁을 끝마친 후 상대편을 껴안는 것은 원만히 매듭지었다는 것이기 때문에 '껴안다'에서 '**매듭짓다**'는 뜻이 파생.

- bend [bend] vt.구부리다, 굽히다, (머리, 몸)숙이다 vi.몸을 숙이다, 구부러지다
- We have to **clinch** the argument by tonight.
  우리는 오늘 밤까지 논쟁을 매듭(결말)지어야 합니다.

decline [dikláin] vi.기울다, 떨어지다, 쇠하다 vt.거절하다 n.거절, 감소, 하락, 쇠퇴

de(아래=down)+clin(구부리다, 굽히다=bend)+e의 결합.

'아래 방향으로 구부리다=떨어지다, 쇠하다, 거절하다(refuse, turn down)'입니다. 힘과 건강이 아래로 기울면 쇠하는 것이고, 인기나 물가가 아래로 기울면 떨어지는 것입니다. 엄지손가락을 아래로 기울이는 것은 거절의 표시죠.

- decline in sales 매출 감소 • the house price decline 집값 하락
- I politely **declined** the invitation. 나는 정중하게 그 초대를 거절했다.

incline [inkláin] vt.~쪽으로 기울이다, (마음)내키게 하다 vi.(마음)기울다, 기울어지다

in(안으로)+clin(구부리다, 굽히다=bend)+e의 결합.

'마음을 어떤 영역 안으로 구부리다=기울이다, 기울다'입니다.

- inclination [inklənéiʃən] n.기울기(경사도), 의향, 경향(tendency), 좋아함
- Lack of money **inclines** many young people towards crime.
  돈 부족은 많은 청소년을 범죄 쪽으로 기울게 한다. vt.
- The land **inclined** gently towards the shore.
  그 땅은 해변 쪽으로 완만하게 기울어져 있었다. vi.

recline [rikláin] vt.기대게 하다, 의지하다 vi.기대다, 눕다(lie)

re(뒤=back)+clin(구부리다, 굽히다=bend)+e의 결합.

'몸을 구부려 뒤(벽)에 몸을 대다=기대다(lean), 의지하다(rely)'입니다. 몸을 구부려 뒤에 있는 벽이나 사람에게 대는 것은 기대고 의지하는 것이죠.

- He sat **reclining** his arms on the table.
  그는 양팔을 테이블에 기댄 채 앉아 있었다.

flexible [fléksəbəl] a.구부릴 수 있는(bendable), 유연성(융통성) 있는

flex(구부리다, 굽히다=bend)+ible(가능)의 결합.

상황에 맞게 자신의 의견을 구부릴 수 있으면 유연성(융통성)이 있는 것이기 때문에 '**구부릴 수 있는=융통성 있는**'입니다.

- flexibility [flèksəbíləti] n.유연성, 융통성
- inflexible [infléksəbəl] a.구부릴 수 없는, 경직된, 유연성 없는
- Rubber is **flexible** materials.
  고무는 유연성 있는 물질이다.
- We need to find a more **flexible** solution.
  우리는 더 융통성 있는 해결책을 찾아야 해.

reflex [rí:fleks] n.반사, 반영, 반사 신경   vt.반사시키다

re(다시=again)+flex(구부리다, 굽히다=bend)의 결합.

'빛이 물체에 부딪혀서 다시 구부러지는 것=반사'입니다.

- Legislation should be a **reflex** of public opinion.
  입법은 여론을 반영한 것이어야 한다.

어근 merg

어근 merg는 plunge(던져 넣다)입니다. 유사철자 mer**s**는 mer**g**의 변형.

merge [mə:rdʒ] v.합병(합체, 통합)하다(combine)

merg(던져 넣다=plunge)+e의 결합.

'하나의 회사를 다른 회사에 던져 넣어 회사를 합치는 것=합병'입니다.

- merger and acquisition 인수합병(M&A)
- They've started negotiations to **merge** the two companies.
  그들은 두 개의 회사를 합병하기 위한 협상을 시작했다.

submerge [səbmə́:rdʒ] vt.물속에 담그다   vi.잠수하다

sub(아래=under)+merge(v.던져 넣다=plunge)의 결합.

'무엇을 물 아래로 던져 넣다=물속에 담그다, 잠수하다(배를 물속에 담그다)'입니다.

- Drain and **submerge** potatoes in cold water.
  물기를 빼고 감자를 찬물에 담그세요.
- The submarine had no time to **submerge** before the warship could approach.
  그 잠수함은 전함이 접근하기 전에 물속으로 잠수할 시간이 없었다.

emerge [imə́:rdʒ] vi. 나오다(come out), 나타나다(appear)

e(밖으로=ex=out)+merge(v.던져 넣다=plunge)의 결합.

'**안에 던져져 있던 것이 밖으로 나오다=나오다, 나타나다**'입니다. emergency(비상사태)는 화산이나 지진처럼 땅 안에 던져져 있던 것이 갑자기 밖으로 나오기 때문에 비상사태, 돌발 사태입니다.

- emergence [imə́:rdʒəns] n. 출현(appearance), 발생(occurrence, outbreak)
- emergent [imə́:rdʒənt] a. 신생의, 초기의, 긴급한(urgent)
- emergency [imə́:rdʒənsi] n. 비상사태, 위급
- Your talents will **emerge** in time.
  너의 재능은 언젠가 나타날 거야.
- This is an **emergent** [urgent] situation.
  지금은 긴급한 상황입니다.
- Attached is a list of **emergency** contact numbers.
  비상 연락번호 목록이 첨부되어 있습니다.

immerse [imə́:rs] vt. (액체)담그다, 몰두(몰입)시키다

im(안으로=in)+mers(던져 넣다=merg=plunge)+e의 결합.

'**물속에 던져 넣다=담그다(submerge), 몰두시키다(absorb, involve, engross)**'입니다. 물속에 돌을 던지면 돌을 물에 담그는 것이고, 어떤 무엇에 온 정신을 던져 넣으면 몰두하고 열중하는 것이죠.

- be immersed[absorbed, engrossed, involved, lost] in ~에 몰두해 있다
- Most people tend to become **immersed** better when doing things they like to do.
  대부분의 사람은 자신이 좋아하는 일을 할 때 몰입을 더 잘하는 경향이 있다.
- He is known for fully **immersing** himself in his role in every film.
  그는 작품마다 자신의 역할에 완전히 몰입하는 것으로 유명해.

Day 59

> **어근 lect** 어근 lect는 choose(선택하다)입니다. 유사철자 lig, leag는 lect의 변형.

elect [ilékt] v.뽑다, 선택하다, 선거하다 a.뽑힌 n.뽑힌 사람

e(밖으로=ex=out)+lect(선택하다=choose)의 결합.

'하나를 선택해서 밖으로 꺼내다=뽑다(choose, select, single out, pick out)'입니다. 여러 개 중에서 하나를 선택해서 밖으로 꺼내면 뽑고 선택하는 것입니다. 여러 명의 후보자 중에서 한 사람을 선택해서 밖으로 꺼내면 선거하는 것이죠.

- **election** [ilékʃən] n.선거, 선택(selection, choice) • **elector** [iléktər] n.유권자, 선거인
- Korean voters **elect** their president every five years.
  한국 유권자들은 5년마다 대통령을 뽑는다.

select [silékt] vt.고르다(choose, elect, single out, pick out), 뽑다, 선택(선발)하다

se(분리=off)+lect(선택하다=choose)의 결합.

'하나를 선택하여 분리시키다=고르다'입니다. 여러 개 중에서 하나를 선택하여 분리시켜 내는 것은 고르고, 선택하고, 선발하는 것이죠. 순수 우리말 '고르다, 뽑다'는 한자어가 들어간 동의어 '선택하다, 선발하다'입니다.

- **selection** [silékʃən] n.선택(choice, election), 선정, 선발 • **selective** [siléktiv] a.선택의, 선택적인, 선별적인
- Please **select** a song first. 먼저 노래하나 고르시죠.
- **Selections** will be based on resume and interviews.
  이력서와 면접을 바탕으로 선발이 이루어질 것입니다.

collect [kəlékt] vt.모으다, 수금(징수)하다 vi.모이다 a.수취인 부담의

col(함께=com=with)+lect(선택하다=choose)의 결합.

'원하는 것을 선택하여 함께 두다=모으다(gather)'입니다. 회사에서 판매 대금을 모으는 것은 수금하는 것이고, 국가에서 세금을 모으는 것은 징수하는 것이죠.

- **collection** [kəlékʃən] n.수집(물), 징수 • **collective** [kəléktiv] a.집단적인, 공동적인
- My hobby is to **collect** strange-looking stones.
  나의 취미는 이상하게 생긴 돌을 모으는(수집하는) 것이야.
- People were shocked at our **collective** negligence.
  사람들은 우리의 집단적인 무관심에 충격받았다.

recollect [rèkəlékt] vt.생각해 내다, 기억하다

re(다시=again)+collect(v.모으다=gather)의 결합.

'과거 기억을 다시 불러 모으다=생각해 내다, 기억하다(remember, recall)'입니다.

- recollection [rèkəlékʃən] n.기억(remembrance, memory), 회상, 추억
- I clearly **recollect** having seen her before.
  나는 그녀 만났던 것을 확실히 기억해.
- She has a vivid **recollection** of her honeymoon to Jeju Island.
  그녀는 제주도로 갔던 신혼여행을 생생히 기억한다.

predilection [prìːdəlékʃən] n.매우 좋아함, 편애

pre(앞, 이전=before)+di(분리=off)+lect(선택하다=choose)+ion의 결합.

'무엇을 좋아하는지 묻기 이전에 분리시켜 선택하는 것=편애'입니다. 사과가 좋은지 귤이 좋은지 묻기도 전에 사과를 분리시켜 선택하면 사과를 편애할 정도로 매우 좋아하는 것입니다.

- She has a **predilection** for sweets. 그녀는 단 것을 매우 좋아해.
- He has a **predilection** for domestic cars. 그는 국산 차를 매우 좋아해.

eclectic [ekléktik] a.폭넓은, 다방면에 걸친

ec(밖으로=ex=out)+lect(선택하다=choose)+ic의 결합.

'아무거나 선택하여 밖으로 꺼내는=폭넓은, 다방면에 걸친'입니다. 노래를 선곡하는데 아무거나 선택하여 밖으로 꺼내면 음악에 있어서 폭넓은, 다방면에 걸친 취향을 갖고 있는 것이죠.

- He has an **eclectic** taste in music.
  그는 음악에 폭넓은 취향을 갖고 있어.
- She has an **eclectic** approach to teaching.
  그녀는 가르침에 있어 폭넓은 접근법을 갖고 있어.

intellectual [intəléktʃuəl] a.지적인, 총명한 n.지식인

intel(사이=inter=between)+lect(선택하다=choose)+ual의 결합.

'다양한 정보 사이에서 명확하게 선택하는=지적인, 총명한(intelligent)'입니다. 다양한 정보 사이에서 무엇이 옳고 그른지, 좋고 나쁜지를 명확하게 선택할 수 있는 사람은 지적인 사람이고, 총명한 사람입니다.

- intellect [intəlèkt] n.지적능력, 이해력 • intelligent [intélədʒənt] a.총명한, 영리한, 지능적인
- **Intellectual** property law is critical to writers.
  지적 재산법은 저자들에게 중요해.
- You estimate his **intellect** too highly.
  너는 그의 지적능력을 너무 높이 평가해.
- Curious children tend to be very **intelligent**.
  호기심이 강한 아이들은 매우 영리한 경향이 있다.

neglect [niglékt] vt.무시하다, 방치하다   n.무시, 태만, 방치

neg(부정=negative)+lect(선택하다=choose)의 결합.

'**선택하지 않다, 뽑지 않다=무시하다**(disregard, ignore, pay no attention)'입니다. 많은 사람 중에서 다른 사람을 선택하고 나를 선택하지 않으면 나를 무시하는 것이지요.

- **neglectful** [nigléktfəl] a.무시하는, 부주의한, 태만한
- **negligent** [néglidʒənt] a.부주의한, 태만한
- **negligible** [néglidʒəbəl] a.무시해도 좋은, 하찮은, 사소한
- **negligence** [néglidʒəns] n.무시, 태만, 무관심
- Do not **neglect** others' good advice.
  다른 사람들의 좋은 조언을 무시하지 마.
- Since he was **neglectful** of his duties, he was dismissed.
  그는 임무에 태만(소홀)해서 해고당했다.
- The damage to my car is **negligible**.
  내 차의 피해는 무시해도 좋을 정도야.

eligible [élidʒəbəl] a.자격 있는, 적격의, 적임의   n.적격자, 적임자

e(밖으로=ex=out)+lig(선택하다=lect=choose)+ible(가능)의 결합.

'**여러 사람 중에서 선택되어 밖으로 나올 수 있는=적격의**(qualified, suitable)'입니다. 30명의 학생 중에서 철수가 반장으로 선택되어 밖으로 나올 수 있으면 철수가 반장으로 자격 있는 적격자(적임자)입니다. 위에서 배운 neglect의 형용사 negligible, negligent를 보면 어원 lig가 lect의 변형임을 알 수 있지요. 발음의 편리를 위해 철자가 변형.

- **ineligible** [inélidʒəbəl] a.부적격의(unqualified, unsuitable) n.부적격자
- Married people are **eligible** for several tax deductions.
  결혼한 사람들은 몇 가지 세금 감면 혜택을 받을 자격이 있습니다.
- You've only just joined, you're not **eligible**.
  너는 막 가입했기 때문에 자격이 없어.

colleague [káli:g] n.동료

col(함께=com=with)+leag(선택하다=lect=choose)+ue의 결합.

'**회사에서 함께 선택되어 일하는 사람=동료**(coworker, companion, associate)'입니다.

- Would you care to introduce your **colleague**?
  당신 동료를 좀 소개해 주시겠습니까?

어근 sequ

어근 sequ는 follow(따라가다, 뒤쫓다)입니다. 유사철자 secu는 sequ의 변형.

sequence [síːkwəns] n. 연속적인 사건, 연속, 순서, 결과(result), 시퀀스(영화)

sequ(따라가다, 뒤쫓다=follow)+ence의 결합.

'**어떤 일이 일어나고 어떤 일이 그 뒤를 따라감=연속적인 사건, 순서(order)**'입니다. 하나의 일이 일어나고 뒤따라 어떤 일이 일어나면 연속적인 사건이고, 연속적인 사건들은 어떤 결과를 야기하기 때문에 '**연속적인 사건**'에서 필연적인 '**결과**'라는 뜻이 파생.

- **sequent** [síːkwənt] a. 연속하는(continual), 다음의(following)
- The **sequence** of events led up to the war.
  연속적으로 일어난 사건들은 전쟁을 야기했다.
- The tasks have to be performed in a **sequence**.
  그 작업은 순서대로 수행되어야 합니다.
- As a **sequence**, the number of obese children is increasing.
  그 결과, 비만 어린이들의 수는 증가하고 있습니다.

consequence [kánsikwèns] n. 결과(result), 중요성(importance, moment, significance)

con(강조=completely)+sequence(결과=result)의 결합.

sequence(결과)와 앞에 강조의 con을 붙인 consequence(결과)는 동의어. 모든 일에서 결과는 매우 중요하기 때문에 '**결과**'에서 '**중요성**'이란 뜻이 파생.

- Climate change will lead to countless negative **consequences**.
  기후 변화는 수많은 부정적인 결과를 초래할 것입니다.
- Don't worry. It's of no **consequence**. 걱정하지 마. 그것은 중요하지 않아.

subsequent [sʌ́bsikwənt] a. 그다음의, 차후의

sub(아래=under)+sequ(따라가다, 뒤쫓다=follow)+ent의 결합.

'**어떤 일이 일어나고 그 아래(뒤)에 따라가는=그다음의(later, following)**'입니다.

- **Subsequent** events confirmed that our doubts were right.
  그다음에 일어난 일들이 우리의 의혹이 옳았음을 확인해 주었다.
- The movie influenced every **subsequent** film vampire.
  그 영화는 그다음의 모든 흡혈귀 영화에 영향을 주었다.

obsequious [əbsíːkwiəs] a. 아부하는, 굽실거리는, 비굴한(mean)

ob(강조=completely)+sequ(따라가다, 뒤쫓다=follow)+ious의 결합.

'**잘 보이려고 졸졸 따라다니는=아부하는, 굽실거리는**'입니다.

- He is embarrassingly **obsequious** to his superiors.
  그는 당황스러울 정도로 윗사람에게 굽실거려.

persecute [pə́:rsikjù:t] vt.괴롭히다(oppress, suppress), 박해하다

per(완전히, 끝까지=perfectly)+secu(따라가다, 뒤쫓다=follow)+te의 결합.

'싫다는데도 끝까지 따라다니다=괴롭히다'입니다. 싫다고 했음에도 끝까지 따라다니는 것은 사람을 괴롭히는 것이죠. 종교적으로, 정치적으로 괴롭히는 것은 박해입니다.

- persecution [pə̀:rsikjú:ʃən] n.박해, 괴롭힘(oppression, torment)
- Why do you **persecute** me like this? 너는 왜 이렇게 나를 괴롭히는 거야?

prosecute [prásəkjù:t] v.기소하다, 고소(고발)하다(discharge, accuse)

pro(앞, 이전=before)+secu(따라가다, 뒤쫓다=follow)+te의 결합.

'검사가 범죄자를 뒤쫓아 잡아 판사 앞에 세우다=기소하다(indict)'입니다. 비슷한 철자를 가진 persecute(괴롭히다-끝까지 따라 다니다)와 prosecute(기소하다-뒤쫓아 판사 앞에 세우다)를 혼동하지 않도록 하세요. 검사가 하는 일은 기소, 일반 사람이 하면 고소(고발).

- prosecution [prásəkjú:ʃən] n.기소, 고발, 검찰 당국
- The company was **prosecuted** with the suspicion of tax evasion.
  그 회사는 세금포탈 혐의로 기소되었다.

consecutive [kənsékjətiv] a.연속적인, 계속되는

con(강조=completely)+secu(따라가다, 뒤쫓다=follow)+tive의 결합.

'중단 없이 뒤따라가는=연속적인(successive, continuous)'입니다.

- consecutively ad.연속적으로(in succession)
- She is absent for five **consecutive** days. 그녀는 5일 연이어 결석(결근) 중입니다.

어근 vol

어근 vol는 roll(굴리다, 구르다, 회전하다)입니다.

evolve [iválv] vt.발전(발달)시키다 vi.진화하다, 발전하다

e(밖으로=ex=out)+vol(굴리다, 구르다, 회전하다=roll)+ve의 결합.

'마차를 밖으로 멀리 굴려 나가다=발전시키다(develop), 진화하다'입니다. 문명의 발전은 수레바퀴가 멀리 굴러간 것입니다. 볼보(Volvo)는 스웨덴의 자동차 기업으로 차에 붙어 있는 로고는 회전하는 바퀴 모양입니다. Volvo의 Vol에서 회전하는 바퀴를 떠올리세요.

- evolution [èvəlú:ʃən] n.발전(development), 점진적 변화, 진화
- Our education system has been **evolving** over the decades.
  우리의 교육시스템은 수십 년에 걸쳐서 발전해 왔습니다.

revolve [riválv] vi.돌다(turn, rotate, spin), 회전하다

re(계속=again)+vol(굴리다, 구르다, 회전하다=roll)+ve의 결합.

'바퀴가 계속 구르다=돌다, 회전하다'입니다. revolution(회전, 혁명)은 '회전'에서 '혁명'이란 뜻이 파생. 역사의 수레바퀴를 급격하게 회전시키는 것이 혁명입니다.

- revolution [rèvəlú:ʃən] n.회전(turning, rotation), 혁명
- The earth **revolves** round the sun. 지구는 태양 주위를 돈다.
- A **revolution** in information technology is taking place.
  정보기술 혁명이 일어나고 있습니다.

devolve [diválv] v.(의무, 책임, 권리, 직책)넘기다, 이양하다

de(분리=off)+vol(굴리다, 구르다, 회전하다=roll)+ve의 결합.

'자기가 굴리고 있던 일을 분리시켜 다른 사람에게 주다=넘기다(turn over)'입니다.

- These responsibilities will **devolve** on the next President.
  이 임무들은 차기 대통령에게 넘겨질 것입니다.

involve [inválv] vt.포함하다, 관련(연루, 관계)시키다, 끌어들이다

in(안으로)+vol(굴리다, 구르다, 회전하다=roll)+ve의 결합.

'누군가를 안으로 굴려 넣다=포함하다, 관련시키다, 끌어들이다'입니다. 친구를 도박판 안으로 굴려 넣으면 친구를 도박판에 포함시키고, 관련시키고, 끌어들이는 것이죠.

- Any investment **involves** an element of risk. 어떠한 투자든지 위험 요소를 포함하고 있다.
- There is a rumor that he **was involved in** the crime.
  그가 그 범행에 관련(연루)되었다는 소문이 있습니다.

revolt [rivóult] n.반란, 반감(혐오감) vi.반란을 일으키다 vt.~에게 혐오감을 주다

re(반대=opposite)+vol(굴리다, 구르다, 회전하다=roll)+t의 결합.

'군인, 백성들이 정권에 반대하여 마차를 굴리는 행위=반란(rebellion, uprising)'입니다. 무기를 실은 마차를 끌고 성을 공격하는 반란군의 모습을 떠올려 보세요.

- The army quickly crushed the **revolt**. 군대가 그 반란을 재빨리 진압했다.
- The way he ate his food **revolted** me. 그가 음식을 먹는 버릇은 나에게 혐오감을 주었어.

malevolent [məlévələnt] a.악의 있는, 심술궂은

male(나쁜=bad)+vol(굴리다, 구르다, 회전하다=roll)+ent의 결합.

'마음을 나쁜 쪽으로 굴리는=악의 있는(wicked, evil, malicious, vicious)'입니다.

- benevolent [bənévələnt] a.인정 많은(bene=좋은), 호의적인
- I was aware of his **malevolent** intent.
  나는 그의 악의적인 의도를 알고 있었다.

voluble [váljəbəl] a.말을 잘하는, 유창한, 능변인

vol(굴리다, 구르다, 회전하다=roll)+uble(가능=able)의 결합.

'말을 함에 있어서 혀를 마음대로 굴릴 수 있는=유창한(fluent)'입니다.

- The **voluble** spokesman easily answered all questions from his opponent.
  능변인 대변인은 상대방의 모든 질문들에 대해 쉽게 대답했다.

- A **voluble** talker, he approached each subject with enthusiasm.
  유창한 달변가인 그는 열정적으로 각각의 주제에 접근하였다.

어근 spire

어근 spire는 spirit(n.정신, 마음, 기운), breathe(v.호흡하다)입니다.

perspire [pərspáiər] vi.땀을 흘리다, 땀이 나다

per(완전히, 끝까지=perfectly)+spire(정신, 마음, 기운=spirit)의 결합.

'끝까지 어떤 일에 정신을 집중하고 기운을 쓰다=(그래서)**땀이 나다**'입니다.

- perspiration [pə̀:rspəréiʃən] n.땀, 노력(effort, endeavor, exertion)
- When you **perspire** too much, you become thirsty soon.
  땀을 너무 많이 흘리면 곧 갈증을 느끼게 돼.

aspire [əspáiər] vi.열망하다, 염원하다

a(이동=ad)+spire(정신, 마음, 기운=spirit)의 결합.

'정신과 마음을 이루고자 하는 곳으로 가져가다=열망하다(desire, long for, yearn for)'입니다. adspire [어드스파이어]는 발음이 불편하기 때문에 철자 d를 생략. 열망, 염원은 간절히 바라는 마음이 어떤 곳으로 가는 것.

- aspiration [æ̀spəréiʃən] n.열망(an ardent wish), 갈망
- Many artists today **aspire** to be as creative as Van Gogh.
  많은 예술가가 오늘날 반 고흐처럼 창의적으로 되기를 열망한다.

conspire [kənspáiər] v.음모를 꾸미다, 공모하다

con(함께=with)+spire(정신, 마음, 기운=spirit)의 결합.

'나쁜 일을 하기 위해 마음을 함께 모으다=공모하다(plot, scheme, collude)'입니다. 범죄를 실행할 목적으로 마음을 함께 하는 것은 음모를 꾸미고 공모(共謀)하는 것이죠.

- He confessed that he had **conspired** with his girlfriend to murder the jeweler.
  그는 보석상을 죽이기 위해 자기 애인과 공모했었다고 털어놓았다.

inspire [inspáiər] vt.격려하다, 들이마시다(inhale) vi.영감을 불어넣다

in(안으로)+spire(정신, 마음, 기운, 호흡하다)의 결합.

'사람 마음속으로 정신과 기운을 집어넣다=**격려하다**(encourage)'입니다. 사람 마음속에 정신과 기운을 집어넣는 것은 격려하는 것이고, 안으로 호흡하는 것은 공기를 들이마시는 것입니다.

- inspiration [ìnspəréiʃən] n.자극, 격려, 영감
- The exhibition is designed to **inspire** children.
  이 전시회는 어린이들을 격려하기 위하여 기획되었습니다.

expire [ikspáiər] vi.죽다, 만료(만기)되다

ex(밖으로=out)+spire(호흡하다=breathe)의 결합.

'마지막 숨을 밖으로 호흡하다=**죽다**(die)'입니다. 사람이 마지막 숨을 내쉬는 것은 죽는 것이고, 계약이 죽는 것은 효력을 상실하는 것입니다. ex**s**pire[익스스파이어]는 발음이 불편하기 때문에 철자 s를 생략.

- expiration [èkspəréiʃən] n.(기한)만료, 만기, 종료
- I have to renew my passport because it's due to **expire** soon.
  곧 만료되기 때문에 여권을 갱신해야 합니다.
- His term of office **expires** at the end of June.
  그의 공직 임기는 6월 말에 만료된다.

respire [rispáiəːr] v.숨 쉬다(breathe), 호흡하다

re(계속=again)+spire(호흡하다=breathe)의 결합.

respire는 문어체 단어로 보통은 breathe를 사용합니다. 살아 있는 사람은 계속 호흡해야 하기 때문에 re(계속)가 붙은 것.

- respiration [rèspəréiʃən] n.호흡, 숨쉬기
- respiratory [résparətɔ̀ːri] a.호흡의, 호흡을 위한
- He couldn't **respire** because of high water pressure.
  그는 높은 수압 때문에 호흡할 수가 없었다.
- This virus causes common colds and severe acute **respiratory** syndrome.
  이 바이러스는 평범한 감기와 사스(중증 급성 호흡기 증후군)를 유발합니다.

Day 60

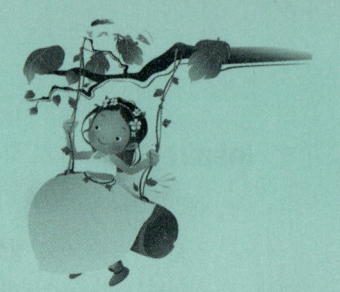

어근 leg
어근 leg는 law(법, 규정)입니다. 유사 철자 lig, reg는 leg의 변형.

privilege [prívəlidʒ] n.특권, 특혜

privi(개인의=private)+leg(법=law)+e의 결합.

'**특정 개인만 사용할 수 있는 법=특권**(prerogative)'입니다. 그린벨트 지역 안에는 신축 건물을 지을 수 없는데 특정 개인에게 신축 건물을 지을 수 있도록 허락하면 특권, 특혜를 주는 것이죠.

- They have obviously abused their **privilege**.
  그들은 명백하게 특권을 남용하고 있다.
- Extra classes are a **privilege** for people who can afford them.
  과외 수업은 그것을 할 여유가 있는 사람들을 위한 특권입니다.

delegate [déligèit] n.대표자, 대리인 vt.대표(대리)로 보내다, 위임하다(commit)

de(분리=off)+leg(법=law)+ate의 결합.

'**누구로부터 법적 권한을 분리시켜 갖고 있는 자=대리인**(representative)'입니다. 현대인들은 바쁘기 때문에 대리인을 활용하는데, 나를 대리하는 대리인은 법적 효력이 있는 인감증명서, 위임장 등을 나로부터 분리시켜 갖고 있어야 합니다.

- She was appointed as Korea's **delegate** to the UN.
  그녀는 유엔 한국 대표로 임명되었다.
- Why don't you **delegate** this job to somebody else?
  이 일을 누군가 다른 사람에게 위임하는 게 어때요?

legislate [lédʒislèit] vi.법을 만들다

leg(법=law)+is+late(옮기다=carry)의 결합.

'**국민의 뜻을 국회로 옮겨 법을 만들다=법을 만들다**'입니다.

- legislation [lèdʒisléiʃən] n.입법, 법률(law), 법안
- legislative [lédʒislèitiv] a.입법의 n.입법권
- He promised to **legislate** against abortion.
  그는 낙태를 금지하는 법률을 만들겠다고 약속했다.

legal [líɡəl] a.법(률)의, 법적인, 합법의

leg(법=law)+al(형접)의 결합.

- illegal [illíːɡəl] a.불법의(unlawful), 비합법적인 n.불법입국자
- I personally believe that gay marriage should not be **legal**.
  나는 개인적으로 동성 결혼은 합법화 되어서는 안 된다고 생각해.

legacy [léɡəsi] n.유산(inheritance)

leg(법=law)+acy의 결합.

'죽은 사람이 남긴 재산을 법에 따라 물려받는 것=유산'입니다. 발음 [레거시]에서 '부모님이 돌아가시고 [내 거시=내 것이] 되는 것은 유산'으로 기억하세요.

- Future generations will have a **legacy** of pollution and destruction.
  미래 세대는 오염과 파괴라는 유산을 가질 것입니다.

allegiance [əlíːdʒəns] n.충성, 충직, (친구)성실

al(이동=ad)+leg(법=law)+iance의 결합.

'주군에게 가서 신하로서 법적 책임을 다하는 것=충성(loyalty, devotion, fidelity)'입니다.

- His **allegiance** has never been questioned. 그의 충성심은 한 번도 의문시된 적 없습니다.
- Singing a national anthem demonstrates an **allegiance** to a country.
  국가(國歌)를 부르는 것은 국가에 대한 충성을 증명한다.

legitimate [lidʒítəmit] a.합법의, 정당한, 타당한

leg(법=law)+it(가다=go)+im+ate의 결합.

'일을 할 때 법을 따라가는=합법의(legal), 정당한(right, proper, lawful)'입니다.

- illegitimate [ilidʒítəmit] a.불법의(illegal), 위법의, 사생아의 n.사생아 vt.불법화하다
- Don't worry, this is all perfectly **legitimate**. 걱정하지 마, 이것은 모두 완전히 합법적이야.
- His claim to his father's inheritance was **legitimate**.
  아버지의 유산에 대한 그의 권리 주장은 정당(타당)했다.

relegate [réləɡèit] vt.강등(좌천, 격하)시키다

re(뒤=back)+leg(법=law)+ate의 결합.

'법으로 뒤로 물러나게 하다=강등시키다(degrade, demote, downgrade)'입니다. 회사가 정한 법(규정)을 근거로 직원을 뒤(낮은 직책)로 물러나게 하는 것은 강등, 좌천, 격하시키는 것입니다. 1부 리그에서 2부 리그로 떨어지는 것도 강등이죠.

- relegation [-ɡéiʃən] n.좌천(degradation, downgrading, demotion), 격하, 강등
- She resigned from the company when she was **relegated** to a role of assistant.
  그녀는 조수 역할로 강등되었을 때 그 회사에서 사직했다.

liable [láiəbəl] a.책임 있는, ~하기 쉬운

li(법=leg=law)+able(가능)의 결합.

'**법으로 묶어 놓은**=**책임 있는**(responsible), **~하기 쉬운**(apt, prone)'입니다. 법으로 묶어 놓으면 이행해야 할 책임이 있지요. 무엇을 하지 말라고 법으로 묶으면 사람들은 몰래 숨어서 하기 때문에 '법으로 묶어 놓은'에서 '~하기 쉬운'이란 뜻이 파생.

- be liable[responsible] for ~에 책임이 있다
- be liable[apt, prone] to ~하기 쉽다
- The government **is liable for** the injury of soldiers during the army.
  정부는 군 복무 중 군인들의 부상에 책임이 있습니다.
- We **are liable to** make mistakes when we are tired.
  우리는 피곤할 때 실수하기 쉬워.

regulate [régjəlèit] vt.규제(통제, 단속)하다, 조절하다(adjust)

reg(법=leg=law)+u+late(옮기다=carry)의 결합.

'**법을 실제 생활에 옮기다**=**규제하다**(control, restrict)'입니다. 고속도로에서 시속 100km 이하로 달리라는 도로교통법은 법을 실행에 옮기는 것으로, 자동차의 속도를 규제하고 통제하는 것입니다. 운전자는 단속당하지 않도록 속도를 조절해야 하기 때문에 '**규제하다**'에서 '**조절하다**'는 뜻이 파생.

- regulation [règjəléiʃən] n.규정(rules), 법규(laws), 조절(adjustment)
- Does school have the right to **regulate** student's hair?
  학교는 학생들의 머리를 규제(단속, 통제) 할 수 있는 권리를 갖고 있나요?
- Salt helps **regulate** our muscles and nerves.
  소금은 우리의 근육과 신경을 조절하는 것을 도와준다.

regime [reiʒíːm] n.정권(government), 정부, 체제

reg(법=leg=law)+ime의 결합.

입법, 사법, 행정 등 '**법을 만들고 실행하는 정치적 집단**=**정권**'입니다.

- South Korea is preparing for a possible collapse of the North Korean **regime**.
  한국은 일어날 수 있는 북한 정권(체제)의 붕괴에 대비하고 있다.

reign [rein] n.통치, 지배 v.통치하다(rule, govern, dominate), 지배하다

reig(법=reg=leg=law)+n의 결합.

법으로 국가를 통치하고 지배하는 것. rain(비)과 발음이 같기 때문에 듣기에서 주의.

- The country was under the **reign** of the king for many years.
  그 나라는 오랫동안 왕의 통치(지배) 아래에 있었다.
- Queen Victoria **reigned** from 1837 to 1901.
  빅토리아 여왕은 1837년에서 1901년까지 통치했다.

어근 lude

어근 lude는 play입니다.
play는 '놀다, 장난치다, 공연하다, 연주하다, 게임하다, 경기하다, 내기하다, 운전하다, 행동하다, 상연하다'등 어떤 행위를 하는 것입니다.

allude [əlúːd] vi. 암시(시사)하다, (넌지시)언급하다

al(이동=ad)+lude(장난치다=play)의 결합.

'장난치며 하고 싶은 말을 전달하다=암시하다(suggest, infer), 언급하다(refer to)'입니다. 중세시대는 말 한마디 잘못하면 이단으로 몰려 화형당하는 시대였기 때문에 직설화법을 쓰지 않고 장난치면서 하고 싶은 말을 우회적으로 넌지시, 암시해서 전달하곤 했습니다.

- allusion [əlúːʒən] n. 암시(suggestion), 언급(reference, mention)
- His behavior **alludes to** something important to us.
  그의 행동은 우리에게 중요한 무엇인가를 암시하고 있다.
- The plan was a complete failure. Do not **allude to** it again.
  그 계획은 완전한 실패였어. 다시는 그것을 언급하지 마.

delude [dilúːd] vt. 속이다, 현혹시키다

de(분리=off)+lude(장난치다=play)의 결합.

'물건을 분리시켜두는 장난을 치다=속이다(deceive, cheat, swindle)'입니다. 물건 10개를 받아서 2개를 분리시켜 놓고 8개만 주는 것은 사람을 속이는 행위입니다. 일부분을 분리시켜두는 장난질은 사기 치는 것이죠.

- delusion [dilúːʒən] n. 기만(deceit, cheating), 속이기 • delusive [dilúːsiv] a. 기만적인, 현혹적인
- My point is that you must not **delude** yourself.
  내 말의 핵심은 네가 너 자신을 속여서는 안 된다는 것이야.
- Stop your **delusive** dreaming and look at the realities.
  현혹적인 꿈은 버리고 현실을 직시해.

elude [ilúːd] vt. (교묘히)피하다, 회피하다

e(밖으로=ex=out)+lude(장난치다=play)의 결합.

'장난치며 사람들의 시선을 다른 곳으로 돌리고 밖으로 나가다=피하다(evade, avoid)'입니다. 자신의 잘못이나 정체가 들통날 것 같은 상황에 장난치면서 상대방의 관심을 엉뚱한 곳으로 돌리게 하고 밖으로 나가는 것은 교묘하게 피하는 것입니다.

- elusive [ilúːsiv] a. 교묘히 피하는, 회피하는
- They have fled abroad to **elude** our pursuit.
  그들은 우리의 추적을 피하고자 해외로 도망갔다.
- The criminal **eluded** the police by hiding in his friend's house.
  그 범죄자는 친구 집에 숨어서 경찰을 피했다.

collude [kəlúːd] vi. 공모하다(conspire), 결탁하다

col(함께=com=with)+lude(장난치다=play)의 결합.

'어떤 불법적인 이익을 취하기 위해 함께 모여 장난치다=공모하다, 결탁하다'입니다.

- collusion [kəlúːʒən] n. 공모(conspiracy, plot), 결탁
- They **colluded** with the terrorists to overthrow the government.
  그들은 정부를 전복하려고 테러리스트들과 공모(결탁)했다.

illusion [ilúːʒən] n. 환영, 환상, 착각

il(안에=in)+lus(장난치다=lude=play)+ion의 결합.

'무엇이 눈 속에, 마음속에 장난쳐서 헛것이 보이는 것=환영(phantom)'입니다. 위에서 설명한 단어 collude의 명사형 collusion을 보면 어근 lus가 lude의 변형임을 알 수 있지요.

- Demon is just an **illusion** created in our minds.
  귀신은 우리의 마음속에서 만들어진 환영에 불과합니다.
- We have an **illusion** that we can fully control nature.
  우리는 자연을 완전히 통제할 수 있다는 환상(착각)을 갖고 있다.

interlude [íntərlùːd] n. 막간, 간주곡

inter(사이=between)+lude(공연하다, 연주하다=play)의 결합.

'공연과 공연 사이(중간)의 시간=막간(interval, intermission), 간주곡'입니다. 공연을 보면 하나의 공연이 끝나고 새로운 공연이 시작될 때 무대장치를 바꾸거나 무대의상을 바꾸어 입는 시간이 필요합니다. 공연과 공연 사이의 시간을 막간이라고 하고, 그 사이에 무료함을 달래주기 위해 간주곡이 흘러나오기 때문에 '**막간**'에서 '**간주곡**'이란 뜻이 파생.

- The musical **interludes** don't fit in with the rest of the play.
  그 뮤지컬 간주곡은 극의 나머지 부분과 맞지 않아.

prelude [préljuːd] n. (음악)전주곡, 서곡, 서막

pre(앞, 이전=before)+lude(공연하다, 연주하다=play)의 결합.

'본격적인 공연을 하기 이전에 하는 연주=전주곡, 서곡(overture)'입니다.

- Having arrived late for the concert hall, we missed the **prelude**.
  콘서트홀에 늦게 도착했기 때문에 우리는 전주곡(서곡)을 놓쳤다.
- The event was just a **prelude** to things to come.
  그 사건은 앞으로 일어날 일들의 전주곡(서막)에 불과했다.

어근 matr, patr

어근 matr은 mother(어머니), patr은 father(아버지)입니다.

matrix [méitriks] n.자궁, 모태, (수학)행렬, 매트릭스

matr(어머니=mother)+ix의 결합.

'**어머니임을 나타내는 상징=자궁**'입니다.

- Rome was the **matrix** of Western civilization.
  로마는 서양 문명의 모태였다.

maternal [mətə́:rnl] a.어머니의, 모성의, 어머니다운

mater(어머니=mother)+nal의 결합.

- maternity [mətə́:rnəti] n.어머니다움, 모성애
- paternal [pətə́:rnl] a.아버지의, 부계의, 아버지다운
- **Maternal** age can affect the baby's survival rate.
  어머니(산모)의 나이가 아기의 생존율에 영향을 미칠 수 있습니다.
- She has a strong **maternal** instinct for her child.
  그녀는 자식에 대한 강한 모성 본능을 갖고 있다.

patron [péitrən] n.후견인(sponsor), 단골손님

patr(아버지=father)+on의 결합.

'**든든한 아버지 역할을 하는 사람=후견인**'입니다. 안정적인 매장 수익을 안겨다 주는 후견인과 같은 고객은 단골손님이죠.

- An anonymous **patron** donated one million dollars.
  익명의 한 후원자가 백만 달러를 기부했다.
- The owner allows only **patrons** a sale on credit.
  그 주인은 단골고객에게만 외상판매를 허용한다.

patriot [péitriət] n.애국자

patr(아버지=father)+iot의 결합.

'**아버지의 나라를 사랑하는 사람=애국자**'입니다. 패트리엇 미사일(Patriot missile)은 미국에서 개발한 미사일로 '애국자 미사일'이란 뜻입니다. 적으로부터 날아오는 미사일을 요격함으로써 자국의 군대와 본토를 방어.

- patriotism [péitriətizəm] n.애국심
- We just think about the **patriots** who died for our country during the minute.
  우리는 단지 잠깐 우리나라를 위해 목숨 바친 애국자들을 생각한다.

어근 lux

어근 lux는 light(빛)입니다. 유차철자 luc, lumin은 lux의 변형. 국제단위계에서 사용되는 밝기(조명도)의 단위가 룩스(lux)입니다.

deluxe [dəlúks] a.고급의, 호화로운, 딜럭스한

de(강조=completely)+lux(빛=light)+e의 결합.

'매우 번쩍번쩍 빛나는=고급의, 호화로운(luxurious)'입니다.

- deluxe apartment 고급(호화) 아파트 • deluxe wine 고급 와인
- The standard is $50 a night, and the **deluxe** is $100.
  표준실은 하룻밤에 50달러, 고급실은 100달러입니다.

luxury [lʌ́kʃəri] n.사치(품), 고급(품), 호화

lux(빛=light)+ury의 결합.

'다이아몬드처럼 번쩍번쩍 빛나는 물건=사치품, 고급품'입니다.

- luxurious [lʌgʒúəriəs] a.사치스러운, 호화로운 • luxuriant [lʌgʒúəriənt] a.무성한, 비옥한
- Her greatest interest seems to be **luxury**.
  그녀의 최대 관심사는 사치인 것 같아.

lucid [lú:sid] a.맑은, 투명한, (말, 글)명료한

luc(빛=lux=light)+id의 결합.

'빛, 등불에 비추어 안이 보이는=맑은, 투명한'입니다.

- Her **lucid** mind touched other people. 그녀의 맑은 마음이 다른 사람들을 감동시켰다.

elucidate [ilú:sədèit] vt.설명하다(explain, illuminate, illustrate), 해명하다

e(밖으로=ex=out)+luc(빛=lux=light)+idate의 결합.

'밝은 빛이 있는 밖으로 가져와서 말해주다=설명하다'입니다. 어두운 곳에 있는 것을 밝은 빛이 있는 밖으로 가져와 자세히 설명하는 행위에서 유래.

- We are waiting for you to **elucidate** your mistakes.
  우리는 네가 너의 실수를 해명하길 기다리고 있어.

luminous [lú:mənəs] a.빛을 내는(야광의), 총명한, 명료한

lumin(빛=lux=light)+ous의 결합.

- You should wear **luminous** clothing when riding a bicycle at night.
  밤에 자전거를 탈 때 야광 옷을 입어야 합니다.

Day 61

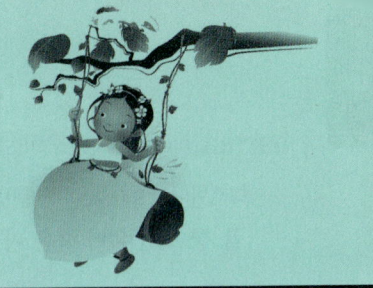

> **어근 bar** 어근 bar는 단어 bar(n.막대, 장애물 vt.막다, 금지하다)입니다.

bar [bɑːr] n.막대, 장애물, 술집, 변호사직 vt.빗장 지르다, 막다(block), 금지하다(ban)

즐겨 먹는 아이스 **바**(ice bar)는 **막대**에 꽂혀 있는 얼음과자이고, 스탠드 **바**(stand bar)는 긴 **막대** 앞에 서서 간단한 음식을 먹거나 술을 마시는 곳입니다. 칵테일 **바**(cocktail bar)에는 손님과 바텐더 사이에 긴 **막대**가 있지요. bar는 긴 **막대**로 성문이나 대문에 **빗장**을 지를 때 사용합니다. **빗장**을 지르는 것은 허락 없이 들어오는 것을 **막고 금지**하는 것이죠. 법정에 가보면 검사석과 **변호사**석 앞이 긴 막대로 되어 있습니다. '**막대**'에서 '**장애물, 술집, 변호사직, 빗장 지르다, 막다, 금지하다**'는 뜻이 파생.

- Lack of education is a **bar** to success. 교육 결핍은 성공을 막는 장애물입니다.
- He was admitted to the **bar**. 그는 변호사직을 허가 받았다.
- Two police officers were **barring** the exit. 경찰관 두 명이 출구를 막고 있었다.
- The players are **barred** from drinking alcohol the night before a match.
  선수들은 시합 전날 밤에 음주가 금지되어 되어 있다.

barrier [bǽriər] n.울타리(fence), 장애(물)

bar(막대)+ri+er(것)의 결합.

'나무 막대들을 엮어 세워 놓은 것=울타리, 장애물(bar, obstacle)'입니다. 야생 동물들이 들어오지 못하게 막대를 엮어 세워 놓은 것은 울타리이고, 통행을 막기 위해 세워 놓은 울타리는 장애물(장벽)입니다.

- **barricade** [bǽrəkèid] n.바리케이드, 통행 차단 물
- Palestinians see the **barrier** as a land grab.
  팔레스타인 사람들은 (이스라엘이 세운) 장벽을 영토 침해로 보고 있다.

barbarian [bɑːrbɛ́əriən] n.야만인(savage), 미개인 a.야만의, 미개한

고대 그리스인들은 자신들을 제외한 외국인들을 모두 미개인(야만인)으로 보았습니다. 그리스인에게 외국말은 [바~바~]로 들렸기 때문에 외국인을 **바바리안**(barbarian)이라고 한 것에서 유래. bar(막대)+bar(막대)+ian(사람)로 결합하여 막대(무기)를 마구 휘둘러 대는 야만인을 떠올려도 됩니다.

- **barbarous** [bɑ́ːrbərəs] n.야만적인(savage, uncivilized, wild), 미개한
- It is a **barbarous** way to extend dominion by arms.
  무력으로 영토를 넓히는 것은 야만적인 방식입니다.

barren [bǽrən] a.불모의(sterile, waste), 메마른 n.메마른 땅, 불모지

bar(막대)+ren(달리다=run)로 결합.

'풀 한 포기 없이 죽은 마른 나무 막대기만 굴러다니는 곳=불모지, 메마른 땅'입니다.

- The trees grow well even in **barren** soil.
  그 나무는 메마른(척박한, 불모의) 땅에서도 잘 자란다.

embarrass [imbǽrəs] vt.당황하게 만들다(perplex, bewilder, confuse)

em(안에=in)+bar(막대, 장애물)+rass의 결합.

마차를 타고 가는데 '길 안에 장애물이 놓여 있다=당황하게(난처하게) 만들다'입니다.

- embarrassing a.당황하게 만드는, 난처한 • embarrassed a.당황한, 난처해진
- Sorry, I didn't mean to **embarrass** you. 미안, 너를 난처하게 할 의도는 없었어.
- He put me in a very **embarrassing** situation. 그는 나를 아주 난처한 상황에 빠뜨렸다.

embargo [imbá:rgou] vt.교역(수출입)을 금지하다 n.교역금지, 금수 조치, 엠바고

em(안으로=in)+bar(막대, 막다, 금지하다)+go(가다)의 결합.

특정 나라의 '물건이 항구 안으로 들어가는 것을 막다=교역을 금지하다'입니다. 특정 나라의 물건이 항구 안으로 들어가는 것을 막는 것은 교역을 금지하는 것이죠. 엠바고(embargo)는 본래 선박의 억류 혹은 통상 금지인데, 언론에서는 어떤 특정 뉴스 기사를 일정 시점까지 내보내지 않고 보도를 유보하는 것을 의미.

- The government put an **embargo** on fishery products in Japan.
  정부는 일본 수산물에 대한 교역금지령을 내렸다.

embark [imbá:rk] vi.(탈 것)타다, 시작(착수)하다 vt.(사람)태우다, (물건)싣다

em(안으로=in)+bar(막대, 판자, 갑판)+k의 결합.

'배의 갑판 안으로 들어가다=타다, 착수하다(begin, commence, set out)'입니다. 배, 비행기, 철도 등의 바닥은 막대(판자)로 되어 있습니다. 배의 갑판으로 들어가는 것은 승선하는 것이죠. 매장에 진열할 상품을 공장에서 꺼내 배나 철도에 실으면 사업을 시작(착수)하는 것이기 때문에 '싣다'에서 '시작(착수)하다'는 뜻이 파생.

- I quit my job and **embarked** on my own business.
  나는 직장을 그만두고 나 자신의 사업을 시작(착수)했다.

barn [ba:rn] n.헛간, 창고(storehouse), 외양간

bar(막대, 빗장)+n로 결합.

'곡물이나 농기구 등을 보관하고 말이나 소를 가두어 빗장 질러 두는 곳=헛간'입니다. [반]은 우리말로 절반(half)입니다. 중세시대 영국인들의 집은 한 지붕 아래 사람 사는 숙소와 외양간이 같이 있었습니다. 한 지붕 아래 [반]은 숙소, [반]은 외양간. 그들의 생활이 조금 미개하지 않았나요?

- Mend the **barn** after the horse is stolen. 소 잃고 외양간을 고친다.

ban [bæn] n.금지(령), 추방(체류 금지) vt.금지하다(prohibit, forbid)

ban(금지하다), banish(추방하다-체류를 금지하다)의 ban은 bar의 변형입니다.

- banish [bǽniʃ] vt.추방하다(exile) • banishment n.추방, 유배
- All schools should **ban** the use of cell phones in class.
  모든 학교는 수업 중 휴대폰 사용을 금지해야 한다.
- **Banning** heading in youth soccer will not fundamentally change the game.
  어린이 축구에 헤딩을 금지하는 것이 경기를 근본적으로 바꾸지는 않을 것이다.

어근 mort

어근 mort는 death(죽음)입니다. 유사철자 morb, mori는 mort의 변형.

mortician [mɔːrtíʃən] n.장의사

mort(죽음=death)+ici+an(사람)의 결합.

'죽은 사람을 직업적으로 처리하는 사람=장의사(undertaker)'입니다.

- One of the promising job in the future is a **mortician**.
  미래에 유망한 직업 중 하나가 장의사이다.

mortal [mɔ́ːrtl] a.치명적인(fatal), 필사적인(desperate)

mort(죽음=death)+al의 결합.

'죽음에 이르게 할 수 있는=치명적인, 필사적인'입니다. 죽음에 이르게 할 수 있는 치명적인 상처를 입으면 살기 위해 필사적으로 몸부림치기 때문에 '치명적인'에서 '필사적인'이란 뜻이 파생.

- immortal [imɔ́ːrtl] a.죽지 않는(undying), 불멸의 n.불사신
- Her reputation suffered a **mortal** blow as a result of the scandal.
  그 스캔들(추문)의 결과 그녀의 평판은 치명적인 타격을 입었다.

mortgage [mɔ́ːrgidʒ] n.저당(담보), (주택구입)대출 vt.저당 잡히다

mort(죽음=death)+gage의 결합.

'집주인이 갖고 있는 집에 대한 소유권이 죽은 상태=저당'입니다. 장기주택 담보대출을 영어로 모기지 론(mortgage loan)이라고 합니다. 저당 잡고 대출해 주기 때문에 '저당'에서 '대출'이란 뜻이 파생. 은행에서 대출하면서 집을 담보로 저당 잡으면 집주인이 갖고 있는 소유권은 죽게 되지요.

- There is a **mortgage** of 10,000 dollars on his house.
  그의 집에는 1만 달러의 저당이 설정되어 있다.

mortify [mɔ́:rtəfài] v.(성욕, 감정)억제하다, 굴욕감(수치심)을 주다

mort(죽음=death)+ify(동접)의 결합.

'성적 욕구, 감정 등을 죽이다=억제하다'입니다. 성적 욕구나 자신의 감정을 죽이는 것은 억제하는 것이죠. 화를 내야 하는 상황임에도 그렇게 하지 못하고 억제하면 굴욕감을 느끼게 되기 때문에 '억제하다'에서 '굴욕감을 주다'는 뜻이 파생.

- He **mortified** sexual desire for the sake of saving the soul.
  그는 영혼을 구하기 위해 성욕을 억제했다.
- I felt **mortified** to think that he had stood me up.
  그가 나를 바람맞혔던 것을 생각하니 굴욕감(수치심)을 느꼈다.

moratorium [mɔ̀rətɔ́:riəm] n.모라토리엄, 지급 정지(유예), 일지 정지(유예)

morat(죽음=death)+orium의 결합.

'빌려준 돈을 받을 수 있는 청구권이 죽은 상태=지급 정지(모라토리엄)'입니다. 국가나 지방자치 단체가 돈을 빌려 쓰고 갚을 능력이 없으면 **모라토리엄** 선언을 하게 됩니다. 상식적으로 알고 있어야 하는 용어.

- **Moratorium** means a delay or suspension of a payment activity.
  모라토리엄은 지급 행위의 지연 혹은 중지를 뜻한다.

morbid [mɔ́:rbid] a.병적인, 소름 끼치는(무시무시한)

morb(죽음=mort=death)+id의 결합.

'죽을 정도로 좋거나 싫어하는=병적인'이고, '죽음이 떠오르는=소름 끼치는'입니다.

- He has a **morbid** interest in smart phone games.
  그는 스마트폰 게임에 병적인 흥미가 있어.
- You do not know how **morbid** he is. 너는 그가 얼마나 소름 끼치는지 몰라.

moribund [mɔ́rəbʌ̀nd] a.죽어가는(빈사 상태의), 소멸해 가는

mori(죽음=mort=death)+bund(묶여 있는=bound)의 결합.

'무엇의 운명이 죽음 쪽으로 묶여 있는=죽어가는, 소멸해 가는'입니다.

- The Korean economy was **moribund** immediately after the Korean War.
  한국전쟁 직후 한국 경제는 죽어가는 상태에 있었다.

lethal [lí:θəl] a.치명적인, 매우 위험한

leth(죽음=mort=death)+al(동접)의 결합.

'사람을 죽음에 이르게 하는=치명적인(fatal), 매우 위험한'입니다. 어근 leth 또한 mort(죽음)입니다. 한두 개의 단어에 사용되는 어근은 억지로 암기할 필요가 없지요.

- What is second-hand smoke and why is it considered **lethal**?
  간접흡연이 무엇이며 왜 그것이 치명적인 것으로 간주되나요?

lethargic [leθá:rdʒik] a.무기력한, 기운 없는

leth(죽음=mort=death)+argic의 결합.

'기운이 죽어 힘이 없는, 초주검 상태인=무기력한(nerveless), 기운 없는'입니다.

- I got increasingly **lethargic** as the days turned hot.
  날씨가 더워지면서 나는 점점 무기력해졌다.

어근 met

어근 met는 mete(재다, 측정하다)입니다. 유사철자 mens는 met의 변형. 미터(mete)는 자로 재는 길이의 단위이고, 집집마다 전기와 수돗물 사용량을 측정하는 미터기(meter-계량기)가 있습니다.

thermometer [θə:rmámitə:r] n.온도계

thermo(뜨거운=hot)+met(재다, 측정하다=mete)+er(것)의 결합.

'뜨거운 정도를 재는 것=온도계'입니다. 그리스어로 thermos는 hot이란 뜻. 옛날 영어에서 mete(재다, 측정하다)는 measure와 같은 뜻인데, 현대영어에서는 measure를 사용.

- A **thermometer** is a device that measures temperature.
  온도계는 온도를 재는(측정하는) 장치이다.

geometry [dʒi:ámətri] n.기하학

geo(땅=earth)+met(재다, 측정하다=mete)+ry의 결합.

'땅을 재고 측정하는 학문=기하학'입니다. 기하학은 토지 측량(측정)을 위해 도형을 연구하는 데서 기원했으며 점, 직선, 곡선, 면, 부피 사이의 관계를 연구하는 수학의 한 분야.

- Islam transformed **geometry** into an art form.
  이슬람 사람들은 기하학을 예술 형식으로 변화시켰다.

arithmetic [ərίθmətik] n.산수, 계산 a.산수의

arith(세다=count)+met(재다, 측정하다=mete)+ic의 결합.

'숫자를 세고 재는 것=산수, 계산(calculation)'입니다. 지능이 조금 떨어지는 어리숙[어리쓱]한 사람도 산수와 돈 계산은 할 수 있지요.

- **Arithmetic** is commonly taught in elementary schools.
  산수는 일반적으로 초등학교에서 교육된다.
- I think there is something wrong with your **arithmetic**.
  당신의 계산에 무언가 잘못이 있는 것 같아요.

symmetry [símətri] n.대칭, 균형(balance, equilibrium), 조화(harmony)

sym(같은=same)+met(재다, 측정하다=mete)+ry의 결합.

'재고 측정해보니 좌측과 우측이 똑같은 상태=대칭, 균형, 조화'입니다.

- symmetrical a.대칭적인, 균형이 잡힌(balanced, proportional)
- Bees prefer perfectly **symmetrical** flowers because they yield more nectar than flowers lacking **symmetry**.
  벌들은 대칭인 꽃이 대칭이 부족한 꽃보다 더 많은 꿀을 생산하기 때문에 완벽히 대칭인 꽃을 더 좋아한다.

meticulous [mətíkjələs] a.신중한, 꼼꼼한, 소심한

met(재다, 측정하다=mete)+icul+ous의 결합.

'자로 잰 듯이 생각하고 행동하는=신중한, 꼼꼼한, 소심한(timid)'입니다.

- meticulously ad.세심하게, 좀스럽게
- She is so **meticulous** about everything.
  그는 모든 일에 대해 너무 꼼꼼해.
- He is known to be **meticulous** person.
  그는 꼼꼼한 사람으로 알려져 있다.

immense [iméns] a.막대한, 엄청난, 거대한, (구어)멋진, 훌륭한

im(부정=in=not)+mens(재다, 측정하다=mete)+e의 결합.

'재거나 측정할 수 없는=막대한(huge, enormous, tremendous), 엄청난'입니다.

- immensely ad.막대하게, (구어)매우, 굉장히
- His work has been an **immense** influence on medicine.
  그의 업적은 의학 분야에 막대한(엄청난) 영향을 미쳤다.

어근 punch
어근 punch는 단어 punch(찌르다, 찍다)입니다.

punctual [pʌ́ŋktʃuəl] a.시간을 엄수하는, 지각하지 않는

punch(찌르다, 찍다)+ual의 결합.

'정확한 시간에 구멍을 뚫는=시간을 엄수하는, 지각하지 않는'입니다. 펀치(punch)는 찔러서 구멍을 뚫는 기계입니다. 시간 엄수가 필요한 제조공장에서는 근로자들이 출퇴근 기록기에 카드를 찔러 넣어 출퇴근 시간을 찍습니다. 회사에서 요구하는 출퇴근 시간에 카드에 구멍을 뚫으면 시간을 엄수하는 것이죠.

- If you want to succeed in life, get into the habit of being **punctual**.
  성공하고 싶다면 시간을 엄수하는 습관을 가져야 해.

punctilious [pʌŋktíliəs] a. 격식을 차리는, 꼼꼼한

punch(찌르다, 찍다)+ili+ous의 결합.

'**구두점을 찍어야 할 곳에 구두점을 꼭 찍는=격식을 차리는, 꼼꼼한**'입니다. 글을 쓸 때 구두점을 찍어야 할 곳에 구두점을 꼭 찍는 것은 꼼꼼하고, 격식을 차리는 것이죠. '**구두점을 꼭 찍는**'에서 '**꼼꼼한, 격식을 차리는**'이란 뜻이 파생.

- She is very **punctilious** about hygiene.
  그녀는 위생에 관해 매우 꼼꼼하다.

punctuate [pʌ́ŋktʃuèit] v. 구두점을 찍다 vt. (잠시)중단시키다

punch(찌르다, 찍다)+uate의 결합.

'**문장 끝에 펜으로 콕 찍다=구두점을 찍다, 중단시키다**'입니다. 문장을 마칠 때 펜으로 콕 찍어서 표시하는 마침표나 쉼표가 구두점입니다. 구두점은 새로운 문장을 시작하기 위해 문장을 중단시키는 기능을 하기 때문에 '**구두점을 찍다**'에서 '**중단시키다**'는 뜻이 파생.

- The game was **punctuated** by a series of injuries.
  그 경기는 연이은 (선수들의) 부상으로 잠시 중단되었다.
- The conference was **punctuated** by a heated argument.
  회의는 격렬한 논쟁으로 잠시 중단되었다.

compunction [kəmpʌ́ŋkʃən] n. 양심의 가책, 죄책감

com(강조=completely)+punct(찌르다, 찍다=punch)+ion의 결합.

'**좋지 않은 일을 한 후에 가슴을 마구 찌르는 것=죄책감**'입니다.

- He wrote an apology letter to her with **compunction**.
  그는 죄책감으로 그녀에게 사과 편지를 썼다.
- The criminal had shown no **compunction** for his heinous crime.
  그 범죄자는 자신의 흉악한 범죄에 대해 어떠한 죄책감도 보여주지 않았다.

Day 62

어근 astro

어근 astro는 star(별)입니다.
astro에서 철자 o를 없애고 재조합하면 star가 됩니다.

astronaut [ǽstrənɔ̀ːt] n.우주 비행사

astro(별=star)+naut의 결합.

'우주선을 타고 다른 별로 가는 사람=우주 비행사'입니다.

- The first **astronaut** in space was Yuri Gagarin from Russia.
  첫 우주 비행사는 러시아의 유리 가가린이었다.

astronomy [əstránəmi] n.천문학, 성학(星學)

astro(별=star)+nomy(학문)의 결합.

'별의 법칙을 연구하는 학문=천문학'입니다.

- Ancient navigation was an application of **astronomy**.
  고대의 항해는 천문학의 적용이었다.

astrology [əstrálədʒi] n.점성술(학)

astro(별=star)+logy(학)의 결합.

별빛, 별의 위치, 별의 운행 등 '별을 보고 개인과 국가의 길흉을 점치는 것=점성술'입니다.

- **Astrology** contributed to the development of astronomy.
  점성술은 천문학의 발전에 기여했다.

catastrophe [kətǽstrəfi] n.재앙(calamity, disaster, misfortune, mishap), 재난, 참사

cata(아래로=down)+astro(별=star)+phe의 결합.

'별이 아래로 떨어져 지구와 충돌=재앙'입니다. 유성이 지구에 떨어져 재앙, 재난, 참사가 발생하는 Deep Impact와 같은 재난 영화들이 많습니다. 그리스어 cata는 down.

- The survivors of the **catastrophe** are still suffering from depression and sadness.
  대재앙의 생존자들은 여전히 우울증과 슬픔에 시달리고 있습니다.

disaster [dizǽstər] n.재앙, 재난, 참사

dis(분리=off)+aster(별=star)의 결합.

'별에서 분리된 파편(유성)이 지구에 떨어짐=재앙(calamity, misfortune, mishap)'입니다. 대부분의 유성은 대기권에서 불타 없어지지만 큰 유성이 땅에 떨어지면 사람에겐 큰 재앙이 되지요. aster(별)에서 철자 e를 버리고 재조합하면 star(별)가 됩니다.

- Contact with alien life could lead to **disaster** for the human race.
  외계 생명체와의 접촉은 인류에게 재앙을 초래할 수도 있습니다.

consider [kənsídər] vt.숙고하다, 간주하다, 고려하다

con(함께=with)+sider(별=star)의 결합.

'다 함께 모여 별을 보고 점치다=숙고하다(deliberate, reflect, think over)'입니다. sider는 라틴어로 별(star)입니다. 과거에는 작은 일에서부터 큰일까지 별점을 보고 어떻게 할지 심사숙고해서 결정하곤 했습니다. 그래서 점성술이 발달한 것이죠. 싸이더스(sidus)란 유명 영화사가 있는데 유명한 스타(star)를 많이 보유하고 있습니다.

- consideration [kənsìdəréiʃən] n.고려(deliberation), 숙고(deliberation)
- considerate [kənsídərit] a.신중한(prudent, deliberate), 동정심 많은
- considerable [kənsídərəbəl] a.고려해야 할(중요한), 상당한(수량이 패 많은)
- You must deeply **consider** what to do.
  너는 무엇을 할지 깊이 생각해야 해.
- I should have been more **considerate**.
  나는 좀 더 신중했었어야 했는데.
- These days, a **considerable** number of students wear glasses.
  요즘, 상당히 많은 수의 학생이 안경을 착용하고 있다.

어근 dom

어근 dom은 home(집)입니다.
둥근 천정을 가진 돔(dome) 경기장을 떠올려 보세요.

domestic [douméstik] a.가정의, 가정적인, 국내의

dome(둥근 지붕)+sti(서 있다=stand)+c의 결합.

'둥근 지붕 아래에 서 있는=가정의, 가정적인, 국내의'입니다. dome(둥근 지붕)은 사람이 사는 집과 가정입니다. 가정의 범위를 넓히면 국내가 되지요.

- Multicultural families separate due to **domestic** violence or economic issues.
  다문화 가정의 이혼은 가정 폭력과 경제적인 문제에 기인한다.
- There is a lot of competition in the **domestic** market.
  국내 시장에서 치열한 경쟁이 있습니다.

domain [douméin] n.영토, 영역, 범위, 분야

dom(집=home)+ain의 결합.

도메인(domain)은 개인, 회사, 단체 등이 가지는 인터넷상의 **영토(영역, 범위)**입니다.

- The ultimate questions about life are not considered in the **domain** of science.
  인생에 대한 궁극적인 질문은 과학 영역에서 고려되지 않는다.

dominate [dámənèit] vt.지배하다(rule, govern), 통치하다 vi.우세하다

dom(집=home)+in(안)+ate의 결합.

'가장이 집안을=지배하다, 통치하다'입니다. 앞에 pre를 붙인 predominate도 같은 뜻.

- domination [dàmənéiʃn] n.지배(rule, governing), 통치, 우세
- dominant [dámənənt] a.지배적인, 유력한, 우세한
- predominate [pridámənèit] vt.지배하다 vi.우세하다
- They hope to **dominate** the car market in China within five years.
  그들은 5년 내에 중국 자동차 시장을 지배하고 싶어 한다.
- Opinions against the policy hold a **dominant** position.
  그 정책에 반대하는 의견이 지배적인 위치를 갖고 있다.

domesticate [douméstəkèit] vt.길들이다, 재배하다(cultivate, grow)

dom(집=home)+e+st(서 있다=stand)+icate의 결합.

'야생 동식물을 집에 서 있도록 만들다=길들이다(tame), 재배하다'입니다.

- The **domesticated** dog has a long and close history with mankind.
  길들여진 개는 인간과 길고 밀접한 역사가 있습니다.
- Most wives try to **domesticate** their husbands. 아내들은 대부분 남편을 길들이려고 해.

domicile [dáməsàil] n.(법적)주소, 거주지

dom(집=home)+icile의 결합.

'사람이 살고 있는 집=거주지'입니다. 거주지를 쉽게 찾을 수 있도록 알려주는 것이 주소이기 때문에 '거주지'에서 '주소'라는 뜻이 파생.

- Any change of **domicile** should be notified to the proper authorities.
  거주지(주소) 변경은 해당 당국에 통보되어야 합니다.

dormitory [dɔ́ːrmətɔ̀ːri] n.기숙사(미), 교외 주택단지(영)

dorm(집=dom=home)+itory의 결합.

'학생들이 사는 집=기숙사'입니다. 미국에서는 기숙사란 뜻으로 사용하고, 영국에서는 교외에 있는 주택단지란 뜻으로 사용.

- I entered the university and I live in **dormitory** now.
  나는 대학교에 입학했고 지금 기숙사에서 살고 있어.

dormant [dɔ́:rmənt] a.잠자는, 동면의, 잠복의, 휴면의

dorm(집=dom=home)+ant의 결합.

'집에서 잠자고 있는=잠자는, 동면의, 잠복의, 휴면의'입니다. 동물이 겨울잠을 자면 동면하는 것이고, 바이러스가 사람 몸에 잠자고 있으면 잠복하고 있는 것입니다. 사용하지 않고 잠자는 은행 통장은 휴면 계좌죠.

- dormancy [dɔ́:rmənsi] n.수면(휴면, 동면, 잠복)상태
- dormant accounts 휴면 계좌
- Many animals go into a **dormant** state during winter.
  많은 동물은 겨울에 동면 상태에 들어간다.
- The virus lies **dormant** in the body for a couple days.
  그 바이러스는 며칠 동안 신체에 잠복해 있습니다.

어근 claim 어근 claim은 shout(소리치다)입니다.

claim [kleim] vt.요구하다(demand), 청구하다, 주장하다(insist) n.요구, 청구, 주장

동사 claim(요구하다)은 어근 claim(소리치다)에서 파생.

구입한 물건에 하자가 있을 때 환불이나 교환해 달라고 **소리치는 것은 요구(청구)하는 것**입니다. '클레임을 건다'는 말을 흔히 사용하는데, 거래에 문제가 발생했을 때 손해배상을 요구, 청구, 주장하는 것입니다.

- We have **claimed** $10,000 for damages.
  우리는 1만 달러의 손해 배상을 요구(청구)했다.
- Believe it or not, many people **claim** to have seen a UFO.
  믿든 말든 많은 사람이 UFO를 보았다고 주장합니다.

proclaim [proukléim] v.선언(선포, 포고, 공포, 성명)하다

pro(앞, 이전=before)+claim(소리치다=shout)의 결합.

'대중들, 기자들 앞에서 소리치다=**선언하다**(declare, profess, pronounce, announce)'입니다. 유관순 누나가 사람들 앞으로 나아가 '대한 독립 만세'라고 외친 것은 대한민국이 독립국임을 공개적으로 선언한 것이죠.

- proclamation [pràkləméiʃən] n.선언(declaration, announcement), 선포, 공포, 성명
- He **proclaimed** that he was indifferent to politics.
  그는 정치에 관심 없다고 선언했다.
- His response was the **proclamation** of martial law.
  그의 대응은 계엄령 선포였다.

disclaim [diskléim] v.(권리)포기하다, (책임)부인하다

dis(부정=not)+claim(소리치다=shout)의 결합.

'소리쳐야 할 때 소리치지 않다=포기하다(renounce, surrender, give up)'이고, '자기가 하지 않았다고 소리치다=부인하다(deny, disapprove)'입니다. 누군가 자기 책의 일부를 표절했을 때 표절하지 말라고 소리쳐야 함에도 그렇게 하지 않으면 저작권을 포기하는 것이고, 표절했음에도 표절하지 않았다고 소리치는 것은 부인하는 것이죠.

- He **disclaimed** ownership of the dog.　그는 그 개에 대한 소유권을 포기했다.
- The rebels **disclaimed** all responsibility for the explosion.
  반군들은 그 폭발 사건에 대해 모든 책임을 부인했다.

acclaim [əkléim] vt.환호하다, 갈채하다 n.환호, 갈채, 호평, 찬사

ac(이동=ad)+claim(소리치다=shout)의 결합.

'누군가에게 가서 박수치고 소리치다=환호하다(applaud)'입니다. '최고다, 잘했어'라고 박수치고 소리치면 환호하고 갈채(호평, 찬사)를 보내는 것이지요.

- He was **acclaimed** as the greatest musician of his generation.
  그는 동시대의 가장 위대한 뮤지션으로 갈채를 받았다.

reclaim [rikléim] vt.되찾다, 개간(매립)하다, 갱생(재생)시키다(revive)

re(뒤=back)+claim(소리치다=shout)의 결합.

'소리쳐서 뒤(원래 상태)로 돌리다=되찾다(regain, restore)'입니다. 버려진 땅의 기능을 되찾는 것은 개간(매립), 범죄자나 중독자가 원래 인성을 되찾게 하는 것은 갱생(교화), 다 쓴 폐품의 기능을 원래처럼 되찾도록 하는 것은 재생입니다. '되찾다'에서 '개간하다, 갱생(재생)시키다'는 뜻이 파생.

- reclamation [rèkləméiʃən] n.개간, 매립, 갱생(revival, rebirth), 재생, 교화
- The team has **reclaimed** the title from their rivals.
  그 팀은 자신의 라이벌로부터 타이틀을 되찾았다.

exclaim [ikskléim] v.소리치다, 큰 소리로 말하다

ex(밖으로=out)+claim(소리치다=shout)의 결합.

'목소리를 밖으로 크게 내어 소리치다=소리치다(cry, shout)'입니다.

- exclamation [èkskləméiʃən] n.외침(shout, cry, yell), 절규, 감탄, (문법)감탄사
- He **exclaimed** that I should not leave without him.
  그는 내가 자기를 두고 떠나면 안 된다고 소리쳤다.

clamor [klǽmər] n.외치는 소리, 소란 vi.아우성치다, 소란을 일으키다

clam(소리치다=claim=shout)+or의 결합.

앞에서 설명한 exclaim의 명사형 exclamation을 보면 claim과 clam은 같은 어근입니다.

- **clamorous** [klǽmərəs] a.시끄러운, 떠들썩한(noisy)
- The workers **clamored** for higher wages. 노동자들은 임금 인상을 위해 아우성쳤다.

어근 bat, flict

어근 bat와 flict는 strike(때리다)입니다. 야구 bat(배트)은 공을 때리는 것이죠.

combat [kámbæt] n.전투, 싸움(fight, battle) v.싸우다(fight, conflict)

com(함께=with)+bat(때리다=strike)의 결합.

'적군과 아군이 함께 섞여서 무기로 치고받고 때리는 것=전투, 싸움'입니다.

- **combatant** [kəmbǽtənt] n.전투원 a.전투적인, 호전적인
- The **combat** has entered a new phase. 그 전투는 새로운 국면으로 접어들었다.

debate [dibéit] n.토론, 논쟁 v.토론하다(discuss), 논쟁하다(argue)

de(아래=down)+bat(때리다=strike)+e의 결합.

'상대편을 논리적인 말로 때려 아래로 보내는 것=토론, 논쟁(dispute, discussion)'입니다.

- **debatable** [dibéitəbəl] a.논쟁(논란)의 여지가 있는
- I do not want any further **debate**. 난 더 이상의 논쟁을 원하지 않아.

abate [əbéit] vt.(강도)줄이다, (값)내리다, 약화시키다 vi.줄어들다, 약화되다

a(부정=an=not)+bat(때리다=strike)+e의 결합.

'더 이상 강하게 때리지 않다=약화되다(weaken)'입니다. 세차게 때리던 비바람이 강하게 때리지 않고, 맹렬하던 폭격이 더 이상 강하게 때리지 않으면 강도가 약화된 것이죠.

- This medicine will **abate** the pain. 이 약은 통증을 약화시킬 것이다. vt.
- The hikers stayed inside a cave to wait for the storm to **abate**.
  등산객들은 폭풍이 약해지기를 기다리며 동굴 안에 머물렀다. vi.

conflict [kánflikt] n.싸움, 분쟁, 갈등, 충돌 vi.[kənflíkt].싸우다, 충돌하다

con(함께=with)+flict(때리다=strike)의 결합.

'서로 함께 치고받고 때리다=싸우다, 다투다, 충돌하다'입니다. 몸으로 싸우는 것부터, 생각의 차이로 인한 싸움(충돌, 대립, 마찰, 갈등)을 모두 포함합니다.

- The best way to avoid **conflict** is to compromise.
  분쟁(싸움, 갈등, 충돌, 마찰)을 피하는 가장 좋은 방법은 타협입니다.

inflict [inflíkt] vt.(상처, 고통)주다, 입히다

in(계속=on)+flict(때리다=strike)의 결합.

'계속 때리다=(상처, 고통)주다'입니다. 사람을 계속 때리면 상처를 입히고 고통을 주지요. 접두사 in은 '안에, 안으로, 부정(not), 계속(on)'입니다.

- infliction [inflíkʃən] n.고통(pain, agony), 시련(trial), 형벌(penalty)
- Strike can **inflict** serious damages to the national economy.
  파업은 국가 경제에 심각한 피해를 줄 수 있습니다.

afflict [əflíkt] vt.괴롭히다, 피해를 주다

af(이동=ad)+flict(때리다=strike)의 결합.

'가서 몸과 마음을 때리다=괴롭히다(distress, torment)'입니다. 주먹이나 방망이로 때리는 것, 상처가 되는 말로 때리는 것은 상대방에게 피해를 주고 괴롭히는 것이죠.

- affliction [əflíkʃən] n.고통(pain, agony, anguish, suffering), 질병(disease)
- She was **afflicted** by the fact that he failed the entrance examination.
  그녀는 그가 입학시험에 떨어졌다는 사실에 괴로웠다.

어근 put

어근 put는 think(생각하다)입니다.
어근 put(생각하다)과 동사 put(놓다)은 뜻이 전혀 다릅니다.

putative [pjúːtətiv] a.~로 추정(생각)되는

put(생각하다=think)+a+tive(형접)의 결합.

'무엇이 무엇이라고 생각되는=~로 추정(생각)되는'입니다.

- I met the **putative** father of her child this morning.
  오늘 아침에 그녀의 아버지로 추정되는 남자를 만났어.

repute [ripjúːt] n.평판, 명성, 세평 vt.~로 생각하다, 간주하다

re(계속=again)+put(생각하다=think)+e의 결합.

'어떤 분야에서 계속 생각나는 사람=평판, 명성(fame, renown, reputation)'입니다. 피겨스케이팅이라고 하면 김연아가 생각나는 것처럼 어떤 분야에서 계속 생각나는 사람은 명성(평판) 있는 사람이죠.

- reputation [rèpjətéiʃən] n.명성, 평판, 세평 • disrepute [disripjúːt] n.악평, 불명예
- The new teacher has a good **repute** with his students.
  신임 교사는 학생들에게 좋은 평판을 갖고 있다.
- They **repute** him (as) a diligent worker.
  그들은 그를 부지런한 직장인이라고 생각한다.

dispute [dispjúːt] v.논쟁하다, 다투다 n.논쟁, 분쟁, 다툼

dis(반대=opposite)+put(생각하다=think)+e의 결합.

'무엇에 대한 생각이 서로 반대일 때 발생하는 것=논쟁(controversy, quarrel)'입니다.

- disputable [dispjúːtəbəl] a.논쟁(논란)의 여지가 있는
- We had a **dispute** over money.
  우리는 돈에 관한 논쟁(다툼)이 있었다.
- What you say is **disputable**.
  네가 한 말은 논쟁(논란)의 여지가 있어.

depute [dipjúːt] vt.(일, 직권)위임하다, 대리하다

de(아래=down)+put(생각하다=think)+e의 결합.

'생각한 후에 자기 일을 아래 사람에게 맡기다=위임하다(entrust, commit)'입니다. dispute(논쟁하다)는 접두어가 dis(반대)이기 때문에 의견이 반대라서 논쟁하는 것이고, depute(위임하다)는 접두어가 de(아래)이기 때문에 자기 일을 아랫사람에게 위임하는 것입니다.

- deputy [dépjəti] n.대리인(agent, delegate), 보좌관
- He was **deputed** to put our opinions to the committee.
  그는 우리의 의견을 위원회에 전달하도록 위임받았다.

Day 63

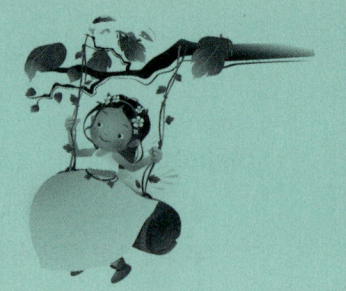

어근 fid
어근 fid는 credit(신뢰, 신뢰하다)입니다. 유사철자 fed, fy는 fid의 변형.

confide [kənfáid] vt.(비밀)털어놓다, 맡기다 vi.비밀을 털어놓다, 신뢰하다

con(강조=completely)+fid(신뢰=credit)+e의 결합.

'누군가를 완전히 신뢰하다=털어놓다, 맡기다(entrust), 신뢰하다(trust)'입니다. 누군가를 완전히 신뢰하면 자신의 비밀을 털어놓게 되고, 믿고 일을 맡기기 때문에 '**신뢰하다**'에서 '**털어놓다, 맡기다**'는 뜻이 파생.

- It is important to have someone you can **confide** to.
  비밀(속마음)을 털어놓을 수 있는 사람을 갖는 것이 중요해. vi.

confident [kánfidənt] a.확신하는, 자신 있는

con(강조=completely)+fid(신뢰=credit)+ent의 결합.

'자기 생각을 완전히 신뢰하는=확신하는(sure, certain, convinced)'입니다.

- **confidently** ad.자신 있게
- **confidence** [kánfidəns] n.신뢰(trust), 확신(conviction)
- I'm **confident** that the accounting books are correct.
  나는 회계장부가 정확하다고 확신합니다.
- Self-**confidence** is the most important key to success.
  자신감(자기 신뢰, 자기 확신)은 성공으로 가는 가장 중요한 요소이다.

perfidy [pə́:rfədi] n.배신(betrayal, infidelity), 배반

per(완전한=perfect)+fid(신뢰=credit)+y의 결합.

'사람을 완전히 믿으면 당하는 것=배신'입니다. 믿는 도끼에 발등 찍힌다는 속담이 있지요. 사람을 완전히 믿었을 때 배신, 배반당하는 경우가 많습니다. 저 역시 그런 경험이 적지 않습니다.

- History has many examples of **perfidy**.
  역사는 많은 배신의 예를 갖고 있다.
- Such **perfidy** never can be forgiven.
  그런 배신은 결코 용서될 수 없어.

diffident [dífidənt] a.자신 없는, 소심한, 머뭇거리는

dif(분리=dis=off)+fid(신뢰=credit)+ent의 결합.

'자기 자신에 대한 신뢰와 믿음이 분리되어 있는=자신 없는, 소심한(timid)'입니다.

- There is no need to be so **diffident** about your looks.
  너의 외모에 대해 그렇게 자신 없어 할 필요가 없어.
- He was so **diffident** that he could never tell her he loved her.
  그는 너무 소심해서 결코 그녀에게 사랑한다고 말할 수 없었다.

fidelity [fidéləti] n.충실, 충성, 성실, 정절

fid(신뢰=credit)+el+ity의 결합.

'누군가를 신뢰하고 자신의 의무를 다하는 것=충실(loyalty, faithfulness, devotion)'입니다.

- Their marriage without **fidelity** was destined to be terminated.
  부부간의 충실(성실)이 없었던 그들의 결혼은 파경을 맞도록 운명 지어져 있었다.

federal [fédərəl] a.연합의, 연방의 n.연방주의자

fed(신뢰=fid=credit)+eral의 결합.

'신뢰가 바탕이 되었을 때 하는 것=연합'입니다. 서로 연합하고, 국가가 연방제로 가기 위해서는 신뢰가 절대적이어야 한다는 의미가 내포되어 있습니다.

- the Federal Bureau of Investigation 연방 수사국(FBI)
- The **Federal** Reserve is talking about raising interest rates.
  연방 준비은행은 금리 인상에 대해 의논하고 있습니다.

confederate [kənfédərit] n.연합(동맹)국, 공모자 a.동맹(연합)한

con(함께=with)+fed(신뢰=fid=credit)+erate의 결합.

'다 함께 모여 신뢰를 바탕으로 결성한 것=연합(동맹)국, 동맹자, 공모자'입니다.

- The **confederate** system is not useful to us. 연방제는 우리에게 유용하지 않습니다.
- We'll certainly discover who your **confederates** are. 우리는 너의 공모자가 누구인지 반드시 밝힐 거야.

defy [difái] vt.반항(거역)하다, 무시하다

de(분리=off)+fy(신뢰=credit)의 결합.

'신뢰에서 벗어난 행동을 하다=반항하다(resist), 무시하다(neglect, ignore)'입니다. 단정한 옷을 입고 다니라고 했는데, 앞뒤로 [디 파이] 옷을 입고 다니면 부모님 말씀을 무시하고, 반항하고, 거역하는 것이죠.

- defiant [difáiənt] a.반항적인, 도전적인 • defiance [difáiəns] n.반항, 도전, 무시
- It will be the first time to **defy** my dad.
  아빠에게 반항(저항)하는 것은 처음이 될 거야.

discredit [diskrédit] n.불신, 불명예 vt.불신하다, 의심하다(doubt, distrust)

dis(반대=opposite)+credit(신용, 믿다)의 결합.

'신용하지 않는 것=불신(disbelief, distrust, mistrust), 불명예(dishonor, disgrace)'입니다.

- A son like you is a **disgrace** to our family.
  너 같은 자식은 우리 가문에 불명예야.
- The National Assembly was **discredited** by many people.
  국회는 많은 국민에게 불신을 당하게 되었다.

incredible [inkrédəbəl] a.믿을 수 없는, 엄청난, 놀라운

in(부정=not)+cred(신용, 믿다=credit)+ible(가능)의 결합.

- credible [krédəbəl] a.믿을 수 있는, 확실한
- I'm looking at an **incredible** view right now.
  나는 지금 믿을 수 없는(놀라운, 엄청난) 광경을 보고 있어.

credulous [krédʒələs] a.(남을)잘 믿는, 속기 쉬운

cred(신용, 믿다=credit)+ulous의 결합.

'다른 사람이 하는 말을 잘 믿는=잘 믿는, 속기 쉬운'입니다.

- incredulous [inkrédʒələs] a.잘 믿지 않는, 의심 많은(distrustful)
- Children are usually more **credulous** than adults.
  아이들은 보통 어른들보다 잘 속는다.

어근 cure   어근 cure는 care(n.치료, 관심, 주의)입니다.

incurable [inkjúərəbəl] a.불치의(irrecoverable), 구제하기 어려운 n.불치 병자

in(부정=not)+cur(치료, 관심, 주의)+able(가능)의 결합.

'의사가 치료해 낼 수 없는=불치의'입니다. 병을 **치료**해야 하는 가족이 있으면 **걱정**하게 되고, **관심**과 **주의**를 갖고 간호하기 때문에 '치료'에서 '걱정, 관심, 주의'라는 뜻이 파생.

- cure [kjuər] n.치료(제), 구제 vt.치료하다(heal)   • curable a.치료할 수 있는
- It's not some **incurable** disease, but something that can be easily dealt with.
  그것은 치료할 수 없는 병이 아니라 쉽게 다뤄질 수 있는 것입니다.

curious [kjúəriəs] a.호기심이 강한, 궁금한, 이상한(strange)

cur(관심, 주의=care)+ious의 결합.

'사소한 것에 관심을 두고 주의를 기울이는=호기심이 강한'입니다. 사소한 것에 관심이 많은 사람은 호기심이 강한 사람이죠. 호기심이 강한 사람은 때로는 이상하게 보이기 때문에 '호기심이 강한'에서 '이상한'이란 뜻이 파생.

- curiosity [kjùəriásəti] n.호기심, 골동품(호기심이 가는 물건=antique)
- curio [kjúəriò] n.골동품 • curator [kjuəréitər] n.(박물관)관장(=골동품 관리자)
- It's very **curious** why parents don't allow us to drink coffee.
  부모님이 왜 우리에게 커피를 못 마시게 하는지 매우 궁금합니다.
- It was **curious** that she didn't tell him my secrets.
  그녀가 그에게 나의 비밀을 말하지 않은 것이 이상했다.

procure [proukjúər] vt.구하다, 입수하다

pro(앞, 이전=before)+cur(관심, 주의=care)+e의 결합.

'다른 사람보다 앞서서 관심을 갖다=구하다, 입수하다(obtain, come by)'입니다. 영화 시사회 티켓을 구하려면 다른 사람들보다 앞서서 관심을 갖고 있어야 하지요. 새로운 정보를 입수하려면 다른 사람보다 앞서서 관심과 주의를 기울여야 합니다.

- She managed to **procure** a ticket for the concert.
  그녀는 간신히 그 콘서트 티켓 한 장을 구할 수 있었다.
- It is very difficult to **procure** water in some places.
  어떤 지역에서는 물을 구하기가 매우 어려워.

어근 chron   어근 chron은 time(시간)입니다.

chronic [kránik] a.만성의, 오래 지속되는 n.만성병(환자)

chron(시간=time)+ic의 결합.

'시간이 오래 지속되는 병=만성병(고질병)'입니다. 발음 [크로닉]의 [크론]에서 치료가 힘든 만성 염증성 장 질환 병인 **크론**병(Crohn's disease)을 떠올려 보세요. 미국 내과 의사 크론이 처음으로 밝힌 병이어서 크론병입니다. 가수 윤종신이 이 병을 앓고 있다고 고백한 적 있습니다.

- It is a known fact that North Korea faces **chronic** food shortages.
  북한이 만성적인 식량 부족에 직면하고 있다는 것은 알려진 사실이다.
- **Chronic** stress can cause heart disease.
  만성적인 스트레스는 심장 질환을 유발할 수 있다.

chronicle [kránikl] n.연대기(年代記)

chron(시간=time)+icle의 결합.

'시간 순서로 중요한 역사적 사실을 기록한 책=연대기'입니다.

- The Narnia **Chronicles** were written by C.S. Lewis.
  나니아 연대기는 C.S. 루이스에 의해 저술되었다.

synchronize [síŋkrənàiz] vi.동시에 움직이다 vt.동시에 움직이게 하다

syn(같은=same)+chron(시간=time)+ize(동접)의 결합.

'똑같은 시간에 똑같이 움직이다=동시에 움직이다'입니다. 수영 종목에 **싱크로나이즈**(synchronize)가 있는데 물속에서 여러 명의 선수가 똑같은 시간에 똑같은 동작으로 **동시에 움직이는** 체조를 합니다.

- Performers will do **synchronized** swimming and acrobatic acts above the water.
  공연자들이 물 위에서 동시에 움직이는 수영과 곡예를 할 거야.

어근 cit

어근 cit는 call(vt.부르다, 요청하다)입니다. 유사철자 ci̯은 cit의 변형.

cite [sait] vt.인용하다(quote), 소환하다(summon, call)

cite는 call(부르다)에서 파생. '너 자신을 알라'라는 말을 사용하는 것은 소크라테스가 한 말을 불러들여 **인용**하는 것이고 법원이 피고인, 증인, 변호인 등의 소송 관계인을 불러들이는 것은 **소환**하는 것이죠. '부르다'에서 **'인용하다, 소환하다'**는 뜻이 파생.

- It is important to **cite** examples to support your argument.
  너의 주장을 뒷받침할 수 있는 예를 인용하는 것이 중요해.
- The American ambassador was **cited** home.
  미국 대사는 본국으로 소환되었다.

incite [insáit] vt.자극하다(provoke, stimulate, inspire), 선동하다

in(안에)+cit(부르다=call)+e의 결합.

'집 안에 있는 사람을 밖으로 부르다=자극하다'입니다. 집 안에 있는 사람을 좋은 일로 불러내는 것은 자극(격려)하는 것이고, 나쁜 일로 불러내는 것은 부추기고 선동하는 것이죠.

- **incitement** [insáitmənt] n.자극(stimulation, impulsion), 선동(abetment)
- His provocative description **incited** my curiosity.
  그의 도발적인 설명이 나의 호기심을 자극했다.

recite [risáit] vt.(시)암송하다, 낭송하다, 열거하다

re(계속=again)+cit(부르다=call)+e의 결합.

'시, 가사, 기도문을 기억에서 계속 불러내다=암송하다, 낭송하다'입니다. 암송은 책을 보지 않고 머릿속에 암기하고 있는 것을 계속 불러내어 말하는 것입니다. 리사이틀(recital-독창회, 독주회)은 기억을 불러들여 노래하고 연주하는 것이죠. 암송은 기억하고 있는 내용을 계속 열거하는 것이기 때문에 '암송하다'에서 '**열거하다**'는 뜻이 파생.

- recital [risáitl] n.암송, 낭송, 독주회, 독창회
- I can even **recite** the poem with my eyes closed.
  나는 눈 감고도 그 시를 암송할 수 있어.
- Can you **recite** the merits of the book? 그 책의 장점을 열거할 수 있어?

resuscitate [risʌ́sətèit] vt.소생시키다, (의식)회복시키다 vi.소생하다, 회복하다

re(다시=again)+sus+cit(부르다=call)+ate의 결합.

'사라져 가는 생명(영혼)을 다시 불러내다=소생시키다(revive)'입니다.

- There have been lots of efforts to **resuscitate** the economy.
  경제를 소생시키려는 많은 노력이 있었다.
- He had a heart attack and all attempts to **resuscitate** him failed.
  그는 심장마비를 일으켰고 그를 소생시키려는 모든 시도는 실패했다.

council [káunsəl] n.모임(의회, 위원회, 협의회, 심의회)

coun(함께=com)+cil(부르다=cit=call)의 결합.

'필요한 사람을 함께 불러 모아 만든 것=의회, 위원회, 협의회, 심의회'입니다. coun은 접두어 con의 변형. 국가나 기관, 단체를 운영하면서 의사결정에 도움을 받고 자문을 구하기 위해 만든 자문위원회가 council 입니다.

- The Security **Council** is due to meet again on Monday.
  안보리 회의는 월요일에 다시 열릴 예정입니다.
- The city **council** advises the mayor on what to do.
  시의회는 시장이 해야 할 일에 대해서 조언합니다.

conciliator [kənsílièitər] n.조정자

con(함께=with)+cil(부르다=cit=call)+iat+or(사람)의 결합.

'갈등을 겪고 있는 사람들을 함께 부르는 사람=조정자(mediator, arbitrator)'입니다. 회사와 노동자 간의 분쟁이 길어지면 조정위원회의 조정자가 회사 측 대표와 노동자 측 대표를 함께 불러들여 조정하게 됩니다.

- conciliate [kənsílièit] vt.달래다, 조정하다
- The **conciliator** mediated between the management and labor.
  그 조정자는 경영자와 노동자 사이에서 중재했다.

recall [rikɔ́:l] vt.생각해내다, 소환하다, 회수하다 n.다시부름, 회상, 소환, 회수

re(다시=again)+call(부르다)의 결합.

머릿속에 있는 기억을 다시 불러들이면 '생각해내다', 공직에 있거나 멀리 있는 사람을 다시 불러들이면 '소환하다', 판매한 제품을 다시 불러들이면 '회수하다'입니다. 자동차 부품 결함으로 몇만 대 **리콜(recall)**해야 한다는 뉴스를 자주 접하게 되지요. '**다시 부르다**'에서 '**생각해내다, 소환하다, 회수하다**'는 뜻이 파생.

- Can you **recall** exactly what happened?
  무엇이 일어났는지 정확히 생각해 낼 수 있어?
- Both countries **recalled** their ambassadors.
  두 국가는 대사를 소환했다.
- The company **recalled** all the products.
  그 회사는 모든 제품을 회수(리콜)했다.

solicit [səlísit] v.간청하다, 졸라대다

sol(하나=sole)+i+cit(요청하다=call)의 결합.

'**제발 하나만 들어 달라고 요청하다=간청하다(beg, entreat)**'입니다. 누군가에게 소원 하나만 들어 달라고 요청하는 것은 간청하고, 졸라대는 것입니다. 판매원들이 하나 팔아달라고 간청하고 졸라대는 것은 강매하는 것이죠.

- solicitation [səlisətéiʃən] n.간청(an earnest request, entreaty), 졸라대기
- He said quite clearly he did not **solicit** a donation.
  그는 기부금을 간청하지 않았다고 아주 분명하게 말했다.
- Didn't you read the sign on the door? No **soliciting** in this office.
  문에 걸려 있는 문구 못 보셨나요? 사무실에서 강매 사절입니다.

Part 3
종합편
(어원, 연상)

Day 64

queer [kwiər] a.이상한(strange), 기묘한

[퀴이어] ▶ [퀴]퀴하게 [이어]지는 이상한 냄새는 뭘까?

- It seemed **queer** for her to wander around all night.
  그녀가 밤새도록 배회하는 것은 이상해 보였어.

cave [keiv] n.(동)굴 vt.굴을 파다 vi.양보하다(yield), 굴복하다

적군이 쳐들어오면 어린이, 여자, 노약자를 동굴에 피신시키고 남자들이 적에 맞서서 싸우는 장면들을 서양 영화에서 흔히 보았을 것입니다. 남자들이 어린이, 여자, 노약자에게 안전한 동굴을 양보한 것에서 '동굴'에서 '양보하다'는 뜻이 파생. 외부 압력으로 양보하는 것은 굴복하는 것이죠. cave in to(=yield to)는 '~에 양보하다, 굴복하다'입니다.

- The judge didn't **cave in to** political pressure.
  그 판사는 정치적 압력에 굴복하지 않았다.

wretch [retʃ] n.불쌍한 사람

[레취] ▶ 영국 최고의 팝스타 레취(Wretch)가 불쌍한 사람들을 위한 자선공연을 했다.

- A thief is a **wretch** who steals the property of others.
  도둑은 남의 재산을 훔치는 불쌍한 사람이야.

lean [liːn] a.(연)약한(weak) vi.기울이다, 기대다, 의지하다(depend, rely, rest)

약한 사람이 몸을 기울여(숙여) 벽 따위에 기대기 때문에 '약한'에서 '기울이다, 기대다'는 뜻이 파생. 기대는 것은 몸을 어디에 접촉하는 것이기 때문에 접촉의 on을 붙입니다.

- Her children **lean on** her, even though they are adults.
  그녀의 자식들은 성인임에도 어머니에게 기댄다(의지한다).

pulse [pʌls] n.맥박, 진동, 파동, 율동

지금 오른손을 왼쪽 손목에 얹어 맥박(pulse)수를 세 보세요. 일반적인 성인의 펄스(pulse) 수는 분당 60~80회이고, 나이가 적을수록 많아져 신생아는 분당 120~140회입니다.

- The patient has recovered a normal **pulse**.
  그 환자는 정상 맥박을 회복했다.

grace [greis] n.감사기도, 은총, 우아, 품위

grace는 한 끼의 양식을 허락한 신의 은총, 신의 은혜에 감사기도를 드리는 것입니다. 감사기도를 드리는 것은 우아하고 품위 있는 행동이기 때문에 '**감사기도**'에서 '**은총**(mercy), **우아**(elegance), **품위**'라는 뜻이 파생.

- It was only by the **grace** of God that they survived.
  그들이 살아남은 것은 오로지 신의 은총 덕분이었다.
- She welcomed her guests with **grace**.
  그녀는 품위 있게(우아하게) 손님들을 맞이했다.

wrap [ræp] vt.(감)싸다, 포장하다, 끝마치다(finish) n.덮개(cover)

음식을 주문하면 음식이 흐르지 않도록 랩핑(wrapping-감싸기) 해서 가져오지요. 부엌에는 음식을 **덮는** 크린 **랩**(wrap)이 있습니다. 숙어 wrap up(끝마치다)을 자주 사용하는데 자세한 설명은 '영숙어쇼크' 색인에서 찾아 읽어보세요.

- **Wrap** all your glasses in newspaper. 유리잔을 모두 신문지로 감싸라.
- If you don't have any more questions, I'll **wrap** it **up**.
  더 이상 질문이 없으면 끝마치겠습니다.

basin [béisən] n.물동이, 대야, 분지

basin은 base(밑바탕, 기초, 베이스)가 넓은 그릇에서 유래. 대구는 대표적인 분지 지형의 도시로 밑바탕이 넓은 세숫대야와 비슷한 모양이죠. **세숫대야**와 같은 그릇 모양에서 **분지**란 의미가 파생됩니다.

- a basin of water 한 동이(대야)의 물
- Pour the water into the large **basin**.
  큰 대야에 그 물을 부으세요.

earnest [ə́:rnist] a.성실한(sincere, faithful), 열심인, 진심 어린

earn(vt.벌다)+est(최상급)로 결합.

'**돈을 가장 많이 벌어들인**=**성실한, 열심인**'입니다. 성실히, 열심히 일해야 돈을 가장 많이 벌 수 있지요.

- Despite her **earnest** efforts, she could not find a job.
  열심히 노력했음에도 불구하고, 그녀는 일자리를 찾을 수 없었다.

wrinkle [ríŋkəl] n.(천, 피부)구김, 주름 vt.주름지게 하다

홈쇼핑을 보면 상품 설명자가 어떤 바지를 입고 앉았다가 일어서기를 반복하면서 **구김**이 없는 **링클** 프리(wrinkle free) 원단이라고 강조합니다.

- It was a comfortable chair and it didn't **wrinkle** my trousers.
  그것은 안락한 의자여서 나의 바지를 주름지게 하지 않았다.

earthquake [ə́:rəkwèik] n.지진

earth(n.땅)+quake(n.진동 vi.흔들리다)의 결합.

'땅이 흔들리는 것, 땅의 진동=지진'입니다.

- quake [kweik] vi.흔들리다(shake), 진동하다(vibrate) n.흔들림, 진동
- After the **earthquake** only a few houses were still standing.
  지진 후에 오직 몇 집만이 여전히 서 있었다.

dip [dip] vt.담그다(soak), 가라앉다(sink) n.담그기, 하락

물에 담그면 가라앉기 때문에 '담그다'에서 '가라앉다'는 의미가 파생. 경기침체 후 회복기에 접어들다가 다시 경기가 가라앉는 이중 침체 현상을 경제용어로 더블 딥(double dip-이중 하락)이라고 합니다. deep(a.깊은)은 장모음[di:p]입니다.

- **Dip** your feet in the hot water.   더운물에 발을 담가봐.
- There has been a **dip** in the price of farm products.   농산물 가격이 하락했다.

stubborn [stʌ́bə:rn] a.완고한(obstinate), 고집 센

stub(n.나무 그루터기)+born(태어난=bear의 과거분사)의 결합.

'나무 그루터기 같은 고집을 갖고 태어난=완고한, 고집 센'입니다. 땅에 박혀 움직이지 않는 나무 그루터기와 같은 기질을 갖고 태어나면 완고하고 고집이 세지요.

- stub [stʌb] n.(나무)그루터기
- My father doesn't listen to anyone. He is so **stubborn**.
  나의 아버지는 누구의 말도 듣지 않아. 그는 너무 고집이 세.

fatigue [fətí:g] n.피로(tiredness), 피곤   vt.피곤하게 만들다

[퍼티그] ▶ 매일 [퍼티]하는 [그] 직업은 너무 **피곤해**.

퍼티(putty)는 진득한 풀로 자동차 찌그러진 곳이나 가구의 홈 등을 메우는 작업으로, 흔히 '빠데'라고 하는데 퍼티(putty)의 일본식 발음입니다.

- The best way to recover from one's **fatigue** is to sleep well.
  피로를 회복하는 최고의 방법은 잘 자는 것이야.

gadget [gǽdʒit] n.도구(tool, instrument)

gad(n.끌, 정)+get(갖고 있다)의 결합.

'끌이나 정처럼 일꾼이 갖고 있는 것=도구'입니다. 선원들이 배에서 필요한 도구들을 gadget이라고 불렀습니다.

- gad [gæd] n.끌, 정, 화살촉
- This **gadget** is just the thing for getting those nails out.
  이 도구는 그런 못들을 뽑는 데 딱 좋은 물건이야.

bark [bɑːrk] vi.(개)짖다, (사람)소리치다 n.짖는 소리, 나무껍질

[박박] 거리며 **짖는** 개를 연상해 보세요. 우리 조상님들은 춘궁기에 **나무껍질**을 [박박] 벗겨서 먹었습니다.

- Dogs **bark** to express themselves. 개들은 자신을 표현하기 위해 짖어.
- Beavers eat the **bark** and leaves of trees.
  비버는 나무껍질과 나뭇잎들을 먹어.

feast [fiːst] n.축제(일), 잔치

feast와 페스티벌(festival)은 동의어. festival의 fest에 a가 들어가 feast가 된 것입니다.

- The evening was a real **feast** for music lovers.
  그 저녁은 음악 애호가들에게 진정한 축제였다.

neutral [njúːtrəl] a.중립(국)의, 중간의 n.중립, 중립국, 중간색

자동차의 자동 변속기에는 P, D, N, R이 적혀 있습니다. P는 Parking(주차), D는 Drive(주행), N은 Neutral(기어 중립), R은 Reverse(후진)입니다.

- The country remained **neutral** in the war. 그 나라는 전쟁에서 중립을 유지했다.

hardy [hάːrdi] a.강건한(strong, sturdy), 튼튼한

hard(a.단단한, 견고한)+y의 결합.

몸이 '**단단한**'사람은 '**강건한, 튼튼한**'사람이죠.

- hard a.단단한, 견고한, 딱딱한, 어려운(difficult) ad.몹시, 열심히
- Regular exercise contributes to a **hardy** constitution.
  규칙적인 운동은 강건한(튼튼한) 체격을 만드는 데 기여해.

illustrate [íləstrèit, ilʌ́streit] vt.(실례, 그림)설명하다, 삽화를 넣다

책에 그림을 넣은 사람을 **일러스트레이터**(illustrator-삽화가)라고 합니다. 실례나 그림으로 설명하면 핵심 내용이 바로 전달되기 때문에 이해가 빠르지요.

- One example will suffice to **illustrate** the point.
  그 점을 설명한다면 하나의 보기면 충분할 것이다.

junk [dʒʌŋk] n.쓰레기(trash), 불량

열량은 높지만 영양가는 낮은 패스트푸드, 인스턴트식품을 **정크** 푸드(junk food-쓰레기 음식)라고 합니다. 신용등급이 아주 낮은 기업이 발행하는 고위험, 고수익 채권을 정크 본드(junk bond)라고 하는데, 회사가 부도나면 휴지조각(쓰레기)이 되지요.

- Eating too much **junk** food is bad for your health.
  정크 푸드를 너무 많이 먹는 것은 건강에 해롭습니다.

kidnap [kídnæp] vt.유괴하다(abduct), 납치하다 n.유괴, 납치

kid(n.아이)+nap(vi.낮잠 자다 n.낮잠)의 결합.

17C 미국에서 하녀와 노동자를 공급할 목적으로 낮잠 자는 아이들을 훔쳐가는 것에서 유래한 단어입니다. **kid**를 붙잡아 **냅다**(nap) 튀는 것은 **유괴**(납치)하는 것이죠.

- He admitted the charge of **kidnap**. 그는 납치 혐의를 인정했다.

odd [ɔd] a.홀수의, 외짝의, 대략(about), 이상한(strange), 특이한

[오드] ▶ [5대] ▶ 홀수의.

짝이 맞아야 하는 상황에서 홀수로 끝나면 이상하죠. 홀수 11에서 11번째 사람은 짝이 없는 외짝이고, 11은 대략 10과 같기 때문에 '홀수'에서 '외짝, 대략, 이상한'이란 뜻이 파생.

- The festival is held in the **odd** years. 그 축제는 홀수 년에 개최된다.
- It is **odd** but I don't remember you. 이상하지만 당신의 이름이 생각나지 않아요.

lame [leim] a.절름발이의, 불구의, 무능력한

레임 덕(lame duck)은 '절름발이 오리'란 뜻으로, 임기 종료를 앞둔 대통령 등의 지도자가 뒤뚱거리는 절름발이 오리처럼 리더십을 발휘할 수 없는 무능력 상태를 말합니다.

- The man's leg was **lame** from an accident. 그 남자의 다리는 사고로 불구가 되었다.

mammal [mǽməl] n.포유동물

mamma(n.유방)+l의 결합.

'유방의 젖을 먹고 자라는 동물=포유동물'입니다. 아기에게 먹이는 젖 '맘마(mamma)'는 어머니의 유방에 있는 것이죠.

- The cheetah is the fastest **mammal** on land. 치타는 육지에서 가장 빠른 포유동물입니다.

parliament [páːrləmənt] n.의회, 국회

parli(회담, 상의, 협상)+a+ment(명접)의 결합.

'국회의원이 법을 만들기 위해 모여 협상하는 곳=국회'입니다.

- A bill becomes a law when it passes the **Parliament**. 법안은 국회를 통과하면 법률이 된다.

sake [seik] n.목적(purpose), 이익, 사케(일본 술)

sake는 for something's sake(~을 위하여), for the sake of(~을 위해서) 형태로 사용합니다. sake를 '사케'로 발음하면 일본 술이란 뜻.

- They stayed together for the **sake** of the children.
  그들은 아이들을 위하여 함께 지냈다.

praise [preiz] n.칭찬(찬사) vt.칭찬하다(speak well of)

praise(칭찬)는 prize(상금), price(상금)에서 파생된 단어. 상금(prize, price)을 주면서 칭찬하기 때문에 **'상금'**에서 **'칭찬, 칭찬하다'**는 뜻이 파생됩니다.

- The new movie received a lot of **praise** from the critics.
  새 영화는 비평가들로부터 많은 찬사를 받았다.

taboo [təbúː] n.금기(사항), 터부 vt.금기하다

터부(taboo)는 어떤 말이나 행동을 **금기**시하거나 꺼리는 것으로, 국어사전에 등재된 외래어입니다. taboo를 tabu로도 표기. 박근혜 대통령에게 최순실은 터부(금기)시되는 이름이었다고 합니다.

- That name was **taboo** among them. 그 이름은 그들 사이에 금기사항이었다.

yearn [jəːrn] vi.갈망하다(thrist, long, hunger), (몹시)그리워하다

year(n.년, 해)+n의 결합.

'어떤 소원이 이뤄지기를 여러 해 동안 원하다=갈망하다'입니다. 오랜 기간 누군가와 만나기를 갈망하는 것은 몹시 그리워하는 것이죠.

- After years of war, the people **yearn for** a lasting peace.
  수년간의 전쟁 후 사람들은 지속적인 평화를 갈망하고 있다.

excuse [ikskjúːz] vt.변명하다, 용서하다(봐주다), 면제하다 n.변명, 핑계, 용서

ex(밖으로=out)+cuse(이유=cause)의 결합.

'이유를 밖으로 끄집어내다=변명하다'입니다. 일이 잘못 되었을 때 그렇게 된 이유와 원인을 꺼내는 것은 변명하는 것이죠. 변명을 듣고 난 이후 용서하고, 죄를 면제하기 때문에 **'변명'**에서 **'용서, 면제'**라는 뜻이 파생됩니다. 명사일 때 발음은 [ikskjúːs].

- **Excuse** me for disturbing you on your day off.
  쉬는 날 널 귀찮게 한 나를 용서해라.
- She was **excused** from giving evidence because of her age.
  그녀는 나이 때문에 증언하는 것을 면제받았다.
- There's no **excuse** for such behaviour.
  그런 행동에는 변명의 여지가 없다.

Day 65

stab [stæb] vt.(칼 따위)찌르다(pierce) n.찌르기, 찔린 상처

[스탭] ▶ 펜싱 선수가 [스탭]을 밟으며 상대 선수를 **찌르다**.

• She died of a single **stab** wound to the heart. 그녀는 가슴에 한 차례의 찔린 상처 때문에 죽었다.

bail [beil] n.보석, 보석금

[베일] ▶ [베일]에 가려있는 그녀는 **보석금**을 내고 풀려났다.

보석은 보증금을 받거나 보증인을 세우고 형사 피고인을 구류에서 풀어 주는 일입니다.

• The prisoner was freed on **bail**. 그 죄수는 보석으로 석방되었다.

calamity [kəlǽməti] n.재난(disaster), 재해, 재앙

calam(침착, 냉정=calm)+ity로 결합.

'가장 침착하고 냉정해야 하는 상태=재난'입니다. 재난 상태에서 생존하기 위해서는 침착해야 합니다.

• He described drugs as the greatest **calamity** of the age.
  그는 마약을 이 시대 최대의 재앙이라고 설명했다.

stain [stein] n.얼룩(spot), 때, 녹 vt.더럽히다(soil) vi.더러워지다

주방기구에 스테인레스(stainless) 제품이 많은데, stain(n.녹, 얼룩)+less(없는)의 결합으로 녹슬지 않는다는 것이죠. 녹(stain)이 생기는 조리 기구에 음식을 만들면 인체에 해롭기 때문에 stainless를 사용하는 것입니다.

• What's that red **stain** on your shirt? 당신 셔츠에 묻은 붉은색 얼룩은 뭐죠?

sprinkle [spríŋkəl] vt.뿌리다(spray)

spr(뿌리다=spray)+inkle의 결합.

스프링클러(sprinkler)는 물을 뿌리는 살수 장치로 아파트, 공장, 과수원, 잔디밭에 많이 설치되어 있습니다.

• **Sprinkle** chocolate on top of the cake. 케이크 맨 위에 초콜릿을 뿌려.

dig [dig] v.파다, 파헤치다(채굴, 탐사, 탐구하다)

땅속에 있는 지하자원을 파헤치는 것은 **채굴(탐사)**하는 것이고, 모르는 것을 알기 위해 파헤치는 것은 **탐구(연구, 조사)**하는 것이죠.

배구에 디그(dig)가 있는데, 떨어지는 공을 걷어 올리는 기술로 땅을 파헤치는 동작과 비슷합니다. 야구장의 더그아웃(dug out)은 평지를 파내어 만든 공간으로 시합할 때 선수들이 머무는 공간이죠. dug는 dig의 과거분사로 '파헤쳐진'입니다.

- It's a scout's job to **dig** out hidden talent. 숨은 인재를 발굴하는 것이 스카우트의 일이야.

dignity [dígnəti] n.위엄(majesty), 존엄, 품위

단어에 dig(파헤치다)가 들어 있어, 파헤칠수록 깊은 위엄과 품위가 있다는 것입니다.

- Although he is very poor, he has not lost his **dignity**.
  그는 매우 가난하지만, 품위(위엄)를 잃지는 않았다.

carbon [káːrbən] n.탄소

카본(carbon-탄소)은 숯, 석탄 따위로 산출하고 보통 온도에서는 공기나 물의 작용을 받지 않으나 높은 온도에서는 산소와 쉽게 화합합니다. 주로 금속 정련 따위에 사용.

- Developed countries have released more **carbon** dioxide.
  선진국들은 더 많은 이산화탄소를 배출해왔다.

economics [ìːkənámiks] n.경제학

경제학의 어원은 가정을 관리하는 기술(art of managing a household)인데 가정의 범위가 왕실, 국가로 확대. economics처럼 학과명은 형태는 복수지만 단수 취급 합니다.

- The law of supply and demand is the foundation of **economics**.
  수요와 공급의 법칙은 경제학의 기본이야.

famine [fǽmin] n.기근(기아), 부족(want), 굶주림(starvation)

기근이란 흉년으로 인해 양식이 부족하여 굶주리는 것입니다. 기근으로 양식이 부족하면 가족(family)들은 광산(mine)에서 일해야 하지요.

- water famine 물 기근   • fuel famine 연료 부족
- Each year **famine** kills millions of people in poor countries.
  매년 가난한 나라에서 수많은 사람이 기근(굶주림)으로 죽습니다.

farewell [fɛ̀ərwél] a.작별의 n.작별(인사) v.~에게 작별을 고하다

fare(가다=go)+well(잘)의 결합.

잘 가라고 하는 것은 작별인사죠. farewell!, goodbye!는 같은 뜻으로 farewell은 조금 오랫동안 헤어질 때 사용합니다.

- **Farewell**! I hope we'll meet again soon. 안녕! 곧 다시 만나자.
- We had a **farewell** party for him before he left.
  우리는 그가 떠나기 전에 그를 위해 작별 파티를 했다.

gape [geip] n.입을 크게 벌림, 하품(yawn) vi.입을 크게 벌리다

[게입] ▶ [개 입]처럼 **입을 크게 벌리다**.

개가 입을 크게 벌리고 하품하는 모습을 떠올려 보세요. 동물이 벌린 입의 크기를 gape이라고 합니다.

- I don't know why we're standing here and **gaping** at him.
  나는 우리가 왜 여기 서서 입 벌리고 그를 보고 있는지 모르겠어.

garage [gərá:ʒ] n.차고, 주차장, 정비공장 vt.차고(정비 공장)에 넣다

[그라쥐] ▶ 사람은 집으로, 차는 **차고**로 [**가라지**].

garage는 차를 넣어 두는 차고인데 차고에서 차 수리를 하기 때문에 '**차고**'에서 '**정비공장**'이란 뜻이 파생.

- My car broke down, and a truck towed it to the **garage**.
  내 차가 고장 나서 트럭이 정비공장까지 견인했어.

hare [hɛər] n.산토끼

hare는 원래 '새끼 토끼'란 뜻이었는데 영국이 프랑스의 식민 지배를 받으면서 같은 뜻을 가진 rabbit(집토끼)란 프랑스어 단어가 들어오니까 hare란 영어 단어를 버리지 않고 산토끼라는 새로운 의미로 사용하기 시작. hare와 hair(머리카락)는 발음이 같습니다.

- There was a **hare** that runs fastest in the forest.
  숲속에서 가장 빨리 달리는 산토끼 한 마리가 있었어.

incentive [inséntiv] n.유인책, 장려금(격려금), 장려(격려) a.장려(격려)하는

어떤 행동을 하도록 사람을 부추기는 자극으로, 종업원의 근로 의욕이나 소비자의 구매 의욕을 높이는 유인책을 **인센티브(incentive)**라고 합니다. 가장 흔한 인센티브는 돈을 많이 주는 것이죠.

- incentive pay(wages, money) 장려금   • an incentive speech 격려사
- Out company offers a trip as an **incentive**.
  우리 회사는 인센티브(장려금)로 여행을 제공해.

junction [dʒʌ́ŋkʃən] n.연결(connection), 접합, 교차로

junct(결합하다=join)+ion(명접)의 결합.

'**끊어진 두 개를 결합하는 것=연결, 접합**'입니다. 도로와 도로가 연결, 접합되는 곳은 교차로죠.

- You should always slow down as you approach a **junction**.
  교차로에 가까이 다가갈 때 항상 속도를 늦춰야 해.

kitten [kítn] n.(작은 동물의)새끼, 새끼고양이

cat의 원래 스펠링은 kit이었습니다. kitten은 kit의 변형. 헬로키티(Hello Kitty)는 일본에서 만들어진 새끼 고양이 캐릭터로 연간 시장규모가 3,500억 원에 달하죠. 우리가 Korea와 Corea를 모두 사용하는 것처럼 철자 k와 c는 혼용하여 사용합니다.

pale [peil] a.핼쑥한, 창백한, (빛)희미한(dim)

[페일] ▶ 광대뼈가 푹[**패일**] 정도로 핼쑥하고 **창백한**.

- You look **pale**. What's wrong with you? 안색이 창백하구나. 무슨 일 있니?

laboratory [lǽbərətɔ̀:ri] n.실험실, 연구소

labor(n.노동, 노력)+atory의 결합.

'연구원들이 노동(일)하는 곳=실험실, 연구소'입니다. 1895년부터 lab으로 줄여 사용하기 시작했고 대학에서 실험실, 어학 실습실을 랩실(lab室)이라고 합니다.

- Scientists develop new products in the **laboratory**.
  과학자들은 연구소에서 신제품을 개발한다.

laborious [ləbɔ́:riəs] a.힘든(painstaking, hard), 고된

labor(n.노동)+ious의 결합.

'하루 종일 노동해야 하는=힘든, 고된'입니다. 원고를 완성하고 인쇄하기 전에 오탈자 등을 찾아내기 위해 책 전체를 여러 번 재확인하는 작업은 저자에게는 상당히 laborious 한 일입니다.

- Checking the entire book for mistakes is a **laborious** business.
  실수를 찾아내기 위해 책 전체를 확인하는 것은 힘든 일이야.

naive [nɑ:í:v] a.순진한, 천진난만한, 잘 속는, 미경험의

[나이브] ▶ [**나**]는 순진한 [**이브**]야.

na(자연 그대로의=natural)+ive의 결합. naive는 natural에서 파생. '자연 그대로의=순진한, 천진난만한'입니다. 때 묻지 않은 자연 그대로의 사람은 순진하고, 천진난만하고, 경험이 없어 잘 속게 되지요.

- natural [nǽtʃərəl] a.자연의, 자연스러운, 타고난, 가공하지 않은
- It's **naive** of you to believe that. 네가 그것을 믿다니 순진하구나.

oath [ouθ] n.맹세, 서약(pledge), 선서

[오우쓰] ▶ [**오우**] 주여 하면서 [**수**] 없이 하는 **맹세**.

기독교 세계관을 갖고 있는 영어 원어민들은 대개 하나님의 이름을 걸고 맹세합니다.

- The knights swore an **oath** of loyalty to their king. 기사들은 왕에게 충성 서약을 맹세했다.

quality [kwάləti] n.질(품질, 성질, 자질), 재능

품질이란 우리말 대신에 퀄러티(quality)란 영어를 흔히 사용합니다. quality는 질을 나타내고 quantity [kwάntəti]는 양을 나타냅니다.

- Are you content with the **quality** of education there?
  당신은 그곳의 교육 품질에 만족하세요?

random [rǽndəm] a.닥치는 대로, 무작위로

음악 사이트에 들어가면 **랜덤**(random) 듣기가 있습니다. 닥치는 대로, **무작위로** 선정하여 음악을 들려주는 방식이죠.

- Lotteries have **random** drawings of numbers to find a winner.
  복권은 당첨자를 뽑기 위해 무작위로 숫자 뽑기를 한다.

salute [səlúːt] v.(거수)경례하다, 경의를 표하다   n.거수경례, 인사

로열 **살루트**(Royal Salute)라는 브랜드의 유명 위스키가 있는데, 왕이 **거수경례**할 정도의 명품 술이란 의미입니다. 상식적으로 알고 있으면 좋지요.

- Whenever you see an officer, you must **salute**.
  장교를 볼 때마다 당신은 경례해야 합니다.

task [tæsk] n.일, 임무(mission, duty), 과업

태스크(task)는 일정 기간에 완수해야 하는 **일**(임무, 과업)입니다. 재난, 테러 등 대형사건이 터지면 각각의 전문가를 모아 일을 해결하기 위한 임시 조직을 만드는 데 그것이 **태스크** 포스 팀(task force team)입니다. 줄여서 TF팀. '삼성 신경영 태스크포스 설치'처럼 태스크(task)란 용어를 신문 기사에서 자주 보게 됩니다.

- He is not the right man to undertake the **task**.
  그는 그 일을 맡기에 적합한 사람이 아니야.

wail [weil] vi.통곡하다(weep), 울부짖다   n.통곡, 울부짖음

[웨일] ▶ [웨일]스가 월드컵 진출에 실패하자 응원단들이 **통곡했다**.

영국의 잉글랜드, 스코틀랜드, 웨일스, 북아일랜드 축구팀은 영국이 축구 종가라는 이유로 월드컵이나 국제무대에 따로 나갑니다. 영국에는 4개의 국가대표 축구팀이 있는 것이죠.

- When she saw her dead son, the woman let out a **wail**.
  그녀는 죽은 아들을 보자 통곡했다.

air [ɛər] n.공기, 공군, 방송, 잘난 척하는 태도(pl)   vt.환기시키다, 방송하다

air는 '공기'에서 '방송, 공군, 잘난척하는 태도'라는 의미가 파생. **공기**를 가르고 **공중(하늘)**을 날아다니는 공군(air force), **방송**국의 전파는 공기를 타고 다니는 **공중**파입니다. put on airs(잘난 척하다)에 대한 자세한 설명은 '영숙어쇼크' 참고.

- on (the) air 방송 중인
- He really **puts on airs** with his flashy car.
  그는 번쩍이는 차를 갖고 잘난 척해.

indirect [indirékt] a.간접적인(second hand), 이차적인

in(부정=not)+direct(a.직접적인)의 결합.

'**직접적이 아닌=간접적인**'입니다.

- an indirect cause 간접적인 원인
- indirect effects 간접적인 영향
- Our company suffered **indirect** damage from this incident.
  우리 회사는 이번 사건으로 간접적인 피해를 입었다.

snare [snɛəːr] n.덫(trap), 속임수(trick), 함정 vt.(함정에)빠뜨리다

[스내어] ▶ 꼼 [수]를 [내어] **함정에 빠뜨리다.**

- Don't believe it. It's a **snare**. 그것을 믿지 마. 그것은 속임수야.

immune [imjúːn] a.(병)면역의, (과세 등)면제된 n.면제자

im(부정=in=not)+mun(의무=duty)+e의 결합.

'**세금 납부의 의무가 없는=면제된**(free, exempt, discharged)'입니다. 세금을 내지 않으면 징수원이 집으로 쳐들어오지요. 세금 징수원이 쳐들어오지 않는 세금 면제와 병균이 쳐들어오지 않는 면역은 같기 때문에 '**면제**'에서 '**면역**'이란 뜻이 파생

- immunity [imjúːnəti] n.면역, 면제(exemption, release, remission), 면책
- Stress can weaken your **immune** system.
  스트레스는 면역 체계를 약화시킬 수 있습니다.
- I have become **immune** to her endless advice.
  나는 끝없는 그녀의 충고에 면역이 되어있다.

Day 66

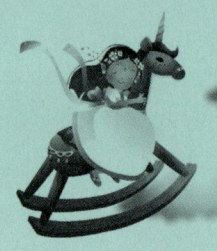

dagger [dǽgər] n.단도, 단검 vt.단도로 찌르다

[대거] ▶ [대거]는 대검이 아니라 크기가 작은 **단검**입니다.

- He thrust a **dagger** into his enemy's heart. 그는 원수의 가슴에 단검을 꽂았다.

alike [əláik] a.서로 같은, 아주 비슷한 ad.마찬가지로, 동등하게

a(강조=very)+like(a.닮은, 비슷한=similar)의 결합.

매우 닮았다는 것은 서로 같거나 아주 비슷하다는 것이죠. alike는 be 동사와 결합하여 서술적용법으로만 사용하고 명사를 수식하는 한정 용법으로 사용하지 않습니다.

- like vt.좋아하다 n.좋아함, 기호 a.서로 같은, 아주 비슷한 prep.~처럼, ~같은
- They **are** much **alike** in character. 그들은 성격에 있어서 아주 비슷해.

bachelor [bǽtʃələr] n.미혼 남자, 총각, 학사(대학졸업생)

[배철어] ▶ 그는 [배] 고프고 [철없]는 **총각**이야.

과거의 **대학졸업생**은 모두 **총각**이었을까요? 왜 학사를 bachelor라고 하는지 명확한 역사적 기원은 없습니다.

- He was a **bachelo**r for years, then finally married. 그는 오랫동안 총각이었다가, 마침내 결혼했다.

cargo [káːrgou] n.(선박, 항공기 등의)화물

car(마차=carriage)+(go=가다)의 결합.

'배에 싣기 위해 마차에 싣고 가는 물건=**화물**'입니다.

- **Cargo** is being loaded on the plane. 화물이 비행기에 적재되고 있습니다.

split [split] vt.쪼개다(divide) vi.쪼개지다 n.분열, 불화

스플릿(split)은 쪼개고 나누는 것으로 이익을 쪼개는 것은 분배, 지분을 쪼개는 것은 분할, 관계를 쪼개는 것은 분열입니다. 볼링과 야구에 스플릿이란 용어가 자주 사용됩니다.

- My husband and I **split** up last year. 지난해 남편과 나는 완전히 쪼개졌어.
- Female students **split** the bill in the food store.
  여학생들은 음식점에서 계산서를 쪼갠다(돈을 각자 낸다).

panel [pǽnl] n.(사각형)판, 패널, 토론자단(패널), (자동차)계기판

사무실의 칸막이는 샌드위치 **패널(panel-널빤지)**로 되어 있지요. 토론자단, 심사원단 등을 **패널(panel)**이라고 하는 것은 토론, 심사 등을 목적으로 패널로 만든 책상에 앉아 있기 때문. 패널(판)을 가공해서 부품을 꽂아 놓은 것이 자동차나 비행기의 계기판입니다.

- One of the glass **panels** in the front door is cracked.
  현관문의 유리판 중 하나에 금이 가 있어.
- We have two politicians on tonight's **panel**. 오늘 밤 저희 패널(토론자단)에 두 분의 정치인을 모셨습니다.

pave [peiv] vt.(도로)포장하다

pave는 돌, 흙, 아스팔트, 콘크리트 등으로 길거리를 덮는 것입니다.

- pavement [péivmənt] n.포장, 포장한 도로, 인도
- The road was **paved** with smooth stone. 그 도로는 매끈한 돌로 포장되어 있었다.

kindle [kíndl] vt.~에 불을 붙이다 vi.불이 붙다

candle(양초)에 kindle(불을 붙이다)하세요. [캔들]에 [킨들]하는 것입니다.

- He used paper to **kindle** a fire in the stove. 그는 난로에 불을 붙이기 위해 종이를 사용했다.

marvel [má:rvəl] n.놀라운 일(miracle), 경이 v.놀라다(surprise)

marvel은 miracle(n.경이, 기적)에서 파생된 단어.

영웅들이 등장하는 영화를 **마블** 영화라고 하는데, 영웅들은 **놀라운** 능력을 보여주지요.

- marvelous [má:rvələs] a.놀라운, 경이로운
- Visitors to Paris **marvel** at the beauty of the city. 파리 관광객들은 그 도시의 아름다움에 놀란다.

wander [wándə:r] v.헤매다, 돌아다니다(배회하다, 방랑하다)

[완더] ▶ 길거리를 **돌아다니는** [완득]이. [완드 + ㄱ]로 분해.

유아인 주연의 영화 '완득이'는 청소년이 더 공감하는, 완성도가 높은 영화입니다.

- He likes to **wander** from street to street. 그는 이 거리 저 거리 돌아다니는 것을 좋아해.

narrate [næréit] v.이야기하다, 말하다

나레이션(narration-해설)은 영화(연극, 드라마)에서 장면에 등장하지 않는 사람이 내용이나 줄거리를 **이야기하는 것**입니다. '인간극장, 생활의 달인'처럼 나레이션(narration)이 들어간 TV프로그램이 많지요.

- narration [næréiʃən] n.이야기하기   • narrator [næréitər] n.이야기하는 사람, 해설자
- He **narrated** the history of Mexico on a TV program.
  그는 TV 프로에서 멕시코 역사에 관해 설명했다.

spread [spred] vt.펴다, 펼치다 vi.퍼지다, 확산되다 n.확산, 전파

침대 위에 덮는 침대보를 **스프레드(spread)**라고 하는데, 침대 위에 펴는 것이기 때문입니다.

- **Spread** the map out. 지도를 넓게 펼쳐봐. vt.
- The disease **spreads** easily. 그 질병은 쉽게 퍼진다(확산 된다). vi.

rage [reidʒ] n.격노(fury), 분노 vi.격노(분노)하다

[레이쥐] ▶ 눈에서 [**레이져**] 광선이 나올 정도로 **분노하다**.

- He is trembling with **rage**. 그는 격노하여 몸을 떨고 있다.

career [kəríər] n.경력, (전문적인)직업(profession)

car(마차=carriage)+eer의 결합.

'**마부가 마차를 끈 시간=경력**'입니다. 자동차가 나오기 이전에 빠른 속도로 안전하게 마차를 끄는 것은 기술을 필요로 하는 전문적인 직업이었습니다. **커리어** 우먼(career woman)은 **전문적인 직업**을 가진 여성을 통칭하는 말이죠.

- He is playing the best tennis of his **career**.
  그는 자기 경력 중에서 최고의 테니스 경기를 펼치고 있어.
- She started her **career** as an English teacher.
  그녀는 영어 교사로 자신의 직업을 시작했다.

squeeze [skwi:z] vt.꽉 쥐다, 짜내다, 밀어 넣다 n.짜기, 쥐기, 스퀴즈

야구에서 **스퀴즈**번트(squeeze bunt)는 주자가 3루에 있을 때, 득점을 올리기 위해 계획적으로 **짜내어** 만드는 희생 번트입니다. 레몬 스퀴즈(Lemon Squeezer)는 레몬을 짜서 즙을 내는 기구죠.

- Don't **squeeze** the toothpaste in the middle.
  치약을 중간에서 짜지 마.
- We managed to **squeeze** six people into the car.
  우리는 가까스로 여섯 사람을 차 안에 밀어 넣었다.

edge [edʒ] n.끝, 모서리, 테두리, 가장자리, 차별화된 개성

엣지(edge)는 각진 모서리입니다. 엣지는 다른 것과 **차별화되는 테두리**라는 의미에서 **차별화된 개성**을 나타냅니다. '갤럭시 노트 엣지'처럼 상품 이름에 자주 등장하고 '개성 있게, 독특하게'란 우리말을 사용하지 않고 '엣지 있게'라는 말을 흔히 사용합니다.

- The **edge** of the knife is blunt. 그 칼끝은 무뎌.
- Lots of plants grow along the water's **edge**.
  많은 풀이 물가를 따라 자란다.

edible [édəbəl] a.먹을 수 있는, 식용의

edible은 eatable의 변형으로 eatable과 edible은 동의어입니다.

- The **edible** packing paper is good for the environment. 먹을 수 있는 포장지는 환경에 좋아.

harsh [hɑːrʃ] a.혹독한, 가혹한(severe)

[하아쉬] ▶ 혹독한 날씨로 조업을 못 해 [하! 아쉽]네.

비바람이 거센 혹독한 날씨로 조업을 나가지 못하는 어부가 아쉬워하는 모습을 연상하세요.

- a harsh wind 혹독한 바람 • harsh words 가혹한 말
- I think his sentence is particularly **harsh**. 나는 그에게 내려진 선고가 특히 가혹하다고 생각해요.

facility [fəsíləti] n.기능, 재능, (편의)시설

facile(a.손쉬운, 용이한)+ity(명접)의 결합.

'**사람들이 손쉽게 이용할 수 있도록 만든 것=편의 시설**'입니다. 레저시설, 금융시설, 스포츠 시설 등등. 각종 편의 시설들은 사람이 쓰기 쉬운 **기능**들이 갖추어져 있습니다.

- facile [fǽsil] a.손쉬운, 용이한(easy) • conference facilities 회의 시설
- You must remove this **facility** for children's safety.
  당신은 어린이 안전을 위해 이 시설물을 없애야 해요.

fade [feid] vi.흐릿해지다, 바래지다

영상에서 **페이드**아웃(fade-out)은 선명한 화면이 점점 **흐릿해져** 서서히 없어지도록 하는 것이고, 그 반대는 페이드인(fade-in)입니다.

- His voice **faded** to a whisper. 그의 목소리는 흐릿해져 속삭임이 되었다.
- He is wearing **faded** blue jeans. 그는 색 바랜 청바지를 입고 있어.

garbage [gάːrbidʒ] n.음식 찌꺼기, 쓰레기(rubbish, trash, waste)

발음 [가비지]의 [비지]에서 **음씩 찌꺼기**를 떠올려 보세요. 두부를 만들고 남은 찌꺼기가 비지인데, 비지는 비지찌개를 만들어 먹기도 하지만 대부분은 음식물 쓰레기로 버리지요.

- Did you put out the **garbage** last night? 어젯밤에 쓰레기 밖에 내놨어?

inflation [infléiʃən] n.팽창, 통화 팽창(인플레이션)

in(계속=on)+fl(날다=fly)+ation(명접)의 결합.

'**통화가 새가 날듯이 계속 증가하는 현상=통화 팽창(인플레이션)**'입니다. 돈이 많이 풀려 통화가 팽창하면 돈의 가치가 떨어져 물가가 폭등하는데 이를 인플레이션이라고 합니다.

- The cost of living has soared owing to the **inflation**.
  인플레이션 때문에 생활비가 폭등했다.

tan [tæn] n.(햇볕)태우기 vt.(피부를)햇볕에 태우다 vi.햇볕에 타다

선탠(suntan), 태닝(tanning)이란 말을 흔히 사용하는데, tan은 햇볕에 태우는 것이죠.

- I just want to go to the beach and get a **tan**.
  난 그냥 해변에 가서 썬 텐이나 했으면 좋겠어요.

sanitary [sǽnətèri] a.위생의, 위생적인(균 없는)

sanit(건강=sanity)+ary의 결합.

'**건강을 유지하는=위생적인, 위생의**'입니다. 병에 걸리지 않고 건강하게 살려면 위생적인 환경이어야 합니다.

- sanity [sǽnəti] n.(정신, 육체)건강함 • sanitary towel 생리대
- Poor **sanitary** conditions led to disease in the refugee camps.
  난민 수용소의 열악한 위생 상태는 질병으로 이어졌다.

oblige [əbláidʒ] vt.어쩔 수 없이~하게 하다, 돕다(help)

ob(이동=to)+lige(묶다=bind)의 결합.

'사람에게 어떤 의무를 가져가 묶다=어쩔 수 없이~하게 하다'입니다. 얼마의 세금을 내라고 세금을 사람에게 묶으면 어쩔 수 없이 내게 되지요. 어쩔 수 없이 내는 세금은 국가를 **돕**는 것입니다.

- He suffered a serious injury that **obliged** him to give up work.
  그는 직장을 포기하게끔하는 심각한 부상을 입었다.
- Would you **oblige** [help] me with some information?
  약간의 정보 제공으로 저를 도와주시겠습니까?

unstable [ʌnstéibəl] a.(날씨, 상황, 신념)불안정한, 변하기 쉬운

un(부정=not)+stable(a.안정된, 견고한=firm)의 결합.

- The economic situation in that country is very **unstable**.
  그 나라의 경제적 상황은 매우 불안정해.

garment [gá:rmənt] n.옷(clothes), 의류

garm을 우리식으로 읽으면 [감]입니다. garm에서 옷[감]으로 만든 **옷**을 떠올려 보세요.

- Change and wash the **garment** every 1 or 2 days.
  1~2일마다 옷을 갈아입고 세탁하세요.

function [fʌ́ŋkʃən] n.기능, 작동 vi.작동하다

키보드 자판 상단에 F1~F12까지 **펑션 키(function key-기능키)**가 있는데, function의 첫 글자 F입니다. 기능키를 누르면 프로그램 되어있는 기능이 작동합니다.

- **Function** is the most important factor when I choose a bag.
  가방을 고를 때 내가 가장 중요하게 생각하는 건 기능이야.

jury [dʒúəri] n.심사원, 배심원 vt.심사하다

ju(정의=justice)+ry의 결합.

'**정의(공정한 판단)를 실현하는 사람=심사원, 배심원**'입니다. jury는 시합이나 경기의 심사원입니다. 법정에서 평결을 내리는 심사원은 배심원이죠.

- The judge summed up the whole to the **jury**.
  재판관은 배심원에게 (사건의) 전체를 요약해 주었다.

magnitude [mǽgnətjùːd] n.크기, 규모, 진도(지진 크기)

maga(큰=great)+ni+tude(상태)의 결합.

'**큰 상태임을 알려주는 것=크기, 규모**'입니다. 얼마나 큰지를 알려주는 것이 '크기, 규모'이고, 지진의 크기나 규모를 '진도'라고 합니다. '메가박스, 메가스터디'의 메가(maga)는 크다는 것이죠.

- It is difficult to imagine the **magnitude** of the universe.
  우주의 크기(규모)를 상상하는 것은 어려워.
- A 8 **magnitude** earthquake hit the region.
  진도 8의 지진이 그 지역을 강타했다.

snatch [snætʃ] vt.잡아채다(take), 강탈하다 n.잡아챔, 강탈

[스내취] ▶ 친구가 먹고 있는 [스낵]을 [취]하다 ▶ **잡아채다, 강탈하다**.

친구가 먹고 있는 스낵(snack)을 잡아채서 한 입 먹는 것에서 유래한 단어입니다.

- snack [snæk] n.스낵, 서둘러 먹는 식사 vi.가벼운 식사를 하다
- He was trying to **snatch** my handbag.
  그가 내 손가방을 잡아채려고 하고 있었어.

Day 67

wonder [wʌ́ndər] v.놀라다, 궁금하다(궁금해하다) n.경이, 놀라움, 경탄

[원더] ▶ 놀라운 능력을 발휘하는 만화 캐릭터 원더우먼(wonder woman)을 연상.

뭔가를 보고 깜짝 놀라고, 그다음에 그것이 무엇인지 궁금해 하기 때문에 '놀라다'에서 '궁금해하다'라는 뜻이 파생됩니다.

- She's Spanish and little **wonder** she speaks Spanish.
  그녀는 스페인인이고, 그녀가 스페인어 하는 것은 놀랍지 않아.
- I **wonder** if he is at home. 그가 집에 있는지 없는지 궁금하네.

carve [kɑːrv] vt.~을 새기다(inscribe), 파다, (고기)자르다

car(마차=carriage)+ve의 결합.

마차 바퀴가 길바닥을 눌러 바퀴 자국을 새기는 모습에서 '**새기다**'란 뜻이 유래.

- Some people **carve** the tusks and make art crafts.
  일부 사람들은 상아를 조각해서 공예품을 만들기도 합니다.

category [kǽtəgɔ̀ːri] n.범주, 분류, 카테고리

블로그를 만들 때 카테고리(category)가 필요한데 **범주**에 맞게 제목을 **분류**하는 것이죠.

- categorize [kǽtigəràiz] vt.분류하다(classify), 범주에 넣다
- This book falls into the **category** of autobiography. 이 책은 자서전의 범주에 들어간다.

gasp [gæsp] vi.숨을 헐떡거리다, 숨이 차다 n.숨을 헐떡임, 숨이 참

[개습] ▶ 연탄[개스]를 [습!] 들이마시면 **숨을 헐떡이게** 됩니다.

- I was glad to be next to my dad at his last **gasp**.
  나는 아버지가 마지막 숨을 헐떡일 때 곁에 있어서 기뻤다.

alley [ǽli] n.샛길(좁은 길), 뒷골목

alley(샛길) 앞에 v를 붙이면 valley(계곡, 골짜기)입니다. valley(계곡)에 가려면 alley(샛길)를 지나가야 하지요. 골짜기는 V자 모양입니다. 뒷골목에는 이곳저곳으로 빠지는 샛길이 많기 때문에 '**샛길**'에서 '**뒷골목**'이란 뜻이 파생.

- We met at the food **alley** in Sinchon.
  우리는 신촌의 먹자골목에서 만났어.

staple [stéipəl] n.주요 산물, ㄷ자 철심 a.주된 vt.스테이플러로 고정하다

ㄷ자 철심을 눌러 종이를 고정하는 기구는 호치키스가 아니라 **스테이플러**(stapler)입니다. 현지에서 생산되는 **주요 산물**을 보관하는 창고를 만드는데 **ㄷ자 철심**이 많이 필요하지요.

- Rubber became the **staple** of the Malayan economy. 고무는 말레이시아 경제의 주요 산물이 되었다.

carry [kǽri] vt.빼앗다, 가지고 있다(have), 유지하다(keep), 운반하다(transport)

다른 사람의 물건을 **빼앗아**, **가지고 있다가** 다른 곳으로 **운반하는** 게르만족의 일상생활이 그대로 담겨 있는 단어. 단어 속에 car가 들어 있어 나르는 것임을 알 수 있지요.

- I always **carry** my important papers on myself. 나는 항상 중요 서류를 몸에 지녀.
- Jumbo jets **carry** hundreds of people. 점보제트기는 수백 명의 승객을 운반한다.

carriage [kǽridʒ] n.마차, 객차, 운송(비)

carri(운반하다=carry)+age(명접)의 결합.

'사람, 화물을 운반하는 것=마차, 객차'입니다. 마차로 운송하면 운송비를 줘야하기 때문에 '마차'에서 '운송비'라는 뜻이 파생.

- A horse and a **carriage** are outside a building. 말 한 마리와 마차가 건물 밖에 있다.
- The price includes **carriage** and insurance. 가격은 운송비와 보험료를 포함하고 있습니다.

deadly [dédli] a.죽음의, 치명적인(fatal) ad.(구어)대단히, 몹시

deadly는 부사가 아니라 형용사. lovely(a.사랑스러운), friendly(a.친절한), orderly(a.정돈된), lively(a.활기찬), costly(a.비싼) 등 -ly로 끝나는 형용사가 많습니다.

- Mad cow disease is a **deadly** disease. 광우병은 치명적인 병이야.
- Broadcast news was accurate and reliable but **deadly** dull. 방송 뉴스는 정확하고 믿을 만하였으나 대단히 재미없었다.

devil [dévl] n.악마(demon), 마귀

붉은 **악마** 레드**데블**(red devil)은 공식 대한민국 축구 국가대표팀 응원단입니다.

- They believed she was possessed by **devils**. 사람들은 그녀가 마귀에게 씌었다고 믿었다.

elegance [éləgəns] n.우아(grace), 기품, 고상

우아하고 기품 있는 여성을 보고 흔히 '엘레강스하다'라고 말하죠. 가방, 의류, 신발 등에 **엘레강스**(elegance-**우아**, **기품**)가 들어간 상품 이름이 많습니다.

- elegant [éləgənt] a.우아한, 고상한, 품위 있는
- She decorated the house with **elegance**. 그녀는 그 집을 우아하게 장식했다.

gay [gei] a.즐거운(merry), 화려한(bright) n.동성애자, 게이

화려한 옷을 입고 웃으면서 쇼를 하는 게이들을 보면 게이들이 즐거워 보이죠. 동성애자 **게이**의 특징에서 '**즐거운, 화려한**'이란 뜻이 파생된 듯.

- Everyone at the party is having a **gay** time.
  파티에 온 사람들 모두 즐거운 시간을 보내고 있어요.

kindergarten [kíndərgàːrtn] n.유치원

kin(아이=kid)+der+garten(정원=garden)의 결합.
'아이들의 정원이 있는 곳=유치원'입니다.

- Are you going to teach the **kindergarten** class?
  넌 유치원생을 가르칠 계획이야?

hatch [hætʃ] vt.(알, 병아리)까다, 부화하다 vi.알을 낳다 n.부화, 해치(뚜껑)

배나 비행기의 승강구, 마루, 천장 등에 만든 출입구의 뚜껑, 길거리에 흔히 보이는 맨홀 뚜껑이 **해치**(hatch)입니다. 사람이 해치를 열고 밖으로 나오는 모습은 병아리가 알을 까고 밖으로 나오는 모습과 같지요.

- When those eggs **hatch**, I'll have more chickens.
  그 알들이 부화하면, 난 더 많은 닭을 갖게 될 거야.
- A sailor opened a **hatch** and climbed onto the deck.
  한 선원이 해치를 열고 갑판 위로 올라갔다.

juvenile [dʒúːvənàil] a.청소년의, 유치한(childish) n.청소년

어른들이 보기에 사춘기 청소년들은 유치한 행동을 많이 하기 때문에 '**청소년**'에서 '**유치한**'이란 뜻이 파생.

- Don't be so **juvenile**! 그렇게 유치하게 굴지 마!
- The **juvenile** stayed away from school for a week. 그 소년은 일주일 동안 학교에 결석했다.

quote [kwout] v.(남의 말, 문장)인용하다, 예로 들다

남의 말을 인용할 때 붙이는 기호 " "를 쿼테이션 마크(quotation mark)라고 합니다.

- quotation [kwoutéiʃən] n.인용, 인용구, (상업)견적서
- You can **quote** me on your presentation. 너의 발표에 나의 의견을 인용해도 좋아.

nasty [næsti] a.더러운(dirty), 끔찍한, 고약한

[내스티] ▶ 옷을 꺼 [내서] **더러운** [티]는 버려.

- There's a **nasty** smell coming from the garbage.
  쓰레기에서 불쾌한 냄새가 나요.
- Don't be so **nasty** to your brother.
  네 동생에게 그렇게 끔찍(고약)하게 굴지 마.

tame [teim] a.길들여진 vt.길들이다

애완동물 카페 게시판을 보면 '이구아나 테임(tame) 방법 알려 주세요'와 같은 질문들이 많습니다. tame은 길들이는 것입니다.

- The bird is too **tame** now to survive in the wild.
  그 새는 이제 너무 길들어서 야생에서 생존할 수 없어.

radical [rǽdikəl] a.근본적인(basic), 급진적인, 과격한 n.급진주의

radi(뿌리=root)+cal의 결합.

'**뿌리에 해당하는**=**근본적인, 기본적인**'입니다. radish(무)는 뿌리를 먹는 채소죠. 19C에 정치 개혁자들이 근본부터, 뿌리까지 바꿔야 한다는 의미로 사용하며 '**근본적인**'에서 '**급진적인, 과격한**'이란 뜻이 파생.

- Do you know **radical** differences between the sexes?
  년 두 성별 간의 근본적인 차이를 아니?
- He is known as a **radical** reformer.
  그는 급진적인 개혁가로 알려져 있다.

satellite [sǽtəlàit] n.위성, 위성도시

satellite는 stellar(a.별의)에서 파생된 단어로 인공으로 쏘아 올린 별이란 뜻입니다. 2014년 최고의 영화인 '인터스텔라(interstellar)'는 inter(사이=between)+stellar(별의)의 결합으로, 지구의 기능이 다 하자 우주의 별들 사이로 새로운 별을 찾아 나서는 내용.

- stellar [stélər] a.별의   • a weather satellite 기상 위성
- We are watching the game via **satellite**.
  우리는 인공위성을 통해 경기를 보고 있다.

majesty [mǽdʒisti] n.장엄함, 위엄(존엄), 폐하(M-)

maj(중요한=major)+esty의 결합.

'**궁궐에 사는 가장 중요한 사람**=**폐하**'입니다. 황제 폐하는 위엄을 갖고 있기 때문에 '**폐하**'에서 '**위엄, 존엄**'이란 뜻이 파생됩니다.

- This music has **majesty**, power and passion.
  이 음악은 위엄과 힘 그리고 열정이 있다.

stoop [stu:p] vt.몸(상체)을 꾸부리다, 웅크리다

stoop은 인사하는 것처럼 몸을 앞으로 숙이는 것입니다. 선생님을 만나면 stop(멈추다) 해서 몸을 앞으로 stoop(몸을 구부리다) 해야 합니다.

- He tends to **stoop** because he's so tall.
  그는 키가 너무 커서 상체(몸)를 구부리는 경향이 있다.

dwindle [dwíndl] vi.줄어들다, 작아지다, 축소되다 vt.작게 하다, 축소시키다

d(아래로=de=down)+wind(바람)+le의 결합.

'바람 세기가 아래로 가다=줄어들다(shrink, diminish, decrease, reduce)'입니다.

- In recent years, Korea's the middle class has **dwindled**.
  최근 몇 년 동안, 한국의 중산층은 줄어들었다.

pause [pɔːz] n.중지(stop), 중단 vi.중지하다, 잠시 멈추다

키보드 자판 상단에 **중지기능** pause가 있습니다. 사진 찍을 때 자세를 잡는 포즈(pose)는 발음이 포즈가 아니라 [포우즈]입니다.

- pose [pouz] n.자세, 포즈 vi.자세를 취하다
- Their searching for the missing man is in **pause**.
  행방불명 된 남자의 수색이 중단상태에 있습니다.

marble [máːrbəl] n.대리석, 공깃돌(구슬)

대리석은 바닥이나 벽면의 장식재나 조각할 때 흔히 사용하는 돌입니다. 대리석으로 구슬을 만들면 아이들이 갖고 노는 공깃돌이 되지요. 공깃돌을 던져 규칙에 따라 말을 움직이는 마블 게임(marble game)을 해 봤을 것입니다. 넷마블, 블루마블과 같은 인터넷 게임도 많지요.

- Massive **marble** pillars support the old architecture.
  거대한 대리석 기둥이 오래된 건축물을 받치고 있다.

stout [staut] a.강한(strong), 튼튼한, 용감한(brave) n.흑맥주(스타우트)

스타우트(stout beer)는 흑맥주입니다. 까맣게 탄 맥아를 사용하여 검은색에 가깝기 때문에 흑맥주라고 합니다. '**강하고, 튼튼하고, 용감한** 사람들이 즐기는 **스타우트** 맥주'로 기억하세요.

- Jack is **stout** fellow that we have ever seen.
  잭은 우리가 지금까지 본 가장 용감한(강한) 사람이야.

serene [siríːn] a.조용한(quiet), 고요한(calm), 평화로운(peaceful)

프랑스어 세레나데(serenade)는 **고요하고 평화로운** 밤에 사랑하는 여인의 창밖에서 부르는 소야곡(小夜曲)입니다. 세레나데 음악에서 고요하고 평화로운 느낌을 찾으세요.

- She looked as calm and **serene** as she always did.
  그녀는 항상 그래왔듯이 차분하고 평화로워 보였다.

dictatorial [dìktətɔ́ːriəl] a.독재적인, 명령적인

dictate(vt.지시하다, 명령하다)+orial의 결합.

'일방적으로 지시하고 명령하는=독재적인, 명령적인(mandatory)'입니다.

- Her father is very **dictatorial**.
  그녀의 아버지는 매우 독재적이야.
- North Korea adheres to its one-party **dictatorial** system.
  북한은 일당 독재 체제를 고수하고 있다.

pollute [pəlúːt] vt.더럽히다(soil, stain), 오염시키다, 타락시키다

[펄우트] ▶ 애들이 갯[펄]에 [우]루루 들어가 옷을 **더럽히다**.

pollute에서 lute는 라틴어로 진흙(mud)이란 뜻입니다.

- pollution [pəlúːʃən] n.오염(contamination), 환경파괴, 공해
- We don't **pollute** the environment with dangerous chemicals.
  저희는 위험한 화학물질로 환경을 오염시키지 않습니다.

attitude [ǽtitjùːd] n.태도(manner), 마음가짐

at(이동=ad=to)+ti+tude(성질, 상태)의 결합.

'어떤 무엇에 마음이 갔을 때 그것에 대해 가지는 마음 상태=태도'입니다. -tude는 '성질, 상태'를 나타내는 명사 접미어.

- What surprised me was his cold **attitude**.
  나를 놀라게 한 것은 그의 차가운 태도였다.

solitude [sálitjùːd] n.고독(loneliness), 외로움

sol(혼자=solo)+i+tude(상태, 성질)의 결합.

'혼자 있는 상태에서 느끼는 것=고독, 외로움'입니다.

- He could not stand the severe **solitude**.
  그는 극심한 고독을 견딜 수가 없었다.

quietude [kwáiətjùːd] n.고요함, 평온(calmness, quietness)

quiet(a.조용한)+tude(상태, 성질)의 결합.

'조용한 상태=고요함, 평온'입니다.

- I miss the **quietude** of the countryside.
  난 시골의 고요함(평온함)이 그리워.

Day 68

dairy [déəri] n.낙농장, 우유 판매업(점)

[대어리] ▶ 아버지는 [우유 대(어)리]점을 운영합니다.

- Maeil **Dairy** has also used Kim in their advertising campaign.
  매일 유업 또한 김연아를 그들의 광고 캠페인에 사용했다.

sprout [spraut] vi.싹이 트다 vt.싹을 틔우다 n.새싹

spr(뿌리다=spray)+out(밖으로)의 결합.

'씨를 뿌린 후 밖으로 나온 것=새싹'입니다.

- The flowers that I planted last week have begun to **sprout**.
  지난주에 심은 꽃들이 싹이 트기 시작했어.

analyze [ǽnəlàiz] vt.분석하다, 분해하다

애널리스트(analyst-분석가)는 주식시장, 경제 상황, 기업 등을 분석하는 사람을 말하는데 그 의미가 확장되어 음식, 스포츠 등 여러 영역에서 사용합니다.

- analysis [ənǽləsis] n.분석, 분해   • analyst [ǽnəlist] n.분석가
- Could you **analyze** the market situation in detail?
  시장 상황을 자세히 분석해 주시겠습니까?

taciturn [tǽsətə̀ːrn] a.말 없는, 무뚝뚝한

[택스턴] ▶ 말없이 [택시 탄] 남자.

데이트를 마치고 아무런 말 없이 택시 타고 떠나버리는 무뚝뚝한 남자를 연상해 보세요.

- He looks **taciturn** but not wordless.
  그는 무뚝뚝해 보이지만 말이 없지는 않아.

cathedral [kəθíːdrəl] n.대성당

cat(아래로=down)+hedra(의자=chair)의 결합.

성모 마리아상이 아래로 내려다보고, 주교의 의자가 있는 곳은 대성당입니다.

- We hope to visit the **cathedral**, if time permits.
  시간이 허락하면 우리는 그 대성당을 방문하고 싶습니다.

atmosphere [ǽtməsfiər] n.공기(air), 대기, 분위기

atmo+sphere(n.지구, 구)의 결합.

'**지구를 둘러싸고 있는 것=공기, 대기**'입니다. 자신을 둘러싼 주변의 공기에서 느껴지는 기분은 분위기입니다.

- sphere n.구(球), 구체 • a refreshing mountain atmosphere 상쾌한 산 공기
- The company has a homelike **atmosphere**. 그 회사는 가족적인 분위기를 갖고 있다.

hemisphere [hémisfiər] n.반구

hemi(절반=half)+sphere(n.지구, 구)의 결합.

'**지구의 절반=반구**'입니다.

- Penguins are only found in the southern **hemisphere**. 펭귄은 오직 남반구에서만 발견됩니다.

caution [kɔ́ːʃən] n.조심(carefulness), 경고(warning) vt.~에게 경고하다, 조심시키다

물건이나 기계에 caution, warning이라고 적혀 있는 것을 흔히 볼 것입니다. caution은 주의하고 조심하라는 가벼운 의미의 경고이고, warning은 물건 손상뿐만 아니라 인명 피해도 초래할 수 있음을 의미하는 강력한 메시지의 경고입니다.

- cautious [kɔ́ːʃəs] a.주의 깊은(careful), 조심하는
- The police dismissed him with a **caution**. 경찰은 경고하고 그를 훈방했다.

fallacy [fǽləsi] n.잘못된 생각, 오류, 궤변(sophism)

fal(실패=fail)+lacy의 결합.

'**논리적으로 실패한 생각=잘못된 생각, 오류, 궤변**'입니다. 논리적으로 맞지 않음에도 억지 논리로 끼워 맞추는 것을 궤변이라고 합니다. 과거 그리스 시대의 궤변론자들인 소피스트학파를 빗대어 소피즘(sophism)이라고도 합니다.

- I think it is the **fallacy** of hasty generalization. 나는 그것이 성급한 일반화의 오류라고 생각해.

haul [hɔ́ːl] vt.끌어당기다(draw), 운반하다(carry) n.끌어당김, 운반

[홀] ▶ 식당에서 우연히 만난 친구를 [홀]로 끌어당기다.

haul은 어부가 그물을 끌어당기는 것에서 유래한 단어. 그물을 끌어당긴 다음엔 뭘 할까요? 잡은 물고기를 운반해야 하기 때문에 '**끌어당기다**'에서 '**운반하다**'라는 뜻이 파생. haul(끌어당기다)과 hall(큰 방)은 발음이 같습니다.

- A crane had to be used to **haul** the car out of the stream.
  개울에서 차를 끌어내는 데 크레인이 사용되어야 했다.

patent [pǽtənt] n.특허, 특허권 a.특허의

삼성과 애플의 **특허 전쟁**(patent war)은 스마트폰 시장의 주도권을 잡기 위한 전쟁입니다.

- Apple is claiming that Samsung has infringed on its **patent**.
  애플은 삼성이 자기의 특허권을 침해했다고 주장하고 있다.

explore [ikspló:r] v.탐험하다, 탐구하다, 조사하다

ex(밖으로=out)+plo(접다, 싸다=fold)+re의 결합.

'**미지의 것으로 감싸인 세계를 밖으로 끌어내다=탐험하다**'입니다. 미지의 세계로 감싸인 아마존을 세상 밖으로 끌어내는 것은 탐험하는 것이죠. 어근 plo는 Day 56에서 학습.

- The international race to **explore** space is heating up.
  우주를 탐험하기 위한 국제적인 경쟁이 달아오르고 있다.

geology [dʒi:álədʒi] n.지질학

geo(땅=earth)+logy(학문)의 결합.

'**땅속을 연구하는 학문=지질학**'입니다. 지질(地質)학은 땅을 이루는 여러 가지 암석이나 지층의 성질 또는 상태를 연구하는 학문입니다. geography(지리학)는 땅 위를, geology(지질학)는 땅속을 연구.

- In **geology** class she studied specimens of rock.
  그녀는 지질학 시간에 암석 샘플을 공부했다.

global [glóubəl] a.공 모양의, 지구의, 세계적인(worldwide)

globe(n.공, 지구)+al의 결합.

세계화 시대에 맞춰 '코오롱글로벌, SK글로벌'처럼 회사명에 글로벌(global)이란 단어를 흔히 사용하고 있습니다.

- globe [gloub] n.공, 지구(the earth)
- I understand the seriousness of **global** warming.
  난 지구 온난화의 심각성을 알고 있어.

keen [ki:n] a.날카로운(sharp), 예민한(sensitive), 열망하는(eager)

keen은 skilled(a.능숙한)에서 파생된 단어.

능숙한 장인은 날카롭고(sharp), 예민한(sensitive) 칼 만드는 것을 열망(eager)합니다.

- a **keen** edge 날카로운 모서리   • a **keen** nose 예민한 코
- He **is** very **keen to** go abroad. 그는 해외에 나가기를 매우 원한다.

naughty [nɔ́:ti] a.(아이)버릇없는, 무례한(rude, impolite)

nau(없는=no)+ghty(것=thing)의 결합.

'**예의 개념이 없는=버릇없는, 무례한**'입니다. naughty는 nothing(zero)에서 파생된 단어로, 아이들이 무례한 것은 예의가 nothing인 것이죠.

- Tom was a **naughty** boy, but his heart was good.
  톰은 버릇없는 소년이었지만, 마음은 착했다.

radiate [réidièit] vt.(열, 빛, 기쁨)내뿜다 vi.사방으로 퍼지다

rad(빛=ray)+iate의 결합.

'빛과 열을 내뿜다=방사하다, 방열하다'입니다.

- radiation [rèidiéiʃən] n.방사선, 방열
- She **radiates** an enthusiasm for everything she does.
  그녀는 자신이 하는 모든 일을 위해 열정을 발산한다.

expert [ékspə:rt] n.전문가, 숙련가, 달인, 명인 a.숙달된, 노련한

expert는 experiment(실험)에서 파생된 단어.

'반복적인 실험을 통해 능숙해진 사람=전문가, 숙련가'입니다.

- a linguistic expert 어학 전문가
- an expert in economics 경제학의 전문가
- He is considered a leading **expert** in the area.
  그는 이 분야에서 최고의 전문가로 간주된다.

warfare [wɔ́:rfɛ̀ə:r] n.전투(battle, combat), 전쟁

war(전쟁)+far(가다=go)+e의 결합.

'군인이 전쟁터에 가서 하는 것=전투, 전쟁'입니다.

- There are many articles and books on Anglo-Saxon **warfare**.
  앵글로색슨족의 전쟁에 관한 많은 기사와 책이 있다.

patrol [pətróul] n.순찰, 패트롤 v.순찰(순시)하다

pat(패턴=pattern)+rol(굴러가다=roll)의 결합.

'일정한 패턴을 갖고 돌아다니는 다니는 것=순찰'입니다. **패트롤** 카(patrol car-순찰차)는 방범 등을 목적으로 일정한 패턴을 갖고 지역을 순회하지요.

- When we're on **patrol** duty we go out in teams of two.
  우리는 순찰 임무 중일 때 2명으로 구성된 팀으로 나갑니다.

satire [sǽtaiə:r] n.풍자, 빈정거림, 비꼼

[새타이어] ▶ 구입한 [새 타이어]가 헌 타이어보다도 못하다고 **빈정거리는** 모습을 연상.

- political satire 정치적 풍자 • social satire 사회적 풍자
- Her novel was a sharp **satire** on life in the 80s.
  그녀의 소설은 80년대의 삶에 관한 신랄한 풍자였다.

octopus [áktəpəs] n.문어, 낙지

octo(8)+pus의 결합.

'**다리가 8개인 동물=문어, 낙지**'입니다. October(10월)의 octo는 8을 의미. October는 원래 8월이었는데 율리우스 시저가 자기 이름을 본 따 7월을 July로 만들고, 아우구스투스가 자기 이름을 본 따 8월을 August라고 함에 따라 7, 8월에 다른 이름이 끼어들어 October가 8월에서 10월로 밀려났습니다.

- Animals like an **octopus** and a crab do not have a backbone.
  문어나 게와 같은 동물들은 등뼈를 가지고 있지 않아.

vigor [vígər] n.활기, 활력, 힘(power), 원기

[비거] ▶ **힘(활력)** 있는 골프선수의 공 [비거]가 더 멀리 간다.

- vigorous [vígərəs] a.원기 왕성한, 활발한, 강력한
- Ginseng is the best for lack of **vigor**.
  활기(원기) 부족에는 인삼이 최고야.

twinkle [twíŋkəl] vi.반짝반짝 빛나다, 반짝이다 n.반짝임

twinkle(vi.반짝이다)은 wink(vi.반짝이다)에서 파생된 단어.

<u>twin</u>kle의 wink에 밑줄 치세요. 동요 '반짝반짝 작은 별'은 영어로 twinkle twinkle little star입니다.

- wink [wiŋk] vi.윙크하다(눈을 깜박이다), 반짝이다
- Is there any time when stars do not **twinkle**?
  별이 반짝이지 않을 때도 있나요?

tact [tækt] n.재치(wit), 요령

음식 배달에 흔히 사용하는, 기어 없는 오토바이 브랜드에 **택트**(tact)가 있습니다. 조금의 **재치와 요령**만 있으면 누구나 몰 수 있는 오토바이라는 것이죠.

- He has the **tact** to avoid a crisis.
  그는 위기를 모면하는 재치(요령)를 갖고 있어.

margin [máːrdʒin] n.가장자리(끝부분), 여백, 차이, 판매이익(마진)

'**노 마진**(no margin) 상품'은 판매 이익이 남지 않는 상품이죠. margin은 '끝(edge)'이란 뜻으로, 물건을 판매한 후 비용을 제외하고 맨 끝에 남는 것이 판매이익이기 때문에 '**끝**'에서 '**판매이익**'이란 뜻이 파생됩니다. 책의 상하좌우 끝부분은 여백이 있지요.

- He won the election by a narrow **margin**.
  그는 선거에서 근소한 차이로 이겼다.
- The company have zero **margin** on their products.
  그 회사는 제품에 판매이익(마진)이 없어.

court [kɔːrt] n.안마당(코트), 법정

코트(court)는 중세시대 왕이 사는 궁전의 **안마당**입니다. 궁전의 안마당에서 왕이 운동하면 운동장(테니스코트, 농구코트)이 되고, 안마당에서 왕이 신하들과 함께 법을 집행하면 **법정**이 되지요.

- The **court** needs any material evidence.
  법정은 물질적 증거를 필요로 한다.

feint [feint] n.거짓 꾸밈(하는 척함), 공격하는 시늉 vi.거짓 공격을 하다

축구 중계방송에서 공격**하는 척** 하면서 수비를 따돌리는 전술로 **페인트**모션(feint motion)이란 말을 자주 듣게 됩니다. 펜싱, 권투, 배구 등에서도 흔히 듣게 되지요.

- faint [feint] vi.기절(졸도)하다 a.(빛, 소리, 냄새, 의식 등)희미한
- He made a **feint** of studying hard. 그는 열심히 공부하는 척했다.
- He **feinted** to pass the ball and then shot it into the net.
  그는 패스하는 척 하다가 공을 네트에 던져 넣었다.

mania [méiniə] n.열중, 열광, ~광

한 가지 일이나 어떤 분야에 몰입하는 사람을 뜻하는 **마니아**(mania)는 그리스어로 '**광기**'라는 뜻. 열광(熱狂)의 狂은 '미칠 광'입니다.

- maniac [méiniæk] a.미친(insane) n.미치광이, (편집광적인)애호가
- His interest in stamp collecting has become a **mania**.
  우표 수집에 대한 그의 관심은 광적이 되었다.

feign [fein] v.~인 체하다(pretend, assume), 가장하다

[풰인] ▶ **페인**(pain-통증)이 **있는 척**(feign)하다

- I didn't want to go to school, and decided to **feign** illness.
  나는 학교 가기 싫어서 아픈 척하기로 결심했다.

disclose [disklóuz] vt.드러내다, 공개하다, 폭로하다

dis(분리=off)+close(vt.덮다, 닫다=shut)의 결합.

'**덮어 놓은 덮개를 분리시키다=드러내다**(expose, uncover, unveil, reveal)'입니다. 덮어 놓은 덮개를 분리시키는 것은 안에 있는 것을 드러내고, 공개하고, 폭로하는 것입니다.

- The film **discloses** the reality of human rights conditions in North Korea.
  그 영화는 북한의 인권 상황 현실을 폭로하고 있다.

Day 69

yell [jel] vi.소리 지르다, 외치다(cry, shout) n.외침소리

[옐] ▶ '그 [옐] 잡아요. 도둑이에요'라고 **소리쳤다**.

- It isn't against the rules to **yell** during a game.
  경기 중에 고함을 지르는 것은 규칙 위반이 아니야.

flinch [flintʃ] vi.겁을 먹다, 움찔하다

[플린치] ▶ [팔]에 [린치]를 가해 **움찔하다**.
린치(lynch)는 정당한 법적 구속에 의하지 아니하고 잔인한 폭력을 가하는 것입니다.

- unflinching [ʌnflíntʃiŋ] a.겁먹지 않는, 위축되지 않는
- Why did you **flinch** when I touched your arm? 내가 너의 팔 건드렸을 때 왜 움찔했어?

agriculture [ǽgrikʌ̀ltʃər] n.농업(farming)

agri+cult(경작하다, 재배하다=grow)+ure의 결합.

'농작물을 재배하는 것=농업'입니다.

- **Agriculture** evolved slowly over thousands of years.
  농업은 수천 년에 걸쳐 서서히 발달했다.

culture [kʌ́ltʃər] n.재배(cultivation), 문화 vt.재배하다(cultivate)

cult(경작하다, 재배하다=grow)+ure(명접)의 결합.

'농작물을 경작하고 정착 생활을 하면서 만들어진 것=문화'입니다.

- They imposed their **culture** and language on this country.
  그들은 자기의 문화와 언어를 이 나라에 강요했다.

cultivate [kʌ́ltəvèit] vt.경작(재배)하다(grow), 계발하다(develop)

cult(경작하다, 재배하다=grow)+iv+ate의 결합.

농작물을 경작하고 재배하듯 교육이나 훈련을 통하여 사람을 키우는 것은 계발하는 것이죠.

- The villagers **cultivate** mostly corns and beans.
  그 마을 사람들은 대부분 옥수수와 콩을 재배(경작)한다.

indulge [indÁldʒ] vi.빠지다(addict), 탐닉하다   vt.(욕구)충족시키다

in(부정=not)+dulge(서약=pledge)의 결합.

'**서약을 지키지 않다=빠지다, 탐닉하다**'입니다. 무엇에 깊이 빠져 지키기로 맹세했던 서약을 지키지 않은 것에서 유래. 탐닉은 욕구를 충족시키는 것이기 때문에 '**탐닉하다**'에서 '**욕구를 충족시키다**'는 뜻이 파생됩니다.

- There are so many things we can **indulge** in.
  우리가 빠질(탐닉할) 수 있는 것들이 너무 많아.

vowel [váuəl] n.모음 a.모음의

모음은 '**아**, 에, 이, 오, **우**'입니다. 우리 집 늑대개 [바울]이는 '아~우'하며 짖는데 [**바울**]이는 **모음**을 아는 개죠.

- She sounded the **vowel** to release the tension in her face.
  그녀는 얼굴의 긴장을 풀기 위해 모음 소리를 냈다.

consonant [kánsənənt] n.자음 a.자음의, 일치하는(with)

con(함께=with)+son(소리=sound)+ant의 결합.

'**모음과 함께 결합하여 소리를 내는 음=자음**'이고, '**함께 같은 소리를 내는=일치하는**'입니다. 'ㄱ, ㄴ, ㄷ~'과 같은 자음은 단독으로 소리를 내지 못하고 'ㅏ, ㅔ, ㅣ~'와 같은 모음과 함께 결합하여 소리를 내지요. 일본의 유명 가전회사 소니(Sony)의 son은 '소리'로, 처음에는 라디오를 전문으로 생산하는 기업이었습니다.

- Today, the Korean alphabet has 14 **consonants** and 10 vowels.
  오늘날 한글은 14개의 자음과 10개의 모음이 있습니다.

double [dÁbəl] a.두 배의, 이중의 n.두 배 vt.두 배로 하다

dou(둘=two)+ble의 결합.

dou는 duo(듀오-two)의 변형입니다. 결혼정보업체 **듀오(duo)**는 **두** 사람을 맺어주는 일을 하지요.

- How long can you possibly lead a **double** life?
  넌 이중생활을 얼마 동안 할 수 있을 것 같니?

centennial [senténiəl] a.100년의

cent(100=hundred)+enn(해=year)+ial의 결합. cent는 100을 나타냅니다.

- Next year is the **centennial** of his death.
  내년은 그가 죽은 지 100년이 되는 해다.

centimeter [séntəmì:tər] n.센티미터(cm)

cent(100=hundred)+i+meter(미터-길이 단위)의 결합.

'**1m를 100(cent)으로 나눈 것=센티미터**'입니다.

- My hair grows about two **centimeters** a month.
  나의 머리카락은 한 달에 약 2cm 자란다.

millennium [miléniəm] n.천년

mill(1000=milli=thousand)+enn(해=year)+ium의 결합.

1999년 말에는 컴퓨터가 2000년 이후의 연도를 제대로 인식하지 못해 모든 기계가 멈출지도 모른다는 **밀레니엄** 버그(Millenium Bug-**천년** 오류) 논쟁으로 시끄러웠습니다.

- How did you celebrate the **millennium**?
  당신은 새 천 년을 어떻게 축하하셨어요?

henceforth [hènsfɔ́ːrθ] ad.앞으로, 그 이후로

hence(ad.지금부터)+forth(ad.앞으로)의 결합.

henceforth, henceforward는 동의어로, 주로 격식을 갖추어야 문어체 표현에 사용.

- hence [hens] ad.그러므로(therefore), 지금부터
- forth [fɔːrθ] ad.앞으로(forward)
- **Henceforth**, Friday 31 July 1925 became known as 'Red Friday'.
  그 이후로, 1925년 7월 31일 금요일은 '피의 금요일'로 알려지게 되었다.

divide [diváid] vt.나누다(part, split), 쪼개다 vi.나뉘다, 쪼개지다

di(분리=dis=off)+vide(나누다=separate)의 결합.

'**분리하고 나누다=나누다**'입니다.

- division [divíʒən] n.분할, 분류, 나눗셈
- Can it ever be right to **divide** a mother from her child?
  어미와 자식을 갈라놓는 것이 과연 옳을 수 있는가?

wrist [rist] n.손목

'목록, 명부'라는 뜻의 리스트(list)는 발음이 [list]입니다. 손목 wrist[rist]와 혼동하지 않도록 하세요.

- Avoid this exercise if you have **wrist** problems.
  손목에 문제가 있으면 이 운동을 피해 주세요.

vessel [vésəl] n.배(선박)(ship), 그릇(container), 혈관

[베셀] ▶ 임진왜란 당시 경상 우수사 [배설]이 배를 타고 도망치는 장면 연상.

배(ship)는 물건을 싣는 큰 그릇이고, 인체에 피를 담고 있는 그릇은 혈관이기 때문에 '배'에서 '**그릇, 혈관**'이란 뜻이 파생됩니다.

- a merchant vessel 상선(상업용 배)   • a blood vessel 혈관
- This **vessel** holds a lot of water.
  이 그릇은 많은 물을 담는다.

brutal [brúːtl] a.짐승 같은, 잔인한(cruel)

brutal이란 단어를 보면 '브루투스 너마저도!(You, too, Brutus!)'가 생각납니다. 브루투스는 카이사르(시저)가 총애하는 장군이었는데 시저를 암살했지요. '**브루투스 같은**=**짐승 같은, 잔인한**'입니다.

- brute [bruːt] n.짐승(beast) a.짐승 같은, 잔인한
- He is still remembered as the most **brutal** leader in history.
  그는 여전히 역사상 가장 잔인한 지도자로 기억되고 있다.

bulk [bʌlk] n.큰 규모, 대부분(the~)

마트에 가면 상품을 낱개로 포장하지 않고 여러 개를 넣어 **대용량**으로 포장한 **벌크**(bulk) 제품이 많습니다. 운동선수들이 체지방과 근육을 크게 늘리는 것을 벌크업(bulk up)이라고 합니다.

- Do you offer discounts on **bulk** purchases? 대량 구매에 할인해 주나요?
- **The bulk** of the expenses was collected from the members.
  비용 대부분은 회원들로부터 수금(모금)되었다.

budget [bʌ́dʒit] n.예산 v.예산을 세우다

budget은 프랑스어 bouge(지갑, 주머니)에서 유래한 단어로, 주머니에 돈을 모아 1달이나 1년 예산을 잡지요.

- I'm on a limited **budget**, you know.
  너도 알다시피, 나는 제한된 예산에 의존하고 있어.

clinic [klínik] n.진료소, 진찰실, 병원, 상담소(교정소)

길거리 간판이나 각종 홍보물에서 **클리닉**(clinic-**진료쇼**)이란 단어를 흔히 볼 수 있습니다. 병원 **진료소**에서 일반적인 **상담소**로 의미가 확장.

- a dental clinic 치과 진료소   • a vocational clinic 직업 상담소
- a speech clinic 언어 장애 교정소   • a golf clinic 골프 강습소

frequent [fríːkwənt] a.빈번한, 자주 일어나는 vt.자주 방문하다

[프리퀀트] ▶ 권투 도장에 **자주 가서** [프리]하게 [권투]하다.

- frequent trips 자주 가는 여행   • a frequent customer 단골손님
- **Frequent** strikes are damaging the economy of the country.
  빈번한 파업이 그 나라의 경제를 손상시키고 있다.

cocoon [kəkúːn] n.누에고치

코쿤(Cocoon)족은 누에고치에서 유래한 단어로 **누에고치**처럼 생활하는 나홀로족입니다. 외부 세상으로부터 도피하여 집이나 차, 가상현실(사이버 공간) 등 자신만의 안전한 공간에 머물려는 칩거증후군의 사람들을 코쿤족이라고 합니다.

strait [streit] n.해협(channel)

strai(잡아당기다=strain)+t의 결합.

'육지와 육지를 잡아당겨 만든 폭이 좁은 바다=해협'입니다. 대한해협은 한반도와 일본을 잡아당겨 만들어진 좁고 긴 바다지요.

- The **Straits** of Dover parts England from the Continent.
  도버 해협은 유럽 대륙으로부터 영국을 분리한다.

frontier [frʌntíəːr] n.국경(border), 미개척 영역 a.국경의

front(n.앞쪽)+ier의 결합.

'한 나라의 가장 앞쪽=국경'입니다. 국경은 수도에서 먼 앞쪽으로 미개척 영역을 나타냅니다.

- It wasn't difficult then to cross the **frontier**.
  그 당시에 국경을 넘는 건 어려운 일이 아니었다.

fund [fʌnd] n.자금, 기금, 공채, 국채, (지식)축적 vt.(채권)투자하다

사업이나 어떤 목적에 사용하는 돈을 **자금(펀드)**이라고 합니다. **기초자금**을 줄여서 **기금**이라고 합니다. **공채**는 **공공기관에서 자금이 필요할 때 발행하는 채권**이고, **국가에서 자금이 필요할 때 발행하는 채권은 국채**입니다.

- The **fund** wants a hundred dollars of the sum needed.
  필요한 금액에서 자금이 100달러가 부족해.

shortage [ʃɔ́ːrtidʒ] n.부족(want, lack), 결핍, 결함(fault, defeat)

short(a.부족한, 짧은=want)+age(상태)의 결합.

'무엇이 부족한 상태=부족, 결핍'입니다.

- The **shortage** of water grew all the more serious. 물 부족은 더욱더 심각해졌다.

shortcut [ʃɔ́ːrtkʌt] n.지름길

short(a.짧은, 부족한)+cut(자르다)의 결합.

'걷지 않아도 되는 길을 잘라내고 짧은 거리로 가는 길=지름길'입니다.

- Do you know of a **shortcut** to City Hall? 시청으로 가는 지름길을 알고 계세요?

shorthand [ʃɔ́ːrthænd] n.속기 a.속기의 v.속기하다

short(a.짧은, 부족한)+hand(손)의 결합.

'짧은 시간에 누군가의 말을 손으로 기록하는 것=속기'입니다. 속기는 사람의 음성언어를 점, 선, 원, 위치, 방향, 길이 등의 부호를 사용하여 발언 속도에 따라 짧게 기록한 후 이를 다시 문자 언어화하는 것입니다.

- He took the notes in **shorthand**.
  그는 속기로 메모를 했다.

cherish [tʃériʃ] vt. 소중히 하다

체리쉬 가구, 체리쉬 침대, 체리쉬 소파, 체리쉬 성형외과 등등 **체리쉬**는 상품이나 상호에 자주 등장합니다. **소중한** 당신을 위한 제품이라는 것이죠.

- I still **cherish** the letters I received from her.
  나는 그녀로부터 받은 편지들을 여전히 소중히 간직하고 있다.

Day 70

odor [óudər] n.냄새(smell), 향기(fragrance), 악취(stink)

[오우더] ▶ [오우]! [더]러운 냄새.

- She came in giving out a sweet **odor** of lilac. 그녀는 향기로운 라일락 냄새를 풍기면서 들어왔다.

witness [wítnis] n.목격자, 증인, 증언 vt.목격(증언)하다

목격자를 주인공으로 한 [위트니스]라는 제목의 영화가 상당히 많습니다. 목격자가 법정에 나오면 증인이 되어 증언하기 때문에 '**목격자**'에서 '**증인, 증언**'이란 뜻이 파생됩니다.

- If you bear false **witness**, you will be punished.
  당신이 거짓 증언(위증)을 하면, 벌을 받게 될 것입니다.

annual [ǽnjuəl] a.1년의, 1년마다의 n.연감(매년 발행), 1년생 식물

annu(1년)+al의 결합.

기념일(anniversary)은 anni(1년)+ver(돌다=turn)+sary의 결합으로 결혼기념일은 1년마다 돌아오는 것이죠.

- Our goal is to reduce our **annual** expenses by ten percent.
  우리의 목표는 연간 경비를 10% 감소시키는 것입니다.

diplomacy [diplóuməsi] n.외교, 외교술

diploma(n.공문서, 졸업 증서)+cy의 결합.

'**공문서를 갖고 국익을 위하여 움직이는 것=외교**'입니다. 국가의 공식 문서를 갖고 다른 나라와 정치적, 경제적, 문화적 관계를 맺는 일이 외교입니다.

- diploma [diplóumə] n.공문서, 졸업 증서
- He has advocated **diplomacy** based on pragmatism.
  그는 실용주의에 바탕을 둔 외교를 주장해왔다.

beard [biərd] n.턱수염

[비어드] ▶ 면도하다가 [베여도] 턱수염은 깨끗하게!

- Who's the man with the **beard**?
  턱수염이 있는 그 남자는 누구니?

eyebrow [aíbràu] n.눈썹

eye(눈)+brow(n.이마=forehead)의 결합.

'눈과 이마 사이에 있는 것=눈썹'입니다.

- My ideal man is a man with thick **eyebrows**.
  제 이상형은 짙은 눈썹을 갖고 있는 남자입니다.

cease [si:s] vt.그만두다, 멈추다(stop) vi.그치다, 끝나다(stop)

c+ease(n.편안함)으로 결합하여, 한가하고 **편안한 생활을 그만두는** 것으로 기억하세요.

- They voted to **cease** strike action immediately.
  그들은 즉시 파업을 멈추기 위해 투표를 했다.

cereal [síəriəl] n.곡물, 곡류 a.곡물의, 곡류로 만든

간편한 식사나 간식으로 곡물로 만든 시리얼(cereal-곡물)을 많이 먹지요. 시리얼을 단순한 상표명으로 알고 있는 사람이 적지 않습니다.

- Barley is a type of **cereal**, like rice and wheat.
  보리는 쌀이나 밀과 같은 곡물의 한 종류입니다.

ditch [ditʃ] n.도랑(개천), 배수구 vt.~에 도랑 파다

U자 또는 V자형의 **도랑**이나 **배수구**를 디치(ditch)라고 합니다. 볼링장 레인의 양옆에 패어 있는 골, 골프장의 도랑이나 배수구, 산악자동차 경기에서 자동차 바퀴가 깊게 파놓은 골을 모두 영어로 디치(ditch)라고 합니다.

- The car ran off the road into a **ditch**.
  그 차는 도로를 벗어나 도랑에 처박혔다.

bulletin [búlətin] n.게시, 공고 vt.게시하다, 공고하다

bullet(n.총알)+tin의 결합.

'날아가는 총알처럼 빠른 소식을 알려주는 것=게시, 공고'입니다.

- Would you please post this on the **bulletin** board for me?
  저 대신에 게시판에 이것 좀 붙여 주시겠어요?

fetch [fetʃ] vt.가서 가져오다(get), 가서 데려오다

가서 물건이나 사람을 catch 해서 오는 것이 fetch입니다. 물건이면 가져오는 것이고, 사람이면 데리고 오는 것이죠.

- Can you **fetch** us the bill, please? 계산서를 가져다주시겠습니까?
- Why don't you **fetch** him over? 그를 이리로 데려오는 게 어때?

pierce [piərs] v.꿰뚫다(penetrate), 관통하다

귀나 배꼽 등 신체의 특정 부위를 **꿰뚫어** 장신구로 치장하는 것을 **피어싱**(piercing)이라고 합니다. 요즘은 piercing을 한 사람들을 흔히 볼 수 있지요.

- Harmful jellyfish has stingers that can **pierce** the skin.
  해로운 해파리는 피부를 관통할 수 있는 침을 가지고 있다.

fierce [fiərs] a.야만스런, 사나운(savage)

pierce와 fierce는 철자와 발음이 유사. 피어싱(piercing)은 신체를 꿰뚫기 때문에 피(p)가 납니다. piercing은 보수적인 사람 입장에선 약간 야만스런(fierce) 것이죠.

- She seems quite **fierce**, but actually she has a gentle side.
  그녀는 아주 사나워 보이지만, 실제로는 부드러운 측면도 있어.

gloomy [glúːmi] a.어두운(dark), 우울한(melancholy)

[글루미] ▶ 먹 [구름이] 몰려와 **어둡고, 우울한**.

먹구름이 몰려오면 어두워지고, 사람은 환경의 지배를 받기 때문에 어두운 분위기엔 우울해집니다.

- gloom [gluːm] n.어둠(darkness), 우울
- I feel a bit down today from the **gloomy** weather.
  나는 우울한 날씨로 오늘 기분이 좀 다운되어 있어.

battle [bǽtl] n.싸움, 전투, 전쟁 vi.싸우다 vt.~와 싸우다

bat(n.방망이 vt.때리다)+tle의 결합.

'방망이로 서로서로 때리다=싸우다(fight)'입니다.

- His father was the single survivor of the **battle**.
  그의 아버지는 그 전투의 유일한 생존자였다.

haunt [hɔːnt] vt.~에 (귀신)출몰하다, (안 좋은 기억)떠오르다

[혼트]의 [혼]에서 공원에 **출몰한다**는 **혼령**(귀신, 유령)을 떠올려 보세요.

- haunted [hɔ́ːntid] a.귀신이 나오는, 홀린
- People say ghosts **haunt** that old house.
  저 오래된 집에 유령이 출몰한다고 해.

lodge [lɑdʒ] n.오두막집, 숙소 vt.숙박(투숙, 하숙)시키다 vi.숙박(투숙, 하숙)하다

사냥꾼들이 오두막집을 만들어 살고 있는데, 지나가는 사람들이 하루 묵게 해 달라고 하여 약간의 돈이나 물건을 받고 숙박시키면서 '오두막집'에서 '숙박, 투숙, 하숙'이란 뜻이 파생되었습니다.

- We are going to **lodge** in this hotel tonight.
  우리는 오늘 이 호텔에서 숙박할 예정이다.

readily [rédəli] ad.기꺼이, 손쉽게

ready(a.준비되어 있는)+ly의 결합.

무엇을 할 준비가 되어 있다는 것은 **기꺼이** 하겠다는 것이고, 준비가 되어 있으면 **손쉽게** 바로 사용할 수 있지요. '기꺼이'의 사전적 의미는 '마음속으로 기쁘게'입니다.

- Most people **readily** accept the need for laws.
  대부분의 사람은 법의 필요성을 기꺼이 받아들인다.
- All ingredients are **readily** available from your local store.
  모든 재료는 현지 상점에서 손쉽게 구할 수 있다.

landscape [lǽndskèip] n.풍경(scenery, scene), 경치

land(n.땅)+scape(경치)의 결합.

육지 경치는 landscape, 바다 경치는 seascape, 구름 경치는 cloudscape입니다.

- The tower does not assimilate with the **landscape**. 그 탑은 그곳의 풍경에 어울리지 않아.

skeleton [skélətn] n.뼈대, 골격, 해골

머리를 정면으로, 엎드린 자세로 썰매를 타고 경사진 얼음 트랙을 활주하는 스포츠 **스켈레톤**(skeleton)은 몸의 **뼈대**로 균형을 잡아야 합니다. 사람이나 동물의 뼈대, 골격이란 뜻에서 확장되어 건물, 계획, 글의 뼈대란 의미로도 자주 사용됩니다.

- The human **skeleton** consists of 206 bones. 인간의 뼈대는 206개의 뼈로 구성되어 있다.

menace [ménəs] n.위협, 협박(threat) v.위협하다(threaten)

men(남자들)+ace의 결합.

'**남자들을 보내다=위협하다**'입니다. 사채업자들이 돈 받으러 갈 때 조폭같이 생긴 건장한 남자들을 보내는 것은 위협하고 협박하는 것이죠.

- They believe that bikes are a **menace** to pedestrians.
  사람들은 자전거가 보행자에게 위협이 된다고 생각한다.

nervous [nə́ːrvəs] a.신경의, 신경이 예민(과민)한

nervous는 nerve(n.신경, 용기)+ous의 결합으로, nerve의 형용사형입니다.

- Don't be too **nervous** about what people say.
  사람들이 하는 말에 대해 너무 예민하게 반응하지 마.

meadow [médou] n.풀밭, 목초지(pasture)

양들이 **메**(mea)~, **메**(mea)~ 거리면서 풀을 뜯어 먹는 곳은 **풀밭**입니다.

- Cattle are grazing in the **meadow**.
  소들이 초원에서 풀을 뜯어 먹고 있네요.

skim [skim] vt.스치듯 지나가다, 걷어내다 vi.대충 읽다

skim은 표면을 스치듯 지나가는 것입니다. 찌개를 끓이면 찌꺼기가 위에 뜨는데 국자로 스치듯 지나가는 것은 찌꺼기를 걷어내는 것이고, 신문이나 책장을 넘기면서 눈이 스치듯 지나가는 것은 대충 읽는 것이기 때문에 '**스치듯 지나가다**'에서 '**걷어내다, 대충 읽다**'는 뜻이 파생.

- This report has **skimmed** the surface of the subject.
  이 보고서는 주제의 표면만 스치듯 지나갔다.

penetrate [pénitrèit] vt.꿰뚫다(pierce), 관통하다 vi.통과하다

[팬이츄레이트] ▶ 어떤 [**팬이**] [**츄레이**]닝을 입고 정문을 **뚫고** 들어오는 모습 연상.

- Our eyes can not **penetrate** the darkness.
  우리 눈은 어둠 속을 꿰뚫어 볼 수 없습니다.

sacrifice [sǽkrəfàis] n.희생(물)(victim), 제물 vt.희생하다

sacri(신성한=sacred)+fice의 결합.

'**신에게 보내는 신성한 것=제물**'입니다. 신에게 바치는 신성한 양은 희생물, 제물입니다.

- He was willing to **sacrifice** his life for his country.
  그는 나라를 위해 기꺼이 자신의 목숨을 희생했다.

halt [hɔːlt] n.멈춤(stop), 정지 vt.멈추게 하다 vi.멈추다, 정지하다

halt는 hold(vt.붙잡다)에서 파생된 단어로, 움직이는 것을 붙잡으면 정지시키는 것입니다.

- The patrolman signed for them to **halt** there.
  순찰차는 거기에 정지하라고 그들에게 신호를 보냈다.

core [kɔːr] n.중심(부), 핵심

과일 한가운데 씨가 있는 과일의 속, 전선의 심, 지구의 핵과 같은 **중심부**를 **코어**(core)라고 합니다. 가장 가운데 있기 때문에 핵심이라고 합니다. 뉴**코아**백화점, 두산인프라**코어**는 코어가 들어간 회사명이죠. **코어**(core)란 제목의 영화가 있는데 지구의 **핵**까지 들어가 활동이 멈춘 지구의 핵을 돌게 만든다는 공상과학 영화입니다.

- Industrial workers are the **core** of industry.
  산업 근로자들이 산업의 핵심입니다.

authority [əθɔ́ːriti] n.권위, 권한, (정부)당국

author(n.저자)+ity의 결합.

'**저자가 갖게 되는 것=권위**'입니다. 유명한 저자는 권위를 갖게 되고, 자신의 저작물에 대한 고유 권한을 갖기 때문에 '**저자**'에서 '**권위, 권한**'이란 뜻이 파생.

- The committee acted beyond the limits of their **authority**.
  그 위원회는 권한의 범위를 넘어서 행동했다.

thigh [θai] n. 허벅지(넓적다리)

춤추며 노래하는 가수 **싸이(Psy)**는 튼튼한 **싸이(thigh-허벅지)**를 갖고 있습니다.

- A bullet went through his **thigh**.
  총알이 그의 넓적다리를 관통했다.

sheer [ʃiəːr] a. 순전한, 완전한

[쉬어] ▶ 사장이 그만 [쉬어]라고 했을 때 그 말을 믿고 쉬는 사람은 **완전히 순전한** 사람.

- It is **sheer** hypocrisy for him to go to church.
  그가 교회에 다닌다는 것은 완전한 위선이야.

banner [bǽnər] n. 깃발, 현수막, 슬로건 a. 최고의, 뛰어난

ban(무리=band)+ner의 결합.

'**한 무리(밴드)가 이동할 때 맨 앞에 들고 가는 것=깃발, 슬로건**'입니다. 전쟁 영화나 올림픽 경기를 보면 무리 맨 앞에는 자신들이 누구임을 밝히는 깃발을 앞세우지요. 뒤따르는 군사(선수)는 그 깃발을 보고 움직입니다. 깃발을 쥐고 있는 군사(선수)는 최고의, 뛰어난 군사(선수)이기 때문에 '**깃발**'에서 '**최고의, 뛰어난**'이란 뜻이 파생. 인터넷 화면에서 깃발처럼 펄럭이는 광고를 배너광고라고 합니다.

- band n. 떼, 무리(group), 한 무리의 사람들(party), 밴드(악단) vt. 끈으로 묶다
- The American athlete held the red, white and blue **banner**.
  미국 육상 선수는 성조기를 들고 있었다.
- Last year was a **banner** year of my life.
  작년은 내 생애 최고의 해였어.

Day 71

chap [tʃæp] n. 놈, 녀석, 동물의 턱

[챕] ▶ 나쁜 **놈**에게 [**챕**]을 날리는 모습 연상. chap은 구어체 단어입니다.

- He isn't such a bad **chap** really.
  그는 사실 그렇게 나쁜 녀석이 아니야.

psalm [sɑːm] n. 찬송가, 성가(hymn)

[삼] ▶ 예수의 [**삶**]을 **찬송**하는 **찬송가**. p는 묵음입니다.

- They are now chanting a **psalm**.
  그들은 지금 찬송가를 부르고 있다.

anxiety [æŋzáiəti] n. 열망(desire), 걱정(care, worry), 근심(concern)

간절히 열망하는 것은 이뤄지지 않을까 걱정하고 근심하기 때문에 '**열망**'에서 '**걱정, 근심**'이란 의미가 파생.

- anxious [ǽŋkʃəs] a. 걱정하는(worry), 열망하는(eager)
- Her voice was full of **anxiety**.
  그녀의 목소리는 근심(걱정)으로 가득했다.

frame [freim] n. 틀(액자), 뼈대(structure), (안경)테

프레임(frame)은 사진이나 그림을 넣은 **틀**입니다. 동물이나 사람의 뼈대, 건물이나 차량의 뼈대를 프레임이라고 하는데, 여러 개의 틀로 구성되어 있기 때문입니다. 영화나 만화의 한 장면도 프레임이라고 하는데, TV 화면이 액자와 같은 4각형의 틀이기 때문. 안경테도 하나의 틀이죠.

- The **frame** is made of steel.
  그 뼈대(틀)는 강철로 만들어져있다.
- How about trying on this **frame**?
  이 안경테 한번 써 보시죠?

usher [ʌ́ʃər] n. 안내인, 접수원(receptionist) vt. 안내하다(show)

[어셔] ▶ 식당이나 호텔 등에서 [**어서**] 오라고 인사하는 사람은 **안내인, 접수원**.

- The **usher** conducted me into the seat.
  안내인이 나를 자리로 안내해 주었다.

chaos [kéiɑs] n.혼돈(confusion), 무질서(disorder)

무질서해 보이지만 그 속에 규칙이 있고 질서가 있다는 것이 **카오스 이론**(chaos theory)으로, 이를 응용한 카오스 세탁기도 출시되어 있지요.

- Without rules, people would live in a state of **chaos**.
  규칙이 없다면 사람들은 혼란(무질서) 상태에서 살 것이다.

doze [douz] vi.(꾸벅꾸벅)졸다 n.졸기, 겉잠

만화를 보면 꾸벅꾸벅 조는 모습에 zzzz라고 되어 있습니다. doze의 z일까요? doze에 왜 off를 붙이는지 '영숙어쇼크' 색인에서 찾아 읽어보세요.

- You're late everyday and **doze off** in class. 넌 매일 지각하고 수업 중에 졸아.

haze [heiz] n.아지랑이, 안개(fog), 스모그

[헤이즈] ▶ 따끈한 [헤이즐] 넛 커피잔에서 피어오르는 **아지랑이**를 연상.

haze가 아지랑이인지, 안개인지, 스모그인지는 눈에 보이는 모습으로 판단합니다.

- **Haze** is formed by small solid particles in the atmosphere.
  스모그는 대기 중의 미세한 고체 입자들에 의해 생깁니다.

aquarium [əkwéəriəm] n.수족관, 수족관 건물

aquar(물=water)+ium의 결합.

물속에 사는 동식물을 관찰, 체험할 수 있도록 만든 대형 **수족관**을 **아쿠아리움**(aquarium)이라고 하는데 롯데월드, 코엑스, 부산 등에 있습니다.

- Our **Aquarium** has enough fish for people to look at.
  우리 수족관은 사람들이 구경할 물고기가 충분합니다.

flame [fleim] n.불꽃(blaze), 화염, 정열, 격정 vi.타오르다(blaze), (얼굴)붉어지다

frame과 flame은 철자가 비슷하기 때문에 함께 기억해야 합니다. 자동차가 flame(타오르다) 하면 frame(뼈대)만 남지요. 불타오르는 화염(flame)은 위쪽(↑)으로 치솟기 때문에 철자 l이 들어 있고, 타고 남은 자동차 뼈대(frame)는 ㅁ 모양이기 때문에 r입니다. 사람의 가슴속에 타오르는 불길은 정열, 격정이죠.

- The gas can explode if it meets a **flame**. 가스는 불꽃을 만나면 폭발할 수 있어.

skyscraper [skáiskrèipəːr] n.마천루, 초고층 건물

sky(하늘)+scraper(조각내는 것)의 결합.

'**높이 솟아 하늘을 조각내는 건물**=**마천루**'입니다. 마천루는 하늘을 찔러 조각낼 정도의 높은 망루로 초고층 건물을 뜻합니다.

- scrap [skræp] n.작은 조각, 스크랩(신문 등에서 오려낸 조각) vt.조각으로 만들다
- The company is planning to build a **skyscraper** in Seoul.
  그 회사는 서울에 초고층 빌딩을 지을 계획이다.

vibrate [váibreit] vi. 진동하다, 떨다 vt. 진동시키다

트로트 가수는 목소리를 **진동시키는 바이브레이션(vibration)**이 상당히 중요합니다. 저자인 저는 Rock을 좋아하고, 즐겨 부르는 노래는 할로윈(Halloween)의 명곡 A tail that wasn't right입니다.

- Please check that your cell phone is turned off or switched to **vibrate** mode.
  휴대폰이 꺼져있거나 진동 모드로 전환되어 있는지 확인하세요.

starve [stɑ:rv] vi. 굶주리다, 굶어 죽다 vt. 굶기다, 굶어 죽게 만들다

starve는 die(죽다)라는 뜻이었는데, die of cold(추워 죽다)라는 의미로 축소되었다가 다시 의미가 바뀌어 die of hunger(굶어 죽다)가 되었습니다.

- The animals were left to **starve** to death.
  그 동물들은 내버려져 굶어 죽었어.

ape [eip] n. 원숭이(monkey), 유인원 vt. ~을 흉내 내다(mimic)

원숭이는 흉내를 잘 내는 동물이기 때문에 '**원숭이**'에서 '~을 흉내 내다'라는 뜻이 파생.

- We used to **ape** the teacher's accent.
  우리는 선생님의 말투를 흉내 내곤 했다.

gradual [grǽdʒuəl] a. 단계적인, 점진적인

grade(n. 등급, 단계)+ual의 결합.

'**단계를 밟아가는=단계적인, 점진적인**'입니다. 1단계에서 3~4단계로 점프하지 않고 2단계, 3단계로 단계를 밟아 올라가는 것이 단계적이고, 점진적인 것입니다.

- The economy is showing signs of **gradual** recovery.
  경제가 점진적인 회복 신호를 보이고 있다.

flaw [flɔ:] n. 결함(defect, fault), 흠, 흠집(crack) v. 흠집을 내다

[플로] ▶ 도배를 마친 후에 [풀로] 흠집 난 곳을 붙여주세요.

- The accident was caused by a **flaw** in the controls.
  사고는 조종 장치의 결함(하자) 때문에 일어났다.
- The only **flaw** in his character seems to be a short temper.
  그의 성격에서 유일한 흠은 급한 성질인 것으로 보인다.

headquarters [hédkwɔ̀:rtərz] n. 본부(head office), 본사, 사령부

head(n. 두뇌)+quarters(n. 4분의 1)의 결합.

'**두뇌의 4분에 1이 모인 곳=본부, 본사, 사령부(군대)**'입니다.

- Have you ever been to the **headquarters** in Seoul?
  서울에 있는 본사에 가 보신 적이 있나요?

weave [wiːv] v.짜다, 엮다

건설회사 두산의 아파트 브랜드는 [위브]인데, 천을 **짜듯이** 튼튼하게 잘 지은 집이라는 의미입니다. 천은 짤 때는 여러 실을 엮어서 짜기 때문에 '**짜다**'에서 '**엮다**'는 의미가 파생.

- We learned how to **weave** cloth. 우리는 천을 짜는 방법을 배웠다.
- She **weaved** history and fiction carefully together into a story.
  그녀는 역사와 허구를 조밀하게 엮어 하나의 이야기를 만들었다.

grade [greid] n.등급, 학년, 단계(step, degree) vt.등급을 매기다

업그레이드(upgrade−등급을 높이다)는 기존 제품보다 grade(등급)를 높이는 것. 1학년은 first grade, 2학년은 second grade입니다.

- What **grade** did you get in the examination?
  너 시험에서 몇 등급 받았어?

swell [swel] vi.붓다, 부풀다, 증가(팽창)하다 vt.증가(팽창)시키다

빵이 잘 swell(부풀다) 했을 때 좋은 smell(냄새)이 나지요. 크기, 수량, 길이와 같은 수치가 부푸는 것은 증가하고 팽창하는 것입니다.

- Your sprained ankle will **swell** up soon.
  너의 삔 발목은 곧 부어오를 거야.

runny [rʌ́ni] a.콧물(눈물)이 흐르는, 물기가 많은

run(vi.달리다)+ny의 결합.
'**코에서 물이 아래로 달리는=콧물이 흐르는**'입니다.

- I have a **runny** nose, sore throat and a cough.
  콧물이 나고, 목도 아프고 기침도 납니다.

option [ɑ́pʃən] n.선택권, 옵션

옵션(option)은 opt(vt.선택하다)의 명사형으로 '**선택권**'입니다. 자동차를 구입할 때 선루프, 가죽시트 등은 선택해도 되고 선택하지 않아도 되는 옵션입니다. choice(n.선택)과 option(n.선택권)은 동의어가 아니지요.

- I haven't much **option** in the matter.
  난 그 문제에 많은 선택권을 가지고 있지 않아.

beast [biːst] n.짐승(brute), 야수

6인조 남성 아이돌그룹 비스트(beast)가 있는데, 방송에서 흔히 **짐승돌**(짐승+아이돌)로 소개합니다.

- The Bible says 666 is the Number of the **Beast**.
  성서는 666이 짐승의 숫자라고 한다.

throne [θroun] n.왕좌, 왕위

[쓰로운] ▶ 왕관 [쓰]고 외 [로운] 곳은 **왕좌, 왕위**입니다.

- The girl of humble condition ascended to the **throne**.
  미천한 신분의 소녀가 왕위에 올랐다.

flee [fli:] vi.달아나다, 도망치다(run away)

탈북자는 free(자유)를 위하여 북한에서 flee(도망치다) 한 사람이죠. flee와 같은 발음인 flea[fli:]는 벼룩입니다.

- Some peoples in Africa at that time had to **flee** for safety.
  그 당시 아프리카의 몇몇 민족은 안전을 위해 도망칠 수밖에 없었다.

rust [rʌst] n.(금속의)녹 vi.녹이 슬다 vt.녹슬게 만들다

rust(녹) 앞에 t를 붙이면 trust(n.신뢰, 신용)입니다. trust(신용)에 rust(녹)가 슬면 사업이나 인간관계에 실패하게 됩니다.

- As **rust** eats away iron, so does care eat away the heart.
  녹이 쇠를 부식하듯이 근심은 마음을 좀먹는다.

primitive [prímətiv] a.원시(시대)의, 원시적인

prim(최초의=prime)+itive의 결합.

'인류에게 최초의 시기인=원시시대의, 원시적인'입니다.

- prime [praim] a.첫째의, 가장 중요한, 최초의, 원시적인 n.전성기
- **Primitive** people believed that evil spirits made diseases.
  원시시대 사람들은 악한 영혼들이 질병을 일으킨다고 믿었다.

steer [stiə:r] vt.몰다(drive), 조종하다(control) vi.조종을 하다

자동차 운전자라면 파워 **스티어링**(power steering)이란 단어를 알고 있을 것입니다. 힘을 들이지 않고 부드럽게 **조종**할 수 있는 차의 핸들로 요즘은 기본 사양입니다.

- She **steered** the team to victory. 그녀는 팀을 승리로 몰고 갔다. vt.
- You row and I'll **steer**. 네가 노를 저으면 내가 조종을 할게. vi.

slum [slʌm] n.슬럼가(街), 빈민굴

극빈층이 사는 **빈민굴**을 **슬럼**(slum)이라고 하는데, 흑인 슬럼가인 할렘(Harlem)이 유명합니다.

- You'd better not walk around that dangerous **slum** at night.
  밤에는 그 위험한 슬럼가를 돌아다니지 않는 것이 좋아요.

devour [diváuər] vt. 게걸스럽게 먹다, 마구 삼키다, (책)마구 읽어대다

de(아래=down)+vo(목=voice)+ur로 결합.

'음식물을 닥치는 대로 목구멍 아래로 넘기다=마구 삼키다'입니다.

- The fire **devoured** two hundred houses.
  그 불은 200채의 집을 마구 삼켜버렸다.
- He is a great reader and **devours** plenty of books.
  그는 대단한 독서가라 많은 책을 마구 읽어댄다.

voracious [vouréiʃəs] a. 식욕이 왕성한, (지식)열렬히 탐하는

vo(목=voice)+rac(경주, 질주하다=race)+ious로 결합.

'음식물을 목구멍 아래로 질주하듯 넘기는=식욕이 왕성한'입니다.

- This dog is too **voracious** for me to keep.
  이 개는 내가 키우기에는 식욕이 너무 왕성해.
- He has a **voracious** appetite for knowledge.
  그는 열렬한 지식욕을 갖고 있어.

beckon [békən] n. (손, 몸짓)신호(signal) v. 신호하다

[베컨] ▶ 주방장이 [베(이)컨] 요리가 끝났으니 가져가라고 **신호**하는 모습 연상.

- He **beckoned** (to) me to come in calmly.
  그는 조용히 들어오라고 나에게 신호했다.

Day 72

artery [ɑ́:rtəri] n. 동맥

[아트리] ▶ 그의 [아들이] 동맥을 끊어 자살했어요.

artery(동맥)와 vein[vein](정맥)을 함께 기억하세요.

- The road is the main **artery** between Seoul and Busan.
  그 도로는 서울과 부산 사이의 (교통) 대동맥이다.

beep [bi:p] n. 삑 하는 소리 v. 삑 소리를 내다

휴대폰이 일반화되기 전에 삐삐(beeper)가 것이 있었습니다. 삐삐거리는 신호음이 울리면서 호출 전화번호가 액정에 나타나는 방식이었는데, beep은 '삐'하고 울리는 소리입니다.

- Try not to **beep** the horn when driving.
  운전할 때 경적을 울리지 않도록 하세요.

drought [draut] n. 가뭄

drought는 draw(끌어당기다)에서 파생.

'태양이 대지의 습기를 끌어당겨 물이 부족한 현상=가뭄'입니다.

- If this **drought** lasts long, the crops will suffer greatly.
  이 가뭄이 오래 지속하면 농작물은 크게 해를 입을 것이다.

era [íərə] n. 시대(period), 시기(epoch), 획기적인 사건(날)

[이어러] ▶ 신임 대통령은 획기적인 **시대**를 [이어라].

- He is considered one of the greatest boxers of his **era**.
  그는 자기 시대 최고의 복서로 간주된다.

chapel [tʃǽpəl] n. 예배(worship), 예배당

기독교인이거나 기독교 재단 학교에 다닌 사람이라면 채플(chapel)이 무엇인지 알 것입니다. 채플(예배)이 별도의 교과목으로 되어 있어 이수하지 않으면 졸업을 할 수 없답니다.

- Attendance at **chapel** is mandatory for students.
  예배에 참석하는 것은 학생들에게 필수입니다.

bend [bend] vt.구부리다, 굴복시키다, 왜곡하다 vi.구부러지다, 굴복하다

똑바른(올바른) 것을 구부리는 것은 왜곡하는 것이고, 상대의 머리를 구부리는 것은 굴복시키는 것이기 때문에 '**구부리다**'에서 '**왜곡하다**', '**굴복시키다**'는 뜻이 파생.

- bendable a.구부릴 수 있는, 융통성이 있는
- **Bend** over and put your hands to the ground. 허리를 구부려 손을 땅에 대 보세요.
- The city council was forced to **bend** to public pressure.
  시 위원회는 대중의 압력에 굴복할 수밖에 없었다.

draft [dræft] n.밑그림, 초안, 징병, 드래프트제도

draft는 drag(끌어당기다)에서 파생된 단어. 마우스로 드래그하듯 연필로 종위 위를 끌면 밑그림(초안)이 되지요. 군대에서 전국에 있는 신병을 끌어당기면 징병, 팀에 필요한 선수를 끌어당기면 신인선수를 선발하는 드래프트(draft)가 됩니다.

- Here is our **draft** of the contract. Please review it. 우리의 계약 초안입니다. 검토해 주세요.

equip [ikwíp] vt.갖추다, 장착하다

equip은 어부가 배에 필요한 장비를 갖추고 장착하는 것에서 유래한 단어입니다.

- equipment [ikwípmənt] n.장비, 설비
- My school is **equipped** with a swimming pool and a language lab.
  우리 학교는 수영장과 어학 실습실이 갖춰져 있다.

hearth [hɑːrθ] n.난로, 가정(생활)

heart는 'n.심장, 마음, 사랑'이고, h를 붙인 hearth는 장작불을 지펴 **가정**을 따뜻하게 하는 **난로**입니다. 따뜻한 난로 옆에 가족이 모이니까 난로가 가정생활의 중심이죠.

- I felt comfortable watching the **hearth** fire. 나는 난롯불을 보면서 편안함을 느꼈다.

paw [pɔː] n.(발톱 있는 동물의)발, 손 vt.할퀴다(scratch)

[포오] ▶ [포오]크 모양의 동물의 **발**. 아래 문장을 들으면 상당히 불쾌하겠지요.

- Take your **paws** off me. 네 발(손)을 나에게서 떼.

moral [mɔ́rəl] a.도덕(윤리)의, 도덕적인(ethical)

모럴해저드(moral hazard)는 '**도덕적 해이**'란 뜻으로 매체에 자주 등장합니다. moral hazard는 핵심정보를 가진 고위공직자나 회사의 임원들이 자기만 가진 유리한 정보나 조건을 이용해 다른 사람들을 희생시켜 이득을 취하는 행위입니다.

- Some people have **moral** objections to cloning animals.
  어떤 사람들은 동물 복제에 대해 윤리적인 거부감을 갖고 있다.

morale [mərǽl] n.사기, 의욕(motivation)

등산복 브랜드에 머랠(Merrell)이 있습니다. 직원들에게 고급 **머랠** 등산복을 사 주면 **머랠**(morale-사기)이 높아질 것입니다.

- You need to do something to boost her **morale**.
  너는 그녀의 의욕(사기)을 북돋을 무언가를 할 필요가 있어.

needle [níːdl] n.바늘, 침, 침엽수 잎

needle은 바늘, thread[θred]는 실입니다. needle에는 바늘 모양의 l이 들어 있어 바늘과 실을 쉽게 구분할 수 있습니다.

- Can you thread a **needle** with one eye closed?
  너는 한쪽 눈을 감고 바늘에 실을 꿸 수 있어?

arrest [ərést] vt.끌다(attract), 체포하다, 구속하다 n.체포, 구속

경찰은 강도, 폭행, 방화 등 범법 행위로 주의를 끄는 사람들을 체포하여 구속하기 때문에 '**주의를 끌다**'에서 '**체포하다, 구속하다**'는 뜻이 파생됩니다.

- arrestment[ərést mənt] n.체포(apprehension, capture), 구속
- She has the charm to **arrest** people. 그녀는 사람들을 끄는 매력을 갖고 있어.
- When they come out, **arrest** them right away. 그들이 나올 때, 즉시 그들을 체포해.

throat [θrout] n.목(구멍), 식도

트로트(trot)를 잘 부르려면 **쓰로트**(throat-목구멍)에서 떨리는 소리를 잘 내야 합니다.

- I can't speak more clearly. I have a frog in my **throat**.
  더 이상 분명히 말할 수가 없어요. 목이 꽉 잠겼어요.

nod [nad] vi.고개를 끄떡이다, 인사하다, 꾸벅꾸벅 졸다(doze) n.끄떡임

고개를 끄떡이는 동작은 말하는 상황에 따라 '인사하다, 동의하다, 꾸벅꾸벅 졸다'란 뜻이 됩니다.

- Don't **nod off**. 꾸벅꾸벅 졸지 마.
- A **nod** is a sign of agreement. 끄떡이는 것은 동의의 표시야.

panic [pǽnik] n.공포, 공황, 패닉 vi.패닉에 빠지다, 허둥지둥하다

pan(사람과 염소가 결합된 괴물)+ic의 결합.

'**이상한 괴물을 본 후에 느끼는 것=공포**(scare, fear, terror, fright, horror, dread)'입니다. 그리스 신화에 나오는 Pan은 산과 들에 살면서 가축을 지키는 신으로, 허리 위쪽은 사람의 모습이고 아래는 염소의 다리와 뿔을 가진 괴물. 흔히 패닉 상태란 말을 자주 사용합니다.

- You were the only one who didn't **panic**.
  너는 패닉(공포, 공황)에 빠지지 않은 유일한 사람이었어.

orientation [ɔ̀ːriəntéiʃən] n.오리엔테이션(적응 교육, 예비교육)

오리엔테이션(orientation)은 신입생(신입사원)처럼 새로운 시작에 놓인 사람들에게 시작을 위한 적응 교육, 예비 교육을 시키는 것입니다.

- The **orientation** will last one week. 오리엔테이션은 1주일간 계속될 것입니다.

peep [piːp] vi.찍찍 울다, 엿보다 n.찍찍, 엿보기

peep은 병아리나 쥐의 울음소리입니다. 쥐들은 찍찍거리며 고양이가 있는지 엿보지요.

- I took a **peep** into their special days at the camp.
  나는 캠프에서 그들의 특별한 날들을 엿보았다.

rational [rǽʃənl] a.이성적인(reasonable), 합리적인

ratio(n.비율, 비)+nal의 결합.

'**비율에 맞게=이성적인, 합리적인**'입니다. 기준 없이 아무렇게나 주는 것이 아니라 미리 정해 놓은 비율대로 주는 것은 이성적인, 합리적인 배분이죠.

- ratio [réiʃo] n.비, 비율 • the ratio of men to women 남녀 성 비율
- No **rational** person would behave like that.
  이성적인 사람이라면 그렇게 행동하지 않을 것이다.

realm [relm] n.왕국(kingdom), 영역(범위)

[렐음] ▶ 부하가 **왕국**을 [**낼름**] 집어삼켰다.

하나의 왕국은 다스릴 수 있는 범위(영역)가 있기 때문에 '**왕국**'에서 '**영역**'이란 뜻이 파생. realm은 문어체 단어이고, 구어에서는 kingdom을 사용합니다.

- He has devoted all his life to the **realm** of science.
  그는 자기 일생을 과학 영역에 바쳐왔다.

sacred [séikrid] a.신성한(holy), 종교적인

신성한 영웅들이 등장하여 적을 격파하는 세이크리드(sacred)라는 이름의 시리즈 게임이 있습니다.

- They consider the temple to be a **sacred** place.
  그들은 그 사원을 신성한 장소로 여긴다.

saint [seint] n.성인(sage), 군자 같은 사람

미국의 유명 도시 세인트루이스(Saint Louis)는 맨 처음 프랑스령이었는데, 프랑스 국왕 '성인(saint) 루이 14세'를 본 따 이름 지은 것입니다. 도시 이름이 '성인 루이'라는 것이죠.

- The children were all named after **saints**.
  그 아이들은 모두 성인의 이름을 따서 작명되었다.

orient [ɔ́:riènt] n.동양, 동쪽(east) vt.동쪽으로 향하게 하다

ori(떠오르다=rise)+ent의 결합.

'**해가 떠오르는 곳=동쪽, 동양**'입니다. 동양을 오리엔트(orient)라고 하는 것은 동양이 해가 떠오르는 동쪽이기 때문.

- A long time ago, Europe did not know about the **orient**.
  오래전에 유럽은 동양에 대해 알지 못했다.

scare [skɛəːr] vt.겁주다(threaten), 겁나게 하다 vi.겁먹다

[스케어] ▶ 의사는 헬스케어(health care-건강 돌보기) 하라고 환자에게 **겁준다**.

- He tried to **scare** us but we ignored him.
  그는 우리를 겁주려 했지만 우리는 그를 무시했다.

threat [θret] n.협박(menace), 위협

thread(n.실, 줄)로 교수형에 처하겠다고 threat(협박) 하는 영화 장면을 떠올려 보세요.

- thread [θred] n.실, 가는 줄   • threaten [θrétn] v.협박(위협)하다
- He seemed to be frightened by the boss's **threat** to fire him.
  해고하겠다는 사장의 위협에 그는 겁을 먹은 듯했다.

scatter [skǽtəːr] vt.흩뿌리다(sprinkle), 흩어지게 만들다 vi.뿔뿔이 흩어지다

[스캐터] ▶ 경기 후 [스케이트]를 신은 하키 선수들이 **뿔뿔이 흩어지는** 모습을 연상.

- **Scatter** a cup of flour on top of the dough.
  반죽 위에 한 컵의 밀가루를 뿌리세요.

character [kǽriktər] n.(등장)인물(person), 성질(특성), 성격, 인격, 문자(letter)

캐릭터(character)의 원래 뜻은 '인물(사람, 인간)'입니다. 소설이나 영화 속에 나오는 인물은 '등장인물'이죠. '**인물**'에서 인물이 갖고 있는 '**성질, 성격, 인격**'이란 뜻이 파생.

- characterize [kǽriktəràiz] vt.~의 특징을 나타내다 vi.성격을 나타내다
- cartoon characters 만화의 등장인물들
- Chinese characters 한자(중국 문자)
- Stop an attack on his **character**.
  그의 인격에 대한 공격을 그만해.
- They are much alike in **character**.
  그들은 성격이 매우 비슷해.

instill [instíl] vt.(사상)심어주다, 불어넣다

in(안에)+still(물방울=drop)의 결합.

'마음속에 한 방울씩 떨어뜨리다=심어주다(inspire), 불어넣다'입니다. 라틴어 instillare(한 방울씩 떨어뜨리다)가 영어에 유입된 단어로 라틴어로 stilla는 물방울입니다. 사람의 마음속에 물방울 떨어뜨리듯 조금씩 사상을 스며들게 하는 것은 사상을 심어주는 것이죠.

- Good leaders **instill** a sense of ownership in their members.
  훌륭한 리더는 구성원들에게 주인의식을 심어줍니다.

comet [kámit] n.혜성

com(빗=comb)+et의 결합.

어느 날 갑자기 여자의 긴 머리처럼 긴 꼬리를 드리우고 나타나는 별이 혜성입니다. 그래서 혜성(comet)에 긴 머리를 빗는 빗(comb)이 들어 있는 것이죠.

- No South Korean has ever discovered a **comet** until now.
  지금까지 혜성을 발견한 한국인은 없어.

heir [ɛər] n.상속인, 후계자(successor)

heir(n.상속자, 계승자)와 air(n.공기, 하늘)는 발음이 같습니다. 100억을 상속받는 상속자(heir)는 공중(air)에 붕 떠 있는 느낌 아닐까요?

- She made her nephew her **heir**.
  그녀는 조카를 상속자로 삼았다.

linger [líŋɡər] vi.(오래)머물다(stay long), 남아있다(remain)

병원에서 링거(Ringer) 주사를 꽂고 있는 환자들을 흔히 볼 수 있지요. Ringer는 링거액을 고안한 영국 의사의 이름. Ringer를 맞으면 주사액이 천천히 떨어지기 때문에 침대 위에서 오래 물러야 합니다. linger는 침대 위에서 **오래 머물러야** 하는 Ringer 주사를 떠올리세요.

- Perhaps the event will **linger** long in our memory.
  그 사건은 아마도 오래도록 우리의 기억에 남아 있을 것입니다.

Day 73

beverage [bévəridʒ] n.(물 이외의)마실 것, 음료

[배버리지] ▶ 탄산**음료**를 많이 마시면 [배 버리지].

- Coffee is a popular **beverage** all over the world. 커피는 전 세계에서 인기 있는 음료이다.

ashamed [əʃéimd] a.부끄러워하는(of)

as+shame(n.부끄럼, 수치=disgrace)+ed(have)의 결합.
'**부끄럼을 갖고 있는=부끄러워하는**'입니다. 서술적용법으로만 사용합니다.

- shame [ʃeim] n.부끄럼, 수치
- You should **be ashamed of** yourself. 넌 너 자신을 부끄럽게 생각해야 해.

estate [istéit] n.재산(property), 토지

e(밖에=ex=out)+sta(서 있다=stand)+te의 결합.
'**밖에 서 있는 돈이 되는 것=재산, 토지**'입니다. 산, 정원, 포도나무, 방앗간 등 밖에 서 있는 모든 것은 재산입니다.

- I will invest all of my money in real **estate**. 내가 가진 돈 전부를 부동산에 투자할 거야.

drip [drip] n.물방울 vt.똑똑 떨어뜨리다 vi.똑똑 떨어지다

핸드 **드립**(hand drip) 커피는 손으로 원두커피 가루에 물을 부어 커피를 종이 필터에 통과시켜 물방울처럼 **똑똑 떨어뜨려** 커피를 추출하는 방식을 말합니다.

- **Drip** some sesame oil on top before eating. 먹기 전에 위에 참기름을 조금 뿌려라.

dreary [dríəri] a.우울한(gloomy, melancholy), 황량한, 따분한

[드리어리] ▶ 하루 종일 먹구름이 [드리워] 우울한.

dreary는 원래 '피를 흘리는(bloody)'이란 뜻이었는데 '우울한, 따분한'이란 뜻으로 의미 변화. 과거 영국에서 영국 국교인 성공회를 믿지 않는 사람들을 고문하고 화형에 처해 사람을 태우는 연기가 끝없이 피어오르던 시기가 있었습니다. 피 흘리는 모습을 보는 것은 **우울한** 일이고 오랜 기간 보면 **따분해** 지지요.

- a dreary film 따분한 영화   a dreary man 따분한 사람
- It was a **dreary** day, cold and without sunshine.
  춥고 햇빛도 없는 우울한 날이었다.

betray [bitréi] vt.(비밀)누설하다(reveal, disclose), 배신하다

be(있다)+tra(거래=trade)+y의 결합.

'**기밀 따위를 몰래 거래한 일이 있다=누설하다, 배신하다**'입니다. 정보나 기술을 몰래 팔아넘긴 일이 있으면 기밀을 누설한 것이고 배신한 것이죠.

- trade [treid] n.매매, 거래 • betrayal n.배신, 배반
- Remember! Your efforts will never **betray** you! 기억해! 너의 노력은 결코 너를 배신하지 않을 거야!

charity [tʃǽrəti] n.자선, 자선단체(양육원, 요양원), 자선사업

가장 일반적인 자선은 필요 물품을 마차에 싣고 가서 가난한 사람들에게 나눠주는 것이기 때문에 자선(charity)에는 차(char=car)가 들어 있습니다.

- He does many questionable things in the name of **charity**.
  그는 자선이란 이름으로 여러 가지 수상한 짓을 해.
- The old man contributed all his property to **charity**.
  그 노인은 자신의 전 재산을 자선 단체에 기부했다.

swear [swɛər] vi.맹세하다(vow), 선서하다, (법)선서하고 대답하다

s+wear(입고 있다)로 결합하여, 의사가 흰옷을 입고 히포크라테스 앞에 선서하고, 신부님이 사제복을 입고 하나님 앞에 맹세하는 모습을 연상하세요.

- I **swear** I'll never leave you. 결코 당신을 떠나지 않겠다고 맹세해요.

belly [béli] n.배, 복부

배를 흔들거나 비틀며 추는 춤을 **벨리** 댄스(belly dance)라고 합니다.

- Look at that big **belly** of the middle-aged man over there. 저기 중년 아저씨의 큰 배를 봐.

erase [iréiz] vt.지우다(efface), 없애다, 말소하다, 삭제하다(delete)

e(밖으로=out)+rase(지우다)의 결합. erase와 raze는 동의어입니다.

마음속에서 지우고 없애는 것은 잊어버리는 것이고, 기록을 지우고 없애는 것은 말소하고 삭제하는 것입니다. **이레이져**(eraser)라는 제목의 영화가 있는데 사람의 기억을 인위적으로 **지우고** 조작하는 내용입니다.

- raze [reiz] vt.지우다, 없애다 • eraser n.지우는 사람, 지우개
- Are you sure you want to **erase** the file in the drive? 드라이브에 있는 파일을 지우시겠습니까?

throng [θrɔŋ] n.군중(crowd), 인파 v.떼 지어 모이다

[쓰롱] ▶ [쓰]나미 몰려오듯 [롱](길게) 모여든 **군중**을 보세요.

- A **throng** of people gathered to hear the political candidate.
  그 정당 후보자의 연설을 들으려고 군중들이 모여들었다.

article [áːrtikl] n.(계약)조항, 물건(item, thing), 물품, (신문)기사, 사설

계약서는 여러 조항으로 구성되어 있지요. '**조항(clause)**'에서 여러 부품을 결합하여 만든 '**물건, 물품**'이란 의미로 확장.

- an article of furniture 가구 1점
- domestic articles 가정용품
- **Article** 10 of the European Convention guarantees free speech.
  유럽 협약 제10조 항은 언론의 자유를 보장하고 있다.
- The newspaper **article** has many misprints.
  이 신문 기사에는 오타가 많이 있어.

esteem [istíːm] n.존중, 존경(respect) vt.~로 간주(생각)하다(regard), 존경하다

[이스팀] ▶ [이 스팀] 청소기 만든 사람을 정말 **존경해**.

- I **esteem** real ability more than academic titles.
  나는 학력보다는 실력을 더 존중한다.

flesh [fleʃ] n.살(고기), 과육

flesh(n.살, 피부)와 fresh(a.신선한)은 철자가 비슷합니다.

- We often cook the lobster and eat the **flesh** inside the shell.
  우리는 종종 바닷가재를 요리해서 껍질 속의 살을 먹습니다.

bet [bet] n.내기 vt.(돈)걸다, 확신하다(assure), 장담하다

베팅(betting-돈 걸기)은 일상생활에서 흔히 쓰는 말이죠. 1번 말에 돈을 건다는 것은 1번 말의 승리를 확신하고 장담하는 것이기 때문에 '**돈을 걸다**'에서 '**확신하다, 장담하다**'는 뜻이 파생됩니다.

- I **bet** he will win this game. 이번 게임은 그가 이길 거라고 장담해.

grain [grein] n.곡물 낟알, 아주 조금(미량)

곡식의 낟알은 아주 작기 때문에 '**낟알**'에서 '**아주 조금**'이란 뜻이 파생됩니다.

- I can't imagine a marriage without a **grain** of love.
  나는 조금의 애정도 없는 결혼은 상상할 수도 없어.

murmur [máːrməːr] v.중얼거리다, 투덜거리다 n.중얼거림, 불평

[머어머어] ▶ [머어머어] 거리며 **중얼거리다**.

[머어머어]는 중얼거리는 소리와 비슷하죠. 동의어로 mutter[mʌ́təːr], mumble[mʌ́mbəl]가 있는데 모두 mu로 시작하는군요.

- My friend paid up the bill without any **murmur**.
  내 친구는 어떠한 불평도 없이 돈을 냈다.

numb [nʌm] a.(추위 등)감각이 없는, 마비된(paralyzed)

[넘] ▶ [넘] 추워서 온몸이 **마비된**.

- I've just been to the dentist and my face is still **numb**.
  방금 치과를 다녀와서 아직도 얼굴에 감각이 없어.

grab [græb] vt.붙잡다(grasp, grip, take), 움켜쥐다

나는 성추행을 한 것이 아니라 그냥 엉덩이를 그랩(grab) 했다고 말한 어떤 정치인이 기억납니다. grab은 손으로 움켜쥐는 것이죠.

- You have to **grab** that opportunity.
  너는 그 기회를 붙잡아야 해.

pentagon [péntəgàn] n.오각형

penta(5=five)+gon의 결합.

미국 국방부를 **펜타곤**(the pentagon)이라고 하는 것은 건물 모양이 오각형이기 때문. 오각형 건물은 어디든지 있을 수 있기 때문에 the를 붙여 하나뿐인 국방성 건물을 나타냅니다.

- hexagon [héksəgàn] n.육각형(hexa=six)

thrust [θrʌst] vt.밀다(push), 찌르다(pierce)

thrust에서 철자 h를 빼면 trust(신뢰)가 됩니다. trust(n.신뢰)를 저버린 배신자를 밀어 넘어뜨리고 칼로 thrust(찌르다) 하는 영화의 한 장면을 연상하세요.

- He **thrust** a dagger into his enemy's heart.
  그는 원수의 가슴에 비수를 꽂았다.

fling [fliŋ] n.던지기, 투척 vt.던지다(throw), (말)퍼붓다

fling은 fly(날리다)+ing(~것)의 결합.

'날려 보내는 것=던지기'입니다. 말을 막 던지는 것은 말을 퍼붓는 것이죠.

- She **flung** off her dress and jumped into the bed.
  그녀는 옷을 벗어 던지고 잠자리로 뛰어들었다.

swarm [swɔ:rm] n.(벌레)떼, 무리, 다수 vi.모여들다

[스웜] ▶ **떼** 지어 [스]멀스멀 기어가는 [웜=worm=벌레]**떼**를 보세요.

- A **swarm** of locusts passed over the field like a cloud.
  메뚜기 떼가 구름처럼 들녘을 지나갔다.

rubbish [rʌ́biʃ] n.쓰레기(trash), 쓰레기 같은 것(말)

rub(vt.문지르다)+bish의 결합.

'**문지르면 발생하는 부스러기=쓰레기**'입니다.

- Do we have to listen to this **rubbish** music?
  우리가 이 쓰레기 같은 음악을 들어야 해?

lecture [léktʃəːr] n.강의, 강연 v.강의(강연)하다

lect(말하다=talk)+ure의 결합.

'**강사가 사람들 앞에서 말하는 것=강의, 강연**'입니다.

- I feel like a new man after I listened to your **lecture**.
  당신의 강의를 들은 후로 저는 새로 태어난 사람 같습니다.

legend [lédʒənd] n.전설, 신화(myth)

leg(말하다=talk)+end의 결합.

'**말로 전해져 내려오는 위대한 이야기=전설, 신화**'입니다. 이승엽 선수는 우리나라 프로야구의 살아있는 레전드(legend)죠.

- He is considered a **legend** in the baseball world.
  그는 야구계에서 전설로 여겨진다.

elegy [élədʒi] n.비가(悲歌), 애가

e(밖에서=ex)+leg(말하다=talk)+y의 결합.

'**밖에서(무덤) 애도의 말과 함께 부르는 노래=슬픈 노래**'입니다.

- A song or poem expressing sorrow is called an **elegy**.
  슬픔을 표현한 시나 노래를 애가(비가)라고 한다.

rug [rʌg] n.작은 바닥 깔개, 양탄자

인테리어 소품 쇼핑몰에 들어가면 소가구, 쿠션, 러그(rug), 소품과 같은 항목이 있습니다. 러그(rug)는 **작은 카펫**입니다.

- The floor was covered with a beautiful Persian **rug**.
  마루는 아름다운 페르시아 양탄자로 덮여 있었다.

exodus [éksədəs] n.탈출(escape), 떠남

엑소더스(exodus)는 종교적으로는 모세가 이스라엘 민족들을 이끌고 이집트에서 탈출한 성서의 출애굽기를 의미하고, 일반적으로는 많은 사람이 동시에 특정 장소를 떠나는 상황을 의미합니다.

- The **exodus** of young adults from agricultural areas is becoming worse over time.
  시간이 지남에 따라 젊은이들의 이농 현상이 더욱 가속화되고 있다.

ensure [enʃúər] vt. 책임지다, 보증(보장)하다

en(만들다=make)+sure(확실한=certain, positive)의 결합.

'확실한 상태로 만들다=책임지다, 보장하다(guarantee)'입니다. 상대편이 확신을 갖지 못할 때 확실하게 만드는 방법은 '내가 책임질게, 내가 보장할게, 내가 보증할게'라고 말하는 것이죠.

- I cannot **ensure** that he will keep his word.
  나는 그가 약속을 지킬 것이라고 보장할(책임질) 수 없어.

insure [inʃúər] v. 보험에 가입하다, 보험을 받다, 보증하다(guarantee, assure)

in(안에)+sure(확실한=certain, positive)의 결합.

'미래에 일어날 위험을 느끼고 확실한 상태로 들어가다=보험에 가입하다'입니다. 차를 운전하는 사람은 사고에 대한 불안감을 갖고 있기 때문에 확실한 대비책으로 보험에 가입합니다. 보험에 가입하면 보험회사는 그 책임을 보증하기 때문에 '보험에 가입하다'에서 '보증하다'라는 뜻이 파생.

- insurance [inʃúərəns] n. 보험(계약), 보험료, 보험금
- We strongly recommend **insuring** against sickness or injury.
  질병이나 상해에 대비하여 보험에 가입할 것을 강력히 권합니다.

assure [əʃúər] vt. 보장(장담, 확신, 보증)하다, (영국)보험에 들다

as(이동=ad)+sure(확실한=certain, positive)의 결합.

'확실한 영역으로 들어가다=보험에 들다(insure), 보장하다(ensure)'입니다. assure(보험에 가입하다)와 insure(보험에 가입하다)는 동의어입니다. 보험에 가입하면 보험회사는 그 책임을 보장하지요. 영국에서는 assurance를, 미국에서는 insurance를 많이 사용.

- assurance [əʃúərəns] n. 보증(guarantee), 보장, 확신(conviction), 보험(insurance)
- I **assure** you that he will come back to you.
  그가 너에게 돌아올 것이라고 장담(확신)해.

blossom [blásəm] n. 꽃 vi. 꽃을 피우다, 번영하다(thrive, flourish)

[블라슴] ▶ 화왕산이 철쭉**꽃**으로 [불났슴].

- The cherry came into **blossom** early in Seoul this year.
  올해는 서울에 벚꽃이 일찍 피기 시작했어.

Day 74

aware [əwéər] a.알고 있는

a(이동=ad)+wa(지켜보다=watch)+re의 결합.

지켜봐서 무엇인지 알고 있다는 것입니다. aware는 서술적 용법으로만 사용하고 명사를 수식하는 한정 용법으로는 사용하지 않습니다.

- I **am** well **aware of** my shortcomings.
  나는 나의 단점들을 잘 알고 있어.

chivalry [ʃívəlri] n.기사도, 기사도 정신

발음 [쉬벌리]를 [쉬](그녀)+[벌](버리지 않는)+[이](사람)로 결합하세요. '**어떠한 상황에서도 그녀를 버리지 않는 이의 정신=기사도 정신**'을 연상할 수 있습니다. 기사도는 11C 중세 서유럽에서 발생하여 봉건제도가 사라지면서 사라진 제도. 실제로 기사도 정신을 갖고 있었던 기사는 일부에 불과했습니다.

- He had a sort of instinctive **chivalry** in him.
  그에게는 일종의 본능적인 기사도 정신이 있었다.

estimate [éstəmèit] n.평가, 견적 vt.평가하다, 견적 내다 vi.견적서를 만들다

estim(평가하다=esteem)+ate의 결합.

'**평가하다**(assess, appreciate, rate, evaluate)'와 '**견적 내다, 산정하다**'는 같은 뜻이죠.

- overestimate vt.과대평가하다 • underestimate vt.과소평가하다
- You **estimate** his intellect too highly.
  너는 그의 지능을 너무 높게 평가하고 있어.

shed [ʃed] vt.흘리다, (옷)벗다, 없애다 n.헛간(barn), 창고

옷을 아래로 흘려 내리는 것은 옷을 벗는 것이죠. 흘려보내는 것은 버리고 없애는 것이기 때문에 '**흘리다**'에서 '**없애다**'는 뜻이 파생. 헛간이나 창고 같은 곳에 살면 서글퍼서 눈물을 흘리게 되지요.

- She **shed** tears as she recalled the times of war.
  그녀는 전쟁 당시를 회고하며 눈물을 흘렸다.

florist [flɔrist] n.꽃장수, 꽃가게

flower(꽃)+artist(예술가)의 결합.

꽃을 예술적으로 이용해 부가가치를 창출하는 전문직 종사자를 **플로리스트**(florist)라고 합니다.

- I bought a bunch of flowers from the **florist** living next door.
  나는 옆집에 사는 꽃장수에게 꽃 한 다발을 샀다.

mission [míʃən] n.파견, 임무, 사절단, 포교단 vt.(사절로)파견하다

miss(보내다=send)+ion의 결합.

'멀리 보내는 것=파견(dispatch)'입니다. 미션(mission)은 어떤 임무를 수행하라고 사람을 보내는(파견하는) 것입니다. 국가에서 보내면 사절단, 교회에서 보내면 포교단이죠.

- Her **mission** is to find the spy who is planted in the police.
  그녀의 임무는 경찰에 숨어있는 스파이를 찾는 것이다.

bliss [blis] n.(더 없는)행복(happiness), 천국의 기쁨

블리스 타운, 블리스 호텔, 블리스 백화점 등 **블리스**(bliss)란 명칭을 사용하는 기업들이 있는데 고객에게 **최고의 행복**을 제공한다는 것입니다.

- No one can appreciate the **bliss** of health until he loses it.
  건강을 잃은 후에야 건강의 기쁨(행복)에 감사할 수 있다.

holy [hóuli] a.신성한(godly), 성자 같은

holiday(휴일, 축제일, 휴가)는 holy day(신성한 날)가 결합되어 만들어진 단어입니다. **휴일**(holiday)은 신이 허락한 **신성한**(holy) 날이니 즐기고 쉬라는 것이죠.

- a holy place 성지 • a holy man 성자
- The **Holy** Roman Empire ended in 1806. 신성 로마 제국은 1806년에 망했다.

leap [li:p] vi.껑충 뛰다(jump), 뛰어오르다 vt.뛰어 넘다

즉흥적으로 말하는 애드립(ad-lip), 입에 발린 소리 립스비스(lip-service), 입술에 바르는 립스틱(lipstick)의 lip(n.입, 입술)은 단모음 [lip]입니다.

- I **leap** up whenever I see a beautiful woman. 나는 아름다운 여자를 볼 때마다 가슴이 뛴다.

pledge [pledʒ] n.굳은 약속(맹세, 서약), 담보, 보증 v.맹세하다, 담보로 잡히다

지인에게 돈을 빌리면서 언제까지 갚겠다고 굳은 약속을 합니다. 신용이 부족하여 굳은 약속만으로 부족하면 토지나 건물 등을 담보로 잡히라고 하지요. 그래서 '**굳은 약속**(맹세, 서약)'에서 '**담보, 저당**'이란 뜻이 파생.

- He made a **pledge** to stop smoking. 그는 금연하겠다고 맹세했어.
- My car lies in **pledge**. 내 차는 담보 잡혀 있어.

blaze [bleiz] n.불꽃(flame), 번쩍임 vt.빛내다 vi.빛나다

[블레이즈]를 [불+레이즈]로 결합하여 번쩍이는 불꽃과 레이저광선을 떠올려 보세요.

- The **blaze** lasted for three hours. 불꽃(화염)은 세 시간 동안 지속하였다.

misery [mízəri] n.불행(unhappiness) 비참함, 고통(pain)

miser(구두쇠)+y의 결합.

'구두쇠와 함께 하는 생활=불행, 비참'입니다. 구두쇠와 함께 살면 불행하고 비참할 수밖에 없지요.

- miser [máizər] n.구두쇠, 자린고비
- Ever since his wife died, he's been in **misery**.
  아내와 사별한 뒤 그는 죽 비참하게 살아왔다.

slash [slæʃ] vt.베다(cut), 긋다, 삭감하다 n.사선, 긋기, 베기, 벤 상처

키보드 자판에는 사선 기호 슬래쉬(/)가 있습니다. slash 기호 /를 보면 '베다, 긋다'임을 알 수 있지요. 예산을 베어내는 것은 삭감(cut down)하는 것이고, 몸에 /가 있으면 칼로 벤 상처죠.

- Someone has **slashed** the tires on my car. 누군가 내 차 타이어를 그어 놓았어.

hollow [hálou] a.속이 빈, 움푹 들어간

hole(n.구멍)+low의 결합.

'속이 빈 구멍으로 있는=속이 빈'입니다.

- Bamboo is lightweight, **hollow**, but strong.
  대나무는 가볍고 속이 비었지만 단단하다.

semester [siméstər] n.한 학기, 반 학년

se(6=six)+mester(월=month)의 결합.

'6개월=한 학기'입니다.

- Does the second **semester** start in August in Korea?
  한국에서는 2학기가 8월에 시작되니?

liberty [líbəːrti] n.자유

freedom은 의무가 없는 자유로운 상태의 자유, liberty는 어떤 억압에서 벗어난 자유를 나타냅니다. 자유의 여신상(Statue of Liberty)은 영국과 적대관계에 있던 프랑스가 미국의 독립 100주년을 기념하여 만들어 준 것으로 freedom을 사용하지 않고 liberty를 사용했지요. 그것은 미국이 영국의 억압에서 벗어나 자유를 쟁취했기 때문입니다.

- Each member will be at **liberty** to state his own views.
  누구나 자신의 의견을 말하는 데 자유로울 것입니다.

liberal [líbərəl] a.자유로운, 진보적인 n.자유주의자, 진보주의자

liberal은 liberty(자유)에서 파생된 단어. 사고가 자유로우면 진보적인 사고를 갖기 때문에 '**자유로운**'에서 '**진보적인**'이란 뜻이 파생됩니다.

- I am neither conservative nor **liberal**. 나는 보수적이지도 않고 진보적이지도 않아.
- From this standpoint, he's a true **liberal**. 이 관점에서, 그는 진정한 진보주의자이다.

oval [óuvəl] a.달걀 모양의, 타원형의 n.달걀 모양, 타원체

oval은 라틴어 ovalis(달걀 모양의)가 영어에 유입된 단어입니다.

- Only an **oval** mirror was hung on the wall in the room.
  방안에는 타원형 거울 하나만이 벽에 걸려 있었다.

personnel [pə̀ːrsənél] a.직원의, 인사의

person(n.사람)+nel의 결합.

'**회사에서 일하는 사람에 관한=직원의, 인사의**'입니다.

- I am in charge of the **personnel** department. 저는 인사과를 담당하고 있습니다.

chimney [tʃímni] n.굴뚝, 애연가

굴뚝 크기 정도의 틈이 있는 바위 사이로 등반하는 것을 **침니** 등반(chimney climbing), 가스레인지 위에 냄새와 연기를 뽑아내는 **굴뚝** 설비를 **침니** 후드(chimeny hood)라고 합니다.

- It is bad for the health to smoke like a **chimney**.
  (목구멍이) 굴뚝처럼 담배를 피우는 것은 건강에 나빠.

nutrition [njuːtríʃən] n.영양, 영양공급

뉴트리빈, 뉴트리나처럼 **뉴트리**(nutri)가 들어간 화장품이나 식품들이 상당히 많습니다. 모두 **영양**을 공급한다는 의미를 갖고 있습니다.

- nutritious [njutríʃəs] a.영양의
- Proper **nutrition** is essential to maintain your health.
  건강 유지를 위하여 적당한 영양 섭취는 필수입니다.

frighten [fráitn] vt.깜짝 놀라게 만들다

fright(n.도깨비)+en(만들다=make)의 결합.

도깨비는 사람을 **깜짝 놀라게** 만들죠. 동의어 surprise, amaze, terrify, startle, alarm, astonish에 대한 종합적인 어원 설명은 '영숙어쇼크'에 있습니다.

- fright [frait] n.도깨비 형상, 공포
- Sorry, I didn't mean to **frighten** you.
  미안해요, 당신을 놀라게 하려고 한 게 아니었어요.

temper [témpə:r] n.기분, 평정심, 성질, 짜증

temp(시간=time)+er의 결합.

'**시간에 따라 달라지는 것=기분, 성질**'입니다. 사람의 기분은 처해 있는 시간에 따라 달라집니다. 게임을 할 때처럼 즐거운 시간에는 즐거운 기분, 장례식에 있을 때는 슬프고 우울한 기분을 갖게 되지요.

- Please don't lose your **temper**. It's not good for you.
  제발 화내지 마. 그건 너에게 좋지 않아.

telescope [téləskòup] n.망원경

tele(먼=far)+scope(n.영역, 범위)의 결합.

'**먼 영역까지 볼 수 있는 도구=망원경**'입니다. telescope는 멀리 있는 것을 볼 수 있는 망원경이고, microscope(현미경)는 micro(아주 작은)+scope(n.영역, 범위)의 결합입니다. 아주 작은 것은 현미경으로 봐야죠.

- scope [skoup] n.범위(range), 영역(field)
- He enjoyed looking at the stars through his **telescope**.
  그는 망원경으로 하늘 보는 것을 즐겼다.

vegetarian [vèdʒətéəriən] a.채식주의자의 n.채식주의자

맨부커상을 받은 소설가 한강의 '**채식주의자**'는 '더 **베지테어리언**(The Vegetarian)'이란 제목으로 영어로 번역되어 세계적인 베스트셀러가 되었습니다.

- In conclusion, individuals should try to become **vegetarian**.
  결론적으로, 사람들은 채식주의자가 되려고 노력해야 합니다.

warrant [wɔ́rənt] n.보증서, 영장

워런트(warrant)는 **보증서**입니다. 수색이나 체포를 해도 좋다고 법원에서 보증하는 것은 **영장**입니다.

- They had a **warrant** to search the house.
  그들은 그 집을 수색할 수 있는 영장을 갖고 있었다.

saw [sɔ:] n.톱 vt.~을 톱으로 자르다 vi.톱질하다

see의 과거형이 saw(봤다)입니다. '**톱**(saw)이 어디 있는지 **봤니**(saw)?'로 기억하면 sow(씨를 뿌리다)와 혼동하지 않습니다. sow에는 둥근 씨를 나타내는 o가 들어 있습니다.

- sow [sou] vt.(씨)뿌리다 vi.씨를 뿌리다 n.암퇘지
- He **sawed** and hammered all day.
  그는 하루 종일 톱질하고 망치를 두들겼다.

scheme [ski:m] n.계획(plan), 제도(system) vt.계획하다(plan)

scheme(계획)은 스케줄(schedule-일정표)을 만드는 것입니다.

- schedule [skédʒul] n.시간표(timetable), 일정표
- Lay a **scheme** before you do anything.
  어떤 무언가를 하기 전에 계획을 세워.

livelihood [láivlihùd] n.생계, 살림, 생활(living)

lively(a.활기찬, 기운찬)+hood(상태)의 결합.

'**가정을 활기차게 하는 것=생계, 살림**'입니다. 가족들이 경제적으로 제약받지 않고 활기차게 생활하려면 생계에 걱정이 없고, 살림살이가 넉넉해야 하지요.

- Because of the retirement his **livelihood** is in danger.
  퇴직으로 인해 그의 생계(살림)가 어려운 상황에 있다.

scale [skeil] n.눈금, 자(ruler), 저울, 규모, 등급
vt.(가파른 곳)올라가다, (비늘)벗기다, (치석)제거하다

scale은 눈금이 있는 도구로 '자, 저울'입니다. 스케일(scale)이 크다는 것은 크기를 재는 **자**가 크다는 것으로, **규모**가 크다는 것이죠. 철로 된 **자**는 생선 비늘을 **벗기는** 용도로 사용. 스케일링(scaling)은 생선 비늘을 벗기듯 치석을 제거하는 것입니다.

- Could you put the package on the **scale**?
  짐을 저울 위에 올려주시겠어요?
- We're working on a large-**scale** project.
  우리는 대규모의 프로젝트를 하고 있다.
- He has **scaled** the heights of his profession.
  그는 자기 직업에서 정상에 올랐다.

moderate [mádərèit] a.알맞은(proper, appropriate), 적당한, 온건한 n.온건주의자

mod(중간=middle)+er+ate의 결합.

'**좌우로 치우치지 않고 중간에 있는=알맞은, 적당한, 온건한**'입니다. 중간자적 입장을 취하면 온건한 사고입니다.

- **Moderate** exercise is essential for life in modern times.
  현대인에게 적당한 운동은 필수야.

Day 75

folly [fάli] n.어리석음, 바보 같은 생각(행동)

[팔리] ▶ 와인을 음미하지 않고 [빨리] 원샷 하는 것은 **바보 같은 행동**이죠.

fol(바보 같은=foolish)+ly의 결합으로 '어리석음, 어리석은 행동'입니다.

- It would be the height of **folly** to change course now.
  지금 진로를 바꾸는 것은 어리석음의 극치가 될 거야.

await [əwéit] vt.~을 기다리다

a(이동=ad)+wait(vi.기다리다)의 결합.

기다리는 것은 약속 장소에 가서 기다리는 것이죠. wait(기다리다)는 vi이기 때문에 전치사 for(~을)를 붙여서 사용하고, await(~을 기다리다)는 vt이기 때문에 뒤에 전치사 for를 붙여서는 안 됩니다.

- There's nothing to do but **await** results.
  결과를 기다리는 이외에 할 것이 없네요.

pile [pail] n.쌓아 올린 것, 더미 vt.쌓아 올리다(heap up)

file(서류철)과 pile(쌓아 올리다)은 발음에 주의. file은 [파일]이고, pile은 [파일]입니다. **file**(서류철)을 **pile**(쌓아 올리다) 해 보세요.

- You have to finish this **pile** of work by next week.
  너는 다음 주까지 이 일 더미를 처리해야 해.

blow [blou] vi.바람이 불다 vt.(바람, 나팔)불다 n.타격, 구타, 강타

권투 중계방송을 보면 바디 **블로우**(body blow)란 용어가 자주 나오는데, 몸통을 강하게 **타격(강타)**하는 것입니다.

- The weak man fainted at a **blow**.   약한 그 남자는 일격(한 번의 타격)에 기절했다.

chuckle [tʃΛkl] n.낄낄 웃음 vi.낄낄 웃다

발음[쳐클]에서 악마 인형[쳐키]가 사람을 죽이고 **낄낄 웃는** 장면을 떠올려 보세요. 꿈에 나올까 겁나는 장면이죠.

- Don't **chuckle** at the walking of a cripple.
  다리 불구자의 걸음을 보고 낄낄 웃지 마.

sewage [súːidʒ] n.하수, 오물

se(밖으로=es=ex=out)+wa(물=water)+ge의 결합.

'집, 공장, 병원 등에서 쓰고 밖으로 내보내는 물=하수, 오물'입니다.

- The **sewage** of the factory created water pollution.
  그 공장의 폐수가 수질오염을 일으켰다.

growl [graul] n.으르렁거리는 소리, 고함소리 v.으르렁거리다(at), 고함치다

growl은 개나 늑대가 으르렁거리는 소리, 천둥 따위가 우르르하는 소리입니다. 발음 [그라울]에서 [그] 늑대가 [아~우~ㄹ]하며 **으르렁거리는 소리**를 떠올려보세요. 저자인 저는 깊은 산속에서 태어난 사람으로 산에 가면 항상 [아~우~ㄹ]하며 늑대 소리를 냅니다. 멧돼지 긴장시키는 효과가 있지요. ㅎ

- The beast let out a menacing **growl**. 그 짐승은 위협하는 으르렁거리는 소리를 내뱉었다.

linguistic [liŋgwístik] a.언어의, 언어학의

linguistic(a.언어의, 언어학의)은 language(n.언어, 말, 어법)에서 파생된 단어입니다.

- lingual [líŋgwəl] a.언어의   • linguistics n.언어학   • linguist [líŋgwist] n.언어학자

- I never expected **linguistic** barriers when I went abroad.
  나는 해외에 나갔을 때 언어 장벽에 대해 전혀 예상하지 못했어.

blueprint [blúːprìnt] n.설계도, 청사진, 계획서

blue(a.푸른)+print(n.인쇄)의 결합.

블루프린터(청사진)는 과거에 기계나 건물의 **설계도**를 인쇄할 때 사용한 사진 기법입니다.

- Sorry to keep bothering you, but are the **blueprints** ready yet?
  계속 귀찮게 해서 미안한데요. 계획서가 아직 준비 안 됐나요?

liquor [líkər] n.술, (미국)독한 술, 액체

liquor는 liquid(n.액체)에서 파생된 단어.

발효, 혼합, 증류하여 사람을 취하게 하는 액체는 **술**입니다.

- The law forbids stores to sell **liquor** to minors.
  법은 상점들이 미성년자들에게 술을 파는 것을 금지한다.

scoop [skuːp] n.국자, 숟가락, (신문)특종 vt.퍼내다

아이스크림, 밀가루 등을 퍼낼 때 쓰는 작은 **국자**같이 생긴 **숟갈**을 **스쿠퍼**(scoop)라고 합니다. 현장에서 방금 퍼낸 특급 정보는 **특종**이죠.

- She **scooped** ice cream into his bowls.
  그녀는 아이스크림을 퍼내어 그의 그릇에 넣어줬다.

- The paper had a **scoop** on the scandal.
  그 신문은 스캔들(추문)에 관해 특종 보도했다.

shabby [ʃǽbi] a. 다 낡은, 초라한

건물, 옷, 물건 등이 다 낡아서 해진 상태가 shabby입니다. 낡은 옷을 입으면 사람이 초라해 보이죠.

- She appeared **shabby** next to him.
  그녀는 그 사람 옆에서 초라해 보였다.

howl [haul] vi.(개, 늑대)울부짖다 n.짖는 소리, 아우성 소리

전화 소리, 마이크 소리가 잡음이 심할 때 하울링(howling)이 심하다고 합니다. 웅웅거리는 **하울링**(howling)은 개(늑대) **짖는 소리**와 비슷하지요. 늑대개를 소재로 한 하울링(howling)이란 제목의 영화도 있습니다.

- Dogs often **howl** at the moon at night.
  개들은 종종 밤에 달을 보며 울부짖기도 합니다.

nourish [nə́:riʃ] vt.~에게 영양분을 주다

[너리쉬] ▶ 성장이 [느린 쉬(그녀)]에게 충분한 **영양분을 주세요**.

- Children need plenty of good fresh food to **nourish** them.
  아이들은 자신의 몸에 영양을 공급할 양질의 신선한 음식이 필요해요.

scent [sent] n.냄새(smell, odor), 향기(fragrance), 향수   vt.냄새 맡다

그녀에게 생일 선물로 scent(향수)를 sent 했다. scent(향수)는 send(보내다)의 과거형 sent와 발음이 같습니다.

- the scent of wild flowers 야생화의 향기   • a bottle of scent 향수 한 병
- Can you smell the **scent** of spring in the air?
  넌 공기 중에서 봄의 냄새(향기)를 맡을 수 있어?

chore [tʃɔ:r] n.일상의 잡일, 허드렛일

[초어]를 [치워]로 읽으면 집이나 사무실에서 잡동사니를 치우는 **잡일**이 연상됩니다.

- Cleaning off the table is a boring **chore**.
  식탁을 치우는 것은 지루한 허드렛일이야.

barter [bɑ́:rtər] n.물물교환   vi.물물교환하다   vt.~을 교환하다

바터(barter)는 돈으로 거래하지 않고 물건과 물건을 맞교환하는 가장 원시적인 무역입니다. 바터무역, 바터시스템, 바터제란 용어를 흔히 사용.

- **Barter** is a system of direct exchange of goods.
  물물교환은 상품을 직접 교환하는 시스템이다.
- They used to **barter** fur for provisions.
  그들은 모피를 식량과 물물교환하곤 했었다.

scorn [skɔːrn] n.경멸(contempt), 비웃음(sneer) vt.경멸하다, 비웃다

s(밖으로=es, ex=out)+corn(뿔=horn)의 결합.

'**뿔이 밖으로 빠져 없는 소=비웃음**'입니다. 시장에 팔려고 나온 소들 중에서 뿔이 빠지고 없는 소를 보고 비웃는 것에서 유래.

- She **scorned** their views as old-fashioned.
  그녀는 그들의 견해를 구식이라고 비웃었다.

moist [mɔist] a.습기 있는(dampish), 촉촉한

모이스트 크림, 모이스트 렌즈 등 **모이스트(moist-촉촉한)**가 들어간 상품이 많습니다. 모이스트 크림은 습기 있는 **촉촉한** 크림이고, 모이스트 렌즈는 건조함을 방지한 **촉촉한** 렌즈라는 것이죠.

- The **moist** soils are cracking dry these days.
  요즈음 촉촉했던 대지가 말라서 갈라지고 있습니다.

temperate [témpərit] a.(기후)온화한, 온건한(moderate)

temper(n.기분, 성질)+ate의 결합.

'**기분이 절로 좋아지는 날씨=온화한**'입니다.

- The old generally like to live in a **temperate** climate.
  노인들은 대체로 온화한 기후에서 사는 것을 좋아한다.

scan [skæn] vt.자세히 살피다, (신문)대충 훑어보다, (신체)정밀검사하다
n.대충 훑어보기, 정밀검사, 초음파 검사

스캔(scan)은 무엇인가 찾기 위해 **자세히 살펴보는** 것입니다. 엑스레이나 초음파 등을 이용하여 몸에 병이 있는지 없는지 자세히 살펴보는 것은 정밀 검사하는 것이죠. 구어에서는 신문이나 목록 등을 대충 읽어본다는 의미로도 사용합니다.

- I **scanned** the list quickly for my name.
  나는 내 이름을 찾으려고 명단을 빨리 훑어보았다.

woe [wou] n.고민, 큰 슬픔(grief, sorrow)

[워우] ▶ 소몰이 창법 [워우]를 쓸지 말지를 **고민**하는 가수의 모습을 연상.

윤도현의 명곡 '사랑 Two'에 나오는 가사 '워우워우워우워 예 널 만나면~'에는 소몰이 창법이 들어있지요. 원조 소몰이 가수인 SG워너비의 김진호는 실제로 [워우]로 소가 몰리는지를 시험해봤다고 합니다. ㅎ.

- She saw a scene of **woe** with tearful eyes.
  그녀는 눈물을 머금고 그 비통한 장면을 보았다.

pill [pil] n.알약(tablet) vt.알약을 먹이다

pill(n.알약)과 fill(vt.채우다)은 발음에 주의. pill은 [필], fill은 [퓔]입니다.

- Take one **pill** three times a day. 하루에 세 번 한 알씩 복용하세요.

vehicle [víːikəl] n.차(량), 탈 것, 운송수단

자동차, 열차, 선박, 항공기, 우주선 등 사람과 물건을 수송하는 모든 것이 vehicle.

- People would benefit greatly from a pollution-free **vehicle**.
  사람들은 무공해차로부터 큰 혜택을 볼 것이다.

prime [praim] a.첫째의, 최초의, 가장 중요한 n.처음, 전성기

로봇 영화 트랜스포머에 등장하는 옵티머스 **프라임**(Optimus Prime)은 로봇 중에서 **첫 번째**라는 것입니다. prime minister(수상)는 장관 중에서 첫 번째를 나타냅니다. 첫 번째에 놓여 있는 일이 가장 중요하기 때문에 '**첫째의**'에서 '**가장 중요한**'이란 뜻이 파생.

- When is the **prime** time to exercise?
  운동하기에 가장 좋은 시간은 언제인가요?

rotten [rátn] a.썩은, 부패한, 더러운

rotten(a.썩은, 부패한)은 rot(n.부패)에서 파생된 형용사입니다.

- rot [rɑt] n.부패(decay) vi.부패하다(썩다) vt.부패시키다(썩히다)
- The cause of bad smell is **rotten** food.
  나쁜 냄새의 원인은 부패한 음식이야.

mold [mould] n.금형(cast), 틀, 거푸집, 곰팡이

몰드(mold)는 물건을 찍어내는 **금형**(틀)으로 **거푸집**이라고 합니다. 영국인들은 mould로 u를 넣어 사용. 붕어빵은 몰드(mold)에 넣어서 구워내지요. 여성 속옷에 몰드브라(mold bra)가 있는데 캡 부분을 금형으로 찍어낸 것입니다.

- He melted copper and poured it into a **mold**.
  그는 구리를 녹여 금형(틀)에 부었다.
- The wall is covered with **mold**.
  그 벽은 곰팡이로 덮여있다.

flutter [flʌ́tər] vt.(날개)퍼덕이다, 날개 치다 vi.퍼덕거리다, (심장)두근거리다

- The leaves **flutter** in the wind. 나뭇잎이 바람에 펄럭거린다.
- Her heart began to **flutter** with fear.
  두려움으로 그녀의 심장이 두근거리기 시작했다.

flour [flauər] n.밀가루, 곡식 가루

flower(꽃)와 flour(밀가루)는 발음이 같습니다. 여자들은 꽃을 좋아하기 때문에 flower에는 여자를 나타내는 woman의 w가 들어 있습니다.

- Would you buy some **flour** on your way home?
  집에 오는 길에 밀가루 좀 사다 줄래?

---

homage [hámidʒ] n.존경, 경의, (봉건시대)충성 맹세

homo(사람, 인간=people)+age의 결합.

'아랫사람이 윗사람에게 가져야 하는 덕목=존경(respect, regard)'입니다. 중세 시대에 기사와 가신이 봉건 영주에게 존경과 충성을 다해야 한다는 시대적 상황에서 유래한 단어. **호모** 사피엔스(**Homo** sapiens)는 현존 인류와 가까운 사람으로 homo는 **사람**을 나타냅니다.

- Many people came to pay **homage** to the dead man.
  많은 사람이 고인에게 경의를 표하러 왔다.

---

homicide [háməsàid] n.살인(murder), 살인자

homi(사람, 인간=homo=people)+cide(죽이다=kill)의 결합.

'사람을 죽이는 것=살인'입니다. homicide와 murder는 동의어로, murder는 homicide보다 더 무거운 중죄의 살인을 나타냅니다.

- We're investigating his death as a **homicide**.
  우리는 그의 죽음을 살인으로 조사하고 있습니다.

---

human [hjú:mən] n.인간(human being), 인간의, 인간적인

hum(사람, 인간=homo=people)+an의 결합으로, 어근 hum은 hom의 변형입니다.

- humane [hju:méin] a.인간적인, 인정 있는   • humanity [hju:mǽnəti] n.인류, 인간성
- Every human being has the right to a **humane** deal.
  모든 인간은 인간적인 취급을 받을 권리가 있다.

Day 76

shatter [ʃǽtəːr] vt.산산조각 내다 vi.산산조각 나다 n.파편(pl.)

[새터] ▶ [새터]민의 꿈이 **산산조각 났다**.

탈북자를 **새**로운 **터**전이 필요한 주**민**이란 뜻에서 새터민이라고 합니다. 새터민의 꿈이 사기꾼으로 인해 산산조각 나는 경우가 많지요.

- All the hopes **shattered** into a million pieces.
  모든 희망이 산산조각이 나 버렸다.

blunder [blʌ́ndər] n.큰 실수(mistake) vi.큰 실수를 저지르다

blunder는 blind(a.눈먼)에서 파생된 단어.

앞이 보이지 않는 '눈이 먼 상태에서 일하면 저지르게 되는 것=큰 실수'입니다.

- He always repeats the same **blunder**.
  그는 항상 똑같은 실수를 되풀이해.

forum [fɔ́ːrəm] n.포럼(공개 토론회, 공청회)

포럼(forum)은 집단 토론 방식의 **공개토론회**입니다. 로마 시대에 사람들이 모여 회의하고 집회를 열던 광장을 포럼이라고 합니다. '세계 물 포럼, 교통안전 포럼, 출판정책 포럼' 등 포럼이란 용어를 자주 보게 됩니다.

- A **forum** is a safe place for people to talk and share ideas.
  공개 토론회는 사람들이 이야기하고 생각을 나누기에 무난한 곳이다.

smog [smɔg] n.스모그, 연무 vt.스모그로 덮다

smog는 smoke(연기)+fog(안개)의 결합으로, 연무(연기가 섞인 안개)입니다.

- **Smog** from China reaches the West Coast of the United States.
  중국에서 나온 스모그는 미국의 서해안에 닿는다.

hum [hʌm] n.윙윙 소리, 콧노래 vi.윙윙거리다, 콧노래를 부르다

hum은 벌 떼, 팽이, 선풍기가 돌아갈 때 윙윙 나는 소리입니다. 윙윙거리는 소리는 콧노래 소리와 비슷하죠. **콧노래**를 **허밍**(humming)이라고 하는데, 입을 다물고 코로 노래를 부르는 창법입니다.

- Do you have to **hum** so loudly?
  그렇게 크게 콧노래를 불러야겠니?

pine [pain] n.소나무

pine(소나무)과 fine(좋은)은 발음에 유의. pine은 [파인], fine은 [파인]입니다.

- A lonely old **pine** tree stands on the hill. 언덕에 늙은 소나무가 외로이 서 있다.

foster [fɔ́stəːr] vt.(입양한 아이)양육하다, 촉진시키다(promote)

[포스트] ▶ [포스트]는 아이들 **양육**에 좋지 않습니다.

포스트 콘프라이트와 같은 시리얼을 자주 먹는 것은 몸에 좋지 않습니다.

- They have **fostered** over 20 children during the past ten years.
  그들은 지난 10년 동안 20여 명의 아이들을 양육했다.
- The club's aim is to **foster** better relations within the community.
  그 클럽의 목적은 지역 사회 내에 더 나은 관계를 촉진하는 것이다.

shield [ʃiːld] n.방패, 방어물 vt.방어하다

온라인 게임을 하면서 **방패**로 **쉴드(shield)**처 보셨나요? 노트북 액정, 오토바이 헬멧, 바닥 장식재 등에 쉴드(shield)란 이름이 많은데, 모두 외부충격을 견디는 방패 기능이 있다는 것입니다.

- The gunman used the hostages as a human **shield**.
  그 총기범은 인질들을 인간 방패로 이용했다.

hymn [him] n.찬송가(psalm), 찬가 v.찬가를 부르다

hymn(찬송가)은 him(그를)과 발음이 같습니다. 하나님인 **그를**(him) 위한 노래는 **찬송가**(hymn)죠.

- a national **hymn** 국가(國歌)
- They are singing a **hymn** in the church. 그들은 교회에서 찬송가를 부르고 있다.

lag [læg] vi.뒤처지다 n.지연(delay), 지체

게임하거나 영화를 볼 때 화면이 이유 없이 멈추거나 늦게 적용될 때 **랙**(lag) 걸렸다고 하지요. 랙(lag)은 **지연 현상**을 말합니다.

- We **lag** behind other nations in space development
  우리는 우주 개발에 있어서 다른 나라에 뒤처져 있다.

molecule [málǝkjùːl] n.분자

mole(n.작은 반점)+cule의 결합.

'**현미경으로 작은 반점처럼 보이는 것=분자**'입니다. 분자를 현미경으로 관찰하면 작은 반점처럼 보이기 때문에 분자에 mole이 들어있습니다.

- mole [moul] n.반점, 두더지
- The atoms bond together to form a **molecule**.
  원자들이 결합하여 분자를 형성한다.

original [ərídʒənəl] a.최초의, 원래의 n.최초의 것(원본)

오리지널(original)은 복사(copy)하거나 모방하지 않은 **최초의 것, 원래의** 것입니다.

- origin [ɔ́:rədʒin] n.기원, 첫 시작
- Whose idea was the **original** design? 원래 디자인은 누구의 아이디어였나요?

livestock [láivstàk] n.(집합적)가축

live(a.살아있는)+stock(n.저장물)의 결합.

'마구간 안에 살아있는 저장물=가축'입니다.

- stock [stak] n.나무줄기, 혈통, 저장물, 주식(채권), 재고품
- He needed food for his family and feed for his **livestock**.
  그에게는 식구를 위한 양식과 가축에게 먹일 사료가 필요했다.

freight [freit] n.화물(goods), 운송(료)

freight의 eight에서 **화물 운송료** 8달러를 떠올려 보세요. 화물을 운송하려면 운송료를 내야죠.

- There's a **freight** elevator in the back of the building.
  건물 뒤편에 화물용 엘리베이터가 있습니다.
- Air **freight** is becoming increasingly popular. 항공 운송이 점점 일반화되어 가고 있다.

monument [mánjəmənt] n.기념비, 기념물

monu(기억=memory)+ment의 결합.

'역사적 사건 등을 기억하게 하는 것=기념비, 기념물'입니다.

- Someone used paint to defile the **monument**. 누군가가 페인트로 기념비를 훼손했다.

widespread [wáidspréd] a.넓게 보급된, 만연한(prevalent)

wide(a.넓은)+spread(vt.펴다, 펼치다)의 결합.

'전국에 넓게 퍼진=널리 보급된, 만연한'입니다.

- The **widespread** use of antibiotics began in the 1940s.
  항생제의 만연한 사용은 1940년대에 시작했습니다.

plead [pli:d] vi.애원하다, 간청하다(beg) vt.변호하다

plea(제발=please)+d의 결합. please(제발)에서 파생된 동사.

'**제발** 어떻게 해 달라는 것은 **애원하고 간청하는** 것이죠.

- please [pli:z] vt.기쁘게 하다, 부디, 제발
- They **pleaded** with a creditor for a longer time.
  그들은 채권자에게 시간을 더 달라고 간청했다.

toll [toul] n.통행료, (전쟁 등)사망자 수

고속도로를 이용하려면 **톨게이트**(toll gate)에서 **통행료**(toll)를 지급해야 합니다.

- The official death **toll** has now reached 7,000.
  공식 사망자 수가 현재 7,000명에 도달해 있습니다.

secondhand [sékəndhǽnd] a.간접적인(indirect), 중고의 ad.간접으로, 중고로

second(a.두 번째의)+hand(n.손)의 결합.

'**두 번째 손으로 처리하는=간접적인**'입니다. 일을 자기 손으로 직접 하면 직접 처리하는 것이고, 두 번째 손(=타인)을 거쳐서 처리하면 간접적으로 처리하는 것이죠. 어떤 제품을 두 번째로 손에 넣으면 중고입니다.

- first-hand a.직접의(direct) ad.직접(적으로)   • a secondhand car 중고차
- **Secondhand** smoking is a big health hazard.
  간접흡연은 건강에 큰 위험입니다.

scout [skaut] n.정찰(병), 단원 vt.정찰(수색)하다, 스카우트하다

스카우트(scout)는 군대의 **정찰병**입니다. 정찰병이란 의미가 약화되어 보이 스카우트(boy scout)처럼 단원이란 뜻으로 확장. 군인이 정찰하듯 운동선수나 연예인을 살펴보고 영입하는 것이 스카우트입니다.

- They **scouted** the area for a place to spend the night.
  그들은 밤을 지낼 곳을 수색했다.
- He was **scouted** by another company.
  그는 다른 회사에 스카우트 되었다.

timber [tímbəːr] n.목재, 판재, (목재용)수목

팀버(timber)는 집을 짓거나 가구를 만드는 **목재(판재)**로, 미국에서는 lumber[lʌ́mbər]라고 합니다.

- The houses are built of **timber**.
  그 집들은 목재로 지어졌다.

liver [lívər] n.거주자(resident, inhabitant), 생활자, 간(신체)

liver는 live(vi.살다)+er(행위자)의 결합으로 '거주자, 생활자'입니다.
과거 원어민은 간을 사람이 살아가도록 하는 피를 생산하는 신체기관으로 보았기 때문에 간을 liver라고 했습니다.

- A lot of people need **liver** transplants.
  많은 사람이 간 이식을 필요로 합니다.

sneak [sniːk] v.몰래 하다(가다, 가져가다)

친구들을 만나면 snake(뱀)처럼 소리 없이 sneak(몰래가다) 하는 친구가 항상 있습니다.

- I **sneaked** a book when he was out.
  나는 그가 밖에 있을 때 책 한 권을 몰래 가져갔다.

virtue [və́ːrtʃuː] n.미덕, 선, 선행(goodness), 장점(merit)

1991년에 전 세계적으로 시작된 '**버츄** 프로젝트(virtue project)'는 사랑, 친절, 정의, 봉사와 같은 보편적 **미덕(선행)**을 갖자는 운동입니다. 초등학교에는 버츄를 활용한 인성개발프로그램이 많지요. **미덕**을 갖고 있거나, **선행**을 하는 것은 사람이 갖고 있는 큰 **장점**이죠.

- Our main **virtue** is respect for elders.
  우리의 중요한 미덕은 윗사람에 대한 존경이야.
- The plan has the **virtue** of simplicity.
  그 계획은 단순하다는 장점이 있어.

tide [taid] n.조수, 조류(current, flow), 여론

tide는 time(시간)에서 파생된 단어.

조수(潮水)는 시간의 흐름에 따라 밀물, 썰물이 반복되지요. 바닷물의 흐름을 **조류**라고 하는데, 일반 대중의 심리 흐름을 **여론**이라고 합니다.

- We all know that there are flux and reflux in the **tide**.
  조수에는 밀물과 썰물이 있다는 것을 우리 모두 알고 있다.

sew [sou] vt.꿰매다(stitch), 깁다 vi.바느질하다

sew(꿰매다)와 sow(씨 뿌리다)는 발음이 같습니다. sew의 철자 e는 낚싯바늘처럼 생겼기 때문에 바느질하는 것이고, sow의 철자 o는 둥근 씨앗 모양이라 씨를 뿌리는 것입니다.

- She looked for a needle and thread to **sew** the button.
  그녀는 단추를 꿰매려고 바늘과 실을 찾았다.

blunt [blʌnt] a.무딘(dull), (말)직선적인 vt.무디게 만들다

blunt는 blind(a.눈 먼)에서 파생된 단어. 앞이 보이지 않는 **눈 먼** 상태에서 무엇을 하면 **무디고** 둔감할 수밖에 없지요.

- He was hit with a **blunt** instrument.
  그는 둔기(무딘 도구)에 맞았어.

tolerate [tálərèit] v.참다(bear, stand, endure), 허용하다(permit)

- There is a limit to what a person can **tolerate**.
  사람이 참을 수 있는 것에는 한계가 있다.
- This behaviour will not be **tolerated**.
  이런 행위는 허용되지 않을 것이다.

limb [lim] n.(사람의)손발, (동물의)다리

limb에 c를 붙이면 climb(오르다)입니다. 사람이나 동물이 산과 계단을 climb 할 때는 limb(**손발**)을 사용합니다.

- He lost his leg in an accident and wears an artificial **limb**.
  그는 사고로 다리를 잃어서 의족(인공 발)을 차고 있어.

awe [ɔː] n.경외(reverence), 두려움

경외(敬畏)는 공경하면서 두려워하는 것으로, 발음 [오~]라는 감탄의 어감에서 **경외**감을 느낄 수 있습니다.

- awful [ɔ́ːfəl] a.두려운(두려움으로 가득 찬)   • awfully ad.대단히, 몹시
- We feel **awe** when we stand near vast mountains.
  우리는 큰 산 근처에 서 있으면 경외감을 느낀다.

titanic [taitǽnik] a.거대한(gigantic), 힘센, 엄청난(tremendous)

titan(거인=giant)+ic의 결합.

'**거인 같은=거대한, 힘센, 엄청난**'입니다. 타이탄(titan)은 그리스 신화에 나오는 거인족 중의 한 종족으로 그리스어 발음은 티탄. 영화 타이타닉에는 거대한 배가 등장하지요. 화물차 이름에도 타이탄이 있는데 거인처럼 힘센 차라는 뜻.

- There was once a **titanic** struggle between good and evil.
  한 때 선과 악 사이의 거대한(엄청난) 투쟁이 있었다.

vow [vau] n.맹세(oath, pledge) 서약(promise)   vt.맹세(서약)하다

vow[vau]와 bow[bau]는 발음에 주의. vow는 [바우], bow는 [바우]입니다. [v]는 윗니를 아랫입술에 붙여 발음하고, [b]는 두 입술을 붙여 발음합니다.

- bow [bau] n.활, 경례(절)   v.인사(절)하다, 고개를 숙이다
- She took a **vow** to abstain from all kinds of alcohol.
  그녀는 모든 종류의 술을 끊기로 맹세했다.

Day 77

author [ɔ́:θər] n.저자, 작가 vt.저술하다

[오써] ▶ [오! (글)써]는 **저자**인가요? 앞의 질문은 제가 흔히 듣는 말입니다.

- The **author** lived in an attic while writing his book.
  그 작가는 책을 쓰는 동안 다락방에 기거했다.

bewilder [biwíldər] vt.당황하게 만들다(confuse)

wilder와 be가 붙은 bewilder는 동의어. 현대영어는 주로 bewilder를 사용합니다.

- bewildering a.당황하게 만드는
- bewildered a.당황한(confused, embarrassed)
- I was completely **bewildered** by her cold remark.
  나는 그녀의 차가운 말에 정말 당황했다.

childish [tʃáildiʃ] a.유치한(어른스럽지 못한)

childish는 어른이 어른스럽지 못하고 애같이 유치하다는 것입니다. childlike는 child(어린애)+like (같은)로, 좋은 뜻으로 'a.어린애 같은, 귀여운'입니다.

- a childish idea 유치한 생각
- childlike innocence 어린애 같은 순진함
- His behavior at the party was so **childish**.
  파티에서 그의 행동은 너무 유치했어.

environment [inváiərənmənt] n.환경(circumstance), 상황(situation)

en(안에=in)+viron(원=circle)+ment(명접)의 결합.
'자신의 주변을 둘러싸고 있는 원 안에 있는 모든 것=환경, 상황'입니다.

- Does that apartment complex have a nice living **environment**?
  그 아파트 단지는 생활환경이 좋나요?

merchant [mə́ːrtʃənt] n.상인, 장사꾼(dealer) a.상인의, 상업의

market(시장)+ant(사람)의 결합으로 생긴 단어.

'시장에서 일하는 사람=상인'입니다.

- She was the child of a wealthy **merchant** and lived a happily life.
  그녀는 부유한 상인의 딸이었고 행복하게 살았다.

---

gull [gʌl] n.갈매기

[걸]의 모음 [ㅓ]를 [ㅏ]로 바꾸면 [**갈**]이 되어 **갈매기**를 떠올릴 수 있습니다.

- Sea **gulls** would fly close to them to beg for food.
  갈매기들이 음식을 달라고 그들 가까이 날아다니곤 했다.

---

lane [lein] n.레인(좁은 길, 골목길, 차선)

육상경기나 수영경기에서 선수가 달려야 할 코스를 **레인(lane)**이라고 합니다. 볼링장에 공을 굴리는 곳도 레인(lane)입니다. 모두 좁은 길과 같기 때문에 lane이라고 하는 것. 도로의 1차선, 2차선처럼 차선도 lane이죠.

- Watch out. A motorcycle is in the right **lane**. 조심해. 오른쪽 차선에 오토바이 한 대가 있어.

---

mighty [máiti] a.강한(strong), 힘센(potent), 위대한

might(n.힘=power)+y의 결합.

'힘이 있는=강한, 힘센'입니다. might는 조동사 may의 과거형이고, 명사로는 '힘'입니다. '할 수 있다'는 may의 뜻에서 할 수 있는 '힘'이란 뜻이 파생. 현대자동차의 트럭 이름이 **마이티(mighty)**인데 **강력한** 힘을 가진 화물차란 뜻입니다.

- almighty [ɔːlmáiti] a.전능한(모든 영역에서 강력한 힘을 가진)
- He is known as an outstanding leader and a **mighty** warrior.
  그는 뛰어난 지도자이자 강한(위대한) 전사로 알려져 있다.

---

numerous [njúːmərəs] a.다수의, 많은(many)

numer(다수=number)+ous의 결합.

numerous는 number(n.수, 번호, 다수)의 형용사형입니다.

- **Numerous** people attended the rock concert. 많은 사람이 록 콘서트에 참석했다.

---

technology [teknálədʒi] n.(과학)기술, 기계, 공학

techno(기술)+logy(학문)의 결합.

'기술에 관한 학문=과학기술, 공학'입니다. 테크노파크, 테크노폴리스, 테크노밸리 등 techno(기술)가 들어간 이름이 많습니다.

- Semiconductor **technology** helps keep the price of the product low.
  반도체 기술은 제품 가격을 낮추는 데 도움을 준다.

peer [piər] n.동료, 또래 집단

[피어] ▶ 동료 중에서 [피어]싱 한 **동료** 있어?

- **Peer** pressure is very strong among young people.
  청소년들 사이에 또래 집단에서 받는 압박감이 매우 강해.

chemistry [kémistri] n.화학, 화학 반응, 궁합

연예 방송을 보면 어떤 배우가 어떤 배우와 **케미(chemi-궁합)**가 잘 맞는다고 말을 하지요. 사람 사이의 화학적 반응이 잘 맞는다는 것이죠. 화학이란 본래의 의미에서 확장되어 남녀 간에 서로 강하게 끌리는 감정이나 궁합을 나타냅니다.

- He skipped **chemistry** class three times last month.
  그는 지난달에 세 번씩이나 화학 시간을 빼먹었다.

ruin [rúːin] n.파멸(destruction), 붕괴, 몰락, 폐허(pl.) vt.망치다, 파멸시키다

[루인] ▶ [무인]의 난으로 나라가 **파멸(붕괴, 몰락)**했다.

- The divorce ultimately led to his **ruin**. 그 이혼은 결국 그를 파산(파멸)으로 이끌었다.
- The bad weather **ruined** our trip. 나쁜 날씨가 우리 여행을 망쳐 놓았어.

satisfy [sǽtisfài] vt.만족시키다

우리말은 '만족하다'인데 영어는 '만족시키다'입니다. 원어민은 스스로 만족하는 것이 아니라 무엇이 사람을 만족시켜서 만족하는 것으로 느끼기 때문에 be satisfied with처럼 수동형으로 사용합니다. 영어에서 모든 감정표현은 수동형으로 표현.

- satisfaction [sæ̀tisfǽkʃən] n.만족(content) • satisfactory [sæ̀tisfǽktəri] a.만족스러운
- Our company did not **satisfy** our customers. 우리 회사는 고객을 만족시키지 못했어.

polish [pάliʃ] vt.광내다 n.광택, 광택제

매니큐어 할 때 바르는 손톱 광택제를 네일**폴리시**(nail polish-손톱**광택제**)라고 합니다. 대문자 Polish는 'n.폴란드어 a.폴란드의, 폴란드사람의'입니다.

- He is **polishing** the floor with new **polish**. 그는 새로 산 광택제로 마루를 광내고 있다.

temptation [temptéiʃən] n.유혹(allurement, enticement, seduction)

템테이션(temptation-유혹)은 피부 관리, 의류, 화장품 등에서 상품 이름으로 많이 사용하고 있습니다. temptation이 붙은 제품은 그냥 **유혹**될 정도로 탁월한 제품이라는 것이죠.

- tempt [tempt] vt.유혹하다(lure, entice, seduce)
- The **temptation** was too strong for him to resist.
  그 유혹은 너무나 강해서 그는 이겨낼 수가 없었다.

attempt [ətémpt] vt.시도하다(try)　n.시도(trial), 도전

at(이동=ad)+tempt(vt.유혹하다, 유도하다)의 결합.

유혹(유도)하기 위해 직접 가서 **시도**하는 것입니다.

- She managed to pass her driving test on the eighth **attempt**.
  그녀는 여덟 번째 시도에 운전면허시험을 간신히 통과했다.

grant [grænt] vt.주다(give), 수여하다(bestow), 허가하다(allow)

렌트(rent)는 **빌려주는** 것이고, **그랜트**(grant)는 **주는**(give) 것입니다.

- They often **grant** loans to those who cannot repay.
  그들은 종종 반환 능력이 없는 사람에게 대출해준다.

shrug [ʃrʌg] v.어깨를 으쓱하다

어깨를 으쓱하는 동작은 스스로 하는 동작이기 때문에 수동태로 사용하지 않습니다.

- Sam **shrugged** and said nothing.
  샘은 어깨를 으쓱하고는 아무 말도 안 했다.

tattoo [tætúː] n.문신　vt.~에 문신을 하다

요즘은 연인들끼리 가볍게 할 정도로 **문신 타투**(tattoo)가 일반화되었습니다. 발음은 타투가 아니라 [태투]입니다.

- What does that **tattoo** really mean?　그 문신의 진짜 의미는 무엇인가요?

vice versa [váisi-vɔ́ːrsə] ad.거꾸로, 반대로, 반대도 똑같은

vice(바꾸다=change)+ver(돌다, 돌리다=turn)+sa의 결합.

'**방향을 돌려 위치를 바꾸는**=**거꾸로, 반대로**'입니다.

- Fathers cannot be mothers and **vice versa**.
  아빠가 엄마가 될 수 없고 반대도 그렇다.

clatter [klǽtər] n.덜걱덜걱하는 소리　v.덜걱덜걱 소리 내다

우리말은 의성어가 발달한 언어로 '덜걱덜걱하다, 딸그락딸그락하다' 등 표현이 다양합니다. 영어는 의성어가 발달하지 않은 언어로 모두 clatter입니다.

- She **clattered** the dishes when she washed them up.
  그녀는 설거지할 때 그릇들을 달그락거렸다.

booth [buːθ] n.칸막이 방

공중전화 부스, 전시 부스, 흡연 부스 등, **칸막이 방**을 의미하는 **부스(booth)**는 일상생활에서 흔히 사용하는 말입니다.

- Would you like to sit in a **booth** or at a table?
  칸막이 방에 앉으시겠습니까, 아니면 테이블에 앉으시겠습니까?

warlike [wɔ́ːrlàik] a.호전적인, 전쟁의

war(n.전쟁)+like(vt.좋아하다)의 결합.

'**전쟁을 매우 좋아하는=호전적인(aggressive)**'입니다.

- His **warlike** attitude made it difficult to work with him.
  그의 호전적인 태도는 그와 함께 일하는 것을 어렵게 만들었다.

latitude [lǽtətjùːd] n.위도

latitude(위도)는 width(넓이)에서 파생된 단어. 위도(緯度)의 緯는 '가로 위'입니다. 경도(longitude)는 length(n.세로, 길이)에서 파생된 단어. long(긴)+tude(상태, 성질)의 결합으로 지도에서 세로로 그어 놓은 선이 경도(經度)입니다. 經은 '세로 경'.

- longitude [lándʒətjùːd] n.경도
- The temperature never drops below freezing at that **latitude**.
  그 위도에서 온도는 결코 영하로 떨어지지는 않는다.

friction [fríkʃən] n.마찰, 갈등(trouble), 불화

[프릭션]은 [프리 액션]에서 오는 **마찰, 갈등**으로 기억하세요. 제멋대로, 프리(free)하게 액션(action)하면 사람들과 마찰, 갈등이 생기죠.

- We did experiments on **friction** in physics class.
  우리는 물리 시간에 마찰에 관한 실험을 했다.
- The decision led to **friction** with neighboring countries.
  그 결정은 이웃 국가들과 마찰을 초래했다.

save [seiv] vt.구하다, 저축(절약)하다 prep.~을 제외하고(except)

save는 위기에서 구(출)하는 것입니다. 겨울철 어려운 시기를 구하는 것은 저축해 놓은 양식이기 때문에 '**구하다**'에서 '**저축(절약)하다**'는 뜻이 파생되고, 지금 먹지 않고 나중에 먹기 위해 제외시켜 놓는 것이 저축이기 때문에 '**저축하다**'에서 '**~을 제외하고**'라는 뜻이 파생.

- He **saved** a little girl from falling into the water.
  그는 한 어린 소녀가 물에 빠지는 것을 구했다.
- We'll take a cab to **save** time. 우리는 시간을 아끼기 위해 택시를 탈 거야.
- They knew nothing about her **save** her name.
  그들은 그녀의 이름 외에는 그녀에 대해 아무것도 몰랐다.

sneer [sniə:r] n.비웃음, 냉소 vi.비웃다(laugh at)

[스니어] ▶ '염불도 못 외는 [스님이여]'라고 하면서 **비웃다**.

- They had a **sneer** at my report. 그들은 나의 보고서를 보고 비웃었다.

---

appease [əpíːz] vt.달래다(soothe), 진정시키다(calm down)

ap(이동=ad)+pease(평화=peace)의 결합.

'흥분, 분노, 좌절한 마음을 평온하게 만들다=달래다, 진정시키다'입니다. 흥분지수, 분노지수가 올라간 사람을 평상시의 평온한 상태로 가도록 하는 것은 달래고 진정시키는 것이죠. 우는 아이에게 젖을 주고, 배고픈 사람에게 빵을 주면 마음이 평온한 상태로 가게 됩니다.

- A piece of bread can **appease** my hunger.
  빵 한 조각이면 나의 배고픔을 달랠 수 있을 거야.
- Nothing could **appease** the crying child.
  어떠한 것도 울고 있는 아이를 달랠 수 없었다.

Day 78

soar [sɔːr] vi. 높이 날다, 날아오르다 n. 날아오름, 비상

[소오] ▶ 비행기가 [소~오] 소리를 내며 **날아오르다**.
물가가 날아오르는 것은 물가가 급등하는 것이고, 온도가 날아오르는 것은 온도가 급상승하는 것입니다.

- The prices are **soaring** rapidly. 물가가 빠르게 날아오르고(급등하고) 있어.

stern [stəːrn] a. 엄격한(strict), 근엄한, 심각한 n. 선미(船尾)

steer(조종하다)에서 파생된 단어. 배를 조종하는 선장은 **엄격**하고 **근엄한** 얼굴을 하고 있지요. 또 배의 꼬리 부분인 선미(프로펠러가 있음)가 부서지면 배에 심각한 상황이 발생합니다. '**선미**'에서 '**심각한**'이란 뜻이 파생.

- a stern warning 엄중한 경고   • a stern face 근엄한 얼굴
- His voice was too **stern**. 그의 목소리는 너무 근엄했어.
- We now face **stern** opposition. 우리는 지금 심각한 반대에 직면해 있다.

sob [sɑb] vi. 흐느껴 울다, 울면서 말하다 n. 흐느껴 울기, 흐느낌

[삽] ▶ [섭]섭 해서 **흐느껴 울다**. 모음 [아]를 [어]로 바꾸면 [삽]이 [섭]이 되지요.

- She began to **sob**, burying her face in the pillow.
  그녀는 베개에 얼굴을 묻고 흐느끼기 시작했다.

delicate [délikit] a. 예민한(sensitive), 미묘한(subtle), 연약한(fragile)

delicious(맛있는)에서 파생된 단어. **맛있는** 요리를 만드는 요리사는 **예민한** 미각을 갖고 있고, **미묘한** 차이로 보통 음식과 다른 맛있는 요리를 만들지요.

- Many English words have **delicate** differences of meaning.
  많은 영어 단어는 미묘한 의미 차이를 갖고 있다.

funeral [fjúːnərəl] n. 장례(식)

fu + neral에서 neral을 우리식 발음으로 읽으면 [널]이 됩니다. 시체를 넣는 관을 널이라고 하는데, 시체를 널에 넣고 하는 의식은 **장례식**입니다.

- His **funeral** service was held on May 29 in Seoul.
  그의 장례식은 5월 29일 서울에서 진행되었습니다.

purchase [pə́ːrtʃəs] vt.손에 넣다, 사다(buy) n.획득, 사들임, 구입

pur(앞=pro=before)+chase(vt.쫓다)의 결합.

'**앞으로 쫓아가 손으로 잡다=손에 넣다**'입니다. 돈을 주고 손에 넣는 것은 사는 것이죠.

- Would you like to **purchase** both books?
  두 권을 모두 구입하시겠습니까?

mummy [mʌ́mi] n.미라, 말라빠진 사람

mum(밀랍, 왁스=wax)+my의 결합.

'**밀랍으로 방부처리 된 사람=미라**'입니다. 밀랍은 벌집에서 추출된 점착성 있는 물질로 화장품, 전기 절연제, 왁스, 양초 등의 원료로 사용됩니다.

- The **mummy** is over 2,000 years old.
  그 미라는 2,000년 이상 된 것이다.

invest [invést] v.투자하다

in(안에)+vest(n.조끼, 옷, 제복)의 결합.

'**몸에 관복을 입히다=투자하다**'입니다. invest는 관료나 군인에게 관복을 입히는 것에서 '투자하다'는 뜻이 파생. 관복을 입히는 것은 국가에서 사람에게 투자하는 것이죠.

- investment [invéstmənt] n.투자, 투자액, 출자
- **Invest** only as much as you can afford to lose.
  네가 손해를 감당할 수 있을 만큼만 투자해.

investigate [invéstəgèit] v.조사하다, 연구하다

invest(v.투자하다)+ig+ate의 결합.

'**투자하기 전에 먼저 하다=조사하다, 연구하다**'입니다. 투자하기 전에 반드시 해야 하는 것은 치밀한 조사와 연구입니다. 섣부른 투자는 실패로 끝나지요.

- investigation [invèstəgéiʃən] n.조사(examination), 연구(study, research)
- We should **investigate** what happened, what went wrong.
  우리는 무슨 일이 있었고 무엇이 잘못되었는지 조사해야 합니다.

muse [mjuːz] v.깊이 생각하다(consider), 명상하다(meditate)

뮤즈(Muse)는 그리스 신화에서 시, 극, 음악, 미술을 지배하는 여신으로, muse는 음악을 들으면서 깊이 **생각(숙고, 명상)**하는 것입니다. music(음악)도 muse에서 파생.

- He spent a lot of time in **musing** about the plan.
  그는 그 계획에 대해 숙고하느라 많은 시간을 보냈다.

cunning [kʌ́niŋ] a.약삭빠른, 교활한(foxy, sly) n.교활함

시험 볼 때의 부정행위는 컨닝(cunning-약삭빠른, 교활한)이 아니라 cheating입니다.

- **cheat** [tʃiːt] vt.속이다, 기만하다, 사기 치다 vi.부정행위를 하다, 바람피다
- That woman who is as **cunning** as a fox tempts every man.
  여우처럼 교활한 저 여자는 모든 남자를 유혹해.

stray [strei] a.길을 잃은(lost) vi.옆길로 가다, 헤매다

잘 모르는 옆길로 가면 누구나 헤매기 때문에 '옆길로 가다'에서 '헤매다, 길을 잃은'이란 뜻이 파생. 형용사 stray는 한정 용법으로만 사용합니다.

- A **stray** dog came up to him. 길 잃은 개 한 마리가 그에게 다가왔다.

astray [əstréi] ad.a.길을 잃은(lost), 길을 잃어

a(이동=ad)+stary(vi.옆길로 가다)의 결합.

'모르는 옆길로 가서=길을 잃은'입니다. 사람이 길을 잃는다는 것은 잘못된 길에 빠지고, 정도에서 벗어나고, 타락하는 것이죠. astray는 서술용법으로만 사용.

- He began to go **astray** when he entered high school.
  그는 고등학교에 들어가면서 빗나가기 시작했다.

fulfill [fulfíl] vt.(약속, 의무)이행하다, 완수(완료)하다, 달성(실현)하다

ful(가득 찬=full)+fill(가득 채우다)의 결합.

'약속이나 의무로 채워져 있다=이행하다'입니다. 자신에게 채워진 임무, 직무, 약속 따위를 행동으로 옮기는 것이 이행(수행, 완수, 완료, 실현, 달성)하는 것입니다.

- **fulfillment** [-mənt] n.이행, 수행, 완료, 성취, 달성, 실현
- We worked really hard to **fulfill** this dream.
  우리는 이 꿈을 성취하기 위해 정말 열심히 일했어요.
- The captain was demoted for failing to **fulfill** his duties.
  그 대위는 자신의 의무를 완수하지 못해 강등되었다.

Celsius [sélsiəs] a.섭씨의

섭씨는 스웨덴의 천문학자 Celsius가, 화씨는 독일의 물리학자 Fahrenhei가 만든 것. 섭씨, 화씨는 사람의 이름을 따서 붙여진 것으로, 이 온도계가 처음 중국에 왔을 때 중국인이 [셀시어스]를 '셀씨'라고 하고, 독일어 [파렌하이트]를 '화륜해'라고 한 것을 우리가 받아들인 것입니다.

- **Fahrenheit** [fǽərənhàit] a.화씨의
- The human body temperature is about 36.5 degrees **Celsius**.
  사람의 체온은 섭씨 약 36.5도입니다.

cult [kʌlt] n.숭배(추종), 제사(religious service)

cult는 cultivate(vt.경작하다, 재배하다)에서 유래한 단어. 농작물을 경작하는 '**농부가 하늘에 대해 갖고 있는 마음=숭배**'이고, '**농부가 하늘에 올리는 것=제사**'입니다. 인디언들은 기우제를 지내면 항상 비가 온다고 합니다. 왜냐하면 비가 올 때까지 계속 기우제를 지내기 때문이죠. ㅎ

- cultivate [kʌ́ltəvèit] vt.경작하다, 재배하다(grow)
- The TV series has a **cult** following among young people.
  그 TV 시리즈는 젊은이들 사이에 추종자를 거느리고 있다.

bygone [báigɔ̀:n] a.지나간, 과거의(past)

by(옆=beside)+gone(가 있는)의 결합.

'**나의 옆을 스쳐 지나가 있는=지나간, 과거의**'입니다.

- The book recalls other memories of a **bygone** age.
  그 책은 지나간 시절에 대한 다른 추억들도 떠오르게 한다.

bystander [báistændər] n.방관자, 구경꾼

by(옆=beside)+stand(서 있다)+er(사람)의 결합.

'**도와주지 않고 옆에 그냥 서 있는 사람=방관자, 구경꾼**(spectator)'입니다.

- The police mistakenly killed an innocent **bystander** at the scene of the accident.
  경찰은 실수로 사고 현장에 있던 무고한 구경꾼을 죽였다.

plot [plɑt] n.작은 땅(lot), 줄거리, 음모(intrigue)

plot에는 lot(n.한 구획의 작은 땅)이 들어 있어 **작은 땅**에서 여러 가지 뜻이 파생. 작은 땅을 갖고 있으면 어떻게 활용할지 여러 궁리를 하게 되는데 이것은 소설이나 극의 줄거리를 만드는 것과 같습니다. 미국의 서부개척시대에는 이민자에게 나누어준 작은 땅을 빼앗으려는 음모가 많았지요. '**작은 땅**'에서 '**줄거리, 음모**'라는 뜻이 파생.

- The **plot** of the novel unfolds in a very natural way.
  그 소설의 줄거리는 아주 자연스럽게 전개된다.

plump [plʌmp] a.통통한, 불룩한 vt.통통(불룩)하게 만들다

튜브에 공기를 주입하는 pump질을 하면 튜브가 plump(통통한, 불룩한)해 집니다.

- She admits that she was always short and **plump**.
  그녀는 항상 자신이 키가 작고 통통했다는 것을 인정한다.

mention [ménʃən] vt.말하다(say, state), 언급하다 n.기재, 언급, 진술

ment(말하다=say)+ion의 결합.

멘트(ment)는 say입니다. 트위터에 멘션 보내기 기능이 있고, '멘션 달아주세요'와 같은 말을 일상생활에서 흔히 사용합니다.

- She avoided any **mention** of her father.
  그녀는 자신의 아버지에 관한 어떠한 언급도 피했다.

comment [kɔ́ment] n.논평(비평), 의견(opinion) vi.논평(비평)하다, 의견을 말하다

com(강조=completely)+ment(말하다=say)의 결합.

'어떤 글, 말, 사건 따위의 내용에 대하여 멘트 하는 것=논평(비평)'입니다. 노코멘트(No comment)란 말을 흔히 사용하는데 어떠한 논평, 비평, 의견을 말하지 않는 것입니다.

- The government had no **comment** about the released documents.
  정부는 발표된 문건에 대해 아무런 논평도 하지 않았다.

soothe [suːð] vt.달래다(comfort), (통증)완화시키다

[수우드] ▶ [수두] 걸린 아기를 **달래고** 약을 먹여 통증을 **완화시키다**.

- His music **soothed** me for a while. 그의 음악은 한동안 나를 달래 주었다.
- This medicine **soothe** the pain. 이 약이 고통을 완화시켜 줄 거야.

brisk [brisk] a.활기찬(energetic), 기운찬

brisk에는 risk(n.위험, 모험)가 들어 있어 '위험과 모험을 즐기는=활기찬, 기운찬'입니다.

- Business is always **brisk** before Christmas.
  크리스마스 전에는 장사가 항상 활발해.

broom [bruːm] n.비, 빗자루 vt.비로 쓸다

b(비)+room(방)으로 결합하면, **방을 쓰는 비**(빗자루)임을 바로 알 수 있습니다.

- He picked up the **broom** and began sweeping.
  그는 빗자루를 들고 바닥을 쓸기 시작했다.

twofold [túːfòuld] a.두 요소로 된(이중적인), 두 배의

two(둘)+fold(vt.접다, 포개다)의 결합.

'두 개로 포개어 놓은=두 요소로 된, 두 배의'입니다.

- There's been a **twofold** increase in traffic over the last hour.
  전 시간보다 교통량이 두 배로 증가했다.

sober [sóubə:r] a.술 취하지 않은(맑은 정신의), 냉철한

- Let's talk when you **sober** up.
  네가 완전히 맑은 정신일 때 얘기하자.

launch [lɔ:ntʃ] vt.(배)띄우다, (상품)출시하다 v.(일)시작하다 n.발사, 진수, 출시

새로 만든 배를 처음으로 물 위에 띄우는 것이 진수(進水)입니다. 배를 물에 띄우는 것에서 보트, 비행기, 로켓, 위성 등 띄워 보내는 모든 것에 사용. 배를 처음 물 위에 띄우는 것은 신상품을 시장에 출시하는 것과 같고, 사업을 착수(시작)하는 것과 같지요. 신상품 **론칭**(lunching)에 대한 광고나 행사가 많습니다. 론칭이 정확한 발음이고 런칭이라고 쓰는 경우도 있습니다.

- We are soon **launching** a new product to the market.
  우리는 곧 시장에 신제품을 출시할 계획입니다.

pupil [pjú:pəl] n.학생(student)

pupil은 선생의 감독과 지도가 필요한 **학생**으로 영국에서는 초등학생과 중학생을, 미국에서는 주로 초등학생을 뜻합니다.

- He was an intelligent and docile **pupil**.
  그는 총명하고 유순한 학생이었다.

spiral [spáiərəl] a.나선모양의 n.나선, 나선형 vi.나선형으로 움직이다

나선은 물체의 겉모양이 소라 껍데기, 나사, 소용돌이처럼 빙빙 비틀린 것입니다. 피겨 스케이팅에는 나선형으로 움직이는 **스파이럴**(spiral) 동작들이 있는데, 김연아 선수는 스케이트 날 부분을 손으로 잡아 머리 위로 올려 회전하는 비엘만 스파이럴(spiral)을 잘합니다.

- There was a **spiral** staircase in his luxurious house.
  그의 호화로운 집에는 나선형의 계단이 있었다.

Day 79

spine[spain] n.등뼈(back), 척추

[스파인] ▶ 등뼈가 보이는 [슥] [파인] 옷을 입지 마.

- I felt my **spine** go cold. 나는 등골이 싸늘해지는 것을 느꼈다.

tremendous[triméndəs] a.엄청난, 굉장한(splendid, magnificent)

tremendous(엄청난)는 tremble(몸을 떨다)에서 파생된 형용사.

엄청난, 굉장한 장면을 목격하면 사람은 **몸을 떨며** 전율을 느끼지요.

- It looks like you're under **tremendous** stress at work.
  네가 직장에서 엄청난 스트레스 하에 있는 것 같아.

pragmatism[prǽgmətìzəm] n.프래그머티즘, 실용주의

pra(실제=practice)+gmat+ism(주의)의 결합.

'실제로 이용할 수 있는 실용성을 중시하는 주의=실용주의'입니다.

- She is famous for clear thinking and **pragmatism**.
  그녀는 분명한 사고와 실용주의로 유명하다.

priest[priːst] n.성직자(목사, 전도사, 사제)

pri(기도하다=pray)+est(사람)의 결합.

'**기도를 주도하는 사람=성직자**'입니다. 성직자란 교단 내에서 제례의 집행, 교단의 운영을 담당하는 사람입니다. 교회의 목사, 가톨릭의 사제가 기도하면서 제례를 집행하지요. 프리스트(prist)라는 제목의 영화가 있는데 **사제**가 마귀를 잡는 내용입니다.

- He quit his job 10 years ago to become a **priest**.
  그는 10년 전에 직장을 그만두고 성직자가 되었다.

lust[lʌst] n.욕망(desire) vi.갈망하다(long, yearn, thirst)

유사철자 lust(욕망)와 rust(녹, 녹슬다, 부식하다)는 발음에 주의. 사람의 욕망은 ↑처럼 끝없이 위로 치솟기 때문에 lust이고, 금속이 녹슬고 부식되면 r처럼 휘기 때문에 rust.

- **Lust** of power is the strongest of all passions.
  권력에 대한 욕망은 모든 열정 가운데 가장 강해.

mow [mou] vt.(풀, 잔디)베다

농기계에는 트랙터(tractor), 콤바인(combine), **모우어(mower)**처럼 영어로 된 이름이 많습니다. tractor는 쟁기를 끌어 논과 밭을 가는 기계, combine은 작물을 베고 타작하고 겨를 분리하는 기능이 결합(combine)되어 있는 기계, mower는 **잔디나 목초를 베는 기계**입니다.

- In summer we have to **mow** the lawn twice a week.
  여름에는 일주일에 두 번 잔디를 깎아야 해.

fuzzy [fʌ́zi] a.보풀 같은, (윤곽)희미한, 모호한(vague, obscure)

옷을 계속 입으면 표면에 보풀이 일어나는데 **보풀은** 작은 실밥이라 멀리서 보면 **흐릿**하죠. **퍼지**이론(fuzzy theory)은 애매하고 **모호한** 상황에서 컴퓨터 시스템이 인간이 생각하는 것처럼 다양한 결정을 할 수 있게 만든 이론입니다.

- Distant objects look **fuzzy**. 멀리 있는 물체는 흐릿하게 보여.
- His lecture was **fuzzy** and I was really confused.
  그의 강의는 모호했고 나는 정말 혼란스러웠어.

creed [kri:d] n.신조(credo), 신념(belief, faith), 교리

나의 **크리드**(신조, 신념)는 '잘 먹고 잘 살자야. 신조(信條)는 굳게 믿고 지키고 있는 생각, 성서와 같은 책에 있는 교리입니다. 너의 creed는 뭐야?

- He and I are of different political **creed**.
  그와 나는 서로 다른 정치적 신념을 갖고 있어.

trace [treis] vt.추적하다(chase) n.자취(trace, track), 흔적

trace는 track(흔적, 추적하다)에서 파생된 단어. trace와 track은 동의어입니다.

- track [træk] n.흔적, 바퀴 자국, 선로 vt.추적하다(pursue, chase)
- We finally **traced** him to an address in China.
  마침내 우리는 중국의 주소지까지 그를 추적했다.

cruise [kru:z] vi.순항하다 n.순항

순항은 바다, 육지, 하늘을 **순**조롭게 운**항**하는 것. 유람선(cruise ship)을 타고 크루즈여행(cruise tour)을 떠나 보세요. **크루즈**미사일(cruise missile)을 **순항**미사일이라고 하는데, 적의 레이더를 피하여 배가 순항하듯 초저공비행, 우회 항행을 합니다. 요격이 어렵지요. 한국의 명품 순항미사일 이름은 '현무'입니다.

- Jet planes **cruise** at 600 miles per hour.
  제트기는 시간당 600마일의 속도로 순항한다.

bustle [bʌ́sl] v.서두르다(hurry) n.혼잡(congestion), 북적그림

[버스틀] ▶ [버스 탈]려고 서두르다.

많은 사람이 동시에 서두르면 혼잡하기 때문에 '서두르다'에서 '혼잡'이란 뜻이 파생.

- He wants to escape from the **bustle** of daily life.
  그는 일상생활의 혼잡에서 벗어나고 싶어 해.

sophisticated [səfístəkèitid] a.(사람)세련된, 교양 있는, (기계)정교한, 고급의

sophist(n.지혜로운 자)+icat+ed(갖고 있는)의 결합.

'소피스트가 갖고 있는=세련된, 교양 있는'입니다. 소피스트(sophist)는 그리스어로 '지혜로운 자'라는 뜻으로 프로타고라스, 고르기아스와 같은 철학사상가들입니다.

- It's true she's pretty, but she isn't **sophisticated**.
  그녀가 아름다운 것은 사실이지만 세련되지는 않아.

burst [bə:rst] n.폭발(explosion), 파열 v.폭발하다(시키다)(explode)

[버스터] ▶ [버스]와 [트]럭이 충돌하여 폭발하다.

- An audience **burst** into a laugh by his action.
  관객은 그의 행동에 웃음을 터뜨렸다.

crusade [kru:séid] n.십자군, 운동(campaign, drive)

crusade의 crus는 십자가(cross)를 나타냅니다. 십자군 전쟁은 11세기 말부터 200년간 서유럽의 그리스도교도들이 성지 팔레스타나와 성도 예루살렘을 이슬람교도들로부터 탈환하기 위해 8회에 걸쳐 감행한 원정 전쟁입니다. 십자군 전쟁은 종교적 신념에서 시작한 장기적인 전쟁으로, '십자군'에서 장기적이고 단호한 '운동'이란 의미가 파생.

- A **crusade** for the urban poor ended in mere gesture.
  도시 빈민을 돕기 위한 운동은 단순한 제스처로 끝났다.

surgeon [sə́:rdʒən] n.외과 의사

써젼(surgeon)은 손으로 수술하는 외과 의사. physician(내과 의사)은 physic(약)+ian(사람)의 결합으로, 수술이 아닌 물리요법이나 약으로 치료하는 의사입니다.

- surgery [sə́:rdʒəri] n.수술 • physic [fízik] n.약, 의약
- The **surgeon** operated on his broken leg last week.
  지난주에 외과 의사가 그의 부러진 다리를 수술했다.

loan [loun] n.대부, 대여, 대출 v.(돈, 책)빌려주다(lend)

대부(貸付)는 담보나 신용으로 돈을 빌려주는 것으로 대출, 금융, 융자, 차관 등을 뜻하는 말입니다. 케이블 방송을 보면 원더풀론, 스마일론, 오토론 등 수 많은 **대출** 광고들이 나오지요. 모두 돈을 빌려주겠다는 대출(대부) 광고입니다.

- I'll **loan** you any books you need.
  네가 필요한 어떤 책이든 대여해줄게.

blast [blæst] n.폭발(explosion), 폭풍 vt.폭발하다(explode)

블래스트(blast)는 게임에서 흔히 볼 수 있는데, 블래스트를 누르면 쓰면 폭탄이 **폭발**합니다.

- Twelve miners managed to escape the **blast**.
  광부 12명은 가까스로 폭발을 피해 탈출했습니다.

sweep [swi:p] v.청소하다(쓸다, 털다, 걸레질하다)

농구나 야구에서 상대 팀과의 맞대결에서 모두 이기거나 패하는 것을 스윕(sweep)이라고 합니다. 모든 경기를 쓸어 담아 이기면 스윕 승이고, 그 반대는 스윕 패가 되지요.

- Your first job will be to **sweep** out the store.
  당신이 첫 번째로 할 일은 가게를 청소하는 것이 될 것입니다.

porch [pɔːrtʃ] n.현관(veranda)

비바람을 피할 목적으로 건물 출입구에 지붕을 만든 곳이 porch(현관)인데, 미국에서는 porch를 베란다(veranda)라고 합니다.

- They used to have tea on the **porch** of the house.
  그들은 현관에서 차를 마시곤 했었다.

poverty [pávərti] n.가난, 빈곤(need, destitution)

pover(가난한=poor)+ty(명접)의 결합. poor의 명사형입니다.

- He led a life of **poverty** for many years.
  그는 여러 해 동안 가난한 생활을 했다.

loosen [lúːsn] vt.풀다(untie), 느슨하게 만들다 vi.풀리다, 느슨해지다

loose(a.느슨한, 헐거운)+en(만들다=make)의 결합.
'**느슨한 상태로 만들다=풀다**'입니다. 꽉 매어 놓은 것을 느슨하게 만드는 것은 푸는 것이죠.

- I was really full and I had to **loosen** my belt.
  나는 배가 너무 불러 벨트를 약간 풀어야 했다.

cradle [kréidl] n.요람, (문화)발상지

요람(搖籃=흔들 요, 바구니 람)은 아기를 재울 때 사용하는 흔들 침대입니다. 요람은 인생을 시작하는 곳이고, 문화가 시작하는 곳은 발상지입니다.

- What is learned in the **cradle** is carried to the grave.
  요람에서 익힌 것은 무덤까지 가져간다.

bump [bʌmp] n.충돌 vi.충돌하다(collide) vt.~에 부딪히다, ~와 충돌하다

자동차의 **범퍼**(bumper)는 **충돌** 시 충격을 완화해 주는 역할을 합니다. bump into는 '~와 우연히 만나다'인데, 범퍼가 다른 범퍼 안으로 치고 들어가서 발생하는 교통사고는 2대의 자동차가 우연히 만나서 발생하는 것이죠.

- Don't worry, it's just a **bump**. 걱정하지 마. 그건 단순한 충돌(접촉사고)이야.
- I happened to **bump into** her downtown. 나는 시내에서 우연히 그녀를 만났어.

clash [klæʃ] n.충돌(collision), 언쟁 vi.충돌하다(collide)

이 책을 집필하고 있는 지금 TV에 '**클래시** 오프 클랜(Clash of Clans)'이란 온라인게임 광고가 계속 나오는데 **충돌**하는 장면으로 가득 차 있습니다. clash는 충돌입니다.

- Inside government, there was a **clash** of views. 정부 내에서 의견 충돌이 있었다.

bunch [bʌntʃ] n.다발, 무리(group, crowd)

벤치(bench) 위의 꽃 한 **다발**(bunch)을 연상하세요. bunch가 들어간 홈페이지는 대부분 꽃을 파는 꽃집입니다.

- He sent her a **bunch** of red roses. 그는 그녀에게 붉은 장미 다발을 보냈다.
- There are a **bunch** of girls waiting for you outside.
  밖에 너를 기다리고 있는 한 무리의 여자들이 있어.

sour [sáuər] a.(맛이)신, 시큼한, (우유)맛이 간, (사람)시큰둥한

사우어 크림(sour cream)은 우유의 고소함에 **시큼한** 맛이 어우러진 크림이고, **사우어** 스위트 소스(sour sweet sauce)는 **새콤**달콤한 소스입니다. 우유가 새콤하면 맛이 간 것이죠.

- **sour** apples 새콤한 사과 • go **sour** 상하다 • a **sour** face 시큰둥한 얼굴
- If your milk smells **sour**, don't drink it. 우유에 신 냄새가 나면, 마시지 마세요.

splendid [spléndid] a.빛나는, 화려한(gorgeous), 훌륭한(excellent)

splend(빛나다=shine)+did의 결합.

'빛나게 해 놓은=빛나는, 화려한'입니다.

- The beautiful gymnast gave us a **splendid** performance.
  그 아름다운 체조 선수는 우리에게 빛나는(화려한) 연기를 보여 주었다.

edit [édit] vt.(원고)교정하다, 편집하다 n.편집, 사설, 논설

저자가 원고를 출판사에 넘기면 **에디터**(editor-**편집자**)가 **교정**하고 **편집**합니다.

- She used to **edit** a women's magazine.
  그녀는 과거에 여성 잡지를 편집했다.

colony [kάləni] n.식민지

colon(경작하다=cultivate)+y의 결합.

'**노예들이 경작하는 곳=식민지**'입니다. 적군에게 정복당해 노예가 되어 경작하는 지역이 식민지입니다.

- The city was originally founded as a Roman **colony**.
  그 도시는 원래 로마의 식민지로 세워졌다.

craft [kræft] n.공예, 기술(skill, technique), 술책(trick), 비행기(우주선)

기계에 의한 대량생산 기술이 아닌 수공예 기술이 craft입니다. 온라인게임 스타**크래프트**(star craft)에는 **우주선**이 등장하고, 이 게임을 잘하려면 **기술**과 **술책**이 뛰어나야 합니다.

- craftsman [kræftsmən] n.기술자(장인) • craftsmanship n.장인정신
- Did the boy build the **craft**? 그 애가 이 공예품을 만들었어?
- He lost a lot of money by **craft**. 그는 술책(속임수)에 의해 많은 돈을 잃었다.

strategy [strǽtədʒi] n.전략, 병법, 책략

전략(strategy)은 달성해야 할 목표이고, 전술(tactics)은 목표를 달성하기 위해 필요한 구체적인 수단과 방법(skill)입니다. tactics 속에 있는 tact(재치, 기지)를 보면 전술은 상황에 맞게 재치를 발휘해야 한다는 것을 알 수 있지요.

- tactics [tæktiks] n.전술 • marketing strategy 마케팅 전략
- strategic [strətíːdʒik] a.전략적인 • a strategic decision 전략적인 결정
- A **strategy** is a general plan to achieve something over a long period.
  전략은 오랜 기간에 걸쳐 무엇을 달성하기 위한 전체적인 계획이다.

swamp [swɑmp] n.늪 vt.물(늪)에 빠지게 하다

swamp(늪)에 빠지면 swam(swim의 과거형) 할 수 없지요.

- The **swamp** obstructed the advance of the enemy.
  그 늪은 적의 전진을 방해했다.

Day 80

burden [bə́:rdn] n.무거운 짐, 부담(load) vt.~에게 무거운 짐을 지우다

[버든] ▶ 무거운 짐을 나르고 [뻐든] 기억이 있나요?

- I left since I didn't want to be **burden** to you. 나는 너에게 부담되는 것이 싫어서 떠났어.

tow [tou] vt.끌다, 견인하다 n.견인, 예인

[토우] ▶ [투우]장으로 소를 끌고 가다.

투우사가 투우장으로 소를 끌고 가는 모습을 떠올려 보세요. 불법주차를 하면 구청에서 차를 tow(견인)해 갑니다.

- Our car was **towed** away by the police. 우리 차가 경찰에 의해 견인되어 갔어.

sway [swei] n.동요, 흔들림 vi.흔들리다(swing) vt.흔들다(swing)

sway는 스윙(swing-흔들다)에서 파생된 단어.

sway에는 way(길)가 있어 어느 길로 가야 할지 몰라 **동요**하는 것임을 알 수 있습니다.

- They danced rhythmically, **swaying** their hips to the music.
  그들은 음악에 맞춰 엉덩이를 흔들며 리듬 있게 춤을 추었다.

lunar [lú:nər] a.달의, 태음(太陰)의

luna(달=moon)+r의 결합.

루나(Luna)는 라틴어로 '달, 달의 여신'입니다. 러시아의 **달** 탐사선 이름이 루나(Luna).

- solar [sóulər] a.태양의 • a lunar calendar 음력
- Today is the **lunar** New Year's day, a holiday for us Koreans.
  오늘은 음력설로 우리 한국인에게는 휴일이야.

lung [lʌŋ] n.폐, 허파

[렁] ▶ 허파에 주[렁] 주[렁] 달려있는 **허파**꽈리.

성인이 갖고 있는 공기주머니 허파꽈리는 약 3억 개 정도입니다.

- **Lung** cancer has a close relation to smoking.
  폐암은 흡연과 밀접한 관련이 있어.

swift [swift] a.빠른(fast), 신속한

문서작업을 할 때 블록을 씌우거나, 여러 파일을 선택할 때 키보드 좌우에 있는 Shift 키를 사용하면 swift(빠른)한 작업을 할 수 있지요.

- swiftness [swiftnis] n.신속 • swiftly [swiftli] ad.신속하게
- He passed the opponent defense in a **swift** move.
  그는 빠른 동작으로 상대 수비를 제쳤다.

fuss [fʌs] n.호들갑, 야단법석

[퍼스] ▶ 어디 아 [퍼서] 호들갑이야?

쓸데없는 일로 일으키는 호들갑, 야단법석을 fuss라고 합니다.

- Don't make a **fuss** about a minor thing like that.
  그와 같은 작은 일에 관해 호들갑 떨지 마.

bureau [bjúərou] n.책상, 사무소, (관청의)국

bureau는 서랍 달린 사무용 책상입니다. 서랍 달린 사무용 책상을 사무실, 관공서에서 사용하기 시작하면서 '**책상**'에서 '**사무소, (관청)국**'이란 의미로 확장.

- His entry was excluded from the Immigration **Bureau**.
  그의 입국은 출입국 관리소에 의해 거부되었다.

striking [stráikiŋ] a.파업 중인, 눈에 띄는(outstanding), 두드러진

strike(vt.치다, 두들기다)+ing(동작 중)의 결합.

'**두들기고 있는=파업 중인, 눈에 띄는**'입니다. 구호를 외치며 북과 장구를 두들기는 모습은 노동자들이 파업할 때 모습이죠. 북과 장구를 두들기고 있으면 바로 눈에 띄기 때문에 '**두들기고 있는**'에서 '**파업 중인, 눈에 띄는**'이란 뜻이 파생.

- The police arrested some **striking** workers.
  경찰은 몇 명의 파업 중인 근로자를 체포했다.
- It is new and **striking** in design.
  그것은 디자인이 새롭고 눈에 띈다.

sore [sɔːr] a.아픈, 욱신거리는

[쏘오어] ▶ 벌에 [쏘여] 아픈, 욱신거리는.

sore는 염증이 생기거나 근육을 많이 사용하여 화끈거리고 욱신거리며 아픈 것입니다.

- My stomach is still **sore** after the operation.
  내 배는 수술 후 여전히 욱신거린다.

spill [spil] vt.(액체)흘리다, 쏟다   vi.쏟아져 나오다   n.흘림, 엎지름

pill(알약) 먹다가 물 컵을 spill(쏟다) 했다. pill(알약)과 spill(쏟다)을 함께 기억하세요.

- pill [pil] n.알약 vt.~에게 알약을 먹이다
- He didn't deliberately **spill** wine on your suit.
  그가 의도적으로 너의 양복에 포도주를 쏟은 게 아니었어.

creep [kri:p] vi.기다, 포복하다(crawl)

creep(기다)과 crawl(기다)은 동의어로 함께 기억하세요.

- Prices will continue to **creep** higher.   물가는 더 높이 기어오를 거야.
- He always **creeps** to the boss.   그는 항상 사장에게 긴다(굽실거린다).

cripple [krípəl] n.불구자, 장애자   v.불구로 만들다

crip(기다=creep)+ple의 결합.

'두 다리로 걷지 못하고 기어가는 사람=불구자'입니다.

- Doubt can **cripple** even the most powerful warrior.
  불신은 가장 강한 전사도 불구로 만들 수 있습니다.

stem [stem] n.줄기   vi.유래하다, 생기다

나뭇가지는 줄기에서 생겨 뻗어 나가기 때문에 '줄기'에서 '유래하다, 생기다'는 뜻이 파생. stem은 vi이기 때문에 시작의 전치사 from을 붙여 stem from으로 사용합니다. 벼나 보리와 같은 식물의 줄기는 stalk[stɔ:k], 굵은 나무의 줄기는 trunk[trʌŋk], 장미나 진달래와 같은 관목의 줄기는 stem입니다.

- All your problems **stem from** drink.   너의 모든 문제는 음주에서 생긴 거야.

stiff [stif] a.뻣뻣한(hard), 경직된, 극심한

극심한 노동으로 인해 몸을 제대로 숙일 수 없을 정도로 몸이 뻣뻣하고, 경직된 노동자들의 몸 상태에서 그 뜻이 유래.

- stiff cardboard 뻣뻣한 마분지   • a stiff neck 뻐근한(경직된) 목
- The company faces **stiff** competition from its rivals.
  그 회사는 경쟁사들과의 극심한 경쟁에 직면해 있다.

coward [káuərd] n.겁쟁이(mouse), 비겁자   a.겁 많은, 비겁한

co(꼬리)+ward(쪽으로)의 결합.

'말 꼬리 쪽으로 가는 사람=겁쟁이'입니다. 중세시대 기사는 말을 타고 앞으로 돌격하는 것이 임무인데 말 꼬리 쪽으로 가서 말을 방패로 삼았으니 겁쟁이고 비겁자지요. 경마에서 겁이 많은 말을 coward라고 합니다.

- They called me a **coward** because I would not fight.
  그들은 내가 싸우려 하지 않기 때문에 나를 겁쟁이라고 했다.

blush [blʌʃ] n.홍조(얼굴 빨개짐) vt.(얼굴)붉게 하다 vi.얼굴을 붉히다

[블러쉬] ▶ 이름만 [불러]도 [쉬=she]는 부끄러워 **얼굴을 붉힌다**.

- She turned away to hide her **blushes**.
  그녀는 얼굴 빨개짐을 감추려고 고개를 돌렸다.

---

stride [straid] vi.큰 걸음으로 걷다, 활보하다 n.큰 걸음, 활보

육상에 **큰 걸음**으로 성큼성큼 달리는 롱 **스트라이드**(long stride)주법이 있습니다. 야구에서 **스트라이드**(stride)는 타자가 공을 강하게 치기 위해 앞발을 **큰 걸음**으로 내딛는 것입니다.

- He lengthened his **stride** to keep up with his father.
  그는 아버지와 보조를 맞추기 위해 걸음을 길게 했다.

---

crawl [krɔːl] n.기어감, 포복 vi.(네발로)기다, 서행하다

수영에서 자유형을 **크롤**(crawl)이라고 하는데, 손과 발을 모두 사용하여 **기어가듯** 수영하는 것입니다.

- Babies **crawl** on their hands and knees.
  아기들은 손과 무릎으로 기어 다닌다.

---

straightforward [strèitfɔ́ːrwəːrd] a.간단한(simple), 솔직한(frank), 정직한

straight(a.곧은, 일직선인)+forward(앞으로)의 결합.

'**앞으로 일직선으로 가는=간단한, 솔직한**'입니다. 어떤 건물을 찾는데 앞으로 일직선으로만 가라고 하면 건물 찾기가 간단한 것이죠. 어떤 질문에 대한 대답을 에둘러 하지 않고 일직선으로 바로 답에 가면 솔직한 것입니다.

- It's quite **straightforward** to get there. 거기 가는 것은 아주 간단해.
- He is a very **straightforward** guy. 그는 매우 솔직한 남자야.

---

botany [bátəni] n.식물학

[바튼이]의 [밭]에서 **밭**에 있는 식물을 연구하는 **식물학**을 연상하세요.

- botanist [bátənist] n.식물학자
- They shared a common interest in **botany**.
  그들은 식물학에 공통적인 관심을 갖고 있었다.

---

adolescence [ædəlésəns] n.청년기, 사춘기

[애들에슨스]의 [애들]에서 **애들**이 성장하는 **청년기, 사춘기**를 떠올려 보세요.

- adolescent [ædəlésənt] a.사춘기의
- Many bodily changes occur during **adolescence**.
  사춘기 동안에 많은 육체적인 변화가 일어난다.

bough [bau] n.나뭇가지

bough는 bow(n.인사, 경례)와 발음이 같습니다. 과거에 선생님들은 학생이 **인사(bow)**를 잘 안 하면 **나뭇가지(bough)**로 때리곤 했습니다.

- A **bough** of the pine tree broke and fell to the ground.
  소나무 가지 하나가 부러져 땅에 떨어졌다.

germ [dʒəːrm] n.병원균, 세균, 병균

[점]에서 [점점] 번식하는 **세균, 병균**을 떠올려 보세요. germ은 원래 새싹(bud)이란 뜻이었는데, 현미경으로 세균을 발견한 후 세균이 마치 새싹처럼 자라는 것을 보고 germ(새싹)을 세균, 병균이라고 부르기 시작.

- It's very easy for a **germ** on your hand to enter your mouth.
  여러분 손에 있는 세균이 입으로 들어가기는 아주 쉬워요.

boast [boust] n.자랑(pride) v.자랑하다(show off)

[보우스트] ▶ 자기가 [보스]인 것을 떠벌리고 **자랑하다**.

- I don't want to **boast**, but I can actually speak four languages.
  자랑하고 싶진 않지만, 난 사실 4개 언어를 할 줄 알아요.

bother [baðər] vt.괴롭히다, 귀찮게 하다(annoy) vi.걱정하다, 고민하다

[바더] ▶ '전화 [받어], 택배 [받어]'하면서 **귀찮게 하는** 형을 연상.

자기가 자기 자신을 괴롭히는 것은 걱정하고 고민하는 것이죠.

- He **bothers** me to lend him money.
  그는 자신에게 돈을 빌려달라고 나를 귀찮게 해. vt.
- Don't **bother** about the expenses.
  비용에 대해서는 걱정하지 마. vi.

bound [baund] a.묶여진, 얽매인, ~할 가능성이 큰, ~행의

bound는 bind(vt.~을 묶다)의 과거분사로, 'a.묶여진, 얽매인'입니다.
두 사람이 약혼으로 묶여져 있으면 결혼할 가능성이 큰 것이고, 기차의 도착지가 뉴욕으로 묶여져 있으면 뉴욕행 기차죠. '묶여진'에서 '~할 가능성이 큰, ~행의'라는 뜻이 파생.

- We are not **bound** by your decision.
  우리는 너의 결정에 얽매여 있지 않아.
- You **are bound to** pass the exam.
  넌 꼭 시험에 합격할 거야.
- This train **is bound for** New York City.
  이 열차는 뉴욕 행열차입니다.

courteous [kə́ːrtiəs] a.공손한(polite, civil), 정중한

court(n.궁전 안마당, 코트)+eous의 결합.

'**궁전 안마당에 왕과 함께 있는=공손한, 정중한**'입니다. 왕과 함께 궁전 안마당에 있으면 신하로서 공손하고 정중한 자세를 취해야겠지요.

- The taxi driver is very **courteous** to his customers.
  그 택시 운전사는 손님들에게 아주 공손해.

---

crash [kræʃ] n.추락, 충돌, 요란한 소리 vi.충돌하다, 추락하다, 붕괴하다, 파산하다

비행기가 **추락**하면 땅과 **충돌**하면서 **요란한 소리**가 나지요. 회사가 추락하는 것은 **파산**하는 것입니다.

- Did you hear about the terrible car **crash** on a highway?
  고속도로에서 끔찍한 자동차 충돌에 관한 얘기 들었니?

---

fundamental [fʌ̀ndəméntl] a.기초의, 기본의 n.기초(base), 기본

fund(n.자금)+a+mental(a.마음의, 정신의)의 결합.

'**마음과 자금=(사업의)기본**'입니다. 사업의 기본은 사업을 하려는 정신(마음)과 자본금이죠. 한 나라의 경제 상태를 알려주는 **기초**적인 자료가 되는 경제성장률, 물가상승률, 경상수지와 같은 거시경제지표를 **펀더멘탈**(fundamental)이라고 합니다. 신문을 보면 자주 등장하는 상식적인 경제용어.

- The right of citizens to vote is a basic **fundamental** right.
  투표할 수 있는 시민의 권리는 기본 권리이다.

---

attach [ətǽtʃ] vt.바르다, 붙이다, 첨부하다

at(이동=ad)+tach(붙이다=stick)의 결합.

패치(patch)와 태치(tach)는 '붙이다'입니다. 울트라 패치란 상표가 흔한데 바퀴벌레 잡는데 붙이는 약, 얼굴에 붙이는 미용 팩 상표. 패치(patch)는 특정 성분을 담아 붙이는 천 조각입니다.

- patch [pætʃ] n.천 조각, 고약, 안대 • attachment [ətǽtʃmənt] n.부착, 애착(마음이 붙은 것), 첨부파일
- Don't forget to **attach** the files. 그 파일들을 첨부하는 것 잊지 마.

---

dispatch [dispǽtʃ] vt.보내다(발송하다, 파견하다) n.파견, 발송

dis(분리=off)+patch(붙이다=stick)의 결합.

'**물건을 자신의 손에서 분리시켜 상대편에게 붙이다=보내다**(send, forward, transmit)'입니다. 상품을 창고에서 분리시켜 주문자에게 붙이는 것은 발송, 회사원을 본사에서 분리시켜 다른 곳에 붙이는 것은 파견입니다. 우리나라의 디스패치(dispatch)는 주로 연예인들의 사생활을 추적하여 기사로 내보내는 온라인 매체.

- Ordered products are **dispatched** within 24 hours.
  주문 상품은 24시간 이내에 발송됩니다.

Day 81

bruise [bru:z] n.타박상(멍), (마음의)상처 vt.~에게 타박상(상처)을 입히다

[브루즈] ▶ 싸움에 패한 [루져(loser)]의 몸에 있는 **멍** 자국을 연상하세요.

- I have a **bruise** on my arm. 나의 팔에 멍이 들었어.
- His words remained in my mind as a **bruise**.
  그의 말은 나의 마음속에 상처로 남았다.

gorgeous [gɔ́:rdʒəs] a.호화로운, (구어)멋진, 훌륭한

- a gorgeous house 호화로운 집 • a gorgeous meal 훌륭한 음식
- She was so **gorgeous** that my heart started beating.
  그녀는 너무 멋져서 나의 가슴이 뛰기 시작했어.

colonel [kə́:rnəl] n.육군 대령, 연대장

[커널] ▶ 아버지는 [군을] 지휘하는 **연대장(육군대령)**이야.

- The **colonel** paraded his men before the Queen.
  대령이 여왕 앞에서 부하들의 열병식을 거행했다.

bridegroom [bráidgrùm] n.신랑

bridegroom은 bride(n.신부)+g+room(n.방)의 결합.

'**신부를 위해 방을 준비하는 사람=신랑**'입니다. bridegroom을 줄여 groom이라고도 합니다.

- The bride and **bridegroom** exchanged wedding presents.
  신부와 신랑이 결혼 선물(예물)을 교환했다.

armour [ɑ́:rmər] n.갑옷, 투구 vt.무장하다(arm)

arm(n.팔 vt.무장하다)+our(명접)의 결합.

화살이나 칼과 같은 무기로부터 '**몸을 보호하기 위해 몸에 무장한 것=갑옷, 투구**'입니다.

- Body **armour** saved him from serious injury.
  갑옷이 치명상으로부터 그를 구했습니다.

communicate [kəmjúːnəkèit] vt.(지식, 정보)전달하다 vi.의사소통하다(with)

우리는 '누구와 **커뮤니케이션(의사소통)**이 잘 안 돼'라는 표현을 흔히 사용합니다.

- communication [kəmjùːnəkéiʃəm] n.전달, 의사소통, 왕래
- English is not the only way to **communicate**.
  영어가 의사소통을 위한 유일한 방법은 아닙니다.

bribe [braib] n.뇌물(grease) v.뇌물을 주다

중세시대 bribe는 선물(present)이란 의미였는데 선물의 정도를 넘어서면서부터 뇌물이란 뜻이 되었습니다.

- bribery [bráibəri] n.뇌물수수
- The mayor accepted the **bribe** from a business man.
  그 시장은 어떤 기업인으로부터 뇌물을 받았다.

cope [koup] vi.대처하다, 극복하다(overcome)

cop(경찰)은 범죄에 빠르게 cope(대처하다) 해야 합니다. cope은 vi이기 때문에 뒤에 명사를 연결할 때 전치사 with를 붙여 cope with(~에 대처하다, 극복하다)로 사용합니다. 자기가 갖고 있는 상황에 대처하고 극복하는 것이기 때문에 소유의 전치사 with.

- We have to **cope with** the current financial difficulties.
  우리는 지금의 재정난에 잘 대처해야 합니다.

corps [kɔːr] n.단체(group), 집단, 군단

[코–] ▶ [코] 성형수술에 부작용이 있는 사람들이 모여 만든 **단체**를 연상해 보세요.

철자가 비슷한 corpse[kɔːrps]는 'n.시체, 송장'입니다.

- He is a member of a military medical **corps**. 그는 군 의료단의 일원이다.

anchor [ǽŋkər] n.닻, 사회자(뉴스) vt.(배)를 정박시키다 vi.정박하다

anchor는 배가 움직이지 않도록 바닷속으로 던지는 묵직한 것으로, **뉴스 진행자**를 **앵커(anchor)**라고 하는 것은 뉴스의 **닻** 역할을 한다는 뜻입니다. 뉴스를 진행하는 앵커는 기자와 달리 정박한 배처럼 한 자리에 앉아있지요.

- He **anchored** the ship safely. 그는 안전하게 그 배를 정박시켰다.

damp [dæmp] a.축축한(humid, moist), 습기 찬 n.안개, 습기 v.적시다

[댐프] ▶ [댐] 주변은 항상 **축축**하고, **안개**가 자주 발생합니다.

- Clean the surface with a **damp** cloth. 축축한(젖은) 천으로 표면을 닦으세요.
- The room was cold and **damp**. 그 방은 춥고 축축했다.

president [prézidənt] n.장(長), 대통령

preside(vi.의장노릇하다)+ent(사람)의 결합.

'**의장노릇을 하는 사람=장(長)**'입니다. 국가를 주도하는 長은 대통령, 회의를 주도하는 長은 의장, 회사를 주도하는 長은 회장 또는 사장, 대학교를 주도하는 長은 총장, 대학에서 학과를 주도하는 長은 학장, 학교를 주도하는 長은 교장입니다.

- preside [prizáid] vi.관장하다, 의장 노릇하다, 사회보다
- I'm sorry, the **president** is out at the present time. 죄송하지만 사장님은 지금 외출 중이십니다.

smash [smæʃ] v.내려치다, 박살내다(나다) n.내려치기, 스매시

배드민턴, 탁구, 테니스에 스매싱(smashing), 스매시(smash)가 있는데, 땅이 **박살나도록 강하게 내려치는** 것입니다.

- The bowl **smashed** into a thousand pieces. 그 그릇은 박살 나 산산조각이 났다.

snore [snɔːr] n.코골이 vi.코를 골다

- Snorers **snore** loudest when they are deeply asleep.
  코골이들은 깊이 잠들어 있을 때 가장 시끄럽게 코를 곱니다.

crack [kræk] n.갈라진 금, 균열 vt.금가게 하다 vi.금가다

간식으로 먹는 크래커(cracker)는 crack(금가다)+er(것)의 결합으로, 말랑말랑한 빵과 달리 쪼개면 **금이** 가면서 부서지는 과자입니다

- The incident caused a **crack** in their close relationship.
  그 사건은 그들의 친밀한 관계에 균열을 야기했다.

sociology [sòusiálədʒi] n.사회학

socio(사회, 사교=society)+logy(학문)의 결합.

'**사회현상을 다루는 학문=사회학**'입니다. 소시오패스(sociopath-**사회**병질자)는 자신의 성공을 위해서는 수단과 방법을 가리지 않고 나쁜 짓을 저지르며, 이에 대해 전혀 양심의 가책을 느끼지 않는 사람입니다. 반사회적인 인격 장애의 일종으로, 범행 인지를 한다는 점에서 사이코패스와 차이가 있지요.

- What kind of work can I get with a degree in **sociology**?
  사회학 학위로 제가 어떤 종류의 일을 구할 수 있나요?

sociable [sóuʃəbəl] a.사교적인, 사귀기 쉬운

soci(사회, 사교=society)+able(가능)의 결합.

'**쉽게 교제할 수 있는=사교적인(outgoing)**'입니다.

- society [səsáiəti] n.사회, (사회)집단, 사교, 교제
- Type B: They are extremely sensitive, yet very **sociable**.
  B형: B형은 감정이 매우 예민하지만, 굉장히 사교적이야.

baggage [bǽgidʒ] n.수화물(luggage)

수화물(手貨物)은 손에 간편하게 들고 다닐 수 있는 짐으로 그때그때의 상황에 따라 짐의 크기가 달라지기 때문에 셀 수 없는 것으로 간주합니다.

- Can you tell me where I can pick up my **baggage**?
  수화물 찾는 곳이 어디인지 알려주실 수 있나요?

alert [ələ́:rt] n.경계, 경보(alarm) a.경계하는 vt.~에게 경고하다(warn)

레드얼엇(red alert-적색경보)은 전쟁 발생 시 내리는 것으로, 레드얼엇(red alert)이란 게임도 출시되어 있습니다.

- The guard stayed **alert** to watch for strangers.
  그 경비는 낯선 사람을 감시하기 위해 경계하고 있었다.

square [skwɛə:r] n.정사각형, (거리의)광장, 시가의 한 구획

스퀘어(square)는 '광장'이란 뜻으로 '정사각형'에서 파생. 도로 2개가 교차하는 교차로 부분의 공간이 정사각형이고, 교통을 통제하면 사람이 모일 수 있는 광장이 됩니다. 뉴욕과 서울 영등포에는 타임스 퀘어가 있습니다.

- People were in the town **square** for the concert.
  사람들이 콘서트를 보기 위해 마을 광장에 모여 있었다.

aim [eim] n.목표(target), 목적 vt.겨냥하여~을 던지다 vi.겨냥하다, 노력하다(try)

사냥꾼은 과녁(목표)을 겨냥한 후 과녁을 맞히려고 노력하기 때문에 '과녁'에서 '겨냥하다, 노력하다'는 의미가 파생됩니다.

- He **aimed** a stone at me. 그는 나를 겨냥해서 돌을 던졌어.
- We **aim to** help the poorest families. 우리는 극빈층 가정을 도우려고 노력해.

bald [bɔ:ld] a.대머리인

[보올드] ▶ 그의 머리는 [보올-ball]처럼 광택이 나는 **대머리**야.

- I think he's got a complex about being **bald**.
  그는 대머리인 것에 대해 콤플렉스를 갖고 있는 것 같아.

stalk [stɔ:k] n.줄기(stem) vt.~에 몰래 접근하다, 스토킹하다

스토킹(stalking)은 사람들 사이에 숨어서 **몰래 접근하는** 것으로 사냥꾼이 사냥감에 몰래 접근하는 것에서 유래. 사냥감에 몰래 접근하기 위해서는 식물 줄기 사이에 숨어서 접근하기 때문에 '**줄기**'에서 '**몰래 접근하다**'는 의미가 파생.

- The **stalk** of this vegetable is too tough. 이 채소는 줄기가 너무 억세다.
- Don't you know it's illegal to **stalk** people?
  너는 사람에게 몰래 접근하는 것이 불법이라는 걸 모르니?

diaper [dáiəpər] n.기저귀, 마름모 무늬의 천, 수건

다이퍼 대디(Diaper Daddy)는 **기저귀를 갈아주는 아빠**로, 엄마보다 육아에 적극적으로 참여하는 멋쟁이 아빠를 일컫는 말입니다.

- Babies cry when they are hungry or a **diaper** needs changing.
  아기들은 배가 고프거나 기저귀 교체가 필요할 때 웁니다.

soak [souk] vt.담그다, 적시다(wet) vi.몸을 담그다, 물에 젖다(wet)

[소욱크] ▶ 몸을 욕조에 [속] 넣어 **담그다**.

- **Soak** the beans one night.
  콩을 하룻밤 담가 두세요. vt.
- I'm going to go home and **soak** in the bath.
  나는 집에 가서 욕조에 몸을 담글 생각이야. vi.

dizzy [dízi] a.어지러운, 현기증 나는(giddy) vt.현기증 나게 하다

[디지] ▶ 그는 누군가에게 [디지]게 맞아 **어지러운** 상태야.

- I felt so **dizzy** from drinking so much wine.
  나는 와인을 너무 많이 마셔서 어지러웠다.

stance [stæns] n.자세, 입장(position, situation)

stance(자세)는 stand(vi.서 있다)의 명사형으로 서 있는 자세입니다. 골프, 야구, 권투 등 운동에서 **스탠스(stance-자세)**는 매우 중요하지요. 정신적인 자세는 '입장, 태도'입니다.

- We talked about his new batting **stance**.
  우리는 그의 새로운 타격 자세에 대해 이야기했다.
- He has changed his **stance** on foreign policy.
  그는 외교 정책에 대한 자신의 입장을 변경했다.

standpoint [stǽndpɔ̀int] n.입장, 관점(viewpoint)

stand(vi.서 있다)+point(n.위치)의 결합.

'**자신의 생각이 서 있는 위치=입장, 관점**'입니다. 자신의 생각이 찬성에 서 있으면 찬성하는 입장(관점)인 것이죠.

- From a medical **standpoint**, dangerous sports like boxing are wrong and should be banned.
  의학적 관점에서 권투 같은 위험한 스포츠는 옳지 않으며 금지되어야 한다.

eternal [itə́ːrnəl] a.끝없는(everlasting), 영원한, 불멸의 n.영원한 것

[이터널] ▶ 아! 끝없는 [이 터널].

- I believe that our love is **eternal**.
  우리의 사랑은 영원할 거라고 믿어요.
- When you're young, you think life is **eternal**.
  여러분이 젊었을 때는 인생이 영원할 것으로 생각합니다.

ferment [fə́ːrment] n.효소(enzyme), 발효 vt.발효시키다, (감정)들끓게 하다

fer(열=fever)+ment(명접)의 결합.

'열을 가하면 더 빨리 촉진되는 것=발효'입니다. 효소를 이용해 유기물을 분해시키는 것이 발효. 청국장을 만들 때 열이 있는 따뜻한 아랫목에 두는 것은 발효를 촉진하는 것이죠.

- Kimchi is the best **fermented** food of all.
  김치는 최고의 발효 식품입니다.

ambassador [æmbǽsədər] n.대사, 사절, 특사

큰 도시에는 앰배서더(ambassador)란 이름의 호텔이 있는데, **대사**나 **특사**들이 묶는 수준 높은 호텔이란 의미입니다.

- The American **ambassador** in Seoul was recalled abruptly yesterday.
  어제 서울주재 미국대사가 갑자기 소환되었다.

anthem [ǽnθəm] n.찬송가(hymn, psalm), 축가

an(하나=하나님)+them(그들=신도)로 결합하여, 그들이 하나님을 위해 부르는 찬송가로 기억하세요.

- In 1936, he composed the Korean national **anthem**.
  1936년에, 그는 대한민국 국가를 작곡했습니다.

Day 82

scar [skɑːr] n.상처 자국, 흉터

[스카=슥+아] ▶ 칼날이 [슥] 스치면 아파서 [아!] 하고, 남는 것은 **흉터**뿐.

- I recognized you by the **scar** on your face. 얼굴에 있는 흉터로 너를 알아봤어.

tickle [tíkəl] vt.간지럽게 하다 n.간지럼, 간지러운 느낌

[티클] ▶ [티끌]만한 머리털이 등을 **간지럽게 하네요**.

- I've got a **tickle** in my throat that won't go away.
  나의 목에 사라질 것 같지 않은 간지럼을 갖고 있어.

tidy [táidi] a.깔끔한, 단정한(neat) vt.정돈하다(clean), 깨끗하게 하다

[타이디] ▶ 넥 [타이]를 맨 **깔끔하고 단정한** 모습을 연상.

- I'm surprised to see your **tidy** room. 나는 깔끔한 네 방을 보고 놀랐어.
- Your room looks like a bomb hit it. **Tidy** it up!
  네 방은 폭탄 맞은 듯해. 청소해!

vaccinate [vǽksənèit] v.백신주사(예방접종)를 놓다

vaccine(n.백신)+ate(동접)의 결합.

vaccine(백신)은 사람과 동물을 면역하기 위하여 쓰이는 **항원**으로 프랑스의 미생물학자 파스퇴르가 처음 만들었습니다.

- Senior citizens and infants are advised to get **vaccinated** for the flu virus.
  고령자와 유아는 독감 예방접종을 받도록 권고된다.

routine [ruːtíːn] n.판에 박힌 일, 일상의 일 a.판에 박힌, 일상적인, 정례의

rout(길, 루트=route)+ine의 결합.

'매일 다니는 길=일상의 일'입니다. 야구에서 투수나 타자들, 배구에서 서브를 넣을 때 등 운동선수들은 자신만의 **판에 박힌 루틴**(routine) 동작을 갖고 있습니다.

- We all want to depart from the daily **routine**.
  우리 모두는 일상의 일에서 벗어나기를 원해.

candid [kǽndid] a.정직한, 솔직한, 공평한(fair, impartial)

cand(양초, 비추다=candle)+id의 결합.

'**양초로 비추면 내면이 투명하게 드러나는=정직한(honest), 솔직한(frank)**'입니다.

- Children are more **candid** about their feelings than adults are.
  아이들은 성인보다 자기감정에 더 솔직해.

riddle [rídl] n.수수께끼

[리들] ▶ [니들-너희들] 내가 낸 **수수께끼** 맞혀봐.

- Can you guess the answer to this **riddle**? 이 수수께끼의 답을 알아맞힐 수 있겠니?

hereditary [hirédətèri] a.세습의, 유전적인

her(상속=heir)+ed+it(가다=go)+ary의 결합.

'**자식에게 상속되어 내려가는=세습의, 유전적인(genetic)**'입니다. 어근 her는 heir(상속인)의 변형.

- heir [ɛər] n.상속인, 후계자   • heredity [hirédəti] n.세습, 상속, 유전
- There are still the **hereditary** rulers in Africa and the Middle East.
  아프리카와 중동에는 여전히 세습 통치자들이 있다.

inherit [inhérit] v.(재산, 유전자)상속하다, 물려받다(상속받다)

in(안에)+her(상속=heir)+it의 결합.

'**자식 손에 재산 등을 상속하다=상속하다**'입니다. 상속하는 사람 입장에서 말하면 상속하는 것이고, 상속받는 사람 입장에서 말하면 물려받는 것입니다.

- inheritance [inhérətəns] n.상속(재산), 유산(legacy, heritage)
- I **inherited** this debt when I took over the business.
  내가 사업을 물려받았을 때 이 부채도 물려받았습니다.

heritage [héritidʒ] n.유산(legacy), 전통(tradition), 상속재산

her(상속=heir)+it(가다=go)+tage의 결합.

'**자식이나 후손에게 내려가서 상속되는 것=유산, 전통, 상속재산**'입니다.

- Our national **heritage** was destroyed by the fire.
  우리의 국가 유산이 그 화재로 파손되었다.

vulnerable [vʌ́lnərəbəl] a.연약한(weak), 취약한, 비난(공격)받기 쉬운

[벌너러블] ▶ [벌]에 쏘이면 피부 [트러블]이 생겨 죽을 수 있는 **연역한** 사람을 연상.

연약한 동물(사람)은 공격받기 쉽기 때문에 '**연약한**'에서 '**공격받기 쉬운**'이란 뜻이 파생.

- Children are especially **vulnerable** in food poisoning.
  아이들은 특히 식중독에 취약하다.

종합 553

bias [báiəs] n.편견, 선입견(prejudice) vt.~에게 편견을 갖게 만들다

[바이어스] ▶ [바이어]에게 뇌물을 [슥] 줘야 거래가 성사된다는 **편견**을 버려.

- biased [báiəsd] a.편견을 갖고 있는
- unbiased [ənbáiəsd] a.편견 없는, 공평한(fair, impartial)
- Employers must consider all candidates impartially and without **bias**.
  고용주들은 모든 취업 후보자들을 공평하게 편견 없이 보아야 한다.

temporary [témpərèri] a.잠깐 동안의, 임시의(provisional) n.임시적인 것

tempor(시간=time)+ary의 결합.

'짧은 시간 동안의=잠깐 동안의, 임시의'입니다. 템포(tempo)는 시간이 흘러가는 속도, 박자입니다. 우리는 '템포 조절 잘해라'는 말을 흔히 사용하지요.

- Many people are still staying at **temporary** accommodations.
  많은 사람이 여전히 임시 수용소에서 지내고 있습니다.

contemporary [kəntémpərèri] a.동시대의, 그 당시의, 현대(지금)의

con(함께=with)+tempor(시간=time)+ary의 결합.

'시간을 함께 보내고 있는=동시대의, 현대의(present, current)'입니다. 빌게이츠와 우리는 시간을 함께 보내는 동시대(同時代) 사람이죠. 지금 우리와 함께 사는 사람은 현대 사람이기 때문에 '동시대의'에서 '**현대의**'라는 뜻이 파생.

- We have no **contemporary** record of the battle. 그 전투에 대한 동시대의(그 당시의) 기록은 없어.
- **Contemporary** terrorism presents a new risk. 현대의 테러행위는 새로운 위험을 주고 있습니다.

extemporize [ikstémpəràiz] v.즉석에서 연설(연주, 노래)하다, 준비 없이 하다

ex(밖에=out)+tempor(시간=time)+ize의 결합.

'원고 준비할 시간을 밖에서 허비해 버리다=즉석에서 연설하다(improvise)'입니다.

- extemporary [ikstémpərèri] a.즉석의, 즉흥적인(improvised, offhand)
- He can **extemporize** on any of subjects. 그는 어떠한 주제에 관해서도 즉석에서 연설할 수 있어.

hinder [híndər] vt.방해하다 vi.방해가 되다

hind(뒤=behind)+er의 결합.

'일하고 있는 사람 등 뒤에 서 있다=방해하다(obstruct, prevent, disturb)'입니다. 요리하고 있는데 누군가 등 뒤에 계속 서 있으면 요리하는 데 방해가 되고, 손님과 대화하는데 누군가 등 뒤에 계속 서 있으면 대화에 방해가 되지요.

- hindrance [híndrəns] n.방해(disturbance, obstruction), 장애(물)
- Nothing will **hinder** me **from** accomplish**ing** my purpose.
  어떠한 것도 내가 목표 달성하는 것을 방해하지 못할 거야.

fallacious [fəléiʃəs] a.잘못된, 틀린

fall(떨어지다)+acious의 결합.

'핵심 근거가 떨어져 나가고 없는=잘못된(wrong), 틀린(faulty)'입니다.

- His argument is based on **fallacious** reasoning.
  그의 주장은 잘못된 추론에 근거를 두고 있어.

intimidate [intímədèit] vt.겁주다, 협박(위협)하다

in(안에)+timid(a.겁 많은)+ate의 결합.

'사람 마음속에 겁(공포심)을 집어넣다=겁주다(terrify), 협박하다(threaten)'입니다.

- timid [tímid] a.겁 많은, 소심한
- intimidation [-ʃən] n.협박, 위협
- He brought someone to **intimidate** me.
  그는 나를 겁주기 위해 누군가를 데려왔다.

innocuous [inákju:əs] a.무해한(harmless), 독이 없는, 악의 없는

in(부정=not)+noc(해=harm)+uous의 결합.

'인체에 해가 되지 않는=무해한'입니다. [녹-noc]슨 못에 찔리면 파상풍에 걸려 몸에 해(harm)가 되지요. '녹(noc)이 없는=무해한, 독이 없는'입니다.

- nocuous [ákju:əs] a.해로운(harmful, injurious), 유독한(poisonous)
- Some mushrooms look **innocuous** but are in fact poisonous.
  어떤 버섯은 무해한 것처럼 보이지만 실제로는 독성이 있다.

pernicious [pə:rníʃəs] a.해로운, 치명적인(fatal)

per(완전히=perfectly)+nic(해=noc=harm)+ious의 결합.

'완전히 해로운=해로운(poisonous, harmful, injurious)'입니다. 어근 [녹=noc=nic]은 [독]을 연상하면 사람에게 유독하고 해롭다는 어감으로 바로 기억할 수 있습니다.

- Most doctors agree that smoking is a **pernicious** habit.
  대부분의 의사들은 흡연이 해로운 습관이라는 것에 동의한다.

intoxicate [intáksikèit] vt.취하게 하다, 흥분시키다(stimulate)

in(안에)+toxic(독=poison)+ate의 결합.

'몸 안에 독소(알코올, 마약)를 집어넣다=취하게 하다, 흥분시키다'입니다. 미용을 목적으로 맞는 보톡스 주사는 보툴리눔 독소(botulinum toxin)를 이용하여 치료하는 것입니다.

- toxic [táksik] a.독(성)의, 유독한(poisonous), 중독성의
- Poktanju **intoxicates** me very easily.
  폭탄주는 나를 쉽게 취하게 합니다.

havoc [hǽvək] n.대혼란(난장판), 큰 피해

[해벅] ▶ [회복] 불능 상태 ▶ 대혼란(confusion, disaster, disorder)

- Rioters caused **havoc** in the center of the town. 폭도들이 도시 한가운데에서 대혼란을 일으켰다.

ephemeral [ifémərəl] a.하루살이의, 일시적인(temporary), 덧없는

[이페머럴] ▶ 단 하루 나무 [잎에=이페] [머물러] 살다 가는 하루살이 곤충.
'하루살이의=일시적인, 덧없는'입니다.

- Temporary positions at that company are only **ephemeral**.
  그 회사의 비정규직은 하루살이일 뿐입니다.

ubiquitous [juːbíkwətəs] a.어디에나 있는(widespread), 아주 흔한

u(너=you)+bi(있다=be)+qu+it(가다=go)+ous로 결합.

'네가 있는 곳, 네가 가는 곳에 있는=어디에나 있는, 아주 흔한'입니다. 21세기를 유비쿼터스(ubiquitous) 시대라고 하는데 어디에나 있는 인터넷 네트워크에 언제 어디에서든지 자유롭게 접속할 수 있는 정보기술 환경을 말합니다.

- Microsoft Windows is the **ubiquitous** operating system.
  MS 윈도우는 어디에나 있는(아주 흔한) 운영 체계이다.

gullible [gʌ́ləbəl] a.잘 속는(credulous), 잘 믿는

gull(n.얼간이, 바보=fool, idiot)+ible(가능)의 결합.

'누구나 얼간이 바보로 만들 수 있는=잘 속는'입니다.

- gull [gʌl] n.잘 속는 사람, 얼간이, 갈매기 vt.속이다(deceive, cheat, fool)
- This world is filled with **gullible** people. 이 세상은 잘 속는 사람들로 가득합니다.

placate [pléikeit] vt.(화)달래다, 진정시키다

plac(놓다=place=put)+ate(동접)의 결합.

'흥분, 분노를 내려놓게 만들다=달래다(appease), 진정시키다(calm down)'입니다.

- I smiled and danced to **placate** her. 그는 그녀를 달래기 위해 웃고 춤을 추었다.

complacent [kəmpléisənt] a.현실에 안주하는, 자기 만족하는(self-satisfied)

com(함께=with)+place(놓다=place=put)+nt의 결합.

'필요한 것을 다 갖춰 놓고 사는=현실에 안주하는, 자기 만족하는'입니다. 집, 차, 아내, 직업, 돈 등 필요한 것을 다 갖춰 놓고 살면 현실에 만족하고 안주하게 되지요.

- Teachers often become **complacent** because they know they have job security.
  교사들은 직업 안정성을 갖고 있다는 것을 알기 때문에 종종 현실에 안주하게 된다.

siege [si:dʒ] n.포위(작전) vt.포위하다(surround, encircle), 둘러싸다

[시이쥐] ▶ 고양이가 [새끼쥐]를 **포위하다**.

- The castle was forced to yield after a long **siege**.
  그 성은 오랜 포위 공격 끝에 굴복할 수밖에 없었다.

---

pot [pɔt] n.항아리(jar) 냄비, 주전자

커피**포트**(coffee pot)나 티 **포트**(teapot)에 물을 끓여 커피나 차를 마시죠. **pot는** 음식을 보관하는 **항아리**인데 항아리를 냄비나 주전자 역할로 사용함으로써 '**항아리**'에서 '**냄비, 주전자**'라는 의미가 파생.

- Little rice is left in the **pot**. 항아리에 쌀이 거의 남아 있지 않아.

---

impotence [ímpətəns] n.무기력, 허약(weakness), (의학)발기부전

im(부정=not)+potence(n.힘)의 결합.

'**힘이 없는 상태=무기력, 허약**'입니다. 잡지나 신문광고에 **임포텐스**(impotence)라는 용어가 나오는데 '무기력, 허약'이란 뜻으로 의학 용어로 '발기부전'입니다.

- potence [póutəns] n.힘(power), 세력 • potent [póutənt] a.힘 있는(powerful)
- I feel the feeling of **impotence** in the face of an insoluble problem.
  나는 해결할 수 없는 문제에 직면하여 무력감을 느끼고 있다.

---

mentor [méntɔ:r] n.스승, 조언자, 멘토

ment(말하다, 멘트하다=say, speak)+or(사람)의 결합.

'**살아감에 있어서 항상 좋은 멘트를 해 주는 사람=스승, 조언자**'입니다. 그리스 신화에 나오는 영웅 오디세우스(Odysseus)가 자기 아들을 맡긴 훌륭한 스승 이름 멘토르(Mentor)에서 유래.

- He is my great friend and my great **mentor**.
  그는 나의 절친한 친구이자 나의 위대한 멘토(스승, 조언자)이다.

Day 83

nun [nʌn] n.수녀, 여승(여자 스님)

[넌] ▶ [넌] 수녀냐?

- The **nun** was a mother to orphans. 그 수녀는 고아들에게 어머니였다.

gratitude [grǽtətjùːd] n.감사, 고마움

grat(기쁘게 하는=pleasing)+i+tude(상태, 성질)의 결합.

'누군가 나를 기쁘게 했을 때 내가 느끼는 것=감사(thanks, appreciation)'입니다. [그래티튜드]에서 '[그래!] [티] 사 줘서 고맙다'로 기억해도 됩니다.

- ingratitude [ingrǽtətjùːd] n.배은망덕 • gratify n.기쁘게 하다(please), 만족시키다
- It's a little token of my **gratitude**. 그것은 나의 작은 감사 표시야.

outlaw [áutlɔ̀ː] n.무법자

out(밖에)+law(n.법=rule)의 결합.

'법의 통치 영역 밖에 있는 자=무법자(desperado)'입니다.

- The story is about an American **outlaw** from a long time ago.
  그 이야기는 오래전 미국의 무법자에 대한 것이다.

impromptu [imprάmptju] a.즉석의, 즉흥적인 n.즉석연설(연주, 시, 노래)

im(안에=in)+prompt(a.즉석의)+u의 결합.

'어떤 상황 안에서 사전 준비 없이 즉석에서 바로 하는=즉흥적인'입니다.

- prompt [prαmpt] a.즉석의, 신속한(quick, rapid)
- All those jokes you hear on TV are far from being **impromptu**.
  여러분이 TV에서 듣는 모든 농담은 결코 즉석에서 하는 것이 아닙니다.

obesity [oubíːsəti] n.비만, 비대

ob(넘어=over)+es(먹다=edible)+ity의 결합.

'정량을 넘어 많이 먹어서 몸이 뚱뚱해지는 것=비만(fatness)'입니다.

- obese [oubíːs] a.비만인(overweight, corpulent, plump, fat, fleshy), 뚱뚱한
- **Obesity** is caused by overeating and bad eating habits.
  비만은 과식과 나쁜 식습관으로 인해 유발된다.

submarine [sʌ́bməriːn] n.잠수함 a.해저의

sub(아래=under)+marine(a.바다의)의 결합.

'바다 아래에서 움직이는 배=잠수함'입니다.

- Do we have to have a nuclear **submarine**? 우리는 핵잠수함을 가져야 할까요?

mundane [mʌ́ndein] a.일상적인(daily, ordinary), 재미없는, 세속적인(worldly)

[먼데인] ▶ 주말을 보낸 직장인은 [먼데이−ㄴ]가 되면 **일상적인** 생활을 이어가게 됩니다.

- I got tired of the **mundane** work of driving a truck.
  나는 트럭 운전이라는 일상적인 일이 지루해졌어.

gregarious [grigéəriəs] a.사교적인, (동식물)무리지어 사는

greg(무리, 모이다=flock)+arious의 결합.

'모임이나 무리에 들어가길 좋아하는=사교적인(sociable, outgoing)'입니다.

- I have an outgoing and **gregarious** personality.
  나는 외향적이고 사교적인 성격을 가지고 있다.

segregate [ségrigèit] v.분리하다, 격리하다, 인종 차별하다

se(분리=off)+greg(무리, 모이다=flock)+ate의 결합.

'무리들을 특성별로 분리시키다=분리시키다(separate), 격리하다(isolate)'입니다. 남미인, 흑인, 아시아인처럼 사람을 인종이나 지역별로 분리시키는 것은 인종 차별하는 것이죠.

- segregation [sègrigéiʃən] n.분리, 격리, 인종차별
- Here smoking and non-smoking areas are **segregated** from each other.
  여기는 흡연구역과 비흡연구역이 서로 분리되어 있습니다.

congregate [káŋgrigèit] vi.모이다, 집합하다 vt.모으다, 집합시키다

con(함께=with)+greg(무리, 모이다=flock)+ate의 결합.

'다 함께 모이다=모이다(gather, assemble, get together)'입니다.

- congregation [kàŋgrigéiʃən] n.모임(gathering, meeting, assembly), 집합, 집회
- People **congregated** to watch the building burn.
  건물이 타는 것을 보기 위해 사람들이 몰려들었다.

lineage [líniidʒ] n.가문, 혈통(a family line)

line(선, 줄)+age(나이, 연대)의 결합.

조상을 살아온 나이별로, 연대별로 줄지어 세운 것이 가문입니다. 온라인 게임 **리니지(lineage)**를 해 본 사람은 왜 리니지가 **가문, 혈통**이란 뜻인지 알 것입니다.

- He is very proud of his royal **lineage**.
  그녀는 자신의 왕족 혈통을 매우 자랑스러워한다.

pinpoint[pínpɔ̀int] n.핀 끝 a.정확한(accurate), 정밀한 vt.정확히 찾아내다

pin(핀)+point(끝=edge)의 결합.

핀 끝으로 정확하게 콕 찍어내는 것을 말합니다. 프로야구에서 투수가 포수가 원하는 위치에 정확하게 던지면 해설자는 **핀포인트**(pinpoint-**정확한**) 제구라고 합니다.

- I can't **pinpoint** the part that hurts. 아픈 부분을 정확하게 찾아낼 수 없네요.
- We have to **pinpoint** the location of the water leak.
  물이 새는 곳이 어디인지 정확하게 찾아야 합니다.

---

ambush[ǽmbuʃ] n.잠복, 매복 v.매복(잠복)하다, 매복하여 공격하다

am(안에=im=in)+bush(n.관목, 수풀, 덤불)의 결합.

'수풀 안에서 적이 오길 기다리는 것=**잠복, 매복**'입니다. 수풀 속에 숨어있는 것은 잠복(매복)입니다. 앰부시 마케팅(ambush marketing)은 공식 후원 업체가 아니면서 매복하듯 숨어서 고객에게 공식 후원 업체라는 인상을 주는 홍보 전략.

- They waited in **ambush** in order to attack the enemy.
  그들은 적군을 공격하기 위해 매복하고 기다렸다.

---

discrepancy[diskrépənsi] n.차이, 불일치

dis(분리=off)+crep(삐걱거리다=creak)+ancy의 결합.

'의견이 서로 분리되어 삐걱거림=**차이**(difference), **불일치**(discord, disagreement)'입니다. 수학 여행지에 관한 토론에서 해외, 제주도, 설악산으로 의견이 분리되어 토론이 삐걱거리면 의견 차이가 있고 의견이 불일치하는 것이죠.

- There were lots of **discrepancies** between the statements of two witnesses.
  목격자 두 사람의 증언 사이에는 많은 차이가 있었다.

---

coincide[kòuinsáid] vi.동시에 일어나다, 일치하다(concur, correspond)

co(함께=com=with)+in(안에)+cide(떨어지다=fall)의 결합.

'같은 공간 안에 함께 떨어지다=**동시에 일어나다, 일치하다**'입니다. 토요일에 A 서점에 책을 사러 갔는데 친구도 A 서점에 왔다면 동시에 일어난 일이고, 우연의 일치입니다.

- coincidence[kouínsədəns] n.동시 발생, 우연의 일치
- Your views exactly **coincide** with mine. 당신의 견해는 정확하게 나의 것과 일치합니다.

---

authentic[ɔːθéntik] a.진짜의(genuine, virtual), 믿을 만한(reliable, trustful)

[오센틱] ▶ [오~ 센~] 진짜 믿을만한 남자 없어.

- There's no way to verify that the painting is **authentic**.
  그 그림이 진짜라는 것을 확인할 방법이 없군요.
- The document is an **authentic** report.
  그 문서는 믿을 만한 보고서입니다.

roam [roum] v.돌아다니다, 배회하다 n.돌아다님, 배회

[로움] ▶ 자유 [로움] ▶ 목적 없이 자유롭게 **돌아다니다**.

- The sheep are allowed to **roam** freely on this land.
  이 땅에서는 양들이 마음대로 돌아다니는 것이 허용된다.

---

volunteer [vàləntíər] n.자원자, 자원봉사자 a.자발적인 vi.자원하다

vol은 라틴어로 자유의지입니다. 누군가 시키지 않았는데 자유의지로 지원하는 사람은 자원(봉사)자.

- voluntary [váləntèri] a.자발적인(spontaneous) • voluntarily ad.자발적으로
- She had an invaluable experience as a community **volunteer**.
  그녀는 지역 사회의 자원 봉사자로서 아주 값진 경험을 했다.

---

roar [rɔːr] vi.(짐승)으르렁거리다, (사람)소리 지르다 n.포효, 고함

짐승이 으르렁거리는 것은 포효, 사람이 소리 지르는 것은 고함입니다.

- The mouse heard the lion **roar**. 쥐는 사자가 으르렁거리는 소리를 들었어요.

---

endorse [in-, endɔ́ːrs] vt.(어음)배서하다, (상품)보증하다, 지지하다(support)

en(안에=in)+dorse(뒤=back)의 결합.

'어음 뒷면의 공란 안에 자기 이름을 쓰다=배서하다, 보증하다(guarantee, assure)'입니다. 어음 뒷면에 이름을 적는 것이 배서(背書). 배서는 그 금액을 자기가 책임지겠다고 보증하는 것이기 때문에 '배서하다'에서 '보증하다'는 뜻이 파생. 유명인이 어떤 상품을 보증하는 것은 그 상품을 공개적으로 지지하는 것이기 때문에 '보증하다'에서 '지지하다'는 뜻이 파생.

- Please **endorse** the check on the back. 그 수표 뒷면에 배서해 주세요.

---

redundant [ridʌ́ndənt] a.불필요한, 쓸모없는

re(계속=again)+d+und(경계선=bound)+and의 결합.

'경계선을 계속 넘쳐흐르는=불필요한(unnecessary, needless)'입니다. 커피잔을 넘쳐 바닥에 흐르는 커피는 불필요한 것이죠.

- The picture has too much **redundant** detail.
  그 그림은 불필요한 세부 묘사가 너무 많아.

---

inundate [ínəndèit] vt.밀어닥치다(쇄도하다, 몰려오다), 범람(침수)시키다

in(안에)+und(경계선=bound)+ate의 결합.

'강물이 제방(경계선)을 뚫고 마을 안으로 들어오다=밀어닥치다, 범람(침수)시키다'입니다.

- The flood **inundated** the whole district.
  그 홍수는 그 지역 전체를 침수시켰다.

ally [əlái] n.동맹(alliance), 연합(union), 협력자

all(모두)+y의 결합.

'뜻을 같이하는 모두가 모여 하는 것=동맹, 연합'입니다.

- Historically, China was both our **ally** and enemy.
  역사적으로, 중국은 우리의 동맹이고 적이었다.

dense [dens] a.빽빽한(밀도 높은, 밀집한, 조밀한)

낱낱의 것이 모여서 빽빽하게 있는 상태. 인구가 빽빽하면 인구가 조밀하다고 하고, 안개 입자가 빽빽하면 안개가 짙다고 하죠. HD TV에서 HD는 High Density(고밀도)의 앞글자.

- densely ad.빽빽이   • density [dénsəti] n.(조)밀도
- The **dense** forest has turn into a shopping district.
  빽빽한(울창한) 숲이 상가 지역으로 바뀌어 있네요.

erode [iróud] vt.침식(부식)하다, 갉아먹다 vi.침식(부식)되다

e(밖으로=ex=out)+rode(타다, 타고 가다=ride의 과거형)의 결합.

'해안의 자갈, 모래 등이 파도에 부서져 밖으로 나가다=침식하다(corrode)'입니다. 파도와 바람이 해안을 때려 자갈, 모래, 흙이 파도에 휩쓸려 밖으로 나가는 것이 침식. 침식은 금속이 녹슬어 부식되는 것과 같지요.

- The cliff has been steadily **eroded** by the sea.
  그 절벽은 바닷물에 끊임없이 침식되어 왔다.

divine [diváin] a.신(하나님)의, 신성한 vt.예측하다(expect)

divine의 vine은 포도나무입니다. 포도나무는 이스라엘을 상징하는 수종이고 신약에서 예수는 자기 자신을 일컬어 '참 포도나무'로 묘사. 포도나무(vine)는 신성한(divine) 것입니다.

- Do you believe in a **divine** power that controls all life?
  당신은 만물을 지배하는 신의 힘을 믿습니까?

annul [ənʎl] vt.무효화하다, 취소하다(annulment, withdraw, cancel), 폐지하다

an(이동=ad)+nul(무효의=invalid)의 결합.

계약 후 계약서의 효력을 무효로 하는 것은 계약을 취소(철회)하는 것이고, 기존의 법률 조항을 무효화하는 것은 폐지하는 것입니다.

- null [nʌl] a.무효의, 가치 없는
- The contract was **annulled** by bilateral agreement.
  계약은 쌍방의 합의로 취소(무효화)되었습니다.

bully [búli] n.불량배, 약한 자를 괴롭히는 사람 vt.(약한 자)괴롭히다

[불리] ▶ 그는 [불리]한 친구를 괴롭히는 불량배입니다.

- He's a **bully** and he's been bothering me.
  그는 불량배인데 나를 계속 괴롭히고 있어요.

---

condense [kəndéns] v.응축(압축, 농축)하다, (문장)요약하다

con(강조=completely)+dense(a.빽빽한, 조밀한, 밀집한)의 결합.

'빽빽하게 차도록, 조밀하게 만들다=압축하다(compress)'입니다. 응축, 압축, 농축은 부피를 줄이고 밀도를 조밀하게 하는 것입니다. 단어 수를 줄여 문장을 압축하면 요약하는 것입니다. TV 광고에 자주 등장하는 콘덴싱 보일러(condensing boiler)는 수증기를 액체로 응축(압축)시키는 기술.

- The cool air makes the vapor **condense** into a cloud.
  찬 공기는 수증기를 응축(압축)시켜 구름으로 바꾼다.
- Would you **condense** this report into two pages?
  이 보고서를 두 페이지로 압축(요약)해 주시겠어요?

---

dilute [dilú:t] v.묽게 하다, 희석하다

di(분리=off)+lute(내려보내다, 씻다=wash)의 결합.

'물을 내려보내 밀집된 입자를 분리시키다=묽게 하다, 희석하다'입니다. 위스키, 식초, 주스 원액을 그냥 마시면 너무 독하거나 진하기 때문에 물을 섞어 희석시켜 마셔야 합니다. 원액에 물을 내려보내면 농도를 묽게 하고 희석하는 것이죠.

- **Dilute** the juice with water before you drink it.
  마시기 전에 그 주스를 물로 희석하세요.

---

caterpillar [kǽtərpìlər] n.털 벌레, 무한궤도(차),

캐터필러(caterpillar-털 벌레)는 몸이 길고 털이 많은 나비 따위의 유충으로 무한궤도 방식의 탱크는 털 벌레가 기어가는 것과 유사하기 때문에 '털 벌레'에서 '무한궤도'란 뜻이 파생. 세계적인 중장비 기업으로 캐터필러라는 미국회사가 있는데 1차 세계 대전 당시 최초로 원형 바퀴 대신 무한궤도 금속 벨트를 장착하면서 회사명을 캐터필러(caterpillar=무한궤도)라고 바꾸었습니다.

- A **caterpillar** changes into a butterfly.
  모충은 나비로 변한다.

Day 84

mourn [mɔːrn] v.슬퍼하다(lament, regret), 애도하다

[모오온] ▶ 죽어 [머어언] 세상으로 떠난 사람을 **슬퍼하고 애도하다**.

- Today we **mourn** for all those who died in the Korean War.
  오늘 우리는 6.25 전쟁 때 돌아가신 모든 분을 위해 애도합니다.

moan [moun] n.신음소리, 불평 vi.신음하다, 투덜거리다

[모운] ▶ 평생 [모운] 돈을 사기 당하고 **신음하다**.

- The injured man was lying on the ground, **moaning**.
  다친 남자는 신음하며 바닥에 누워 있었다.
- What are you **moaning** on about now? 지금 뭐 때문에 계속 투덜거리는 거니?

route [ruːt] n.길(way), 경로(channel), 방법

상대 팀의 공격 루트, 철새의 이동 루트, 정보 입수 루트처럼 '길, 경로, 방법'이란 우리말 대신에 **루트**(route)를 흔히 사용합니다.

- Through what **route**[channel] did you get the information?
  당신은 어떤 루트를 통해 그 정보를 입수했습니까?

plow [plau] n.쟁기, 경작(지)

[플아우] ▶ 그 **쟁기** 나에게 [팔아우].

쟁기는 농사짓기 위해 땅을 파는 도구죠. 영국에서는 스펠링을 plough로 사용합니다.

- The ox pulled the **plow** through the field. 그 황소는 쟁기를 끌어 밭을 갈았다.

plumber [plʌ́mər] n.배관공

plumb(v.배관을 설치하다)+er(행위자)의 결합.

배관공은 수도관, 가스관 등 파이프를 설치하는 사람입니다.

- He also worked at a furniture plant and as a **plumber**.
  그는 가구 공장 일과 배관공으로서도 했다.

stringent [stríndʒənt] a.엄격한(strict, severe, stern), 엄중한

string(묶다=tie, bind, fasten)+ent의 결합.

'**어떤 규정이나 법에 묶여 있는=엄격한**'입니다. '밤 10시까지 무조건 들어와, 술 마시면 안 돼'와 같은 아버지의 지침에 묶여 있으면 엄격한 것이죠.

- string [striŋ] n.끈, 줄(rope) vt.묶다(bind, tie, fasten)
- The Israeli airline is known for its **stringent** security.
  이스라엘 여객기는 엄격한 안전 점검으로 유명해.

impact [ímpækt] n.충돌(clash), 충격, 영향(effect) v.충돌하다 vt.영향을 주다

달리는 자동차를 벽 안으로 밀어 넣는 것은 벽과 충돌하는 것입니다. 유성이 지구와 충돌하면 지구에 큰 영향을 끼치기 때문에 '**충돌, 충격**'에서 '**영향**'이란 뜻이 파생. Deep impact라는 재난 영화는 유성이 지구에 충돌하는 영화입니다.

- She suffered bruises from the **impact**. 그녀는 그 충돌로 타박상을 입었어.
- Her father's death **impacted** greatly **on** her childhood years.
  그녀 아버지의 죽음은 그녀의 어린 시절에 큰 영향을 미쳤다.

ratify [rǽtəfài] vt.비준하다, 인가하다(approve, permit)

rat(평가하다=rate)+ify의 결합.

'**평가한 후 승인하다=비준하다, 인가하다**'입니다. 헌법상의 조약 체결권자가 조약을 최종적으로 평가하고 동의하는 하는 것을 비준이라고 합니다. 비준이란 용어를 신문기사에서 흔히 보게 됩니다.

- rate [reit] vt.평가하다 n.가격, 비율 • ratification [rætəfikéiʃən] n.비준, 인가
- The Korea-Chile FTA has been **ratified** by the National Assembly.
  한국 칠레 간 자유무역협정이 국회에서 비준되어 있습니다.

curb [kəːrb] n.(말)재갈, 억제, 제한 vt.억제(제한)하다(restrain, restrict)

[커브] ▶ [커브 길]에서는 속도를 **제한**하고 과속을 **억제**해야 합니다.

curb는 말이나 소에 물리는 재갈입니다. 소로 논밭을 갈 때 농부는 소의 입에 재갈을 채워 일할 때 풀을 뜯어 먹지 못하도록 억제(제한)하기 때문에 '**재갈**'에서 '**억제(제한)하다**'는 뜻이 파생.

- He needs to learn to **curb** his temper. 그는 성질을 억제하는 법을 배워야 해.

plight [plait] n.곤경(predicament), 역경(adversity), 곤란한 상태

내가 탄 미국행 flight(항공편)는 기체 결함, 난기류로 인해 plight(곤경)에 처하게 되었다. flight[flait]와 plight를 함께 기억하세요.

- We have to feel responsible for the **plight** of disabled people.
  우리는 불구가된 사람들의 곤경에 대해서 책임을 느껴야 합니다.

tedious [tíːdiəs] a.지루한, 싫증나는(dull, tiresome)

[티디어스] ▶ 선물이 모두 곰 인형 [테디(베)어스-teddy bears]라면 **싫증나겠지요**.

- My classes this semester are **tedious**. 이번 학기 수업은 지루해요.

breakthrough [bréikθrùː] n.돌파구(breach), (과학, 기술)대약진

break(vt.깨다)+through(통과, 관통)의 결합.

'**성벽을 깨부수고 만든 통과하는 길=돌파구**'입니다. 적이 만들어 놓은 철책이나 성벽을 깨부수고 군사가 안으로 진격해 들어갈 수 있도록 만든 문이 돌파구입니다.

- The scientists have made an important **breakthrough** for AIDS treatment.
  그 과학자들은 에이즈 치료에 중요한 돌파구를 만들어 놓았다.

delinquent [dilíŋkwənt] a.직무 태만인, 비행의, 연체된 n.직무 태만 자, 비행소년, 체납자

de(분리=off)+linqu(떠나다=leave)+ent의 결합.

'**할 일을 하지 않고 몸을 분리시켜 직장, 학교를 떠난=직무 태만인, 비행의**'입니다. 직장인이 할 일을 하지 않고 자신의 몸을 회사에서 분리시켜 떠나면 직무 태만이고, 학생이 학교에서 공부하지 않고 몸을 분리시켜 떠나면 비행(非行) 청소년이죠. 세금을 내지 않고 떠나면 연체, 체납하는 것입니다.

- A **delinquent** person is one who fails to do what obligation requires.
  직무태만인 사람은 의무가 요구하는 것을 이행하지 못하는 사람이야.
- I'm **delinquent** on my credit card. 나는 신용카드가 연체되어 있어.
- He used to be a **delinquent** when he was in school.
  그는 학교 다닐 때 비행소년이었어.

scanty [skǽnti] a.부족한(scant, insufficient, deficient, short), 불충분한

scan(vt.자세히 살펴보다)+ty의 결합.

'**자세히 살펴보니=부족한**'입니다. 살림살이를 스캔(scan)해 보니 먹을 양식과 쓸 돈이 부족하다는 것입니다. scanty(a.부족한)와 scant(a.부족한)는 동의어입니다.

- scant [skænt] a.부족한, 불충분한 vt.몹시 아끼다
- They gave me **scanty** information about the oral test.
  그들은 나에게 면접시험에 관해 불충분한 정보를 줬습니다.

hazard [hǽzərd] n.위험(danger, peril), 해이 vt.위태롭게 만들다(endanger)

[해저드] ▶ 바다 밑으로 지나가는 **위험한** [해저도]로.

- hazardous [hǽzərdəs] a.위험한(dangerous), 모험적인
- Why is smoking considered to be health **hazard**?
  왜 흡연이 건강에 위험한 것으로 간주되나요?

slender [sléndər] a.날씬한(slim), 가느다란, (수량)얼마 안 되는

[슬렌더] ▶ 난 **날씬한** 여자를 보면 항상 [**설렌다**].

- He kept watching her **slender** waist. 그는 날씬한 그녀의 허리를 쳐다보고 있었다.

found [faund] vt.기초를 두다, 설립하다(establish, set up)

- foundation [faundéiʃən] n.기초(base), 토대, 근거(ground), 설립
- fundamental [fʌndəméntl] a.기본적인(basic), 근본적인, 주요한(principal)
- He **founded** Ford Motor Company in 1900. 그는 포드 자동차를 1900년에 설립했다.
- The rumour is totally without **foundation**. 그 소문은 전혀 근거 없는 거야.
- Water is the most **fundamental** element of the human body.
  물은 인체를 구성하는 가장 기본적인 요소이다.

flatter [flǽtər] vt.~에게 아첨하다, 알랑거리다, 비행기 태우다

flat(편평한, 납작한)+ter의 결합.

'**자신을 낮춰 평평한 바닥에 납작 엎드리다=아첨하다**'입니다. 상대를 치켜세우고 편평한 바닥에 자신을 낮춰 납작 엎드리는 것은 아첨하는 것이죠.

- flat [flæt] a.편평한(even), 납작한   • flattery [flǽtəri] n.아첨, 치켜세우기
- I don't **flatter** the superior officer to get promoted.
  나는 승진하기 위해 상관에게 아첨하지 않아.

intrigue [intríːg] n.음모, 내통, 간음 vi.음모를 꾸미다 vt.~에게 흥미를 갖게 하다

in(안에)+trig(속임수, 계략=trick)+ue의 결합.

'**누군가를 속임수에 빠뜨리기 위해 꾸미는 것=음모(plot)**'입니다. '음모, 내통, 간통' 등을 소재로 하는 드라마, 영화, 소설이 많은데 이런 소재들은 사람들에게 흥미를 갖게 하지요.

- He found himself snared in a web of **intrigue**. 그는 자신이 음모의 거미줄에 걸려 있음을 알았다.

mutual [mjúːtʃuəl] a.서로의, 상호의, 공동의

서로 뜻이 맞는 일반인들이 공동(mutual)으로 자금(fund)을 모아 거대한 자금을 만든 것을 뮤추얼펀드(mutual fund)라고 합니다.

- The peace talks broke down and ended in **mutual** recrimination.
  그 평화 회담은 깨졌고 상호 비방으로 끝났다.

hygiene [háidʒiːn] n.위생(sanitation), 위생학(hygienics)

[하이진] ▶ [하얘진] 변기를 보니 **위생**상태가 좋군요.

- He doesn't care about personal **hygiene**.
  그는 개인위생에 대해 별로 신경 쓰지 않아.

trigger [trígəːr] n.방아쇠, 도화선 vt.방아쇠를 당기다, 유발하다(cause)

적군을 향하여 방아쇠를 당기면 전쟁을 유발하기 때문에 '**방아쇠**'에서 '**유발하다**'는 뜻이 파생.

- The mass discharge became the **trigger** for the strike.
  대량 해고는 파업의 도화선이 되었다.
- Bad weather can **trigger** headaches. 나쁜 날씨가 두통을 유발(야기) 할 수 있습니다.

defile [difáil] vt.더럽히다(taint, stain, soil), (여성의)순결을 빼앗다

de(아래=down)+file(종렬, 서류철)의 결합.

'**군사들이 종렬로 줄지어 들어가 짓밟다=더럽히다**'입니다. 군사들이 다른 나라에 줄지어 들어가 그 나라를 더럽히고 부녀자들을 강간하는 것은 전쟁터에서 흔한 일이죠. 접두어 de는 군홧발로 내리밟는 것입니다.

- file n.서류꽂이, 파일(정리된 자료), (군대)종렬
- Someone used paint to **defile** the statue. 누군가가 페인트를 사용하여 동상을 더럽혔다.

sleigh [slei] n.썰매 v.썰매를 타다

동계올림픽 종목 중에 봅**슬레이**(bobsleigh)가 있는데 슬레이(sleigh)는 **썰매**입니다.

- He travels all around the world on his **sleigh**.
  그는 썰매를 타고 전 세계를 돌아다녀요.

token [tóukən] n.징표(symbol), 토큰(표), 상품권, 할인권

버스 승차권을 **토큰**(token)이라고 하는데 토큰은 버스를 탈 수 있는 (징)표입니다. 상품권은 상품을 살 수 있다는 (징)표, 할인권은 할인해서 살 수 있다는 (징)표죠.

- A four-leaf clover is a **token** of good luck. Try your luck!
  네 잎 클로버는 행운의 징표(상징)야. 네 운을 시험해봐!

rotation [routéiʃən] n.회전, 순환(circulation), 자전

제조업체 구인 광고에서 '3교대 **로테이션**(rotation-순환) 근무'라는 문구를 흔히 볼 수 있습니다. 지구의 회전은 자전이죠.

- All the members worked in **rotation**. 모든 구성원이 순환하여(교대로) 일했다.
- The **rotation** of the earth causes day and night.
  지구의 회전(자전)으로 밤과 낮이 생겨.

toil [tɔil] n.힘든 일, 고생 vi.힘들게 일하다

[토일] ▶ 주말인 [토일]에도 근무하면 **힘든 일**이고 **고생**이죠.

- I **toiled** as a laborer on construction sites to earn the tuition for next semester.
  나는 다음 학기 등록금을 벌기 위해 건설현장에서 잡부로 힘들게 일했어.

yield [jiːld] vt.양보하다, 굴복(항복)하다, 생산하다(produce) n.생산량, 이익

농부가 흐르는 물을 독점하지 않고 물을 양보하면 다른 농부들도 농작물을 생산할 수 있기 때문에 '**양보하다**'에서 '**생산하다**'라는 뜻이 파생. 자발적으로 자신의 것을 내어주는 것은 양보하는 것이고, 강요에 의해 내어 주는 것은 굴복(항복)하는 것입니다. 교통 표지판의 yield는 '양보하시오'입니다.

- I will not **yield** an inch on that matter. 나는 그 문제에 관해 한 치도 양보하지 않을 거야.
- If you do not **yield**, you will be killed. 항복하지 않으면, 너는 죽임을 당할 거야.
- The **yield** of apples is high this year. 올해는 사과 생산량이 많아.

appreciate [əpríːʃièit] vt.감상하다, 인정하다, 평가하다, 고맙게 생각하다

ap(이동=ad)+preci(가격=price)+ate의 결합.

'**작품에 가격을 매기다=평가하다**(assess, estimate, rate, evaluate)'입니다. 작품을 감상하고, 작품성을 인정하고, 작품 가격을 높이 평가하면, 그 평가를 고맙게 생각하지요. 감상, 인정, 평가, 감사로 이어지는 의미 확장을 이해하셨나요?

- appreciation n.감상, 인정(recognition), 평가(assessment), 감사(thanks, gratitude)
- **Appreciate** the beauty of a work of art. 예술 작품의 아름다움을 감상해 봐.
- His talents are not fully **appreciated** in that company.
  그의 재능은 그 회사에서 충분히 인정(평가)받지 못하고 있다.
- I really **appreciate** you saying so. 그렇게 말해 주니 정말 고마워.

Day 85

grin [grin] n.활짝 웃음 vi.활짝 웃다

[그리니] ▶ 큰돈을 벌어 빙 [그리-] 활짝 웃다.

- He had great big **grin** on his face.
  그는 얼굴에 아주 큰 함박웃음을 짓고 있었다.

grumble [grʌ́mbəl] vt.불평하다, 투덜대다, 중얼거리다 n.불평, 푸념

[그럼블] ▶ 타자가 [그런 볼]을 던진다고 **불평하고, 투덜대고, 중얼거림**.

프로야구를 보면 투수가 던진 공이 타자의 머리가까이로 날라 오면 타자는 투수를 째려보며 왜 [그런 볼]을 던지느냐고 불평하고, 투덜대고, 중얼거리죠.

- Don't **grumble** at me. I have nothing to do with it.
  나한테 투덜거리지 마. 난 그 일하고 상관없어.

cruel [krúːəl] a.잔인한(brutal), 무자비한, (구어)대단한, 지독한

cruel은 사람을 괴롭히고 태연하거나 즐기는 것을 말하고, brutal은 인간으로서는 상상할 수 없는 짐승 같은 잔인함이나 비열함을 나타냅니다.

- He was a **cruel** and vicious man.
  그는 잔인하고 사악한 사람이었다.

attic [ǽtik] n.다락방

[애틱] ▶ [애]들이 [티]어 다니며 노는 지붕 아랫방은 **다락방**.

- The new owner of the house found a box in the **attic**.
  그 집의 새 주인은 다락방에서 어떤 상자를 발견했다.

sanguine [sǽŋgwin] a.낙관적인, 낙천적인

sang(노래하다=sing)+uine의 결합.

'어려운 상황에서도 항상 노래를 부르는=낙관적인(optimistic, easygoing)'입니다.

- Sam is a man of **sanguine** temper.
  샘은 낙천적인 기질을 갖고 있는 사람이야.

merit [mérit] n.장점(strength), 우수함, 가치(worth)

메리츠 증권, 메리츠 화재처럼 회사명에 merit를 사용한 것은 좋고 우수한 회사임을 인식시키기 위함 이죠. '투자 메리트는 있지만 조금 위험해, 가격적 메리트가 충분히 있어'처럼 우리는 평상시에 **메리트 (merit-장점)**란 단어를 자주 사용합니다.

- demerit [di:mérit] n.단점(fault, defect, weakness, shortcoming)
- This new model has the **merit** of being light. 새로운 모델은 가볍다는 장점이 있어.

adept [ədépt] a.숙련된, 능숙한(good) n.전문가(expert), 명인, 달인

ad(이동=to)+ept(a.능숙한, 솜씨 있는)의 결합.

adept는 ept(능숙한)에 접두어 ad가 붙어 파생된 단어. 현대 영어에서 ept는 거의 사용하지 않고 adept 를 사용. ex<u>pert</u>(전문가)에서 밑줄 친 철자만 남기면 ept(능숙한)가 됩니다.

- ept [ept] a.능숙한(skillful), 솜씨 있는
- She **is** very **adept** [good] **at** making people feel at home.
  그녀는 사람들을 편안하게 만드는 데 매우 능숙해.

deft [deft] a.솜씨 좋은, 능숙한(adept, skillful, good)

deft(능숙한)는 adept(능숙한)에서 철자 a가 사라지고 p가 f로 변형된 단어.

- Jake **is deft** [adept] **at** handling a soccer ball. Jake는 축구공을 다루는 데 능숙해.

clumsy [klʌ́mzi] a.서투른(unskillful, awkward, all thumbs), 어설픈

[클럼지] ▶ [큰 엄지] 손가락 때문에 일이 **서툰** 사람 연상.

중세영어 clumsid(추위로 손이 얼은)에서 '서투른, 어설픈'이란 뜻이 파생. 얼어붙은 손으로 물건을 만들면 서툴고 어설플 수밖에 없지요. 손가락 모두가 짧고 굵은 엄지손가락(all thumbs)으로 되어 있으면 역시 서 투를 수밖에 없습니다.

- I tried to dance, but I was too **clumsy** and awkward.
  나는 춤을 추려고 해 봤지만 너무 서툴고(어설프고) 어색했어.

hamper [hǽmpər] vt.방해하다(hinder, disturb, obstruct, interrupt)

[햄퍼] ▶ 조폭들이 [해머-hammer]로 가게를 부수면서 영업을 **방해하고** 있어요.

- Auditions for children can **hamper** their school performance.
  어린이 오디션이 그들의 학업 성취를 방해할 수 있습니다.

athlete [ǽθliːt] n.운동선수

[애쓸이트] ▶ 올림픽에서 메달을 따기 위해 [**애를 쓸 이**]는 **운동선수**입니다.

- He is the greatest **athlete** this country has ever produced.
  그는 이 나라가 지금까지 배출한 가장 위대한 육상 선수이다.

petrify [pétrəfài] vt.돌이 되게 하다, 깜짝 놀라게 하다(surprise, startle)

petr(돌=stone)+ify(동접)의 결합.

'돌이 되게 만들다=깜짝 놀라게 하다'입니다. 그리스 신화에 나오는 괴물이자 마녀로 메두사(Medusa)가 있습니다. 메두사를 직접 보는 사람은 돌로 변하게 되지요. 사람이 돌로 변하는 모습을 보면 깜짝 놀라게 됩니다. '메두사가 사람을 돌로 만들다'에서 '깜짝 놀라게 하다'는 뜻이 파생.

- When Harry goes into the Chamber, he finds their **petrified** body.
  해리가 비밀의 방으로 들어갔을 때, 그는 돌이 된 그들의 몸을 발견한다.
- The cockroach on the wall **petrified** me.
  벽에 붙은 바퀴벌레가 나를 깜짝 놀라게 했어.

secular [sékjələːr] a.속세의, 비종교적인(unreligious)

se(분리=off)+cular의 결합.

'종교적인 영역에서 분리되어 있는=속세의, 비종교적인'입니다.

- They have kept traditional Buddhist ways of life, separated from **secular** affairs.
  스님들은 속세의 일로부터 분리된 채 전통적인 불교식 생활방식을 지켜왔다.

impeccable [impékəbəl] a.흠잡을 데 없는, 완벽한(perfect)

im(부정=not)+pecc(과실=fault)+able(가능)의 결합.

'과실이나 흠을 찾아낼 수 없는=흠잡을 데 없는(faultless, flawless)'입니다. 털어서 먼지 안 나오는 사람 없다고 하지요. 털어서 찾아낼 과실이나 흠이 없으면 완벽한 것입니다.

- The hotel room was **impeccable** and the service was perfect.
  그 호텔방은 흠잡을 데 없었고 서비스도 완벽했습니다.

illiterate [ilítərit] a.글자를 모르는, 문맹의

il(부정=in=not)+liter(글자=letter)+ate의 결합.

'글자를 읽지 못하는=글자를 모르는, 문맹의(ignorant, unlettered, uneducated)'입니다.

- literate [lítərit] a.글을 쓰고 읽을 수 있는, 학식 있는 • literacy [lítərəsi] n.읽고 쓰는 능력, 학식 있음
- He once was **illiterate**, but later he learned to read.
  그는 한때 문맹이었으나, 이후 읽는 법을 배웠다.

frugal [frúːgəl] a.검소한, 절약하는(economical, thrifty)

fru(과일, 수확=fruit)+gal의 결합.

frugal(a.검소한)은 fruit(n.과일, 수확)에서 파생된 단어. 농사꾼은 씨앗을 심은 후 수확할 때까지 오랫동안 검소하고 절약하는 생활을 해야 한다는 뜻이 담겨 있습니다.

- fruit n.과일, 수확(물), 생산(물), 결과(result), 성과(performance)
- He is one of the richest men in the world, he still maintains a **frugal** lifestyle.
  그는 세계 최고 부자 중 한 명이지만, 여전히 검소한 생활을 유지하고 있어.

bolster [bóulstər] n.덧베개(쿠션)(cushion) vt.강화하다(reinforce, strengthen), 지지하다(support)

bol(공 모양의 것=ball)+st(서 있다=stand)+er로 결합.

'**소파에 볼(ball) 모양으로 있는 것=덧베개, 강화하다**'입니다. 소파에 놓여 있는 덧베개는 등을 받쳐 몸을 지지(지탱)하고 강화시켜 주는 역할을 하기 때문에 '**덧베개**'의 역할에서 '**강화하다, 지지하다**'는 뜻이 파생.

- An example will **bolster** your logic by giving the judge context.
  보기(예시)는 판단 내용을 제공함으로써 너의 논리를 강화할 거야.

fortuitous [fɔːrtjúːətəs] a.우연한, 뜻밖의, 행운의

fortu(행운=fortune)+it(가다=go)+ous의 결합.

'**로또 당첨과 같은 행운이 가는=우연의**(accidental, unexpected)'입니다. fortune(n.행운, 재산)에는 **재산**을 모으려면 **행운**이 뒤따라야 한다는 의미가 들어 있습니다.

- The **fortuitous** accident caused a great discovery.
  우연히 일어난 사건이 위대한 발견을 초래했다.

exuberant [igzúːbərənt] a.넘쳐흐르는, 활기찬(active, energetic, lively), 생동감 있는

ex(밖으로=out)+uber(젖통=udder)+ant의 결합.

'**우유가 젖통 밖으로 넘쳐흐르는=활기찬**'입니다. 목장의 젖통에서 우유가 넘쳐흐르면 활기찬 목장이죠. 우유가 젖통을 넘치듯 열정이 넘치는 사람은 활기찬 사람이기 때문에 '**넘쳐흐르는**'에서 '**활기찬**'이란 뜻이 파생.

- She tried to dissimulate her grief by her **exuberant** attitude.
  그녀는 활기찬 태도로 그녀의 슬픔을 숨기려 했다.

lukewarm [lúːkwɔ̀ːrm] a.(물)미지근한, (태도)미온적인

luke(미지근한)+warm(a.따뜻한)의 결합.

'**약간 따뜻한=미지근한**'입니다.

- Wash your feet daily in **lukewarm** water. 미지근한 물에 매일 발을 씻으세요.

mercy [mə́ːrsi] n.자비, 연민(pity), 인정

[머시] ▶ [머시]라? **자비**를 베풀어 달라고?

- He begged the judge to show **mercy**. 그는 판사에게 자비를 베풀어 달라고 애원했다.

layoff [léiɔf] n.해고(dismissal)

lay(놓다=put, place)+off(분리)의 결합.

'**직원을 회사에서 분리시켜 놓는 것=해고**'입니다. 직원을 회사에서 off 시켜 회사 밖에 lay 하면 해고하는 것이죠. lay와 off를 붙이면 명사, 떨어뜨리면 동사입니다.

- Nobody is safe from **layoff** these days.
  요즘은 누구도 해고로부터 안전하지 않아.

incubate [ínkjəbèit] vt.(알)품다, (세균)배양하다, 보육기에 넣어 기르다

in(안에)+cube(n.입방체, 큐브)+ate의 결합.

'정육면체 안에 넣어 기르다=보육기에 넣어 기르다'입니다. 아기가 미숙아로 태어나면 인큐베이터(incubator)에 아기를 넣어 키우죠. 보육기에 넣어 아기를 기르는 것은 닭에게는 알을 품는 것이죠.

- They lay eggs that **incubate** through the winter. 닭은 겨우내 품고 있을 알을 낳는다.
- The sample was **incubated** for 1 hour at 37 degrees. 그 샘플은 37도로 1시간동안 배양되었다.

attack [ətǽk] n.공격 vt.공격하다(assault)

at(이동=ad)+tack(n.압정, 못)의 결합.

'적군에게 못이 박힌 화살을 날려 보내다=공격하다'입니다.

- The **attack** occurred without advance warning.
  그 공격은 사전 경고 없이 일어났다.

blade [bleid] n.풀잎, 칼날, 검객

영화 블레이드(Blade)는 웨슬리 스나입스가 주연한 뱀파이어 영화로, 주인공이 **검객**이며 **칼**을 쓴다는 것을 알 수 있지요.

- Each **blade** of grass is covered with dew. 풀잎마다 이슬로 덮여 있어.
- The kitchen knife needs a keen **blade**. 부엌칼은 예리한 칼날이 필요해.

burglar [bə́:rgləər] n.강도, 도둑(robber, thief)

[버글러] ▶ 그 나라는 **강도, 도둑**이 [**버글버글**]하니까 조심해.

세계적으로 밤거리를 편하게 다닐 수 있는 나라는 우리나라와 일본 정도라고 합니다.

- A **burglar** broke into my house last night. 지난밤에 나의 집에 도둑이 침입했어.

blame [bleim] vt.비난하다 vi.비난받다

2번째 문장은 록그룹 스틸 하트(Steelheart)의 명곡 She's gone에 나오는 가사입니다.

- Don't **blame** me. 나를 비난하지 마. vt.
- I was wrong. I am to **blame**. 나는 잘못했어. 나는 비난 받아야 해. vi.

bust [bʌst] n.여자 가슴, 폭발, 파산, 실패 v.폭발하다(시키다), 파산하다

여자 속옷을 사려면 점원이 바스트 사이즈를 묻는데 바스트가 아니라 버스트입니다. 가슴 큰 연예인을 폭발적인 가슴 볼륨을 갖고 있다고 소개하지요. '큰 가슴'에서 '폭발'이란 의미가 파생되고, '폭발'에서 '파산, 펑크'라는 의미가 파생.

- She has a very small **bust**. 그녀는 아주 작은 가슴을 갖고 있어.
- The company **bust** up. 그 회사는 파산했어.

crop [krɔp] n.(농)작물, 수확(yield)

[크 로프] ▶ [그 로프]로 농작물을 묶어!

태풍이 불면 쓰러지는 농작물이 많기 때문에 농작물을 로프로 묶어야 합니다.

- Sugar is an important **crop** on the island.
  설탕은 그 섬의 중요한 농작물이다.

lament [ləmént] v.슬퍼하다(deplore), 한탄하다 n.한탄, 애도

la(울다=cry)+ment(말하다=mention)의 결합.

'**꺼이꺼이 울면서 멘트하다=슬퍼하다, 한탄하다**'입니다. 꺼이꺼이 울면서 말하는 것은 슬퍼하고, 한탄하고, 애도하는 것입니다. 흔히 사용하는 '노코멘트, 멘션 달아주세요'라는 말에서 ment는 say입니다.

- lamentable [læməntəbəl] a.슬퍼할, 개탄할, 가엾은
- We all **lamented** his death. 우리는 모두 그의 죽음을 슬퍼했다.
- It is **lamentable** that smoking is increasing among young people.
  청소년들 사이에서 흡연이 증가하는 것은 슬퍼할 일입니다.

clause [klɔːz] n.(계약서, 법률 등)조목, 조항, (문법)절

close(끝, 끝내다)에서 파생된 단어.

회담, 교섭 등을 끝낸 후 계약서나 협정서 안에 담겨져 있는 항목이 '조목, 조항'이기 때문에 '**회담의 끝**'에서 '**조목, 조항**'이란 뜻이 파생.

- close n.끝, 종결, 마감 vt.닫다, 끝내다 vi.닫히다, 끝나다 a.가까운 ad.가까이
- The final **clause** in the contract will be left untouched.
  그 계약서의 마지막 조항은 바꾸지 않고 그대로 둘 것입니다.

Day 86

struggle [strʌ́gəl] vi.분투하다(strive), 몸부림치다 n.분투

[스트러글] ▶ 투구 밸런스가 무너진 투수가 [스트럭-을] 던지려고 **분투하다**.

투수가 투구 밸런스가 무너지면 스트라이크를 넣지 못해 볼넷을 연거푸 내주게 됩니다. 투수가 [스트럭]을 던지려고 고군분투하는 모습을 떠올려 보세요.

- He **struggled** against cancer for two years. 그는 2년 동안 암에 맞서 분투했다.

soil [sɔil] n.흙(earth), 땅(국토) vt.더럽히다(stain, taint)

[소일] ▶ [소]가 [일]하는 곳은 **땅**입니다.

흙에 뒹굴면 옷을 더럽히기 때문에 '흙'에서 '**더럽히다**'는 뜻이 파생.

- Do not **soil** your hands and stay away from the matter. 네 손 더럽히지 말고 그 일에서 손 떼.

reckless [réklis] a.신중하지 못한(careless), 무모한

reck(vt.주의하다, 조심하다)+less(부정=not)의 결합.

reck[rek]은 문어체 단어로 의문문과 부정문에서만 사용합니다.

- He was a good statesman, but **reckless**. 그는 훌륭한 정치인이었지만 신중하지 못했다.

reckon [rékən] v.계산하다(count), 판단하다(think, consider)

[레컨] ▶ 걱정 마 [내 껀] 내가 **계산해**.

계산한 자료들을 본 후에 판단하기 때문에 '**계산하다**'에서 '**판단하다**'는 뜻이 파생.

- The age of the earth is **reckoned** at about 4,600 million years. 지구의 나이는 46억 년쯤 되는 것으로 계산된다.
- I **reckon** I'm going to get that job. 내 판단(생각)에는 내가 그 직장을 잡게 될 것 같아.

trunk [trʌŋk] n.(나무)줄기, 몸통, 트렁크, 여행 가방, 코끼리 코

나무 **몸통(줄기)**으로 만든 네모난 상자가 **트렁크(trunk)**인데 자동차 뒤에 있는 트렁크, 여행 가방은 모두 상자 모양을 하고 있지요.

- **Trunk** of morning glory twisted up along the wall. 나팔꽃 줄기가 벽을 따라 나선형으로 감아 올라갔다.

prodigious [prədídʒəs] a.거대한(huge, enormous), 엄청난, 놀라운(marvelous)

pro(앞, 이전=before)+dig(파다)+ious로 결합.

'눈앞에 파 놓은 인공 호수가=거대한'입니다. 중국 항주의 서호는 유명한 관광지로 동서 3.2KM, 남북 2.8KM의 엄청나게 거대한 인공호수입니다. 눈앞에 파 놓은 거대한 인공 호수를 보면 놀라울 따름이죠.

- The construction was started on a **prodigious** scale.
  그 공사는 엄청난(거대한) 규모로 착수되었다.

colossal [kəlάsəl] a.거대한(huge, prodigious), 엄청난, (구어)어마어마한

colossus(거대 석상)에서 파생된 형용사.

'거대 석상 같은=거대한, 어마어마한'입니다. the Colossus는 사람이 만든 아폴로 신의 거대 석상으로 지중해의 로도스(Rhodes-장미) 섬에 있습니다. 콜로세움(Colosseum)은 로마의 **거대한** 원형 경기장입니다.

- The **colossal** buildings have thoroughly changed the landscape of this city.
  거대한 고층 빌딩들이 이 도시의 풍경을 완전히 바꾸어 놓았다.
- He is a man of **colossal** wealth. 그는 엄청난 부자야.

arduous [άːrdʒuəs] a.힘든(laborious, difficult, hard), 고된

[아쥬어스] ▶ 일이 [아주 힘들었어].

- Volunteering may be an **arduous** task, but most people find it worthwhile.
  자원봉사는 고된 일일 수 있으나, 대부분의 사람은 가치 있는 일이라고 생각한다.

circulate [sə́ːrkjəlèit] vt.돌리다(circle), 순환시키다 vi.돌다(circle), 순환하다

circul(원, 돌다, 돌리다=circle)+ate(동접)의 결합.

- Don't **circulate** false news. 헛소문을 돌리지 마세요. vt.
- This medicine helps your blood **circulate**. 이 약은 당신의 피가 순환하는 것을 도와줍니다. vi.

circumstance [sə́ːrkəmstæns] n.환경(environment), 상황

circum(원, 돌다, 돌리다=cricle)+st(서 있다=stand)+ance의 결합.

'주위를 빙 돌아봤을 때 주위에 서 있는 것=환경, 상황(situation, conditions)'입니다.

- I think women are as capable as men in every **circumstance**.
  나는 모든 상황에서 여성들이 남자만큼 할 수 있다고 생각합니다.

daunt [dɔːnt] vt.겁주다(scare, threaten, frighten, terrify), 기죽이다

발음 [돈트]에서 '하지 마(don't)'를 떠올리면 하지 말라고 **겁주는** 느낌을 바로 떠올릴 수 있습니다.

- undaunted [ʌndɔ́ːntid] a.겁먹지 않는, 기죽지 않는, 용감한
- It was very difficult not to get **daunted** in this situation.
  그런 상황에서 겁먹지 않는 것은 정말 힘들었습니다.

astonish [əstániʃ] vt.깜짝 놀라게 하다(surprise)

as(이동=ad)+ton(벼락=thunder)+ish의 결합.

'**어디로 이동하고 있는데 벼락이 내리치다=깜짝 놀라게 하다**'입니다. 발음 [어스탄이쉬]를 [어! 사탄!]으로 기억하면 사탄(악마) 같은 사람을 보았을 때 깜짝 놀라는 어감을 느낄 수 있습니다.

- She was **astonished** by the news that she had won the contest.
  그녀는 경연대회에서 자기가 1등을 했다는 소식에 깜짝 놀랐다.

astound [əstáund] vt.깜짝 놀라게 하다(surprise)

astound는 astonish에서 파생된 단어로, astonish와 어원 결합이 같은 동의어입니다.

- You will be **astounded** by the story I will tell you now.
  내가 지금 말해 줄 이야기로 너는 깜짝 놀랄 거야.

trim [trim] vt.다듬다, 손질하다 a.깔끔한 n.다듬기

[트림] ▶ [트리 + ㅁ] ▶ 트리(tree-나무)를 **다듬고, 손질하다**.

trim은 머리카락, 정원의 나무 등의 끝부분을 잘라내고 다듬는 것입니다.

- I'll just **trim** the ends all around. 그냥 머리 전체에 끝을 다듬을게요.

critical [krítikəl] a.비판적인, 결정적인(crucial), 중대한, 위험한

critic(n.비평가, 비판적인)+al의 결합.

'**비평가적인=비판적인**'입니다. 축구 경기에서 골을 내주는 결정적인, 중대한, 위험한 상황을 초래하는 실수를 하면 관중들은 그 선수를 비판하고 비난하게 되지요.

- The supervisor is always very **critical** about the players.
  그 감독은 항상 선수들에 대해 너무 비판적이야.
- Your decision is **critical** to our future. 당신 결정은 우리 미래에 매우 중요합니다.

wither [wíðər] vi.시들다, 쇠퇴하다 vt.시들게 하다

[위더] ▶ [위더]를 뒤집으면 [더위] ▶ [더위]에 꽃들이 **시들다**.

- **Withered** flowers bring misfortune to the house. 시든 꽃들은 집에 불행을 가져옵니다. (사실임)

crucial [krúːʃəl] a.결정적인(critic, vital), 중대한(important)

cruc(십자=cross)+ial의 결합.

'**가슴에 십자가를 긋는=결정적인, 중대한**'입니다. 영어 원어민들은 기독교적 세계관을 갖고 있기 때문에 결정적이고 중대한 순간에는 가슴에 십자가를 긋고 두 손을 모아 기도하는 습관이 있습니다. '십자가를 긋는 순간=결정적인, 중대한 순간'입니다.

- Our players missed **crucial** chances several times. 우리 선수들은 결정적인 기회를 몇 번 놓쳤어.

hostile [hástil] a.적대적인, 적군의

라틴어 hostilis(적군의)가 영어에 유입된 단어.

주인(host)은 손님은 환대하지만 손님으로 위장한 적군에겐 적대적이죠. hostile이란 단어가 영어에 유입된 시기(15C)는 영국과 프랑스 간의 백년 전쟁 시기입니다.

- hostility [hɑstíləti] n.적개심, 전쟁행위
- He seems to have some **hostile** feeling toward me.
  그는 내게 다소 적대적인 감정을 갖고 있는 것 같아.

belligerent [bəlídʒərənt] a.공격적인(aggressive), 호전적인

bell(전쟁=war)+ig(하다=act)+erent의 결합.

'**전쟁하기를 좋아하는=공격적인, 호전적인**'입니다. 어근 bel은 war(전쟁)입니다. rebel은 re(반대)+bel(전쟁=war)로, 국가와 반대편에 서서 전쟁하는 자는 '반역자, 반란군'이죠.

- rebel [ribél] n.반역자, 반란군 vi.배반하다, 모반하다
- His **belligerent** attitude made it difficult to work with him.
  그의 호전적인(공격적인) 태도는 그와 함께 일하는 것을 어렵게 만들었다.

hospice [háspis] n.호스피스(말기 환자용 병원), (빈민, 병자)수용소

hosp(주인, 접대하다=host)+ice의 결합.

host는 연회, 여관의 주인으로 주인은 손님을 편안하게 접대합니다. 말기 환자의 고통을 덜기 위한 시설이나 지원 활동을 호스피스(hospice)라고 하는데, 연회나 여관 주인이 손님을 접대하듯 말기 환자를 편안하게 보살펴 준다는 것입니다.

- host [houst] n.호스트(주인) vt.접대하다(entertain)
- The **hospice** aims to ease the sufferings of the dying.
  호스피스는 죽어 가는 사람들의 괴로움을 덜어 주는 것을 목표로 한다.

hospitality [hàspitǽləti] n.환대(후한 접대)

hosp(주인, 접대하다=host)+it(가다=go)+ality의 결합.

'**주인이 직접 가서 접대하는 것=환대(후한 접대)**'입니다. 직원을 보내지 않고 주인이 직접 가서 손님을 접대하면 그것은 후한 접대지요.

- hospitable [háspitəbəl] a.환대하는, 친절한(friendly)
- I'm very grateful for your **hospitality**.
  당신의 환대에 정말 감사드립니다.
- The local people are very **hospitable** to strangers.
  그 지역 사람들은 낯선 사람들에게 아주 친절합니다.

award [əwɔ́:rd] n.상(prize), 상금 vt.수여하다, (상)주다

a(이동=ad)+ward(지켜보다=watch)의 결합.

'지켜보고 있다가 뛰어난 사람에게 주는 것=상'입니다. 1년 동안 누가 노래를 가장 잘했는지 지켜보고 있다가 주는 상이 뮤직 어워드(music award)입니다.

- She came into a fortune after she won the academy **award**.
  그녀는 아카데미상을 받은 후에 큰 자산가가 되었다.

proximity [prɑksíməti] n.접근, 근접, 부근

pro(앞, 이전=before)+xim(최대, 최대한=maximum)+ity의 결합.

'앞으로 최대한 가까이 감=접근(access, approach), 근접(closeness), 부근(vicinity)'입니다.

- We were already aware of the **proximity** of the enemy.
  우리는 이미 적군의 접근을 알고 있었다.
- My house is in close **proximity** to a Dalsung park. 나의 집은 달성공원 부근에 있어.

plagiarism [pléidʒiərizəm] n.표절, 도용

라틴어 plagiarius(유괴자-kidnapper)가 영어에 유입.

아기를 훔치는 유괴자에서 문학적 절도(literary thief-표절)란 뜻으로 의미가 확장.

- Do you know Art is either **plagiarism** or revolution?
  너는 예술이 표절 아니면 혁명이라는 것을 알고 있니?

garrulous [gǽrələs] a.수다스러운, 말 많은(talkative, loquacious)

[개럴어스] ▶ 말이 많은 [걔를 어서] 집에 보내.

- As she aged, she became more **garrulous**. 나이가 들수록, 그녀는 더욱 수다스러워졌다.

laconic [ləkánik] a.말수 적은, (말)간결한

lacon(라칸=고대 그리스 지역 이름)+ic의 결합.

'라칸 지역에 사는 사람 같은=말수 적은, 간결한(concise, terse)'입니다. Lacon은 고대 그리스 시대 어떤 지방 이름으로 그 지방에 사는 사람은 말수가 적기로 유명했다고 합니다. 우리나라에서는 경상도 사람들이 무뚝뚝하고 말수가 적은 편이죠. '경상도 남자 같은'은 '말수 적은, 무뚝뚝한'으로 해석할 수 있지요.

- I don't like a **laconic** man. 나는 말수 적은 사람을 좋아하지 않아.

faint [feint] vi.기절(졸도)하다 a.(빛, 소리, 냄새, 의식 등)희미한

[풰인트] ▶ [페인트] 냄새에 **기절하다**.

밀폐된 공간에서 **페인트** 냄새를 오래 맡으면 모든 것이 **희미해** 보이다가 **기절**하게 되지요.

- He **fainted** while gaming and was taken to the hospital.
  그는 게임 하다가 기절해서 병원으로 옮겨졌다.

chilly [tʃíli] a.차가운, 쌀쌀한

칠리소스(Chili Sauce)의 칠리(Chili)는 칠레산 매운 고추로 chilly(쌀쌀한)와 발음이 같습니다. **chilly(쌀쌀한)**한 날씨엔 매운 **칠리소스**가 제격이죠.

- chill [tʃil] n.냉기, 오한 a.차가운, 오싹한
- It's rather **chilly** in the morning these days. 요즘 아침에는 좀 쌀쌀하네요.

terse [tə:rs] a.(표현)간결한

ter(찢다=tear)+se의 결합.

'글에서 불필요한 말이나 문장을 찢어 낸=간결한(concise)'입니다.

- His **terse** answer made the conversation end.
  그의 간결한 답변이 대화를 끝나게 만들었다.

enormous [inɔ́:rməs] a.거대한, 막대한, 엄청난

e(밖에=ex=out)+norm(n.표준, 평균, 보통)+ous의 결합.

'보통(표준) 크기 밖에 있는=거대한(huge, gigantic, titanic, colossal, immense)'입니다.

- norm [nɔ:rm] n.표준, 기준, 평균   • enormously ad.거대하게, 터무니없이
- That wind carries **enormous** dust particles into in the Korean atmosphere.
  그 바람은 한국의 대기로 거대한 먼지 입자를 운반한다.

meager [mí:gə:r] a.야윈(thin), 빈약한(poor), 부족한(scanty)

[미거] ▶ 매일 [머거] 한 잔의 우유만 마셔서 **야윈**.

몸이 야위듯이 재산이 야윈 것은 부족한 것이기 때문에 '**야윈**'에서 '**빈약한, 부족한**'이란 뜻이 파생.

- She was a small, **meager** woman. 그녀는 작고 야윈 여자였다.
- He supplements his **meager** income by delivering pizzas.
  그는 피자를 배달해서 부족한 수입을 보충해.

cynical [sínikəl] a.냉소적인, 비꼬는

cynic은 고대 그리스어로 개(dog)라는 뜻. 시닉 학파(Cynic)는 고대 그리스 시대의 한 학파로 세상일들을 무슨 일이든지 개 같다고(dog-like) 냉소적으로 비꼬았습니다. '**시닉 학파 같은=냉소적인, 비꼬는**'입니다.

- cynically ad.냉소적으로
- Why are you so **cynical** about everything?
  너는 왜 매사(모든 일)에 냉소적이야?

Day 87

vile [vail] a.아주 나쁜, 비도덕적인(immoral), 비열한(mean)

[바일] ▶ 모 [바일] 앱에는 **아주 나쁜** 19금 콘텐츠가 많아.

- Backbiting is such a **vile** deed. 뒤에서 욕하는 것은 매우 나쁜 짓이야.

violate [váiəlèit] vt.어기다(infringe, break), 위반하다

농구에는 **바이얼레이션**(violation-위반)이 상당히 많습니다. 페인트 존 안에서 공격자가 3초 이상 머무르면 3 second violation, 공을 들고 3발 이상 걷거나 뛰면 working violation입니다.

- He often **violates** the traffic regulations.
  그는 자주 교통법규를 위반해.

tremble [trémbəl] vi.몸을 떨다, 떨리다 n.떨림, 전율

[트렘블] ▶ [트램] 안이 너무 추워 **몸을 떨다**.

트램(tram)은 대중교통의 하나로 전기로 가는 기차입니다. 이탈리아, 터키 등 여러 나라에서 일반적인 교통수단. 우리나라도 여러 도시에서 검토 중에 있습니다.

- Her voice **trembled** with excitement.
  그녀의 목소리는 흥분으로 떨렸다.

strip [strip] vt.벗기다(divest), 까다 vi.벗겨지다

스트립쇼(strip show)는 선정적인 감정을 일으킬 목적으로 무용수가 음악에 맞추어 옷을 **벗어** 가며 하는 쇼를 말합니다.

- They **strip** the flesh from animals' bones in a few minutes.
  그들은 몇 초 만에 동물의 뼈에서 살을 벗겨냅니다.

stripe [straip] n.줄무늬

'스트라이프 스커트, 스트라이프 셔츠'등 줄무늬로 된 옷들이 많습니다. **줄무늬** 셔츠라고 하면 되는데 굳이 **스트라이프** 셔츠라고 하는 이유는 뭘까요? 영어를 쓰면 더 있어 보이나요?

- His uniform looks very smart with the red **stripe** in it.
  빨간색 줄무늬가 있는 그의 제복은 아주 스마트해 보인다.

solace [sɔ́ləs] n.위안(consolation, comfort), 위로 vt.위안(위로)하다

[솔러스] ▶ 이혼한 친구가 [솔로라서] 위로했다.

- His grandchildren were a big **solace** in his old age.
  만년에 그의 손자들은 큰 위안이었다.

hideous [hídiəs] a.끔찍한, 무서운, 섬뜩한

hide(숨다, 숨기다, 감추다)+ous의 결합.

'보지 말고 숨어야 하는=끔찍한, 무서운(terrible, fearful, frightful, horrible)'입니다.

- The scenes of death in this movie are **hideous** and hard to look at.
  그 영화의 죽음 장면은 끔찍하고 보기 어렵다.

relentless [riléntlis] a.냉혹한, 무자비한(ruthless), 끈질긴(persistent, insistent)

re(강조=completely)+lent(빌려주다=lend)+less(부정)로 결합.

'친구에게도 결코 돈을 빌려주지 않는=무자비한, 끈질긴'입니다. 친한 친구에게도 절대 돈을 빌려주지 않는 사람은 냉혹하고 무자비한 사람이죠. 그런 사람들이 빌려준 돈을 받을 때는 끈질기기 때문에 '**냉혹한, 무자비한**'에서 '**끈질긴**'이란 뜻이 파생.

- He was **relentless** in demanding repayment of the debt.
  그는 빚 갚으라고 요구할 때 냉혹했다(무자비했다).
- I want to pay tribute to your **relentless** pursuit of truth.
  나는 너의 끈질긴 진실 추구에 경의를 표하고 싶어.

ferocious [fəróuʃəs] a.사나운(fierce), 잔인한(cruel), 격렬한(severe, intense)

feroc(힘, 폭력=force)+ious의 결합.

'매사에 힘과 폭력에 의존하는=사나운, 잔인한, 격렬한'입니다. feroc의 철자를 재배열하면 force입니다. 힘, 폭력에 의존하는 사람은 사납고 잔인한 기질을 갖고 있기 때문에 '**힘, 폭력**'에서 '**사나운, 잔인한**'이란 뜻이 파생.

- force n.힘, 폭력, 무력 vt.강요하다(compel, impel, oblige)
- He is no better than a **ferocious** beast. 그는 사나운 짐승이나 다름없어.

vicious [víʃəs] a.사악한, 사나운, 잔인한, (구어)지독한, 심한

vici(사악, 부도덕=vice)+ous(형접)의 결합.

'사악한 심성을 갖고 있는=사악한(wicked, malicious, sinister)'입니다.

- vice [vais] n.사악(evil), 부도덕(immorality), 결함(defect, fault, flaw)
- I was attacked by a **vicious** dog yesterday.
  나는 어제 사나운 개에게 공격당했어.
- There was a **vicious** crime against foreigners.
  외국인을 적대하는 잔인한 범죄가 있었다.

omen [óumən] n.전조(presage), 징조, 조짐 vt.예언하다(predict, foretell)

[오우먼] ▶ [오우!] [먼] 일이 일어날 불길한 **징조**야.

어떤 일이 생길 기미를 전조(前兆), 징조, 조짐이라고 합니다. 지진이 일어나기 전에 쥐떼가 먼저 움직인다고 하죠. 쥐떼의 이동이 지진의 징조, 전조, 조짐입니다.

- ominous [ámənəs / ɔ́m-] a.불길한(unlucky, inauspicious), 나쁜 징조의
- The delay at the airport was a bad **omen** for our holiday.
  공항에서의 비행기 연착은 우리 휴가의 불길한 징조였다.

applaud [əplɔ́ːd] vt.~에게 박수를 보내다 vi.박수 치다

ap(이동=ad)+plaud(박수치다=clap)의 결합.

박수를 치면 박수 소리가 상대에게 이동되기 때문에 이동의 접두어 ad를 붙인 것입니다.

- applause [əplɔ́ːz] n.박수갈채, 칭찬(praise, admiration, commendation)
- I **applaud** him for having the courage to refuse.
  나는 거절하는 용기를 가진 그에게 박수를 보낸다.

drastic [drǽstik] a.과감한(bold, daring, resolute), 급격한 n.극약

극약 처방은 상태가 **급격히** 나빠져 생사를 오고가는 상황에 사용하고, 극약 처방은 **과감한**(극단적인) 결단이 필요하기 때문에 '**극약**'에서 '**급격한, 과감한**'이란 뜻이 파생. 발음 [드래스틱]에서 **드레스** 입고 하키 **스틱**을 잡고 게임하는 **과감한** 여자를 떠올려 보세요.

- drastically [-kəli] ad.과감하게(resolutely, boldly), 급격하게(abruptly, rapidly)
- The government have to push ahead with a **drastic** reform.
  정부는 과감한 개혁을 추진해야 합니다.

divulge [diváldʒ] vt.(비밀, 이유)밝히다, 누설하다

di(분리=off)+vulge(보통 사람=common people)의 결합.

'자기 생각을 분리시켜 사람들에게 알리다=밝히다, 누설하다(reveal, disclose, unveil)'입니다. 라틴어 divulgare(출간하다=publish)가 영어에 유입되어 '밝히다'는 뜻으로 변화. 자기 생각을 책으로 출간하여 보통 사람들에게 알리는 것은 감추어진 비밀을 밝히고 누설하는 것이기 때문에 '출간하다'에서 '밝히다, 누설하다'는 뜻이 파생.

- She refused to **divulge** the reason why she quit the job.
  그녀는 일을 그만둔 이유를 밝히기를 거부했다.
- Members must not **divulge** other's private lives.
  구성원들은 다른 사람들의 사생활을 누설해서는 안 됩니다.

whirl [hwə:rl] vi.빙빙 돌다, (마음)혼란스럽다 vt.빙빙 돌리다, 선회시키다

[휠] ▶ 독수리가 하늘을 [휠휠] 날며 **빙빙 돈다**.

많은 생각으로 인해 머리가 빙빙 돌면 마음이 혼란스러운 것이죠.

- She **whirled** around to face him. 그녀는 몸을 빙 돌려 그와 마주보았다.

dearth [də:rθ] n.기근(famine), 부족(lack, shortage, want), 결핍

dearth(기근)에서 철자 r을 없애면 death(죽음)입니다. 고난의 행군 시절 북한은 dearth(기근)로 인해 몇 백만 명이 death(죽음) 했습니다. 식량 부족으로 굶주리는 것이 기근이기 때문에 '**기근**'에서 '**부족, 결핍**'이란 뜻이 파생.

- We are having a hard time by a **dearth** of water.
  우리는 물 부족으로 어려운 시간을 보내고 있습니다.

succumb [səkʌ́m] vi.굴복하다, 죽다

suc(아래=sub=under)+cumb(눕다, 엎드리다=lie)의 결합.

'적의 발아래에 엎드리다=굴복하다(surrender, submit)'이고, '땅 아래의 구덩이 안에 눕다=죽다(die)'입니다.

- Helen Keller did not **succumb to** her physical disabilities.
  헬렌 켈러는 자신의 신체적 장애에 굴복하지 않았다.

incumbent [inkʌ́mbənt] a.의무적인, 현직의 n.현직자, 현직의원

in(안에)+cumb(눕다, 엎드리다=lie)+ent의 결합.

'항상 마음속에 누워 있는=의무적인(obligatory, compulsory)'이고, '사무실 안에 엎드려 있는=현직자, 현직의원'입니다. '담배는 절대 안 돼'라는 부모님의 말씀이 항상 마음속에 누워(자리 잡고) 있으면 그것은 반드시 지켜야 하는 의무적인 것입니다. 사무실 안에 책상에 엎드려 있는 사람은 현재 근무하고 있는 현직자죠. 의무는 계속 붙어 있는 것이기 때문에 접촉, 계속의 on을 사용.

- It is **incumbent on** Korean men to join the military service.
  군대에 가는 것은 한국남자들에게 의무이다.

indolent [índələnt] a.게으른, 나태한, (병)통증 없는

in(부정=not)+dol(노력, 고통=pain)+ent의 결합.

'어떤 노력도 없이 사는=게으른(idle, lazy)'이고, '어떤 고통도 없는=통증 없는(painless)'입니다.

- pain n.아픔, 고통, 노력(pl.)
- indolence [índələns] n.게으름, 나태(laziness, idleness)
- He was reproved for being **indolent** at work.
  그는 나태함(게으름) 때문에 직장에서 문책받았다.

종합 **585**

imperative [impérətiv] a.반드시 해야 하는, 필수적인

impera(황제=imperial)+tive로 결합.

'황제가 지시하는=반드시 해야 하는, 필수적인(necessary, essential)'입니다. 황제가 지시하는 것을 이행하지 않으면 목이 달아날 수 있기 때문에 황제의 지시는 필수적으로, 반드시 이행해야 하지요.

- imperial [impíəriəl] a.제국의, 황제의, 위엄 있는 n.황제
- It is **imperative** that you should rest for a week.
  당신은 1주 동안 반드시 안정을 취해야 합니다.

firm [fə́:rm] n.회사 a.확고한(확실한), 단단한, 견고한 vt.단단하게 하다, 다지다

로펌(Law Firm)은 다수의 전문 변호사들이 모여 만든 **법률 회사**죠. 여러 사람이 모여 회사를 만들려면 확고하고 견고한 체계를 갖추어야 하고, 자본금이나 인력구성 등 기반을 단단하게 다져야 하기 때문에 '**회사(company)**'에서 '**확고한, 단단한, 견고한**'이란 의미가 파생.

- The firm now has a **firm** footing in the marketplace.
  그 회사는 이제 시장에서 확고한(견고한) 발판을 갖고 있다.
- This product will **firm** your body in two months.
  이 상품은 2달 후에 당신의 몸을 단단하게 해 줄 것입니다.

affirm [əfə́:rm] vt.확언하다, 단언하다, 장담하다

af(이동=ad)+firm(a.확고한, 확실한)의 결합.

'확고한 말을 전하다=단언하다(assert, declare), 장담하다(assure, guarantee)'입니다. 누군가에게 '그녀는 성형미인이야'라고 말했다면 그녀가 성형미인인 것이 확실하다고 단정하고, 장담한 것이죠.

- affirmative [əfə́:rmətiv] a.확언하는, 긍정적인(positive)
- I cannot **affirm** that he stole my wallet.
  그가 내 지갑을 훔쳤다고 단언(장담)할 수 없어.

confirm [kənfə́:rm] vt.확인(확증)하다, 승인하다

con(함께=with)+firm(a.확고한, 확실한)의 결합.

'다 함께 살펴보고 확실하게 하다=확인하다(check, ascertain), 승인하다(approve)'입니다. 책을 출간하기 위해 완성된 원고를 편집자에게 넘기면 편집자는 깔끔하게 편집한 후 인쇄 들어가기 직전에 '**컨펌(confirm)**해 주세요'라고 합니다. 더 이상 수정할 것이 있는지 없는지 최종적으로 **확인**하고 인쇄해도 좋다고 **승인(허락)**해 달라는 것이죠.

- confirmation [kɑ̀nfərméiʃən] n.확인, 승인(approval)
- You must **confirm** your identity with your signature.
  당신의 서명으로 본인임을 확인해야 합니다.

verify [vérəfài] vt.(진실을)확인하다, 입증(증명)하다

very(진실의=true)+ify(동접)의 결합.

무엇이 진실임을 '확인, 입증, 증명하다'입니다. 현대영어에서 very는 '매우'라는 부사이지만 옛날에는 true (진실의)의 동의어였습니다.

- There is no way to **verify** that the pearl is genuine.
  그 진주가 진짜라는 것을 확인(입증, 증명)할 방법이 없어.

shun [ʃʌn] vt.피하다(avoid, keep away from)

[션] ▶ 직사광 [션]은 **피해야** 합니다.

- She was **shunned** by her family when she divorced.
  이혼한 후 그녀는 가족들로부터 회피당했다.

shortcoming [ʃɔ́ːrtkʌ̀miŋ] n.단점(fault, defect), 결점, 부족, 결핍

short(n.부족=lack, want)+coming의 결합.

short(n.부족, 결핍)에 coming이 결합하여 '단점, 결점'이란 뜻이 추가.

- It is very important to know about yourself and find ways to overcome your **shortcomings**.
  여러분 자신에 대해 알고, 여러분의 단점을 극복하는 방법을 찾는 것은 매우 중요합니다.

tumble [tʌ́mbəl] vi.넘어지다, 뒹굴다, (가격)폭락하다, (건물)무너지다

[텀블] ▶ 가시 [덤불]에 걸려 **넘어지다**.

사람이 가시덤불에 걸려 앞으로 넘어지는 것은 가격이 폭락하고, 권력이나 건물이 무너지는 것과 같습니다.

- He **tumbled** down the stairs.
  그는 계단에서 굴러떨어졌어.
- In the earthquake, the whole wall **tumbled** down.
  지진으로 모든 벽이 무너져 내렸다.

witch [witʃ] n.마녀, 무당 vt.~에게 마법을 걸다

[위치] ▶ 마녀가 있는 [위치]를 대!

동양과 달리 서양의 마녀들은 이단으로 몰려 화형당하기 일쑤였습니다. 마녀를 두둔하는 사람도 이단으로 몰렸지요.

- wizard [wízərd] n.(남자)마술사
- Many innocent people have been victims of **witch** hunts.
  죄 없는 수많은 사람이 마녀사냥의 희생자가 되어왔다.

imitate [ímitèit] vt.모방하다, 흉내 내다(mimic), 위조하다(fake)

이미테이션 가방, 이미테이션 시계 등 **오리지널**(original)을 모방한 **이미테이션**(imitation) 제품들, 일명 짝퉁 제품들이 판을 치고 있지요. imitate는 copy 하는 행위입니다.

- imitation [imətéiʃən] n.모방, 흉내, 모조품 • inimitable [inímitəbəl] a.모방할 수 없는, 독특한
- Children could **imitate** the behaviors they see in the movies.
  아이들은 영화에서 본 행동을 흉내 낼 수도 있어.

ticklish [tíkliʃ] a.간지럼 타는, 곤란한(perplexing, awkward)

[티클이~] ▶ 눈에 [티끌이] 들어가서 **간지러운**.

간지럼을 잘 타는 환자는 청진기만 대면 웃고 몸을 비틀기 때문에 진료하기가 상당히 곤란하겠지요. '**간지럼 타는**'에서 '**곤란한**'이란 뜻이 파생.

- Most of us have a **ticklish** spot somewhere on our bodies.
  우리 대부분은 신체 어딘가에 간지럼 타는 곳이 있어.
- That question is very sensitive and **ticklish**. 그 질문은 매우 민감하고 곤란합니다.

sneeze [sni:z] n.재채기 vi.재채기하다

- She has an allergy to cats that makes her **sneeze**.
  그녀는 재채기하게 만드는 고양이 알레르기가 있어.

commute [kəmjú:t] vi.통근(출퇴근)하다 n.통근(거리)

com(강조=completely)+mute(바꾸다=change)의 결합.

'버스 노선, 지하철 노선을 바꾸면서 집과 회사를 오가다=**통근하다**'입니다.

- She **commutes** from Suwon to Seoul every day.
  그녀는 매일 수원에서 서울까지 통근해.

rudiment [rú:dəmənt] n.기초, 기본, 원리(principle)

rud(손대지 않은=crude)+i+ment(명접)의 결합.

'손대보지 않은 사람이 처음으로 익혀야 하는 것=**기초**(basis, base, foundation), **원리**'입니다. 중국어에 손대보지 않은 사람은 중국어 발음과 성조 등 기초 원리를 익혀야 합니다.

- She has mastered the **rudiments** of English grammar.
  그녀는 영어 문법 기초를 마스터했다.

Day 88

greed [griːd] n.지나친 욕심, 탐욕(avarice, rapacity, cupidity)

[그리드] ▶ [그리도] 욕심을 부리더니 꼴좋다.

- greedy [gríːdi] a.탐욕스런(avaricious, rapacious)
- There is no limit to people's **greed**. 사람의 욕심에는 끝이 없어요.

stuff [stʌf] n.것(thing), 물건, 재료 vt.(빽빽이)채워 넣다, 쑤셔 넣다

[스터프] ▶ [스]타킹에 [터프]하게 쑤셔 넣으면 물건 망가진다.

- What is this hard **stuff**? 이 단단한 것(물건)은 뭐야?
- **Stuff** 1 sausage inside each piece. 각각의 조각에 소시지 1개를 채워 넣어라.

predator [prédətər] n.육식동물, 포식자, 약탈자, (경제)기업사냥꾼

pre(앞, 이전=before)+dat(날=date)+or(행위자)로 결합.

'그날 눈앞에 보이는 동물을 잡아먹는 동물=육식동물, 포식자'입니다. 사람들은 먹을 양식을 미리미리 준비해서 비축해 두지만 육식 동물들(포식자)은 그날 눈앞에 보이는 동물을 잡아먹습니다. 동물은 인간처럼 욕심을 부리지 않지요.

- Butterflies escape **predators** by using disguise.
  나비는 위장을 이용해 포식자로부터 벗어납니다.

worship [wə́ːrʃip] n.숭배, 예배, 찬양 v.숭배(예배)하다

교회 성가대에는 하나님을 **찬양**하는 [워십]이란 이름이 들어간 **성가대**가 많습니다.

- What do Koreans do during ancestor **worship** ceremonies?
  한국인들은 제사(조상 숭배 의식)를 드리는 동안 무엇을 하니?

exhilarate [igzílərèit] vt.신나게(즐겁게) 하다

[이거질러-] ▶ [이거] 저거 사며 돈을 [질러]대는 백화점 쇼핑은 나를 즐겁게 해.

- Shopping at a department store always **exhilarates** me.
  백화점 쇼핑은 항상 나를 신나게(즐겁게) 해.

종합 **589**

widow [wídou] n.미망인(과부) vt.(수동형)과부가 되다

남편이 죽어 혼자 사는 여자를 미망인(과부), 그 반대의 경우를 홀아비라고 합니다.

- widower [wídouər] n.홀아비
- She **was widowed** when she was 35. 그녀는 35세 때 과부가 되었다.

vertical [vəːrtikəl] a.수직의, 세로의

사무실(가정)에서 흔히 사용하는, **수직**으로 올렸다가 내리는 커튼을 **버티컬**(vertical)이라고 합니다.

- horizontal [hɔ̀ːrəzántl] a.수평의, 가로의 n.수평선, 지평선
- The design has horizontal and **vertical** patterns.
  그 디자인은 수평과 수직 패턴으로 되어 있다.

utilize [júːtəlàiz] vt.이용하다(use), 활용하다

utilize는 use에서 파생된 단어로, utilize와 use는 동의어입니다.

- We can **utilize** the sun as an energy source.
  우리는 태양을 에너지원으로 이용할 수 있다.

trend [trend] n.흐름(동향, 경향, 추세)

소비 트렌드, 패션 트렌드, 창업 트렌드 등 **트렌드**(trend-흐름)란 말은 일상생활에서 흔히 사용하는 용어로, 국어사전에도 등재되어 있습니다.

- There is a growing **trend** towards earlier retirement.
  조기 퇴직 쪽으로 증가하는 추세가 있다.

tablet [tǽblit] n.알약(pill), 소형컴퓨터

tab(탁자=table)+let(작은=small)의 결합.

'**작은 탁자 모양의 판**=**평판**(平板)'입니다. 태블릿PC는 작은 평판 크기의 PC입니다. 비타민제처럼 둥글고 넓은 알약을 tablet이라고 하고 둥근 알약을 pill이라고 합니다. 작은 책자 팸플릿(pamph<u>let</u>), 전단 (leaf<u>let</u>)의 let은 small입니다.

- Take two **tablets** with water before meals.
  식사 전에 알약 두 개를 물과 함께 복용하세요.

rhyme [raim] n.운, 운문, 각운 vt.운을 맞추다 vi.운이 맞다

시를 쓸 때 운을 맞추는데 앞에 맞추면 두운, 끝에 맞추면 각운입니다. 영어 시는 대부분 각운입니다. 힙합 **라임**(rhyme-운)을 하나 만들어 보세요. 'culture, 미쳐, 걸쳐, 뻗쳐, 놓쳐…' '~쳐'는 라임(rhyme-각운)입니다.

- Can you think of a **rhyme** for 'culture'?
  culture로 어떤 (각)운을 생각해 낼 수 있겠니?

prey [prei] n.먹이, 희생자(victim) vi.잡아먹다(on)

prey(먹이, 잡아먹다)와 pray(빌다, 기도하다)는 발음이 같습니다. prey(잡아먹다)에는 eat의 e가 들어 있고, pray에는 **아멘**의 a가 들어 있지요.

- They find **prey** by using their keen sense of smell. 그들은 예민한 후각으로 먹이를 찾는다.

nuclear [njúːkliəːr] a.(세포)핵의, 중심의, 원자핵의, 핵무기의 n.핵무기

nucleus(n.핵, 중심)+ar의 결합.

'중심에 있는=핵의, 중심의'입니다.

- nucleus [njúːkliəs] n.핵, 중심   • nuclear war 핵전쟁
- Nowadays, **nuclear** families are common. 요즘은 핵가족이 보편적이야.

culpable [kʌ́lpəbl] a.과실 있는, 비난할 만한(blamable, reproachable)

culpa(과실, 죄=fault)+able(가능)의 결합.

'과실이나 죄가 있다고 할 수 있는=과실 있는, 비난할 만한'입니다. 라틴어 culpa(쿨파)는 fault(n.과실, 죄)입니다. 천주교 기도문에서 사용하는 메아 **쿨파**(Mea Culpa)는 '나의 **과실**(잘못)'로, 모든 잘못의 근원이 자신에게 있다는 것이죠.

- If that is true, surely he is **culpable**. 그것이 사실이면, 확실히 그는 과실이 있어.

culprit [kʌ́lprit] n.범인, 죄인

culp(과실, 죄=fault)+rit의 결합.

'중대과실, 죄를 지은 사람=죄인(criminal, offender, convict), 범인'입니다.

- The police traced the call and arrested the **culprit**. 경찰은 전화를 추적해서 범인을 검거했다.

enigma [inígmə] n.수수께끼(riddle)

이니그마(enigma)는 독일어로 '**수수께끼**'라는 뜻. 연합군이 나치의 암호문을 훔쳐 와도 해독할 수가 없었는데 영국 과학자 튜링의 아이디어로 나치의 암호문을 해독하여 연합군이 2차 세계대전에서 승리할 수 있었다고 합니다. 그 암호기 이름이 이니그마. 이니그마란 이름의 유명 음악 그룹이 있고 대표곡은 메아 쿨파(Mea Culpa-나의 잘못)입니다. 상당히 몽환적이죠.

- In spite of all our investigations it remains an **enigma**.
  우리의 모든 조사에도 불구하고 그것은 수수께끼로 남아있다.

insatiable [inséiʃəbəl] a.만족을 모르는, 탐욕스런

in(부정=not)+sati(만족시키다=satisfy)+able(가능)로 결합.

'자신을 만족시킬 수 없는=만족을 모르는, 탐욕스런(greedy)'입니다.

- Gamers have an **insatiable** demand for more powerful computers.
  게이머들은 더 강력한 컴퓨터를 위한 만족을 모르는 요구가 있다.

volatile [vάlətil] a.휘발성의, 변덕스러운, 불안정한 n.휘발성 물질

volat(날 수 있는=volant)+ile의 결합.

'날 수 있는 성질을 갖고 있는=**휘발성의, 변덕스러운(capricious)**'입니다. 어떤 조건에서는 액체로, 어떤 조건에서는 기체가 되는 휘발성 물질은 변덕스럽고 불안정하기 때문에 '**휘발성의**'에서 '**변덕스러운, 불안정한**'이라는 뜻이 파생. [발어틸]을 휘[발어틸]로 읽으면 휘발성의 휘발유가 떠오를 것입니다.

- Information technology products compete in an extremely **volatile** environment.
  정보 기술 상품들이 상당히 변덕스러운 환경에서 경쟁하고 있습니다.

allow [əláu] v.고려하다, 인정하다(admit, approve), 허락하다(permit)

allow는 allot(vt.할당하다)에서 파생된 단어.

신대륙에 건너온 이민자들을 **고려(참작)**하여 토지를 할당하고, 그 땅을 개인의 소유로 **인정(승인)**하고, 사용을 **허락(허가)**하는 과정에서 '고려하다, 인정하다, 허락하다'는 뜻 파생.

- **allowance**[əláuəns] n.고려, 인정(승인), 허락(허가), 용돈(허락받은 돈), 수당
- All these factors must be **allowed for**. 이 모든 요소가 고려되어야 해.
- He refused to **allow** that such a situation could arise.
  그는 그런 상황이 발생할 수도 있다는 것을 인정하기를 거부했다.
- Smoking here is not **allowed**.
  여기서 흡연은 허가되어 있지 않습니다.
- I need an **allowance** of $10 a day.
  나는 하루에 10달러의 용돈이 필요해.

haughty [hɔ́:ti] a.거만한, 건방진(arrogant, overbearing), 오만한

haughty(거만한)는 height(높이)에서 파생된 단어.

자신의 지위가 다른 사람보다 높은 곳에 있다고 생각하면 거만하고 건방진 태도를 갖게 되지요. '**높이**'에서 '**거만한, 건방진**'이란 뜻이 파생.

- **height**[hait] n.높이, 키 • **haughtiness** n.건방짐, 오만함(arrogance)
- He has become **haughty** after he became the company's CEO.
  그는 회사의 대표이사가 된 이후 거만해져 있어.

robust [roubʌ́st] a.튼튼한, 강건한

rob(vt.강탈하다)+u+st(서 있다=stand)로 결합.

'많은 것을 강탈당해도 좌절 않고 서 있는=**튼튼한(strong, solid, stout, firm, sturdy)**'입니다. 발음 [로우버스트]에서 **튼튼한 로보트(robot)**를 떠올려 보세요.

- She is almost 90, but still very **robust**.
  그녀는 거의 아흔인데 여전히 매우 튼튼해(강건해).

carnivorous [kɑːrnívərəs] a.육식(성)의

[칸이버러스] ▶ 육식을 많이 해서 [간이 버렸시].

육식을 많이 하면 지방간이 되어 간 기능을 버리게 됩니다.

- Secondary consumers are **carnivorous** animals, like foxes and wolves.
  2차 소비자는 여우와 늑대와 같은 육식 동물입니다.

sojourn [sóudʒəːrn] vi.(일시적)머무르다, 체류하다 n.체류(stay, stop)

so+journ(여행=journey)의 결합.

'여행을 떠나 어떤 장소에 있다=머무르다(stay), 체류하다'입니다. 제주도 여행을 떠나 볼까요? 여행지인 제주도는 일시적으로 머무르고 체류하는 곳입니다.

- We **sojourned** at the beach for a month. 우리는 한 달 동안 그 해변에 머물렀다.

migrate [máigreit] vt.이동(이주)하다 vi.이동(이주)시키다

migr(이동하다=move)+ate의 결합.

한국에서 외국으로 이동하면 밖으로 나가는 것이기 때문에 emigrate, 타국에서 한국으로 이동하면 안으로 들어오는 것이기 때문에 immigrate. 공항에서 출입국 할 때 Immigration을 통과하게 되는데 출입국 심사를 하는 곳입니다.

- immigrate [íməgrèit] vt.(입국)이주하다, 이민 오다
- immigration [ìməgréiʃən] n.(입국)이주, 입국, 출입국 심사
- immigrant [íməgrənt] n.(입국)이주자, 이민
- emigrate [éməgrèit] vt.(출국)이주하다, 이민 가다
- emigration [èməgréiʃən] n.(출국)이주
- emigrant [éməgrənt] n.(출국)이주자, 이민
- Lots of people **migrate** to cities in search of work.
  많은 사람이 일을 찾아 도시로 이주한다.
- I won't applaud your plan to **emigrate** to Canada.
  캐나다로 이민 가려는 너의 계획에 박수치지는 않을 거야.

furtive [fə́ːrtiv] a.은밀한(secret, covert), 몰래 하는

fur(n.모피)+tive로 결합.

멸종 위기에 처한 동물의 모피판매는 불법이기 때문에 은밀하게 사고팔지요.

- furtively [fə́ːrtivli] ad.몰래, 은밀히(secretly)
- She cast a **furtive** glance at me. 그녀는 나에게 은밀한 눈길을 보냈다.
- He **furtively** handed me an envelope full of money.
  그는 돈이 가득 든 봉투를 몰래 나에게 건넸다.

criterion [kraitíəriən] n.(판단의)기준

cri(위기=crisis)+terion의 결합.

'위기 상황에서 반드시 갖고 있어야 할 것=기준(standard)'입니다. kriterion(판단, 기준)이란 그리스어가 영어에 유입되어 철자 k가 c로 바뀐 단어. 단어 속에 위기가 들어 있어 **위기** 상황에서는 명확한 기준을 갖고 대응하라는 뜻이 담겨 있습니다.

- We have concluded that the proposal meets our **criterion**.
  우리는 그 제안이 우리의 기준을 충족시킨다고 결론지었다.

charge [tʃɑːrdʒ] vt.싣다, 청구하다, 책임지우다, 비난(고소)하다, 충전(장전)하다, 돌격하다
n.짐, 화물, 책임, 청구, 비난, 고소, 요금, 충전, 장전, 진격(돌격)

어근 char는 car(마차)로 모든 뜻은 마차에 짐을 **'싣다'(load)**에서 파생. 마차에 짐을 **싣고** 나면 마차 주인은 운임을 **청구**하지요. 물건 주인은 **요금**을 차주에게 주고 배송**책임**을 지웁니다. 배송에 문제가 발생하면 처음엔 **비난**(욕)하고, 손해가 크면 **고소**(기소)하게 됩니다. 차에 짐을 채우듯 배터리에 전기를 채우면 **충전**이고, 총에 총알을 채우면 **장전**입니다. 총알을 장전한 다음엔 **돌격**하지요. 간단하지 않나요? 매우 중요한 다의어.

- I **am charged with** the important task. 나에게 중요한 일이 채워져(부과되어) 있어.
- He **was charged with** murder. 그는 살인죄로 기소되었어.
- What did they **charge** for the repairs? 수리비로 얼마를 청구했나요?
- Before use, the battery must be **charged**.
  사용 전에 배터리는 충전되어야 합니다.

discharge [distʃɑ́ːrdʒ] vt.수행하다, 면제하다, 해고(제대, 석방)하다, 배출하다, 발포하다
n.이행(수행), 퇴원, 제대, 배출(방출)

dis(분리=off)+charge(싣다=load)의 결합.

'마차에 실었던 짐을 마차에서 분리시키다=(짐)내리다, 수행하다(do, perform, fulfill)'입니다. discharge는 실었던 짐을 짐칸에서 **분리**시키는 것입니다. 차주가 마차에 실었던 짐을 분리시키는 것은 자기 일을 **수행(이행)**하는 것입니다. 사람에게서 군 복무란 짐을 분리시키면 **면제**하는 것이고, 직장에서 직원을 분리시키면 **해고**, 군대에서 사람을 분리시키면 **제대**, 감옥에서 죄수를 분리시키면 **석방**, 환자를 병원에서 분리시키면 **퇴원**, 물탱크에 있는 물을 분리시키면 **배출**(방출)이고, 총에서 총알을 분리시키면 **발포**입니다. '면제, 해고, 제대, 석방, 퇴원, 배출, 발포'는 모두 어디에 실려 있는 것을 off시키는 것.

- You must **discharge** your duties faithfully. 여러분은 임무를 성실하게 수행해야 합니다.
- He **was discharged from** the military service. 그는 군 복무로부터 면제되었다.
- He **was discharged from** the police force for bad conduct.
  그는 나쁜 행실로 경찰에서 면직(해고)되었다.
- He was conditionally **discharged** after admitting the theft.
  그는 그 절도죄를 인정한 뒤에 조건부로 석방되었다.

fugitive[fjú:dʒətiv] a.도망자(runaway), 탈주자 a.도망치는, 탈주한

[퓨저티브] ▶ 사방으로 [퍼져] 도망 [티는] 탈주범들.

- The police finally caught the **fugitives** in a month.
  한 달 후에 경찰은 마침내 탈주자들을 체포했다.

---

fabricate[fǽbrikèit] vt.(상품, 장비)조립하다(construct), 날조(조작, 위조)하다(make up)

fabric(n.패브릭=직물, 천)+ate의 결합.

'실을 결합하여 천을 만들듯이 만들다=조립하다, 날조하다'입니다. 패브릭 소파는 가죽이 아닌 섬유 소파로 패브릭(fabric)은 '직물, 천'이란 뜻. 직물은 가로줄과 세로줄을 조립하여 만들고, 없는 사실을 조립하는 것은 날조, 조작, 위조하는 것이기 때문에 '**직물, 천**'에서 '**조립하다, 날조하다**'는 뜻이 파생.

- **fabrication**[fæ̀brikéiʃən] n.조립, 날조(조작, 위조)
- There was the solid evidence that his alibi was **fabricated**.
  그의 알리바이가 조작되었다는 분명한 증거가 있었다.

---

browse[brauz] n.새싹 vt.(새싹을)먹다, (책)대충 훑어보다, (상점)둘러보다

인터넷 사이트를 대충 훑어 볼 때 사용하는 검색 소프트웨어를 브라우저(browser)라고 합니다. 양들이 초원에서 새싹을 먹는 모습을 보면 보이는 대로 대충 뜯어 먹고 지나가지요. 양들이 새싹을 대충 뜯어 먹는 모습에서 사람이 책과 인터넷 등을 대충 훑어보는 것으로 의미가 확장.

- Father **browses** the newspaper every morning. 아버지는 아침마다 신문을 대충 훑어보신다.
- You are welcome to come in and **browse**. 들어오셔서 둘러보는 것 환영합니다.

---

doctrine[dáktrin] n.정책, 학설, 교리, 주의

doc(박사, 의사, 교사=doctor)+trine의 결합.

'박사와 같은 전문가들이 만들어 낸 것=정책, 학설, 교리, 주의'입니다. 박사들은 전문지식을 바탕으로 다양한 학설, 정책, 주의(이론), 교리(종교적 가르침) 등을 만들어 내는데 이것을 독트린(doctrine)이라고 합니다.

- He has been preaching a **doctrine** over an hour.
  그는 한 시간 넘게 교리를 설교하고 있습니다.

Day 89

breast [brest] n. 가슴, 흉부, (여성, 포유동물)유방

여자들은 브레스트(breast-가슴)를 보호하기 위해 브래지어(brassiere)를 착용합니다.

- She knew something was wrong in her left **breast**.
  그녀는 자신의 왼쪽 유방에 이상이 있다는 것을 알았다.

copious [kóupiəs] a. 많은 (abundant, plentiful, ample)

[코피어스] ▶ [코피] 많이 흘렸어.

밤샘 공부, 지나친 운동 등으로 피곤해서 코피를 많이 흘려보셨나요?

- She supported her theory with **copious** evidences.
  그녀는 많은 증거로 자기 이론을 뒷받침했다.

fraud [frɔːd] n. 사기, 사기꾼 (swindler, defrauder, impostor, trickster)

[프로드] ▶ 명품 브랜드 [프라다(Prada)]를 몰래 만들어 파는 사람은 **사기꾼**이죠.

- He was dragged into a **fraud** case regardless of his will.
  그는 자신의 의지와 상관없이 사기 사건에 휘말렸다.

corridor [kɔ́ːridə] n. 복도(passage), 화랑(gallery)

[코리도어] ▶ 문 [고리]를 밀어 [도어=door]를 열고 **복도**로 나가는 모습을 연상.

복도에 그림을 걸어 두면 그림을 전시하는 화랑이 되기 때문에 '복도'에서 '화랑'이란 뜻이 파생.

- Students are chatting in the **corridor** for break time.
  학생들은 쉬는 시간 동안 복도에서 수다를 떨고 있다.

maxim [mǽksim] n. 격언(proverb, saying), 금언, 좌우명

- You should follow the **maxim** that when in Rome, do as the Romans do.
  로마에서는 로마인이 하는 대로 하라는 격언을 따르는 것이 좋아.

steep [sti:p] a.가파른(경사진), (가격, 요구)터무니없는

앙코르와트 사원에서 **가파른**(steep) **계단**(step)을 오르던 독일 관광객이 굴러 사망했고, 그 후 그 계단을 폐쇄했습니다. 1달러짜리 물건이 다음날 3달러가 되면 가격이 가파르게 오른 것이고, 고객 입장에서는 터무니없기 때문에 '**가파른**'에서 '**터무니없는**'이란 뜻이 파생.

- Hold on to the rail when you go down **steep** stairs.
  가파른 계단을 내려갈 때는 난간을 잡아.

sparkle [spá:rkəl] n.불꽃(spark), 불똥, 번쩍임 vi.번쩍이다

sparkle과 spark는 동의어. 흔히 스파크(spark)가 튄다고 하지요. 생수 브랜드에 **스파클**(sparkle)이 있는데, 마시면 **불꽃** 튀듯 정신이 **번쩍** 드는 지하암반수라는 것입니다.

- There was a **sparkle** of excitement in her eyes.
  그녀의 두 눈에 흥분의 불꽃(번쩍임)이 있었다.

costume [kɔ́stju:m] n.옷(특수 복장) vt.~에게 옷(특수 복장)을 입히다

코스튬(costume)은 연극무대, 할로윈 데이, 축제일 등 특정 장소에서 목적에 맞게 갖추어 입는 **특수 복장**입니다. 섹시코스튬, 할로윈코스튬 등 코스튬이란 단어를 흔히 사용. 코스튬 플레이(Costume Play)는 만화 주인공처럼 옷을 입고 분장하는 것으로, 줄여서 코스프레라고 하는데 일본식 영어입니다.

- Do you want a superhero **costume**?
  여러분은 슈퍼히어로의 복장(옷)을 원하나요?

counsel [káunsəl] n.의논, 조언 v.의논하다(confer), 조언하다

카운슬링(counseling)은 주로 심리 안정이나 동기부여 측면의 상담과 의논이고, 컨설팅(consulting)은 전문지식이 있는 사람이 고객을 상담하고 도와주는 것입니다.

- He had always been able to count on her wise **counsel**.
  그는 항상 그녀의 현명한 조언에 의지할 수 있었다.

breakdown [bréikdàun] n.(기계)고장, 파손, (건강)쇠약

break(깨지다)+down(아래로)의 결합.

'**부품이 깨져 아래로 떨어지는 것=고장, 파손**'입니다. 조립되어 있는 기계의 부품이 깨져 아래로 떨어지면 고장 나는 것입니다. 기계의 고장은 사람에게는 쇠약해지는 것이죠.

- The elevator had a sudden **breakdown**. 엘리베이터가 갑자기 고장 났어.
- His nervous **breakdown** is due to want of sleep.
  그의 신경 쇠약은 수면 부족 때문이야.

surrender [səréndər] vt.넘겨주다, 포기하다, 항복하다 n.항복

sur(넘어=over)+render(vt.주다=give)의 결합.

'재산, 권리 등을 넘겨주다=포기하다(give up, desert, abandon)'입니다. 전쟁에서 패하면 자신이 갖고 있던 것을 포기하고 적군에게 넘겨주게 되는데 그것이 항복입니다.

- I would rather die than **surrender**. 항복할 바에야 차라리 죽겠다.
- As a sign of **surrender** he kneeled down to the ground. 그는 항복의 표시로 무릎을 꿇었다.

render [réndə:r] vt.주다(give), ~을 ~상태로 만들다(make)

render(주다)는 surrender(넘겨주다)에서 파생된 단어. 도움이 필요한 사람에게 필요한 것을 넘겨주면 그 사람을 행복한 상태로 만들기 때문에 '주다'에서 '~상태로 만들다'는 뜻이 파생.

- I will **render** back your money soon. 너의 돈을 곧 되돌려 줄 거야.
- This new evidence would **render** the investigations invalid.
  이 새로운 증거는 그 조사를 무효로 만들 것이다.

remunerate [rimjú:nərèit] vt.보상하다(repay, reward), 보답하다

re(다시=back)+muner(주다=give)+ate의 결합.

'받은 만큼 다시 되돌려 주다=보상하다, 보답하다'입니다. 자기가 받은 만큼 되돌려 주는 것은 보상하고 보답하는 것이죠.

- remuneration [rimjù:nəréiʃən] n.보수(reward), 보상, 급여(pay, wage, salary)
- He is poorly **remunerated** for all the hard work he does.
  그는 그가 하는 고된 일에도 불구하고 형편없이 보상받아.
- He is paid for his work at high **remuneration**. 그는 자기 일에 높은 보수(급여)를 받는다.

lure [luər] n.미끼(bait), 유혹 vt.유혹하다(allure, entice, seduce), 꾀다, 유인하다

인공 미끼로 물고기를 유인(유도, 유혹)하여 잡는 것이 루어낚시(lure fishing)입니다. '미끼'에서 '유인하다, 유혹하다'는 뜻이 파생.

- I did not realize that I was being **lured** into a trap.
  나는 덫으로 유인당하고 있다는 것을 깨닫지 못했다.

enervate [énərvèit] vt.무기력하게 만들다, 무력화시키다(neutralize)

e(밖으로=ex=out)+nerv(용기, 체력, 신경=nerve)+ate의 결합.

'몸 안에 있는 용기, 체력을 모두 밖으로 빼내다=무기력하게 만들다(debilitate)'입니다.

- nerve [nə:rv] n.용기, 체력, 신경, 신경과민, (구어)뻔뻔스러움
- Hot weather there **enervates** people. 그곳의 더운 날씨는 사람들을 무기력하게 만든다.
- They easily **enervated** the attack by the enemy. 그들은 적의 공격을 쉽게 무력화시켰다.

fasten [fǽsn] vt.묶다, 채우다, 잠그다, 고정하다

fast(a.단단한, 흔들리지 않는)+en(만들다)의 결합.

'단단하게, 흔들리지 않게 만들다=묶다(tie, bind), 채우다(lock), 잠그다, 고정하다(fix)'입니다. 비행기나 고속버스를 타면 fasten your seat belt라고 합니다. 벨트를 묶고, 채워 의자에 당신 몸이 흔들리지 않게 고정시키라는 것입니다. 차가 고속으로(fast) 가니까 벨트를 fasten 하라는 것이죠.

- Please **fasten** your seat belts for takeoff.
  이륙 시 안전벨트를 착용해 주시기 바랍니다.

fascinate [fǽsənèit] vt.마음을 사로잡다, 매혹(매료)시키다

fascin(묶다=fasten)+ate로 결합.

'무엇이 사람의 눈과 마음을 묶어버리다=마음을 사로잡다, 매혹(매료)시키다(charm)'입니다. 그녀의 모습이 나의 눈과 마음을 묶어버리면 그녀가 나의 마음을 사로잡고, 매혹(매료)시킨 것이죠.

- fascination [fæsənéiʃən] n.매혹, 매력, 홀린 상태
- fascinating [-ing] a.매력(매혹)적인 • fascinated [-id] a.매료되어 있는
- The red sports car always **fascinate** me.
  빨강 스포츠카는 항상 나의 마음을 사로잡는다.
- I didn't realize she was such a **fascinating** person.
  나는 그녀가 그렇게 매력적인 사람인지 몰랐어.

elaborate [ilǽbərèit] a.정성(공) 들인, 정교한 v.정성 들여 만들다 vi.자세히 말하다

e(밖으로=ex=out)+labor(n.노동, 노력))+ate의 결합.

'노력을 최대한 밖으로 이끌어낸=정성 들인, 정교한(exquisite, delicate)'입니다. 사람이 갖고 있는 노력을 최대한 밖으로 끌어내어 만들면 정성 들여, 공들여 만든 것이죠. 설명할 자료를 정성들여 만들면 자세히, 구체적으로 말하게 되기 때문에 '정성 들여 만들다'에서 '자세히 말하다'는 뜻이 파생.

- She has prepared a very **elaborate** meal for us.
  그녀는 우리를 위해 매우 정성 들인 식사를 준비해 놓았다.
- Would you **elaborate** a bit on that?
  그것에 관하여 좀 더 자세히 설명해 주시겠어요?

ample [ǽmpl] a.충분한(sufficient), 넓은(wide, broad, large, roomy)

피곤할 때는 앰플(ampoule-물약) 피로회복제 하나 마시면 충분(ample)합니다.

- There was **ample** room for them in the boat.
  그 배엔 그들이 탈 충분한 공간이 있었어.
- **Ample** free parking is available.
  넓은 무료 주차 공간이 이용 가능 합니다.

compound [kəmpáund] vt.합성(혼합)하다 n.합성물, (큰 건물)구내 a.합성(혼합)의

com(함께=with)+pound(가두다=pond)의 결합.

'용기에 이것저것 함께 가두어 만든 것=합성물(complex, composite)'입니다. pound에 가두는 느낌이 오지 않으면 철자 u를 뺀 pond(n.연못)를 떠올려 보세요. 연못은 물을 가두는 곳이죠.

- Smoking is prohibited within the school **compound**. 교내에서는 금연입니다.
- Water is a chemical **compound** made from hydrogen and oxygen.
  물은 수소와 산소로 만들어진 화학 혼합물이다.

entail [entéil] vt.(필연적 결과)야기하다, 일으키다

en(만들다=make)+tail(n.꼬리)의 결합.

'실수로 꼬리를 만들어 놓다=야기하다(cause, raise, bring about)'입니다. 실수로 첩자가 따라붙을 수 있는 꼬리를 만들어 놓으면 근거지가 발각되는 필연적인 결과를 초래(야기)하게 되지요. 주로 결과가 명확하게 예측되는 상황에 사용.

- Drug **entails** serious bodily or mental harm.
  마약은 심각한 신체적, 정신적 피해를 야기한다.

acute [əkjúːt] a.예리한, 예민한, (감정, 통증)격심한, (상황)심각한

단어 속에 cut(베다)가 들어 있기 때문에 예리한 칼날을 떠올릴 수 있습니다. 감정이 칼날같이 예리한 사람은 예민한 사람이고, 예민한 사람은 쉽게 격해(격렬, 격심)지는 경향이 있고, 상황을 심각하게 만들기 때문에 '예리한'에서 '예민한, 격심한, 심각한'이란 뜻이 파생.

- Her judgement is so **acute**. 그녀의 판단은 너무 예리해.
- She has an **acute** sense of smell. 그녀는 예민한 후각을 갖고 있어.
- I felt **acute** pains in my stomach. 나는 배에 격심한 통증을 느꼈다.
- There is an **acute** shortage of water in Africa. 아프리카에서는 물 부족이 심각해.

dull [dʌl] a.(칼, 행동)무딘, 지루한(tedious, boring), 침체된(depressed), 흐린(cloudy)

[델] ▶ 칼을[델] 갈아서 **무딘**.

칼날이 무딘 것은 머리가 둔한 것과 같지요. 머리가 둔한 사람의 강연은 재미없어 지루할 수밖에 없고, 머리가 둔한 사람이 대통령이 되면 경제가 침체되고, 경기 침체는 흐린 날씨와 같습니다. '무딘, 둔한'에서 '지루한, 침체된, 흐린'이란 뜻이 파생.

- a **dull** knife 무딘 칼 • a **dull** pupil 둔한 학생
- It was quite a **dull** show. 너무 지루한 쇼였어.
- The Korean economy is very **dull**. 한국 경제는 매우 침체되어 있다.

apparatus [ǽpəréitəs] n.기계(기구), 장치(device), (정부)기구, 조직체

ap(이동=ad)+par(준비하다=prepare)+atus의 결합.

'무엇을 생산하거나 사용할 목적으로 준비해 놓은 것=기계(instrument, appliance)'입니다.

- The new piece of **apparatus** was used in the experiment.
  새로운 그 기구(기계, 장치)가 그 실험에 사용되었다.

conscience [kάnʃəns] n.양심, 도덕관념

con(강조=completely)+sci(알고 있다=know)+ence의 결합.

'사람이라면 누구나 기본적으로 알고 있는 것=양심, 도덕관념'입니다. science는 원래 지식(knowledge)이란 뜻이었는데, 현대로 넘어오며 과학(과학적 지식)이란 뜻으로 의미가 축소.

- I cannot, in **conscience**, do such a thing. 나는 양심상 그런 일을 할 수 없어.

conscious [kάnʃəs] a.알고 있는, 의식 있는, 자각하는

con(강조=completely)+sci(알고 있다=know)+ous의 결합.

'확실히 알고 있는=알고 있는(aware), 의식 있는, 자각하는'입니다.

- be conscious of, be aware of ~을 알고 있다(know)
- He fought desperately to remain **conscious**.
  그는 의식 있는 상태를 유지하려고 필사적으로 싸웠다.

wary [wέəri] a.경계하는, 조심하는, 방심하지 않는

war(경고하다=warn)+y의 결합.

'어떤 일이 일어난다고 미리 경고해 주는=조심하는(careful, cautious, prudent)'입니다.

- be wary of, be careful of, beware of ~을 경계하다, 조심하다
- **Be wary of** strangers who offer you a ride.
  너를 태워 주겠다고 하는 낯선 사람들을 조심(경계)해.

swindle [swíndl] v.사기 치다, 사취하다 n.사기(fraud, trick), 사취

s+wind(바람 잡다)+le로 결합.

'바람 잡아 무엇을 사게 하여 돈을 빼앗다=사기 치다(defraud, trick)'입니다. 어디에 투자하면 얼마를 벌 수 있다고 바람 잡아 그 땅을 사게 유도하여 돈을 사취하는 사기꾼(swindler)이 많습니다.

- Honest merchants do not **swindle** their customers.
  정직한 상인은 자신의 고객들에게 사기 치지 않아.

Day 90

weep [wi:p] v.눈물을 흘리다, 울다(cry)

[윕] ▶ 스[윕] 패를 당하고 **눈물을 흘리다**.

프로야구를 보면 한 팀과 3게임씩 진행하는데, 3개임 모두 패할 때 스윕(sweep=청소하다, 쓸다) 당했다고 합니다.

- She had no other choice but to **weep**. 그녀는 우는 수밖에 없었다.

whip [hwip] vt.채찍질하다, 때리다 n.채찍(질)

[휩] ▶ [휩, 휩] 소리를 내며 **채찍질하다**. 채찍을 돌리면 휩~ 휩~ 소리가 나지요.

- The old man seldom used his **whip** on his horse.
  그 노인은 자기 말에게 채찍을 거의 사용하지 않았다.

string [striŋ] n.줄, 노끈, 실 vt.묶다(tie), 매다

스트링 치즈(string cheese)를 먹어 보셨나요? 가래떡처럼 생겼고, 실이나 노끈이 세로로 찢어지듯 찢어지기 때문에 string cheese라고 합니다. 줄, 노끈은 물건을 묶고 매는 데 사용하기 때문에 '줄, 끈'에서 '묶다'는 뜻이 파생.

- He wrapped the package in brown paper and tied it with **string**.
  그는 짐을 갈색 종이에 싸서 끈으로 묶었다.

reap [ri:p] v.(농작물을)거둬들이다, 수확하다(harvest)

[리프] ▶ 들판에서 슬[리프]를 신고 곡식을 **수확하는** 농부의 모습을 연상.

- Everything is fair, one **reaps** as one has sown.
  모든 것은 공평해서 사람은 뿌린 대로 거둔다.

spur [spə:r] vt.박차를 가하다, 자극하다(incite, stimulate) n.자극(제), 충동

박차는 말을 탈 때 신는 구두 뒤축에 톱니바퀴 모양으로 달려있는 것입니다. 박차로 말을 걷어차는 것은 빨리 달리라고 자극하는 것이기 때문에 '박차를 가하다'에서 '자극하다'는 뜻이 파생되고, 순간의 자극은 충동이기 때문에 '자극'에서 '충동(impulse)'이란 뜻이 파생.

- I just got the hat on the **spur** of the moment.
  나는 순간의 자극으로(생각 없이, 충동적으로) 그 모자를 샀다.

stir [stə:r] vt.휘젓다, 자극하다(incite, stimulate), 움직이게 하다 n.젓기, 자극

'거기 땅 사면 대박 날 거야'라고 하면서 마음을 휘저으면 사람을 자극하고 움직이게 하는 것이기 때문에 '휘젓다'에서 '자극하다, 움직이게 하다'는 뜻이 파생.

- **Stir** occasionally during the cooking time.
  요리 중에 가끔 휘저어 주세요.
- They **stirred** my imagination and opened up new worlds for me.
  그들은 나의 상상력을 자극했고 새로운 세계를 활짝 열어주었다.

stunning [stʌ́niŋ] a.기절시키는(충격적인), 근사한, 멋진

stun(vt.기절시키다)+ing(형접)의 결합.

'**누군가를 기절시킬 정도인=충격적인**(shocking)'입니다. 나쁜 일로 기절시키면 '충격적인', 좋은 일로 기절시키면 '근사한, 멋진'입니다.

- stun [stʌn] vt.기절시키다, 망연자실하게 만들다
- He suffered a **stunning** defeat in the election. 그는 선거에서 충격적인 패배를 당했다.
- You look absolutely **stunning**! 너는 정말 근사해(멋져)!

rear [riər] n.뒤(back), 엉덩이 vt.기르다(grow), 양육하다

자동차의 후사경은 백미러(back mirror)가 아니라 rear view mirror입니다. 사람이나 동물이 잘 성장하도록 뒤를 돌봐주는 것은 기르고 양육하는 것이기 때문에 '뒤'에서 '기르다, 양육하다'는 뜻이 파생.

- There are toilets at both front and **rear** of the plane.
  비행기 앞과 뒤 양쪽에 화장실이 있습니다.
- She **reared** a family of five on her own. 그녀는 혼자서 다섯 명의 가족을 부양했다.

grave [greiv] n.무덤(tomb) a.심각한(serious, severe)

grave는 '매장하다'는 동사로 사용되다가 현대영어에선 '무덤, 심각한'이란 뜻으로 변화. 죽은 사람을 묻는 무덤에서는 누구나 심각해지기 때문에 '무덤'에서 '심각한'이란 뜻이 파생.

- What do you do if you have made a **grave** mistake?
  너는 심각한 실수를 하면 어떻게 해?

gravity [grǽvəti] n.심각함(seriousness), 엄숙, 중력(重力)

grav(심각한=grave)+ity(명접)의 결합.

심각함은 무거움(重)을 나타내기 때문에 '심각함'에서 '중력'이란 뜻이 파생. 영화 그래비티(gravity-중력)는 우주비행사가 우주에서 중력이 있는 지구로 귀환하는 내용입니다.

- You have to realize the **gravity** of the situation. 너는 상황의 심각성을 깨달아야 해.
- The **gravity** of the moon is just 17 percent than that of the Earth.
  달의 중력은 지구 중력의 17% 밖에 되지 않습니다.

grieve [griːv] vi.매우 슬퍼하다 vt.슬프게 만들다

grieve는 grave(n.무덤 a.심각한)에서 파생된 단어.

가족이나 친구의 무덤에 있으면 사람을 슬프게 만들기 때문에 '**무덤**'에서 '**슬프게 만들다**'는 뜻이 파생. '친구의 무덤(grave)에서 슬퍼(grieve)했다'로 기억하세요.

- Their lack of interest **grieved** her. 그들의 관심 부족이 그녀를 슬프게 만들었다.

ordinary [ɔ́ːrdənèri] a.보통의, 일상적인(daily), 평범한

ordin(순서, 질서=order)+ary의 결합.

'정해져 있는 순서대로 흘러가는=보통의(normal, common, usual), 일상적인'입니다. 아침 먹고, 출근하고, 일하고, 퇴근하고... 순서대로 흘러가는 하루는 보통의, 일상적인, 평범한 하루지요.

- **order** n.순서, 질서, 명령   • **extraordinary** [ikstrɔ́ːrdənèri] a.보통이 아닌, 범상한
- **Ordinary** people do not hide themselves like you.
  보통사람은 너처럼 자기 자신을 숨기지 않아.

inordinate [inɔ́ːrdənət] a.지나친(excessive, immoderate), 과도한

in(부정=not)+ordin(순서, 질서=order)+ate의 결합.

'정해진 순서, 질서를 무시하고 요구하는=지나친'입니다. 사원, 대리, 과장, 차장 순서로 진급하는데 대리가 차장 자리를 요구하면 지나친 요구이고, 매년 7% 임금을 올리기로 했는데 20% 인상을 요구하면 지나친 요구지요.

- **inordinately** ad.지나치게(excessively), 과도하게
- She always spends an **inordinate** amount of time on her appearance.
  그녀는 늘 지나치게 많은 시간을 외모에 사용해.

subordinate [səbɔ́ːrdənit] n.하급자, 부하(follower) a.종속적인, 부수(부차)적인

sub(아래=under)+ordin(순서, 질서=order)+ate의 결합.

'순서(서열)상 아래에 있는 사람=부하, 종속적인(dependent, secondary)'입니다. 회사, 군대 등에서 순서상 아래에 있는 사람은 하급자, 부하입니다. 부하의 임무는 상관에 종속되어 있고, 부수적인 일을 맡기 때문에 '**부하**'에서 '**종속적인, 부수적인**'이란 뜻이 파생.

- He reproached his **subordinate** for negligence of duty.
  그는 직무 태만으로 부하 직원을 꾸짖었다.
- That country is politically **subordinate** to the U.S.
  그 나라는 정치적으로 미국에 종속되어 있다.

peculiar [pikjúːljər] a.독특한(unique, singular), 특이한(strange)

[피큘러] ▶ 외국인에게 선지국은 [**피 끓여**] 만든 **기이한**(독특한, 이상한) 음식이죠.

- You don't think she's a little **peculiar**?
  넌 그녀가 약간 특이하다고 생각하지 않아?

harass [həræs, hærəs] vt.괴롭히다(annoy, distress)

[해러스] ▶ '이것 [해라], 저것 [해라]'.

귀찮은 일을 시키며 **괴롭히는** 사람을 떠올려 보세요. 주변에 한 사람 정도는 있지 않나요?

- Don't **harass** people who are weaker than you.
  너보다 약한 사람을 괴롭히지 마.

fledgling [flédʒliŋ] n.어린 새, 초보자, 신출내기 a.초보 단계의, 갓 시작한

fl(날다=fly)+edg(끝=edge)+ling의 결합.

'둥지 끝을 벗어나 날아가야 하는 새=어린 새, 초보자(beginner, novice)'입니다. 어미 새는 새끼들을 일정 시점까지 키운 후에 때가 되면 새끼들을 둥지 밖으로 유인하여 날도록 합니다. 둥지 끝을 벗어나 날아가는 시점의 새들은 어린 새이고, 사람으로 말하면 풋내기, 초보자, 신출내기입니다.

- **edge** [edʒ] n.끝(verge, brink, point), 모서리, (칼)날, 개성(personality)
- It was taken by a **fledgling** journalist, seconds before a train hit him.
  그것은 열차가 그를 치기 몇 초 전에 초보 기자에 의해 찍혔다.
- We are a **fledgling** team that was established recently.
  우리는 최근에 창단된 신생팀이다.

accidental [æksidéntl] a.우연한(casual, incidental, fortuitous), 뜻밖의

accident(n.우연, 사고)의 뜻 중에서 '우연'이란 뜻의 형용사형.

사고는 우연히 일어나는 것이기 때문에 '사고'에서 '우연'이란 뜻이 파생.

- **accident** [æksidənt] n.우연(chance, fortuity), 사고(incident)
- **accidentally** ad.우연히(casually, incidentally, by accident, by chance), 뜻밖에
- I am expecting an **accidental** meeting with her.
  나는 그녀와의 우연한 만남을 기대하고 있어.

contingent [kəntíndʒənt] a.달려있는(depend) n.파견단, 대표단

con(함께=with)+ting(찌르다=sting)+ent(사람)의 결합.

'찔러 놓은 국기와 함께 하는 사람들=대표단(delegation), 파견단'입니다. 운동장에 모인 올림픽 대표단을 보면 찔러 놓은 국기 앞에 모여 있지요. 올림픽, 평화유지군 등 파견단의 임무는 국가가 부여한 임무에 달려 있기 때문에 '대표단'에서 '달려있는'이란 뜻이 파생.

- Farming is usually **contingent** on natural conditions, such as climate and soil.
  농사는 대체로 기후와 흙과 같이 자연적 조건의 여부에 달려있다.
- The largest **contingent** was from the United States.
  가장 큰 대표단은 미국에서 왔다.

melancholy [mélənkɔ̀li] n.우울한(gloomy, depressed), 울적한 n.우울, 울적

이유를 알 수 없이 서글프고 **우울**할 때 우리는 흔히 **멜랑콜리**(melancholy) 하다고 하지요.

- I want to get out of this **melancholy** mood.
  난 우울한 이 기분에서 벗어나고 싶어.

stimulate [stímjəlèit] vt.자극하다(incite), 격려하다(encourage) vi.자극이 되다

stimulate는 stick(vt.찌르다)에서 파생된 단어. 달리는 말을 **찌르는** 것은 더 빨리 달리라고 **자극**하는 것이고, 사람이 일을 잘하도록 **자극**하는 것은 **격려**하는 것이죠.

- stimulus [stímjələs] n.자극(stimulation, incitement), 격려(encouragement)
- Praise **stimulates** students to work harder.
  칭찬은 학생들을 더 열심히 공부하도록 자극합니다.

impulse [ímpʌls] n.충동, 자극, 추진(력)

im(안에=in)+pulse(n.맥박, 진동, 파동)의 결합.

'가슴 속에서 느끼는 강한 진동=**충동**, **자극**'입니다. 가슴에 원인 모를 강한 자극이 와서 순간의 감정에 이끌려 물건을 구매하는 것을 충동구매(impulse buying)라고 합니다.

- impulsive [impʌ́lsiv] a.충동적인, 감정에 끌린
- You tend to buy things on **impulse**.
  너는 물건을 충동적으로 사는 경향이 있어.

fake [feik] n.가짜(imitation), 위조 vt.위조(날조, 조작)하다, 속이다

농구 중계방송을 보면 **페이크**(fake)라는 용어가 자주 등장하는데, 상대편 선수를 **속이는** 동작입니다. 속여서 만든 물건은 가짜, 위조품이기 때문에 '**속이다**'에서 '**가짜, 위조**'라는 뜻이 파생.

- I really didn't know it was **fake**. 나는 그것이 가짜라는 것을 정말 몰랐어.
- She **faked** her mother's signature on the document.
  그녀는 그 서류에 어머니 서명을 위조(날조, 조작)했다.

forge [fɔːrdʒ] n.대장간 vt.단조하다, 구축하다(construct), 위조하다

대장간에서는 철을 두들겨(=단조) 농기구를 만들지요. 철을 단단하게 두들기는 것은 관계를 단단하게 하여 신뢰를 구축하는 것과 같지요. 과거에는 위조 주화가 많았는데 모두 대장간에서 위조한 것입니다. 이러한 이유로 '**대장간**'에서 '**단조하다, 구축하다, 위조하다**(fake, imitate)'는 뜻이 파생.

- Strategic alliances are being **forged** with major American companies.
  미국 주요 회사들과의 전략적 제휴가 구축되고 있습니다.
- He's getting good at **forging** his boss's signature.
  그는 사장의 서명을 위조하는 데 능숙해지고 있다.

farsighted [fɑ́ːrsáitid] a. 멀리 보는, 선견지명이 있는, (의학)원시의, 노안인

far(먼)+sight(n.시력, 봄)+ed(갖고 있는=have)의 결합.

'멀리 보는 시력을 갖고 있는=선견지명 있는(foresighted, prescient)'입니다.

- A **farsighted** planning is necessary when investing a lot of money.
  많은 돈을 투자할 때는 멀리 보는(선견지명 있는) 계획이 필요합니다.

concoct [kənkákt] vt. (음식)섞어 만들다, (이야기, 변명)꾸며내다

con(함께=with)+coct(요리하다=cook)의 결합.

'이런저런 재료들을 함께 넣어 요리하다=섞어 만들다'입니다. 여러 재료를 섞어 음식을 요리하듯이, 사실에 이런저런 내용을 섞으면 이야기를 꾸며내고 날조하는 것이기 때문에 '섞어 만들다'에서 '꾸며내다(make up)'는 뜻이 파생.

- They **concocted** the story to escape their responsibility.
  그들은 책임을 회피하기 위해 이야기를 꾸며냈다.

inflammable [inflǽməbəl] a. 불붙기 쉬운, 인화성의, 흥분하기 쉬운

in(계속=on)+flam(불꽃=flame)+m+able(가능)의 결합.

'불꽃이 계속 붙어 있을 수 있는=불붙기 쉬운, 인화성의'입니다. 기름은 불붙기 쉬운 인화성의 물질이죠. 불붙기 쉬운 물질을 사람에 비유하면 흥분 잘하는 사람입니다.

- Put **inflammable** materials in a safe place. 인화성 물질은 안전한 곳에 보관하세요.
- He has an **inflammable** disposition. 그는 흥분하기 쉬운 성질을 갖고 있어.

mellow [mélou] a. (과일이 익어)달콤한, 감미로운, 부드러운

[멜로우] ▶ 마시 [멜로]처럼 **부드럽고, 달콤하고, 감미로운**.

아이들이 좋아하는 마시멜로(marsh mallow)는 마시멜로 나무뿌리에서 뽑아낸 **달콤한** 당과 콘 시럽, 아라비아고무, 향료 등을 섞어서 만듭니다.

- Listen to the **mellow** tones of the piano. 감미로운 피아노 소리를 들어 봐.
- My father became **mellow** after his retirement. 은퇴 후 아버지는 부드러워지셨다.

cornerstone [kɔ́ːrnətòun] n. 초석(footstone), 토대, 기초

corner(n.모퉁이, 코너)+stone(돌)의 결합.

'모퉁이에 있는 돌=초석, 토대(foundation, base)'입니다. 집을 지을 때는 먼저 4곳의 모퉁이에 납작하고 튼튼한 초석을 놓고, 그 위에 기둥을 세워서 집을 짓게 됩니다. 초석을 귓돌, 머릿돌, 주춧돌이라고도 합니다.

- Education became the **cornerstone** of South Korea's rapid growth.
  교육은 한국의 빠른 성장의 초석이 되었다.

Day 91

tyranny [tírəni] n.폭정(despotism), 포학, 압제

[티러니] ▶ 그 나라는 **폭정**을 피해 도망 [**티**]고, [**런**-run]하는 [**이**-사람] 많다.

- tyrant [táiərənt] n.폭군, 전제군주
- Many citizens lit candles as a show of resistance against the **tyranny**.
  많은 시민이 폭정에 대항하기 위해 저항의 표시로 촛불을 밝혔다.

strive [straiv] vi.노력하다(try), 분투하다

strive(노력하다)의 tri에 밑줄 그어 try(노력하다)를 기억하세요.

- He **strove** to overcome his bad habits.
  그는 나쁜 버릇을 극복하려고 노력(분투)했다.

stroll [stroul] n.산책(walk) vi.산책하다

st(거리=street)+roll(vi.구르다 vt.굴리다)의 결합.
'길거리를 발이 굴러가는 대로 걷는 것=산책'입니다.

- It's fun to take a **stroll**[walk] with a dog. 강아지와 산책하는 것은 즐거워.

rigid [rídʒid] a.단단한(hard), 잘 휘지 않은, 융통성 없는(inflexible)

단단한 유리는 잘 휘지 않기 때문에 '**단단한**'에서 '**잘 휘지 않는**'이란 뜻이 파생. 사람이 단단하고 잘 휘지 않는다는 것은 상황에 맞게 발휘하는 융통성이 없다는 것이죠.

- a **rigid** support for the tent 단단한 텐트 지지대
- The curriculum was too **rigid**. 그 커리큘럼은 너무 융통성이 없었어.

pirate [páiərət] n.해적(선) v.해적 행위를 하다

프로야구선수 강정호가 입단한 미국 메이저리그 팀 이름이 피츠버그 **파이어리츠**(Pittsburgh Pirates)입니다. 강정호는 **해적들**의 소굴로 들어간 것이죠.

- The **pirate** lost his sight in his right eye in a battle.
  그 해적은 전투 중에 오른쪽 눈의 시력을 잃었다.

rite [rait] n.의례, 의식(ceremony)

장례식, 결혼식, 졸업식에는 행사에 맞는 의례(의식)가 있습니다. right(a.올바른)와 rite(n.의례)는 발음이 같습니다. right(올바른)한 절차로 rite(의식)를 거행해야 합니다.

- funeral rites 장례식(장례 의식) • marriage rite 결혼식(결혼 의식)
- It's an important **rite** of passage into adulthood.
  그것은 어른으로 가는 중요한 통과 의례야.

mass [mæs] n.무리, 덩어리, 집단, 대중 a.집단의, 대부분의, 다수의

매스게임(mass game)은 **집단**으로 행하는 체조 및 율동입니다. 매스미디어(mass media-**대중**매체)는 불특정 **다수**인 **대중**에게 정보를 전달하는 매체로 TV, 라디오, 인터넷, 신문 등을 말합니다.

- mass migrations 집단 이주 • mass murder 대량 학살
- The **mass** of modern people are swayed by advertizing.
  현대인의 대부분은 광고에 (마음이) 흔들린다.

breathtaking [bréθtèikiŋ] a.숨 막힐 정도인, 놀랄만한(amazing, surprising)

breath(n.숨, 호흡)+taking(가져가는)의 결합.
'숨 쉬는 것을 **빼앗아갈** 정도인=숨 막힐 정도인'입니다.

- It was a **breathtaking** musical performance.
  그것은 숨 막힐 정도의 뮤지컬 공연이었다.

hybrid [háibrid] n.혼합, 잡종 a.혼합의(mixed), 잡종의

하이브리드카(hybrid car)는 휘발유와 전기를 모두 사용할 수 있는 **혼합** 기능의 자동차입니다.

- That movie is a **hybrid** between acting and animation.
  그 영화는 실제 연기와 애니메이션의 혼합이에요.
- A mule is a **hybrid** of a male donkey and a female horse.
  노새는 수컷 당나귀와 암컷 말의 잡종이다.

identification [aidèntəfikéiʃən] n.신원확인, 동일증명, 신분증

인터넷을 사용할 때 입력하는 ID는 identification(n.신원확인, 동일증명)의 약자. ID가 **신분증** 역할을 하고, **신원확인** 및 가입자와 사용자가 **동일인**임을 **증명**하는 것이죠.

- identify [aidéntəfài] vt.(확실하다고)확인하다, (신원)밝히다
- identical [aidéntikəl] a.똑같은, 동일한(same) • identity [aidéntəti] n.동일함, 본인임, 정체(성), 신원
- The **identification** of the victims was a difficult task.
  희생자들의 신원확인은 힘든 작업이었다.
- I was able to **identify** my attacker.
  나는 나를 공격한 범인을 확인할 수 있었다.

elevate [éləvèit] vt. 올리다, 향상시키다(improve), 승진시키다(promote)

e(밖으로=ex=out)+lev(지렛대=lever)+ate의 결합.

'**지렛대를 사용하여 돌을 밖으로 꺼내다=(들어)올리다(raise)**'입니다. 무거운 돌을 들어 올릴 때는 지렛대를 사용하지요. 실력을 올리는 것은 향상시키는 것이고, 직책을 올리는 것은 승진시키는 것입니다. **엘리베이터(elevator)**는 들어 **올리는** 기계지요.

- Emotional stress can **elevate** your blood pressure. 감정적 스트레스는 혈압을 올릴 수 있습니다.
- My boss **elevated** me to the position of vice president. 사장은 나를 부사장으로 승진시켰어.

altar [ɔ́:ltər] n. 제단

alt(높은=high)+ar의 결합.

'**높은 산이나 언덕에 있는 것=제단**'입니다. 라틴어 altus(높은 곳)에서 유래. 신에게 제물을 바치는 제단은 언덕이나 산 정상의 높은 곳에 있지요. 유사철자 alter(vt.바꾸다 vi.바뀌다)와 혼동하지 마세요.

- You can easily see **altars** in many parts of Asia.
  여러분은 아시아의 많은 곳에서 쉽게 제단들을 볼 수 있습니다.

altitude [ǽltətjù:d] n. 높이(height), 고도, 해발

alt(높은=high)+i+tude(상태, 성질)의 결합.

'**사물의 높은 정도를 나타내는 것=높이, 고도, 해발**'입니다.

- The temperature changes according to the **altitude**. 온도는 높이에 따라 변합니다.
- The plane was flying at high **altitude** when the accident took place.
  그 사고가 있어 났을 때 그 비행기는 높은 고도로 날고 있었다.

exalt [igzɔ́:lt] vt. 높이다, 승진시키다, 칭찬하다

ex(밖으로=out)+alt(높은=high)의 결합.

'**밖으로 꺼내 높게 하다=높이다(raise), 승진시키다(promote), 칭찬하다(praise)**'입니다. 누군가를 밖으로 꺼내 높은 자리로 보내면 승진시키는 것이고, 누군가의 기분을 높여주는 것은 칭찬하는 것이기 때문에 '**높이다**'에서 '**승진시키다, 칭찬하다**'는 뜻 파생.

- He **exalted** me to the skies. 그는 나를 한없이 칭찬했다.
- The President **exalted** him to the rank of minister. 대통령은 그를 장관으로 승진시켰다.

placid [plǽsid] a. 평온한, 차분한, 침착한

plac(놓다=place=put)+id로 결합.

'**사람 마음이 평상시처럼 잔잔하게 놓여 있는=평온한(calm), 차분한**'입니다.

- He always looks **placid**. 그는 늘 평온해 보여.
- She was a **placid** child who rarely cried.
  그녀는 거의 울지 않는 차분한 아이였다.

feeble [fíːbəl] a.(연)약한, 나약한(week), 허약한

[피이블] ▶ 연약한, 나약한 환자가 덮고 있는 [피 이불].

- Do you suppose I'm too **feeble**? 네가 생각하기에 내가 너무 나약해?

dilapidated [dilǽpədèitid] a.(건물, 제도)낡은, 허름한, 무너져가는

di(아래=down)+lapid(빠른=rapid)+ated로 결합.

'건물이 빠른 시일 내에 아래로 넘어질 듯한=낡은(old, shabby), 허름한'입니다.

- We have to reform the **dilapidated** education system before it's too late.
  우리는 너무 늦기 전에 낡은 교육 제도를 개혁해야 합니다.
- The hotel we stayed in was really **dilapidated**. 우리가 묵은 호텔은 정말 허름했어.

magnify [mǽgnəfài] vt.(렌즈 따위)확대하다, 과장하다(exaggerate)

mag(큰, 거대한=maga=big)+n+ify(동접)의 결합.

'작은 것을 크게 만들다=확대하다, 과장하다'입니다. 작은 것을 크게 만드는 것은 확대하는 것이고, 사실을 확대하여 말하면 과장하는 것이죠. maga는 그리스어로 '크다는 뜻. 메가 박스, 메가 스터디처럼 회사명에 maga를 넣은 것은 크다는 이미지를 주기 위함.

- magnificent [mæɡnífəsənt] a.장대한(grand), 장엄한, 훌륭한, 멋진
- magnificence [mæɡnífəsns] n.장엄, 장대, 웅장
- magnitude [mǽgnətjùːd] n.규모, 중요도, 진도(지진 규모)
- This microscope **magnifies** an object 200 times.
  이 현미경은 물체를 200배로 확대한다.
- The view from there was **magnificent**. 거기서 내려다본 전망은 장관이었어.
- A 7 **magnitude** earthquake hit the region. 진도 7의 지진이 그 지역을 강타했다.

estrange [istréindʒ] vt.멀어지게 만들다, 이간시키다(alienate)

e(강조=ex=completely)+strange(a.이상한)의 결합.

'인간관계를 완전히 이상하게 만들다=멀어지게 만들다'입니다.

- estrangement [-mənt] n.소원, (부부)별거, 이간
- His impolite behavior **estranged** his friends.
  그의 무례한 행동은 친구들을 멀어지게 만들었다.

augment [ɔːgmént] vt.늘리다(increase), 증가시키다 vi.늘다, 증가하다

increase의 동의어로 문어체 단어. 어근 aug가 increase라는 뜻.

- Nowadays accidents and crimes **augment** swiftly.
  요즘 사고와 범죄가 급속하게 증가하고 있습니다.

allege [əlédʒ] vt.우기다(insist), 혐의를 제기하다

al(이동=ad)+leg(보내다=send)+e의 결합.

'근거 없이 자기 확신을 상대편에게 보내다=우기다, 혐의를 제기하다'입니다. 아무런 근거 없이 '네가 내 차 훔쳤지'라고 말하면 혐의를 제기하는 것이고, 상대편을 범인이라고 우기는 것이죠.

- He **alleged** that I ran into his car. 그는 내가 자기 차를 들이받았다고 우겼어.
- She is **alleged** to have stolen the bag. 그녀는 가방을 훔쳤다는 혐의를 받고 있어.

stroke [strouk] n.타격(blow), 때리기, 뇌졸중 vt.쓰다듬다, 달래다(soothe)

스트로크(stroke)는 strike의 변형으로 테니스와 같은 구기 운동에서 공을 **타격**하는 것. 뇌졸중은 뇌혈관이 막혀 터져서 머리에 타격을 당한 느낌으로 쓰러지는 병. 아이들 엉덩이를 살살 때리는 것은 쓰다듬고, 달래는 것이죠.

- I knocked down the man at a **stroke**. 나는 일격에 그 남자를 쓰러뜨렸다.
- According to the rumor, he has a **stroke**. 소문에 따르면, 그는 뇌졸중을 갖고 있어.

alienate [éiljənèit] vt.멀어지게 하다, 이간시키다, (재산)양도하다

alien(n.외국인, 외계인 vt.양도하다)+ate의 결합.

'친구를 외국인처럼 느껴지게 만들다=멀어지게 하다'입니다. 친구 사이를 멀어지게 만드는 것은 이간시키는 것이고, 자기 재산을 넘겨줘 자기로부터 멀어지게 하는 것은 양도하는 것이기 때문에 '멀어지게 만들다'에서 '이간시키다, 양도하다'는 뜻이 파생.

- alien [éiljən] a.외국의, 외래의 n.외국인, 외계인 vt.양도하다 • alienation [èiljənéiʃn] n.이간, 불화, 양도
- He is **alienated** from his friends by his follies. 그는 어리석은 행동으로 인해 친구들로부터 멀어져있다.

inalienable [inéiljənəbəl] a.(권리)양도할 수 없는

in(부정=not)+alien(vt.양도하다)+able(가능)의 결합.

'다른 사람에게 양도할 수 없는=양도할 수 없는'입니다.

- Human rights and freedoms are **inalienable** and inviolable. 인간의 권리와 자유는 양도할 수 없고 침해할 수 없다.

ailment [éilmənt] n.(질)병(disease), 우환

어근 ail은 페스트와 같은 전염병을 의미. ail에서 **에일리언(alien)**이 외계 바이러스로 **질병**을 퍼뜨리는 모습을 연상해 보세요.

- Depression is a serious **ailment** to be treated quickly. 우울증은 빨리 치료되어야 하는 심각한 병입니다.

shift [ʃift] vi.이동하다 vt.옮기다(carry), 바꾸다(change) n.변화, 변경, 교대 근무

키보드 자판에는 이동키인 shift가 있습니다. shift를 누르고 5를 누르면 5가 찍히는 것이 아니라 자판이 위로 이동하여 위에 있는 %가 찍히지요. 공장에서 8시간 일한 후에 이동하는 것은 자리를 바꾸고 교대 근무를 하는 것이기 때문에 '**이동하다**'에서 '**바꾸다, 교대 근무**'라는 뜻이 파생.

- Could you help me **shift** some furniture? 제가 가구 옮기는 거 좀 도와주실 수 있나요?
- We need to **shift** the focus of this debate. 우리는 이 토론의 초점을 바꿀 필요가 있습니다.

makeshift [méikʃift] a.임시(방편, 변통)의 n.임시방편, 임시변통

make(만들다)+shift(n.변화, 변경=change)의 결합.

'**갑자기 터진 일을 처리하기 위해 임시로 변경시켜 만든 대책=임시방편**'입니다.

- Please, use this as a **makeshift**. 임시방편으로 이것을 사용하세요.

setback [sétbæk] n.차질, 좌절(frustration)

set(놓다=put, place)+back(뒤=behind)의 결합.

'**전진하는 발걸음을 뒤로 놓는 것=차질, 좌절**'입니다. 계획대로 나아가지 못하고 발걸음을 뒤로 놓는(뒷걸음치는-) 것은 차질이 발생한 것이고, 중대한 차질이 발생하면 좌절하기 때문에 '**차질**'에서 '**좌절**'이란 뜻이 파생. 미식축구에서 **세트 백**(setback)은 상대 팀의 전진을 **좌절**시키는 역할을 합니다.

- The team suffered a major **setback** when their best player was injured.
  그 팀은 팀 내 최우수 선수가 부상당했을 때 중대한 차질을 겪었다.

frustrate [frʌ́streit] vt.좌절시키다, 실망시키다(disappoint)

[프러스트레이트] ▶ [프로] 권투선수가 [스트레이트] 한 방으로 상대를 **좌절시키다**.

스트레이트(straight)는 권투에서 오른팔을 앞으로 뻗어 상대 선수의 얼굴이나 턱을 강하게 치는 공격 기술. 한 방 제대로 맞으면 다운되거나 KO됩니다.

- **straight** [streit] a.곧은, 일직선의   • **frustration** [frʌstréiʃən] n.좌절(setback)
- The rescue attempt was **frustrated** by bad weather.
  그 구조 시도는 악천후로 좌절되었다.

typical [típikəl] a.전형적인, 대표적인, 일반적인(general)

type(n.유형, 전형, 타입)+cal(형접)의 결합.

'**일반적인 유형인=전형적인, 일반적인**'입니다.

- The weather at the moment is not **typical** for July.
  현재의 날씨는 전형적인(일반적인) 7월 날씨가 아니다.

Day 92

vast [væst] a. 어마어마한(거대한, 광대한, 막대한)

[배스트] ▶ 어마어마하게 큰 [배스]를 잡았어.

배스는 입이 큰 외래종 민물고기로 큰 것은 사람의 주먹이 들어갑니다.

- Most countries in South America have a **vast** territory.
  대부분의 남미 국가는 어마어마한(거대한) 영토를 가지고 있다.

timid [tímid] a. 소심한, 겁 많은

친구가 키우는 강아지 이름은 **겁이 많아** 티미드(timid)라고 합니다.

- She is so **timid** that she scarcely opens her mouth in front of people.
  그녀는 너무 소심하여 사람들 앞에서 거의 입을 열지 못해.

tiresome [táiə:rsəm] a. 지루한(tedious, boring), 성가신

[타이어섬] ▶ 너무 **지루해서** [타이어] 보트를 타고 [섬]에 가는 낚시꾼을 연상.

- We had to listen to the **tiresome** details of his operation.
  우리는 그의 수술에 대한 지루한 세부 내용을 들어야 했다.

thorough [θə́:rou] a. 철저한, 완벽한

[써로우] ▶ 저명한 MIT 공대의 [써로우] 교수는 한국이 성장 발전하기 위해서는 **철저**하게 선택과 집중을 해야 한다고 강조했다.

- **thoroughly** ad. 철저하게, 완벽하게 • a **thorough** reform 철저한 개혁
- She's very **thorough** and conscientious.
  그녀는 아주 철저하고 양심적이야.

aid [eid] vt. 돕다(help, assist), 원조하다 n. 도움, 원조, 보조(물)

[에이드] ▶ 땀을 많이 흘렸을 때 몸을 **도와주는** 스포츠 음료 파워 [에이드].

- This job would be impossible without the **aid** of a computer.
  이런 일은 컴퓨터의 도움이 없으면 불가능할 것이다.

stock [stɑk] n.저장(품), (지식)축적, 주식

stock과 store는 동의어. 집이나 가게 등에 저축, 저장, 비축해 놓은 것을 나타냅니다. 회사에 비축되어 있는 모든 보유 자산을 사고팔 수 있는 유가증권으로 만든 것이 주식.

- store [stɔːr] n.저장, 저축, 축적, 가게 vt.저장하다, 저축하다
- We have those pants in **stock**, so please wait a moment.
  우리가 그 바지를 재고로 갖고 있으니 잠시만 기다려 주세요.
- He lost most of his inheritance in the **stock** market.
  그는 물려받은 대부분의 유산을 주식 시장에서 날렸어.

spit [spit] vt.(침, 음식, 욕)뱉다 vi.침을 뱉다 n.침, 뱉기

- People who **spit** on the street make me unpleasant.
  길에 침 뱉는 사람들이 나를 불쾌하게 만들어.

splash [splæʃ] vt.튀기다 vi.첨벙거리다 n.튀기기, (튀긴)자국

무명의 톰행크스를 스타덤에 오르게 한 스플래쉬(splash)란 영화가 있습니다. 순진한 청년과 인어와의 사랑 이야기로, 인어가 물속에서 **첨벙거리고 물을 튀기는** 장면이 많이 나옵니다.

- Don't **splash** the water on me. 나에게 물 튀기지 마.

ridge [ridʒ] n.산마루(산등성이), 능선

월출산과 대둔산에는 ridge(산마루)와 ridge(산마루)를 연결하여 만든 다리(bridge)가 있습니다. ridge(산마루) 앞에 b를 붙이면 bridge(다리)가 됩니다.

- The moon is hanging on the **ridge** of a mountain. 달이 산마루에 걸쳐 있어.

ridicule [rídikjùːl] n.비웃음, 조롱 vt.비웃다(laugh at), 조롱하다

[리디큘] ▶ '[니들]이 [귤] 맛을 알아?'라고 하면서 친구를 **조롱했다**.

지금은 귤이 싼 과일이지만 제가 어렸을 때는 자주 먹기 힘든 비싼 과일이었습니다.

- ridiculous [ridíkjələs] a.우스운(조롱거리가 되는), 어리석은(foolish)
- He is exposed to the **ridicule** of the public. 그는 대중들의 조롱에 노출되어 있다.

exacerbate [igzǽsərbèit] vt.(병, 문제, 상황 등)악화시키다

ex(강조=completely)+acerb(쓰라린=acrid)+ate의 결합.

'**상처 난 곳을 더 쓰라리게 만들다=악화시키다(worsen)**'입니다.

- acrid [ǽkrid] a.매운(hot, spicy), 쓴(bitter), 짓궂은
- The measure would just **exacerbate** the situation.
  그 대책은 단지 상황만 악화시킬 것입니다.

stumble [stʌ́mbəl] vi. 발이 걸리다, 우연히 만나다, 비틀거리다, 말을 더듬다

stumb(그루터기=stump)+le의 결합.

'나무 그루터기에 발이 걸리다=비틀거리다(stagger), 우연히 만나다'입니다. 우연히 만난 나무 그루터기에 발이 걸리면 비틀거리면서 넘어지지요. 그루터기에 '발이 걸리다'에서 '우연히 만나다, 비틀거리다'는 뜻이 파생. 말을 할 때 혀가 비틀거리면 말을 **더듬**는 것이죠.

- I **stumbled**[ran] **across** an old friend. 우연히 옛 친구를 만났어.
- The sudden weakness in her legs made her **stumble**.
  갑자기 다리에 힘이 없어 그녀는 비틀(휘청)거렸다.
- He **stumbles** his words all the time. 그는 항상 말을 더듬거려.

ecology [iːkɑ́lədʒi] n. 생태학, 생태환경(ecosystem)

eco(집=house)+logy(학문)의 결합.

'동식물의 집(서식지)에 관해 연구하는 학문=생태학'입니다.

- An exotic species does alter the **ecology**. 외래종은 확실히 생태환경을 변화시킨다.

indignation [ìndignéiʃən] n. 분노(anger, wrath, rage, resentment)

indign(경멸, 모욕=indignity)+ation의 결합.

'자신을 경멸하고 모욕할 때 느끼는 감정=분노'입니다. '이런 한심한 놈'과 같은 사람을 경멸하고 모욕하는 말을 들으면 사람은 본능적으로 분노하게 되지요.

- **indignity** [indígnəti] n. 경멸, 모욕, 무례 • **dignity** [dígnəti] n. 존엄, 위엄, 품위
- At his words I felt **indignation** swell up in my heart.
  그의 말에 나는 가슴속에서 치밀어 오르는 분노를 느꼈다.

disdain [disdéin] n. 멸시(contempt, indignity), 경멸 vt. 멸시(경멸)하다

dis(부정=not)+dain(가치=worthy)의 결합.

'사람의 기본 가치를 부정하다=멸시하다(despise, scorn, slight)'입니다. '가난하다, 키가 작다, 못생겼다, 대머리다'라는 이유로 사람이 갖고 있는 기본 가치를 부정하는 것은 사람을 멸시(업신여김)하고 경멸하는 것입니다.

- Do not **disdain** him because he is poor. 가난하다고 그를 멸시하지 마.

strain [strein] vt. 잡아당기다, 안간힘을 쓰다 n. 압박(압력), 긴장, 염좌(의학)

고기가 들어 있는 그물을 잡아당겨 고기를 놓치지 않으려고 안간힘을 쓰는 뱃사람들의 일상생활에서 '**잡아당기다, 안간힘을 쓰다**'는 뜻이 파생. 안간힘을 쓰면 근육이 **긴장**하게 되고 **압박**감을 느끼게 되지요. 어떤 충격으로 근육이 긴장한 상태를 의학용어로 **염좌**.

- I **strained** my ears to catch what they were saying.
  나는 그들이 무슨 말을 하고 있는지 알려고 안간힘을 쓰며 귀를 기울였다.
- I repeated a mistake under the **strain**.
  나는 긴장하여(압박감으로) 실수를 반복했다.

isolate [áisəlèit] vt. 고립(격리, 분리)시키다(seclude, insulate)

island(n.섬, 섬처럼 고립된 것)에서 파생된 단어.

바다에 있는 섬들은 육지로부터 고립, 격리, 분리되어 있지요. insulate와 isolate는 같은 어원으로 동의어입니다.

- isolation [àisəléiʃən], insulation [insəléiʃən] n. 고립, 격리, 분리
- Patients with the disease should be **isolated**.
  그 병에 걸린 환자들은 격리되어야 합니다.

habitat [hǽbətæ̀t] n. (동식물)서식지, (사람)거주지(residence)

동식물이 사는 곳은 서식지, 사람이 사는 곳은 거주지입니다. 해비타트(habitat) 운동은 전 세계에 흩어져 있는 무주택 서민들의 **거주지** 문제를 해결할 목적으로 미국 변호사인 밀러드(Millard)와 그의 아내가 1976년에 창설한 초교파적인 민간 기독교 운동 단체입니다.

- Lots of wildlife is losing its natural **habitat**. 많은 야생생물이 천연 서식지를 잃고 있어.

inhabitant [inhǽbətənt] n. 거주자(resident), 서식 동식물

in(안에)+habit(살다=live)+ant(사람)의 결합.

'어떤 영역 안에 사는 사람이나 동식물=거주자, 서식 동식물'입니다. 앞에서 설명한 해비타트(habitat)는 사람이나 동식물이 사는 장소이고, inhabitant는 그 장소 안에서 살아가는 사람과 동물입니다. inhabit는 타동사로 live in입니다.

- inhabit [inhǽbit] vt.~에 살다 • uninhabited [ʌ̀ninhǽbitid] a. 사람이 살지 않는
- All the **inhabitant** of the village are occupied with agriculture.
  그 마을의 모든 거주자(주민)는 농업에 종사하고 있다.

rehabilitate [rìːhəbílətèit] vt. 원상태로 되돌리다, 재활(갱생, 재건, 복구)시키다

re(다시=again)+habi(살다=live)+l+it(가다=go)+ate의 결합.

'장애자나 범죄자가 다시 살아가도록 하다=원상태로 되돌리다'입니다. 장애인이 되기 이전의 상태, 범죄자가 되기 이전의 상태, 건물 등이 파손되기 이전의 상태로 되돌리는 것입니다.

- rehabilitation [-téiʃən] n. 재활, 갱생, 재건(restoration), 복구
- Considerable efforts have been made to **rehabilitate** drug addicts.
  마약 중독자를 재활(갱생)시키기 위하여 많은 노력이 기울여져 왔습니다.

cordial [kɔ́ːrdʒəl] a. 마음에서 우러난(진심인), 우호적인(friendly)

cord(마음=heart)+ial의 결합.

'코드(마음)가 맞아야 일을 같이하지'라고 흔히 말하죠. 대통령이 자기가 마음에 드는 사람만 인사발령 낼 때마다 야당에서는 코드인사라고 비판합니다.

- I received a **cordial** invitation to her birthday party.
  나는 그녀의 생일 파티에 진심 어린 초대를 받았어.

accord [əkɔ́:rd] vi.일치하다 n.일치, 합의, 조화

ac(이동=ad)+cord(마음=heart)의 결합.

'똑같은 마음을 상대편에게 보내는 것=일치(consistency), 합의(agreement)'입니다.

- accordance [əkɔ́:rdəns] n.일치(agreement), 조화(harmony)
- Words and behavior must **accord**. 언행(말과 행동)은 일치해야 해.
- Two countries reached an **accord** and avoided war.
  두 국가는 합의에 도달하여 전쟁을 피했다.

concord [káŋkɔ:rd] n.일치, 조화(화합), 협정

con(함께=with)+cord(마음=heart)의 결합.

'상대편과 마음이 같은 것=일치(accord), 조화(harmony), 협정(agreement)'입니다. 국가 간에 의견이 일치할 때 협정(협약)을 맺기 때문에 '일치'에서 '협정'이란 뜻이 파생.

- discord [dískɔ:rd] n.의견 불일치, 불화(disagreement, trouble)
- There was not complete **concord** among the delegates.
  대표자들 간에 완전한 의견일치는 없었다.
- New York is the paragon of racial **concord**.
  뉴욕은 인종 화합(조화)의 표본이야.

console [kənsóul] vt.위로하다 n.콘솔(TV 받침 장식장)

con(함께=with)+sole(a.혼자인, 하나인=single)의 결합.

'함께 솔로가 된 사람을 달래주다=위로하다(comfort, soothe)'입니다. 과거엔 남편이 전쟁터에서 죽어 sole이 되는 일이 흔한 일이었습니다. TV나 전축 등을 놓아두는 작은 장식장을 **콘솔**(console)이라고 합니다. TV가 혼자 덩그러니 있으면 보기가 그러니까 TV를 위로하기 위해 콘솔 위에다 두는 것일까요?

- Don't try to **console** me. I know it was my fault.
  날 위로하려 하지 마. 그것이 나의 잘못이었다는 것을 알고 있어.

consolidate [kənsáládèit] v.결합(통합, 합병, 합체)하다, 강화하다(strengthen)

con(함께=with)+soli(혼자인, 하나인=sole=single)+date의 결합.

'둘 이상을 함께 모아 하나로 만들다=결합하다(unite, unify, combine, integrate)'입니다. 통신사들은 인터넷과 전화 등 여러 상품을 함께 모아 결합 상품을 판매하고, 학생이 적은 시골 학교에서는 학생들을 함께 모아 반을 통합하고, 경쟁에서 살아남기 위해서 회사와 회사는 통합(=합병)하지요. 결합(통합, 합병)은 기능을 강화할 목적이기 때문에 '결합하다'에서 '강화하다'는 뜻이 파생.

- We need to find a new leader who can **consolidate** the country.
  우리는 나라를 통합할 수 있는 새로운 리더를 찾아야 합니다.
- You know he is only **consolidating** his political power.
  너도 알다시피 그는 정치적 권력만을 강화하고 있어.

avow [əváu] vt. 공언하다, 인정하다(acknowledge), 고백하다(confess)

a(이동=ad=to)+vow(맹세, 서약, 맹세하다)의 결합.

'사람들 앞에 가서 맹세하고 서약하다=공언하다(declare, profess)'입니다.

- Communism is the **avowed** enemy of the free world.
  공산주의는 공언되어 있는 자유 세계의 적이다.

cavern [kǽvərn] n. 동굴, 굴(cave) vt. 굴에 넣다

cave(n.굴, 동굴)+rn의 결합. cave와 cavern은 동의어.

- The rescuers worked to free the man trapped in the **cavern**.
  구조대원들은 동굴에 갇혀 있는 사람을 구조하기 위해 작업했다.

excavate [ékskəvèit] vt. (굴을)파다, 발굴하다

ex(밖으로=out)+cav(동굴=cave)+ate의 결합.

'안에 있는 돌과 흙을 밖으로 꺼내 동굴을 만들다=굴을 파다'입니다. 조상들이 사용하던 도자기, 무기 등 유물을 꺼내기 위해 굴을 파는 것은 발굴하는 것입니다.

- It takes a long time to **excavate** remains. 유물을 발굴하는 데는 많은 시간이 걸린다.

infrastructure [ínfrəstrʌ̀ktʃər] n. 하부구조, 토대, 사회 공동기반 시설, 인프라

infra(아래=under)+structure(n.구조=construction)의 결합.

단체나 조직의 밑바탕이 되는 **하부구조**를 나타내고 수도, 전기, 학교, 에너지, 도로와 같은 **사회 공동기반 시설**을 **인프라**(infra)라고 합니다. 두산**인프라**코어라는 회사는 굴삭기와 같은 기반 시설을 건설하는 산업 중장비를 생산하는 회사.

- The country does not have the resources, the **infrastructure**, the money.
  그 나라는 자원, 사회 기반 시설, 자본을 갖고 있지 않습니다.

infrared [infrəréd] n. 적외선 a. 적외선의

infra(아래=under)+red(적색)의 결합.

'빛의 파장에서 적색 아래에 있는 빛=적외선'입니다. 무지개색 빨주노초파남보에서 적색 아래에 있는 빛은 적외선, 보라색(자색) 위에 있는 빛은 자외선입니다. 자외선(ultraviolet)은 ultra(위에=super)+violet(자색=보라)의 결합.

- The pictures were taken with ultraviolet and **infrared** sensors.
  그 사진들은 자외선과 적외선 감지 장치로 찍혔습니다.

Day 93

bitter [bítər] a.(맛)쓴, (삶)모진

[비터] ▶ 맛이 **쓰면** [비터=배터].

- Medicine is **bitter** for the tongue, but sweet for the body.
  약은 혀에는 쓰나 몸에는 달콤한 것이다.

tardy [tá:rdi] a.느린(slow), 지각한(late), 늦은

[타아디] ▶ 늦었다. [타~] [뒤에]

아들이 버스를 놓쳐 **지각하는** 상황이 되면 차를 몰고 버스 정류장에 가서 [타~ 뒤에]라고 합니다.

- tardy development 느린 성장 • a tardy response 느린 대답
- I was tardy [late] for school because my alarm did not go off.
  알람이 울리지 않아서 학교에 지각했다.

mammoth [mǽməθ] a.매머드 같은, 거대한(gigantic) n.매머드

- Woolly **mammoths** were giant animals that lived thousands of years ago.
  털로 뒤덮인 매머드(맘모스)는 수천 년 전에 살았던 거대한 동물이었다.
- It was a **mammoth** performance, with hundreds of actors.
  그것은 수백 명의 연기자가 참가한 거대한 공연이었다.

biology [baiálədʒi] n.생물학

bio(생명=life)+logy(학문)의 결합.

'생명에 관한 학문=생물학'입니다.

- They talked me into studying physics, chemistry and **biology**.
  그들은 나에게 물리, 화학 그리고 생물을 공부하라고 말했다.

drowsy [dráuzi] a.졸리는

[드라우지] ▶ **졸리니까** 고개를 아래로 [드리우지].

- Driving while **drowsy** can put you in a grave situation.
  졸음운전은 당신을 심각한 상황으로 몰고 갈 수 있습니다.

bland [blænd] a.온화한, (태도)부드러운, (담배 등)순한, (음식)싱거운

담배나 술 등을 보면 순한 맛에는 bland(=mild)라고 적어 놓았습니다.

- He has a very **bland** personality. 그는 온화한 성격을 갖고 있어.
- It tastes a little **bland** to me. 그것은 내 입에 조금 싱거워.

chasm [kǽzəm] n.아주 깊은 틈(골), 의견 차이

[캐즘] ▶ 바위가 [깨짐]으로 인해 **깊은 틈**이 생겼어.

- There still exists a huge **chasm** between the rich and the poor. 부자와 가난한 사람 사이에는 여전히 깊은 골이 존재한다.

chat [tʃæt] vi.잡담하다, 이야기하다 n.잡담, 수다, 세상 얘기

인터넷 **채팅**(chatting)의 chat은 이런저런 세상 얘기를 나누며 **잡담**하는 것입니다.

- I often have a **chat** with my friends. 나는 종종 친구들과 수다를 떨어요.

chatter [tʃǽtər] vi.(생각 없이)지껄이다 n.지껄임, 수다

의미 없이 마구 지껄이는 chatter와 이런저런 담소, 잡담을 나누는 chat는 뜻이 완전히 다릅니다. 새가 지저귀고 원숭이가 캑캑 우는 것도 chatter입니다.

- Their **chatter** distracts me from studying. 그들의 지껄임 때문에 공부에 집중할 수 없어.

dump [dʌmp] vt.내리다, (쓰레기 등)버리다 n.폐기장

덤프트럭(dump truck)은 짐받이 앞을 올리면서 뒤쪽이 기울어지게 장치하여 자갈, 모래, 석탄, 쓰레기 등을 한꺼번에 **내리는** 기능을 갖고 있는 차입니다. 덤핑(dumping)은 흔히 사용하는 용어죠. 이익과 상관없이 물건을 **쓰레기 버리듯** 싸게 판다고 덤핑(=땡처리)이라고 합니다.

- a garbage dump 쓰레기 폐기장
- How can you **dump** me for another man? 어떻게 딴 남자 때문에 나를 버릴 수 있어?

vulgar [vʌ́lgər] a.저속한(vulgar), 천박한, 음탕한

vulg(보통 사람들=common people)+ar의 결합.

'보통 사람들이 말할 때 흔히 사용하는=**저속**한, **천박**한, **음탕**한'입니다. 여자의 성기를 vulva[vʌ́lvə]라고 하는데 여자의 성기에 관한 음담패설을 하면 저속하고, 천박하고, 음탕해(vulgar) 보이지요.

- You'd better not use such **vulgar** language. 그런 저속한 말은 쓰지 않는 것이 좋아.
- Her makeup was so thick it made her look **vulgar**. 그녀의 화장은 너무 진해서 그녀를 천박하게 보이도록 만들었다.

dwell [dwel] vi.살다, 거주하다(live)

[드웰] ▶ 그녀는 [두 앨] 낳고 **산다**.

- Crayfish **dwells in** fresh water. 가재는 깨끗한 물에 살아.

ethics [éθiks] n.윤리(학), 도덕(morality)

[애식스] ▶ [애]가 [식스=6]인 **윤리** 선생님.

- The **ethics** of public figures is relatively more important. 공인의 윤리관은 상대적으로 더 중요해.

feminist [fémənist] n.여권주의자

여권 신장 또는 남녀평등을 주장하는 사람, 여성을 숭배하는 사람을 페미니스트(feminist)라고 합니다. feminist는 female(여자)의 fem입니다.

- male [meil] n.남자 · feminism [fémənizəm] n.여권주의(페미니즘)
- Do you consider yourself a **feminist**? 너는 네가 페미니스트라고 생각해?

grip [grip] vt.꽉 잡다, 파악하다 n.손잡이, 잡는 법, 꽉 잡음, 파악

테니스 채, 골프채 등의 **손잡이**를 그립(grip)이라고 하고, 손잡이를 잡는 방식도 그립(grip)이라고 합니다. 테니스나 골프를 배우면 먼저 grip 잡는 법을 알려 주지요. grab[græb], grasp[græsp], grip은 '잡다'라는 의미의 동의어.

- It was short time to him but he already had a **grip** on it.
  짧은 시간이었지만 그는 벌써 그것에 관해 파악하고 있었다.

zenith [zí:niθ] n.천정, 정점, 전성기, 절정(peak, acme, height, climax, heyday)

두산 건설에서 지은 아파트 브랜드에 제니스(zenith-정점, 절정)가 있습니다. 두산 zenith에 살면 삶의 **전성기**를 맞게 된다는 것이죠.

- The sun or moon at the point of **zenith** always looks far away.
  천장 위치에 있는 태양이나 달은 항상 멀리 있어 보여.
- His fame was then at its **zenith**. 그때 그의 명성은 절정(정점)에 있었다.

nadir [néidər] n.최악의 시기, 바닥, 절망적인 시기

[네이더] ▶ [내 이 더]러운 **바닥**에서 자야 하는 구나.

살다 보면 인생의 절정인 제니스(zenith)에도 가게 되고, 최악의 바닥인 네이더(nadir)에도 가게 됩니다. 영문법쇼크는 저자가 nadir인 시기에 집필한 책입니다.

- Economic growth seems to have passed its **nadir**.
  경제 성장이 최악의 시기(바닥)를 지나간 것 같습니다.
- The year 2008 was a **nadir** for me.
  2008년은 나에게 인생 최악의 시기였다.

horror [hɔ́:rər] n. 공포(fear, terror, panic), 경악, 참사

공포 영화를 영어로 호러 무비(horror movie)라고 합니다.

- There's a scary **horror** movie that just came in.
  지금 막 들어온 무서운 공포 영화가 하나 있어요.

---

horn [hɔ:rn] n. (동물)뿔, 뿔피리, (자동차)경적 vt. 경적을 울리다

악기 중에 호른(horn)이 있는데 동물의 뿔 모양이어서 호른입니다.

- Who the hell is **horning** so loudly? 도대체 누가 저렇게 크게 경적을 울리는 거야?

---

culminate [kʌ́lmənèit] vi. 정점(절정, 정상)에 이르다, ~로 끝나다(end in)

culmin(꼭대기, 정상=top)+ate의 결합.

등반가가 산 정상에 도착하면 등반이 성공으로 끝난 것이기 때문에 '**정상에 이르다**'에서 '**~로 끝나다**'는 뜻이 파생.

- Our concert tour will **culminate** in Japan. 우리의 콘서트 투어는 일본에서 정점에 이를 것입니다.
- Months of hard work **culminated**[ended] **in** success.
  여러 달의 힘든 일이 성공적으로 끝났다.

---

urbane [ə:rbéin] a. 도시풍의(urban), 세련된, 점잖은

urban(a. 도시의)에서 파생된 단어. 중세 시대에 도시에 살던 사람들은 시골 사람들보다 세련되었기 때문에 '**도시 사람의**'에서 '**세련된**'이란 뜻이 파생. 주로 세련된 남자를 표현할 때 사용.

- He is an **urbane**, kindly and generous man. 그는 세련되고 친절하며 점잖은 사람이야.

---

mesmerize [mézməràiz] vt. 최면을 걸다, 매혹(매료)시키다(fascinate)

최면술의 선구자인 Mesmer 박사의 이름을 따서 만든 단어. 무엇을 보고 자신도 모르게 저절로 최면이 걸리면 매료되는 것이기 때문에 '**최면을 걸다**'에서 '**매료시키다**'는 뜻이 파생.

- I was **mesmerized** by her bright smile. 그녀의 밝은 미소에 매료되었어.
- Their performances were enough to **mesmerize** their fans.
  그들의 공연은 팬들을 매료시키기에 충분했다.

---

ornament [ɔ́:rnəmənt] n. 꾸밈, 장식 vt. 꾸미다, 장식하다(decorate, adorn)

or(질서, 순서, 정돈=order)+na+ment의 결합.

'질서 있게 마무리하는 것=꾸밈, 장식(decoration)'입니다. 장식을 뜻하는 동의어 ornament, decorate, adorn에는 모두 order(질서, 순서, 정돈)가 들어가 있습니다. 장식은 질서 있게, 잘 정돈하는 것이죠.

- She **ornamented** the table with a bunch of flowers.
  그녀는 한 다발의 꽃으로 테이블을 장식했다.

abort [əbɔ́ːrt] v.낙태(유산)하다, 중단하다(stop)

a(부정=an=not)+bor(태어나다=born)+t로 결합.

'**아기를 태어나지 못하게 하다=낙태하다**(miscarry)'입니다. 낙태는 배 속에 있는 아이가 생명을 이어가지 못하게 생명을 중단시키는 것이기 때문에 '**낙태하다**'에서 '**중단하다**'는 뜻이 파생.

- abortion [əbɔ́ːrʃən] n.낙태, 유산(miscarriage), (계획)실패(failure)
- The doctor **aborted** the baby to save the mother's life.
  그 의사는 산모의 생명을 구하기 위해 아기를 낙태시켰다.

mature [mətjúəːr] a.익은(ripe), 성숙한 vt.성숙시키다 vi.성숙하다

아마추어(amateur)는 실력이 프로선수만큼 **성숙하지 못한** 사람으로 a(부정=not)+mature(a.성숙한)의 결합입니다.

- immature [imətjúə] a.미숙한, 철없는 • premature [priːmətjúər] a.시기상조의
- Jane is very **mature** for her age. 제인은 나이에 비해 아주 성숙해.
- He regrets what he did when he was **immature**. 그는 철없던 시절에 자신이 했던 일을 후회하고 있어.

insomnia [insámniə] n.불면증

in(부정=not)+somn(잠=sleep)+ia의 결합.

'**잠들고 싶어도 잠들지 못하는 병=불면증**'입니다. 가수 휘성의 명곡 '인솜니아(insomnia=불면증)'를 검색해서 들어보세요. 인솜니아가 반복되고 가사 내용과 함께 영원히 기억할 수 있습니다. '오지 않는 잠을 청하고~, 끝내 밤을 새워~ It's like 인솜니아~'

- **Insomnia** can be caused by worries about daily life.
  불면증은 일상생활에 대한 걱정에서 유발 될 수 있습니다.

landmark [lǽndmàːrk] n.주요 건물, 명소, 획기적인 사건

land(n.땅=earth, ground)+mark(n.표시=sign)의 결합.

'**어디가 어디인지 위치를 바로 알려주는 땅 위의 표시=랜드 마크(주요 건물, 명소)**'입니다.

- Is there any **landmark** around your office? 사무실 근처에 주요 건물이 있나요?
- The twin towers became a new **landmark** in Malaysia.
  쌍둥이 타워는 말레이시아의 새로운 랜드 마크(명소, 주요 건물)가 되었다.

novice [návis] n.초보자(beginner), 신인, 신출내기, 풋내기

nov(새로운=new)+ice의 결합.

'**어떤 일을 새롭게 시작하는 사람=초보자, 신인**'입니다. 프랑스어 novice(초보)가 영어에 그대로 유입된 단어. 일을 새롭게 시작하는 사람은 초보자, 신인이죠.

- Even the big stars were once **novices**. 대스타조차도 한때는 신인이었어.
- 'Be careful'is common advice to the **novice**. '조심해'는 초보자에게 하는 일반적인 충고이다.

innovation [ìnouvéiʃən] n.혁신(renovation, reform), 쇄신

in(안으로=into)+nov(새로운=new)+ation의 결합.

'기존의 것을 버리고 새로운 영역 안으로 들어가는 것=혁신'입니다. 정유회사 SK가 SK**이노베이션**이라고 사명을 바꾼 것은 **혁신**을 추구하는 기업이란 이미지를 주기 위해서입니다.

- innovate [ínouvèit] v.혁신하다(renovate)   • innovative [ínouvèitiv] a.혁신적인
- We are living in an age of technological **innovation**.
  우리는 기술 혁신의 시대에 살고 있습니다.

expendable [ikspéndəbəl] a.소모용의, 소모해도 좋은 n.소모품

expend(vt.소비하다, 다 써버리다)+able(가능)의 결합.

'소비해도 좋은 것=소모품'입니다. **익스펜더블**(Expendable)이란 제목의 영화시리즈에는 실베스타 스텔론, 이연걸, 아놀드 슈와제네거 등 많은 유명 배우들이 등장하는데 모두 **소모품**과 같은 용병들입니다.

- He has gone to a stationery store to buy **expendable** office supplies.
  그는 사무용 소모품들을 사러 문구점에 갔습니다.

situation [sìtʃuéiʃən] n.위치, 상태(state), 상황, 지위

sit(앉아 있다)+ua+tion(명접)의 결합.

'앉아 있는 곳=위치, 상태, 상황, 지위'입니다. 앉아 있는 위치가 벼랑 끝이면 위험한 상태(상황)이고, 사장 자리에 앉아 있으면 지위가 높은 것이죠. 우리는 '이게 무슨 시츄에이션(situation-상황)이야'라는 말을 흔히 합니다.

- It looks like you're in a very tough **situation**. 네가 아주 어려운 상황에 놓인 것 같아.

sue [su:] vt.고소하다(accuse, charge) vi.고소를 하다

suit(n.소송, 한 벌)에서 파생된 동사.

수트(suit)는 위와 아래가 한 벌로 된 정장을 말하는데, 법정에 참석하는 사람은 한 벌의 suit(정장)를 입어야 했기 때문에 '**소송**'에서 '**한 벌**'이란 뜻이 파생.

- suit [su:t] n.소송, 청원, 한 벌   • a civil suit 민사 소송
- I don't want to **sue** you. 난 너를 고소하고 싶지 않아. vt.
- Have you decided whether or not to **sue**? 고소할지 안 할지 결정했어? vi.

Day 94

curse[kə:rs] v.욕설을 퍼붓다, 악담하다, 저주하다 n.욕설, 악담, 저주

[커서] ▶ '너도 [커서] 너 같은 아들 낳아라'와 같은 말은 **욕설**을 퍼붓고 **악담**하는 것이죠.

- The Pharaoh's **curse** might not be true. 파라오의 저주는 사실이 아닐지도 모른다.

drown[draun] vt.익사시키다 vi.익사하다

[드라운] ▶ [드러운] 강물에 빠져 **익사하다**.

- If you breathe correctly, you don't **drown**. 네가 정확하게 호흡하면, 익사하지 않아.

dusk[dʌsk] n.땅거미(twilight), 해 질 무렵

dusk(땅거미)는 du(둘=duo)+sk(하늘=sky)로, 지는 햇빛과 떠오르는 달빛이 교차하는 해 질 무렵입니다. 동의어 twilight은 twi(둘=two)+light(빛)로 dusk와 같습니다.

- It's hard to see at **dusk**, so I drive carefully.
  해 질 무렵에 앞을 보는 것은 어려워서 나는 조심스럽게 운전해.

frost[frɔ:st] n.서리

fro(얼어붙은=frozen)+st로 결합. '이슬이 얼어붙어 서 있는 것=서리'입니다.

- We will have **frost** tomorrow morning. 내일 아침에는 서리가 내릴 것이다.

impudent[ímpjədənt] a.뻔뻔스러운, 무례한, 건방진

im(안에=in)+pud(거만한=proud)+ent의 결합.

'가슴속에 거만함을 갖고 있는=건방진(haughty, arrogant, overbearing)'입니다.

- proud [praud] a.거만한(haughty, arrogant), 자랑으로 여기는
- He was **impudent** enough to ask me for some money. 그는 나에게 돈을 요구할 만큼 뻔뻔했다.

toxic[tɔ́ksik] a.유독성의(poisonous), 독의, 중독의 n.유독성 약품

[톡식] ▶ 마시면 [톡] 쏘며 [식]도를 마비시키는 **유독성** 물질.

- Tears could actually be a way of washing **toxic** chemicals out of the body.
  눈물은 실제로 독성 화학물질을 몸 밖으로 내보내는 방법이 될 수 있습니다.

enthusiasm [enθúːziæzəm] n.열심, 열광, 열정(passion)

en(안에=in)+thus(신=god)+iasm의 결합.

'사람 안에 신기가 있는 상태=열광, 열정'입니다. 종교적인 열광, 광신이란 뜻에서 일반적인 의미의 '열광, 열정'이 되었습니다.

- She has shown **enthusiasm** in the performance of her duties.
  그녀는 자신의 임무 수행에 열정을 계속 보여줬다.

besiege [bisíːdʒ] vt.포위하다(surround, encircle), 괴롭히다

be(만들다=make)+siege(n.포위 공격)의 결합.

명사 siege(n.포위 공격)에 동사를 만드는 접두사 be가 붙어 파생된 단어. 문어체 단어이며 주로 수동태로 사용. 누군가를 에워싸는 것은 괴롭히는 것이죠.

- His house was **besieged** by the police.
  그의 집은 경찰에 의해 포위되었다.

fumble [fʌ́mbəl] vi.더듬거리다

야구나 미식축구에서 수비수가 공을 한 번에 잡지 못하고 **더듬거리는** 경우 **펌블**(fumble)했다고 합니다. 프로야구를 보면 수비수가 펌블했다는 해설을 가끔 듣게 되지요.

- She was **fumbling** around in the dark looking for the light switch.
  그녀는 전등 스위치를 찾느라 어둠 속을 더듬거리고 있었다.

loose [luːs] a.느슨한, 헐거운, 치밀하지 못한

loose는 끈을 제대로 매지 않아 느슨한 상태, 헐거운 상태입니다. lose와 혼동하지 마세요.

- lose [luːz] vt.잃다, (시계)느리다, (기차)놓치다 vi.감소하다, 패하다, 실패하다
- Discipline is **loose** in that school. 그 학교는 규율이 느슨해.
- They're too **loose**. Can I try on another pair?
  너무 헐렁하군요. 다른 거로 입어 볼 수 있을까요?

hurl [həːrl] vt.집어던지다(throw), (욕)퍼붓다

[헐] ▶ [헐]렁해진 장갑을 **집어던졌다**.

겨울에 딸의 장갑을 한 번 꼈는데 장갑이 헐렁해졌다며 집어던지더군요. 욕설을 집어던지는 것은 욕설을 퍼붓는 것이죠.

- They began to **hurl** stones at the police.
  그들은 경찰에게 돌을 던지기 시작했다.
- Rival fans **hurled** abuse at each other.
  경쟁 팀의 팬들은 서로에게 욕설을 퍼부었다.

vehement [víːəmənt] a. 격렬한, 맹렬한

vehe(옮기다=vehicle)+ment의 결합.

'돌멩이를 옮겨와 경찰을 향해 마구 던지는=격렬한(violent, wild)'입니다. 돌멩이를 가져와 경찰에게 마구 던지는 격렬한 시위대의 모습을 떠올려 보세요. 80년대 대학생들이 자주 보는 모습이었습니다.

- vehicle [víːikəl] n.운송수단, 탈 것, 매개체, 전달수단
- The police took a firm stand for **vehement** demonstrations.
  경찰은 격렬한 시위에 강경한 자세를 취했다.

callous [kæləs] a. 무감각한(insensible), 냉정한(cool), 무정한

라틴어 callosus(피부가 두꺼운)가 영어에 유입되어 그 뜻이 파생된 단어. 굳은살이 생겨 **피부가 두꺼운** 곳은 **무감각**하고, 감정이 무감각한 것은 **냉정한** 것이죠.

- She has a **callous** attitude to the suffering of others.
  그녀는 타인의 고통에 무감각한(냉정한) 태도를 갖고 있다.

obey [oubéi] v. 복종(순종)하다, 말을 잘 듣다

ob(강조=completely)+ey(듣다=hear)의 결합.

'남의 말을 듣고 그대로 따르다=복종(순종)하다'입니다.

- obedient [oubíːdiənt] a.순종하는, 고분고분한 • obedience [oubíːdiəns] n.복종, 순종
- He thinks only fragile, **obedient**, and skinny women are beautiful.
  그는 오직 연약하고, 순종적이고, 마른 여자만이 아름답다고 생각해.

misgiving [misgíviŋ] n. 걱정, 불안감, 염려

mis(나쁜, 틀린=bad)+giving(주기)의 결합.

'선물을 주고 나쁜 것을 주지 않았나 생각하는 것=걱정(care, worry, anxiety, concern)'입니다. 누군가에게 선물을 보내고 나쁜 것을 보낸 것이 아닐까, 엉뚱한 것을 보낸 것이 아닐까 걱정하고 불안해하는 모습에서 유래.

- She has made a decision to go on a trip despite our **misgiving**.
  그녀는 우리의 걱정(염려)에도 불구하고 여행을 가기로 결심했다.

dread [dred] v. 매우 두려워하다, 걱정하다 n. 공포(fear, horror, fright), 두려움

가족이나 친구가 전쟁터에 나가면 dead 하지 않을까 dread(두려워하다, 걱정하다) 하게 됩니다.

- dreadful [drédfəl] a.무서운(afraid), 두려운 • dreadfully ad.무시무시하게
- I really **dread** going to the dentist. 난 치과에 가는 것을 정말 두려워해.
- They live in daily **dread** of the earthquake.
  그들은 매일 지진의 공포 속에서 살고 있다.

intrude [intrú:d] vi.끼어들다, 침해(침범)하다, 방해하다 vt.강요하다

in(안으로)+trude(밀다=push)의 결합.

'타인의 대화 속으로 밀고 들어가다=끼어들다(intervene, interrupt)'입니다. 남의 집안으로 밀고 들어가면 침해(침입)하는 것이고, 타인의 대화 안으로 불쑥 밀고 들어가면 대화를 방해하고, 자기 의견을 강요하는 것이죠. '끼어들다'에서 '침해, 침범, 방해, 강요하다'는 뜻이 파생.

- He hesitated to **intrude** on their talk. 그는 그들의 대화에 끼어들기를 망설였다.
- Sorry, I didn't mean to **intrude**. 미안, 방해하려는 의도는 아니었어.
- Do not **intrude** your opinions on others. 네 의견을 남에게 강요하지 마.

obtrude [əbtrú:d] vt.(생각)강요하다(intrude, impose) vi.끼어들다, 참견하다

ob(강조=completely)+trude(밀다=push)의 결합.

'자기 생각을 타인에게 밀어붙이다=강요하다'입니다. intrude의 동의어. 타인의 대화에 들어가 자기 생각이 옳다고 밀어붙이는 것은 참견하고 강요하는 것이죠.

- Don't **obtrude** your opinions on others.
  너의 의견을 남에게 강요하지 마.
- I don't want to **obtrude on** her privacy.
  나는 그녀의 사생활에 끼어들고 싶지 않아.

protrude [proutrú:d] vt.내밀다(put out, stick out) vi.튀어 나오다

pro(앞, 이전=before)+trude(밀다=push)의 결합.

'안에 있는 것을 앞으로 밀다=내밀다'입니다. 문어체 단어로 구어에서는 put out을 사용. 튀어나온 이마, 튀어나온 치아, 튀어나온 못 등을 말할 때 형용사 protruding이 사용됩니다.

- protruding a.돌출한, 튀어 나온(prominent, projected)
- The naughty boy **protruded** his tongue and ran away.
  버릇없는 소년은 혀를 내밀고 달아났다.
- He has a complex about his **protruding** mouth.
  그는 튀어나온(돌출한) 입에 대해 콤플렉스를 갖고 있어.

nepotism [népətìzəm] n.족벌주의, 친척 등용

nepot(조카=nephew)+ism(주의)의 결합.

'주요 관직에 친척인 조카까지도 등용하는 하는 것=족벌주의, 친척 등용'입니다. 자신과 친인척 관계에 있는 사람들을 여러 편법을 동원하여 채용하는 현대판 음서제도가 사회적 문제가 되고 있습니다. 이로 인해 금수저, 흙수저라는 신조어가 생겨난 것.

- **Nepotism** are still prevalent in our society.
  우리 사회는 여전히 족벌주의가 만연하고 있습니다.

inhibit [inhíbit] vt. 금지하다(prohibit, ban, forbid), 억제(억지)하다

in(부정=not)+hibit(갖고 있다=habit=have)의 결합.

'**갖고 있지 말라고 말하다=금지하다**'입니다. 학생들에게 담배를 갖고 있지 말라고 말하면 담배를 금지하는 것이죠.

- inhibition [inhəbíʃən] n. 금지(prohibition, ban), 억제(restraint, constraint)
- I **inhibit** smoking in my office.
  나는 사무실에서 흡연을 금지한다.
- This drug will **inhibit** the progress of the disease.
  이 약은 병의 진전을 억제할 것입니다.

infringe [infríndʒ] vi. (법)어기다, 위반하다(violate), 침범(침해)하다

in(안으로)+fringe(n.변두리=around)의 결합.

'**변두리에서 서성거리다가 남의 집 안으로 들어가다=위반하다, 침범하다**'입니다. 변두리에 서성거리다가 남의 집 안으로 들어가는 것은 침범하는 것이고, 법을 어기는(위반) 것이지요. 침범은 나의 발을 타인의 영역에 접촉시키는 것이기 때문에 접촉의 on.

- fringe [frindʒ] n. 가장자리, 변두리
- infringement n. 위반, 침해(trespass)
- You **infringed upon** a contract.
  당신은 계약을 위반했습니다.
- Good care must be taken not to **infringe on** copyright.
  저작권을 침해하지 않도록 충분한 주의가 요구됩니다.

null [nʌl] n. 0(zero) a. 무효의, 아무런 가치 없는

[널] ▶ [늘] 월말이 되면 통장 잔액이 0(zero)다.

- That contract is absolutely **null and void**.
  그 계약은 완전히 무효입니다.
- Coupons after their expiration dates are **null and void** and cannot be used.
  만기일이 지난 쿠폰은 아무런 가치가 없어 사용할 수 없습니다.

defense [diféns] n. 방어(safeguard, protection), 수비

de(아래로=down)+fense(울타리, 찌르다=fence)의 결합.

'**아래로(뒤로) 물러나서 들어오는 상대를 찌르는 것=방어**'입니다. 농구에서 디펜스 파울(defense foul)은 수비자(방어자) 반칙.

- defend [difénd] vt. 막다(block), 방어하다, 변호하다
- The most effective **defense** is offense.
  가장 효과적인 방어는 공격이야.

offense [əféns] n.공격(attack, assault), 범죄(crime)

of(이동=ad)+fense(울타리, 찌르다=fence)의 결합.

'**상대편에게 다가가서 찌르는 것**=**공격**'입니다. 이유 없이 누군가를 **공격**하는 것은 **범죄**지요. 농구에서 오펜스 파울(offense foul)은 공격자 반칙.

- offend [əfénd] vt.화나게 하다(irritate), (법)위반하다(violate)
- Disobedience of orders is a serious **offense** in the military.
  군대에서 명령 불복종은 중대한 범죄이다.

penitent [pénətənt] a.후회하는(regretful, contrite), 뉘우치는 n.참회자

pen(처벌하다=punish)+it(가다=go)+ent의 결합.

'**처벌이 내려져 처벌받고서**=**후회하는, 뉘우치는**'입니다. 펜(pen)으로 자신을 찌르면서 후회하는 모습을 연상해 보세요.

- The prisoner was far from **penitent** for his offence.
  그 죄수는 자기의 범죄에 대해 결코 후회하지 않았다.

exonerate [igzánərèit] vt.~의 무죄를 증명하다, 면제하다(discharge, exempt)

ex(밖으로)+on(접촉)+er(~것)+ate로 결합.

'**붙어 있는 혐의를 밖으로 보내다**=**무죄를 증명하다, 면제하다**'입니다. 사기죄로 구속된 사람이 자신에게 붙어 있는 혐의를 밖으로 내보내면 자신의 무죄를 증명하는 것이고, 무죄를 증명하면 수감 생활을 면제해 주기 때문에 '**무죄를 증명하다**'에서 '**면제하다**'는 뜻이 파생.

- I will testify in order to **exonerate** them. 나는 그들의 무죄를 증명하기 위해 증언할 것이다.

deleterious [dèlətíəriəs] a.해로운(harmful, injurious, detrimental, noxious)

delete(vt.삭제하다, 지우다)+rious의 결합.

'**몸에서 삭제하고 지워 없애야 하는**=**해로운**'입니다. 키보드에는 글자를 삭제하고 지우는 delete 키가 있습니다. 체내에 축적된 중금속처럼 사람 몸에서 지워 없애야 하는 것은 해롭고 유해한 것이죠.

- delete [dilí:t] vt.삭제하다, 지우다(eliminate, erase)
- Abortions can have **deleterious** effects on the mother's health.
  낙태는 어머니의 건강에 해로운 결과를 초래할 수 있습니다.

curl [kəːrl] n.곱슬머리, 말기 vt.곱슬곱슬하게 하다(컬하다), 말다

베토벤, 바흐 등의 얼굴을 보면 모두 머리끝이 **곱슬곱슬**하게 말려 올라와 있지요. 그것이 **컬**(curl)입니다. 운동에 컬링(curling)이 있는데 둥글고 납작한 돌을 표적 안에 밀어 넣는 경기로, 돌을 밀면서 '커~~~~얼'이라고 고함지르죠. 빗자루로 빙판을 왔다 갔다 쓸면서 컬하라는(곱슬머리 만들듯 빗자루질) 것입니다.

- Don't **curl** my hair too much, please.
  머리를 너무 곱슬곱슬하게 말지는 마세요.

plunge [plʌndʒ] vt.집어넣다 vi.담그다, 추락하다 n.추락, 급락

p+lunge(vi.찌르다)의 결합.

'**손을 물에 찌르다=집어넣다, 담그다**'입니다. 허리를 낮추고 무릎을 구부린 자세에서 한쪽 발을 한껏 내밀면서 상대방을 **찌르는** 것을 펜싱에서 **런지**(lunge)라고 합니다.

- lunge [lʌndʒ] vi.칼로 찌르다, 돌진하다(rush, dash)
- Immediately drain and **plunge** into cold water. 물기를 뺀 즉시 찬물에 담그세요.
- She lost her balance and **plunged** to her death.
  그녀는 몸의 균형을 잃고 추락하여 사망했다.

censure [sénʃər] vt.비난하다(blame, reproach), 문책하다 n.비난, 문책

censor(로마 시대 감찰관)에서 파생된 단어.

감찰관(암행어사)은 풍기문란을 감찰한 후 적발된 사람을 비난하고 문책하기 때문에 '**감찰관**'에서 '**비난하다, 문책하다**'는 뜻이 파생. 현대영어의 censor는 출판물이나 영화를 검열하는 검열관입니다.

- censor [sénʃər] n.(출판물 등)검열관, 비평자 vt.검열하다
- We plan to strictly **censure** those involved.
  우리는 관련자를 엄중 문책할 방침입니다.

smother [smʌ́ðəːr] vt.숨 막히게 하다, 질식 시키다, 억제하다 vi.질식하다

s(서 있다=stand)+mother(어머니)로 결합.

'**엄마가 서서 지켜보고 있다=숨 막히게 하다, 억제하다**(repress, constrain, restrain)'입니다. 엄마가 옆에 서서 공부하는지 안 하는지 지켜보고 있으면 사람을 숨 막히게 하지요. '**숨 막히게 하다=질식시키다**'입니다. 거친 말로 분노를 표출하려는 순간에 입을 막아 숨 막히게 하면 감정을 억제하는 것이기 때문에 '**숨 막히게 하다**'에서 '**억제하다**'는 뜻이 파생.

- Her husband was very loving, but she felt **smothered**.
  그녀의 남편은 애정이 넘쳤지만 그녀는 숨이 막히는 기분이었다.

Day 95

shiver [ʃívəːr] vi.떨다(tremble) vt.떨리게 하다 n.몸서리, 떨림

[쉬버] ▶ [쉬]하고 [벌]벌 **떨다**.

shiver는 추위, 감기, 흥분 등으로 벌벌 떠는 것입니다. 겨울철에 밖에서 쉬(소변)를 하고 나면 체온이 더 떨어지기 때문에 벌벌 떨게 되지요.

- Don't stand outside **shivering**, come in and get warm.
  밖에서 떨며 서 있지 말고 안으로 들어와서 몸 좀 녹여요.

shudder [ʃʌ́dəːr] vi.떨다(shiver, tremble), 오싹하다, 몸서리치다 n.떪, 전율

[셔더] ▶ 레몬이 너무 [셔]서 몸을 [더 더 더] **떨다**.

- Just thinking about the accident makes me **shudder**.
  단지 그 사고에 대해 생각만 해도 나를 떨게(오싹하게) 만든다.

savage [sǽvidʒ] n.야만인(barbarian), 미개인 a.야만적인, 미개한(barbarious)

[쌔비지] ▶ 친구 돈을 [쌔비지]. 그럼 **야만인**이야.

누군가의 물건을 쌔비는(훔치는) 것은 미개인들이 하는 짓이죠.

- Some people think the death penalty is **savage**.
  일부 사람들은 사형제도가 야만적이라고 생각한다.

mute [mjuːt] a.말이 없는(voiceless), 벙어리의 n.벙어리

자동차 핸들에는 뮤트(mute)라는 버튼이 있습니다. 전화 받을 때 mute를 누르면 **벙어리**처럼 음악 소리가 나오지 않습니다.

- He stood perfectly **mute** while I talked to him.
  내가 이야기하는 동안 그는 완전히 말없이 서 있었다.

mess [mes] n.혼란, 난장판(turmoil), 엉망진창 vt.엉망으로 만들다

[메스] ▶ [메스]꺼운 음식쓰레기로 부엌이 **난장판**이다.

- The whole house is in a **mess**.
  온 집안이 난장판이야.

psychology [saikálədʒi] n.심리학, 심리

psycho(정신, 심리)+logy(학문)의 결합.

'**사람의 정신, 심리에 관한 학문=심리학**'입니다. psycho(싸이코)는 좁은 의미로 정신병자입니다.

- psychological a.심리학의, 심리적인 • psychologist n.심리학자
- He doesn't understand the delicate **psychology** of women.
  그는 여자의 섬세한 심리를 이해하지 못해.

publish [pʌ́bliʃ] vt.발표(공표)하다, (책)출판하다

pub(대중, 국민=public)+ish의 결합.

'**대중에게 알리다=발표하다, 출판하다**'입니다. 모든 국민이 알 수 있도록 알리는 것은 발표(공표)하는 것이고, 책으로 알리면 출판하는 것이죠.

- The panel will **publish** its fourth report next year.
  그 위원단은 내년에 4번째 보고서를 발표할 것이다.

potential [pouténʃəl] n.잠재력, 가능성 a.잠재적인(latent)

potent(a.힘 있는)+ial의 결합.

'**사람 몸에 들어 있는 어떤 힘=잠재력**'입니다.

- potent [póutənt] a.힘 있는(powerful), 힘센, (약)효능 있는
- Most people realize only a small part of their **potential**.
  대부분의 사람은 자기의 잠재력 중 단지 일부분만을 실현한다.

pour [pɔːr] vt.(액체)따르다, 쏟다, 붓다 vi.비가 억수같이 퍼붓다

[포-] ▶ 폭 [포]에서 떨어지는 물처럼 비가 **쏟아 붓다**.

폭포에서 물이 떨어지는 모습은 컵에 물을 따르는 모습과 비슷합니다.

- Would you **pour** me a glass of water?
  물 한 잔 따라주시겠어요? vt.
- It **pours** all day long. 하루 종일 비가 퍼붓는다. vi.

lofty [lɔ́ːfti] a.높은(high), 고위의, 고상한(noble)

loft(n.맨 위층, 다락방)+y의 결합.

'**다락방과 같은=높은**'입니다. 직책이 높으면 '고위의', 품위가 높으면 '고상한'입니다.

- loft [lɔːft] n.(물건, 건초를 두는)다락방, (창고의)맨 위층
- He has **lofty** ideals but the reality is quite different.
  그는 고상한(높은) 이상을 가지고 있지만, 현실은 매우 다르다.

lounge [laundʒ] n.빈둥거림, 호텔 라운지, 휴게실, 거실 vi.빈둥거리다

lounge는 long(긴)에서 파생된 단어로, 긴 소파가 있는 거실(휴게실)입니다. 휴게실, 호텔 1층에 있는 **라운지(lounge)**는 거실과 같지요. 사람은 할 일이 없을 때 휴게실(거실)에서 빈둥거리기 때문에 '**휴게실(거실)**'에서 '**빈둥거리다**'는 의미가 파생.

- Please wait in the **lounge** for a moment.
  라운지에서 잠시 기다려 주십시오.

hook [huk] n.(갈)고리, 바늘, 훅(권투)

후크(hook)는 갈고리 모양의 모든 것으로 낚싯바늘, 경첩의 고정부, 쇠장식이 모두 hook입니다. 피터 팬에 나오는 후크 선장은 손 하나가 갈고리로 되어 있어 후크 선장입니다.

- I can't find any coat **hook** in the room.
  방에서 어떤 외투 걸이도 찾을 수 없어요.

mug [mʌg] n.머그컵, 얼간이, 바보(fool) vt.강탈(강도짓)하다

머그컵은 보통 컵과는 달리 손잡이가 붙어있기 때문에 보통 사람과 다른 **얼간이**라고 빗대어 사용하고, 얼간이들이 강도짓을 많이 하기 때문에 '**머그컵**'에서 '**얼간이, 강도짓하다**'는 뜻이 파생.

- They made me look a complete **mug**.
  그들은 나를 완전한 얼간이처럼 보이게 만들었다.
- He was **mugged** in the street in broad daylight.
  그는 대낮에 길거리에서 강도를 당했다.

smuggle [smʌ́gəl] v.밀수입(밀수출) 하다

s+mug(머그잔)+gle로 결합.

비아그라나 명품시계 등을 머그잔에 숨겨서 **밀수**하는 밀수업자를 떠올려 보세요.

- He was caught trying to **smuggle** drugs through the airport.
  그는 공항을 통해 마약을 밀수하려다 붙잡혔다.

sinister [sínistəːr] a.불길한(ominous), 사악한(wicked, vicious)

sinist(왼손=left hand)+er(사람)의 결합.

'**오른손잡이가 아닌 왼손잡이인=불길한**'입니다. '**왼손잡이**'에서 '**불길한, 사악한**'이란 의미가 파생. 오른손으로 밥을 먹고 왼손으로 대변을 닦아 물로 씻는 중동 사람들은 왼손잡이를 더럽게 생각하지요. 우리 조상들도 왼손잡이를 배척.

- A crow is thought of as a **sinister** sign.
  까마귀는 불길한 징조로 여겨진다.
- The man finally revealed his **sinister** intent.
  그 사람이 드디어 사악한 의도를 드러냈다.

dexterity [dekstérəti] n.능숙함(proficiency), (손이나 머리를 쓰는)재주

dexter(오른쪽의, 능숙한)+ity(명접)의 결합.

'왼손이 아닌 오른손으로 작업함=능숙함'입니다. 왼손으로 작업하면 서툴지만 오른손으로 작업하면 능숙하지요.

- dexterous [dékstərəs] a.솜씨 좋은, 능숙한(good, skilled, skillful)
- She plays the guitar with great **dexterity**. 그녀는 기타를 아주 능숙하게 연주해.
- He shows a remarkable **dexterity** in shop management.
  그는 매장 운영에 놀랄만한 재주를 보여줘.

adroit [ədróit] a.노련한, 능숙한(dexterous, good, adept, proficient, expert)

ad(이동=to)+roit(오른쪽의=right)의 결합.

'오른손으로 연장을 사용하는=능숙한'입니다. 원어민의 조상들은 왼손은 불길하고 사악한 것으로, 오른손은 노련하고 능숙한 것으로 생각했습니다. 오른손만 사용해야 하는 사회에서 왼손잡이가 서툴고 오른손잡이가 능숙한 것은 당연하지요.

- She became **adroit** at dealing with difficult questions.
  그녀는 어려운 질문을 다루는 데 노련해졌다.

plague [pleig] n.(동물, 곤충)무리, 전염병, 역병 vt.괴롭히다(annoy, harass)

중세시대 쥐 무리가 유럽 대륙에 퍼뜨린 병이 **페스트**(흑사병-시체가 검게 변하는 병). 쥐 무리가 퍼뜨린 흑사병은 영국 인구의 1/3을 죽게 했고, 수많은 사람을 괴롭혔기 때문에 '**쥐 무리**'에서 '**전염병, 괴롭히다**'라는 뜻이 파생.

- The **plague** is now prevalent in Africa. 지금 아프리카에서 전염병이 만연 중입니다.
- Patent disputes are **plaguing** our company.
  특허 분쟁이 우리 회사를 괴롭히고 있습니다.

fatality [feitǽləti] n.사망자(the deceased), 사망률(치사율), 재난, 불운

fatal(a.치명적인=mortal)+ity의 결합.

'치명적인 상처를 입고 죽은 사람, 그 비율=사망자, 치사율'입니다. 과속운전, 졸음운전, 음주운전으로 인한 교통사고처럼 치명적인(fatal) 사고가 일어나면 사망자(fatality)가 발생하게 됩니다.

- There were no confirmed reports about **fatalities**.
  사망자에 관한 확인된 보고는 전혀 없었습니다.

spoil [spɔil] vt.망쳐놓다(destroy), 못쓰게 만들다 n.전리품, 약탈품

영화, 소설 등의 줄거리나 내용을 미리 공개해서 흥행을 망쳐놓는 행위, 그런 행위를 하는 사람을 **스포일러(spoiler)**라고 합니다. '스포일러 금지'라는 말을 흔히 사용하지요.

- spoiler n.약탈자, 망치는 사람, (영화)스포일러
- You spare the rod, and you will **spoil** the child.
  네가 매를 아끼면 아이를 망치게 될 거야.

squalid [skwálid] a.(환경)불결한(dirty), 지저분한, (행위)비열한

라틴어 squalidus(더러운=dirty)가 영어에 유입된 단어. 파리와 쥐가 들끓는 squalid(더러운)한 환경에서 오징어(squid) 말리는 모습을 연상해 보세요.

- Tens of thousands still live in **squalid** camps in the world.
  세계에는 아직도 수만 명이 불결한(지저분한) 천막에서 살고 있다.
- The early industrial cities were **squalid** places.
  초창기 산업 도시들은 불결한(지저분한) 곳이었다.

obliterate [əblítərèit] vt.(글자, 기억 등)지우다, 없애다

ob(분리=off)+liter(글자=letter)+ate의 결합.

'문장 속에서 필요 없는 글자를 분리시키다=지우다(efface, delete)'입니다.

- Their nuclear weapons are enough to **obliterate** the world several times.
  그들의 핵무기는 전 세계를 몇 번이나 없애기에 충분하다.

extricate [ékstrəkèit] vt.(곤경, 위험, 갇힌 곳)구하다, 탈출시키다

ex(밖으로=out)+tric(속임수, 계략=trick)+ate의 결합.

'트릭에 빠져있는 사람을 밖으로 꺼내다=구하다(rescue, save)'입니다.

- inextricable [inékstrikəbəl] a.탈출할 수 없는, 해결할 수 없는
- Rescue teams used a power saw to **extricate** passengers from the bus.
  구조반은 승객들을 버스에서 구하려고 전기톱을 사용했다.

intricate [íntrəkit] a.복잡한, 난해한, 뒤얽힌

in(안에)+tric(속임수=trick)+ate의 결합.

'누군가가 교묘하게 쳐놓은 트릭에 빠져 있는 상황=복잡한(complicated, complex)'입니다.

- The world is full of **intricate** and complicated people.
  세상은 복잡하고 까다로운 사람들로 가득 차 있습니다.
- The **intricate** machine requires a skilled operator.
  복잡한 기계는 숙련된 조작자를 필요로 합니다.

encounter [enkáuntər] v.우연히 만나다 n.우연한 만남, 조우

en(안에=in)+counter(a.반대의=contra=opposite)의 결합.

'어떤 공간 안에서 서로 반대 방향에서 걸어오다=우연한 만나다'입니다. 어떤 공간에서 서로 반대 방향에서 걸어가다가 부딪히면 우연히 만나는 것. 동의어로 run into, bump into, run across, come across 가 있습니다.

- In life, we **encounter** lots of difficulties. 삶 속에서 우리는 많은 난관을 우연히 만난다.
- Our first **encounter** was like a scene from a drama.
  우리의 첫 우연한 만남은 드라마의 한 장면 같았다.

elastic [ilǽstik] a.탄력(신축성) 있는, 융통성 있는

e(강조=ex=completely)+last(vi.지속되다, 오래가다)+ic의 결합.

'**강풍에 꺾이지 않고 정말 오래가는=탄력 있는**(flexible)'입니다. 강풍이 불어도 갈대가 부러지지 않고 오래 버티는 것은 탄력성이 있기 때문입니다. 상황에 따라 탄력적으로 움직이는 것을 융통성이 있는 것이죠.

- Beat it until the dough is slightly **elastic**. 반죽이 약간 탄력이 생길 때까지 계속 치대세요.
- Our plans are fairly **elastic**. 우리의 계획은 상당히 탄력적이야.

shrink [ʃriŋk] vi.오그라들다, 줄어들다 vt.줄이다, 축소시키다

she(그녀)+rink(스케이트장)로 결합하여, 스케이트장에서 추워서 몸이 오그라들어 있는 그녀의 모습을 연상해 보세요.

- My sweater **shrank** in the wash. 물빨래에 내 스웨터가 오그라들었어.

stagnant [stǽgnənt] a.흐르지 않는, 고여 있는, 불경기의

라틴어 stagnatus(물이 흐르지 않는)가 영어에 유입된 단어.

시장에서 돈이 흐르지 않으면 불경기인데, **stagflation(스태그플레이션)**은 경기가 침체된 상태에서 물가가 오르는 인플레이션(inflation)입니다.

- **Stagnant** water is bound to corrupt. 고여 있는 물은 썩기 마련이야.
- The latest economic statistics show a **stagnant** economy.
  최근의 경제 통계들은 불경기의 경제를 보여줍니다.

cluster [klʌ́stər] n.(과일, 꽃)송이, 덩어리(bunch), 집단(group) vi.모이다(gather)

'식품 클러스터, 기계부품 클러스터'처럼 정치인들의 공약에 cluster란 단어는 자주 등장합니다. **클러스터**는 포도**송이**와 같이 무리 지은 하나의 **집단**, 산업단지를 의미.

- There was always a **cluster** of fans around the actress.
  그 여배우 주변에는 항상 한 무리의 팬들이 있었다.

coalition [kòuəlíʃən] n.연합, 합동, 제휴, (정치)연립정부

co(함께=com=with)+al(모두=all)+it(가다=go)+ion로 결합.

'**마음 맞는 사람들이 함께 가는 것=연합**(union, alliance)'입니다. 마음을 함께 하는 국가가 모여 만든 군대는 연합군, 마음을 함께 하는 기업들이 모여 하는 것은 제휴, 마음을 함께하는 정당이 모여 만든 정부는 연립정부입니다.

- I work for the **coalition** for the homeless.
  나는 집 없는 사람들을 위한 연합체에서 일하고 있어.

Day 96

landfill [lǽndfil] n.쓰레기 매립지

land(땅=earth)+fill(채우다)의 결합.

'**땅을 쓰레기로 채운 곳=쓰레기 매립지**'입니다.

- **Landfills** release harmful chemicals into the soil, water, and even the air.
  쓰레기 매립지는 흙, 물, 심지어 공기에도 해로운 화학물질을 배출한다.

rummage [rʌ́midʒ] v.샅샅이 뒤지다, 찾아내다

[럼이쥐] ▶ 범인은 그 [넘이지]! **샅샅이 뒤져서 찾아내!**

- She **rummaged** through all the drawers, looking for a ring.
  그녀는 반지를 찾느라 모든 서랍을 샅샅이 뒤졌다.

foam [foum] n.거품

클렌징 폼(cleansing foam)은 **거품** 형태의 비누로, 여성들이 화장을 지울 때 흔히 사용합니다. 고체 비누보다 거품(foam) 비누가 화장을 지우는데 더 효과적이라고 합니다.

- Use the skimmer to remove the **foam**.
  거품을 제거하는데 그물 국자를 사용해라.

foe [fou] n.적, 원수

[포우] ▶ 원, 투, 쓰리 [포]. 4명의 **적군**이 있습니다.

foe는 문어체 단어로, 일반적인 적은 enemy입니다.

- We couldn't tell whether he was a friend or a **foe**.
  우리는 그가 친구인지 적인지 구분할 수 없었다.

shrub [ʃrʌb] n.키 작은 나무, 관목(灌木)

진달래, 개나리 나무처럼 높이가 2m 이내이고, 주 줄기가 분명하지 않으며, 밑동이나 땅속 부분에서부터 줄기가 갈라져 나는 나무를 관목이라고 합니다.

- The valley was clothed in trees and **shrubs**.
  그 계곡은 나무와 관목으로 덮여 있었다.

squash [skwɔʃ] vt.으깨다, 밀어 넣다 vi.으깨지다 n.과즙음료(스쿼시), 스쿼시(운동)

레몬 **스쿼시**(lemon squash)는 레몬을 체에다 **으깨고 밀어 넣어서** 생 과즙으로 만든 음료입니다. 운동에 **스쿼시**(squash)가 있는데 벽을 **으깨듯이**, 벽에 공을 **밀어 넣을** 듯이 강하게 친 다음 반동으로 되돌아오는 공을 계속 치는 운동입니다.

- The tomatoes at the bottom of the bag was **squashed**.
  가방 아래쪽에 있던 토마토는 으깨졌어.

crush [krʌʃ] vt.으깨다, 밀어 넣다 vi.으깨지다 n.으깸, 분쇄(진압)

crush와 squash는 동의어. 오렌지 **크러쉬**, 레몬 **크러쉬** 등 생과일을 **으깨어** 만든 음료가 많습니다. 캔에 crush라고 적혀 있는 과즙 음료를 마트에서 흔히 볼 수 있지요.

- All you have to do is just **crush** frozen milk with a spoon.
  여러분은 숟가락으로 얼린 우유를 으깨기만 하면 됩니다.

crust [krʌst] n.(물건, 빵, 파이)딱딱한 껍질

치즈 **크러스터** 피자(cheese crust pizza)는 피자 테두리에 있는 **딱딱한** 빵 **껍질** 사이에 치즈를 넣은 피자입니다.

- Fossil fuels come from the top layer of the earth's **crust**.
  화석 연료는 지각(지구 껍질)의 최상층에서 나온다.

exile [ékzail] n.망명(자), 추방(된 자) vt.추방(유배, 망명)하다

[이그자일] ▶ [이] 자와 [그] 자를 [자일]로 묶어서 **추방해**.
자일(Seil)은 등산용 밧줄. 추방은 쫓겨나는 것이고, 망명은 스스로 떠나는 것이죠.

- Is **exiled** Korean singer Yoo Seung-jun attempting to make a comeback in Korea?
  추방된 한국 가수 유승준이 한국으로의 복귀를 시도하고 있나요?

experiment [ikspérəmənt] n.실험, 시험, 시도(trial) vi.실험하다, 시도하다

ex(밖으로=out)+peri(위험=peril)+ment(명접)의 결합.

'**위험을 감수하고 밖에서 무엇을 해보는 행위=실험**'입니다. 폭발할 수 있는 위험을 무릎 쓰고 밖에서 해 보는 것은 실험입니다.

- peril [pérəl] n.위험, 모험 • a chemical experiment 화학실험
- His theory has been confirmed by an **experiment**. 그의 이론은 실험으로 확인되어 있습니다.

hoarse [hɔːrs] a.목쉰, 쉰 목소리의

쉰 목소리가 날 때 홀스(Halls)라는 사탕을 먹으면 효과적입니다. 목을 일시적으로 뚫어주는 효과와 입 냄새를 제거해 주지요. 특히 면접 보기 전에 먹으면 좋습니다.

- The politician is **hoarse** from giving speeches.
  그 정치인은 여러 연설로 인해 목소리가 쉬었다.

leftover [léftòuvə:r] n.(pl.)나머지, 남은 음식 a.남은

left(남겨져 있는)+over(끝)의 결합.

'식사를 끝마치고 남겨져 있는 것=나머지, 남은 음식'입니다. left는 leave의 과거분사이고, over는 Game is over의 over로 끝(finish)입니다.

- Making soup is a good way of using up **leftover** vegetables.
  수프를 만드는 것은 남은 채소를 다 쓰는 좋은 방법이다.

mock [mak] v.흉내 내다(mimic, imitate), 조롱하다 n.흉내, 가짜, 조롱

등이 굽은 사람 앞에서 등 굽은 흉내를 내는 것은 그 사람을 조롱하는 것이고, 진품을 흉내 내어 만들면 가짜이기 때문에 '**흉내**'에서 '**조롱, 가짜**'라는 뜻이 파생됩니다.

- Children tend to **mock** their parents in many ways.
  아이들은 여러 측면에서 부모를 모방하는(흉내 내는) 경향이 있다.

affiliate [əfílièit] vi.가입하다, 제휴(연계)하다 n.계열사, 자회사

af(이동=ad)+fil(채우다=fill)+iate의 결합.

'가입 신청서, 계약서를 채우다=가입하다(enter, join, participate), 제휴하다(associate)'입니다. 개인이 회원 가입 신청서를 채우면 가입하는 것이고, 어떤 회사나 단체가 서로의 이익을 위하여 계약서를 작성하여 채우면 제휴하고 연계하는 것입니다.

- affiliation [əfìliéiʃən] n.가입(entry, admission), 제휴(association)
- She **affiliated** herself with the Democratic Party.
  그녀는 민주당에 가입했어.
- The hospital is **affiliated** with the local university.
  그 병원은 지역 대학과 연계(제휴)되어 있다.

adapt [ədǽpt] vt.적합(적응)시키다, 개작하다 vi.적응하다

ad(이동=to)+apt(a.적합한=fit, suitable)의 결합.

'자신을 이동한 그곳에 적합하도록 만들다=적응하다(adjust, accomodate)'입니다. 미국에 도착하여 자신을 미국 생활에 적합하도록 만드는 것은 미국 생활에 적응하는 것이지요. 난해한 소설, 음악 등을 일반인에게 적합하도록 만드는 것은 개작(각색, 편곡)입니다.

- adaptation [ædəptéiʃən] n.적응, 순응, 개작(물), 번안, 각색
- He struggled to **adapt** to Chinese culture.
  그는 중국 문화에 적응하려고 애썼다.
- Bach used to **adapt** the works of Vivaldi.
  바흐는 비발디의 곡들을 개작하곤 했다.

aptitude [ǽptitùːd] n.적성(fitness), 소질, 경향(tendency, trend, inclination)

apt(a.적합한, 경향이 있는)+i+tude(상태)의 결합.

'적합한'의 명사형은 '적(합)성'이고, '경향이 있는'의 명사형은 '경향'입니다. 어떤 일에 적성이 있다는 것은 그 일에 소질이 있다는 것이기 때문에 '**적성**'에서 '**소질**'이란 뜻이 파생.

- The job which corresponds with my **aptitude** is ideal.
  나의 적성과 일치하는 직업이 이상적이야.

congruous [káŋgruəs] a.일치하는(consistent), 적합한, 적당한

con(강조=completely)+gru(그룹=group)+ous의 결합.

'같은 그룹에 속해 있는=일치하는, 적합한(fit, suit, suitable, appropriate)'입니다. 내가 입사하여 영업부로 발령 났는데 동료도 영업부로 발령 났다면 업무가 일치하는 것이고, 두 사람에게는 영업이 적합한(적당한) 것이죠.

- The result wasn't **congruous** with the efforts we had put in.
  결과는 우리가 투입했던 노력과 일치하지 않았다.
- We need a **congruous** location for a new library.
  우리는 새 도서관 짓기에 적합한 장소(부지)가 필요합니다.

annihilate [ənáiəlèit] vt.전멸(말살)시키다, 완파하다

an(이동=ad)+nihil(zero=nothing)+ate의 결합.

'쳐들어가서 적군의 숫자를 0으로 만들다=전멸시키다'입니다. 영국인의 조상인 앵글로색슨족은 살인, 약탈, 방화가 기본인 야만인으로 적군을 전멸시키고 적군이 가진 것을 취했습니다. 발음 [언아이~]에서 [어른아이] 구분 없이 **모조리 전멸**시키는 게르만족을 떠올려 보세요.

- They tried to viciously **annihilate** our people. 그들은 악랄하게 우리 민족을 말살하려 했다.

germane [dʒəːrméin] a.밀접한 관계(관련)가 있는, 적절한(pertinent, relevant)

germ(n.기원, 근원=origin, source)+ane의 결합.

'거슬러 올라가 보니 기원과 근원이 같은=관계가 있는(relevant, related)'입니다. 누군가 출생의 근원이 나와 같다면 나와 밀접한 관계가 있는 친족입니다. 흡연과 폐암이 밀접한 관계가 있다면 흡연과 폐암을 관련짓는 것은 적절하기 때문에 '**관계가 있는**'에서 '**적절한**'이란 뜻이 파생.

- **germ** [dʒəːrm] n.기원(origin, source), 근원, 미생물, 병원균
- Smoking is **germane** to lung cancer. 흡연은 폐암과 밀접한 관계가 있어.
- Your remarks were really **germane** to the discussion.
  너의 발언은 참으로 그 토론에 적절했어.

apparel [əpǽrəl] n.옷, 의류, 복장

ap(이동=ad)+pare(준비하다, 준비시키다=prepare)+l의 결합.

'밖으로 나갈 때 몸에 준비시키는 것=의복(clothing, clothes, attire)'입니다. clothes는 순수 영어단어이고 apparel은 라틴어에서 유입된 단어. 어패럴(apparel)이란 상호가 들어간 회사는 옷을 생산하고 판매하는 회사. 우리가 순수 우리말보다는 영어, 한자어를 좀 더 고급스럽게 생각하듯이, 영어 원어민들은 순수 영어 단어보다 그리스어, 라틴어에서 온 단어들을 더 고급스럽게 생각합니다.

- The store sells women's and children's **apparel**.
  그 매장은 여성복과 아동복을 판매합니다.

cover [kʌ́vər] vt.덮다, 감추다, 보호하다, 책임지다, (보험)보장하다, 취재(방송)하다
n.덮기, 덮개, 표지, 보장, 업무대행(책임지기)

cover는 '덮다'에서 모든 뜻이 파생. 자신의 집으로 도망 온 친구를 덮어 주는 것은 감추고, 보호하고, 책임지는 것입니다. 보험회사에서 책임지는 것은 보장. 덮여 있는, 감추어진 진실을 기자가 취재하고 방송하기 때문에 '덮다, 감추다'에서 '취재하다'는 뜻 파생.

- coverage [kʌ́vəridʒ] n.(보상, 시청)범위, 취재, 보도
- He laughed to **cover** his nervousness. 그는 초조함을 감추기(덮기) 위해 웃었다.
- Does your insurance policy **cover** hospitalization?
  당신의 보험 증권은 입원 치료도 보장하나요(책임지나요, 커버하나요)?
- We will **cover** all the major games of the playoffs.
  우리는 플레이오프의 모든 주요 경기를 방송할 것입니다.

cryptic [kríptik] a.숨은(hidden), 애매한(아리송한, 수수께끼 같은)

crypt(n.토굴, 지하실=basement, cellar)+ic의 결합.

'토굴이나 지하실에서 살고 있는=숨은, 애매한'입니다. 크립트(Crypt)는 교회나 성당의 지하에 있는 방으로 보통 예배당이나 납골당으로 이용. 교회 지하실이나 토굴에 살고 있으면 숨어있는 것이고, 숨어 살고 있으면 어디서 무엇을 하는지 알 수 없는 애매한 상태가 됩니다.

- Some words have **cryptic** meanings. 일부 단어들은 숨은 의미를 갖고 있습니다.
- If you want specific answers, be less **cryptic** with your questions.
  네가 구체적인 답변을 원하면, 질문을 덜 애매하게 해.

intimate [íntəmit] a.(절)친한, 친밀한, 친숙한 vt.암시하다(suggest), 넌지시 알리다

in(안에)+ti+mate(친구=friend)로 결합.

'마음속까지 알 수 있는 친구 같은=친한(familiar, close, friendly)'입니다. 마음이 통하는 절친한 친구는 넌지시 알려줘도 무슨 말을 하려는지 알기 때문에 '절친한'에서 '암시(시사)하다'는 뜻 파생. 넌지시 알려주는 것이 암시, 시사입니다.

- The estranged friends became **intimate** again.
  멀어졌던 친구들이 다시 친해졌다.
- He has already **intimated** he intends to leave Korea.
  그는 자기가 한국을 떠날 작정이라고 이미 암시해 놓았다.

banal [bənǽl] a.(못마땅함)평범한, 시시한(uninteresting, dull), 따분한, 진부한

ban(n.금지, 반대=prohibition)+al의 결합.

'모든 사람이 하지 말라고 반대하는=시시한, 따분한'입니다. 재미있는 이야기를 들려주겠다고 하는데 모든 사람이 하지 말라고 반대하면 그 이야기는 평범하고, 시시하고, 따분하고, 진부한 이야기라는 것이죠. banal(시시한)한 영화를 보고나면 다른 사람에게 보지 말라고 ban(금지)하게 됩니다.

- ban [bæn] n.금지(prohibition, taboo), 금지령, 반대(objection)

- His story was so **banal** that I couldn't help falling asleep.
그의 이야기는 너무 평범(시시, 따분, 진부)해서 잠 오는 것을 피할 수 없었어.

ponder [pándər] v.숙고하다(consider, deliberate, reflect)

pond(무게=pound)+er의 결합.

'무게 있게 깊이 생각하다=숙고하다'입니다. 파운드(pound)는 무게의 단위이고 영국 돈의 단위. ponder를 vt로 사용하면 '~을 깊이 생각하다', vi로 사용하면 '~에 관하여'라는 의미의 전치사는 on, about, over를 붙여야 합니다.

- I **pondered on** what my father had said. 난 아버지가 하셨던 말씀에 관하여 깊이 생각해 보았다.

probe [proub] v.탐사하다, 자세히 조사하다 n.탐사, 자세한 조사

pro(앞, 이전=before)+be(있다)의 결합.

눈앞에 놓여 있는 미지의 세계, 정글, 사막으로 들어가는 것은 탐사하는 것이고, 자세히 investigate 하는 것입니다.

- **Probe** the causes of the landslide. 산사태의 원인을 자세하게 조사하세요.

tease [tiːz] v.놀리다(make fun of), 괴롭히다(annoy), 집적거리다

'티저 영상, 티저 공개'란 말을 매체에서 자주 보고 듣게 됩니다. 일부만 살짝 보여줌으로써 사람들의 관심을 끌고 본 작품 발표를 기다리게 하는 맛보기 광고가 티저(teaser) 광고입니다. 가만히 있는 사람들에게 **집적거려** 관심을 갖게 하는 것이 목적이죠.

- If you **tease** me again, I could kill you. 또다시 나를 놀리면 너를 죽여 버릴 수도 있어.

admonish [ədmániʃ] vt.꾸짖다, 훈계하다, 강력하게 충고하다

ad(이동=to)+mon(충고자=monitor)+ish의 결합.

'윗사람이 아랫사람에게 강하게 충고하다=꾸짖다(reproach, reprove)'입니다. 발음[어드마니~]에서 '한 방 [어드마]야 정신 차릴래'라고 하면서 **꾸짖고 훈계**하는 모습을 떠올려 보세요.

- monitor [mánitər / mɔ́n-] n.충고자, (학교)반장, 모니터 vi.감시하다

- He was **admonished** for chewing gum in class.
그는 수업 중에 껌을 씹어 꾸지람을 받았다.

puritanical [pjúərətǽnikəl] a.청교도적인, 엄격한, 근엄한, 금욕적인

puritan(n.청교도)+ical의 결합.

퓨리턴(puritan-청교도)은 16-17세기에 영국에 나타난 신교로, 청교도들은 종교(도덕)적으로 엄격하고 금욕적인 생활을 추구했기 때문에 '**청교도적인=엄격한, 금욕적인**'입니다.

- I have no idea why you are so **puritanical**.
  난 네가 왜 그렇게 엄격한지 모르겠어.

impoverished [impávəriʃt] a.가난한, 빈곤한, 결핍된

im(안에=in)+pover(가난, 빈곤=poverty)+ished의 결합.

'**가난한 상황 속에 있는=가난한**(poor, needy, destitute, indigent)'입니다. impoverished의 어근 pover에 밑줄 쫙 긋고 단어 poverty(n.가난, 빈곤)를 기억하세요.

- The **impoverished** homeless are sleeping on the road.
  가난한 노숙자들이 길 위에서 잠을 자고 있습니다.

guarantee [gæ̀rəntíː] n.보증(보증인, 보증서, 담보물) vt.보증(장담)하다(assure)

guar(보호=guard)+antee의 결합.

'**돈 빌려줄 때 자기 재산을 안전하게 보호해 주는 것=보증인, 담보물**'입니다. 은행에서 돈을 빌려줄 때 보증인과 담보물을 요구하고, 집을 빌려줄 때 임차 보증금을 요구하는 것은 모두 자기 재산을 안전하게 보호하는 것이죠. 배우가 영화에 출연할 때 받는 보증금(출연료)을 개런티(guarantee)라고 합니다.

- I **guarantee** he uses fresh oil.
  그가 신선한 기름을 쓴다는 것을 내가 보증해.

Day 97

redeem [ridí:m] vt.되찾다(regain), 만회하다, 회복하다(recover)

[리딤] ▶ 잃어버린 [리듬]을 **되찾다**.

- He was not able to **redeem** his watch from the pawnshop. 그는 전당포에서 시계를 되찾을 수 없었다.

pursuit [pərsú:t] n.추적(chase), 추격, 추구

[퍼슈트] ▶ 슈[퍼]맨이 [수트]를 입고 악당을 **추적**하고 있어요.

- pursue [pərsú:] v.뒤쫓다(chase), 추적(추격)하다, 추구하다
- Don't spend your life in the **pursuit** of pleasure. 쾌락을 추구하며 너의 인생을 허비하지 마.

sermon [sə́:rmən] n.(종교)설교, 잔소리

설교를 그만하라고 하는 것은 **잔소리**를 그만하라는 소리죠.

- We are fed up with the same **sermon** of his. 우리는 똑같은 그의 잔소리에 진절머리가 나.

tempo [témpou] n.속도(빠르기), 박자(템포)

템포(tempo)는 음악 용어로 '빠르게, 느리게'와 같은 **속도**를 나타냅니다.

- The **tempo** of change has increased this year. 변화의 속도가 올해에 더 빨라졌어.

usage [jú:sidʒ] n.(사)용법, 취급(법)

usage는 use(vt.사용하다)+age의 결합으로, use에서 파생된 명사입니다.

- Such delicate instruments will not stand rough **usage**.
  그런 정교한 기계는 거친 사용(취급)에 견디지 못할 거야.

reward [riwɔ́:rd] n.보상(금), 사례금 vt.~에게 보상(보답, 사례)하다

re(계속=again)+ward(보다=watch)의 결합.

'**계속 지켜보고 그 대가로 주는 것=보상, 사례금**'입니다. 누군가의 행위를 쭉 지켜보고 그 행위에 대한 대가로 주는 것은 보상(금), 사례금입니다.

- She was **rewarded** for her efforts with a cash bonus.
  그녀는 자신의 노력에 대하여 현금 보너스로 보상받았다.

righteous [ráitʃəs] a.(도덕적)올바른, 정의로운

right(a.올바른, 정확한, 적절한)에 –ous가 붙어 '**도덕적으로 올바른, 정의로운**'이란 뜻으로 의미가 축소되었습니다.

- There are many **righteous** people who have fought against injustice.
  불의에 대항하여 싸워온 많은 의인이 있습니다.

scratch [skrætʃ] vt.긁다, 할퀴다 n.긁기, 할퀸(긁힌) 자국, 찰과상

'긁었네'라고 하면 되는데 '**스크래치** 났네'라고 흔히 말을 하지요. 그림에서 크레파스나 유화 물감 따위를 색칠하고 그 위에 다른 색을 덧칠한 다음 송곳, 칼 따위로 긁어서 바탕색이 나타나게 하는 기법을 **스크래치(scratch-긁기)** 기법이라고 합니다.

- Love is someone to **scratch** the itch you can't reach.
  사랑이란 당신의 손이 닿지 않는 가려운 곳을 긁어주는 사람이다.

scream [skri:m] vi.소리치다(yell), 비명을 지르다 n.비명, 절규

1996년부터 시리즈로 이어지고 있는 공포영화 **스크림(scream)**은 심장 약한 사람이 보면 **비명**을 지르게 됩니다. 할로윈이 가까워지면 스크림 가면, 스크림 복장이 불티나게 판매되지요.

- If you lay a finger on me, I'll **scream**. 내게 손가락 하나라도 대면, 소리칠 거야.

vapor [véipər] n.증기(수증기, 김) vi.증발하다

영국에서는 철자를 vapour로 사용. vapor는 프랑스어 vapeur가 영어에 유입되어 철자 e가 o로 바뀌어 vapour가 되었고, 다시 미국에서 o가 생략되어 vapor가 된 것입니다.

- The cool air makes the **vapor** condense into a cloud.
  찬 공기는 수증기를 응축하여 구름을 만든다.

euthanasia [jù:θənéiʒiə] n.안락사

eu(좋은=good)+than(보다)+asia(아사)로 결합.

'**굶어 죽는 아사보다 좋은 것=안락사**'입니다. euthanasia는 그리스어로 eu(좋은)+thanasia(죽음=death)의 결합이지만, 우리는 영어 학자가 될 목적으로 영어단어를 암기하는 것이 아니기 때문에 위와 같이 분해하면 더 쉽게 기억할 수 있습니다.

- **Euthanasia** is another major ethical issue.
  안락사는 또 하나의 중요한 윤리적 문제이다.

petty [péti] a.사소한(trivial, slight), 하찮은, 쩨쩨한

[페티] ▶ 햄버거 속에 넣는 [패티]로 뭘 넣을지 **사소한** 고민을 하는 엄마를 연상.

- petty troubles 사소한 걱정거리 • petty expenses 사소한 경비(잡비)
- How could you be so **petty**? 넌 어떻게 그렇게 쩨쩨할 수 있니?

insipid [insípid] a.맛없는(flavorless, untasty), 재미없는(uninteresting)

in(부정=not)+sipid(맛있는=tasty)의 결합.

'살아가는 맛이 없는=재미없는'입니다. 발음 [인씨피~]의 [인씨피=안씨피]에서 안 씹히는 맛없는 음식을 떠올려 보세요.

- In reality, hospital food is **insipid** for the most part.
  사실, 병원 음식은 대부분 맛이 없어.
- After an hour of **insipid** conversation, they left.
  한 시간 동안의 재미없는 대화 후에 그들은 헤어졌다.

succulent [sʌ́kjələnt] a.물기가 많은, 과즙(육즙)이 많은

suc(빨다=suck)+cul+ent의 결합.

'빨아들여야 하는 것이 많은=물기가 많은'입니다. 치과 치료를 받으면 석션(suction)이란 소리를 자주 듣게 됩니다. 치료하면서 입속에 피나 이물질이 생기면 의사가 간호사에게 suction(빨아들이기) 하라고 합니다.

- suck [sʌk] vt.(액체)빨다, 흡수하다   • suction [sʌ́kʃən] n.빨기, 빨아들이기
- I like **succulent** sweet fruits.
  나는 즙이 많고 달콤한 과일을 좋아해.
- The roast beef was **succulent**.
  그 구운 쇠고기는 육즙이 많았어.

gratis [gréitis] a.무료인, 공짜인 ad.무료로, 공짜로

grat(감사=gratitude)+is의 결합.

'감사하는 마음으로 선물로 주는=무료인, 공짜로(for nothing)'입니다. 감사하는 마음으로 주는 선물은 공짜로, 무료로 주는 것이죠.

- gratitude [grǽtətjùːd] n.감사(하는 마음)   • ingratitude [ingrǽtətjùːd] n.배은망덕
- On the first Monday of each month, admission is **gratis**.
  매월 첫 번째 월요일에 입장료는 무료입니다.

annex [ənéks] vt.(영토를)합병하다

an(이동=ad)+nex(묶다=tie)의 결합.

'어떤 영토를 가져와 자신의 영토에 묶다=합병(병합)하다'입니다.

- After Japan **annexed** Korea, countless scores of palace buildings were demolished to make rooms for the governor-general office.
  일본이 한국을 합병한 후, 수많은 궁정은 일본 총독의 방을 만들기 위해 파괴되었다.

nocturnal [nɑktə́:rnl / nɔk-] a.야행성의, 밤에 활동하는

noc(밤=night)+turn(돌다)+al의 결합.

'낮에는 돌아다니지 않고 밤에 돌아다니는=야행성의'입니다. 녹턴(nocturne)은 조용한 밤의 분위기를 나타낸 서정적인 피아노곡으로 우리말로 야상곡입니다. 로마 신화에서 녹스(Nox)는 밤의 여신.

- **Nocturnal** animals sleep by day and hunt by night.
  야행성 동물은 낮에 자고 밤에 사냥한다.
- You are free to enjoy your **nocturnal** sightseeing tour of our city.
  여러분은 우리 도시의 야간 관광을 자유롭게 즐길 수 있습니다.

company [kʌ́mpəni] n.모인 사람들, 손님, 교제, 친구, 단체, 회사

com(함께=with)+pan(빵=bread)+y의 결합.

'함께 빵 먹는 사람들=모인 사람들, 교제(association), 친구(friend), 단체, 회사(firm)'입니다. 함께 빵(서양의 주식) 먹는 사람들은 식사하기 위해 모인 사람들로 사람들이 모여 교제하고, 친구가 되고, 친해지면 뜻을 모아 단체나 회사를 만들기 때문에 '모인 사람들'에서 '교제, 친구, 단체, 회사'라는 뜻이 파생. 쩌먹는 호빵 브랜드 팡찌니는 pan(빵)+찌니의 결합.

- She joined the **company** in 2015. 그녀는 2015년에 그 회사에 입사했다.
- Don't keep **company** with such a man. 그런 사람과 교제해서는 안 돼.

accompany [əkʌ́mpəni] vt.~와 함께 가다, 동행(동반)하다, (음악)반주하다

ac(이동=ad=to)+company(n.사람들, 손님, 친구)의 결합.

'사람들, 손님, 친구와 함께 이동하다=함께 가다, 동행(동반)하다'입니다.

- I'll **accompany** you to the station. 당신과 함께 역까지 가겠습니다(동행하겠습니다).
- I just heard the sound of singing **accompanied** by piano.
  방금 피아노 반주로 노래 부르는 소리를 들었어.

companion [kəmpǽnjən] n.동료, 친구(company, friend), 동반자

com(함께=with)+pan(빵=bread)+ion의 결합으로, company와 어원 결합이 같습니다.

- Accused of spying she was imprisoned with her two **companions**.
  간첩행위 혐의로 그녀는 두 명의 동료와 함께 감금되었다.

comrade [kɑ́mræd] n.동료, 동무(동지), 전우

com(함께=with)+rade(룸메이트=mate)의 결합.

'군대에서 방을 함께 사용하는 룸메이트=동료, 전우'입니다. 주로 어려움이나 위험을 함께 겪는 동료를 나타내고, 공산당원들이 서로를 부를 때 사용하는 동무(동지)입니다.

- He rushed to the side of his wounded **comrade**.
  그는 부상당한 동료(전우)의 곁으로 달려갔다.

aftermath [ǽftərmæ̀θ] n. 뒷일, (전쟁 등 나쁜 것의)결과, 여파

after(뒤, 후)+math(풀베기=mowing)의 결합.

풀베기(추수) 후의 **뒷일**이라는 뜻에서 유래한 단어. after(뒤)+math(수학)로 결합하여, 수학시험을 끝낸 뒤의 참담한 결과와 선생님에게 혼나는 여파를 떠올려 보세요.

- I don't know how to cope with the **aftermath**.
  나는 뒷일에 어떻게 대처해야 할지 모르겠어.
- A lot of companies went bankrupt in the **aftermath** of the recession.
  경기 후퇴의 결과(여파)로 많은 기업이 파산했습니다.

amalgamate [əmǽlgəmèit] v. 혼합하다(mix), 통합하다, 합병하다(merge)

amalgam(아말감-혼합재료)+ate의 결합.

'서로 다른 회사나 재료를 혼합하다=혼합하다, 합병하다'입니다. 아말감(amalgam)은 수은에 다른 금속을 섞은 수은 **혼합물**로 치과에서 치아를 때울 때 사용하는 재료. '아말감화하다=혼합, 통합, 합병하다'입니다.

- They have decided to **amalgamate** the two companies.
  그들은 두 회사를 합병하기로 결정해 놓았다.
- Many different peoples are **amalgamated** in the United States.
  미국에는 다른 많은 민족이 혼합되어 있다.

affiance [əfáiəns] vt. 약혼시키다(engage) n. 약혼(engagement), 서약(pledge)

af(이동=ad)+fiance(n.피앙세, 약혼자)의 결합.

'결혼을 약속한 약혼자에게 자식을 보내다=약혼시키다'입니다. 피앙세는 프랑스어로 약혼자입니다. 약혼은 결혼하기로 서약하는 것이기 때문에 '약혼'에서 '서약'이란 뜻이 파생.

- They were **affianced**[engaged] to be married.
  그들은 결혼하기로 약혼되어 있었다.

amiable [éimiəbəl] a. 상냥한, 사랑스러운, 붙임성 있는

am(사랑=love)+i+able(가능)로 결합.

'누군가 자신을 사랑할 수 있도록 행동하는=상냥한(sweet, nice, tender, kind)'입니다. 여자 이름 Amy, Amanda, Amelia, Amita의 am은 모두 beloved(사랑받는)입니다. 우리는 영애, 경애, 수애, 희애 등 많은 이름에서 사랑 애(愛)를 사용하고 있지요.

- She is **amiable** and gets along well with everyone.
  그녀는 상냥하고 모든 사람과 잘 지낸다.

amicable [ǽmikəbəl] a.우호적인(friendly), 평화적인(peaceful)

am(사랑=love)+ic+able(가능)의 결합.

'서로 만나면 사랑이란 느낌을 가질 수 있는=우호적인, 평화적인'입니다. 발음 [애미커블]에서 [애미]―어머니]처럼 나의 일을 [커브]해 주는 **우호적인** 사람을 떠올려 보세요.

- It is important to maintain an **amicable** relationship with business acquaintances.
  사업상 아는 사람들과 우호적인 관계를 유지하는 것은 중요합니다.

enmity [énməti] n.증오, 적대감, 반목, 원한

en(부정=in=not)+m(am=love=사랑)+ity(명접)의 결합.

'서로 간에 조금의 사랑도 없는 상태=증오(antipathy, hatred, hostility)'입니다.

- The **enmity** between the two countries still remains.
  그 두 나라 사이의 증오(적대감, 반목, 원한)는 여전히 남아 있다.
- You have any personal **enmity** with him?
  네가 그와 어떤 개인적인 원한이 있는 것 아냐?

animate [ǽnəmèit] vt.~에 생기(생명)를 불어넣다, 격려하다(encourage)

anim(동물=animal)+ate(동접)의 결합.

'죽은 것을 동물처럼 살아 움직이게 만들다=생기(생명)를 불어넣다'입니다. 만화영화를 애니메이션(animation)이라고 하는데, 죽은 그림에 생기(움직임)를 불어넣어 그림을 동물처럼 움직이게 한 것입니다. 어근 anim은 move라는 뜻.

- animation[æ̀nəméiʃən] n.생기, 활기, 만화영화
- animated[ǽnəmèitid] a.활기찬(생기가 불어 넣어진)
- The boy acted his part as a swordman with great **animation**.
  그 소년은 검객 역을 아주 활기 있게 해냈다.

aplomb [əplám] n.침착(calmness, coolness), (마음)평정

a(이동=ad)+plomb(납=lead)의 결합.

'마음이 흥분하지 않고 납처럼 무겁고 차가운 상태=침착'입니다. 그물이나 낚시 추로 납을 사용하는 것은 납이 다른 금속보다 무겁기 때문입니다. 마음이 납처럼 무거우면 침착한 것이죠.

- He delivered the speech with **aplomb** as usual.
  그는 평상시처럼 침착하게 연설했다.

Day 98

auction [ɔ́ːkʃən] n.경매 vt.경매하다

경매 방식의 유명한 인터넷 쇼핑몰 **옥션**(auction)은 누구나 다 알고 흔히 사용합니다.

- They put up goods at an **auction**.
  그들은 상품을 경매에 내놓았다.

attire [ətáiər] n.옷(clothes), 옷차림새 vt.차려 입히다

[어타이어] ▶ [어!] 사망자의 **옷**에 [타이어] 자국이 있네.

- night attire 잠옷   • sport attire 스포츠 복
- Please come in casual **attire** [clothes].
  편안한 옷을 입고 오세요.

bless [bles] vt.~에게 은총을 내리다, 축복하다

God bless you!는 '당신에게 신의 은총이 있기를!'로, 험난한 여정을 떠나는 사람에게 하는 말입니다. 영화에서 가끔 듣게 되지요.

blink [bliŋk] v.깜빡이다 n.깜빡임

[블링크] ▶ [블윙크]로 기억하면 **윙크**(wink)는 눈을 **깜빡이는** 것입니다.

- A white object passed by me in the **blink** of an eye.
  눈 깜짝할 사이에 하얀 물체가 내 옆을 지나갔다.

choir [kwaiər] n.합창단, 성가대 v.합창하다

[콰이어] ▶ 에스 [콰이어] 신발을 신은 **합창단**을 연상하세요.

유명 잡지와 신발 브랜드에 사용한 에스콰이어(esquire)는 중세 영국에서 남자에게 사용하던 칭호(님, 귀하)입니다.

- The **choir** performs regularly both at home and abroad.
  그 합창단은 국내와 해외에서 정기적으로 공연한다.

choke [tʃouk] n.질식 vt.질식하게 하다 vi.질식하다

UFC 격투기 경기를 보면 **쵸크**(choke-질식)란 용어가 자주 등장합니다. 상대편의 목을 졸라 질식 직전까지 가면 승리하는 것이죠.

- Birds and fish sometimes eat plastic and **choke**.
  새들과 물고기들은 플라스틱을 삼키고 질식하곤 한다.

float [flout] vi.뜨다, 떠다니다 vt.띄우다

[플로우트] ▶ [플로우]에서 flow(흐르다)를 떠올리면 둥둥 **떠다니는** 모습을 연상할 수 있습니다.

- Tiny plants **float** on the water and are a food source.
  작은 식물들은 물 위에 떠다니며 식량원이 된다.

flock [flɑk] n.무리, 떼

flock은 작은 새나 양 따위의 무리입니다. 태극기는 바람에 펄럭펄럭, 새**떼**는 [플락 플락] 날아갑니다.

- A **flock** of thousands of swallows flew away.
  수천 마리의 제비가 날아갔다.

screw [skru:] n.나사(못), 스크루(배의 추진기) vt.나사로 조이다

아이스크림에 **스크루** 바(screw bar)가 있습니다. **나사** 모양으로 된 분홍색 아이스크림으로 한 번은 먹어봤을 것입니다.

- You need to **screw** all the parts together.
  모든 부품을 함께 나사로 고정해야 해.

sculpture [skʌ́lptʃəːr] n.조각 vt.조각하다

s(밖으로=es=ex)+culp(자르다=cut)+ture의 결합.

'**잘라서 밖으로 내는 것**=**조각**'입니다. 석고, 돌, 나무에 밑그림을 그리고 필요 없는 부분을 잘라(culp) 밖으로(es) 내는 것은 조각이죠.

- The **sculpture** made the town famous around the world.
  그 조각상은 그 도시를 세계적으로 유명하게 만들었습니다.

seal [si:l] n.직인(도장), 봉인(밀폐), 바다표범, vt.확정짓다, 봉인(밀폐)하다

계약서나 입찰 서류에 도장을 찍은 다음 서류를 봉투에 넣고 봉인(밀폐)하기 때문에 '**도장**'에서 '**봉인**'이란 뜻이 파생되고, 도장을 찍는 것은 계약을 확정 짓는 것이기 때문에 '**도장**'에서 '**확정 짓다**'는 뜻이 파생됩니다.

- seal a contract 계약을 확정 짓다
- Please put it in this envelope and **seal** it.
  그것을 이 봉투에 넣어서 봉인해 주세요.

종합 **653**

deprecate [déprikèit] vt.(강력히)반대하다, 비난하다(denounce, condemn)

de(아래=down)+pre(기도하다=pray)+cate의 결합.

'무릎 꿇고 누군가 어떤 행위를 하지 않게 해 달라고 기도하다=반대하다(object)'입니다. 바닥에 무릎 꿇고 제발 누군가 어떤 행위를 하지 않게 해 달라고 신에게 기도하는 행위에서 '반대하다'는 의미로 파생. 반대했음에도 강행하면 비난하게 되지요.

- I **deprecate** that kind of political intervention. 나는 그런 정치적 개입에 강력히 반대합니다.
- She doesn't like to hear her parents **deprecate** her husband.
  그녀는 부모님이 남편 비난하는 것을 듣기 싫어한다.

depreciate [diprí:ʃièit] vt.가치를 떨어뜨리다, 경시하다 vi.가치가 떨어지다

de(아래=down)+preci(가격, 가치=price)+ate의 결합.

'정상 가치보다 낮은 가격을 매기다=가치를 떨어뜨리다(debase, deteriorate)'입니다. 어근 preci의 철자를 재배열하면 price(가격)입니다. 위에서 설명한 deprecate(반대하다)는 철자 i가 없습니다. 어근 price(가격)와 pray(기도)로 두 단어를 구분하세요.

- **appreciate** [əprí:ʃièit] vt.감상하다, 평가하다, (진가를)인정하다, 고맙게 여기다
- A car begins to **depreciate** from the moment it is bought.
  자동차는 구매되는 순간부터 가치가 떨어지기 시작합니다. vi.
- We should not **depreciate** the value of taking exercise.
  운동의 가치를 경시해서는 안 돼. vt.

appropriate [əpróuprit] a.적절한(proper), 타당한 vt.사유화(횡령, 도용)하다

ap(이동=ad)+propri(적절한, 자신의=proper)+ate의 결합.

'자신의'에서 '사유화하다(자신의 것으로 만들다)'는 뜻이 파생. property(n.재산-자신의 것)는 proper(자신의)의 명사형입니다.

- **proper** [prápər] a.적절한(appropriate), 타당한, (고어)자신의
- It was not an **appropriate** answer for the situation. 그것은 그 상황에 적절한 대답이 아니었어.
- Do not **appropriate** my ideas! 나의 아이디어를 도용하지 마!

approximate [əpráksəmèit] a.대략적인, 근사치의 vi.가깝다

ap(이동=ad)+proxim(가까운=near)+ate의 결합.

'이동해서 가까운 곳에 있다=가깝다'입니다. 어근 proxim을 pro(앞=before)+xim(심=핵심)으로 결합하면, 핵심 바로 앞으로 이동해서 핵심과 가깝다는 어감을 느낄 수 있습니다.

- **approximately** ad.대략, 거의(almost, nearly)
- That is an **approximate** account of what happened.
  그것이 일어난 일에 대한 대략적인 이야기야.
- His words **approximate** to the truth. 그의 말은 진실에 가까워.

atheist [éiθiist] n.무신론자(unbeliever)

a(부정=an=not)+the(신=god)+ist(사람)의 결합.

'신을 믿지 않는 사람=무신론자'입니다. 그리스어로 theos는 god(신)이란 뜻. 어떤 종교를 믿으라고 강요하면 '[에이~씨] 난 **무신론자야**'라고 투덜대며 말하세요.

- atheism [éiθiìzəm] n.무신론, 무신앙 생활 • theism [θí:izəm] n.유신론
- She has been a confirmed **atheist** for many years. 그녀는 오랫동안 확고한 무신론자로 살아왔다.

arbitrate [á:rbitrèit] v.중재하다(mediate, intervene), 조정하다

ar(이동=ad)+b+it(가다=go)+rate(가격=price)로 결합.

'돈 문제로 다투고 있는 사람들에게 가다=중재하다'입니다. 임금인상 문제로 경영자와 노동자 사이에 분쟁이 빈번합니다. 파업, 공장 폐쇄와 같은 극단적인 행위는 국가 경제에 해가 되기 때문에 중재자를 보내 중재하고 조정하게 되지요.

- He **arbitrated** a disagreement between workers and management.
  그는 노동자와 경영진 사이의 불화를 중재했다.

assuage [əswéidʒ] vt.(고통 따위)완화시키다, 달래다, 진정시키다

as(이동=ad)+su(달콤한=sugar)+age의 결합.

'달콤한 사탕을 주다=완화시키다(alleviate, relieve, relax, ease, soften)'입니다. 치과 치료 후 아이에게 달콤한 사탕을 주는 것은 사탕의 단맛이 고통을 완화시켜 주기 때문이죠.

- assuagement [-mənt] n.완화(alleviation, relaxation), 진정
- The trip was somewhat effective in **assuaging** my pain.
  그 여행은 나의 아픔을 완화(진정)시키는 데 어느 정도 효과가 있었다.

atrophy [ǽtʃəfi] n.퇴화, (의학)위축 v.퇴화(위축)시키다

a(부정=an=not)+trophy(영양)의 결합.

라틴어 atrophia(영양부족)이 영어에 유입된 단어. 영양부족은 신체기능을 위축, 퇴화시키기 때문에 '**영양부족**'에서 '**위축, 퇴화**'라는 뜻이 파생.

- Memory can **atrophy** through lack of use. 기억력은 사용 부족으로 인해 퇴화할 수 있습니다.

combustion [kəmbʌ́stʃən] n.연소, 산화, 발화

com(함께=with)+bu(타다=burn)+stion의 결합.

'물질이 산소와 함께 화합하여 빛과 열을 내며 타는 현상=연소'입니다.

- Concentrated oxygen promotes fast **combustion**.
  농축된 산소는 빠른 연소를 촉진합니다.
- The **combustion** of fossil fuels produces heat and light.
  화석 연료의 연소는 열과 빛을 만들어냅니다.

commend [kəménd] vt.맡기다(위임하다), 칭찬하다(praise), 추천하다(recommend)

com(강조=completely)+mend(위임=mandate)의 결합.

'완전하게 위임하다=맡기다(entrust)'입니다. 자기 일을 믿고 맡기는 사람은 다른 사람에게도 칭찬하며 추천하기 때문에 '맡기다'에서 '칭찬하다, 추천하다'는 뜻이 파생. 주로 '추천하다'는 의미로 사용.

- mandate [mǽndeit] n.위임, 명령 • commendation [kàmendéiʃən] n.위임, 칭찬, 추천
- He **commended** his children to his brother.
  그는 아이들을 형에게 위탁했다.
- I **commend** it to you as a realistic real option.
  나는 그것을 현실적인 선택 방안으로 너에게 추천해.
- The teacher **commended** him for his good conduct.
  선생님께서는 그의 선행을 칭찬했다.

cleanse [klenz] vt.깨끗하게 하다 vi.깨끗해지다

clean(깨끗하게 하다, 청소하다)과 cleanse(깨끗하게 하다)는 동의어. cleanse는 몸과 마음을 깨끗하게 하는 것. 클렌징워터, 클렌징오일, 클렌징크림 등 화장품을 사용하는 사람이라면 클렌징(cleansing-깨끗이 함, 정화)이란 용어에 익숙할 것입니다.

- Fasting helps Muslims **cleanse** their bodies and minds.
  이슬람교도들은 금식을 통해 몸과 마음을 깨끗하게 한다(정화시킨다).
- **Cleanse** your face before you sleep. 잠들기 전에 세수해라(얼굴을 깨끗하게 해라).

attorney [ətə́ːrni] n.변호사(lawyer), (법적)대리인

at(이동=ad)+torn(돌리다=turn)+ey의 결합.

'소송 의뢰인의 불리한 상황을 유리한 상황으로 돌리는 사람=변호사'입니다.

- He is a competent human rights **attorney**. 그는 유능한 인권 변호사야.

commensurate [kəménʃərit] a.상응하는(suitable), 비례하는(proportional)

com(강조=completely)+mensur(재다, 측정하다=measure)+ate의 결합.

'크기를 측정하고, 그 크기에 맞은=상응하는, 비례하는'입니다. 태풍이 지나가면 정부는 태풍으로 인한 농작물 피해의 크기를 측정하고, 그 크기에 상응(비례)하는 경제적 지원을 하지요.

- They have **commensurate** duties as well as privileges.
  그들은 특권뿐 아니라 상응(비례)하는 의무도 갖고 있어.

commonplace [kámənplèis] a.평범한, 아주 흔한 n.흔한 일, 다반사

common(a.평범한, 일반적인, 공통의)+place(장소)의 결합.

'평범한 장소 어디에나 있는=평범한(common, ordinary)'입니다.

- Air travel has now become **commonplace**.
  비행기 여행은 이제 평범한 것이 되었습니다.

compact [kámpækt] a.조밀한, 소형의 vt.압축하다 n.콤팩트, 계약(contract), 협정

com(함께=with)+pact(고정시키다, 계약)의 결합.

콤팩트(compact)는 화장용 분말 가루를 **조밀**하게 **압축**시켜서 **소형** 케이스에 넣은 여성용 화장품. **소형차**를 **콤팩트 카(compact car)**라고 하는데, 차는 작지만 모든 기능이 조밀하게 압축되어 있다는 것입니다. 조밀하게 채우려면 압축해야 하기 때문에 '**조밀한**'에서 '**압축하다**'는 뜻이 파생. 계약(협정)서는 많은 조항으로 조밀하게 들어차 있기 때문에 '**조밀한**'에서 '**계약, 협정**'이란 뜻이 파생. 일반적으로 agreement(협정)를 많이 사용.

- pact [pækt] n.계약, 협정(agreement) vt.계약하다(contract)
- The equipment is packed in that case in a **compact** way.
  그 상자 안에는 장비들이 조밀하게 채워져 있다.
- **Compact** car is more economical in these hard times.
  요즘같이 어려울 때는 소형차가 더욱 경제적이야.

consecrate [kánsəkrèit] vt.바치다

con(강조=completely)+secr(신성한=sacred)+ate의 결합.

'신성한 존재에게 무엇을 바치다=**바치다**(devote, dedicate)'입니다.

- He **consecrated** his life to church.
  그는 자기 일생을 교회에 바쳤다.
- His life was **consecrated** to curing the poor and sick.
  그의 일생은 가난하고 병든 사람들을 치료하는데 바쳐졌다.

deplore [diplɔ́ːr] vt.애통해하다, 개탄하다, 규탄하다

de(아래로=down)+plore(울다=cry)의 결합.

'울어서 눈물이 아래로 흐르다=**애통해하다**(lament, mourn, grieve)'입니다. 발음 [디플로]의 [플로]에서 누군가 죽어 **플로**(마루-floor)에 눈물을 뚝뚝 떨어뜨리면서 **애통**해하는 모습을 떠올려 보세요.

- People **deplored** the death of their leader.
  사람들은 지도자의 죽음을 애통해(애도)했다.
- We cannot but **deplore** the corrupt conditions of this society.
  우리는 이 사회의 부패 상황을 보고 개탄하지 않을 수 없습니다.

implore [implɔ́ːr] v.애원하다, 간청하다

im(계속=in=on)+plore(울다=cry)의 결합.

'자신의 소원을 들어달라고 계속 울다=**애원하다**(beg, entreat)'입니다. 자신의 소원을 들어달라고 계속 우는 것은 애원하고 간청하는 것이죠. 애원은 애절하게 원하는 것이고, 간청은 간곡하게 청하는 것.

- I **implore** you, don't hurt him.
  당신에게 애원하는데, 그를 해치지 마세요.
- He **implored** us to sustain his plan.
  그는 우리에게 자기 계획을 지지해달라고 애원했다.

condescend [kàndisénd] vi. 자신을 낮추다, 잘난 척하다

con(강조=completely)+de(아래=down)+scend(보내다=send)의 결합.

'자신을 다른 사람 아래로 보내다=자신을 낮추다, 잘난 척하다'입니다. 원래 겸손한 사람이 자신을 낮추는 것은 겸손한 것이지만, 겸손하지 않은 사람이 자신을 낮추면 잘난 척하는 것이죠.

- President **condescended** to eat with the homeless.
  대통령은 자신을 낮추고 노숙자들과 함께 식사했다.
- I don't like the way you **condescend** to me.
  난 네가 나에게 잘난체하는 게 마음에 들지 않는다.

찾아보기

A

abandon 135
abase 097
abate 433
abbreviate 111
abdicate 248
abduct 221
abet 096
abhor 113
abide 097
abject 399
abjure 111
abnormal 110
aboard 097
abolish 111
abominate 113
abort 624
abound 112
abridge 112
abroad 097
abrogate 305
absent 110
absolute 326
absolve 325
absorb 110
abstain 273
abstract 294
abstruse 180
absurd 112
abuse 111
accede 213
accelerate 099
accept 192
access 214
accessory 214
accidental 605
acclaim 432
acclimate 101
accommodate 204
accompany 649
accomplice 353
accomplish 352

accord 618
account 099
accumulate 099
accurate 100
accuse 100
accustomed 100
achieve 098
acid 316
acknowledge 100
acme 316
acquaint 101
acquiesce 324
acquire 304
acquit 101
acrid 317
acrimonious 317
acumen 316
acute 600
adamant 366
adapt 641
addict 247
adduce 220
adept 571
adequate 296
adhere 321
adjoin 102
adjourn 102
adjust 101
administer 314
admonish 644
adolescence 543
adopt 102
adore 312
adorn 102
adroit 636
adulterate 323
advance 208
advantage 208
advent 206
adventure 206
adverse 286
advertise 285
advise 232

advocate 388
affable 250
affect 307
affiance 650
affiliate 641
affinity 277
affirm 586
afflict 434
affluent 223
afford 103
affront 103
aftermath 650
agency 261
agenda 261
aggrandize 103
aggravate 103
aggress 216
aghast 098
agile 261
agitate 262
agnostic 356
agony 262
agriculture 474
aid 614
ailment 612
aim 549
air 454
akin 098
alacrity 317
alert 549
alienate 612
alike 456
allay 112
allege 612
allegiance 415
alleviate 104
alley 462
allocate 104
allot 104
allow 592
allude 417
ally 562
altar 610

alter 323
altercate 323
alternative 323
altitude 610
altruistic 323
amalgamate 650
amaze 098
ambassador 551
ambiguous 155
ambivalent 155
ambush 560
amiable 650
amicable 651
amid 099
amnesty 134
amoral 134
amount 098
amphibious 155
ample 599
amuse 096
analyze 468
anarchy 252
anatomy 243
ancestor 029
anchor 547
anecdote 135
animate 651
annex 648
annihilate 642
announce 255
annual 480
annul 562
anonymous 376
antagonist 137
antarctic 136
antecedent 212
antedate 028
anterior 028
anteroom 028
anthem 551
antibacterial 136
antibiotic 136
antibody 137

anticipate 029	arduous 577	attain 274	bald 549
anticlimax 137	arithmetic 425	attempt 525	ban 423
anticrime 028	armour 546	attend 300	banal 644
antidote 138	arrest 494	attest 291	banner 485
antifreeze 137	arrogant 305	attic 570	bar 421
antipathy 360	artery 492	attire 652	barbarian 421
antipollution 136	article 500	attitude 467	bark 447
antique 028	artificial 308	attorney 656	barn 422
antirust 137	ascend 097	attract 293	barren 422
antiseptic 138	ascertain 105	attribute 284	barrier 421
antisocial 137	ascribe 372	auction 652	barter 512
antonym 376	aseptic 134	audible 317	basin 445
anxiety 486	ashamed 498	audience 318	battle 482
apathetic 361	aspect 226	audition 318	beard 480
ape 488	aspire 412	auditorium 318	beast 489
aplomb 651	assail 332	auditory 317	beckon 491
apology 254	assemble 299	augment 611	beep 492
apparatus 601	assent 359	auspicious 229	befall 167
apparel 642	assert 189	authentic 560	beget 167
appeal 395	assess 380	author 522	behold 167
appease 527	asset 188	authority 484	belated 167
append 392	assiduous 377	autobiography 374	belittle 167
appendectomy 243	assign 383	autocracy 129	belligerent 579
appendix 392	assimilate 298	autograph 129	belly 499
appetite 347	assist 181	automation 129	belong 168
applaud 584	associate 105	autonomy 129	bend 493
appliance 387	assort 105	autopsy 230	benediction 081
apply 387	assuage 655	avail 336	benefactor 081
appoint 104	assume 200	avert 288	beneficent 081
apportion 104	assure 503	avocation 388	benefit 081
appreciate 569	astonish 578	avoid 321	benevolent 082
apprehend 199	astound 578	avow 619	beset 188
apprentice 198	astray 530	await 510	besiege 627
appropriate 654	astrology 428	award 580	bestow 168
approve 290	astronaut 428	aware 504	bet 500
approximate 654	astronomy 428	awe 521	betray 499
aptitude 642	atheist 655		beverage 498
aquarium 487	athlete 571		bewilder 522
aqueduct 221	atmosphere 469	**B**	biannual 154
arbitrate 655	atom 243		bias 554
archaeology 253	atrophy 655	bachelor 456	bilateral 270
archaic 253	attach 545	baggage 549	bilingual 154
architecture 253	attack 574	bail 450	billion 154

bimonthly 154
binocular 154
biography 374
biology 620
biped 346
biracial 154
bisect 241
bitter 620
blade 574
blame 574
bland 621
blast 537
blaze 506
bless 652
blink 652
bliss 505
blossom 503
blow 510
blueprint 511
blunder 516
blunt 520
blush 543
boast 544
bolster 573
booth 526
botany 543
bother 544
bough 544
bound 544
breakdown 597
breakthrough 566
breast 596
breathtaking 609
bribe 547
bridegroom 546
brisk 532
broaden 169
broom 532
browse 595
bruise 546
brutal 477
budget 477
bulk 477

bulletin 481
bully 563
bump 538
bunch 538
burden 540
bureau 541
burglar 574
burst 536
bust 574
bustle 536
bygone 531
bystander 531

C

calamity 450
callous 628
candid 553
capable 202
cape 202
capital 203
capricious 202
caption 203
captious 192
captivate 193
capture 193
carbon 451
career 458
cargo 456
carnivorous 593
carriage 463
carry 463
carve 462
catastrophe 428
category 462
caterpillar 563
cathedral 468
caution 469
cave 444
cavern 619
cease 481
Celsius 530

censure 632
centennial 475
centimeter 475
centipede 346
cereal 481
certificate 309
certify 172
chaos 487
chap 486
chapel 492
character 496
charge 594
charity 499
charlatan 270
chasm 621
chat 621
chatter 621
chemistry 524
cherish 479
childish 522
chilly 581
chimney 507
chivalry 504
choir 652
choke 653
chore 512
chronic 439
chronicle 440
chuckle 510
circuitous 209
circulate 577
circumlocution 255
circumscribe 372
circumspect 228
circumstance 577
circumvent 206
cite 440
civilize 170
claim 431
clamor 433
clarify 172
clash 538
classify 173

clatter 525
clause 575
cleanse 656
clinch 403
clinic 477
clumsy 571
cluster 638
coalition 638
coarse 402
cocoon 477
coerce 145
coffin 277
cogent 262
cognition 356
coherent 321
cohesive 322
coincide 560
collaborate 146
collapse 146
collate 269
colleague 408
collect 406
collide 146
collude 418
colonel 546
colony 539
colossal 577
combat 433
combustion 655
comet 497
command 257
commence 367
commend 656
commensurate 656
comment 532
commerce 145
commodity 203
commonplace 656
commotion 357
communicate 547
communism 145
commute 588
compact 657

companion 649
company 649
compartment 344
compel 394
compensate 396
compete 349
compile 144
complacent 556
complain 144
complement 352
complete 351
complex 351
complicate 353
compliment 353
comply 387
compose 184
compost 186
compound 600
comprehend 147
compress 259
comprise 144
compromise 145
compulsory 395
compunction 427
comrade 649
conceal 147
concede 213
conceive 195
concept 192
conciliator 441
concise 240
conclude 237
concoct 607
concord 618
concrete 143
concurrent 401
condemn 144
condense 563
condescend 658
condone 283
conduce 221
conduct 221
confederate 437

confer 266
confess 251
confide 436
confident 436
confine 276
confirm 586
conflict 433
conform 264
confront 143
confuse 217
congenial 282
congenital 279
congest 270
congratulate 143
congregate 559
congress 216
congruous 642
conjecture 400
connect 142
conquer 303
conscience 601
conscious 601
conscript 373
consecrate 657
consecutive 410
consensus 359
consent 359
consequence 409
conservative 382
conserve 382
consider 429
consign 383
consist 182
console 618
consolidate 618
consonant 475
conspire 412
constant 176
constitute 180
constrain 143
construct 329
consult 331
consume 199

contact 330
contagious 330
contain 272
contaminate 330
contemplate 148
contemporary 554
contempt 142
contend 301
content 274
contest 291
context 142
contingent 605
contraband 139
contracept 191
contract 294
contradict 138
contrary 138
contrast 139
contravene 206
contribute 284
controversy 287
convene 207
convenient 207
convention 207
converge 287
convert 285
convey 342
convict 334
convince 335
convoke 389
cooperate 146
coordinate 148
cope 547
copious 596
cordial 617
core 484
cornerstone 607
corps 547
correlate 147
correspond 147
corridor 596
costume 597
council 441

counsel 597
counter 139
counteract 139
counterattack 140
counterfeit 311
countermand 140
counterpart 139
court 473
courteous 545
cover 643
coward 542
coworker 145
crack 548
cradle 538
craft 539
crash 545
crawl 543
credulous 438
creed 535
creep 542
cripple 542
criterion 594
critical 578
criticize 170
crop 575
crucial 578
cruel 570
cruise 535
crusade 536
crush 640
crust 640
cryptic 643
crystallize 171
culminate 623
culpable 591
culprit 591
cult 531
cultivate 474
culture 474
cunning 530
curb 565
curious 439
curl 631

current 401
curse 626
curtail 242
cynical 581

D

dagger 456
dairy 468
damp 547
dampen 169
daunt 577
deadly 463
dearth 585
debate 433
decade 157
decay 083
decease 083
deceive 195
decide 087
decimal 158
decimate 158
decipher 090
decision 239
declare 090
decline 403
decompose 091
decrease 083
decree 090
dedicate 248
deduce 222
deduct 221
deepen 168
defame 250
default 089
defeat 311
defect 308
defense 630
defer 268
deficient 308
defile 568
define 276

deform 263
defraud 091
deft 571
defunct 091
defy 437
degenerate 280
degrade 084
dejected 399
delay 085
delegate 414
delete 088
deleterious 631
deliberate 084
delicate 528
delinquent 566
deliver 089
delude 417
deluge 086
deluxe 420
demand 091
demigod 160
demolish 084
demonstrate 370
demote 357
demotion 085
denote 355
denounce 256
dense 562
depart 089
department 089
depend 391
depict 085
deplete 352
deplore 657
deport 340
depose 185
deposit 185
deprecate 654
depreciate 654
depress 258
deprive 088
depute 435
derail 090

deride 085
derive 088
descend 085
describe 371
desert 189
deserve 381
designate 086
desist 182
desolate 153
despair 088
despise 230
despondent 390
destination 178
destiny 179
destitute 179
destroy 084
destruction 328
desultory 331
detach 088
detail 242
detain 274
detect 090
deter 087
deteriorate 086
determine 278
detest 087
devalue 336
devastate 320
deviate 341
devil 463
devise 233
devoid 321
devolve 411
devote 086
devour 491
dexterity 636
diabetes 126
diagnose 126
diagram 375
dialect 126
dialogue 253
diameter 126
diaper 550

dichotomy 243
dictate 246
dictatorial 466
diction 246
dictum 248
differ 267
differentiate 267
diffident 437
diffuse 218
dig 450
digest 271
dignity 451
digress 216
dilapidated 611
dilatory 270
dilemma 156
dilute 563
dimension 119
diminish 313
dip 446
diploma 386
diplomacy 480
direct 315
disable 119
disadvantage 122
disagree 120
disappoint 119
disarm 117
disaster 429
disband 118
disburse 397
discard 117
discern 118
discharge 594
discipline 193
disclaim 432
disclose 473
discomfit 310
discomfort 121
disconcert 190
discontinue 121
discourage 118
discourse 402

discredit 438
discrepancy 560
discriminate 118
disdain 616
disease 121
disgust 120
disinterested 122
disloyal 122
dismay 120
disorder 120
disparity 122
dispatch 545
dispel 394
dispense 396
disperse 119
display 386
dispose 184
dispute 435
disqualify 117
disquiet 324
disregard 121
dissect 241
disseminate 315
dissent 360
dissident 377
dissolve 326
dissuade 121
distinguish 326
distort 333
distract 295
distress 087
distribute 284
disturb 343
ditch 481
diverge 289
diverse 287
divert 289
divide 476
dividend 236
divine 562
divorce 289
divulge 584
dizzy 550

doctrine 595
domain 430
domestic 429
domesticate 430
domicile 430
dominate 430
donate 282
dormant 431
dormitory 430
dose 283
double 475
doze 487
draft 493
drastic 584
dread 628
dreary 498
drip 498
drought 492
drown 626
drowsy 620
dual 155
dubious 156
duel 156
dull 600
dump 621
duplicate 384
durable 231
dusk 626
dwell 622
dwindle 466

E

earnest 445
earthquake 446
eclectic 407
ecocide 224
ecology 616
economics 451
ecstasy 048
edge 458
edible 459

edict 247
edit 539
educe 220
efface 048
effect 307
efficient 309
effuse 218
elaborate 599
elastic 638
elated 269
elect 406
elegance 463
elegy 502
elevate 610
eligible 408
eliminate 046
eloquence 254
elucidate 420
elude 417
emanate 367
emancipate 366
embargo 422
embark 422
embarrass 422
embody 166
embolden 166
embrace 061
emerge 405
eminent 313
empathy 361
emphasize 350
empire 059
employ 386
empower 058
emulate 299
enact 260
enchant 059
encircle 164
enclose 165
encompass 165
encounter 637
encourage 166
encyclopedia 347

endanger 061
endeavor 165
endemic 369
endorse 561
endow 164
endure 231
enervate 598
enforce 164
engage 163
engender 279
engross 059
enhance 163
enigma 591
enjoin 165
enlarge 163
enliven 166
enmity 651
enormous 581
enrage 164
enrapture 196
enrich 164
enroll 059
ensure 503
entail 600
enterprise 198
entertain 272
enthusiasm 627
entice 062
entitle 060
entreat 296
entrust 060
envelop 060
environment 522
envisage 234
envoy 342
ephemeral 556
epidemic 370
epigram 375
epitome 243
epoch 049
equanimity 297
equate 296
equator 296

equilibrium 297
equip 493
equitable 297
equivalent 297
equivocal 297
era 492
eradicate 045
erase 499
erect 315
erode 562
escape 202
escort 049
estate 498
esteem 500
estimate 504
estrange 611
eternal 551
ethics 622
eulogy 254
euthanasia 647
evacuate 319
evade 209
evaluate 336
eventually 208
evict 334
evidence 235
evoke 389
evolve 410
exacerbate 615
exaggerate 045
exalt 610
example 046
excavate 619
exceed 214
excel 046
except 192
exchange 044
excise 239
exclaim 432
exclude 237
excursion 402
excuse 449
execute 045

exemplary 201
exemplify 174
exempt 201
exert 189
exhale 044
exhaust 045
exhibit 046
exhilarate 589
exhume 245
exile 640
exist 046
exit 209
exodus 502
exonerate 631
exorbitant 210
exorcist 312
exotic 048
expect 225
expedite 347
expel 394
expendable 625
expensive 396
experiment 640
expert 471
expire 413
explicit 385
exploit 353
explore 470
exponent 187
export 339
expose 185
expound 187
express 044
exquisite 304
extemporize 554
extend 300
exterminate 278
external 048
extinct 328
extinguish 328
extort 333
extra 047
extract 293

extracurricular 047
extraordinary 047
extraterrestrial 047
extreme 048
extricate 637
extrovert 286
exuberant 573
exult 332
eyebrow 481

F

fable 249
fabricate 595
facility 459
faction 306
factor 306
faculty 306
fade 459
faint 580
fake 606
fallacious 555
fallacy 469
famine 451
fantastic 350
farewell 451
farsighted 607
fascinate 599
fasten 599
fatality 636
fatigue 446
feasible 311
feast 447
feat 310
feature 311
federal 437
feeble 611
feign 473
feint 473
feminist 622
ferment 551
ferocious 583

fertile 265
fetch 481
fiction 308
fidelity 437
fierce 482
figure 310
finance 277
finish 276
finite 276
firm 586
flame 487
flatter 567
flaw 488
fledgling 605
flee 490
flesh 500
flexible 404
flinch 474
fling 501
float 653
flock 653
florist 505
flour 515
fluctuate 223
fluent 222
fluid 222
flush 223
flutter 514
foam 639
foe 639
fold 384
folly 510
forbear 114
forbid 113
forearm 025
forebear 027
forecast 027
forefather 027
forefront 025
forehead 025
foremost 025
foresee 026
foreshadow 026

foresight 026
foretell 026
forewarn 026
foreword 026
forge 606
forgo 113
forlorn 114
form 263
formula 263
forsake 114
forswear 114
fortify 173
fortuitous 573
forum 516
forward 027
foster 517
found 567
fractious 369
fracture 368
fragile 368
fragment 368
fragrance 368
frame 486
fraud 596
freight 518
frequent 477
friction 526
frighten 507
frontier 478
frost 626
frugal 572
frustrate 613
fugitive 595
fulfill 530
fumble 627
function 460
fund 478
fundamental 545
funeral 528
furtive 593
fuse 217
fuss 541
fuzzy 535

G

gadget 446
gape 452
garage 452
garbage 459
garment 460
garrulous 580
gasp 462
gay 464
gender 279
gene 279
genealogy 280
generalize 171
generate 280
genocide 280
genuine 280
geography 374
geology 470
geometry 425
germ 544
germane 642
gestation 271
global 470
gloomy 482
gorgeous 546
grab 501
grace 445
grade 489
gradual 488
grain 500
grant 525
graph 373
gratis 648
gratitude 558
grave 603
gravity 603
greed 589
gregarious 559
grieve 604
grin 570
grip 622
growl 511

grumble 570
guarantee 645
gull 523
gullible 556

H

habitat 617
halt 484
hamper 571
harass 605
hardy 447
hare 452
harsh 459
hasten 169
hatch 464
haughty 592
haul 469
haunt 482
havoc 556
hazard 566
haze 487
headquarters 488
hearth 493
heir 497
hemisphere 469
henceforth 476
herbicide 224
hereditary 553
heritage 553
hermit 322
hesitate 322
hideous 583
hierarchy 252
hinder 554
hoarse 640
hollow 506
holy 505
homage 515
homicide 515
homogeneous 281
hook 635

horn 623
horror 623
hospice 579
hospitality 579
hostile 579
howl 512
hum 516
human 515
humanize 171
humble 244
humid 244
humiliate 244
humility 244
hurl 627
hybrid 609
hygiene 567
hymn 517
hypersensitive 078
hypertension 078

I

idealistic 181
identification 609
ignoble 067
ignominious 375
ignore 355
illegal 067
illegible 068
illiterate 572
illuminate 314
illusion 418
illustrate 447
imitate 588
immanent 367
immaterial 066
immediate 128
immemorial 067
immense 426
immerse 405
imminent 314
immoral 066

immune 455	incise 240	ingest 270	insure 503
impact 565	incite 440	ingredient 217	intact 330
impart 058	incline 403	inhabit 060	integrate 330
impartial 344	include 238	inhabitant 617	intellectual 407
impassioned 362	income 061	inherent 322	intend 301
impassive 362	incredible 438	inherit 553	intense 302
impatient 067	incubate 574	inhibit 630	interact 124
impeccable 572	incumbent 585	inhuman 065	intercede 212
impede 347	incurable 438	initial 210	intercept 191
impel 394	indelible 065	initiative 211	interchange 124
impending 392	indicate 248	inject 400	interdict 248
imperative 586	indict 247	injure 064	interfere 266
imperfect 066	indifferent 064	innate 057	interior 062
impetuous 348	indigenous 281	innocent 064	interject 399
impetus 348	indigent 281	innocuous 555	interlude 418
implant 061	indignation 616	innovation 625	intermediate 124
implement 351	indirect 455	innumerable 063	interminable 278
implicate 385	indispensable 397	inordinate 604	international 125
implore 657	individual 237	input 058	interpret 125
imply 387	indolent 585	inquire 304	intersect 241
impolite 067	induce 220	inquisitive 304	intersection 125
import 339	indulge 475	insane 065	interstice 124
impose 184	inevitable 064	insatiable 591	interval 125
impostor 185	inexorable 312	inscribe 372	intervene 207
impotence 557	inexpensive 063	insect 241	interview 234
impotent 066	infant 250	insert 189	intimate 643
impoverished 645	infanticide 224	inside 057	intimidate 555
impress 258	infect 307	insidious 378	intoxicate 555
imprison 058	infer 265	insight 061	intractable 294
impromptu 558	inferior 265	insipid 648	intricate 637
improper 067	inflammable 607	insist 182	intrigue 567
improve 290	inflation 459	insomnia 624	introduce 219
improvise 233	inflict 434	inspect 225	introspect 227
impudent 626	influenza 223	inspire 413	intrude 629
impulse 606	influx 223	install 177	intuition 064
impure 066	inform 057	instant 176	inundate 561
impute 058	infraction 369	instill 497	invade 060
inactive 063	infrared 619	instinct 327	invalidate 336
inadequate 063	infrastructure 619	institute 179	invariably 065
inalienable 612	infringe 630	instruct 329	invert 288
incalculable 065	infuse 218	instrument 329	invest 529
incentive 452	ingenious 282	insult 332	investigate 529
incessant 214	ingenuous 281	insuperable 076	invidious 236

invigorate 364
invincible 335
invisible 232
involve 411
irregular 068
irresolute 068
irrespective 227
isolate 617
itinerary 210

J

jeopardy 345
junction 452
junk 447
jury 461
justify 173
juvenile 464

K

keen 470
kidnap 448
kindergarten 464
kindle 457
kitten 452

L

laboratory 453
laborious 453
laconic 580
lag 517
lame 448
lament 575
landfill 639
landmark 624
landscape 483
lane 523
latitude 526

launch 533
layoff 573
lean 444
leap 505
lecture 502
leftover 641
legacy 415
legal 415
legend 502
legislate 414
legitimate 415
lengthen 170
lessen 168
lethal 424
lethargic 425
liable 416
liberal 507
liberty 506
limb 521
lineage 559
linger 497
linguistic 511
liquor 511
livelihood 509
liver 519
livestock 518
loan 537
lodge 482
lofty 634
loose 627
loosen 537
loquacious 254
lounge 635
lucid 420
lukewarm 573
luminous 420
lunar 540
lung 540
lure 598
lust 534
luxury 420

M

magnificent 309
magnify 611
magnitude 461
maintain 272
majesty 465
makeshift 613
malady 108
malediction 247
malevolent 411
malformed 263
malfunction 109
malice 108
malign 262
malinger 109
malnutrition 109
maltreat 109
mammal 448
mammoth 620
manage 365
mandatory 257
mania 473
manifest 365
manipulate 366
manor 366
manual 365
manufacture 306
manuscript 373
marble 466
margin 472
marvel 457
mass 609
maternal 419
matrix 419
mature 624
maxim 596
meadow 483
meager 581
mean 128
meantime 128
mechanize 170
meddle 128

mediate 127
medieval 127
meditate 127
medium 127
melancholy 606
mellow 607
menace 483
menial 366
mention 532
mentor 557
merchant 523
mercy 573
merge 404
merit 571
mesmerize 623
mess 633
meticulous 426
mighty 523
migrate 593
millennium 476
mince 315
minimum 313
minister 314
minute 314
miscarry 043
mischance 042
mischief 043
misdeed 042
misery 506
misfortune 042
misgiving 628
mishap 043
mislead 042
misnomer 376
mission 505
mistake 043
misuse 043
moan 564
mock 641
moderate 509
modify 173
moist 513
mold 514

molecule 517
moment 357
monarch 252
monk 152
monologue 253
monopoly 152
monotonous 153
monster 152
monument 518
moral 493
morale 494
moratorium 424
morbid 424
moribund 424
mortal 423
mortgage 423
mortician 423
mortify 424
motivate 356
mourn 564
mow 535
mug 635
multicultural 159
multilateral 159
multilingual 158
multinational 159
multiple 158
multiply 388
multipurpose 159
multiracial 159
multitude 158
mummy 529
mundane 559
murmur 500
muse 529
mute 633
mutual 567

N

nadir 622
naive 453
narrate 457
nasty 464
naughty 470
needle 494
nefarious 250
neglect 408
nepotism 629
nervous 483
neutral 447
nocturnal 649
nod 494
nominal 375
nominate 375
nonfiction 123
nonresistance 123
nonsense 123
nonviolence 123
note 355
notice 354
notion 354
notorious 355
nourish 512
novice 624
nuclear 591
null 630
numb 501
numerous 523
nun 558
nutrition 507

O

oath 453
obdurate 231
obesity 558
obey 628
object 398
oblige 460
obliterate 637
obloquy 255
obsequious 409
observe 381
obsess 380
obstacle 178
obstinate 179
obstruct 328
obtrude 629
obviate 342
obvious 237
occupy 194
octopus 472
odd 448
odor 480
offense 631
offer 267
offhand 116
officious 310
offset 116
offspring 116
off-the-record 116
omen 584
omnibus 161
omnipotent 162
omnipresent 162
omniscient 161
onset 188
opponent 187
opportune 340
opportunity 338
oppose 183
oppress 259
option 489
orator 312
orbit 210
ordinary 604
orient 496
orientation 495
original 518
ornament 623
ostentatious 302
outbreak 052
outburst 054
outcast 053
outcome 052
outdo 051
outfit 050
outgoing 053
outgrow 053
outing 052
outlandish 052
outlast 054
outlaw 558
outlet 053
outline 051
outlive 054
outlook 050
outmoded 204
output 051
outrage 052
outright 054
outskirts 050
outspoken 053
outstanding 051
outweigh 051
oval 507
overact 260
overall 069
overbearing 071
overboard 071
overcast 070
overcharge 072
overcome 071
overdue 072
overeat 072
overhead 069
overhear 072
overload 073
overlook 074
overpass 069
override 070
overrule 071
overseas 072
oversee 074
overshadow 069
oversight 074
overstate 073
overtake 073
overthrow 070

overturn 070
overuse 073
overweight 072
overwhelm 070
overwork 073

P

pale 453
panacea 161
pandemic 370
panel 457
panic 494
panorama 161
parachute 056
paradigm 055
paradox 056
paragraph 055
parallel 055
paralyze 056
paramount 055
parliament 448
part 344
participate 194
particle 344
particular 345
passionate 362
passport 338
patent 469
pathetic 361
patient 361
patriot 419
patrol 471
patron 419
pause 466
pave 457
paw 493
peculiar 604
peddler 346
pedestrian 346
pedicure 346
peep 495

peer 524
penchant 393
pendant 391
pendent 391
pendulum 391
penetrate 484
penitent 631
pension 396
pensive 393
pentagon 501
perceive 195
perfidy 436
perform 264
perfume 140
perish 141
perjury 141
permanent 367
pernicious 555
perpetrate 348
perpetual 348
perplex 385
persecute 410
persevere 140
persist 181
personnel 507
perspective 227
perspire 412
persuade 141
pertain 273
pervasive 209
perverse 288
pervert 286
pessimism 298
pesticide 224
petition 347
petrify 572
petty 647
phantom 349
phase 350
phenomenon 349
photograph 374
pierce 482
pile 510

pill 514
pine 517
pinpoint 560
pirate 608
placate 556
placid 610
plagiarism 580
plague 636
plead 518
pledge 505
plight 565
plot 531
plow 564
plumber 564
plump 531
plunge 632
polish 524
pollute 467
ponder 644
porch 537
port 338
portable 338
portent 302
portfolio 340
portion 345
portray 295
position 186
positive 186
possess 186
posterior 030
posterity 030
postgraduate 030
posthumous 245
postpone 187
postscript 029
posture 186
postwar 029
pot 557
potent 275
potential 634
pour 634
poverty 537
pragmatism 534

praise 449
preach 022
precaution 022
precede 213
precept 191
precise 239
preclude 238
precursor 401
predator 589
predecessor 214
predicament 249
predicate 249
predict 246
predilection 407
preemptive 201
preface 250
prefer 266
pregnant 282
prehistoric 023
prejudice 024
preliminary 023
prelude 418
premature 023
preoccupy 024
preposition 187
prerogative 305
prescient 023
prescribe 371
present 024
preserve 381
preside 377
president 548
press 258
prestige 327
presume 199
presumptuous 200
pretend 301
pretentious 301
pretext 022
prevail 337
prevent 205
preview 022
previous 341

찾아보기 **671**

prey 591
priest 534
prime 514
primitive 490
principal 194
principle 194
prise 197
prison 197
privilege 414
probable 291
probation 291
probe 644
proceed 215
proclaim 431
procure 439
prodigal 262
prodigious 577
produce 219
profess 251
profession 251
proffer 267
proficient 309
progeny 281
program 374
progress 215
project 398
prologue 254
prominent 313
promote 357
pronounce 255
propel 393
propensity 393
prophesy 251
propriety 198
proscribe 372
prosecute 410
prospect 227
prostitute 180
protest 292
protract 294
protrude 629
prove 290
provenance 208

proverb 256
provide 235
providence 236
provisional 234
provoke 389
proximity 580
psalm 486
pseudonym 376
psychology 634
publish 634
pulse 444
punctilious 427
punctual 426
punctuate 427
pupil 533
purchase 529
purify 171
puritanical 645
purport 340
purpose 183
pursuit 646
putative 434

Q

qualify 174
quality 453
queer 444
query 303
quest 303
quietude 467
quote 464

R

radiate 471
radical 465
radioactive 261
rage 458
random 454
rapacious 196

rape 196
rapt 196
ratify 565
rational 495
react 260
readily 483
realm 495
reap 602
rear 603
rebate 034
rebel 042
rebirth 038
rebuke 032
recall 442
recede 213
receptive 192
recipe 193
recipient 193
recite 441
reckless 576
reckon 576
reclaim 432
recline 403
recognize 356
recoil 033
recollect 407
recommend 040
reconcile 034
recourse 402
recover 035
recreation 040
recruit 034
rectangle 316
rectify 315
rectitude 316
recur 401
recycle 033
redeem 646
reduce 219
redundant 561
refer 268
referendum 268
refine 035

reflect 032
reflex 404
reform 263
refractory 369
refrain 033
refuge 032
refund 033
refuse 217
refute 038
regain 038
regime 416
register 271
regress 216
regret 036
regulate 416
rehabilitate 617
rehearse 035
reign 416
reinforce 035
reiterate 210
reject 398
relate 269
release 041
relegate 415
relentless 583
relevant 036
relieve 036
reluctant 040
rely 041
remark 040
remedy 037
remind 037
remnant 367
remove 038
remunerate 598
render 598
renew 039
renounce 256
renowned 035
repeal 395
repel 395
repent 036
replace 034

replenish 352
replete 352
replicate 384
reply 386
report 339
reprehend 198
represent 037
repress 259
reprieve 198
reprimand 257
reprisal 197
reproach 037
reproduce 038
reprove 290
republic 040
repute 434
requite 324
rescind 240
resent 360
reserve 382
reservoir 382
reside 377
residual 378
resign 041
resilient 332
resist 182
resolve 325
respect 226
respire 413
respite 230
restore 180
restrain 033
restrict 039
result 331
resume 200
resuscitate 441
retail 242
retain 273
retaliate 242
retire 039
retort 333
retouch 039
retract 295

retreat 296
retribution 283
retrieve 037
retroactive 261
retrogress 216
retrospect 227
reveal 041
revenge 206
revenue 208
reverberate 257
reverse 289
revert 288
review 235
revise 233
revive 363
revoke 389
revolt 411
revolve 411
reward 646
rhyme 590
riddle 553
ridge 615
ridicule 615
righteous 647
rigid 608
rite 609
roam 561
roar 561
robust 592
rogue 305
rotation 568
rotten 514
route 564
routine 552
rubbish 502
rudiment 588
rug 502
ruin 524
rummage 639
runny 489
rust 490

S

sacred 495
sacrifice 484
saddle 379
saint 495
sake 448
salient 332
salmon 332
salute 454
sanguine 570
sanitary 460
satellite 465
satire 471
satisfy 524
savage 633
save 526
saw 508
scale 509
scan 513
scanty 566
scar 552
scare 496
scatter 496
scent 512
scheme 509
scoop 511
scorn 513
scout 519
scratch 647
scream 647
screw 653
scribble 372
script 373
sculpture 653
seal 653
secede 212
seclude 238
secondhand 519
section 240
secular 572
secure 115
sedentary 379

sediment 378
seduce 220
segregate 559
select 406
semester 506
semiconductor 160
semiconscious 160
semifinal 160
sensation 358
sensitive 358
sentient 358
sentimental 359
separate 115
sequence 409
sequester 303
serene 466
sermon 646
servant 380
servitude 380
session 379
setback 613
settle 188
sever 115
severe 115
sew 520
sewage 511
shabby 512
shatter 516
shed 504
sheer 485
shield 517
shift 613
shiver 633
shortage 478
shortcoming 587
shortcut 478
shorthand 478
shrink 638
shrub 639
shrug 525
shudder 633
shun 587
sicken 169

찾아보기 **673**

siege 557	solo 153	stand 176	stuff 589
signature 383	solvent 325	standpoint 550	stumble 616
significant 383	soothe 532	staple 463	stunning 603
signify 172	sophisticated 536	starve 488	subdivide 236
simian 298	sore 541	state 178	subdue 222
simplify 171	sour 538	station 177	subject 399
simulation 298	souvenir 207	stationary 178	subjective 400
simultaneous 299	sovereign 071	statistics 181	submarine 559
sinister 635	sparkle 597	statue 177	submerge 404
situation 625	specialize 229	stature 177	subordinate 604
skeleton 483	species 229	statute 178	subscribe 371
skim 484	specific 229	steep 597	subsequent 409
skyscraper 487	specimen 228	steer 490	subside 378
slash 506	specious 229	stem 542	subsidiary 378
sleigh 568	spectacle 225	stern 528	subsist 181
slender 567	spectator 226	stick 322	substance 176
slum 490	spectrum 228	stiff 542	substantial 177
smash 548	speculate 228	stigma 327	substitute 179
smog 516	spill 542	stimulate 606	subtle 094
smother 632	spine 534	stingy 327	subtract 293
smuggle 635	spiral 533	stink 327	suburb 094
snare 455	spit 615	stir 603	subvert 288
snatch 461	splash 615	stock 615	subway 094
sneak 519	splendid 538	stoop 465	succeed 215
sneer 527	split 456	stout 466	succulent 648
sneeze 588	spoil 636	straightforward 543	succumb 585
snore 548	sponsor 390	strain 616	sue 625
soak 550	spontaneous 390	strait 478	suffer 266
soar 528	spouse 390	strategy 539	suffice 310
sob 528	spread 458	stray 530	suffrage 095
sober 533	sprinkle 450	strengthen 170	suggest 271
sociable 548	sprout 468	stride 543	suicide 224
sociology 548	spur 602	striking 541	summit 211
soil 576	spy 230	string 602	summon 095
sojourn 593	squalid 637	stringent 565	superb 075
solace 583	square 549	strip 582	superficial 308
sole 153	squash 640	stripe 582	superfluous 075
solemn 153	squeeze 458	strive 608	superior 076
solicit 442	stab 450	stroke 612	superlative 269
solidify 174	stagnant 638	stroll 608	supernatural 076
soliloquy 254	stain 450	structure 329	supersede 379
solitary 153	stalk 549	struggle 576	superstition 075
solitude 467	stance 550	stubborn 446	supervise 233

supplant 095
supple 385
supplement 354
supplicate 385
supply 354
support 339
suppose 183
suppress 259
supreme 076
surface 077
surfeit 311
surgeon 536
surmount 076
surname 077
surpass 077
surplus 077
surprise 197
surrender 598
survive 363
suspect 226
suspend 392
sustain 273
swamp 539
swarm 501
sway 540
swear 499
sweep 537
swell 489
swift 541
swindle 601
symbiosis 150
symbolize 170
symmetry 426
sympathy 360
symphony 150
symptom 149
synchronize 440
syndicate 249
syndrome 148
synergy 149
synonym 150
synopsis 149
synthetic 149

T

tablet 590
taboo 449
taciturn 468
tact 472
tailor 242
tame 465
tan 460
tardy 620
task 454
tattoo 525
tease 644
technology 523
tedious 566
telegraph 374
telepathy 360
telescope 508
temper 508
temperate 513
tempo 646
temporary 554
temptation 524
tenable 275
tenacious 275
tenant 274
tendency 300
tenet 275
tense 302
tentative 302
term 277
terminate 278
terrify 172
terse 581
testify 292
thermometer 425
thicken 169
thigh 485
thorough 614
threat 496
thrive 157
throat 494
throne 490

throng 499
thrust 501
tickle 552
ticklish 588
tide 520
tidy 552
timber 519
timid 614
tiresome 614
titanic 521
toil 568
token 568
tolerate 520
toll 519
torment 334
tornado 333
torture 333
tow 540
toxic 626
trace 535
traduce 220
trait 295
tranquil 324
transact 260
transaction 107
transcend 108
transcript 373
transfer 107
transform 108
transfuse 218
transgress 216
transit 106
translate 106
transmit 106
transparent 107
transplant 107
transport 339
traverse 286
tremble 582
tremendous 534
trend 590
tribe 157
tribute 283

trigger 568
trim 578
trinity 157
triple 157
trivial 341
trunk 576
tumble 587
turbid 343
turbulent 343
turmoil 343
twilight 156
twin 156
twinkle 472
twofold 532
typical 613
tyranny 608

U

ubiquitous 556
ultrasonic 078
ultraviolet 078
unanimous 152
unarmed 131
unattended 131
unbeatable 133
unbiased 131
uncommon 130
unconditional 132
underdeveloped 094
underestimate 092
undergo 092
underground 092
underhand 092
underline 093
underlying 094
undermine 093
underscore 093
undertake 093
underwear 092
undo 133
undress 133

unequal 130
unexpected 130
unfamiliar 132
unfavorable 132
unfit 131
unfold 133
unicorn 151
uniformly 264
unify 151
unintentional 131
uninterested 130
union 152
unique 151
unite 151
universe 285
unload 134
unlock 134
unnatural 131
unoccupied 132
unofficial 132
unprecedented 023
unreliable 132
unseemly 132
unstable 460
unsuitable 133
unveil 133
upcoming 080
upgrade 079
upheaval 079
upright 080
uproot 079
upset 080
upstart 080
upturn 079
urbane 623
usage 646
usher 486
utilize 590
utmost 054
utter 054

V

vacant 319
vaccinate 552
vacillate 320
vacuous 319
vacuum 319
vague 320
vain 320
valid 336
value 335
vanish 320
vapor 647
vast 614
vegetarian 508
vehement 628
vehicle 514
vendor 205
vent 205
verbal 256
verbose 256
verdict 247
verge 286
verify 587
versatile 287
vertical 590
vessel 476
via 341
vibrate 488
vice versa 525
vicious 583
victim 335
victory 334
vie 342
viewpoint 234
vigilant 364
vigor 472
vigorous 363
vile 582
violate 582
virtue 520
vision 232
vista 234

vital 364
vivid 363
vocal 388
vocation 388
vociferous 268
volatile 592
voluble 412
volunteer 561
vomit 389
voracious 491
vow 521
vowel 475
voyage 342
vulgar 621
vulnerable 553

W

wail 454
wander 457
warfare 471
warlike 526
warrant 508
wary 601
weaken 169
weave 489
weep 602
whip 602
whirl 585
widespread 518
widow 590
witch 587
withdraw 030
wither 578
withhold 031
withstand 031
witness 480
woe 513
wonder 462
worsen 168
worship 589
wrap 445

wretch 444
wrinkle 445
wrist 476

Y

yearn 449
yell 474
yield 569

Z

zenith 622